黒澤岑夫
KUROSAWA Mineo

ロシア皇帝アレクサンドルI世の時代

たたかう人々

論創社

ロシア皇帝アレクサンドル一世の時代——たたかう人々

まえがき

ロシア皇帝アレクサンドル一世の治世は一八〇一年三月から一八二五年十一月まで四半世紀に及ぶ。文字通り十九世紀の幕開けである。

この国の専制君主制国家としての歴史は古い。それは次の世紀、一九一七年の革命でようやく幕を下ろす。しかし、そうした長い歴史のなかにあっても、当然ながら、それぞれの時代にはそれぞれ曲折もあり、起伏もある。アレクサンドル一世の時代についてかいつまんで述べておこう。

新帝アレクサンドルは改革に意欲を示した。しかし、議会の開設や農奴制の廃止といった当初の理想や目標はいずれも実現困難として見送られ、陽の目を見たのはわずかな改良に止まった。なによりもそこには伝統的に特権を享受し、変化を好まぬ貴族の広い層が存在する。こうした成り行きにたいする評価はいろいろあろう。が、ここは、アレクサンドルがその治世前半において専制国家改革の姿勢を保っていたことを確認すればいい。

一八一二年、ナポレオンの大軍は西部国境を越え、モスクワへ迫る。いわゆる祖国戦争だが、このあとロシア軍の勝利、パリ入城といった経過は多くを語るまでもなかろう。いまやアレクサンドルは「ヨーロッパの解放者」として時代の寵児に躍り出る。十五年、ヨーロッパ新秩序の指導理念として国際協調をうたう神聖同盟条約を提唱した。

アレクサンドルの活動はこのとき頂点をきわめたといえるだろう。つづく後半はゆるやかな下り坂である。彼は祖国戦争を契機に神の恩寵に深く帰依する身となる。いうところの魂の問題が第一の関心事になる。国政改革の意思が失われたわけではない。が、いずれも立ち消え、なにも生じない。ヨーロッパで相次いで起こるドイツの「自由と統一」をもとめる運動、スペイン、ポルトガル、ナポリの革命、足元の首都ペテルブルグにおけるセミョーノフ連隊の「反乱」は、アレクサンドルの不安を煽り、自分の殻に引きこもらせるに十分だった。

この間の最大の権力者はA・A・アラクチェーエフで、この時代は彼の名と結びついて語られることが多い。砲兵大将、陸軍大臣を経た彼はこの国のあらゆる分野に軍隊式の規律を課すことを使命とみなしていた。

改革を掲げて船出した統治は、不毛な体制維持に帰したといわざるをえない。そうした現実の陰で、若い貴族革命家たちが変革の思いを抱き、それはアレクサンドルの死を引き金に首都の元老院広場の蜂起となって現れるだろう。

アレクサンドル一世の治世を駆け足でまとめれば、このようになろう。ただし、本書はその通史ではない。社会のあれこれに目を配り、過不足ない見取図を描くつもりもない。ここでおこなうのは、そうした時代のなかにあってなにほどかの働きをした人物たちに光を当てる試みである。彼らの間には、つながりがある場合も、ない場合もあるが、いずれにせよ、それぞれがそれぞれの仕方で動く。それぞれ時代の相を帯びているともいえるし、それをつくっているともいえる。

こうした試みをおこなうには、いろいろな場がありうるだろうが、本書は以下の四つを選んでおこなう。このあとの目次に記すとおりだが、一、祖国戦争後この国に充満した宗教熱と政治的反動。二、宗教ブームとロシア正教会。三、革命計画および革命家群像。彼らはのちにデカブリストとよばれよう。四、いわゆる保守主義の出現。勿論、一般的な意味での保守の見地や立場は従来からあるが、それが一貫した論理の骨組みをもつイデオロギーとして言語化されるさまを一人の知識人の軌跡をたどり明らかにしたい。

見え難いはなしではない。あれこれの事実を通して時代の顔が浮かび、時代の精神の一端が現れてくるだろう。そして、こういえる。右の彼らの足跡はそのまま消え失せるわけではない。それらは、そのままのかたちではないけれども、多かれ少なかれこの国のこのあとの時代の先駆けとも予告ともなるはずである。

いろいろな人物が登場し、なにごとかをし、やがて退場する。見なれた風景である。いつ、どこにでもある時代と人間の物語、この古くて新しい物語を本書も語ることになろう。屋上屋を架すことがなければ幸いである。

二〇一〇年十二月

著　者

ロシア皇帝アレクサンドル一世の時代——たたかう人々　目次

まえがき

第I部　宗教がブームになること　1

A・B・ニキチェンコ　アレクサンドル一世　A・H・ゴリーツィン　ロシア聖書協会の活動　フリー・メーソン、神秘主義あるいは敬虔主義の流行　И・B・ロプヒーン『内なる教会』　去勢派、霊友会　A・Φ・ラブジーンと雑誌『シオンの使者』

第II部　反動家たち　53

宗務・教育省の設置　学術委員会への訓令　ペテルブルグ大学学則案をめぐる論争　M・Л・マグニツキイのカザン大学監査および統治——教官の粛清、学長と主事への訓令、学生生活　A・Π・クニーツィン『自然法』　同書の禁書処分　ペテルブルグ大学付属寄宿学校の「騒動」　C・C・ウヴァーロフの抵抗と挫折　Д・Π・ルーニチのペテルブルグ大学統治——四教授の「裁判」、学生の「仕分け」　ドイツの大学への留学禁止令

第III部　怪僧フォーチイ　125

聖書協会対ロシア正教会　府主教アムヴローシイ、ミハイル、セラフィーム、掌院インノケンチイ　修道士フォーチイ——生い立ち、禁欲・苦行生活、A・A・オルロヴァ=チェスメンスカヤ　ゴリーツィン追い落し作戦　アレクサンドル一世の変心　マグニツキイの裏切り　フォーチイ、ゴリーツィンと対決　ゴリーツィン、大臣を辞し、聖書協会を明け渡す

第IV部　革命家たち　171

Π・И・ペステリ　H・M・ムラヴィヨフ　C・Π・トゥルベツコイ　K・Φ・ルィレーエフ　E・Π・オボレンスキイ　A・И・ヤクボーヴィチ　南北両結社の憲法草案　南北会談、戦線統一成らず

北部結社の「実行計画」　Я・И・ロストフツェフの通報　一八二五年十二月十四日　決起　指導部の脱落、逃亡　ペテルブルグ総督他一名狙撃　指揮官オボレンスキイ　潰走

第Ⅴ部　ニコライ・カラムジン——危機の十年　261
フリー・メーソン時代　『ロシア人旅行者の手紙』　フランス革命の衝撃　『メロドールとフィラレート』　啓蒙・進歩主義　自然法思想の刻印　保守的メンタリティー　革命批判から政治的保守主義の形成へ　懐疑主義、複眼主義　自然回帰と文明志向　ルソーへの共感とルソー離れ　ペシミズム　滅びの意識　死のイメージ　幸福論

第Ⅵ部　ニコライ・カラムジン——保守主義の成立　293
ナポレオン論　ロシア国家論——君主制、法治主義、身分制、農奴制　国際政治論——「力」と「均衡」　ナショナリズム　『わが告白』　M・M・スペランスキイ——『国法典序説』、行財政改革　『新旧ロシア論』におけるスペランスキイ批判、ピョートル大帝批判　いわゆる「自由の精神」について——『太守夫人マルファ』以後　『ロシア国家史』全十二巻　祖国戦争　ギリシャ解放戦争　I・カポディストリアス　君主制主義者にして「共和主義者」　内外の事件をめぐって　ロシア・アカデミーでの講演

第Ⅶ部　エピローグ　395
主な登場人物のその後

あとがき　442
本文注——　460

凡例

一、目次の部の小見出しは、その内容であるが、「章見出し」そのものではない。
一、引用の〔 〕内は筆者による補足である。
一、引用文中の／は改行を意味する。

ロシア皇帝アレクサンドル一世の時代——たたかう人々

第Ⅰ部　宗教がブームになること

A・B・ニキチェンコ
アレクサンドル一世
A・H・ゴリーツィン
ロシア聖書協会の活動
フリー・メーソン、神秘主義あるいは敬虔主義の流行
И・B・ロプヒーン『内なる教会』
去勢派、霊友会
A・Φ・ラブジーンと雑誌『シオンの使者』

第1章

「ニキチェンコ、アレクサンドル・ワシーリエヴィチ（一八〇四・三・十二―一八七七・七・二一）。ロシア文学史家。検閲に活躍。シェレメチェフ伯爵所有の農奴の出身。一八二八年、ペテルブルグ大学卒業。一八三四―六四年、文学講座教授。一八五五年よりアカデミー会員。一八三三年より検閲官。一八五九年、出版問題委員会文書主任。一八六〇―六五年、中央検閲局のメンバー。検閲問題に関する数多くの意見書の筆者。一八二六年より文筆活動。主著は『批評論』、『ロシア文学史の試み』。ただし、ニキチェンコの学術及び批評論文は折衷主義が目立ち、明確な論旨に欠け、不評におわった。ニキチェンコがその名を不動にしたのは、五一年間（一八二六―七七）書き続けた貴重な記録、『日記』の筆者としてである。[1]」

ニキチェンコはとりたてて論じられることはない。勿論、これには理由がある。最大の理由は、もっとも簡単な理由、彼が所詮二流の人物であるということだろう。実際、彼は凡庸な学者、批評家だった。生前も死後もこの点で評価に変りない。一方、彼は途中に中断はあるものの、ほぼ三十年のあいだ検閲畑を歩いた。公平に見てここでの彼の仕事の意義はけっして小さくない。それにしても、その経歴は、最後にこの行政の中枢に参画したことを除けばとくに目立つわけではない。

ニキチェンコは時代の主役でなかった。しかし、彼がまったく興味のない人物であるともいいがたい。農奴の身分から出て、ひととおりの成功を収めた立志伝中の人物でもある。本書が扱うのは精々その入り口までだが、それにしてもそれなりの起伏はある。彼の少年期から青年期までの記録でわれわれの目に触れるのは、彼自身が残した手記に限られる。[2] かなり遅く、功なり名なり遂げた四〇歳台後半に書き始めたもので、どこまで正しく事実を伝えているか保証はしかねるが、そう断ったうえで、以下、ほぼそのままにおおよその輪郭をしるすことにする。

ウクライナの東、ドン川対岸におよぶ一帯は、かつて開拓とタタール人（韃靼人）にたいする国境防衛を兼ねた村落が数多く建設されたところである。正確な時期は明らかでないが、ニキチェンコの祖先も他のいわゆる小ロシア人、つまりウクライナ人とともにこの地方に移住したという。アレクセーエフカ村、現ロシア共和国ベルゴロド州アレクセーエフカ市がそれである。

入植者たちは本来一身上の拘束を受けない自由な身分だったが、ニキチェンコによれば、やがて「ロシアの政治は〔彼らを〕農奴にしてしまった。」したがって、ニキチェンコの一族は農奴の身分であった。

アレクセーエフカ村は、十八世紀中頃には名門シェレメチェフ伯爵家の所領になっていた。ニキチェンコの父方の祖父はこの村の靴工、母方の祖父は毛皮外套の仕立職人。彼らについてはとくに述べるほどのことはない。それにたいして父ワシーリイはニキチェンコの成長期に直接かかわりをもつ以上に、その後の彼の歩みを考えるうえで欠かすことができない存在といえよう。しかも、そうした関心抜きに眺めても、このワシーリイ、なかなかに異彩を放つ人物である。

ワシーリイは、ニキチェンコの記述をつき合せると、一七八一年か二年の生れになる。彼はボーイ・ソプラノで、モスクワに呼び出されてシェレメチェフ伯爵お抱えの合唱団の一員になった。かたわら「さかんに本を読み、彼の境遇をはるかにこえるさまざまな知識を吸収した。」貴族の常用語のフランス語もマスターしたという。少年期を終って、領地管理の仕事につくことになり、アレクセーエフカ村の書記を命じられ、一八〇〇年かその次の年に帰郷した。当時村は近隣の部落をあわせて住民二万以上、ワシーリイがえた地位はモスクワ在住の領主の全権を代行する支配人につぐ第二のポストである。おそらく十八歳の農奴身分の青年にしては、のぞみうるもっとも幸運な人生のスタートといってよかろう。だが、それは早々に暗転する。

まずアレクセーエフカ村にもごく普通に力と富が横行していたことである。つまり、支配人は権力をほしいままにし、村の富裕層、その主な部分は商人だが、彼らは村の生活を牛耳り、両者それぞれ自己の利益を求めて農民を圧迫していた。

一方、ニキチェンコは父についてこう書いている。「彼は生涯周囲の無法と闘い、結局その犠牲になる運命を担った人間の一人だった。すでに述べたように、彼はりっぱに自分を教育し、不幸なことに、彼が共に生活しなければならなかった人々や彼の身の上を左右した人々と知的、道徳的にまったくかけ離れていた。彼の教育は偶然の産物で、なんら体系もなく、彼の将来に少しも相応しくなかった。実際的な意味もないままに、それはただ彼の空想を燃え上がらせ、周囲の現実に一致しない理想で彼の頭をいっぱいにした。」要するに、彼は強者にたいして弱者を護るという「まだ世界のだれも成功したことのなかった仕事に着手した」のである。衝突は必至だった。

ワシーリイにたいする支配層の敵意は彼らの期待を裏切

った彼の結婚で決定的になる。そして破局は、あらたな徴兵の布告を機に起った。「村当局は、三人、四人の成人した息子をもつ金持ちが、あれこれ口実をもうけてこの公的な重荷をまぬがれ、それが貧乏人にだけ降りかかるようことを運んだ。」ワシーリイがこれに憤激したことはいうまでもない。彼は、ある寡婦から一家の柱である一人息子を取り上げる措置に抗議し、それが無視されると一切を暴露する手紙を伯爵へ送った。

やがてモスクワから特使が到着、だが彼らは多額の賄賂を受け取り、逆にワシーリイに中傷の罪を着せ、書記の任を解き、伯爵の指示を待つ間、彼を勾留した。ここでワシーリイは再び伯爵に手紙を送る。その結果、彼は釈明のためモスクワへ呼び出されたが、しかし、そこでも「不穏な人物」と判断され、鎖につながれて帰村、彼の生活は当局の監視下に置かれることになった。「この時から彼の一連の不幸――ありとあらゆる屈辱、迫害、困窮がはじまった。」

生計の道を失ったワシーリイは、幸い近くの村の地主が家庭教師に招いた。ニキチェンコによれば、そこへ移ったのは一八〇二年だろうという。もしその通りとすると、ワシーリイが書記として帰郷した翌年か翌々年である。なお、この現ヴォロネジ州のウダロフカ村でニキチェンコが生まれている。

ワシーリイは三年ないし四年この村に住んだ後、この間の貯えをもとに故郷の村に家を買い、舞い戻った。彼はそこで「学校」を開いた。「学校」といっても、読み書きを教える塾程度のもののようだが、主にその収入で一家を支え、かたわら農業を営んだ。この時期の生活は比較的恵まれていたそうで、一家はお茶を飲み、「都会風な」料理をつくり、父はフロック・コートか燕尾服、母は「変てこな」ドレスを着、幼いアレクサンドルにもフロック・コートを着せたという。

しかし、この平和も長続きしなかった。村の支配層はやはりワシーリイを我慢できなかったらしく、伯爵に誹謗したのである。「今回は審理も裁きもなかった。」ある日突然ワシーリイにむかい、財産を没収し、彼と家族を同じシェレメチェフ伯爵の所領である現スモレンスク州の一寒村に追放する旨、モスクワからの命令が申し渡される。前後の関係から推して、一八〇七年から八年へかけての冬のことである。

その地ではまもなく近隣の地主が許可をえてワシーリイを家庭教師に引き取り、一家の生活は好転した。そして二度目の冬の到来と共に運命は再び急変する。その頃、正確には一八〇九年一月、伯爵家の当主が死亡した。後継者はわずか六歳で、当然後見人が立ったが、先帝の皇后マリヤ・フョードロヴナみずから幼い伯爵を庇護した。ワシーリイはこの機会をのがさず、名誉回復の訴えを再三後見人に送ったが、それが徒労におわると、ほかならぬ皇太后その人に直訴の手紙を書く決意をかためる。これには周囲の人々も驚いたらしい。しかし、手紙は功を奏し、一家のアレクセーエフカ村への帰村、および、事件究明のためワシーリイの首都ペテルブルグへの出頭命令が届いた。

「父の帰郷は彼にとって真の勝利だった。」彼は春の訪れをまってペテルブルグへ出発したが、実はこの時の「勝利」は一家の経済になんの寄与ももたらさなかった。というのも、没収財産はいっさい返還されなかったからである。留守家族、そこにはもうニキチェンコの下に二人の弟がいたが、彼ら母子四人はそれこそ日々辛うじて食いつなぐというありさまで、ニキチェンコもいまでは村の子供たちと甲乙つけがたく、何日も着つづけの厚手のシャツとズボン、夏には裸足で歩き、切り傷、擦り傷だらけになったという。ワシーリイは九月半ばに帰ってきた。彼は冤罪を晴らし、しかも、「領地当局からの完全な独立と希望するところに居住する権利」を獲得した。その後、干草の売買に投資して失敗したり、ふたたび村の子供たちを教えたりしていたが、ようやく一八一一年の夏、アレクセーエフカ村から東約二百数十ヴェルスタ（一ヴェルスタ＝一・〇六六八㎞）の村に支配人として雇われることになり、家族とともに出発した。

新天地でワシーリイはおおいに手腕を発揮したらしい。三年ほどのあいだに混乱した経営を立て直して地主の収入を倍増し、二千人の農奴の負担を軽減して疲弊した生活から救ったという。この間、ニキチェンコを県都ヴォロネジ市の郡学校、当時の初等学校へ入学させた。しかし、こうした一見順風満帆の生活も、実はきわめて脆い地盤に支えられていたにすぎない。ワシーリイはいかにも彼らしく、領地経営に当たって「完全な行動の自由を要求した」。一方の地主、それは五十過ぎの冷酷な女性だったというが、彼女のほうも、「いかにも地主らしく、気まぐれで、思いのままに振舞い、彼女の土地の誰かが彼女の意に反して呼吸したり、動き回ったりするなどとは想像もできなかった。」はじめは彼女も必要に迫られて譲歩せざるをえなかった。しかし、そうした関係が長続きするはずもなく、おそらく四年目に入ってからだろう、両者の間は次第に険悪化した。そしてある日ワシーリイは辞意をつたえる。地主はこれを許さず、翌朝ワシーリイは彼の家が包囲され、一家が監禁されたことを知る。辛うじて脱出した彼は家族の解放と財産の返還、さらに地主にたいする法の制裁をもとめる訴訟をおこし、当初彼の主張が退けられると県知事に訴えてようやく家族を取り戻し、近くのコサック村に身を寄せた。こうしてはじまった裁判は全県にセンセーションをまきおこし、「当時つねに強者の利益に傾きがちな法廷」も、ワシーリイの法律知識とたくみな立論のまえに逡巡し、いたずらに引き延ばしをはかるばかりだった。ワシーリイはしばしば所定の用紙を買うにもこと欠いたそうだが、「ただ自分の正しさだけを拠りどころに」持ちこたえた。しかし、結局彼は裁判の結末をまたずに死ぬことになろう。

一八一五年六月末に郡学校を卒業して、ニキチェンコが一家の寄寓先の村へ帰ってみると、父は別な村へ仕事に出掛けたまま、数カ月も音信が途絶えていた。じつは、さきの地主が先方の村の当局に、ワシーリイが審理中の身で居住地を離れる権利がないと通報、身柄の拘束を申し立て、その結果、彼は勾留されていたのである。「しかし、よくいわれるように、悲しみかならず続いてやってくるものなら、同じことは喜びについてもいわなければならない。」ニキチェンコが着いたその日の夕方、父も突然帰ってきた。事情が明らかになり釈放されたのだという。

それから二カ月ばかり経って、ニキチェンコは後述する理由でヴォロネジ市に戻り、残った一家もこの年の末か翌年のはじめに再び北上してアレクセーエフカ村から約六十ヴェルスタの現ヴォロネジ州オストロゴシスク市へ移った。

彼らの生活はどん底に落ちた。ワシーリイが期待した仕事は実現せず、彼はたまに代書を依頼されていくらか報酬をえるばかりになる。代りに妻が古物の売買の仲介をはじめたが、その彼女の手数料が長い間一家のおもな収入源であった。

ワシーリイの生涯にはこのさきまだ曲折が控えているが、いずれにせよ、運命は最後まで彼に微笑まなかった。従って、これ以上それを詳しく述べる必要はあるまい。彼は一八一九年に現ポルタヴァ州のある村へ訴訟の依頼をうけておもむき、その地で死んだ。五日ばかり病んだあと、「他人の手が彼の目を閉じた。」

「父はなにか新しい予期せぬ災難に出会うと、たいていこういった。『これはわたしに不幸という不幸をすっかり味わわせるためなのだ。』」四十年後のニキチェンコの日記の一節だが、果してワシーリイはどのような気持ちをこめてそういったのだろう。打ち続く不幸は彼を人々にも自分自身にも不満で、懐疑的な、いらいらした人間にしたという。この場合、これまでに述べたさまざまな出来事のほかに、ある地主夫人にたいする報われない情熱が彼の鬱屈をいっそう重苦しいものにしていたようである。

ワシーリイに関する筆者の知識は、ニキチェンコが残した手記を出ない。それは、彼の言葉でいうならば、農奴制社会における「招かれざる改革者」、そして「哀れな受難者」の像である。「その才能、高邁な感情、廉直な振舞いは彼になんの役に立ったろう。すべては彼の中で歪められ、押しつぶされたのだ。」繰り返すが、ニキチェンコが描いたワシーリイ像の真偽について、筆者は判断の材料をほかに持たない。疑うつもりになれば、いくらでも疑えるということである。この手記を書きはじめた時、ニキチェンコは四七歳だった。つまり、そこには記憶そのものの時間による磨滅があって少しも不思議でない。それとは別に、かならずしも非難できない動機によるなにほどかの美化も入り込んでいるのかもしれない。あるいはまた、ニキチェンコの中で彼の知らぬ間に現実の父と理想の父が区別し難いほど一体化していたのかもしれない。ただ、そうした疑えば疑える部分を差し引いても、おそらくワシーリイの生涯の基本的な構図はそのまま残るだろう。というより、われわれとしては、ニキチェンコが意識的にせよ無意識にせよ父をこのように考えていた事実、換言すれば、彼が持っていた父のイメージで十分ではなかろうか。つまり、彼にとって父とはなにであったか、それを知ればいい。その「父」はこれから辿るニキチェンコ自身の生き方を逆に照らし出してくれるのではないか。

　ニキチェンコが父を語る言葉には愛情といたわりがあふれている。しかし、そこにある種の苦さがまじっていることも否定できない。「わたしの父は自分の境遇をまったく理解していなかった。」「自分の境遇」を認識し、現実となにほどかの均衡を保つ能力の欠如、ニキチェンコにしてみれば、父の悲劇を解く鍵のひとつはここにある。それは批判ではない。反省といったほうがよかろう。このあとわれわれはこの父に関する覚書がニキチェンコ自身の生き方のいわばよき注釈であり、彼の一生がある意味で「父」離れの努力とよべることを見るであろう。

　父について述べながら、母についてなにも触れないのは公平を欠くが、教育はまったくないけれども、聡明で、善良な、そしてあらゆる不幸をひたすら耐え抜いた女性としてニキチェンコが讃辞を惜しまなかったとだけいっておく。

第2章

本題のニキチェンコへ入ろう。一八二三年まで、彼の足取りをたどるには、前章で用いた彼の手記によるほかはない。以下そのまま記す。

　われわれはニキチェンコが一八一五年に郡学校を卒業、

一旦帰村したあと、再びヴォロネジ市へ戻ったところで彼と別れた。このときのヴォロネジ行きは同市の中学校への進学という目的があった。

一八〇四年から施行された新しい学校制度は、公立の初等、中等教育機関がすべての身分に開かれていることをたからかに宣言していた。しかし、アレクサンドル一世の登場とともに掲げられたこの理想は、現実に根を下ろすことを阻まれたばかりか、治世の後半にはすすんで骨抜きにする施策に転じてほぼ宙に浮く。そのひとつのあらわれが各種の貴族寄宿学校の開設であり、それへの特権の付与である。他方、中学校そのものへも身分の壁をめぐらす動きが頭をもたげ、これについては次の事実がよく知られる。一八一三年、ある貴族が彼の所有する農奴をノヴゴロド・セーヴェルスキイ中学校へ入学させようとし、これを監督するハリコフ大学の委員会は審議の結果教育省へうかがいをたて、大臣名の回答をえた。その要旨は次の三点である。「中学校ニテ学ビイルハ大方貴族ト他ノ高イ身分ノ子弟ナレバ、予ノ思ウニ、農奴ヲ中学校へ入学サセルハ必ズシモ適当ニアラザルベシ、マシテ、コレラノ者ニハ郡学校ニテ教授セラル教エニテ十分ト観ゼラレルガユエ。」当該農奴の入学は、当人の「解放証書ノ提出ヲマッテ」おこなわれるべきこと。「向後類似ノケースニツキ、委員会ハソノ都度予ニ上申シテ許可ヲモトメルコト。」[1]

これによれば、農奴身分の少年が中学校の門をくぐるのは、ある史家のいうように、「例外」として認められるにすぎない。この種の締め出しが実際にどこまで広くおこなわれたのか定かではないけれども、のちに述べるこの時代の教育をおおう暗雲から推して、右の一件を指して「重大な前兆」という別の史家の言葉に同意せざるをえない。[2]

ニキチェンコの身分は農奴である。彼は郡学校卒業前後の心境をこう書いている。「友達と別れることは悲しくないことはなかった。しかし、なによりも悲しかったのは、中学校へ入学する準備をしている仲間にわたしがくわわれないことだった。中学校の扉はわたしにきびしく閉ざされていた。この時わたしは、わたしの身分ゆえにわたしにどれほどの呪いがかけられているか、はじめてはっきり意識しなければならなかった。その身分はこのあとわたしに数々の苦しみを味わわせ、自殺の淵にまで追いやったのである。」ニキチェンコは郡学校で首席を通したという。教師たちも彼の才能を惜しみ、そこで一計を案じた。彼に交付する卒業証書では彼の身分に言及せず、中学校へ提出する書類には彼の父を十四等官と記載するというもので、要するに身分詐称である。これが当の教師たちにとってきわめて危険な手段であることはいうまでもない。ニキチェンコがこれをどう受け取ったか分らないが、ともかく彼は村へ帰り父に打ち明けた。当然父は反対した。だが父も子の進学をのぞむ点では少しも変りない。そこで、ニキチェンコは再びヴォロネジ市へ戻ることになったが、その際父には偶然以外に格別当てはなかった。つまり、ニキチェンコに「例外」が認められるに違いないという期待で、「父はこの到底ありそうもない夢にとりつかれ、わたしをヴォロネジで養っていく力もないことなど忘れてしまったほどだった。」

結局、進学は実現しなかった。彼はみすぼらしい身なりで、手ぶらで中学校の校長を訪ねる決心がつかなかった。そうしている間に、別なある人が彼の一件を校長にはたらきかけて失敗したというはなしも耳にする。むなしい待機の日々を過ごしたあと、翌年のはじめであろう、彼は一家の移住先、ヴォロネジ市の南、約百四十ヴェルスタのオストロゴシスク市へ旅発つ。

彼を迎えた一家の窮状はすでに記した通り、この間に二番目の娘が生まれていたが、そのナジェージダ（希望）という名も皮肉にひびく。幸いニキチェンコはある商人の子供の家庭教師に雇われ、一家を助けることができた。彼が最初の報酬、二五ルーブリ紙幣を受け取ったのは復活祭の前日だった。こうしてこの年のキリスト復活の日は彼の人生の記念すべき、輝かしい祝日になった。彼は「自分の力をはじめて自覚」したという。「少年時代（中略）は永久に去った。わたしは新しい人生の入口に立っていた。」

彼の教師としての評判はよかったらしい。生徒の数もふえて彼は一家のおもな働き手になる。同時にオストロゴシスク市の知識人——ニキチェンコによると、この地方都市は「ヴォロネジのアテネ」とよばれたそうだが——と近づきになり、また小説に食傷して哲学、法学、自然科学などの本を漁ったという。当然そのうちには彼の理解の及ばないところがあったが、そのたびに勉学の道を閉ざしている自分の身分を思い出した。「ぼくがぼく自身の主人でなくともかまわぬ！　ぼくが人々の目と彼らの法律からみて無であってもかまわぬ！　それでもぼくには誰にも奪えないひとつの権利がある。それは死の権利だ。いよいよとなったらこの権利を使おう。だが、その時までは——勇敢に前進！」彼はピストル、火薬、弾丸二発を手にいれたという。「この時からわたしは落ち着いた。」

一八一八年の春からオストロゴシスク市とその近郊に祖国戦争の凱旋部隊、第一竜騎兵師団が駐屯、そこの将校と市の知識人のあいだに交流がうまれた。ニキチェンコもその一員にくわわり、将校たちは彼の「知的視野をおおいにひろげ」、なかでも新興のロシア・ロマンチシズム文学に彼の目を開いたという。変化は精神生活にとどまらない。師団長ディミトリイ・ユゼフォーヴィチ少将みずから二人の姪の家庭教師に彼を招いたからである。かたわら、まもなくニキチェンコは少将の私的な書記のような役も命じられる。もっとも、この時、彼は彼自身によれば十六歳、われわれが数えて十四歳で、どうやらこのほうは少将の気まぐれだったようだ。

こうした環境に恵まれて、ニキチェンコはあたえられた果実を十分に味わった。そうしながら彼はつねに足下に自分の身分を意識しつづけなければならない。将来への不安、死の誘惑。彼の言葉を借りれば、明暗が背中合わせの「二重生活をわたしは営んでいた。」

一八二〇年、ユゼフォーヴィチ少将は第一近衛騎兵師団の司令官を拝命、一家は任地の現リペツク州エレッツ市に移り、ニキチェンコも同行した。そこで彼は少将の姪や甥を教える。少将は若いニキチェンコの偶像だったそうだが、彼は相変わらずいまや一家の一員になった家庭教師に好意の目を注ぐ。オストロゴシスクのニキチェンコの家族、そこにはすでに父ワシーリイが欠けていたが、彼らもニキチェンコの仕送りでともかく暮しを立てることができる。こうしてニキチェンコは「自分をほとんど幸福に感じた。」

しかし、それは長続きしない。少将が突然態度を一変させたのである。

かなりまえからニキチェンコはおもに書簡体に託して自分を表現する試みをはじめていたが、そのころルソーの『新エロイーズ』と『エミール』を読み——無論、翻訳で——、「深い感銘」を受け、前者を真似た小説を書き出した。少将はこの場合もニキチェンコの向う見ずな企てにすすんで興味を示したという。ところが、ある日次のようなことが起きた。「わたしはひときわ熱心に自分の計画を打ち明けていた。将軍はじっとうなだれて聞いていた。突然彼の唇が嘲笑で歪み、いつもの愛想のいい言葉のかわりに毒のある言葉がそこから漏れた。わたしが物心ともにそんな権利がないのにひどく高慢だというのである。」これが発端だった。少将はもはや家庭教師になんの関心もない。両者は本来それぞれに相応しい役割にもどった。

ニキチェンコはユゼフォーヴィチの豹変の理由が分らないという。筆者も憶測するつもりはない。ただニキチェンコはのちにユゼフォーヴィチにあらわれる精神の異常とのかかわりを示唆しているけれども。

一八二一年、ユゼフォーヴィチ少将はみずから立案した屯田計画を持って現ハリコフ州チュグーエフ市へ移ることになり、一家は再びニキチェンコをともなって同市へ向かう。途中オストロゴシスク市に三日間立ち寄り、一行は五月半ばに目的地に着いた。チュグーエフは一八一九年に屯田兵の反乱が起きたところである。逮捕二、〇〇〇人余、鞭打ち刑二七五（または二〇四）人、うち死亡二五人。[2] ニキチェンコによれば、当時まだ事件の記憶が重く垂れこめていた。さらに、三日間のオストロゴシスク滞在は「わたしの古い病である郷愁」に火をつけた。結局ニキチェンコはわずかひと月でチュグーエフを去る。

オストロゴシスクへ帰り、ニキチェンコは自宅で「学校」をはじめた。それは一度危機に見舞われたが、わざわいのもとはほかならぬ農奴の身分である。「自由、知識、広々とした活動への止み難い衝動が時折わたしを捉え、肉体的な痛みにまで達した。」彼はシェレメチェフ伯爵に直接訴える決意をする。無論、たいした期待は持てなかった。「万一」をあてにしただけという。手紙は二度書かれた。しかし、若い当主は彼が所有する農奴の十五万分の一の解放に応じなかった。

こうして表面はつつましい教師をつとめながら、その下で荒々しい感情に耐える「二重生活」をニキチェンコはつづけていく。そして、同じ一八二一年、彼の運命はおおきな転換点にさしかかる。それはロシア聖書協会との出会いであった。

第3章

ロシア聖書協会の原型は、英国聖書協会である。英国聖書協会、正式には英国及び外国聖書協会は聖書の出版、普及を目的として一八〇四年にロンドンで結成され、これにうながされてアイルランド、スコットランドをはじめヨーロッパ大陸、アメリカ大陸に次々に誕生した。英国聖書協会の活動は早くも一八〇六年にロシア南部に及んでいる。

一八一二年、英国聖書協会のエージェントのJ・パターソンによって外国宗教庁長官[1] A・H・ゴリーツィン公爵（一七七三―一八四四）のもとに首都に聖書協会を設立する計画が提出され、十二月六日、アレクサンドル一世の裁可がおりた。翌年一月十一日、ゴリーツィン邸で設立総会が開かれ、サンクト・ペテルブルグ聖書協会が正式に発足した。[2]

会則第一条は、「いかなる注釈も付さず」に聖書の利用を促進すると告げ、第二条で「あらゆるキリスト教の宗派、あらゆる身分の男女からなる」とする。聖書協会は本来異なる宗派をつつみ込んだ団体で、いわゆる寛容の原則にもとづくが、ロシアの場合も、正教徒のほかにカトリック、プロテスタントの各派が参加していた。協会がその活動のなかでとくに聖書の解釈を拒んだことは、なによりも宗派間の対立を回避するためにほかならない。

そもそもパターソンの原案では、ロシア人のあいだの活動は見合わせ、「外国人の非正教徒にだけ神の言葉をひろめる義務を引き受ける」とあり、ゴリーツインもその旨上奏していた。教会スラヴ語訳聖書の出版は宗務院《シノード》の管轄だが、パターソンは英国の経験から、国教会つまり正教会との協力に気乗り薄だったらしい。しかし、これには正教会の代表をふくめてロシア人の側から不満が出され、結局、協会はその活動をロシア人にまで拡げることになった。これが協会にとって危険な火種になろうとはまだ誰も思い及ばない。

設立総会は総裁にアレクサンドル一世の側近で、宗務院総監と外国宗教庁長官を兼ねるゴリーツィン公爵を選び、彼を中心に副総裁六名、理事十名、書記二名、会計一名からなる委員会をもうけた。なお、副総裁、理事に厳密な定数はなく、その数は年とともに増えてゆく。

ペテルブルグ聖書協会の船出は祝福にみちていた。アレクサンドル一世みずから二五、〇〇〇ルーブリを差し出し、毎年一〇、〇〇〇ルーブリの寄金を決め、ミハイル、ニコライ両大公もこれにならいそれぞれ一、〇〇〇ルーブリを毎年寄せることにした。英国聖書協会は発足早々の五〇〇ポンドを皮切りに次々に資金を注ぎこんだ。その額は一八一五年までに九、五〇〇ポンド、当時の換算率で約二〇〇、〇〇〇ルーブリに達し、翌年が二、〇〇〇ポンドと七、五〇〇ルーブリ、翌々年が二、〇〇〇ポンドとつづく。二三年一月一日までの総額は一六、八三三ポンド、すなわち三五四、二〇〇ルーブリ。これは十年間の協会の総収入の一割強に当たる。こうした物的な援助に劣らず、あるいはそれ以上に重要だったのは人的な援助で、前記パターソンにR・ピンカートン、一八一六年からくわわったE・ヘンダーソン、彼らがロシアの聖書運動に果たした役割はきわめておおきい。

最初の年つまり一八一三年に早くもバルト海沿岸の四つの市とモスクワ、ヤロスラーヴリに支部が結成され、それは次第に全国へ広がる。一八一四年九月四日の勅令により、協会は実態に相応しくロシア聖書協会と改称、各支部はそれぞれの都市の名を冠してよばれることになった。十日後の九月十四日、タヴリーダ宮殿で第一回総会が開かれた。席上、初年度の活動報告は、協会の協力者は「帝国の第一級の要路の人々から、もっとも下層の、もっとも貧しい階級、すなわち農民、移住民、貧しい寡婦、召使、さらには児童にまで」及んだと自賛した。この年に有料ないし無料で頒布した新・旧約聖書および新約聖書は二、八九〇部。はじめ協会は教会スラヴ語訳聖書を宗務院から、その他の「外国語」訳聖書を外国から購入していたが、これでは廉価で供給はむずかしく、部数にも制限があるので、まもなくみずから印刷に乗り出した。この年立てられた出版計画は新・旧約聖書二二、五〇〇部、新約聖書三七、七〇〇部、言語数十。

第一回総会の最大の意義はペテルブルグ委員会の面目を一新したことにある。さきにも述べたように、当初協会と正教会の間には協力の見通しはなく、このため正教会の代表はゴリーツィンの招請にこたえて設立総会に出席したものの、委員会には参加しなかった。その後両者の関係は変り、第一回総会は正教会から副総裁に府主教二、大主教四、理事に掌院一、宮廷司祭一をくわえた。これはふたつの点で注目に値する。ひとつは、国家の要人、正教会の高位僧、その他の宗派の聖職者、各界の代表者という委員会の構成がこのとき固まったこと。もうひとつは、いうまでもなく、正教会と聖書協会の結びつきが名実ともにできあがったことである。

協会の初年度の活動を示す数字をさきに挙げておいたが、それらはまださささやかな成果にすぎない。われわれはつづく十年の間にそのめざましい伸展を見ることになる。しかし、そのあとを年を追ってたどることは煩雑に過ぎよう。ここでは、その全体の規模を知れば十分である。一八二三年にペテルブルグ委員会は同年一月一日まで十年間の事業報告書を発表した。それによると、支部五七、一八一五年から順次発足した賛助会二三一。聖書の印刷六五五、四八六部、言語数二六（国語二四、方言二）、うち既存のテキスト使用十四、そしてこれが重要なことだが、協会自身の翻訳十二。購入、寄贈四九、三四五部、言語数十五。以上、合計七〇四、八三一部。内訳は新・旧約聖書一八四、八五一部、新約聖書三一五、九二八部、各篇二〇四、〇五二部である。次に聖書の頒布状況だが、これについては正確な数は明らかでない。報告書がつたえているのはペテルブルグ委員会の倉庫の入出荷記録で、十年間の出荷の累計は四二七、七〇四部である。うち無料配布約二九、〇〇〇部、金額にして一〇〇、〇〇〇ルーブリをこえる。他の都市の委員会については詳らかではないが、ひとつの指標にはなりえよう。

ところで、ロシア聖書協会の活動の詳しい内容はさておくとしても、聖書のロシア語訳については、やはり触れておかねばなるまい。それはロシア正教徒ばかりでなく広くロシア文化にとって画期的な出来事であった。(3)

これには先例がなかったわけではない。すなわち一六八三年にまずロシア人の手で詩篇が訳され、この世紀の末から次の世紀の初めにかけてザクセン人牧師により、一回目は当時のリヴォニア、現在のラトヴィアで新・旧約聖書、二回目はモスクワで、この場合はピョートル大帝の委嘱を受けて新約聖書がそれぞれロシア語に移されている。しかし、それらは不幸な事情から陽の目を見なかった。とくに最初の詩篇は総主教ヨアキムによって発売、利用を禁じられたという。元来正教会は、教会スラヴ語が一般の国民の日常語から遠い存在になっているにもかかわらず、聖書のロシア語訳に冷淡だった。むしろ、教会は聖書の唯一の解釈者の地位を保つために、それを聖域化し、民衆から隔離することに熱心だったようだ。

公言こそはばかっていたものの、ロシア語訳の希望は協会のなかに発足当初からあったらしい。ようやく一八一六年二月、総裁ゴリーツィンの進言をうけたアレクサンドル一世が、彼をつうじて宗務院に新約聖書のロシア語訳を提案、ここに道が開けることになった。ただ、これには一定の枠がはめられていた。つまり、底本には教会スラヴ語訳を用い、問題に応じてギリシャ語原典に拠ること、教会スラヴ語のテキストを付して刊行すること、正教会による教会スラヴ語テキストの使用はそのまま残されること、などである。

一八一六年、まず四福音書の翻訳がスタートした。作業はペテルブルグ神学大学《アカデミー》長フィラレート（B・M・ドロズドフ）を中心に正教会の学者が分担、聖書協会は完成した翻訳の点検、出版を受け持つことになる。たしかに、正教会の一部にはこうした成り行きを不快視する空気があった。そのひとりがロシア正教会の頂点に立つノヴゴロドおよびペテルブルグ府主教アムヴローシイで、彼はやがてゴリーツィンと対立、一八一八年三月、高齢を理由にペテルブルグ主教座を退き、五月、ノヴゴロドの僧院に去り、半月後失意のうちに死ぬ。彼とゴリーツィンの確執は宗教政策全般にわたるものだったが、いずれにせよ、これは不吉な兆しであった。

一八一九年、ロシア語訳四福音書、第一版が出た。一〇、〇〇〇部。一部、紙幣五ルーブリ。さらに同年、第二版、第三版各一〇、〇〇〇部とつづき、このあとの版にはすでに使徒行伝がくわわっている。二年後の一八二一年に新約聖書のロシア語訳が出そろった。すなわち、四福音書、使徒行伝に使徒書簡十篇をふくむ版、残り十一篇の使徒書簡とヨハネ黙示録をあわせた版が刊行されたからである。次の一八二二年、協会は新約聖書全一巻をはじめて上梓した。次部数はこの年前半にペテルブルグで二五、〇〇〇、モスクワで五、〇〇〇。モスクワでは発売後三日間で三五〇部近く売れたという。

　これよりさき協会は聖書の全訳を計画、一八二〇年、旧約の翻訳がスタートした。それはペテルブルグ、モスクワ、キエフ三神学大学で同時に進められたが、一八二〇年度、正確には一八二一年六月までの事業報告書は詩篇がすでに訳了し、皇帝の出版許可がおりたことをつたえている。それは翌二二年一月に現れた。重要なことは、旧約聖書の場合、ヘブライ語原典が底本として採用されたことである。これはさきの新約にくらべてあきらかに前進といえる。こうした協会の原典尊重の方針の結果、新約、旧約いずれの訳も従来の教会スラヴ語訳との間にかなり異同が生じたようである。(4)

　もうひとつ注目しておきたいのは、ロシア語のみ、教会スラヴ語テキストなしの出版である。これによってより安く、より使い易くするのが狙いだが、それとは別にこのロシア語の独り立ちはおおきな意義を持つといえる。早くも一八一九年に前記の四福音書と使徒行伝を合せた版がこのかたちをとり、右に述べた詩篇もこれにならう。一八二三年には新約聖書一巻がはじめてロシア語だけで活字になる。価格を従来の半額に引き下げ、体裁も大幅に圧縮できたそうで、協会の『ニュース』一八二四年二月号は過去八カ月の間に二〇、〇〇〇部の印刷が完了したと告げた。

　一方、両語併記新約聖書は一八二四年までに、各種の版を合せて、一一七、〇〇〇部。詩篇は二三年三月にはすでに十二版、一〇〇、〇〇〇部をかぞえ、二四年には計一四五、〇〇〇部に達したという。その他の翻訳も順調で、二四年の末または二五年の初めまでにモーセの五書、ヨシュア記、士師記、ルツ記まで合せて一巻、一〇、〇〇〇部が印刷され、それはロシア語訳聖書全五巻の第一巻を構成するはずだった。

　しかし、それは一八二五年十一月七日付勅命によって発売を禁止されるだろう。これよりさき、別に印刷されていたモーセ五書、数千部が煉瓦工場の竈の灰に化す。ロシア語訳新約聖書は店頭から消える。スラヴ語・ロシア語併記のそれは絶版。ロシア聖書協会を取り巻く状況は明から暗に急転したのである。だが、それを語るのはまだ早い。

第4章

　ロシア聖書協会の成功はイギリス以外のどの国にも見られないものだった。それは英国聖書協会に驚きの混じる喜びをもって迎えられた。彼らにとってロシアはいわゆるおくれた国であって、彼らがそこに予想を裏切られた快い興奮を味わったとしても不思議はない。しかし、それはロシアの側から見ても、やはり目ざましい出来事であることに変りないだろう。ロシアにはイギリスにおけるような社会的活動の経験も、その物質的、精神的基盤も、この場合それはとりわけ宗教的寛容の伝統だが、そうした素地がここには欠けていた。なによりも、ここには国民がみずから企て、行動する自由、そのための環境が存在しなかった。そこで働いていたのは、大まかに単純化していえば、皇帝政府の権力だけである。いかなる社会現象といえども、多かれ少なかれこの権力を中心とする軌道から外れることはできない。ロシア聖書協会に即していえば、こうした状況は明らかにその活動の上に正負両方向に作用した。正方向とは、いうまでもなく前記の目ざましい成功であり、それをもたらした最大の力は玉座そのものに由来する。実に皇帝の是認と保護がロシアの聖書運動の成否を決定するほとんど唯一の条件だったのである。

アレクサンドル一世は治世の前半にとくに宗教に関心を示すことはなかった。たしかに、その周囲にもいわゆる魂の問題に深く沈潜していた人がいたことは事実で、彼にもっとも近いゴリーツィン公爵がその好例である。しかし、彼らの影響の有無をどう量るにせよ、アレクサンドルの回心は一八一二年の祖国戦争のさなかまで待たなければならなかった。

まずアレクサンドル一世の側からの証言を引いてみよう。皇后付の女官、P・C・エドリングのものである。

ロシア軍の相次ぐ後退にたいする世論の苛立ちは、ナポレオンのモスクワ入城によって頂点に達し、皇帝のまわりには不満と非難が渦巻いていた。「モスクワ陥落は陛下を心底震撼させた。陛下はどこにも慰めを見出せず、青年時代の友ゴリーツィン公爵に、なにひとつ暗い思いを晴らしてくれるものがないと打ち明けた。（中略）ゴリーツィン公爵はアレクサンドルに彼と同じ泉〔聖書〕から慰めを汲みとるよう、おそるおそる勧めた。こちらはなんとも答えなかった。だが、しばらくして皇后のところへやってきて、聖書を読ませてもらえまいか、ときいた。皇后は突然の頼みにひどく驚き、自分の聖書をわたした。陛下は自分の身の上に当てはまる個所に残らず鉛筆で線をひき、もう一度読み返していくうちに、ある親しい声が自分を元気づけ、迷いを吹き散らすように思われた。燃えるような、まことの信仰が陛下の心にしみとおり、キリスト教徒になって、陛下は自分が強くなったと感じた。こうしたくわしいことは、わたしがずっとあとで陛下ご自身の口から知ったのである。」

一方、ここに名前が出ているゴリーツィンのほうはどうだろうか。ゴリーツィンの回想を聞き書きのかたちで残したЮ・Н・バルチェーネフによれば、この間の経過は次のようになる。

「西ヨーロッパの上に暗雲が徐々に垂れこめ、すべてが一大異変を予告していた」ころ、しかし、まだ「日々の歯車が普段通りにまわっていた」「ある時、わたしは陛下と二人きりで福音書のはなしをしていて、彼にこの本を読んだことがあるかどうか、率直にきいてみた。『いや、一度もない』と陛下は答えた。『もしわたしがその中のなにかを知っているとしたら、教会で耳にしたことだけだ。だが、いまではこの泉もわたしにはもう涸れてしまった。』」そこでゴリーツィンは皇帝にこの本を読むように勧める。「アレクサンドルは同意して、福音書を読むと約束した。これはわたしを狂喜させ、わたしはその日のうちに急いで自分の聖書を彼に贈った。」それから間もなくアレクサンドルはフィンランドへ出発したが、旅の途中で例の聖書を思い出して読みはじめ、やがて片時も離さなくなった。首都へ帰ったアレクサンドルはゴリーツィンにいう。『わたしはこの本にすっかり夢中だ。』その後、ナポレオンのモスクワ入城と撤退をはさんでロシア軍は攻勢に転じ、潰走するフランス軍を追ってアレクサンドルはリトワニアの首都ヴィリナ（現ヴィリニュス）に入る。そしてその地から（と思われる）ゴリーツィンの手紙にこたえて、彼が「もうように主の完全な導きに自分をゆだねていると告白」した。[1]

ちなみに、アレクサンドルのフィンランド出発は八月十日。勿論、ボロジノ会戦も、モスクワ陥落もない。ナポレオンのクレムリン入りが九月三日、その公式報告のペテルブルグ到着が九月八日。そしてアレクサンドルのヴィリナ滞在は十二月十一日から二八日までの間である。

ふたつの証言を並べてみると、食い違いが大きく戸惑うばかりだが、それぞれの信憑性をいまとなっては確かめようもない。問題をアレクサンドルの回心劇の発端に限っても、相当なずれがある。もっとも、この点でエドリングに近い証言はほかにもある。そのひとつ、プロイセンの主教、フリードリヒ・ヴィルヘルム三世の顧問、R・F・アイラートによれば、アレクサンドルはナポレオンのモスクワ占領にともなう旧都の炎上が「わたしの魂を照らし、氷の野における主の裁きがわたしの心をかつてないぬくもりで満たした。その時からわたしは神を知るようになった」と述懐したという。[2] しかし、これをもってゴリーツィンの回想を疑う理由になるのかどうか。ただ、モスクワ陥落がアレクサンドルの回心の直接の契機でなかったにせよ、少なくとも重要な転機であったことは確からしい。とすると、ゴリーツィンの回想の前半はその前史ということになるのだろうか。

ところで、この一件にはおもしろいエピソードがつたえられていて、いささか蛇足めくが、つけくわえてこう。ゴリーツィンの部下で、のちに財務省に転じたP・ゲーツェは次のようなはなしを残している。

「ナポレオンとの生死を賭けた戦いが迫っていたころ、皇帝アレクサンドルの心は悶々として休まることがなかった。」ある日、いつものようにフォンタンカの河岸通りへ散歩に出て、ゴリーツィンのもとに立ち寄った。書斎に通された彼はゴリーツィンに自分の重い胸の内をはなしかけて、「たまたま」テーブルの上の聖書を開き、詩篇九一(ロシア正教会聖書では、九〇)を読む。「いと高き者のもとにある隠れ場に住む人、全能者の陰にやどる人は主にいうであろう、『わが避け所、わが城、わが信頼したてまつる神』と。……」数日後、彼は皇后から聖書を借りて読み、「打ちひしがれた人の心が、神の言葉にどれほどの慰めと勇気を汲みとることができるか、悟り始めた。」

おそらく、このエピソードもゴリーツィンから出たものだろうが、これには同じゴリーツィンがイギリス人のクエーカー教徒に語ったというさらに手の込んだバリエーションがある。

ナポレオンのモスクワ入城のニュースが届いたあと、ペテルブルグでは緊張が高まり、住民は家財の疎開にとりかかった。そうしたなかでゴリーツィンは、いままで通りに宿舎の改築と礼拝堂の工事をつづけていた。そこである時、皇帝はこの平静のいわれを問う。大臣はこたえて、『主がわたしをまもってくださいます。わたしは主を信じております。』「わたしの心」とこの聖書がそのあかしです、といいながら彼が皇帝に聖書をわたそうとした時、それが床へ落ち、詩篇九一のところで開く。大臣はそれを読み上げた。まもなく、皇帝は前線へ向う部隊のために催された礼拝式に参列、そこで再び詩篇九一を聞く。その後、すでに行軍の途中で、ある日彼が聖書を読んで聞かせるよう命じると、命じられた者はまたも詩篇九一を読みはじめた。このいずれの場合も皇帝は作為の有無をたずねたが、答えは双方とも否であった。この三重の偶然が彼を深く動かし、その心を神の恩寵に開かせ、日課として朝夕聖書を読む決心をさせた、というのである。[3]

これらは単なる伝説なのかもしれない。われわれはアレクサンドル一世の回心をめぐる一連の出来事については、事実そのものでなく、事実の影で満足しなければならないようだが、勿論それによってことの本質が左右されるわけではない。

一八一二年の試練の中で芽生えたアレクサンドルの信仰はその後深化の度をくわえた。なによりも、ヨーロッパ全土にくりひろげられた戦乱のドラマと、その主役としての彼自身の役割が彼の心を畏怖の念で圧倒し、神のまえにへりくだることを教えた。毎日彼は聖書から預言の一章、福音書の一章、使徒の書簡の一章を読みつづける。しかし、ここではそうした経過をたどることはやめて、そのひとつの結実が、彼みずから起草し、一八一五年九月にパリで調印された神聖同盟条約であったとだけいっておこう。この同盟の名称そのものがダニエル書からとられたとみられている。条約はヨーロッパ新体制の指導理念としてキリスト教の「愛ト正義ト平和ノ遺訓」をうたいあげたものだが、イギリスの外務大臣に「荘重な神秘主義とナンセンスの作品」と冷笑されたというこのはなはだ抽象的な条約は、なによりも起草者の精神のありようを映す鏡として興味をひく。

再び聖書協会に戻れば、一八一二年に設立の許可をもとめられたとき、アレクサンドルにはそれにすすんで同意する十分な理由があったのである。彼は物心両面の支持を惜しまなかった。物質的な援助についてはすでに触れたが、さらにくわえれば、ペテルブルグ委員会へ印刷用紙代一五、〇〇〇ルーブリ、印刷所、倉庫、書店を設ける建物およびその改造費一五、〇〇〇ルーブリなどのほか、モスクワ支部にも建物を贈っている。特典も与えられた。一八一五年から協会の文書、出版物は無料で全国の郵便網を行き交うことになる。毎年の総会はタヴリーダ宮殿で開かれた。席上、年ごとに皇帝に捧げられる感謝の言葉は、こうしたおおやけの席に欠かせない単なる儀礼以上のものがあったのである。

第5章

皇帝の傘のもとで、協会の中枢のペテルブルグ委員会はどう振舞ったろうか。聖書協会についてはじめて詳細な研究をおおやけにしたA・H・プィピンはいう。「聖書協会の最初の参画者は第一級の高官だった。彼らは、ごく自然に、その地位にあって慣れ親しんだやり方で活動を開始した。協会は一般の協力をまたねばならなかったが、人々に協会の目的を説いて寄金をすすめるために、委員会は〈聖俗界の長〉を通じてはたらきかけるのが最適と考えた。各地方の〈長〉が受け取った呼びかけには、皇帝の信任厚い、有力者の外国宗教庁長官が署名していた。しかも、これらの〈長〉は、手紙、新聞あるいは直接の通信によって、協会の委員会にはまた内務大臣、教育大臣、その他の要人、宮中総務、元老院議員、さらにまもなく第一級の宗教人もいることを知った。これだけでもう委員会が当初から彼らの目に特別な〈省〉として映るには十分であり、それは顔ぶれから見て、とくに間もなく周知のことになった皇帝自身の庇護から見て、きわめて強力なはずであった。聖書運動への呼びかけは行政通達の様相を帯びたのである。[1]」

中央の権力者の意図が明らかになれば、あとはそれに足並みをそろえるまでである。上意下達の構造は下が進んで上の意を迎えることによってさらに豊かな実りをもたらす。数年の間に全国のほとんどの主要都市に支部が出現した。その委員会の構成はどこも同じだった。それぞれの県の権力者たち、主教、司祭長、神学校長、知事、副知事、検察官、収入役、教育長、郵便局長、貴族団長など。委員会は正教会については修道院長、管区長、貴族については郡貴族団長、都市については市長、市議会長、農村については郡警察署長に呼びかけた。

別な研究者はいう。「予期された通り、皇帝が見せた関心は協会の会員募集キャンペーンに明らかにはずみをつけた。ロシア聖書協会の一員であることは、信仰厚い人々ばかりでなく、出世に熱心な役人や士官、商人、社会的栄達をもとめる人々にとってのぞましいことになった。あらゆるレベルの官吏が、皇族とおおくの閣僚の浄財に自分のそれをくわえるべく殺到した。地方の貴族としがない教師は、伝道熱にかけて互いにひけをとらなかった。[2]」

こうして権力のさまざまな段階をへて協会の活動は広く浸透していったが、考えてみれば、いや、考えるまでもなく、これは奇怪なことである。宗教という人間のもっとも私的な、もっとも内面に属するはずのことがらにおよそ相応しくない。これによってえた成果、それは目ざましいものだったが、一体そうした成功をどう評価すべきなのか。プィピンにいわせると、「それはかなりの程度までフィクションだった」。彼らが見せた熱意には「あまりにわざとらしい、人工的な匂いがする。」たとえば、言葉である。各地から寄せられる通信は、教会スラヴ語をさかんに用い、聖書の引用をふんだんに織り交ぜていたが、それによって敬虔な、しかし、仰々しい、感傷的な美文をつくるだけに終わったという。それは手紙に限らない。各地の集会、さらに首都の総会における演説、報告も例外ではなかった。プィピンは「偽善」という語を使っている。実際、筆者にしても、プィピンたちが伝えるさまざまな事実のうちに、過剰なものを認めざるをえない。

前章のはじめに、あらかじめ筆者はロシアの専制国家としての条件が聖書運動に正負両方向に作用したと述べておいたが、いま見たのはその負の面である。いうならば、一枚のメダルの表と裏だが、現在筆者にはこうした面を十分に材料をそろえて検証する手立てがない。筆者の目に触れる資料はわずかである。ただ、それらは右のプィピンたちの記述を確実に裏書きする。

例えば――

「第三猟兵旅団司令官、陸軍大佐、帯勲者、ポレーシカ閣下

陸軍総司令官閣下ノゴ意向ニヨリ、第一軍軍政部長、陸軍少将オリデコープ閣下ヨリ師団司令官宛ノ文書ニ付シ、白ロシア、モギレフ市ニ設立ノ聖書協会ノ委員会並ビニ同協会ノ目的及ビソレガ達成ノタメノ資金ニ関スル従軍司祭長ノ訴エノ印刷物送付アリ。ココニ右印刷物及ビ寄金者ノ氏名、金額ヲ記入スベキ、小官ノ署名セル帳簿ヲ添エ、貴官ニタイシ、各連隊ニ、前記協会ニ寄金セル者ノ氏名、金額ノ報告書ヲ半月毎に師団軍政部ニ提出シ、且ツ現金ヲ請求アルマデ連隊金庫ニ保管スベキ旨命ゼラレンコトヲ求ム。

陸軍大佐スコベレフ

一三五〇号　一八一六年十月五日

ウィテブスク市[3]」

あるいはまた、同時代人、例えば、Н・И・グレーチの証言[4]。

こうした聖書協会にたいする批判、反発は、表沙汰になることはなかったけれども、求めようとすれば、無論、求められる。その最たるものをひとつだけ挙げておこう。一八一九年、若き日のП・А・ヴャーゼムスキイが協会書記をつとめる友人、А・И・トゥルゲーネフに宛てた手紙から。「あなたがたの協会は民衆にはなんの役にも立たなかった。請け合ってもいいが、都市の庶民百人中おそらく一人の手元にも聖書は見つからないし、田舎ではそんなものは耳にしたこともない。聖書は全部旦那方に渡ったのです。(中略)あなたがたはそれぞれ自分の報告で世間を騙しているだけ、しかもお互い申し合わせてね。ひとつおたずねしますが、ここで騙されているのは誰か。ためしにロシアに聞いてみるがいい。すべての声が反聖書の一点で一致するでしょう。ある者は協会を悪と見、ある者は馬鹿げた振舞いと見ているのです[5]。」

確かに、社会の上下を問わない聖なる情熱の突然の発露には権力による動員があった。それを推進する側にも、受ける側にも不純な動機の侵入もまぬがれなかった。しかし、さきの研究者は、引用箇所のあとにこう続けている。「このことは協会の名簿が偽善者のみで埋まっていたという意

味ではない。それは、ロシア聖書協会が多種多様な動機の持ち主を抱えていて、その一部の人々の目的が協会の意図と異質なものだったことを示すにすぎない。」つまり、当然ながら、そこには純粋な信仰から参加したり、福音を受け入れたりした人々もいたので、その数も、全体に占める比重も量ることはできないけれども、いうまでもなく、これらの人々の存在が運動を内から支えた力であった。さらにつけくわえれば、ゴリーツィンをはじめとするリーダーの、少なくとも幾人かについても、彼らの誠実そのものを疑う理由はない。そこで次の問題は、彼らをふくめて、聖書協会の理念を担った人々、その精神の内実である。

　ロシアの聖書運動は単なる権力の演出ではない。それを実現したのは、良かれ悪しかれ、ひとつの思想であり、それを取り巻く時代の状況であった。アレクサンドル一世の治世、とくにその後半のロシアの精神生活の特色はいちじるしい宗教への傾斜にある。J・H・ビリントンの言葉を借りれば、それは「フランス啓蒙主義の合理主義と懐疑主義にたいする、宗教性を帯びた反動のうねり」[6]であって、例えばわれわれはこの「反啓蒙主義」のカトリック陣営の旗手としてジョセフ・ド・メーストルの名をすぐ思い浮かべることができる。ロシア聖書協会はそうした「うねり」の、当代におけるひとつの結節点であり、そこで優位を占めたのが、一般に神秘主義あるいは敬虔主義とよばれる流れである。[7]この流れは前世紀に遡る。その担い手はマソン（フリーメーソン）であった。簡単に振り返っておこう。

第6章

　ロシアのマソンの歴史は複雑なうえに不明な点が多く、ことにその発端はわれわれの視野から隠されている。いい伝えによると、最初の支部《ロッジ》はピョートル大帝自身が十七世紀末か十八世紀はじめに開いたという。もっとも、それよりもさらに古く、アレクセイ・ミハイロヴィチ帝の時期にロシアにすでに存在したという説もあるらしいが、いずれにせよ、これらはたしかな裏付けのない伝説にすぎない。マソンの存在が記録のうえではじめて確認されるのは、一七三一年のことである。ただこれはロシア在住のイギリス人の支部で、ロシア人はまだ含まれていないらしいが、ともかく、これでマソンの波が国境を越えたことが知られる。[1]やがてこの波は少しずつ貴族の間に及んでいくけれども、しかし、それがこの国の精神生活におおきな意味を持つようになるのは七〇年代からであろう。この時マソンの活動は質量ともにあたらしい展開を迎え、とりわけ、エカテリーナ二世の宮廷とその周辺に巣くう懐疑主義とモラルの退廃にたいして宗教的、道徳的自己形成の理想をかかげることになるが、われわれとしてはさらに飛んで、次の八〇年代に目を向けたい。すでに一七七九年にこの時代の主役を演じるJ・G・シュヴァルツとH・И・ノヴィコフが前後してモスクワ入りし、八〇年代の運動は主な舞台を従来のペテルブルグからこの地へ移す。そしてそれは反「ヴォルテール主義」を旗印にいわゆる神秘主義の方向へいっぱいに舵を切った。

ロシアのマソンは教義、組織のあり方をヨーロッパに仰ぎ、イギリスをはじめとしてスエーデン、ドイツなどから直接、間接に輸入してきたが、こうしたいくつもの系統が目まぐるしく交代あるいは共存する状況はこのあとも続く。八〇年代の主流はドイツ生まれのローゼンクロイツ派である。

ところで、この少しまえからロシアのマソンの心を強くとらえたフランス人にサン・マルタンがいる。この「無名の哲学者」の『誤謬と真実』は、一七七五年の刊行のあと間もなくこの国に知られ、ロシア語訳も、十年後にそれが出版されるまえから手書きで出まわっていた。こうしてモスクワのマソンたちはローゼンクロイツ派を名乗るとともにマルチニストの名でも呼ばれることになる。だが、彼らをこの哲学者一人に結びつける必要は少しもない。例えばヤコブ・ベーメである。シュヴァルツはモスクワ大学と彼らの支部で、ベーメの神と宇宙に関するヴィジョンをもとに講義をくりひろげた。ベーメの著作がはじめてロシアに紹介、翻訳されたのは十七世紀末に遡る。サン・マルタンは当時半ば忘れられていたこの先行者の再発見の機会をマソンに提供したというが、八〇年代以降この近世最大の神秘主義思想家の存在はきわめて大きい。影響の深さという点では、敬虔主義の祖、J・アルントも挙げておこう。有名な『真のキリスト教に関する四つの書』のロシア語訳の出版は一七八四年だが、その影響はこれよりまえ、そして次の時代に及ぶ。とくに敬虔主義はその実践的なありようで強く訴える力を持っていた。教条化、形式化、あるいは世俗化したキリスト教にたいする「生きた信仰」、そうした「真のキリスト教」という理念はこのあとマソン、さらに広く神秘主義者の合言葉になる。[2] 敬虔主義は十八世紀のはじめには早くもロシアに達していたが、その後ザクセンで発足したヘルンフート兄弟団（モラヴィア兄弟団）が進出、一七六五年には現在のヴォルゴグラード州の一角にコロニーを建設し、教団はここを中心に活動をつづけ、ロシア人の間に知られていく。われわれは次の世紀の聖書運動、あるいは一般に宗教運動の中でこの教団の名にひんぱんに出会うことになる。

一七八二年にノヴィコフが雑誌『夕映え』の発刊の辞のなかで、「われわれの祖先」の「叡智の真昼の光」に比して「われわれの理性の光」を「夕べの光」に譬えた時、それは彼らに共通な出発点を正確に指していたのである。「われわれの祖先」とは創世記のアダムである。かつてこの最初の人間には宇宙のすべての秘密を解く鍵があたえられていた。われわれの使命は、理性による世界の認識から、さらに「われらの内にある」「神の光」をあらわし、かつての「叡智」を取り戻すことでなければならない[3]。

この土壌にローゼンクロイツ派が根をおろした。団の結成はシュヴァルツを指導者に一七八二年の末。ローゼンクロイツ派は、従来の「自己浄化」や「自己完成」の上に、宇宙の知識の可能性を提示してマソンたちの要求に応えた。聖書、とりわけ創世記の隠れた意味の解読、自然の秘密を明かす錬金術、その霊と交信する「白い」魔術、等々である。このうちの前半もさることながら、問題は後半だろう。もっとも、のちにおこなわれた取り調べの際の供述によると、ロシアのローゼンクロイツ派は、少なくとも国内ではいかがわしい秘儀を実行するまでに至らなかったそうだが[4]。

たしかに、モスクワのマソンの運動には曖昧な影がさしていた。しかし、全体として、その主な部分が宗教的、道徳的「再生」を自他にもとめることにあったと見る点で、従来の見方におおきな差はない。それは、例えば、И・B・ロプヒーンの手になる『教理問答』がうたっている通りである。

「三、真のフリーメーソンの団体の目的はなにか。その主たる目的は、真のキリスト教徒の目的に同じ。

四、真のフリーメーソン主たる義務はなにか。なによりも神を愛し、兄弟のために、呪われ、イエス・キリストから引き離されることすらのぞんだ聖パウロにならい、己のごとく、または己にまして近き者を愛すること[5]。」

ここでは出版、教育、慈善の各分野にわたる彼らの活動、とくにノヴィコフのそれについて述べることは控えるが、右のような健康な意志が彼らに活力をあたえていたことを忘れてはならない[6]。無論、彼らの間に力点の違い、ニュアンスの違いはある。そしてそれはシュヴァルツの死後、八〇年代後半に次第に鮮明になろう。

一七九二年、モスクワのマソンの運動は壊滅した。すでに数年前からはじまっていたエテリーナ二世の一連の弾圧が、ノヴィコフの逮捕、主だったメンバーの喚問によって最終段階を迎えたのである。翌年、彼らの出版物一八、六五六冊が火に投じられ、彼らの蔵書も一部を除き同じ運命にあう。焚書は次の年も二度繰り返された。

もともとエカテリーナはマソンの神秘主義を不快な目で眺め、みずから喜劇を書いて揶揄していたが、しかし、彼女がペンにかえて力を行使するには、「ヴォルテールの友人」という自負よりもっと現実的な動機がひそんでいたと見てよかろう。もっとも、彼女のマソン攻撃は、その意図も含めて判然としないところがあって、見方は一定していない。たしかなことは権力の過度に敏感な嗅覚がそこに危険な匂いを嗅ぎつけたことで、一七九二年のマソン狩りはあきらかに政治的事件といっていい。

モスクワのマソンは基本的に現体制の支持者であり、愛国者である。だが、権力の自衛本能を刺戟する環境に不足はなかった。最大のそれがフランスで燃え盛る革命であることはいうまでもない。そのほか、国内ではパーヴェル大公、国外ではプロイセンの存在。いずれもエカテリーナが警戒をとがらせる理由がある。モスクワのマソンはガッチナの大公とも、プロイセンのローゼンクロイツ派とも関係を持っていて、どうやらここに嫌疑が掛けられたらしい。

パーヴェル大公の場合はどうか。追及は急だったようで、そのことは、ロプヒーンが、取り調べの間モスクワ総督のすべての質問がこの「疑惑に狙いをさだめ」、他の質問はそれをくらます「煙幕」にすぎなかった、と述べていることからもうかがえる。モスクワのマソンがロシア全土の「グランド・マスター」に大公をのぞんだことはあるようだが、しかし、それも単なる期待にとどまった。結局、明らかになったのは、ノヴィコフの供述にある事実、彼が人を介して大公に本を献上したことぐらいで[7]、無論ここに犯罪の影はない。プロイセンについても、祖国への裏切りの跡は見つからなかった。もっとも、女帝の疑惑を肯定する見方はある。しかし、あくまでも推測の域を出ない[8]。いずれにしても、エカテリーナ二世の意志は明確であり、それで十分だったのである。もっとも危険な人物として、ノヴィコフは禁固十五年をいいわたされた。（一七九六年、次のパーヴェル一世即位後釈放）

モスクワのマソンの崩壊にともなって、各地の運動も逼塞した。こうしてこの流れはかたちの上で一旦中断するものの、それは地下水となって十九世紀へ流れこむ。

第7章

いわゆる神秘主義はアレクサンドル一世治下の社会に氾濫することになるが、そうした成り行きを追うまえに、それが果たしてどのようなものであったのか、その内実に多少とも触れておくほうがよかろう。もっとも、一口に神秘主義というものの、さまざまな要素のアマルガムで、格別明確な体系をなしているわけではない。しかも現在、当時の文献のほとんどは筆者の手の届かないところにある。従って、筆者としては過不足ない見取り図を描くことはあきらめ、もっとも代表的な著作のひとつを検討してそれに代える。取り上げるのは、ロプヒーン『内なる教会、真理の唯一の道、および誤まりと滅びの種々なる道に関する若干の考察』（以下、『内なる教会』と略す）である。

これを選ぶ第一の理由は、それが神秘主義と称される言説のもっとも包括的な記述だからである。ここにはその主要なテーマがほぼ完全に盛られている。ロシアの神秘主義はヨーロッパのそれの一支流で、彼らはかの地の著作を咀嚼し、母国語に移すことに忙しかった。従って、彼ら自身の著作は限られているが、そのなかで右の著作はひときわ高い尊敬を集めていた。ついでにいえば、それはロシア本国にとどまらない。これは仏訳、独訳も出て、ロプヒーンの『手記』によれば、ドイツ神秘主義の教祖の一人、カール・エッカーツハウゼンが「真の叡智にみちた書」と称賛したという。[1]順序が逆になったが、ロプヒーンがこれを書いたのは一七八九年、それに手をくわえて世に送り出したのは一七九八年である。その後これは一八〇一年、一八一六年に版を重ねた。つまり、これは当代の神秘主義の歴史を共に歩み、その新旧両世代にまたがって生きたわけで、その間、前述の通り、この国の神秘主義者にとって最良の書でありつづけた。ここにこの著作を選ぶ第二の理由がある。

『内なる教会』は小さい本である。筆者が手にしている著作集でも各ページ三四行で、六〇ページに満たない。[2]しかし、この小さい本の内容を伝えようとして、筆者はいささか困惑している。一般に神秘主義者は論理よりも直観を、厳密な定義よりもふくみのある表現や自由な比喩を好む。この点ロプヒーンも例外でなくて、ここで出会う独特な概念や用語はしばしば曖昧で、その間の関係も見えにくい。また全体として同一主題の反復、変奏といった観もあり、それだけに単なるいいかえも少なくないし、議論の停滞もまぬがれない。そうした前置きをしたうえで、以下、不明な個所は不明なまま、多少の冗漫をいとわず、重要と思われるポイントを紹介していくことにする。

第一章は「内なる教会」の成立史を述べる。神による人間の創造、神の「光」につつまれた至福にはじまり、その楽園からの追放が語られる。それは神に背き、「みずから自己の本性を歪めて」招いた転落であり、いまや「悲しみの住処」こそ彼に相応しい。しかし神の「無限の愛」は彼の「再起」の道を用意せずにおかない。こうして「アダムの悔い改めの最初の吐息は、いわば彼の内にかの光が再び輝きだす最初の一条の光であり、地上における内なる教会の最初の礎であった。」

ロプヒーンは旧約の時代を通じて「このただひとつの教会」が受け継がれ、キリストの受肉、とくに受難によって力と広がりを持つに至った経過を明らかにする。そこで述べられるのは、要するに、「御霊」に導かれ、満たされる「永遠なる生」への「よみがえり」の思想で、それがおこなわれる場が「内なる教会」ということであり、それは、当然、「見えざる教会」である。

第一章には「よみがえり」をはじめ神秘主義の主要な命題がほぼ出そろう。この場合、内と外、見えざるものと見えるものという二分法ないし対比法に注目しておこう。これは彼らの思想の基本的な枠組みになるはずである。

第二章は「内なる教会」を架空の聖堂にたとえて描写する。「もっとも奥まったところ」に司祭たちがいて、内陣、外陣から前庭へかけて、すでに「よみがえりを成就した」者からまだそれを望むだけの者まで順に連なる。逆にたどれば各人の信仰の到達の段階を示したことになるが、こうした図式自体とくに新奇とはいえまい。

この章でとくに指摘しておきたいのは、「内」にたいする「外」の教会、つまり一般のキリスト教会に関する見方である。一口にいうなら、ロプヒーンにはこの「外なる宗教」は過去の遺制としか映らなかった。それは「自己の源から切り離され、かつてそれを定めた光の支配はそれを去っている。」「にもかかわらず」、彼は「外なる宗教」——厳密にいえば、そのさまざまな装置——の意義を否定しない。例えば、その「シンボルや儀式」は「人間の魂、キリスト教会の霊的な身体および自然そのもの」における神の内密な働きをなぞっている。その規則は、それを守ることで人間を「内なる」営みにそなえさせる。「かくして、外なる宗教の実践は内なる真のキリスト教へ至る手段である。」

さきの聖堂の周りには「迷蒙と欲望と悪徳の奴隷」の群衆が犇めく。道はふたつ。キリストに向かうか、背を向けるか。第三章はこのあとのほう、「反キリスト教会」を記述する。

この「教会」の信徒は、まやかしの奇跡をおこなう者、偽預言者、似非義人など——彼らの躓きは「自尊心」にあるという——から酒食に溺れる者まで。

いわゆる「神秘的学問」について。ロプヒーンは「真理への愛でなく自己の自尊心を満たすために」これに従事する者を非難する。その際、彼は中世のカバラ、神智学、錬金術、「神秘的医学」などに言及しているが、これを裏返せば、これらの「学問」自体、学問としての市民権が認知されていることになろう。もうひとつ、「流行の哲学者」について。これら「似非賢者」のある者はキリストを否定し、ある者は神をも否定する。しかも、彼らは「いつわりの平等と自由にたいする凶暴な欲求の誕生をうながし、天上と地上の整然たる秩序に背き、王を敬い、上なる権威に服せよとの神の命に背いた。」「この眩暈の霊は瀕死のフランスにかつて君臨した」とあるが、神秘主義の反革命、反啓蒙主義はここに明白に宣言されている。

「真の」教会、「真の」キリスト教徒のしるしはなにか。これが第四章の内容である。前者はイエスがすべて、その「御霊」がすべてをおこなう。後者は消去法に従う。それは信心でも、祈りでも、禁欲でもなく、「もろもろの神秘の知識」でも、幻視でも、預言でも、「神秘的な言葉や御使の言葉」でも、奇跡でもなく、施しでも、「永遠の救いのひたむきな追求とそのための苦難」でも、「へりくだり」でもない。それは「愛だ！」この愛は「一切の自我を否定し、ひたすら神のために神を求める」。これが「キリストにおけるよみがえりの確かなしるし」である。

「自我」の否定は、無化といったほうがよさそうだ。「われ」は自己の否定すら意識してならない。サタンはそこをうかがう。まさに「自我は罪の巣」という。

第五章では「よみがえり」の本来の姿とその逸脱の諸相が論じられる。前者は人間の「内」にやどる神（キリスト）の「力」がはたらいて「神の像」をよみがえらせ、「神の国」を現す。そこに至るには、「肉」を断ち、「闇の王」が君臨する「この世の空虚」を去り、人々の嘲りに耐え、等々の試練を経る。これは「イエスにならう者」になることだという。

後者の「よみがえりにおいて生じうる堕落や誤り」は、ふたつのタイプに分けられるらしい。第一のタイプは「よみがえり」の予兆としてくだされる「甘美な感覚、歓喜、夢の中の意味深い現象、内なる声、幻視、知の光明」を「よみがえり」そのものと取り違える。結局、神の名を騙って「自我」を祭壇に祭り上げることになる。第二のタイプは自己の「自尊心」のためにキリストの言葉を語り、教えを実践し、善をつむ者。「パリサイ人」や「禁欲主義者」の類。

この両タイプの人々は「汚れた霊」のよき餌食で、人間は彼にはたらきかける霊が「神よりきたれるや否や」をつねに確かめなければならないという。

第六章は前章の「イエスにならう者」を受けて、この「ならう道」が「よみがえりの真の道」に先立つことを明らかにする。この準備段階の「道」が次の第七章で展開される。

もっとも大切はことは、「近き者を愛すること」。ただし、その「よき行い」は他人のみならず自己の目からも隠すこと。

この「道」の実践は、あくまでも「超自然的、天上的な内なる生」がやどる器を用意することである。つまり、「御霊」が「内」にはたらく時までである。そのあと人間のなすべきことは「御霊」への完全な帰依、「無為」でなければならない。すでに「よみがえり」を果たした者にあっては、礼拝も彼自身がおこなうのではない。「イエスの御霊みずから礼拝の供物もちきたり、それをのせる供物台はそこでおこなわれる祈りの荘厳を見、その甘美を味うのみ」という。

最終章、第八章はもっとも長い。前章につづく、いわば各論。題して「神的な生へ至る道における主要な手段について」。すなわち、「A．自己の意志の強制。B．祈り。C．抑制。D．愛の行為。E．自然および自己認識の習得」。

Aは「神が課したすべての義務をおこなう」ため。ただ、この段階では、そうした「神の意思」を聖書などの「間接的な啓示から」読み取ることになるという。問題はこの「間接的」という表現だろう。直接的な啓示は次の段階で「魂」におのずから発現するわけだが、こうして聖書もまた第二章にいう「外」の範疇にくくられることになる。

Bは論じるまでもないが、祈りの姿勢は、イエスのゲッセマネの祈りが手本になる。「ひれ伏し、跪き」、「汗が血の滴のごとく地にしたたり落ちる」ほどに祈ること。

C．「抑制」は三種類、自己の精神、理性及び感覚の「抑制」。

第一に「よみがえり」を妨げる方へ精神が向かうことを「抑える」。具体的には、なによりも愛と「へりくだり」に反する動きを封じ、「悪意と怒りの性質」をやわらげること。

理性の場合、次の一節が重要であろう。「理性において抑制すべきは（中略）あらゆる無益な思考であり、好奇心の満足に役立つのみで、キリスト教徒としての生活の向上や、社会の住民、国民、すなわち臣民としての義務の遂行に不要なものを学ぶことである。」言葉は抽象的だが、反知性主義への危険な傾斜をうかがわせないか。

なお、ロプヒーンは理性に「みずからの手でもろもろの神秘の本質を解き明かす意図」を禁じる。「主イエスの御霊のみ」がそれを開示する。

感覚の「抑制」。要するに、「肉」の衝動を抑える禁欲のすすめ。

D．愛はこの本のキイ・ワードであって、これはいくら強調してもしすぎることはない。ロプヒーンの愛の観念をまとめて示せば、彼が第四章で引用している『ヨハネの第一の手紙』の次の言葉がそれであろう。「神は愛なり、愛にいる者は神にいる、神もまた彼にいたもう。」「愛」は神と同時に人間への愛で、「愛の行為」とは「汝の敵を愛せ」以下、福音書の教えの実践にほかならない。

E．大事なことは、自然がかつて神が創造したそれと同じでないことである。自然は人間の原罪以後、「元素《スチヒーヤ》の粗野な衣」をまとっている。従って、ここでいう「自然の認識」は「創造の秘密」にあずかること、そこの「霊の働き」を透視することで、それは「恩寵の光」のもとではじめて可能になる。「眞の神智学や光明に浴せる自然観察」が秘密の扉を開くとあるが、このあとのほうはある種の「技術」にかかわるらしい。さきの錬金術などを想起すべきか。ただし、この「自然の認識」なる作業は万人が「励むべく定められていない」。つまり、選ばれた少数者の仕事なのである。

「自己の認識」は罪深い「自己」の自覚とその克服で、これはもはや多言を要しまい。

以上、『内なる教会』の要点をできるだけ忠実に伝えたつもりである。これによってロシア神秘主義の一応の輪郭は示せたと思う。

まえもって述べたように、ロプヒーンのこの本は、「よみがえり」へのあつい願望と、それを表現するおおまかな論理と叙情的な文体からなっているが、それが、とりもなおさずロシア神秘主義の信徒の実体にほかならなかった。彼らに必要だったのは、想像力の高揚であり、日々の実践であり、理論の精粗、深浅はことさら問うところでない。

ともあれ、目的としての「神との合一」、方法としての「内なる道」、この基本原理を彼らはさまざまにいいあらわした。キリストとの交わり、われの生きるにあらずして、キリストのわが内に生きること、天に住まうこと、新しい生。「よみがえり」を果たした人は、霊の人、主とひとつの霊、新しい人、などなど。

おわりに、これはずっとあとに大きな争点として浮上することになるが、右の第二章で言及されている「内」と「外」の教会の関係について若干補足しておきたい。

例えば、ゴリーツィン公爵は、これもロシア神秘主義に少なからぬ役割を演じたジュリー・デ・クリュデナー夫人に、彼女が「外」の教会の一員でないことをたしなめて、次のように書く。「勿論、あなたは主の司るかの内なる教会に属しておられる。しかし、われわれは地上に住み、外の殻をまとっている間は、外的にキリスト教会のどれかひとつに所属しなければなりません。やがて羊飼いが現れ、われわれが一団となる日までそうなのです。外を大切にしましょう、内において、三位一体なる神のいや増す栄光のために、聖霊によりてわれらが主イエス・キリストを堅く信じつつ[3]。」

こうした態度を不徹底とよぶか否かはさておき、ロシアの神秘主義者は正教会から完全に手を切ったわけではなかった。とはいえ、彼らにとって「内」の教会と「外」の教会はものとその影のようなもので、後者は前者をかならず必要とするが逆は成り立たない。しかも前者はみずからを妨げない限り後者を許容する。ところが、神秘主義者の目に正教会は神と直接に交わる道をくもらせ、しばしばそこに立ちはだかる存在に映っていた。一方、正教会が深刻な危惧を抱いても不思議はない。神秘主義者はそれぞれ「内なる道」によって神を求めただけではない。彼らはまったく別種の「教会」の可能性を公言している。それは「よみがえり」を果した、あるいはそれを目指すすべてのキリスト教徒からなる。つまり、彼らは宗派間の壁を自由に乗り越えた。彼らにすれば神と交わりに「外」の教会の介在は不要であり、したがって、宗派の区別も特別な意味を失っている。そうした各派の教義の底にあるという「普遍的」キリスト教こそ「真の」キリスト教といわなければならない。そういう彼らを、正教会の側からアレクサンドル・ストゥールザは「宗教的アナーキスト」とよんだ[4]。

第8章

エカテリーナ二世時代の貴族社会に広まったいわゆるヴォルテール主義について、文化史家П・Н・ミリュコーフはそれが単なる流行であり、「衣服のかたちやフランス語と同じく、〈尊い〉身分を〈卑しい〉身分から区別するためにくわわった新しい要素にすぎなかった」という[1]。のちのロシア聖書協会総裁、ゴリーツィン公爵も、彼が語ったとされる回想によれば、この世紀の理神論やら感覚論《センシュアリズム》やら、ヴォルテールその人の「強烈な魅力」やらに取りつかれ、世紀が変ったあとまで「無神論者」だったという。とはいえ、ここに格別深い意味はなくて、彼がかなり皮相な懐疑主義者、つまり冒頭にいうようなヴォルテリアンだったというほどのことなのだが、そうした例に洩れず、彼はおおいに蕩児ぶりも発揮したらしい。しかも、彼の述懐には、そもそも彼が快楽の追求におおわらわで宗教を忌避したと受け取れるところもあって、この両者、いずれを主とも従とも決めかねる。

ゴリーツィンは典型的な宮廷人だった。エカテリーナ二世に目をかけられて九歳で小姓学校《パージ》——皇族のお側に仕える小姓の軍事教育施設——に入るが、そこで教えていたのはもっぱらフランス語とダンスとフェンシングと乗馬である。まもなく女帝の孫アレクサンドルのよき遊び相手になり、十六歳のときから彼に仕え、二〇歳で大公付の侍従補、エカテリーナの死の前年に侍従に任じられている。陽気で利発なゴリーツィンは人好きのする青年だったようだが、こうしてのちの皇帝アレクサンドル一世とつよい絆で結ばれたことが彼の一生を決定した。つぎのパーヴェル一世の治世には彼も不興を蒙り、三年間を故郷のモスクワへ蟄居を強いられたものの、アレクサンドルの即位早々首都に復帰、一八〇二年に元老院第一局長の職をあたえられた。

翌年、皇帝は宗務院の総監へ就任をもとめる。「とんでもございません、陛下、（中略）わたしが宗教をどう考えているか、ご存じなくはないでしょう、云々」。こういってゴリーツィンは固辞したという。実際、彼の生活も「欲望に心を奪われている」状態だったらしく、彼の困惑はしごく当然だが、結局、皇帝の意思に逆らえず、このロシア正教会を監督する地位にゴリーツィンはいきなり座ることになった。それにしても、アレクサンドルは「朕に忠実な、いわば朕の身内がこの要職についてもらいたいのだ」と述べたそうだが、この人選、いかにも強引の観をまぬがれない。あるいは、悔い多い前半生を語るゴリーツィンの言葉に多少の誇張があるのだろうか。

しかし、アレクサンドルの狙いは見事的中した。宗務院総監としてゴリーツィンは皇帝の期待に十分に応えた。しかも、一八一〇年から正教以外の宗教を監督する外国宗教庁の長官も兼ね、文字通り宗教にかかる行政を一手に収めることになった。

実は、アレクサンドルの予想を超えることがおきていたのである。再びゴリーツィンの回想に戻れば、宗務院総監就任後もしばらく「娼婦」のもとに出入りして、「わが身の奇妙なめぐり合わせを内心好んであざ笑った。」ところが、必要に迫られて聖書や全地公会議の決定などを繙くうち、「知らず知らず」それに親しみ、二年後にはその地位に相応しく真摯な正教徒に変身したという。こうしてゴリーツィンの後半生を彩る信仰生活がはじまるが、しかし、それは間もなくおおきな曲がり角を迎えた。すでに述べた神秘主義あるいは敬虔主義との出会いがそれで、彼がこれに近づく機会に恵まれたのは、彼の言葉の通りなら、一八一〇年頃のことである。当初まったく門外漢の彼も、ある日「突然」[2]その「とばり」が消え、この流れに全身投じるに至る。

一八一二年、ゴリーツィンは皇帝の許しをえて、宿舎に立派な礼拝堂を設けた。円形の天井は花模様で飾られ、褐色の床を赤と黄の四角形を織り出した絨毯が祭壇へ導く。両脇には大きな金の燭台。聖壁《イコノスタシス》は白。そこには四枚の天使の絵がふくまれ、頂上はキリスト洗礼図の燦然たる太陽。さらにその上の天井に智天使に囲まれた三角形の太陽。これはかなり特異な礼拝堂といってよかろうが、どうやら隣の小部屋も同じで、大きな木の十字架の根元に柩のようなものが置かれ、墓に横たわるキリストを描いた布がこれを覆い、そのまえに灯明はなく、暗闇の中、心臓をかたどった真紅のガラスの器のなかで小さな炎が燃えつづけ、血にまみれ、灼熱した心臓を思わせる。

日夜、ゴリーツィンは祈りを怠らなかった。生活ぶりも改まって、精進をまもり、いまの小部屋につづくもうひとつの暗く湿った小部屋を寝室にし、羽布団を棄てて「プロクルステスの寝台」さながらの狭くて短い木のベンチに眠る。ただ、こうして「おおかたの欲望」を封じ込めてからも、「女性にたいする愛着」には抗しきれず、「時折」自分を危うくすることすらいとわずにこれに溺れたそうだが、間もなくそれも断った。

問題は、ゴリーツィンがこの国の宗教行政の最高責任者であること。その彼はどのような施策をうちだしたか。彼の言葉を聞こう。いまや「人類の敵〔サタン〕はキリスト教徒を外的な意見や形式によって分裂させようと躍起になっています。だれもが自分を隣人より正しい信者とみなし、このために人々の結び目はほころびている。兄弟、教会、儀式に関する議論では、肝心な、根本的な点の究明が見過ごされている。もしある人が十字架のキリストを信じているなら、どうしてその人を兄弟とみなしていけないのでしょう。」立ち返るべき原点は「キリストの霊における統一」。「それがどれほど求められていることか！　わたしは以前からこれを念じ、キリストの衣が引き裂かれ、ちぎられるさまを見て絶えず心を痛めています。[3]」これらの言葉が流行の神秘主義のヴォキャブラリーからとられていることはいうまでもない。

ゴリーツィンが打ち出したのはロシア正教会と他の宗派をひっくるめた一視同仁政策である。ロシアの分離派をはじめいわゆる分派《セクタ》にも寛容の目を注ぐ。[4] 聖書協会総裁として推進したのは、神の言葉を「注釈なし」で直接民衆にもたらすことであった。そしてゴリーツィンこそ神秘主義あるいは敬虔主義の最大のスポンサー役を演じたのである。

ゴリーツィンに触れたからには、アレクサンドル一世のその後にも数言費やさなければならないだろう。

神秘主義の消長には皇帝アレクサンドル一世の動向が深く絡んでいる。一八一二年の祖国戦争から一八一五年の神聖同盟成立に至るまで、彼がますます神に歩み寄ったことはさきに述べたが、実はこの時彼は神秘主義の森にわけ入ったのである。史家Ｈ・Ｋ・シルダーにいわせれば、それは彼本来の「理想主義的希求」と「感傷的ロマンチシズム」の所産にほかならないが、[5] ともかく、この間、「ヨーロッパの解放者」として東奔西走する彼の旅は、同時に神をもとめる旅でもあって、それを示すには次の一連の点描で足りる。彼はシレジアではヘルンフート兄弟団のコロニーに立ち寄り、勝利者として入城したパリでは、ルイ十六世処刑の地にロシア正教の復活祭のミサをもよおし、海を渡ってロンドンではクエーカー教徒の集会を訪れ、彼らを引見し、帰途、バーデン公国のブルッフザールではドイツ敬虔主義の教祖の一人、ユング‐シュティリングと語らう。ウィーン会議の混迷のさなか、再び戦場へ向かうバイエルンのハイルブロンから、ハイデルベルクを経て再度勝利者として臨むパリまで、名高い敬虔主義の使徒にして預言者たるクリュデナー夫人のまえでおのれの罪におののき、ひたすら祈る。

ところで、一体にロシアの神秘主義者はクエーカー教徒、いわゆるフレンド派に少なからず関心を寄せていたようだ。彼らの教義は雑誌などにも取り上げられていたようだが、Ａ・Д・ガラーホフによれば、「無論、共鳴から」で、[6] たしかに「内なる光」を柱とするクエーカー教徒の信仰には共通するところがある。

さて、一八一八年、そのクエーカー教徒の使節がロシアへやってきた。さきにロンドンでアレクサンドルに面会した代表団のうちの二人で、十月、フィンランドからペテルブルグへ入り、翌年三月まで滞在、その後モスクワを経てオデッサから出国したが、この間の動静を伝える資料に彼らの一人がつづった日記がある。[7] それはこの時この国に充満していた雰囲気を語ってなかなかに興味深い。

クエーカー教徒は社会活動によって広く知られ、各国の元首や要人と膝を交える機会にも恵まれていたが、それにしてもロシアの場合は特筆に値する。そこでは俗と聖の代表者、皇帝が私室に招き、ペテルブルグ府主教がアレクサンドル・ネフスキイ修道院に迎えたのをはじめ、おおくの客間が扉を開いて親愛の情を披歴した。アレクサンドル一世はこの時まですでに首都の干拓事業にイギリスからクエーカー教徒を呼び寄せていて、これだけでも彼の関心の並々でないことが分る。今回の使節、彼自身いうところの「古い友人」に会ったのは三回だが、その席で彼は繰り返し聖霊の「内なるはたらき」をたたえ、彼らの施設訪問の印象をたずねては彼らの意見に賛同した。そこではクエーカー式の祈りもおこなわれた、それもアレクサンドルみずから率先して。例えば、最後の会見では次のようだった。

一行の出発が数日後に迫った三月一日、この日アレクサンドルは一八一二年の回心に至る内面史を語り、神聖同盟を提唱した真意——それは「地上から戦争と流血を永久に葬りたいと切望した」からだという——を打ち明けたあと、別れにのぞみ、そろって「無言の祈り」を捧げ、主のおとずれにあずかりたい、と申し出た。相手は喜んで同意する。「厳粛な沈黙」がつづき、その間一同主の現前とその恵みを感じる。ややあって客の一人が「愛する皇帝」の信仰を励ます言葉を述べ、アレクサンドルは「感涙」にむせぶ。それからべつの一人が跪き、皇帝と彼の国民のために祈りを唱えると、アレクサンドルもそのかたわらに膝を折る。再び一同が座り、しばし沈黙のあと、二人は別れを告げる。アレクサンドルは涙ながらに客の手をとり、口づけした。

ロシア正教徒とクエーカー教徒の見事なハーモニーを、日記の筆者は「感動的」とよぶ。その当否はさておき、これが異常な光景であることは変りない。同じような場面は主教フィラレートやすでに大臣の座にあったゴリーツィンとの間にも演じられている。

この時期にロシアを訪れて厚遇を受けた宗教家ではI・リンドルとJ・ゴッスナーの名も逸するわけにいかない。二人はバイエルンのカトリックの神父だが、いずれも敬虔主義の使徒として指弾を浴び、窮地にあった。そこで、折よくもたらされた招きにこたえてペテルブルグに現れる。彼らはこの異郷で自己の信念をおおやけに語る機会をあたえられた。彼らの説教はおおくの聴衆を集め、H・И・グレーチによると、ゴリーツィンたちは随喜の涙を流したそうだが、多少の誇張を差し引けば、これは嘘でない。ゴッスナーはその後も留まってロシア聖書協会の理事をつとめる。皇帝と大臣は彼に一八、〇〇〇ルーブリをあたえて伝道の場を設けさせたという。金銭のことでいえば、リンドルについても、彼がえた破格の待遇のはなしもある。事実のほどは、確かめようがないけれども。

権力者の好意に浴したのは、遠来の客ばかりではない。

彼らの理解や庇護はその臣下にもそそがれて、その恩恵を満喫したマソンの盛況は次章で触れるけれども、ほかにもこの間ロシアは、隠花植物さながらに、異様な宗教集団をはびこらせたのである。もともとアレクサンドル一世は正教会以外の活動にも容認政策をとっていたが、この時期に単なる容認以上の理由がふくまれるようになったことはこれまでに述べた通りである。いくつかの事実に注目しよう。

ロシアの去勢派が誰によってはじめられたのか諸説があるようだが、[8] 一般にそれとみなされているセリヴァーノフなる人物も、本人の弁はともかく、いつどこで生まれたのか定かでない。彼がみずから肉の鎖を断ち、人々にも説きはじめたのは十八世紀の六〇年代という。タンボフ、オリョル県を中心に「火の洗礼」をほどこす彼の活動は、しかし、一七七四年か五年に挫折する。エカテリーナ二世の弾圧は三年前に始まるが、当初姿をくらましていたセリヴァーノフもこの年逮捕され、鞭打ちのうえシベリアへ送られた。彼が女帝の夫、宮廷革命で玉座を追われ、彼女の黙認のもとで殺されたピョートル三世を自称するようになったのはこの流刑の間である。

二〇年をイルクーツ県で過ごした後、セリヴァーノフは脱走に成功した。しかし、九七年にモスクワで発見され、首都へ護送される。新帝パーヴェル一世が父を名乗るこの老人に興味をそそられたらしい。いい伝えによると、皇帝は彼を引見し、両者の間に次のような会話が交わされたという。

汝はわが父なるや。

わがわざ（去勢）をうけよ。さらば、われ汝を子と認めん。

さすがのパーヴェルも彼を狂人と宣言し、矯正院へ放り込んだ。

このセリヴァーノフを再び晴天白日の身にしたのがアレクサンドル一世である。その一八〇二年から去勢派はペテルブルグを中心に最盛期を迎える。セリヴァーノフはすでに以前から神の子、救い主とよばれ、みずからもそう称していたが、いまや長い受難に耐え、かずかずの伝説をまとった彼を信者たちは神とあがめる。祝福を受け、預言を聞くためにつめかける男女は宗派を超え、身分の別なくふくれあがる。その家のまえに四頭立、六頭立の馬車が数台とまっていることも珍しくなかったという。

一八〇五年、アレクサンドル一世はナポレオンとの戦いに出発するに先立ってセリヴァーノフをたずねた。多分、好奇心からであろう。セリヴァーノフとその信徒によると、皇帝は祝福を請うたが、「天上の王」は「地上の王」にそれを拒み、「汝の時いまだ至らず」と敗北を予言し、出立に反対した。真偽は不明。だが、疑う理由もない。ともあれ、この訪問が彼らの声価を高めたことは想像に難くない。

もっとも、アレクサンドルといえども去勢そのものは厳禁した。セリヴァーノフもそれに従う旨正式に誓約している。しかし、実際にはまもられなかったらしく、すぐあとで述べるように、のちに違反の事実が明るみに出る。ともかく、いわゆる「白い鳩」一派の隆盛はつづき、教祖の住まいは「新しきエルサレム」などとよばれ、勅命により警察の立ち入りは禁じられていた。そこの歌いかつ踊る祈りには連日二百から三百の男女が詰めかけ、「神の第二子」は祝福と加護をあたえ、「浄めた」パンを分つ。統治者の側が事態をどこまでつかんでいたかたしかでないが、噂は彼らにも達していたと考えるほうが自然だろう。

ようやく一八二〇年に両者の並走は終る。もっとも、二年前に一度警告はあった。破局を生じたのは、「サマザマナ県バカリカ、コノ首都ニオイテモ」[9]去勢がおこなわれていることが発覚したからである。セリヴァーノフは逮捕され、スーズダリの修道院に監禁された。公式の罪状は去勢の事実およびイエス・キリストにのみ固有な属性の詐称。アレクサンドルの命により、セリヴァーノフの護送には紙幣一、七〇〇ルーブリを費やした四輪の半幌馬車が使われたそうだが、これはこの老人への彼の――そして、多分ゴリーツィンの――最後の心尽しか。

しかし、セリヴァーノフにもまして、この時代の代表選手はドイツ系ロシア人、エカテリーナ・タターリノヴァであろう。[10]彼女はれっきとした貴族の出身である。はじめ彼女は去勢派の集まりに出入りし、セリヴァーノフとも近づきになったが、間もなくそこを離れた。肉、酒、煙草を断ち、結婚を禁じ、去勢をすすめる彼らの戒律に反発したからだという。[11]さらに、セリヴァーノフが「救い主」を名乗り、「神の第二子」とよばれることにも疑問を持ち、満座の中で真偽を問いつめたという。

これが一八一五年のことで、その後タターリノヴァはひとり信仰をあたためていたが、やがてその周りにひとつのグループが形成されていく。その一人はいう。「彼女はもう若くなく、病いと一途な信仰とで憔悴した女性だった。外見はどこにも魅力がなく、話術でさえ少しも非凡なところはなかった。にもかかわらず、彼女の友は増え続け、ますます足繁く彼女をたずね、誰もが彼女に会う日を待ち焦がれていた。彼女はなにも新しいことは口にしなかった。彼女はごく素朴に聖書の真理や誓いやおそれを語ったので、それは訪れる誰もが何度も目や耳にしたことだった。しかし、その誰もが彼女のもとを去る時は、この世を棄て、罪を離れて全身全霊神につかえる決意を固めていたのである。」[12]

こうして一八一七年頃まではグループが完成していたらしい。それはいろいろな名でよばれたが、強いて訳せば「キリスト兄弟団」や「霊友会」か。ただ、これを分派《セクタ》とみなすことには、当事者たちが一致して異議を唱えている。ここでは出入りもまったく自由で、なんらの義務も負わなかったからという。それどころか、彼女自身、一八一七年十一月八日つまり大天使ミハイルの日に生来のルター派の信仰を棄てロシア正教に改宗したので、これこそ「最良の証明」だという。

それにしても、正教会を墨守する人々にこの会がうさん臭く映ったことに変りない。一口にいうなら、会の基調は神秘主義のそれに通じる。実際、次章で述べる神秘主義の旗手もここを訪れていたし、そのたぐいの本ものちに大量に発見されている。彼らによれば、「神の国」はほかならぬわれわれの「内」にある。彼らの一人が残した手記に見える「外なる教会」なる言葉は、彼らと正教会を画す一線を鋭く浮かび上がらす。しかし、この会が人々の好奇の的になり、はては淫祠邪教のそしりさえ受けるに至った最大の理由は、そこで営まれる風変りな祈り、ことにラディエーニエとよばれる一種の舞踏にあった。

歌い踊る祈りについては、すでに去勢派のところで触れたが、去勢派はこれをいわゆる鞭身派から受けついでいた。同様に、タターリノヴァの場合は去勢派から取り入れている。もっとも、これは彼女の意思というより、彼女に従って去勢派を離れた人々の懇請によるらしい。そこでおこなわれたラディエーニエはおおよそ次のようなものである。まず全員が男女それぞれの白衣を着——ある目撃者によると、白いとんがり帽子もかぶったという——、部屋のまわりに座り、「われらの父よ」ではじまる主の祈り、または『ヨハネによる福音書』の一節を朗読する。それから跪いて聖歌をうたう。これにはマソンや鞭身派や去勢派から借りたもの、会自身がつくったものの両方があった。正教会の聖歌もときにうたわれたようである。さて、こうして歌いながら全員で輪をつくり、問題の踊りになる。ある者が輪の中に飛び出し、「へとへとになるまで」一か所で右まわりにぐるぐる回る。この「激しい肉体運動」がラディエーニエで、それは一人のときも大勢のときもある。いずれも歌のリズムに合わせて「踊る」のだが、ともかく相当な速さだったようだ。

ラディエーニエの主な目的は肉体を酷使して、欲望をしずめることだという。つまり、肉体を克服して「精神を解放する」。それは「内なる喜び」を噴出させ、ある種の陶酔に導く。この点ではすべての踊り手が一様にはいかなかったようだが、これは文字通り眩暈にも似た法悦であったろうか。しかし、それにも増して重要なのは、踊り手に聖霊がやどると信じられたことである。歌い手たちもそれを祈願する歌をうたう。実際、タターリノヴァの集まりを全体として眺めるなら、いま述べた一連のプログラムはこの聖霊の降臨とそれによる預言というクライマックスへいたる集団劇といっていい。

タターリノヴァの会では預言は大きい位置を占め、彼らはその力を授かるため祈りに没頭し、精進をまもり、ラディエーニエにはげんだ。勿論、託宣の主役はタターリノヴァ自身である。彼女がそれを告げたのは、少人数の席か、ひとりだけの時で、その内容は個人の生活にかかわるものが多かったそうだが、国家や社会の出来事に及ぶこともあったという。例えば、アレクサンドル一世の死やデカブリストの蜂起、一八三〇年のポーランドの反乱を示唆する預言があったと伝えられる。

タターリノヴァの母はかつてアレクサンドル一世の娘の保育掛をつとめたことがあり、このためミハイル宮（のちの工兵宮）に住まいを与えられていたが、タターリノヴァは一八一五年からここに住み、集りもそこで開かれていた。一八一七年、警察はこれに分派の嫌疑をかけ、その旨ゴリーツィンを通して皇帝に報告した。だが、折り返しえた指示は、「大事ニ非ザレバ、不問トスベシ」であった。おそらく、ゴリーツィンの意向が働いた結果であろう。実際この時皇帝はタターリノヴァのミハイル宮への居住を違法と認め、退去を命じたのだが、これもゴリーツィンのはからいで立ち消えになっている。勿論、こういったとて皇帝と大臣の間に深刻な対立を想像するには当たらない。事実は、皇帝がタターリノヴァの会について大臣から詳しく知らされ、これを歓迎するようになったことで、それを裏付けるのが、一八一八年八月二〇日付の親書である。

セミョーノフ連隊の若い士官がタターリノヴァの会に出入りし、手紙はこれを憂慮した父にあてて書かれたものだが、アレクサンドルは「ご懸念に及ばず」と前置きして次のようにいう。「令息は勤勉にして品行方正なる士官なり。予は令息の交際を探り、確実なる情報によりて、そこに令息をして信仰に背かしむものの皆無なるを知れり。否、令息はますます教会に親しみ、職務に精励す。よって予は令息の交際を害なきものと結論す。」[13]

これは、いってみればお墨付きのようなものだが、アレクサンドルの好意はひとかたでなく、二度または三度タターリノヴァを引見し、こちらは一度だけらしいが、みずからその集まりを訪れ、預言に耳を傾けたという。無論そこへゴリーツィンも姿を現した。彼があたえた庇護については同時代人が一致して証言している。

第9章

この時代の神秘主義の旗手は、疑いなく、さきの世代の直系の弟子、A・Φ・ラブジーン（一七六六―一八二五）である。彼は神秘主義の隆盛と凋落の兆しの双方を一身に体現した。その意味でも十分注目に値するといえるだろう。

一八〇〇年、ラブジーンはペテルブルグにマソンの支部「死にゆくスフィンクス」をひそかに結成、一月十五日に初会合を開いた。一八〇二年には別な支部が誕生、〇五年には新帝アレクサンドル、〇九年には皇后エリザヴェータの名を冠した支部がそれぞれ活動を開始する。モスクワも後れをとらない。早くも〇四年に支部「ネプチューン」が運動を再開する。だが、マソン復活の経過をここでくわしくたどる必要はないだろう。そもそもこれに関しては不明な点もおおく、えられた情報も一定していない。ともかく、マソンの運動はアレクサンドル一世の容認政策のもとで生き返り、一八一〇年以降、それまでの黙認から事実上の公認の運動として再び首都を中心に支部が輩出した。[1] 一言つけくわえるなら、アレクサンドルも、この場合、単なる放任ですませたわけではない。そこには認知と引き換えに運動の掌握という狙いがある。支部は登録制で、会員名簿の提出を義務づけされ、マソン・コードともいうべき一連の禁止規定は、さきのノヴィコフら「国事犯」にたいする告発と軌を一にしていて、国家の統治にかかわる問題を「議論する」こと、秘密の目的、手段をもつことなど、一切排除された。[2]

しかし、これらはマソンの運動に少しも妨げにならなかった。彼らはアレクサンドルの「徳」をたたえ、治世を謳歌した。彼らの一人が語ったところによると、皇帝は「保護」を約束したばかりか、みずから一員にくわわりたいと願い出て、認められたという。数あるアレクサンドル伝説のひとつだろうが、それを生んだマソンの意識をうかがい知るうえで、事実以上に示唆的というべきか。マソンの運動は、ある文学史家の言葉を借りれば、「大衆的な情熱、流行」になった。人的構成も変化し、貴族の数は依然大きいとはいえ、支部は官吏、軍人、商人、職人など「主に中産階級によって占められ、運営された」ともいう。[3] 運動の広がりの一方、これまでにない潮流も現れた。とくに注目されるのが、ドイツのマソン、F・L・シュレーダーの影響で、それは従来の神秘主義の傾向とその温床であるいわゆる「理論段階」の否定をかかげていた。こうして数種の系統の共存、競合のかたちをとりながら、マソンは活況を呈するが、それを見届けたところでラブジーンと神秘主義の流れの行方に急いで戻ろう。

マソンの盛況は、しかし、一歩立ち入って眺めれば、手放しで喜べるとは限らなかった。あるマソンの後年の手記によれば、あらたに誕生する支部の指導者は「マソンの教理問答さえ知らなかった」。そこは「退屈しのぎの場」、シャパンの溢れる場、高位高官に近づきその恩恵を期待する場であったという。ラブジーンも一八一六年にゴリーツィン宛の手紙のなかで、次々に生まれる支部が「もっぱら新会員を受け入れる以外なにもしない」現状、「信仰を持たないばかりか、それを隠そうともしない、きわめて有害な主宰者がいる」現状に憤っている。[4]こうした事実は、たしかにあったようで、マソンの運動に大衆化と共に平凡な日常の欲望がまぎれこむことも珍しくなかったらしい。いずれにせよ、ラブジーンとその同志は、彼らだけの神との交わりをまもって、一般の盛況には門を閉ざし、運動の公認以前も以後もすすんで隠れた存在でありつづけた。とはいえ、ラブジーンの影響はここにとどまらない。それはマソンの枠を超えて氾濫した。

ロシアの神秘主義がヨーロッパのそれを受け継いでいることはこの世紀でも変わりなくて、そのころロプヒーンの手紙のひとつに、彼が「もっとも基本的」とよぶ文献案内が添えてあり、これまでに挙げたベーメ、サン・マルタンらにくわえてトマス・ア・ケンピス以下多くの名が記されているが、[5]それら霊感の源は続々ロシア語に移され、最盛期の一八一三年から十年間にはその数、約五〇点に達するという。なかでは、敬虔主義におおきな影響を及ぼしたギュイヨン夫人のものが目立って多い。[6]しかし、その中心は同時代のドイツ人、既出のエッカーツハウゼンとI・H・ユング゠シュティリングである。いまとなっては彼らも前者はまったく忘れられ、後者はゲーテのシュトラスブルク時代の「食卓仲間」の一人（『詩と真実』第二部第九章）として思い出されるにすぎないだろうが、当時この二人の神秘家はロシアにおいて多くの信徒を従える司祭、新しい予言者の座を獲得したのである。予言者といったのは単なる比喩でない。ユング゠シュティリングはヘルンフート兄弟団に真の教会をみとめ、これを核に理想の教会、新しいエルサレムが現出する未来図を描いた。だが、彼の最大の予言は世界の終末に関するものであろう。彼によれば、黙示録にいう「時」は一八〇〇年から一八三六年の間に訪れ、おそらくこの最後の年に「獣」との最後の戦いがおこなわれて、神の国が到来する。このたぐいの予言が多少とも興味をそそるとすれば、そこに時代の危機意識と救済の期待がかくされているからで、この場合も、その背景にフランス革命からナポレオンの出現――ユング‐シュティリングのその本が出たのは一七九九年、ロシア語訳は一八一五年――という、いわば彼らから見たアンチ・キリストの跳梁があったことを忘れないでおこう。

ラブジーンはこの翻訳、出版の牽引車だった。彼が世に送った本については、完全ではないものの一応のリストがあって、それで数えると三〇点をこえる。訳者として彼の名が付されているのは半数に近いが、正確には分からない。

ラブジーンは独力で月刊誌『シオンの使者』も発行した。一八〇六年一月創刊。ほとんど彼一人の論文、翻訳をのせた雑誌は、彼自身の陣営はもとより、正教会のなかにも支持を集めたが、同じ正教会のなかの反対派の攻撃にあい、それは当局の介入をよんで、わずか九号で中断した。[7] こうしてこの分野での第一歩は挫折、ラブジーンは「有害」の烙印を押されたが、彼が精力的な働き手であることに変りない。続く十年の間の彼のもっとも大きい仕事はシュティリングの大衆向けシリーズ『灰色の男』全三〇巻の翻訳、出版である。この間、祖国戦争の勝利を挟んでラブジーンを囲む状況は急速に彼に微笑む。ロシア聖書協会はすでに発足し、彼は十四年から理事を務め、中心的役割を果たす。総裁ゴリーツィン公爵、彼は十六年八月に教育大臣に就任し従来のふたつのポストと合わせていまや帝国のイデオロギー政策のすべての糸を握ることになったが、彼はラブジーンのもっとも有力な後見人、いや信者であった。

その一八一六年はラブジーンにとっても記念すべき年になった。十二月十二日、ゴリーツィンみずから筆をとったという勅書を付して聖ウラジーミル二等勲章が授与された。勅書はいう。「ワレラハ、唯一堅固ニシテ真実ナル宗教ノ原理ノモトニ精神ト生活ヲ形成セシムルアマタノ書ヲ自国語ニテ出版スルタメ、其ノ方ノ示セルマコトノ熱意ト弛マヌ努力ヲ見テコトノホカ満足ス。[8]」

これに先立ち、やはりゴリーツィンのはからいで『シオンの使者』復刊の許可が皇帝からおりた。皇帝はその際、資金援助の用意があることもつたえている。

ラブジーンは勇み立った。必要以上に、とつけくわえておこう。彼は自分の雑誌に政府発行紙などと同じく検閲の免除を要求したり、ゴリーツィンが長を兼ねる省のいずれかに宗教関係の出版に携わる部局の創設をのぞみ、みずから助手として選んだ五人の雇用を願い出たりした。ある史家のいうように、これらは彼が「すでに『シオンの使者』の発行を私的な事業でなく、公共の利益のための国家的事業とみなした」ことを示すともいえよう。さすがにラブジーンの希望は実現しなかった。しかし、アレクサンドル一世から一五、〇〇〇ルーブリの下賜を受け、一八一七年四月に復刊第一号を送り出して、『シオンの使者』の再船出は順風満帆だった。予約購読者はアレクサンドルを筆頭に、西方諸県から東はエカチェリンブルグを経てイルクーツク、キャフタ、ネルチンスク、北はアルハンゲリスクから南はオデッサ、ヘルソン、アストラハンまで、ロシア全土の聖俗界に及んだという。[9] とはいえ、正教の聖職者に関しては、ずっと控え目にみてよかろう。ほかでもない、ラブジーンの提唱する「真のキリスト教」が彼らには正教会の教義の逸脱、その権威への反逆に映ったからで、やがてわき上がった非難の合唱が再び『シオンの使者』にあっけない終止符をうつことになる。

第10章

ロシアの出版の歴史は同時に検閲の歴史である。そして検閲の歴史は、だれが、なにを基準に検閲するのか、この紛糾の歴史でもある。この時代もその例にもれない。混乱のひとつは一般検閲と宗教検閲の間にあった。

一八〇四年の検閲法は一般の検閲機関として、全国の各学区にそれぞれの学区の帝国大学の教授を中心とする委員会を発足させた。しかし、宗教に関する分野には、これとは別に、まえの世紀に引き続き宗務院所管の検閲が存在した。メンバーは正教会の聖職者で、すでにモスクワのドン修道院におかれていた直属の機関にくわえ、〇九年以降ペテルブルグその他の神学大学にも委員会が設置される。これは文字通りロシア正教会の砦の使命を担っていた。ラブジーンは『シオンの使者』の発行に当って、ふたつの検閲のうち後者を避け前者を選ぶ戦術に成功したが、反対派はここに攻撃の照準を合わせた。勿論、雑誌を教会の側の検閲に封じ込めるのが狙いである。

争いの火種は第一期『シオンの使者』の時からくすぶっていた。第二号が出たところで、教育大臣は、誌名、内容からみて宗教検閲に相当すると判断し、当初の許可を取り消す指示を出した。幸いこの時は有力な反対意見もあって指示は実行されなかったけれども、そもそもこの問題は検閲法の曖昧さに起因する。

一般検閲について定めた第二部第十五条にはこうある。「検閲委員会並ビニ検閲官ハ、図書及ビ著作ノ審査ニアタリ、ソレラニ神ノ法（中略）ニ反スルトコロナキヨウ監視スル。」同じく二二一条。「信仰（中略）ニ関係スルイカナル真理モ、ソノ節度アリ思慮アル研究ハ、イササカモ検閲ノ制約ヲ受ケヌバカリカ、文化ノ発展ニ資スル完全ナル自由ヲ有ス。」[1]

このように、正教会ばかりでなく、一般の機関も宗教に関わる監視の義務を負っている。逆に、宗教に関係する出版物がそこへ提出される可能性は否定されていない。そして事実その通りにおこなわれた。従って、『シオンの使者』が一八一七年から再びペテルブルグ検閲委員会を窓口にして現れたことも、それ自体不当ではなかった。この点で第一期も第二期も変りはない。変ったのはこの間ラブジーンの陣営がこの国の最高権力者まで巻き込む上げ潮に乗ったことである。正教会は内心その成り行きを苦々しく眺めていた。もっとも、そこの聖職者に共感あるいは理解を示す人がいなかったわけではない。その代表は既出の首都の神学大学長フィラレートだが、そういう彼らも、ラブジーンが教会の機密《サクラメント》に独自の解釈をほどこし、宗派を超えた「普遍的」キリスト教の主張を強引に押し出していくにつれ、あるいは怪しげな「奇跡」の風説をひろめるにつれ、ようやく危惧の念をつのらせた。動揺はすでに一般信徒の間に見えている。だが、正教会の上層部は二の足を踏み続けた。勿論、そこにはゴリーツィンの存在が立ちはだかっている。それでも、なかには敢えて火中の栗を拾う者もいた。十八年の五月ごろ、ペテルブルグ神学校長インノケンチイはゴリーツィンのもとへ弾劾の手紙を送りつけた。だが、大臣はそれを府主教のところへ持ちこみ、結果は、府主教に説得されたインノケンチイの謝罪におわり[2]、彼は間もなくこうした自分の勇気の代価を支払うことになろう。

しかし、その後の経過を考えれば、インノケンチイの一人だけの反乱が徒労だったとはいえない。異端追及の火の手はモスクワにあがっていた。そこから皇帝や宗務院に告発状も舞い込んでいた。それはペテルブルグのアレクサンドル・ストゥールザに飛び火する。そしてこの一件にピリオドを打つ席に向い合ったのは大臣ゴリーツィンとその気鋭の部下、ヨーロッパにおける正教のプロパガンダで知られるストゥールザである。

おそらく一八一八年六月と見られる両者の会見の模様は、のちにストゥールザ自身が書き残している。すでにそのまえにラブジーンのふたつの翻訳にたいする「告発状」を提出、その再版禁止に成功していたというストゥールザは、席上『シオンの使者』の「邪説」を次々に証明し、「三時間をこえる」議論の末、ついに相手は「誤りを認めた」という。雑誌を宗教検閲に移すようラブジーンに通告すること、彼が従えばよし、従わねば、「その悪しき意図がすっかり暴露されることになります」。ストゥールザのいうこの「ジレンマ」の提案をゴリーツィンは「満足」して受け入れたという。[3]

ストゥールザの証言をどこまで信ずべきか、筆者にとくに目当てはない。ただ、このたぐいの手柄話はそのまま受け取り難いことがままあるけれども、この場合もかなり割り引いたほうがいいのでないか。理由はあとで述べる。

六月二六、二七両日、ゴリーツィンは関係の機関に必要な指令を発した。ラブジーンは自分が売られたと感じたようだ。彼は再考をもとめる長文の手紙を書く。それはおそらくこういう場合にかならず書かれるに違いない手紙のひとつで、そこにあるのは、自分は信念を偽ることはできないという主張と裏切りにたいする憤りである。彼のいい分をひとつだけ引けば、彼が「これ以上大胆なものはなかった」と自認する、宗派の林立、それぞれの教義、典礼の存在に疑問を呈した論文をゴリーツィンは許可したばかりか、これをめぐって正教会がざわめいた時、こう書いてよこしたという。「この論文は一部の読者の不満を予期しなければなりませんでした。しかし、これがおおやけになったことを悔むにおよばない。ここには、偏見なしで読む人にとっておおきな真理があるからです。」

ラブジーンに答えたゴリーツィンの手紙はなかなか興味深い。彼はいまの事態はラブジーンがみずから招いたという。なぜなら、検閲が要求する限界に「あなたは容易に気づくことができたからです。」わたしも毎号あらかじめ目を通し、そこの「あるものを没にしたり、ある個所を削ったり」してシグナルを送っていたではないか。それは今回の措置同様、「弾圧などというものではない」。一体「どこの政府が、どこの国家が」教会と宗教当局の定める規範を「裁き、批判し、否定する」ことを容認できるだろうか。「キリスト教はわれわれになんぴとも裁くことを許さない。宗教のそれであろうと、一般のそれであろうと、既成の権力についてはなおさらです。」ところが、あなたはそうしている。あなたの手紙自体その証拠だが、それでいてあなたは今回の措置があなたを「敵」にわたすものだという。実際、わたしは自分の隣人をそのように考える「キリスト教的愛の不足を残念に思います。」

別の、やはり差し止めになった論文は、あなたのもとに「本当の教会、真のキリスト教」があると仄めかしている。「わたしはそれには確信が持てなかったので、わたしの身分と地位に伴う義務からして」、そうした「未知の、起源の怪しい教団」へわが国の信者が連れ去られるのを「許せませんでした」。あなたの雑誌に「真理とキリスト教の精神にみちた」論文がなかったとはいわない。ほかでもないそうしたもののために雑誌は復刊され、いまも禁止されず、「より相応しく、好都合な」検閲に「任されるにすぎないのです」。あなたが正教会に反抗するつもりがないのなら、どうしてその当局の人々まで「敵」とよばなければならないのか。「というのは、あの人たちも、少なくとも他のどの人々に劣らず真の宗教知識とキリスト教精神の普及に協力する用意があるからです。」[4]

これまでに繰り返し指摘しておいたように、信仰のありようをめぐり神秘主義者たちは個人への内面化を追求し、その外面化——と彼らに見えた——の諸形式、一口にいって、既存の教会、宗派の果たす役割に深刻な問いを投げかけている。ただ、ゴリーツィンの場合は、両者を対立と捉えてはいない。彼がのぞんだのは前者によって後者も活性化することで、当否はさておき、この意味で彼が自分を正教徒とみなしていたことに不思議はなかった。他方、ラブジーンは「内」が一人歩きする勇み足をおかした。この点では従来の見方に微妙な差があるが、そう受け取れるところはあったようだ。「外」の形骸化、因習化にたいする批判にも、たしかに無視できない危険があった。不幸なことに、彼の「反逆」を裏書きするような事件も起きている。実際、ラブジーンの意図を疑い、非難したのはゴリーツィンに限らない。たとえば、前国家評議会書記官長、当時ペンザ県知事のミハイル・スペランスキイである。その頃、彼も「信仰の薄明境」に身をひそめながら一八〇五年に手を染めたトマス・ア・ケンピス『キリストにならいて』の改訳を急いでいたが、ラブジーンについて知人にあてて次のように書く。ラブジーンは自分が「新しい神殿を建てるために神につかわされた」という「妄想」にとりつかれている。スペランスキイによれば、すべての源は彼の「自尊心」「傲慢」にある。[5]

ゴリーツィンのラブジーン批判は、従って、的外れではなかった。だが、それをたしかめたうえでもう一度彼の手紙に戻ってみれば、やはりそれが昨日までの同伴者にたいする一方的な断罪の印象を免れない。彼が「権力」への批判を禁じることはいい。節度を説くことは正しい。しかし、これまでそれを認めてきた責任には口をつぐんでいる。どうしてラブジーンに直接自重を迫るといった手段がとられなかったのか。なぜ一足飛びに正教会の手中に押し込めるようなことをしたのか。

ゴリーツィンがこのあともながく神秘主義のスポンサーとして留まったことを考えれば、彼がストゥールザに屈服して従来の立場を変えたというようなことはありえない。では、なにが彼を動かしたのか。ひとつは、いうまでもなく、行き過ぎたラブジーンの言説であろう。さらに、彼はラブジーンの話し合いの申し出を一切拒んでいるが、そこに象徴的な一句がある。「もしもあなたが書いていることを全部許したら、すでに噂されているように、わたしもあなたの〔マソンの〕支部の一員とみなされることになるでしょう。だが、わたしは大臣です。[6]」つまりこのときゴリーツィンは少なからず政治家として振舞ったのであって、正教会との摩擦はできれば避けておきたかったに相違ない。もともと、既述のゴリーツィンの宗教政策は彼らの神経を逆なでしている。くわえて、のちに述べるように、前年には宗教に関する行政の一元化が図られ、それまでの教育省と外国宗教庁がひとつの省になり、ギリシャ・ロシア正教は他のキリスト教各派、イスラム教、ユダヤ教などと並んで新設省の宗務局四課中の一課に割り振られたが、このことも彼らの自尊心を傷つけるに十分だった。『シオンの使者』の扱いをめぐって、ゴリーツィンがこうした状況をどこまで計算に入れていたか明らかではないが、ことを荒立てること、長引かせることの得策でないことは分らぬはずはない。

ラブジーンは『シオンの使者』を「敵」にわたすより、みずから葬る道を選んだ。発行者の健康上の理由により——新聞に発表された廃刊の通知はそう伝えていた。本当の理由を示唆する部分は、あらかじめラブジーンから原稿の提出をもとめたゴリーツィンが削除していた。最終号は一八一八年七月号である。

『シオンの使者』の事件は、ロシア正教会とは別に、その権威の外でくりひろげられる運動を快しとせず、みずからを守り、隙あらば攻撃に転ずる勢力の存在を改めて示した。その力はまだ弱い。筆者はこのあと両者の確執から一方が他方を駆逐する大詰めまで順にたどるつもりである。ただ、叙述の都合上、ひとつおいて第三部にそれを続けることにしたい。

最後に、本筋からはやや外れることになるが、ここで取り上げたラブジーン、この時代をもっともよく代表する一人である彼のその後を見届けておこう。

第11章

ラブジーンは人々に争いをもたらすためにやってきたような人物である。彼は死に至るまで一方からは「聖者」とあがめられ、他方からは「サタンの使徒、予言者」と呪われたというが、彼にはそういう愛憎をよびおこす資格が十分に備わっていた。強固な信念、逞しい意志、旺盛な行動力、彼はそのどれにも欠けていない。彼はほとんど粗野とよべるほどの自信にみちていた。一八〇八年からしばらくの間、彼を身近に目撃した後年の作家、C・T・アクサーコフによれば、彼はマソンの同志にたいし文字通り独裁者として振舞った。[1] もっとも、彼にはユーモアのセンスもあり、人を楽しませる術も知っていたようである。この中背、がっしりした体格、そして跛の男は、一八一七年にごく当り前な人間臭さを示した。彼はモスクワ県庁を振り出しに、ペテルブルグ移住後は中央郵便局、一七九九年から美術アカデミー及び外務省、のちに海軍省の双方に勤務していた。官等は一八〇四年から四等官止まりで、これは、彼の言葉では「不遇」ということになる。

発端はこの年五月、美術アカデミー副総裁の死亡である。ラブジーンは序列からみて自分を後任に見立てていた。しかし、総裁は機構改革のひとつとしてこのポストの廃止を奏上、代りにラブジーンを元老院議員、三等官に推挙した。だが、九月、皇帝はこれを却下、ラブジーンを副総裁とするよう命じた。問題はここからである。ラブジーンは決定が不満だった。期待に胸ふくらませていた彼には、もとものぞんだポストは不当に低く映ったのだろう。当時、彼の活動は最盛期を迎え、賞讃の声が降り注いでいたことも忘れてはならない。反対陣営の鉾先をかわすためにも、いま皇帝が彼に「好意」のあかしを示すことが必要なのだと彼はいう。実際、これは正しいだろう。しかし、筆者が興味をそそられるのは、彼が悪びれずに自分をさらけだしているところである。彼はあれこれ例を引いて自分の処遇の非を鳴らした。彼の頼みの綱はほかならぬゴリーツィンだが、彼にはかつて宗務院総監として第一期『シオンの使者』の廃刊に直接手を下した負い目があり、前年その復刊に力を尽くしたのもいわば償いのつもりだった。しかし、ラブジーンにいわせれば、このかつての一件こそ官途の躓きのもとなので、名誉回復の聖ウラジーミル二等勲章はそれを埋めるにまだ足りない。彼はゴリーツィンにむかい十年間に蒙った物心両面の「損失」を指して、収支釣り合うようにするのがキリスト教徒の「義務」だと説く。一方で、自分がすでに五〇の坂を越え、視力も衰え、身寄りもなく、退官後の生計も覚束ない——たしかにこれはみな事実だったが、そういうこともあわせて訴える。この強気とも弱気ともつかぬ手紙を書きながら、彼は虻蜂取らずを避け、とりあえず副総裁に任命しておいてもらいたいと申し出る。結局、実現したのはそれだけだった。

このあと第二期『シオンの使者』が頓挫して、ラブジーンの活動は頂点をすぎ、確実に下り坂へむかう。出版事業も著しく細った。さきに触れた出版リストはそれをはっきり物語る。おそらく健康の悪化も一因であったに相違ない。家計の逼迫にくわえて、この間の鬱屈した心境は一連の手紙が示す通りだが、それは長年疲労に耐えてきた彼の神経をいためつけ、癲癇の発作が襲うようになっていた。ただ、この点に関していえば、アレクサンドル一世は、一八一九年に転地療養の費用三、〇〇〇ルーブリを贈り、二二年には俸給のほかに「食費」として年三、〇〇〇ルーブリをあたえて、古い友情が忘れられていないことを証明した。

ラブジーンが時代の寵児の座を滑り落ち、当然の苦渋を味わっている間に、時代はおおきく転換してさらに彼を突き放す。一八二二年八月一日、アレクサンドルは勅命を発してマソンの支部をふくむすべての秘密結社を禁止した。その背景と経過、つまりヨーロッパとロシアの諸事件についてはのちに触れるけれども、要するに、これは政治的な出来事で、不幸にしてマソンも巻き添えになったというほかない。これによってラブジーンの支部「死にゆくスフィンクス」は幕を下し、彼のマソンとしての活動はおわった。その際に彼がどう振舞ったか、われわれはやがて知らされるだろう。

しかし、公人としての彼のすべての活動が止む日も遠くない。それは、九月十三日、美術アカデミーの会議の席で起きる。

この日の会議の目的は同アカデミーの名誉会員の選出で、席上、候補にのぼった三人の高官のうち、A・A・アラクチェーエフを除く他の二人にラブジーンが反対、議論になった。彼が提案の理由をただしたのにたいし、出席者の一人が、この人たちは陛下に近い、とこたえ、総裁も先例を引いてこれを支持した。ここでラブジーンの問題の発言が飛び出す。「もしそう考えるなら、〔陛下の〕御者イリヤも推薦できる、あの男も陛下に近いから」。

彼をご存じですか――総裁はラブジーンにおどけてたずね、さらに、この候補者の方々に、あなたが彼らを御者と同列に置いたと知らせてもよろしいか、ときいたが、ラブジーンは、そうしたいなら、なさるがいい、わたしはあの人たちを恐れない、恐れるべきは唯一人、陛下のみ、とこたえた。

伝えられるラブジーンの手紙によると、事件のあらましは以上の通りである。アカデミー総裁の手紙もこれと大差ないが、ただラブジーンは三人の候補者全員に反対したという。また、通報の件は実際冗談で、総裁がこの出来事を「あまり深刻でない」ものしてしまうためそういった時、それは狙い通り「思わず一同の笑いをさそった」が、ラブジーンは憤慨して右のようにこたえたという。[2]

しかし、ことは冗談ですまなかった。噂はたちまち首都にひろまり、ペテルブルグ総督、М・А・ミロラードヴィチ伯爵はアカデミー総裁に事情の説明をもとめた。いま引いた手紙がその回答だが、総督はこの手紙のほかに彼自身の報告書を作成した。[3] そこにはさきの当事者の証言にない内容がくわわっている。つまり、ラブジーンが三人の候補者について「わたしはこの人たちを知らないし、すぐれた点を耳にしたこともない」といったという。これは総督の伝聞である。アカデミー総裁はこの間総督に二度会っているが、報告書の文脈からすると、総裁はこの噂を受け合ったばかりか、彼の口から次の一件もつたえられている。ラブジーンは候補者の一人、内務大臣、В・П・コチュベーイのことを、彼は「一文にも値しない。この人間は尊大で、なんの値打ちもない」といったというのである。果たしてこれは本当だろうか。いかにラブジーンといえどもそこまで暴走したとは想像しにくいが、どうだろう。ともかく、ことはスキャンダルに発展していた。この種の出来事がしばしば人々の根拠のない、時には意識されない悪意の産物であるのにたいして、このときラブジーンははっきりした敵意に囲まれていたといっていい。正教会の中の「敵」もさることながら、一般にマソンや神秘主義にたいする「敵」はこの頃までにさまざまな方面で数を増していて、そうした広い、いわば匿名の「敵」の圧力がいまラブジーンを追いつめつつあったといえるだろう。

ミロラードヴィチの報告書にはもうひとつ見過せない個所がある。それは、先月、秘密結社禁止の勅命にこたえて美術アカデミー総裁が全所員から秘密結社不参加の誓約書を提出させた時のこと。ラブジーンは勅命の朗読が終るころにやってきた。総裁がもう一度読もうとすると、遮っていった。「勅命ならもう知っています。これがわたしの誓約書です。」さらに、こういった。「こんなことをしてなんになるのです。きょうマソンの支部を禁止したが、あしたは強制的にそこへいかされるでしょう。支部はなにも害を与えていない。云々」

これも総裁のはなしである。真偽は不明。ただし、これまでのラブジーンの手紙に見える当局への明らかな不満から推して、そういう言葉が彼の口から出ても不自然ではない。

九月二二日、ペテルブルグ総督は美術アカデミー総裁の手紙に彼自身の報告書を添えて、イタリアのヴェローナに滞在中の皇帝へ送った。この間、ラブジーン本人にたいする訊問、従って彼の側からの釈明は一度もおこなわれなかった。[4]

一八二二年十月二〇日、アレクサンドル一世は九月十三日の「不遜ナル振舞イ」によりラブジーンの罷免と首都追放、許可あるまで領地より外出禁止、領地なき場合は遠隔地の郡庁所在地に居住、同地より外出禁止を命じた。ラブジーンには身を寄せる領地がなかった。そこで内務大臣、前記コチュベーイはシムビルスク県（現ウリヤノフスク州）センギレイ市を指定。大臣は皇帝に報告した。この市は「主にタタール人の住民に囲繞され、市の警察署長、元槍騎兵（中略）は極めて厳正なる人物との評判を有します。」ラブジーン一家にはこの時一〇〇ルーブリの持ち合せもなく、旅の支度も覚束なかった。やむなく彼はゴリーツィンに泣きつく。結局、ゴリーツィンが、貧困者に恵むため皇帝から託されている金から二、〇〇〇ルーブリ、知り合いの女性が八〇〇ルーブリ、美術アカデミーの卒業生が二〇〇ルーブリ、同総裁がとくに名を伏せて三〇〇ルーブリを差し出した。十一月十三日午後二時、五六歳のラブジーンは八つ年上のやはり病弱な妻、養女、護送の警察官とともに、これも友人から提供された四輪の箱馬車に乗り込み――ペテルブルグ総督は、三〇キロと走れぬ、がたがたの半幌馬車をまわしてよこした――、降りしきる雨の中、近づく厳寒にむかって泥濘の道を出発した。

このあとひと月におよぶラブジーンの旅、それにつづく流謫の生活については、彼自身の手紙、同行した養女、彼が翌年五月に県都シムビルスク市（現ウリヤノフスク市）に居住を許されたのちに知り合うある詩人の回想に詳しい。[5] 当初ラブジーンは「迫害」への怒りを抑えきれなかった。もっとも、たとえ失言にせよ、権力が設ける秩序に完全に忠実でなかった分だけ、それは正しくなかった。しかし、彼もやがて自分の境遇に慣れるだろう。一八二三年、彼は『妻へ』と題する長い詩を書く。[6] それは神にすべてを託し、神に仕えることのみを使命としたという彼の生涯の総決算といえる。一家の生活上の困難には、おもにこの地のかつてのマソンが手をさしのべよう。幸いシムビルスク市へ移住と同時に、これもゴリーツィンのはからいだが、二、〇〇〇ルーブリの年金も与えられる。勿論、失意の傷は深い。とはいえ、そこにはささやかながら新しい出会いの喜びも用意されている。

一八二四年九月、アレクサンドル一世は南部地方巡幸の途中シムビルスク市を訪れた。これよりさき、ラブジーンは親しい人々からこの機会に赦免の嘆願書を出すよう勧められたが、彼はいつでもこうこたえたという。「どうやって赦免をお願いするのです、わたしは自分の罪を知らないのですから。わたしは宣告を受けなかったのです。」最後の部分は事実に反する。が、いずれにせよ、ラブジーンは自分の「罪」を認めなかった。アレクサンドルからはなんの沙汰もなかった。そのころラブジーンはすでに病床にあった。皇帝が去ったあと、彼は容態を尋ねる人にきまってこたえたという。「なぜお聞きになるのです、わたしを治せた医者がいってしまった以上、どうしてよくなれますか。」[7]

一八二五年一月二六日、ラブジーンは死んだ。

第Ⅱ部　反動家たち

聖書協会の広がりといい、神秘主義あるいは敬虔主義の流行といい、この時代の宗教的情熱の沸騰はどこか熱病をおもわせるが、そうした現象をもたらした要因のうち、権力の庇護と奨励をいわば外側のそれとすれば、内側から推し進めた要因には、おおよそ次の三つが挙げられよう。第一に、十八世紀の啓蒙思想の合理主義、懐疑主義にたいする反動。第二に、ロシア正教会が形式に堕し、生命が失われたという認識。第三に、祖国戦争の勝利の結果生じた主の見えざる力への畏怖と信頼。いずれもこれまでの記述で触れてきたことだが、若干補足しておこう。ただ、第二に挙げた認識に関しては、その存在を指摘するだけにとどめる。従って、以下、第一と第三について、ただし順序は逆にする。

祖国戦争とそれにつづくヨーロッパの戦役がロシアの民族意識の高揚を促す一方で、奇跡的とも見える勝利と未曾有の栄光をまえに、宗教的想像力もおおいにかきたてられた。これについては、この国の最高権力者から全国民に語られたおおやけの言葉に注目すれば十分だろう。一八一二年十二月二五日、アレクサンドル一世は祖国戦争の勝利をたからかに宣言した。この歴史的文書はいう。「コレヲナシタルハ、ソモナン人《ぴと》カ。」わが軍の功績をたたえるはよし。しかもなお、「彼等ノナセルコトハ、人力ヲ越エルトイイウル。サレバ、ワレラハ、コノ偉業ニ神ノ摂理ヲ認メン。聖ナル玉座ノマエニヒレ伏サン。高慢ニシテ敬虔ノ念ナキヲ罰セルカノ手ヲシカト見、ワレラノ勝利ヲ徒ニ誇ラズ、コノオオイナル、恐ルベキ教訓ヲモトニ、神ノ法ト御心ヲヘリクダリテ行ウ者トナラン。（中略）ソノ恵ミト怒リトニオイテ、ワレラガ主ナル神ハ偉大ナリ！」同日、アレクサンドルは詔書を発して、国民の「信仰ト祖国ニタイスル比類ナキ熱意ト忠誠ト愛」を記念し、「摂理ヘノ感謝」をあらわすためモスクワに「救イ主キリストノ教会」を建設すると告げた。[1]

これはしばしば政治が愛用する宗教へのリップ・サービスではなかった。政治と宗教の癒着、それぞれにとって明らかに不幸な状況がここに生れたのである。すでにわれわれはそれが神聖同盟条約に結実したことを知っている。いうならば、条約はアレクサンドル一世の哲学で、内容、形式とも外交の常識をはずれている。従って、プロイセン王などごく少数を除くヨーロッパの政治家に慇懃な冷笑をもって迎えられたのはやむをえなかったが、ロシア本国では、まさに同じ理由から針は負から正へ逆に振れる。例えば、ゴリーツィンはこれを讃えていう。「ココニハ世俗的意図ハ一切アリマセヌ。ソノ唯ヒトツノ目的ハ、諸大国ノ元首ガ、唯一ニシテ、今在リ、ヤガテ在ルイエス・キリストヲ王ノ王、治者ノ治者ト認メルコトデアリマス。」アレクサンドルは一八一五年のクリスマスの詔書で、この条約を「公布シ、教会ニテ読ミアゲルヨウ命ジ」、これを受けて宗務院も、それを「印刷シ聖堂ノ壁ニ掲ゲ、トコロニヨリテハ板ニ彫リ、又コノ条約カラ説教ニ用イル考エヲ借リルヨウ命ジ」た[2]。

ところで、思想的な立場は、しばしばそれがなにを肯定するかではなく、なにを否定するかによってより鮮明になる。いまの場合、われわれはこの否定の対象を、右のクリスマスの七日後に出された詔書にはっきり捉えることができる。一八一六年の年頭、アレクサンドル一世は足掛け四年にわたる戦争をしめくくる長文の詔書を発表した。そこでは、緒戦におけるロシアの敗北からブルボン王朝の復活に至るまで、すべてを司る「主ノ手」の確認に始まり、それに終る。だが、すでに見なれたこの点にかかずらうことはやめ、ここでフランス啓蒙思想、フランス革命、ナポレオンがひとつの範疇にくくられ、反キリストの烙印を押されていることに注目しよう。

詔書は啓蒙思想をこうよぶ。「敬虔ノ念ナキヨリ生レ、神ヲ失エル人心ニ巣食イ、似テ非ナル知恵ノ乳ニテ育チ、偽リト狡猾ノ秘跡ヲ授カリ、知性ト文明ノ仮面ヲカブリテ諸国ヲ永ラク彷徨シ、甘言ヲモッテ未ダ経験浅キ人心ト習俗ニ堕落ト破滅ノ種ヲ播キタル道徳的怪物」。「信仰ト玉座ト法ト人道ヲ蹂躙セル」フランス革命はこの「怪物」の「最初ノ憤怒」のあらわれ、同じくナポレオンは「怪物」の「旗手」だという[3]。

これが敵の正体である。以上、冒頭に記した第一と第三の要因について述べたが、容易に見て取れるように、この両者はいわば陰画と陽画の関係にある。ここから、ロシア皇帝が国民に与えた政治的メッセージを次のように要約できよう。天上および地上の王権への恭順のすすめ。パリ、この「傲慢ナ都」が象徴する批判、反抗の封印。

そこで、筆者の次の課題はいま示されたテーマが現実の舞台でどのように展開し、どのように演じられたかを検証することである。ただ、そのまえに断りをひとつ。

断りというのは、ごく当りまえのことで、現実におこなわれる施策の選択と遂行が内外の政治状況と相関関係にあることである。この点で、まずドイツの情勢を挙げておかなければならない。一八一七年十月十八日（グレゴリウス暦、以下同じ）、ワルトブルクの祭典。これを口火に全土に拡大した「自由と統一」を目指す学生組合《ブルシェンシャフト》の運動。十九年三月、学生カール・ザンドによる劇作家コツェブーの暗殺。八月、カールスバートにおけるドイツ各国政府代表による弾圧策の決議。九月、連邦議会による同決議の承認。よく知られるように、この一連の経過をたどってナポレオン戦争後のウィーン体制は明確な反革命の陣形をととのえていく。

カールスバートの決議に関していえば、当初アレクサンドル一世はこれを行き過ぎと受け取ったようだが、[4]翌二〇年のスペイン、ポルトガル、イタリア各国における革命、ロシア本国におけるセミョーノフ連隊の「反乱」などによって、彼もオーストリア外相（二一年から宰相）メッテルニヒの陣営に投じるにいたる。ともあれ、これらヨーロッパとロシアの情勢とこの国の政治の動向は共鳴関係にあり、これについては今後の記述でとくに触れないだけに十分記憶にとどめておきたい。

さて、ここで筆者はさきにあげた課題の範囲を限定しておく。筆者が意図する範囲はこの問題のもっとも確実な指標になりうる教育である。教育についても、対象を主に大学に絞る。ほかでもない、ここで問題がもっとも先鋭なかたちで現れたからである。[5]

第2章

この時期の象徴的な出来事は、一八一七年十月の宗務・教育省の発足である。これは宗教関係と教育関係の行政をひとつの省にまとめたもので、その狙いはこの設置をうたった詔書の冒頭の一節に明記されている。すなわち、「キリスト教ノ敬虔ナル信仰ガマコトノ教育ノ変ラヌ基礎トナルコト」。これを敷衍したかたちで、教材の選定などに当る中央教育審議会学術委員会の目的を、委員の一人、前記ストゥールザの起草にかかる同委員会への訓令はこう定める。「信仰ト知識ト権力ノ恒久且ツ有益ナル一致」[1]。

初代大臣にはゴリーツィン公爵が就任した。新設の省は従来の教育省と外国宗教庁を合せたうえ、ロシア正教会の最高機関、宗務院を監督下に置く。これら三つの機関のうち、宗務院は〇三年から、外国宗教庁は十年から、教育省は十六年八月からゴリーツィンが長の座を占めていた。[2]ということは、宗務・教育省はこの時までですでに実体として存在していたので、今回の改組も単なる形式的な追認とみなすこともできるが、それにしてもその意義は大きいといわなければならない。人的な面に限っても、中枢には聖書協会の主要なメンバーが大挙して座り、プィピンにいわせると、二者は「ほとんど同じものになった」。一例を挙げよう。新しい省は宗務、教育の二局からなる。教育局を率いるのはB・M・ポポフなる人物、彼はすでに統合前の教育省の局長に起用されていたが、ある史家にいわせれば、「神秘主義にのめり込んだ大臣の無分別な気まぐれのみがこうした奇怪な人事を思いつき、実行できたのだ。」[3]つまり、このポポフ、異常なほど信仰に身を入れ、神秘主義を奉じ、タターリノヴァの踊る宗教の熱心な信者で、娘たちにもそれを強要したが、衆目の一致するところ、教育については素養も見識も持ち合わせなかったらしい。

もっとも、いかに弱いとはいえ、批判の声は、無論あった。その一人がペテルブルグ学区視学官（正式には、大学及び学区視学官だが、以後簡便に学区視学官とよぶ）セルゲイ・セミョーノヴィチ・ウヴァーロフ（一七八六―一八五五）である。のちにわれわれは、いわゆる「官許国民性理論」の提唱者として悪名高い（?）彼に再び出会うはずだが、この時期の彼について一八一三年十一月の手紙の次の一節を見ておこう。「現在の知的状況は、思想の混乱止まるところを知らずというありさまです。ある人々は安全な文化、つまり燃えない火を欲する。別な人々（これが一番多いのですが）はナポレオンとモンテスキュー、フランスの軍隊とフランスの本、モローとローゼンカンプ、シ……の妄想とライプニッツの発見をいっしょくたにする。一言でいえば、怒号、激情、いがみあう党派、ありとあらゆる誇張の坩堝で、この光景にながくとどまることに耐えられません。宗教の危機、道徳の荒廃、外国思想かぶれ、光明派《イリュミナート》、哲学者、フリー・メーソン、狂信家などなどの言葉の投げ合いです。要するに、完全な狂気です。」本人の否定にもかかわらず、ウヴァーロフもいささか「誇張」をまぬがれなかったようだが、彼がここで活写している「混乱」はたしかに事実なので、この手紙は独善と偏狭を排する開明派知識人の面目を彷彿させるに十分であろう。ただ、右の個所はこの時期のウヴァーロフを語る際にきまって引用されるところで、そのためそこだけがスポット・ライトを浴びるけれども、この手紙にはナポレオンの「凋落」に言及した次の一節もある。「これは神があらかじめ定められたことです。世界帝国の夢は破れました。これからは、かつて唾棄すべきソフィストが主張したような、政治と道徳が分れている状態は消滅すると思います。[4]」つまり、彼も時代の空気を多かれ少なかれ吸いこんでいたわけだが、それでも次の事実は当時の社会の中で彼の立つ位置を測るのに役立とう。

ウヴァーロフはロシア聖書協会の設立総会に招かれ、理事に就任したが、一八一五年にそこを去った。肌に合わなかったに相違ない。同じ年、彼は有名なアルザマスの結成に参加した。この、当時もっとも自由闊達な雰囲気を楽しんだ文学サークルの会合はしばしばウヴァーロフ邸でひらかれた。だが、ウヴァーロフについていまはここまでにしておく。

アルザマスの同人たちが先達と仰いだニコライ・カラムジンも当時の宗教ブームに不快をかくさなかった一人で、一八一七年一月の手紙には、そうしたいびつな「われわれの時代に偽善者の数が増えたとしても不思議ではない」という嘆きが見える。[5] 実際、危惧は的中した。われわれはそれを見事に証明した一人の人物をここで登場させなければならない。もっとも、彼が単なる「偽善者」にすぎないかどうか、問題はかならずしも単純ではなさそうだが、結論はいま急ぐ必要はない。ともあれ、彼こそウヴァーロフ追い落としの立役者であって、その名をミハイル・レオンチエヴィチ・マグニツキイという。

マグニツキイ（一七七八―一八五五）は、ウヴァーロフのような由緒ある家柄の出でない。一説によると、父はのちに息子のおかげで官職をえるまで、「ほとんど施しで暮していた」そうだが、真偽はさておき、相当な貧乏貴族の一家だったらしい。彼はモスクワ大学付属の貴族寄宿学校を卒業、二年余り軍隊に勤務したのち、一七九八年外務省の九等官に転じ、ウィーン、パリをまわって一八〇二年に帰国、ここで栄達の階段に確実に取りつく。翌年ミハイル・スペランスキイに招かれて内務省へ入り、この将来の国家評議会書記官長に自分をしっかり結びつけたからである。のちに詳しく検討するが、スペランスキイは「自由主義的」と称される改革の推進者である。マグニツキイは公私にわたる彼の友として、一八一〇年には国家評議会書記局法制課長、四等官にまでのしあがった。

同時代人の証言を拾い集めると、マグニツキイの次のような横顔が浮ぶ。長身、端正な面立ち、優雅な物腰、さわやかな弁舌、溌剌とした才知――まさに、晩年のП・А・ヴャーゼムスキイの述懐によれば、「申し分ない社交界の人士」である。もっとも、「伊達男」、「カルタ狂」といった、かんばしからぬ評もくわえなければならないが。

マグニツキイは笑いを好んだようだ。スペランスキイの娘の回想には、「マグニツキイはわが家の正真正銘のプロテウスでした」とある。「寸鉄人を刺すかと思えば、おおいにふざけてみせました。そこでまた誰かのおどけた真似、パリの一流の客間を彷彿させる辛辣な批評、満座を死ぬほど笑わせる道化芝居です。しかも、この全体が、彼の多才ぶりを発揮して即興の詩だとか、どこかで読んだり、即座に考えついたりした小話とかで味つけされていたのです。」

だが、マグニツキイは変わった、と彼女は続ける。一八一一年、彼は軍事法規編纂委員会の委員長に任命され、これは戦雲ただならぬ当時にあってかなりの大役だったらしいが、彼女にいわせれば、彼が「持ち前の快活さと気安さを失った」のは、とりわけ、こうして「陛下に直接奏上するようになった時から」で、「にわかに襲った権力と富と名誉への熱病的欲求にとりつかれ、いまや」彼は人をおかしがらせるどころでなくなった、という。[6] ともあれ、編纂事業の功績によってマグニツキイの胸に聖アンナ一等勲章が輝き、彼は栄達の階段を一段上ったが、そこで、突如一切が瓦解した。

それは一八一二年三月十七日のスペランスキイの失脚である。この衝撃的な政変劇は謎の多いミステリーで、最大の謎は最後に賽を投じたアレクサンドル一世その人にあるけれども、いまはここに立ち入る時でない。ただ、マグニツキイがこれをどう見ていたかに触れておくと、彼の言葉として筆者が確実に知りえるのは、スペランスキイの死に際して書かれた追悼文の短い一節だけで、そこには「個人的な敵意が〔ナポレオンとの戦争を控えた〕祖国の混乱期をとらえて、国家評議会書記官長を陛下に中傷した」とある。[7] この言葉がマグニツキイの真意をどこまで伝えているのか測りかねるが、文字通りに受け取るなら、事件の核心にはほど遠いといわざるをえない。

即日、スペランスキイはニージニイ・ノヴゴロドへ、マグニツキイはヴォログダへ護送の身になった。その途上で警察大臣へ送った手紙でも、マグニツキイは自分の「無実」に言及しているが、実際、スペランスキイの腹心として一蓮托生の運命にみまわれた彼にこの出来事はおおきな教訓を残したに違いない。

追放は一八一六年に終る。残念ながら、首都帰還には至らなかったが、この年八月、スペランスキイはペンザ県の知事に、マグニツキイはヴォロネジ県の副知事に任命される。翌年六月、マグニツキイはシムビルスク県の知事に転じ、こうしてかつての盟友は隣り合う県の知事の座にすわった。なお、両人の地位回復はあらたに皇帝の右腕にのしあがったA・A・アラクチェーエフのはからいによる。つまり、ノヴゴロド県のアラクチェーエフの領地、グルジノ詣での賜物である。

しかし、ここにきて二人ははっきり袂を分つことになった。一八一八年五月、スペランスキイは友人にあててこう書く。「わたしは彼〔マグニツキイ〕との関係を完全に、また永久に断ちました。もっとも、それはこの間ずっと辛うじて保たれていたのですが。」なにがこの亀裂を生んだのか。原因は明らかにマグニツキイの知事としての仕事ぶりにあった。のちにみずから語るには、彼は農民を暴力からまもり、この「虐待のかどで八人の地主を裁判にかけ」、人頭税の不法徴収、殺人、紙幣偽造などでタタール人の一家を逮捕、これにつながる中央、地方の役人の不正を暴いたという。どうやら、彼は県の役人や地主をすべて敵にまわしたようで、いま筆者には事実を直接たしかめる手段はないものの、当時のスペランスキイの手紙は大筋で本人の弁を裏付ける。(8)

スペランスキイは当初そういうマグニツキイを「結果は受け合えない」としながらも歓迎した。しかし、一八一八年三月にはある手紙のなかで、「この統治のしかたはまったく無用」といい、「彼にはいかなる統治の才もない」と突き放している。彼の言葉からうかがえるのは、マグニツキイの「統治」がいたずらに混乱を招き、「強力な抵抗」をよびおこして進退もままならぬ迷路にはまり込んだことである。そうしたマグニツキイをスペランスキイは見放したが、彼をそこへ走らせた動機は少なくともふたつあったといえるだろう。ひとつは意見の対立、従ってまた感情のもつれ。マグニツキイにたいしてスペランスキイは再三忠告をしたようで、おそらく彼に自重を促したのだろうが、しかし、かつての保護者はいまや説得力を失っていた。だが、彼にはさらに切実な理由があったと見ていい。彼はマグニツキイの「振舞いがわたしにはね返る」ことを恐れたようである。都落ちの身で、ひたすら謹慎に服する彼にとり、かつての同志の暴走がうれしいわけはない。すぐあとで述べるように、マグニツキイはこの年半ばに首都に舞い戻るが、スペランスキイはそこの娘にむかって彼との接触をできるだけ避けるよう繰り返し書き送っている。ともかく、この時から両者の軌跡ははっきりべつな方向をとる。従って、われわれはここでひとまずスペランスキイと別れることにしよう。

シムビルスク県でのマグニツキイの行動は、彼みずからいうように「良心ある人間」としてふるまったためか。スペランスキイがいうように「はげしい気性と近視眼」のせいなのか、当地の評がいうように「ひたすら功を急」いだからなのか。すべてを放り出して彼はペテルブルグへ旅立つ。そこで辞職を願い出るつもりだったようだ。いずれにせよ、この時前途に光明が差しこむ期待はたいして持てなかったはずである。ところが、それがにわかに点滅し始めた。

あとから振り返れば、一八一八年一月一日はマグニツキイにとって記念すべき日であった。この日はロシア聖書協会シムビルスク支部が発足した日で、マグニツキイは着任早々この設立に取りかかっていたのである。発会式に臨んで、彼は演説をこころみた。現在筆者の目に触れるのはそこからの抜粋に限られるが、[9] しかし、これによって全体は十分推し量ることができる。もっとも、ここに長く立ち止まる必要はなさそうである。これについては、すでに述べた敬虔主義や反啓蒙主義、流行の意匠の複製といえば足りるであろうから。それにしても、マグニツキイの個性そのものはまったく見過ごすわけにもいかないだろう。演説はけばけばしい、鬼面人を驚かす語句で埋まっているが、そこを貫くのは彼の断固とした反「知性」主義である。彼に従えば、人類の歴史は「光」と「闇」、「天上の摂理」と「地上の政治」の絶えざる闘争ということになるが、その間、「知性」あるいは「理性」は彼によって救い主の教えの対極に位置づけされる。いわく、もともとこの「教えは、知性にはいとわしいのです、なぜなら、それは知性と完全に対立し、知性に従順と沈黙のみをもとめるからです。」近代において、「闇の王」は「新しい偶像を案出しました、つまり人間の理性です。この偶像の神学が哲学です。」ここから生まれたのがフランス革命であり、ナポレオンであることはいうまでもない。要するに、聖書協会は「闇の王国」にたいする「光の王国の偉大な戦士」として「神の言葉なる剣」をとって立ち上がったのである。マグニツキイの演説の原稿はペテルブルグへ送られ、この年の協会の報告書の付録に収められることになる。

たしかな情報かどうか定かではないが、マグニツキイはシムビルスクの「官吏と貴族全員に入会を強要したばかりか、ヴォルテールやこれに類する十八世紀の作家の著作を広場で焼き払いはじめた」という。[10]

はなしをもとへ戻せば、ペテルブルグではマグニツキイを幸運が待っていた。そこで彼は宗務・教育大臣ゴリーツィンの知遇をえる。その経過は明らかでないが、おそらく、鍵は大臣が同時にロシア聖書協会の総裁だったことにある。両者をつなぐ線として、これがもっとも自然だろう。事実として分っているのは、この間、マグニツキイがキリスト教の教義の一般向けの解説書をフランス語から訳し、原稿をゴリーツィンのもとへ持ち込んだことで、これが十八年十月と見られる。

一八一九年一月二五日、マグニツキイを宗務・教育省中央教育審議会の委員に任命する件に裁可がおりた。これを伝える手紙でゴリーツィンは「満足の意」をあらわし、朗報に接したマグニツキイは「無上の光栄」とこたえた。信用できる証言によれば、彼は日曜日と祭日ごとにゴリーツィン邸の礼拝堂でおこなわれる祈りに出席し、大臣の「眼前で床にひれ伏した。」

第3章

マグニツキイの初仕事は、カザン大学および同学区のその他の学校の監査である。二月十日付の命令書を受け取ったマグニツキイはただちにカザンへ向かった。この時の監査は、この国の歴史においてしばしば彼の名を冠してよばれる時代の幕開けとしてきわめて大きい意味をもつ。以下それをカザン大学に焦点を合わせて述べていくことにする。

「一八一九年のカザン大学の監査は、一連の要因から生じた結果であった。」『カザン大学史』の著者H・Π・ザゴースキンは「要因」の第一に、この時代の大学不信をあげる。半世紀をこえる歴史をもつモスクワ大学は別にして、この世紀に開学したカザン、ハリコフ二大学は、教育、管理、施設などどの面をとってもその名と実の隔たることははなはだしく、少しまえから存続の是非が議論されていたようである。実際、いまのマグニツキイへの命令書でも、「今後コノ大学ガ有意義ニ存在シウルカ否カ」を明らかにすることをもとめ、廃学が相応しい場合には、事後の処理についても意見を上げるよう指示している。[1] カザン大学が不幸な標的に選ばれたのは、たしかにそれ自身に問題があったからだが、シムビルスク県知事として早くからこの隣県の獲物をうかがっていたマグニツキイの唆しがあったという見方もある。[2]

カザンに着いたマグニツキイは、三月八日、監査に必要な資料の提出を命じた。資料は大学ほか学区のすべての学校の活動全般に及ぶ。提出の期限はなんと三日である。これは到底無理なはなしで、ようやく三月十五日に資料が出そろったが、それは膨大なものだったという。翌十六日、マグニツキイは監査の終了を宣言、これらの資料をそのままたずさえて、早くも四月五日にはペテルブルグに帰る。これはいかにも慌ただしく、「監査でなく、むしろポロヴェツ人の大学襲撃だった」という評も、このあとの成り行きとも考え合せて、うなずけなくはない。[3]

マグニツキイは監査の結果として教授会に問題点を多々指摘し、改善を指示していたが、そこから大学の存立そのものをただちに脅かす気配をかぎとることはできない。しかし、それは現実になる。首都帰還から間もなく、四月九日付の監査報告書がゴリーツィンに提出された。[4]

報告書は長文で、大学のさまざまな側面を扱うが、ある史家をして、「そこでマグニツキイが描きだした画面以上に暗澹たるものはない！」と嘆かせたほど、ここから浮かび上がるカザン大学の姿には救いがない。まず、全学の教授会だが、構成員二五人中、信頼できるのはわずか五人、ここは不正と無能と追従の巣で、「構成員自身の笑いものと化している」という。続いてマグニツキイは建物、防火など、さきに大学に示した問題点を繰り返し、そのあと報告書の中心になる「教育の状態」がきて、四学部それぞれ俎上にのせる。まとめに相当する部分だけを引用しよう。

「本項の記述」から「閣下はそれ〔大学の教育〕が如何に至らぬか、ご認識されるでしょうが、これは、一部の教官の欠員からくる学部の不備、多数の教官の無能、科目の配置と統一した有効な教授法の策定にたいする教授会の無関心、気ままに講義に通う教官と学生への監督の不足、もっとも基本的な初歩の教科すら十分習得せぬ者を安易に学生に受け入れ、これら学生に寛大にも学位を授けることに由来するのであります。」

しかし、すでに二、〇〇〇、〇〇〇ルーブリを要した「最高学府のかくのごとき状態が如何に嘆かわしくとも」、その「害」がこれで止まるならばまだいい。報告書によれば、「はるかに重大な災い」がここに生じている。それを次項「学生の徳育」が示す。

哲学の教授から「道徳の法則」について学んだ学生の「多く」は、マグニツキイの問いにたいし、「遺憾千万にも」、モーセの戒律の数を答えられず、「他の者は、神がそれを三枚でなく二枚の板に記したのは、そのほうが都合がいいから、と答えた。教科一覧によれば、彼らはオディッセーを学びいるにもかかわらず、本官の質問せる者の一人としてエヴァンゲリエ〔福音書〕なる語のなにを意味するかを知らず。なお、本官は、学生監の選定せる学生用の図書よりヴォルテールの著作を追放しました。

かくして、前項で本官が証明した学生の半端な学問は、信仰の欠如と神の法のはなはだしき無知をもって完成する。こうして教育された者のうちから、すでに十五の県に四三名の教師が送り出されたのです。」

報告書は今回の監査をこうしめくくる。「本大学は他ならぬその成員ゆえに学則が課す任務を果さず、また果すことをえませぬ。」それは「名のみ」存在し、「実際にはかつて片時も存在せず」、無益であるばかりか、「社会的に有害」。

さきに述べたように、カザン大学にはおおくの問題があり、マグニツキイの糾弾をただちに不当とよぶことはできない。本国ロシアでは、これを故意の誇張とみる見方が一般的だが、しかし、アメリカの研究者によれば、これが「実態」という。従って、このあとに示すマグニツキイの方針にも現実的な根拠があることになる。[5] 筆者には、いまこれに関していずれとも判断する用意がない。しかし、重要なことはそれではなく、その現状をどうするか、あるいは、すべきかということであろう。

マグニツキイの「結論」はカザン大学の全面否定である。それを踏まえて、彼の「私見」――カザン大学は「矯正不能」、従って、「不易の正義と厳正なる法に照らし廃学にすべし」。この処分は「教官の不足とかこれに類する口実」を借りた「休学の形式」をとるべきではない。それは「似非文明」を奉じる「全ヨーロッパの学者たち」のいわれのない「誹謗」を招く。罪を天下に告げ、「公然たる取りつぶしの形式」を選ぶべきで、「現在及び未来の公正にして良識ある者はこぞって政府の側に立つでありましょう。」

大学なきあとの処置についてては、ひとつだけ、カザン学区の再建は「新しい視学官」にゆだねるべきという提言を記憶しておこう。これはほどなく実現するからである。

こうして、マグニツキイは不治の病人に安楽死さえ拒否して、見せしめの死刑を要求したが、そもそも彼に再生のための処方箋を書く意思があったかどうか、おおいに疑わしい。さきに筆者は、監査の最終日のマグニツキイの言から大学の存廃に直接つながる危機は感じ取れないと書いたが、あるいは、これは甘かったかもしれない。

マグニツキイの報告書は中央教育審議会にかけられ、ここで強力な反対者に遭遇する。それがペテルブルグ学区視学官（従って、中央教育審議会委員）セルゲイ・ウヴァーロフであった。彼の見解はそこに提出された意見書に盛られている。[6] 彼はカザン大学の「有害」宣言に異議を唱えたが、その要点は、一言でいえば、証拠不十分ということである。

ウヴァーロフもカザン大学の「管理面の乱脈」は認めた。しかし、いまや問題はずっと広く、且つ重大である。もし報告書の「告発が正しければ、（中略）カザン大学は国事犯になり」、本官は沈黙せざるをえない。だが、「大学は、互いに独立し、意見、習慣、信仰、祖国を異にする多くの人々からなる機関にほかならない。それに不名誉な烙印を押すためには、そのすべての構成員の故意の陰謀が証明されなければならない。政府の期待に副えず、万一無益と判明したからといって、それを有害と称し、理神論と不道徳の一派をそこにもとめてはならない。」

この「理神論」とは、マグニツキイが列挙した罪状のひとつなのだが、その証拠物件として彼が提出した哲学の教授の講演（冊子）についてウヴァーロフはいう。「われわれはたったひとつの講演で大学全体の精神を判断すべきなのか」。こうした議論の飛躍は、報告書が「危険」とよぶ四三人の教師の場合にも見られるので、勿論マグニツキイは「十五の県に散らばる」彼らを知らないのだから、「この宣告は、少なくとも数人について軽減されると期待していい」。

またウヴァーロフはこの大学にたいする政府の施策にも「なにがしかの欠陥」がなかったかどうか問いかけ、一方的な断罪をたしなめている。

意見書は大学の存廃について判断を控え、万一「死刑判決に署名する」際に各委員が味わうに違いない「悲痛」に触れているだけだが、言外の意味に誤解の余地はない。ただ、意見書がどれほどの働きをしたのか正確には分らない。審議会の議論の詳しい内容も不明である。いずれにしても、結果はウヴァーロフに幸いした。アレクサンドル一世が「コノ大学ノ全部門ヲ然ルベク整エルタメ、早急ニ適切ナ措置ヲ講ズベシ」と命じたからである。

ザゴースキンによれば、ウヴァーロフの勇気ある行動がカザン大学を救ったことは「ほぼ間違いない」という。そうだとすると、マグニツキイとゴリーツィンは彼の手で苦杯をなめさせられたことになるが、しかし、この勝利も高い代価を支払うことになろう。いまのアレクサンドルの勅命には、大学の建て直しの第一歩にマグニツキイの報告をふまえた教官の整理があげられている。それから間もない十九年六月八日、ゴリーツィンの上申にもとづきマグニツキイがカザン学区視学官を拝命した。われわれはすでに彼がこの学区に「信頼できる視学官」の必要を説いていたことを知っているが、この時の彼のカザン行きは猟官運動も兼ねていたといえばいいすぎか。ともかく、カザン大学はこれからおそろしい暗黒時代へ入る。だが、再びそこへ向かうまえに、もうしばらく首都に足をとどめよう。

なお、従来の研究では、ゴリーツィンやマグニツキイが代表する潮流を指して、ロシア語でобскурантизм、英語でobscurantismという語が用いられているが、本書もそれにならい、これを蒙昧主義とよぶことにする。

第4章

一八一九年一月十一日、アレクサンドル一世は中央高等師範学校のサンクト・ペテルブルグ大学への改組を承認、二月八日、その設置要綱を裁可した。

中央高等師範学校は、一八一六年に首都の高等師範学校が衣替えしたもので、他の同種の学校とははっきり異なっていた。もともとこの種の学校が、初等、中等教育の教員養成を目指したのにたいし、中央高等師範学校は高等教育を含む「帝国ノスベテノ教育機関」に人材供給を目的とし、「本学ハ大学ガ教授スルスベテノ学問（医学ヲ除ク）、芸術、言語ヲ教授スル」とうたい、予科につづく本科には歴史・文学、哲学・法学、物理・数学の三学部制を敷いていた。こうして中央高等師範学校は内容のうえで大学にひとしかったが、新生のペテルブルグ大学はこの前身をそっくり受け継ぐ。学部は同じく三、スタッフは、初年度つまり一八一九年度、功労教授一、正教授十四、定員外教授三、助教授三、神学教師一、講師十一、実験助手一[1]。

新大学は二種類のコースからなる。ひとつは、従来のそれを引き継いだ教員養成コース、もうひとつは、これが大学開設の主眼でもあるが、あらたに開講したいわば普通コース。この二本立てのメニューを消化するにはこのスタッフではたしかに不足で、教官は専門をこえる掛け持ちを余儀なくされた。もっとも、これは当時ごく当たりまえのことで、スタッフに関する限り、この大学の場合、ほぼそれに見合う母体が用意されていただけに、他の新設大学にくらべて質量ともずっと恵まれていた。

次に学生についてはどうか。中央高等師範学校の在学生七一人はそのまま教員養成コースへ移行した。これはいわゆる国費学生だが、一方の普通コース、正式には「公開コース」とよばれたが、問題はこのコースへ入学するはずの私費学生のほうである。師範学校から大学への脱皮には、広く国家勤務に携わる人材を養成する狙いがあるが、この正当な意図ははなはだ不当な報いをうけた。十九年十一月一日の開講予定日まで出願者は二七人、うち合格者は十五人。ようやく翌年一月までに、この不合格者とその後の応募者から補充して初年度入学者二四人に漕ぎ着けるありさまだった。しかし、これで嘆くのはまだ早い。次の年から入学者はさらに落ち込む。退学者も相次ぐ。報告書によれば、翌二〇年の私費学生の総数は十三人である。二年後、一八二二年のはじめには、その数、三学部合せて二七人、内訳は三年生三人、二年生九人、一年生十五人だった[2]。

この情けない結果をもたらした原因については、おおくを語るまでもない。最大の原因は大学にもっとも近いはずの貴族が背を向けていたことで、彼らは寄宿学校や士官学校といった彼らにだけ開かれた出世の登竜門で満足だった。さらに、入学希望者の学力不足。ともあれ、草創期につきものといいながら、苦戦はこのあとも続く。

一八一九年十一月一日、大学のホールにおいて視学官ウヴァーロフの臨席のもと、「公開コース」の開講式がおこなわれた。まずあらたに神学教師に就任したカザン寺院司祭が祈りをささげ、つづいて学長が挨拶した。実質的な大学発足の日といってよかろう。

ペテルブルグ大学の誕生から揺籃期へかけて、この間の主役はいま名前を挙げたウヴァーロフである。この章のはじめに触れた要綱をふくめ、学部の編成も、古典語重視の方針もみな彼の設計による。しかも、この要綱は、彼がそうした生みの親ばかりでなく、育ての親も引き受けるつもりでいたことを示す。一八〇四年の大学令は、教育、研究に関する事項については全学の教授会、その他の管理、運営に関する事項については学部長などからなる理事会がこれに当り、両者とも教授会によって選ばれる学長が主宰するとうたっている。ウヴァーロフはこのうち理事会の構成に大鉈を振った。すなわち、学部長を外して、「代表」として学長一人を残し、「筆頭理事」に政府が任命する主事を据え、さらに議長にはペテルブルグ学区視学官みずから座る。[3]これはアレクサンドル一世の治世の初めにかかげられた大学の自治の後退といわざるをえない。ただ、いまはここにいわばウヴァーロフ親政の意図を見届けるにとどめ、次へ進む。

結果から先に書けば、ウヴァーロフの意図はみごとに挫折した。それは第一歩から強力な反対勢力に阻まれ、敗北に終る。そこでくりひろげられたのは、前章で見たウヴァーロフ対マグニツキイという対立の図式である。

一八一九年五月二六日、ウヴァーロフは全三四五条からなるペテルブルグ大学学則案を宗務・教育大臣ゴリーツィンに提出した。現在、この原本も写しも残っていないそう[4]だが、しかし、これをめぐるかずかずの意見書はこの空白を埋めるばかりでなく、それが巻き起こした論争を十分に伝えている。

論争は中央教育審議会を舞台におこなわれた。ウヴァーロフ案はまずその学術委員会に付託され、そこから出された意見書とともに審議会の各委員の検討に移された。批判の火の手はここでいっせいに燃え上がる。口火を切ったのは、前ペテルブルグ神学大学長、当時トヴェーリ大主教フィラレートだった。最初の問題は学部の構成である。フィラレートは神学、哲学、法学、医学の四学部制を主張する。ウヴァーロフはこの古典的なスタイル、彼のいう「古いゴシック様式」を採用しなかったが、フィラレートはここに矛先を向けた。物理・数学部とはなにか。「現在、数学の最大の利用のひとつは、軍事科学へのそれである。しかし、軍事科学は大学にて教授せぬ。物理学、化学、工学、自然史は、学問としては哲学の領域に属し、技術への応用という点では大学の外の分野をなす。大学は学問の府にして、技術のそれに非ず。」意見書はさらに歴史・文学部を切り捨てたり、「道徳面の管理」の責任者の明記をもとめたり、ことに反対するなど、原案を一巡する。
学生寮の室長を学生に選ばせ、各室を「共和国」に変じる

一八一九年九月まで意見書は五通を数えた。それらは広い範囲にわたって疑問を投げ、修正をもとめているが、しかし、そこには明らかに姿勢の違いが見え、フィラレートや彼に和したドミトリイ・ルーニチの批判にはイデオロギー色が強く押し出されている。それは語句の隅々まで目を光らせていて、例えば、ルーニチは「ロシアの大学は君主の慈愛の賜物」という見地から、原案の大学の「目的」を退け、「義務」に替える。フィラレートは「祖国への感謝」を「皇帝への感謝」に置き換える。しかし、ここまでは敵はまだ半身を見せたにすぎない。間もなくそれは全身を現す。それが九月十九日付のマグニツキイの意見書である。

マグニツキイの意見書はかなり長い。しかし、そうした長さにもかかわらず、これは終始一貫、どこを切っても同じ顔、ウヴァーロフにたいする露骨な敵意をむきだす。彼によれば、問題はドイツの大学の「模倣」の廃止、「時代精神の破壊的作用」の防止でなければならない。前者はロシアの積年の弊、後者については、いまや「ヨーロッパ中の新聞が恐るべきニュースを満載している」。マグニツキイは原案がこうした期待に背いたとなじり、その意図をこう断じた。ひとつ、神学部の追放。ひとつ、「一切の道徳的、キリスト教的教育の拒否」。ひとつ、「ドイツの新令名法に従って学問の数を増やし、一段と複雑にすること」。ひとつ、「学内の管理においても、もろもろの権限をでたらめに混ぜ合わせ、ドイツの大学の無政府状態に完全に近づけること」など、など。

意見書はこの「総論」から「各論」へすすみ、逐条的な検討に移る。だが、それを個々に取り上げる紙幅もないし、おそらく必要もない。それは右の断定を敷衍したにすぎない。いくつか例を示そう。

原案第一条、「大学ノ目的」について。

「目的」の一、「学問ニヨル人間ノ形成」とはなにか。「ヴォルテール」の類の「人間ノ形成」か。「異教的意味においてすら、いかなる学問も人間を形成したためしはなく、ソクラテスによれば、あらゆる学問と経験を積んだ徳との結合が人間を形成する。キリスト教的意味においては、いうに及ばず。」

「目的」の二、「学問ノ進歩」。「特に必要なし、（中略）当地にはこの目的のため往時に設立された特別の科学アカデミーが存在す。」

「目的」の三、「祖国ニ仕エルニ相応シク、祖国ニ寄与シウル国民ノ養成」。不要。「いかなる国民」も「大学における養成以前に、国民生活の場に生まれるや否やすでに祖国

に仕えるに相応しい。それに相応しからざる者は、裁判により公民権を奪われたる者のみ。」

これに代えて、マグニツキイのいう大学の目的――「教会の忠実な子、君主の忠実な臣下にして祖国の善良なる国民すなわち学者、教師、教養ある武官、文官の養成」。

学問の専門化、多様化批判。例えば、自然史を動物学、植物学、鉱物学の三学科に分割することについて。「ドイツの大学」がこれをおこなうのは、学問を「投機」の対象にしているため。

新規の科目を盛り込んだカリキュラムについて。「これを通じてドイツの大学は国家機構のすみずみに忍び寄り、ついには国家の革命に及ぶ」。

科目のひとつ、人類史について。「これは創世記に含まれ、聖書史に属す。もしドイツの哲学者が編み出した、聖書に代わる人類史を意味するなら、神よ、われらをしてこれを免れしめたまえ。」

各委員の意見書、とくに、このあと大学から出される意見書などから見て、ウヴァーロフ案が内容、形式とも種々問題を抱えていたことは否定できない。マグニツキイの場合も、彼が射込んだ矢のすべてが的外れというわけではなかった。無論、それにはたっぷり毒がふくませてあるけれども、これはやむをえない。それにしても、なにごとにも節度というものがあろう。一体、それはどこまで真面目なのか、不真面目なのか。

教官の任務について。原案に「いわく、彼（つまり教官）はいかなる学問においても、人間の最高の形成を主たる目的とすべし、と。最高の形成とは、哲学でいえば、地上における考える限りの完成の域、すなわち至高の徳を意味し、キリスト教でいえば、神聖を意味する。借問す、統計学、代数学、動物学、植物学、鉱物学等々において、いかにしてこのいずれかを目的となしうるや。」

原案のいう、学長は会議において「健全なる判断をたすける手続きが守られるよう監視する、とはなにを意味するか。こうした手続きを論理学とよぶ。いかにして論理学を監視するや。」

明らかに、これはあくどい冗談である。ふたつの引用は分り易い例をひいたにすぎないのだが、時流に乗った悪ふざけとでもいおうか。この一見陽気なシニスムが、かくれた退廃を暗示していなければいいのだが。

結論として、マグニツキイは中央教育審議会の学術委員会がペテルブルグ大学教授一名をくわえて新しく学則案をつくるよう提案した。その際彼は三つの「原則」を付記したが、その第一は「この案を神聖同盟条約、宗務・教育両省統合の詔書、学術委員会への訓令の精神に一致させること」であった。

十二月十日、ウヴァーロフは大臣のもとめに応じて上申書を提出した。[5] そこには、問題とされた原案の条項の「多く」は、「陛下のご裁可を経た」本学の設置要綱と前身の高等師範学校の学則から「文字通り取られたもの」とある。実際、これはその通りなので、この点は彼がもっとも強調したかったところに違いない。

後半は一転してマグニツキイにたいする反論である。「est modus in rebus〔ものには程度あり〕、中傷にしてなお然り。個人攻撃はまことらしく、且つ礼儀にかなう範囲を越えれば力を失い、この反対のための手段を用いた者の意図を明かします。」

十二月三一日と翌年一月十五日、中央教育審議会開催。議事録によると、主な決定事項は次の通り。[6]「大学ノ目的」は、原案の規定を削除、マグニツキイのそれに代える。学部については、各委員が一致してもとめた医学部をくわえたほか、歴史・文学部を哲学部に改める。これはフィラレートの意見である。これに連動した措置であろう、哲学・法学部は法学・政治学部とする。なお、この学部、講座問題の審議には大学の関係者も招かれ、意見を述べている。このほか注目すべき決定では、大学の「道徳面ノ管理」の承認。

両日審議されたのは学則案のはじめの部分だけである。神学部の設置、物理・数学部の廃部は見送られたが、審議はマグニツキイたちが牛耳った。一部の修正には他の委員の意見の反映も読み取れるけれども、これはそのことと矛盾しない。俎上にのったウヴァーロフ案第一条から二四条まで、無傷は半数にも満たなかった。

このあと、原案を大学に戻し、意見の提出をもとめることになったが、ここは略す。ただ、ひと月後に出された意見書から一点だけ記しておこう。これは痛烈なウヴァーロフ批判である。「大学のおおくの事項に不必要にラテン語の使用を定む。学生にはこの知識をきびしく求め、あたかもその習得があらゆる教育の究極の目的をなすごとし。」[7]

一八二〇年二月二六日、中央教育審議会は作業の促進を図るため小委員会を設けた。メンバーはウヴァーロフ、マグニツキイ、それにペテルブルグ大学長の三人。だが、この顔触れでは、はじめから暗礁に乗り上げることを予定したようなものである。実際、小委員会はなにもできず、早くも三月三日、中央教育審議会はこの仕事を学長を中心とする大学のスタッフへ移す決定をくだす。

ウヴァーロフ自身の状況は、この年から翌二一年にかけて急転回する。その結果、学則問題も従来の路線に終止符が打たれ、まったく別な方向へ歩き出す。従ってこのあと、すでに気息奄々のウヴァーロフ案の行方を追うより、ウヴァーロフ本人を巻き込む一連の事件に話題を転じたほうがよかろう。

蒙昧主義の陣営は攻勢を強めていた。新しい攻撃目標には、学習院《リツェイ》とペテルブルグ大学の教授、A・П・クニーツィンが選ばれる。

第5章

クニーツィンは本来の法学者としてより、かつて学習院に学んだ詩人プーシキンの詩の一節――最終稿では削られたが――によって知られているかもしれない。

「クニーツィンに心と酒を捧げよう！
彼われらをつくれり、彼われらが炎を育てたり、
彼によりて礎は置かれ、
彼によりて清き灯はともされたり……」[1]

クニーツィンは当時のリベラル派のリーダーの一人だった。事件は彼の著書『自然法』（第一巻、一八一八年、第二巻、一八二〇年）をめぐって起こる。いわゆる自然法の理論は、当時アカデミズムの世界にとどまらず、広く知識層に受け入れられたが、それだけに蒙昧主義の陣営の最大の標的のひとつだった。そこで彼の著書にしばらく足をとめ、その主な内容をひとわたり眺めてみたい。[2]どういうかたちでこの理論が展開されていたかを知ると同時に、蒙昧主義の高まるうねりとひとつ視野に収めることで、時代の幅の一端も見えてくるであろうから。

『自然法』に入るまえに、クニーツィンの学習院での講義について触れておく。のちに外務大臣になるプーシキンの学友、A・M・ゴルチャコーフは彼の講義「法学概論」のノートを残し、現在その二分の一強が公表されている。[3]ノートには「一八一三年」の透かしがあるそうだが、その中身はいくつかの理由からクニーツィンの講義の「筆記」でなく、彼が書いたテキストの「写し」とみなされている。つまり、これは当時の彼の理論の忠実な再現とみなしていいようである。公表された個所の内容は、『自然法』の一部と共通する。従って、以下、著書と関連して、このノートも随時参照することにする。

『自然法』は、序論、第一篇「純粋法」、第二篇「実用法」、全五九〇項からなり、序論は自然法の定義、第一篇はその一般法則、第二篇は社会生活への適用を論じる。

序論からは、次の点だけ挙げておく。自然法と道徳はともに人間の「理性の原理」から引き出される規範を設ける

が、前者は人の「外的」行為のみを扱うのにたいして後者は「外的」行為とその「内的」動機の双方に及ぶ。つまり、前者は人の「外的」自由に、後者は「内的」自由にかかわる。また、自然法と実定法は、ともに人の「外的」行為を対象にするが、一方が人間の理性に依拠するのにたいし、他方は立法者の意思にもとづき、一方は他方の「主な指針として役立つ」。

第一篇第一部でクニーツィンはまず自然法の原理として、各人に固有な自由とその相互不可侵を説く。従って、自然法の体系は、この自由の共存に必要な条件、権利及び義務の記述といえる。この彼の見地は、次の言葉に要約されよう。

「法の直接の対象は人々の自由であるから、その主たる形式的原理は次のようにいい表わすことができる、すなわち、人は、他者の自由が理性の一般法則に従って守られるという条件を満たす、あらゆる行為及び状態にたいし権利を有する。自由の侵害はわれわれが他者を尊重せず、彼らの意思に反して彼らをほしいままに扱うこと、彼らをわれわれの目的の単なる道具として用いることであるから、法の主たる原理は否定的にいい表わすこともできる、すなわち、他者を自己の目的の手段として用いるなかれ。」

ひとつだけくわえると、クニーツィンは「力」が権利を生むという考え方を否定している。「なぜなら、この命題は法及び道徳の観念を一切破壊する。力ある者は権利を持つ、だが、より力ある者が現れるや、それを失う。なんぴとも自己の力の優位を頼みにできないから、なんぴとも自己の権利の保持を期待できない。」

続いて、人間の「根源的」つまり「生得的」権利に進む。「本来、人は自分自身にたいして、もっぱら自己の人格にたいして権利を有する、従って、この権利は人格権とよばれる。これによって各人は自己の精神的及び肉体的諸力を自己の裁量のままに扱い、他者にそれを妨げることなきよう要求できる。」ここから、「生得的権利」は三つに大別される。「生存」、「行為」(「自己の力の行使」)、「幸福獲得」の三つである。

クニーツィンは、人が自由に思考し、欲求し、行動する権利をうたう。従って、思想、信仰、言論、職業などの自由はかならずまもられなければならない。ひとつだけ引用する。

「自由に行動する権利は、自己の考えを他者に自由に表明する権利を含む。各人は自己の向上に努める権利を持ち、他者との意見の交換はそのよき手段である。(中略)真実は自由な意見の交換によってのみ認識される。」

いまの「生得的権利」はいわゆる「人間の本性」から引

き出されている。後者は万人に共通し、従って、前者も万人に属する。この平等の観念は、自由のそれとともにクニーツィンの理論の両輪をなす。それが、さきの人間を「手段」として、あるいは「もの」として用いることを排する立場に通ずることはいうまでもない。

第一篇第二部では「根源的権利」にたいする「派生的権利」、つまり、人が「自由な行為」によって獲得する権利が取り上げられ、著者は特にものの取得及び所有の成立条件をくわしく検討する。その後半でわれわれはこの本の中心を占める「契約」の観念にはじめて出会う。ある人が他の人にものの所有権または使用権を譲渡する場合、あるいはある人が他の人のためにある行為をおこなう場合、当事者間にそれに関して「合意」が存在しなければならない。これを「契約」とよぶ。続く第二篇においてこの観念は拡張され、社会生活全般の基礎に据えられることになろう。

人が人を所有することの是非。勿論、クニーツィンはこれを非としていて、それはこれまでに述べたいくつかの前提から当然引き出されるが、若干引用しておく。

「なんぴとも他者の権利を侵して自己の権利を広げることはできない。(中略)従って、なんぴとも他の人間にたいする所有権を、その者の意思に反しても、その者の同意によっても取得できない、なぜなら、人格権とは自分自身を自由に用いることができることだからである。(中略)人格権は譲渡できない。」同じように。「権利の譲渡は権利の行使の完全な放棄を意味する。しかし、根源的権利の行使は放棄できない、なぜなら、根源的権利と人間存在は分離できないからである」。

第二篇の主題は「実用法」、つまり一定の社会関係にある人々の権利と義務である。全体は四部からなり、総論、家族法、国家法、国際法の順。

著者の定義によれば、社会とは「統一した力によって共通の目的を達成するための人々の結合」である。その形成は人々の「合意」に基づき、強制をともなわない。これが「結合契約」であり、それは他の契約と同じく、明示される場合も、暗黙の場合もある。

これによって社会の構成員は「共通の目的」の実現に協力する義務を負い、社会はこれを強制する権利を持つ。ここでは、次のような規定が注目される。

「社会はその構成員を自己の目的達成の単なる道具として用いる権利を持たない、なぜなら、自由の権利は奪うことも、譲渡することもできないからである。人はそれぞれ社会においても依然彼自身の目的であることに変りない。このゆえ、社会の目的がこの権利を侵さずに達成されないならば、その目的は放棄されなければならない。」

「社会はその構成員の自由を、彼らが契約または共通の目的の観念に従って受け入れる範囲をこえて制限する権利を持たない。たとえある行為が共通の目的に寄与するとしても、もし構成員がこれに関して自由を留保していれば、その実行を強制されない。このゆえ、各構成員は、結合契約においてみずから譲渡しなかったすべての権利を保持する。」

社会とその構成員をまもり、「共通の目的」を達成するためには、社会に「共通の権力」が存在しなければならない。この権力は「すべての構成員が共通の合意に従ってともに行使するか、ある人に委ねるか、このいずれかである」。前者を「平等社会」、後者を「不平等社会」とよぶ。

「平等社会」においてすべての構成員は「共通の目的」に関してひとしく権利、義務を分け合う。社会に関わる問題の処理は、すべて全員の協議による。構成員は各問題につき意見を表明し、且つ決定をくだす権利を持つ。決定は意見の「一致」またはその「一定数」をもってする。これについては、あらかじめ契約に定めるところに従う。「平等社会」では、こうしてえられる「共通の意思」が「最高の統治者」である。

「不平等社会」において「共通の権力」は一人またはそれ以上の者に属する。いいかえれば、構成員は「統治者」と「服従者」に二分される。こうした権力の集中は、「構成員自身の合意によってのみ」生じる。この権力の委託を「服従契約」とよぶ。「統治者」は法律を制定するなど、自己の意思を強制し、それに服さぬ者を罰する権利をえる。同時に彼(または、彼ら――以下、「統治者」に関して、特に断りない限り同じ)は、義務を免れない。彼は「結合」「服従」両契約の規定を遵守し、そこで構成員が提供した権利以外に手を触れてはならない。これに反すれば、「タイラント」である。

やや先回りになるが、第三部「国家法」の最初の章でクニーツィンは「結合契約は必然的に服従契約をともなう」と書く。つまり、国家に関して「平等社会」はありえない、たとえありえても「不平等社会」に移行せざるをえない。彼によれば、人は「目的」についてはは一致できたが、これに用いる「手段」については一致できない。なぜなら、手段の選択、つまり、ある手段が有効か否かの判断は、「理性の一般法則」によらない。それは「経験」の領域に属するからである。従って、この決定権はある者に集中されなければならないという。

講義ノートにも、国家について、同じ記述がある。ただし、この問題はそれに先立って社会一般に関して取り上げられている。ノートはいう、「おおくの理由が人々に服従を余儀なくさせる」。この「理由」に、ノートは右と同じく「協議の際の全員一致の困難」を挙げ、さらにこう続ける。「共通の利益に関して、ある者は考えにすぐれ、ある者は力にまさり、より励み、またある者は自律の能力を欠く」。

第二篇第二部「家族法」は割愛し、第三部「国家法」にすぐ移ることにする。

クニーツィンはまず人間が社会を形成する以前の状態――ノートでは「自然状態」とよんでいる――から出発する。彼の見方は、トマス・ホッブスのそれに近いが、例えば、次のような但書きがつく。「きびしい窮乏に絶えずさらされて、人は道徳的な善に心を惹かれながらも、ひたすら自己保存の原理に導かれる。不幸に見舞われるか、他者に不正をはたらくかの瀬戸際にあって、人は後者を選ぶ。」万人が万人の敵。ここから、国家は人々の自衛手段として登場する。「国家は、統一した力によって相互の安全を恒久的に確保するための人々の結合である。」この「結合契約」により、人は自己の権利をまもられ、同時に他の人々の権利をまもる。そのために、つまり、国家が目的を果たすために国民は費用を負担し、生命さえ差し出さなければならない。

前述の通り、国家においては、「服従契約」が結ばれ、「統治者」が特定される。ただし、ここでも著者は繰り返す、この主権の委託は、「全員の合意によってのみ」おこなわれる。もし、意見を異にする者があれば、その者との間の「結合契約」は消滅する。

ノートによれば、「国家は、一定の地域における人間のすべての権利をあらゆる危険から恒久的にまもるために建設された社会である。」ノートはこうした社会が農耕民のもとではじめて出現したという。その直接の契機は彼らの土地所有にある。つまり、土地に労働や資本が投下されるに及んで、それを「恒久的な財産」として保有する要求が生じ、このとき国家が成立したという。

そこで当然の成り行きというべきか、ノートは国家に関わる「結合」「服従」両契約への参加を土地所有者に限る。「他人の土地」に住む者、ノートのいう「居住者」は除く。彼らには当事者たる資格がない。土地の所有者と彼らの相違は、「国家の財産、従って国家の目的に供される手段」を持つ者と持たぬ者の相違であり、このため、「この社会の維持に関わる問題」に両者をひとしく関与させることは「まったく公正を欠く」。

こうして、当初「居住者」は国家の一員でなかった。

彼らは、彼らの住む土地の所有者に保護をもとめ、代りに重い義務を負った。だが、やがて、理由はここでは省くが、国家は彼らを認知することになったという。「居住者」と国家との結びつきは、彼らが「統治者」と交わす「加入契約」による。これによって彼らは国家の一員になり、彼らの権利は保障される。「こうして、権利の保護は土地所有者にも居住者にも、全員に平等に与えられなければならない。」その代償に、「居住者」が「a．彼ら自身の力により、b．彼らの動産の拠出により、国家の目的に協力すること」はいうまでもない。

われわれがいま見ているクニーツィンの著書は「居住者」という範疇を設けていない。やはり国家の問題を扱った、一八一七年の別な論文[4]にもこれについてなにも言及がない。著書は国家の「結合契約」に関して、「この契約には、自己の意思を表明し、社会〔この場合、国家〕の目的に協力できるすべての者が参加できる」という。そして、この契約から生じる「協力」の義務についても、持てる者はその財産により、「持たざる者は〔中略〕その肉体的及び精神的力により」遂行するとし、両者を同列に置く。続く「服従契約」も、参加者の資格を問わない。

これをどう解釈すべきなのか。クニーツィンの考え方に変化があったのか。ノートにある地主国家の構想から抜け出たのだろうか。筆者の手元にはほかに資料がなく、従来の研究にも回答を見出せない。差し当たり、ここのところは疑問のまま残し、結論を保留しておきたい。

次にクニーツィンは「統治者」と「服従者」の関係を論じる。一口にいえば、両者の関係は「国家の目的」の実現のためにのみあり、その範囲で成立する。「統治者はなんぴとの掣肘も受けず」、「いかなる責任も問われず」、「神聖にして不可侵、国家のなんぴとも彼に反抗してはならない」という。ただ、ここのところは注釈が必要だろう。のちに明らかになるように、契約により、「統治者」に託される主権には制限がある場合とない場合があり、従って、右の言葉は、あとの場合にはつねに、まえの場合には一定の枠内で当てはまることになる。そのほか、「統治者」が用いる手段は、あらかじめ結ばれた契約が許容する範囲を出ない。「国家の必要」もこれを越える理由にならない。「目的は手段を正当化しない」。

国民は「統治者」に「絶対服従」する。このことは、彼にこの権力が「全員一致」で託され、「彼の意思は〔国民の〕共通の意思をあらわす」という前提に基づく。しかし、当然ながら、このふたつの「意思」がつねに等しい保証はどこにもない。これについて、クニーツィンは、各人に

「統治者」の意思が国民の「共通の」それか、彼の「私の」それか「判断する権利」が与えられるという。あとの場合、服従の義務はない。それは、「a. 命じられる行為が共通の目的にかかわりない場合、b. 服従契約に一致しない、または、それに基づかない場合、c. 全員に等しく適用される実定法に反する場合」である。

法律あるいは国家機関の「不当、もしくは不可能な」命令にたいする対抗措置は、「合法的」におこなわなければならい。「陰謀、裏切り、反乱などは強制の手段として用いてはならない」。このあたりは詳しい説明はないが、少しあとに次の個所がある。「法律が社会の目的に合致しない場合、服従者は立法権力に願い出て、その法律を改正または廃止に至らしめなければならない。」

「服従者相互の関係」では、身分間の従属関係を明確に否定している点を指摘しておく。

主権の発現形態について。著者はこれを立法権、執行権、「監視権」の三種類に分ける。

法律は公平を原則とする。ただし、国家は安全という至上の要請にこたえるため、ある者に「特別な負担」を課し、それにたいし「特別な報酬」を与えることができる。同じ理由から、「特別な義務」の遂行と結びついた「特別の権利」の付与は許される。

執行権は、文字通り「法律が命じるところを実行する統治者の権利」だが、クニーツィンが取り上げているのは、自国民にたいする裁判権と他国民にたいする外交権のふたつ。前者については、法の不遡及の原則を掲げる。後者については、「統治者」は宣戦及び講和に関しても「なんぴとの掣肘も受けない」という。

ノート。「しばしば統治者は、国家の存立と独立をまもり、領土の保全をはかるために他に手段がなければ、戦争によって領土を拡大する義務を負う。」

「監視権」は国家または個々の国民の安全に不可欠な情報を入手する権利。その対象は国民の「ものの考え方、生活様式」も含む。ただし、用いられる手段は「合法的」で、国民の権利、「自由と名誉」に抵触してならない。

クニーツィンの構想はいわゆる三権分立と異なる。彼のいう主権の三機能にも相互に独立の保障がない。

クニーツィンによれば、以上ですべての国家の組織、運営の「共通の」原理を示したことになる。この意味で「あらゆる国家はその本質上すべて等しい」という。同時に、国家はそれぞれ異なる相貌を持つ。彼がいうには、その「相違は主に統治形態の相違にある」。

『自然法』第二篇第三部第二章はこの「統治形態」つまり政体の問題を扱う。

そこへ入るまえに、著者は、さきにも触れたように、国家の主権を特定者に委ねる制度の必要を強調する。全員参加による合意の形成は「想像ではありうるが、実際には存在しない」。その理由に、国民の間の教育程度や利害の相違、国家の個々の問題にたいする「理解」の差などを挙げる。

こうして国民は「服従契約」を結ぶ。それは政体、統治権の範囲、統治者の交代、いいかえれば主権の継承の手続きを定める。二点を特に指摘しておく。ひとつは、契約一般の定義にあった通り、「服従契約」の締結も「明示、暗黙いずれもありうる」こと。もうひとつは、そうした統治の態様を決める権利が、国家の「創始者」にあること。その「子孫」はこれを受け継ぎ、変更は統治者、被統治者双方の合意にのみ基づく。いずれにせよ、これをおこなうのは、国家の「全員の共通な意思」であって、個々の成員にその権利はない。

ノートは、「統治者と国民の合意」のほかに、「服従契約によって、統治者に統治形態を国家の目的に応じて変更する権利があらかじめ与えられている場合」を想定。

なお、さきの「居住者」は「服従契約」そのものに関与していないので、ここでも局外者である。「ただ、統治形態の変更の場合、彼らは国家を去ることをえる。」

ところで、統治形態をめぐる本文の記述には、筆者にとって十分に明らかでない個所がいくつかある。それを断ったうえで、おおよそ記すことにする。統治形態は民主制、貴族制、君主制の三つに大別される。

民主制では主権は国民全体が共有する。ただし、「実質的には」議会の「多数意見」がそれを行使する。他方、その代表は、議会でとるべき行動、請求すべき法律について選挙民の「指示」を受け、このゆえ彼らにたいして「責任を負う」。この点で、民主制は次の貴族制と明確に一線を画すという。

貴族制は三つの型がある。1．主権を行使する「高官」は、国民または「高官」集団みずから選ぶ。選ばれる者は、「資質」以外、資格を問わない。2．「高官」の座は「一定の家系」に属する者または「一定の財産」を有する者が受け継ぐ。

ノート。「一定の不動産」。

3．「高官」は選ばれる（誰によって？）。ただし、「一定の家系」に属する者または「一定の財産」を有する者のなかからこれをおこなう。

国民は三つの選択肢からいずれかをとる。同時に、それを「一時的とするか、恒久的とするか」も決める。この取り決めがない場合、「統治者」は「任意に法律を制定し、且つ変更できる」。

君主制について。君主は終身。初代君主は国民により選ばれる。その上で、次の三種類に分れる。1．代々、新しい君主を国民が選ぶ。君主の死後、「主権は再び国民に戻り、国民は新しい統治者〔つまり、君主〕を選ぶか、統治形態を改めるか、いずれかをおこなう権利をもつ」。2．初代君主の「一族」が王位を継承。3．1と2の折衷。後継君主は初代君主の「一族」が、「ただし国民の同意をえて」その座につく。国民の「同意」をどのようにえるのか、説明はない。なお、1と2の場合、国民は新しい君主に「条件」を提示できる。

さきに「タイラント」への言及があったが、君主制についても次の一項がくわえられている。「君主が国家のもろもろの力を国家に反して、あるいは社会の目的から外れて用いる時、服従者からその根源的及び派生的権利を奪って彼らを奴隷として扱う時、この統治形態は独裁制とよばれる」。

ノート。民主制、貴族制、君主制の「純粋な」形態のほか、「主権の分割」により、三者をさまざまに組み合わせる「混合」形態がありうる。

著書は統治形態の優劣には触れない。どれがのぞましいともいわない。「どの統治形態がもっともよいか、法の一般原理によって決めることはできない。国家の目的は安全である。〔中略〕いかなる統治形態が、いかなる時に国家によりおおくの安全をもたらしうるか、それぞれの国家の状況の如何が示す」。

『自然法』第二篇はこのあと第四部、国際法を残すが、割愛し、いささか長すぎた概観をこのあたりで切り上げる。

ここではクニーツィンの理論に立ち入って検討するつもりはない。それが、ざっと目を通しただけでも立憲政治、基本的な人権の確保、農奴制の改廃など、専制国家ロシアの改革を示唆する内容を含んでいることは多言を要しまい。勿論、その点でも限界を云々することはできるだろうが、それはかなりの程度まで歴史的な限界とよべるに違いない。

クニーツィンの『自然法』については、従来、ルソーとカントの影響が指摘されている。[5] いま問題を国家論に限れば、ルソーとの関係がとくに重要である。実際、クニーツィンの著書に『社会契約論』のほとんど完全な祖述、単なるパラフレーズを確認することさえ困難ではない。そのことは強調されて当然だし、またこれまでそうされてきたけれども、ただその場合、この両者が決して同じでないこと、すなわち、クニーツィンの国家論が紛れもなく彼自身のものであることも見過ごしてならない。

『人間不平等起源論』のなかで、ルソーはいう。「ある土地に囲いをして、『これはおれのものだ』と最初に思いつき、それを信じてしまうほど単純な人々を見つけた人こそ、政治社会の真の創立者であった。」[6] こうしてはじまる「政治社会」にたいする彼のはげしい呪詛、この人類の支配と抑圧の歴史にたいする痛切な悔恨——おそらく、これを抜きにして『社会契約論』を考えることはできない。これはその隠れた主旋律ともいえる。一方、クニーツィンにはそうした響きはない。

周知のように、ルソーの国家論の基本は人民主権の思想である。すべてはここから出発し、ここへ収束する。主権は、ルソーにとって立法権を意味するが、それはつねに人民に属し、譲渡も、分割もできない。人民はなんぴとにも代表されず、主権の行使は人民の直接参加によって、つまり人民の集会においてのみおこなわれる。ルソーは扱う対象が一般的な立法権と個別的な行政権の分離を説き、後者を一定の政府に託する。その際、政府の設立は契約でなく、主権の行為である。すなわち、人民はいつでも政府の形態を変更できるし、統治者をいつでも任命または解任できる。こうして、主権者たる人民、政府、服従者たる人民、三者の力は連比をなし、これを順にA、B、Cであらわせば、A：B＝B：Cでなければならない。

たしかに、『社会契約論』をめぐっては異なる解釈がある。それを述べることはルソーその人の謎、あるいは矛盾——少なくともそう見えるもの——にかかわることになるが、ここは右に示した国家論の基本的な構図を知るだけで十分である。繰り返せば、それは人民主権の国家であり、ルソーはそのもとの社会（結合）契約しか認めず、いわゆる服従契約をいっさい拒否した。

こうして見てくれば、クニーツィンとの相違は明らかであろう。もっとも、ルソーのいう国家は、彼自身も認めるように、現実には小規模な都市国家にしかありえないのであって、そういう意味でクニーツィンはそれをより大規模な国家へ適用する問題に取り組み、ひとつの回答を示したと受けとれよう。

とはいえ、クニーツィンの構想は、当時でさえも独創性を主張しうるものではない。彼が発想のどの段階で、なにに負うているのか、『自然法』にはホッブス、ルソーのほかに、S・プーフェンドルフの名もみえるが、いまのところ、筆者の知る限り、『自然法』の成立過程は明らかにされていない。

第6章

クニーツィン追及の仕掛人は中央教育審議会委員ドミトリイ・パーヴロヴィチ・ルーニチ（一七七六―一八六〇）だった。

ルーニチ自身が語ったと伝えられるところによると、彼もまた青年時代に「ヴォルテール、ディドロ、ルソーをそらんじ」たりしたそうだが、やがて神秘主義の洗礼を受け、神の忠実な僕に変身した。ノヴィコフ、ロプヒーン、ラブジーンとも交わりをもち、後年当人は否定しているが、マソンの一員でもあった。勿論、聖書運動にも参加して、モスクワ、のちにペテルブルグの委員会の理事をつとめている。

ルーニチの官途の振り出しは外務省翻訳官である。一八〇〇年からウラジーミル、ヴャトカの県知事をつとめる父に従って勤務、〇五年、モスクワ中央郵便局長補佐、十二年、同局長代行に就任。十六年に職を解かれてからは、内務省郵政局に籍をおきながら、無為をかこっていたらしい。彼が中央教育審議会の一員として活動を始めるのは、十九年三月からである。もっとも、彼の手紙から判断すると、すでに前年に宗務・教育大臣ゴリーツィンは同省の局長のポストを彼に提供するつもりだったらしい。委細は不明だが、ともかく、熱心な信仰を買われたのである。

あらたに乗り出した舞台でルーニチはすぐ自分の役柄をつかんだ。マグニツキイの盟友というのがそれである。ただ、彼はマグニツキイと肩を並べるほどの人物ではなかったようで、マグニツキイのエピゴーネンというのが、左右を問わず当時の通り相場といっていい。彼の摘発第一号は、一八二〇年に起きるが、これよりさき、この年の四月に『ロシアの廃兵』編集部に宛てた手紙も見落とせない。この時彼にペンをとらせたのは、フランスの雑誌から同紙に転載された詩人バイロンに関する論文だった。手紙の内容は単純である。彼はバイロンの神と社会への反逆を「地獄の哲学」とよび、「そのどこに偉大、優美、有益なるものありや」と問い、この呪われたイギリス人を「真の詩人」と讃える論文をロシア人の目にさらしたことに強く抗議する。「人は耳にせぬことは知ろうと望みません」。恐れるべきは「好奇心」、それに点火する罪。ヴォルテールにしてもしかり。もし「新聞や雑誌がこの無神論の教祖をあれほど喧伝しなかったら」、彼の読者も減っていたはず。要するに、ルーニチによれば、「信仰の不信仰にたいする、寛容の悪意にたいする、無欲の貪欲にたいする、美徳の悪徳にたいする勝利」こそ紙面を飾るに相応しい[1]。たしかに、ここにはルーニチ自身の「哲学」とその戦略の率直な吐露がある。

さて、クニーツィンの事件は、彼が新著『自然法』を皇帝に捧げたい旨、学習院主事を通じて宗務・教育大臣に願い出たことにはじまる。中央教育審議会は可否を学術委員会に諮問し、委員の一人が可とする意見書を提出、クニーツィンの希望は身を結ぶかに見えた。ところが、数日後、ルーニチが意見書[2]を提出、ここに波乱が起きる。

ルーニチは学術委員会への訓令を盾にクニーツィンを糾弾した。この本は「危険な邪説の集成」であり、それは「不幸にして名高いルソー」に端を発して、いまなお人心を惑わす。「一七九六年よりボナパルト王政までの各種の布告及び憲法」は「現にクニーツィン氏が開陳せる学問」の実践にほかならない。かの「マラーはまさにこの学問の忠実な実行者であった」。キリスト教、とりわけ「あらゆるものの源泉」たるべき聖書からの逸脱——ルーニチの告発はこの一点に尽きる。「自然人なるものの権利」然り。「つねに誤らぬ理性なるものの原理」然り。社会やその権力の由来をただすことは禁断の園を荒らすことで、勿論、契約説は否定される。

ルーニチはさきにわれわれが素通りした「家族法」にも矛先を向ける。まず彼は「夫婦とは一組の男女が排他的な性的関係のためにする結合である」という定義に憤慨した。さらに、クニーツィンによれば、両親の「子供を養育する義務」が彼らに「子供にたいする権力」を与えるが、子供の成長につれて双方とも減少し、「子供が労働する力を持ち、理性を用いて自己の行為を律するようになれば」、ついにゼロに達する。こうした特に珍しくもない考えをルーニチは「禽獣」の道と断じた。「神の言葉のいわく、あらゆる権力は神より来たり、結婚は創造主みずから定め祝福せる神秘且つ永続的結合にして、子の親を敬う義務は地上の永き生とかの永遠なる至福をえるための要件なり。」

ルーニチの結論はいうまでもない。クニーツィンの申し出は却下。禁書にすべし。

一八二一年三月、ゴリーツィンはルーニチの意見をそのまま盛り込んだ通達を発した。『自然法』は著者はもとよりすべての学校、図書館、書店、購入済みの個人より没収、火にくべられる。この本の印刷部数は二、〇〇〇部で、これは当時としてはかなりの数だが、こうして、ひそかに難を逃れたものを除き、自然法に関するこの国初の著作は灰に消えた。同月、クニーツィンは学習院とペテルブルグ大学の教授を罷免された。裁判の虞さえあったらしい。幸い前年にえた小姓学校の教師の座は保ったが、これについてはまた触れる機会があろう。

クニーツィンの事件は自然法そのものの弾圧に発展した。もともと自然法は権力にとってうとましい存在だったが、それでも大学の正規の科目に取り入れられている。ルーニチはさきの意見書でこの廃止をつよく促したが、この点では中央教育審議会の意見は分れた。結局、大勢は監督強化の方針でまとまり、各大学に使用文献など教材を提出させ、学術委員会で検討のうえ、あたらしく統一教材をつくることに決定した。この措置に反対したのがルーニチとマグニツキイである。彼らはこの「似非学問」の追放を主張した。マグニツキイについては、長文の意見書があるので、一部だけ引用しよう。自然法は「福音書の啓示を否定せず、黙殺し、これをなきものと仮定することからはじめる。尊い一連の法の始まりを神の御手から奪い、似て非なる思弁のカオスに投げ込み、ついにキリストの祭壇を覆して、玉座ともろもろの権威と結婚の秘跡を冒瀆し、社会の天井を支えるこれら三本の柱を根元から切り倒そうとするのです。」ここにはとくに取り上げて述べるほどのことはないが、例えば次のような一節は放置しておいていいものかどうか。

「本官が哲学のあらゆる体系的無神論に戦慄を覚えるのは、抑え難い内心の嫌悪もさることながら、十七、十八世紀の歴史に血ぬられた文字で記された以下の事実を読むからです。すなわち、はじめに信仰がゆらぎ、消え失せ、それから人々の考えがふらつき、わずかに意味を違え、言葉を入れ替えるだけでものの見方に変化が生じ、そしてこの目立たぬ、いわば文学的な掘り崩しからキリストの祭壇と千年の玉座が瓦解しました。血に染まった自由の帽子が王の頭を汚し、ほどなく断頭台へのぼせるのです。かつてはただ哲学とか文学とかよばれ、いまリベラリズムとよばれるものの行く末がこれなのです！」[3]

相も変わらぬ大仰な身振りといえばそれまでだが、しかし、単なる恫喝ともいいきれない。「無神論」云々の常套句はさておき、マグニツキイが自分の言葉をどれほど信じようと信じまいと、彼の「戦慄」自体は正しいので、彼のいう「行く末」はロシアでも十分起こりうる。すでにこの頃、未来のデカブリストの「革命」構想が芽生え、それはわずか四年後に暴発することをこの国はまだ知らないだけである。

自然法の問題は右の決定で片付いたわけでなく、このあと長く尾をひく。ただ、ここではひとまず打ち切り、折をみてまた述べることにしたい。

『自然法』に仕掛けられた攻撃の最中、ウヴァーロフの対応を正確に捉える資料を筆者は持たないが、「激しく抵抗」したようだ。[4] しかし、闘いは利あらず、学則案の難破に続くクニーツィンの罷免は、足元の大学の出来事だけに面目を傷つけられたに相違ない。だが、不幸は踵を接してやってくる。クニーツィン事件とほぼ並行して、もうひとつの事件が彼に追討ちをかける。それはペテルブルグ大学付属貴族寄宿学校で起きた。

この学校はまえにも触れた通り、貴族の子弟のための中等教育施設で、同種のものはモスクワ大学にもある。一八一七年にウヴァーロフが学校教育へ貴族の重い腰を上げさせるため前身の高等師範学校に設けたもので、さまざまな恩典に浴している。学生は学業、素行両面の評価に応じて、卒業とともに十四等官から十等官までの文官として官途につくことができる。武官の場合、六か月の勤務ののち士官に昇進する。これら「特権」のうち前者は大学をしのぎ、後者は大学に準じる。これでは大学の影が薄れるのは自然の勢いで、当初の期待に反し、卒業生はその上の学業をつづける代りに早々に役人か軍人の服に着替えて出世を急ぐ。もっともこれはもう少しあとのことである。ともかく、ペテルブルグ大学の教室に空席が目立つのと対照的に付属寄宿学校は満員の盛況だった。

事件というのは一八二一年一月に三年級の生徒がおこした「騒動」である。もっとも、真相はあまりはっきりしない。まず原因だが、これは同校の文学の教師が詩人、B・K・キュヘリベーケルからペニンスキイなる人物に代ったことにある。生徒たちがこれに不満をいだき、「騒動」に発展したらしい。ソビエト期の研究はこの「騒動」に政治的な意味を持たせたがるが、果たしてどうだろうか。キュヘリベーケルがいわゆる「自由思想」の持ち主であり、とくに前年三月にロシア文学愛好者協会で自作の『詩人たち』を朗読して以来、当局の追及をおそれなければならず、それが彼を外国へ旅立たせる一因であったことは確かだけれども。

次に実際の出来事だが、ペテルブルグ大学主事、Д・A・カヴェーリンの報告書には、生徒たちは「教師ペニンスキイの更迭を強いて求め、二度にわたり教室の蠟燭を消し、騒ぎ立てるなど不埒な振舞いに及べり」とある。ソビエト期の研究者によると、事態はもっと深刻で、生徒監の一人が殴られ、教室にバリケードが築かれたという。[5]

たしかに事件はわれわれの目に十分に明らかではない。しかし、それが多分に政治的なデモンストレーションであったにせよ、ペテルブルグ大学史の編者C・B・ロジェストヴェンスキイのいう「寄宿制の学校のありふれた騒動のひとつにすぎなかった」にせよ、われわれとしては次の点を銘記しておく必要がある。それは当初この事件にのちに見るような重大な意義があたえられていなかったことである。右に引いたカヴェーリンの一月二十日付の報告書によれば、事件後、彼は主謀者二人を追放した。一月十九日には、「改悛の情なき」数人を罰し、これが生徒の間に「若干の不満」をひきおこすと、「集団的反抗の悲しむべき結果を説明し」、「一同が自分達と三年級の腕白者に許しを乞い」、恭順の誓いを立てたところでこれを容れ、生徒には今後「不埒な行為」におよべば退学をもってのぞむ旨つたえ、職員には「平穏と秩序の厳重な監視」を改めて命じたという。報告書を受け取ったウヴァーロフは、一月二二日、その写しを宗務・教育大臣に提出した。二月七日、ゴリーツィンはペテルブルグ学区視学官に命令書を出し、「コノタビノ騒動ハ単ナル偶発事ト認メ難イ」と述べ、学園の「放縦ト反抗ノ気風」の一掃を期して、原因の究明と管理態勢の点検を指示した。ウヴァーロフは大学主事および寄宿学校生徒監と協議のうえ、三月二日、四項目からなる改革案を提出した。1. カリキュラムの見直し。2. 生徒監の増員。3. 生徒の自宅または親類宅への外出を現行の週一回から隔週一回とする。目的は外部との接触を「できる限り減らす」。4. 生徒監助手の更迭。三月十四日、ゴリーツィンは以上の——彼にいわせれば——「改善策」をすべて承認した。

早速ウヴァーロフはカヴェーリンに「改善策」の実施を命じた。おそらく、これでこの一件は終ったはずである。多分ウヴァーロフもそう思ったに違いない。だが、十日後、事態は一変する。

三月二四日、カヴェーリンはウヴァーロフに一通の手紙を送りつけた。彼はまず監督の強化のみでは、「よき学園は期し難い」と切り出す。つまり、そのためには「すべての教科がひとつの道徳的な目的へ向けられる」ことが不可欠という。「血気にはやる若者を周知の邪論妄説が絶えず焚きつけるならば、いかなる鎖をもって彼らを服従させることができましょうや」。今回の事件の第一の「原因」はここにある。つづけて第二、第三のそれを挙げたあと、カヴェーリンは次のように提案する。「一. 寄宿学校用に、啓示〔聖書〕の教えに矛盾せぬばかりか、(中略)それを真に立証する哲学、自然法、歴史学、経済学のテキストの作成を大学に委嘱する。二. この啓示の教えに関して信頼に値せぬ教員全員を、主事の上申により、彼の選考にかかる他の者に替える。」三、四、五は省略。

これらの条件が満されない限り、責任は持てないとカヴェーリンは開き直った。大臣に本官の考えを伝え、指示を仰ぐこと、もしそれがかなわぬなら、この手紙を「正式な上申書」として扱っていただきたい、こう彼はつけくわえた。要するに、彼の狙いは寄宿学校の粛清である。彼がなぜここでウヴァーロフに反旗をひるがえしたか、推測できなくはないが、いまは先へ進む。なお、彼は手紙の最後で、「寄宿学校に関する本官の結論が閣下のご賛同をえられれば」、大学についても「同じ趣旨」の提案をしたいと二の矢をほのめかしているが、われわれはこの言葉を記憶しておかなければならない。

上下から圧力をうけてウヴァーロフの立場はいかにも苦しい。三月二六日、彼は右の手紙に添えて上申書を提出し、カヴェーリンの提案を全面否定した。一について。「科目を問わず教科書の選定は中央教育審議会学術委員会の管轄である。又、当寄宿学校の教科書の必要性はロシアの他のすべての国立学校のそれ以上でも以下でもない。」かなり慎重ないいまわしである。ただ、そのあとに「経済学を啓示に基づかせることについていえば、本官にこの考えは理解できませぬ」とつづけたのは、やや率直すぎる皮肉だった。二について。寄宿学校の全教職員は「主事の選考と上申により任命されている」。万一問題があれば主事自身の責任という含みだろう。三以下は略。「結びとして、本官は閣下にたいし、カヴェーリン氏が、三年間、寄宿学校の設置及び管理に完全なる自由を与えられていたにもかかわらず、かの書簡に述べる公的教育の規範を、何故まえもって守らずにいたのか、驚きを表さざるをえません。」

四月一日、ゴリーツィンはウヴァーロフにこたえた。ウヴァーロフの完敗である。一について。寄宿学校の教科書は、勿論、中央教育審議会で検討されよう。ただし、「経済学ヲ啓示ニ基ヅカセル」というのは、正しくない。「ナゼナラ、予ノ見ルトコロ、主事ハ経済学ノミナラズ、自然法ソノ他ノ科目モ啓示ニ矛盾セヌヨウ教授スベシト考エテイル。予モマッタク同意見デアル。」二について。主事が望む通りの「自由ヲ与エルベシ」。以下略。[6]

これは事実上ウヴァーロフにたいする不信任といっていい。カヴェーリンの反乱が彼の失脚をもくろむ包囲作戦の一環として仕組まれたものかどうか、はっきりしない。いずれにせよ、マグニツキイやルーニチの動きと呼応して、それはウヴァーロフを剣が峰に追いつめた。彼が辞表を出したのはこのすぐあと、四月二二日である。

一八二一年七月、ウヴァーロフはペテルブルグを去り、モスクワ近郊の領地でしばし田園生活を楽しむ。入れ替りに視学官の座を襲ったのはルーニチだった。いまや蒙昧主義の陣営はだれ憚ることなく、首都の大学に異端審問の火を燃やすことができよう。いや、それはすでにカザン大学を焼きつくしていた。

第7章

一八一九年八月、カザン大学に最初の鉄槌が振り下ろされた。このとき、マグニツキイの報告書にもとづきこの大学の正常化を検討した中央教育審議会の決定が伝えられた。主な点は次の三点である。一、神学の講義の実施。学則では神学の講座は道徳・政治学部に設けられている。しかし、これまで空席で開講されていなかった。二、九人の教授の罷免。うち二人は高齢が理由で、彼らには年金が支給されるが、不適格の烙印を押された他の七人はなし。三、教育と研究を従来通り学長の所管としながら、施設の管理、経理などの業務のほか、学生の規律や「道徳」の監督にあたる主事をおく。[1]

一について、大学は早速指示に従いカザン大主教と協議、当地の神学校長を教壇に迎えた。その講義には全学生が出席するはずである。もっとも、この問題の発端は半年前の二月に遡る。しかも、ことはカザン大学に限らなかった。つまり、この時までにモスクワ、ハリコフ両大学でもこの講座は空席のままで、そこで、これら三大学に開講を命じる通達がいっせいに出されたのである。こうして見ると、この一に関する限り、マグニツキイの役割は取り立てていうほどでないのかもしれない。もっとも、この問題が日程に上る段階で彼が関与していたとすれば、——そしてそれはおおいにありうることだが、はなしはおのずから異なる。

これにたいし、二、三ではマグニツキイが主役である。大学の狼狽、困惑は想像に難くない。この時教授は全部で二一人（二人は不在。なお助教授は六人）だったから、ほぼ半数を一挙に失ったわけである。そのなかにドイツ人が多数含まれていたことに注目しておこう。実際、マグニツキイの大学にたいする不信はおおきく、例えば、すでにおこなわれたこの年の卒業試験を破棄し——上申書にいわく、問題が安易すぎる、「さらに付言すれば、既に無能ゆえに罷免された教授の数名がこの試験官でありました」——再びそれを課したほどである。

主事の制度そのものも、この二月に発足したペテルブルグ大学の先例があるが、これにより、事実上、カザン大学にしばしば境界の定かでないふたつの権力が誕生する。主事は、今後、首都に留まって遠隔操作に専念する視学官の忠実な分身の役を果たすはずで、マグニツキイはこの新設のポストにシムビルスク県知事時代の県都の保健所の医師で、そのころ当のカザン大学の教授の座を狙って失敗した人物を送りこんだ。あわせて彼はもうひとつ重要な人事を強行する。それは学生監で、マグニツキイは学則に反して財務省の役人を起用、しかもこれを主事の指揮下におく。

　主事の任命と前後して、新しい学長が、やはり学則を無視してきまった。カザン大学ではこの年一月に学長が死亡したが、大臣ゴリーツィンは、大学の意向に反して、「別途指示アルマデ」後任の選挙を差し止める命令をくだした。この空白の間、道徳・政治学部教授のГ・И・ソーンツェフなる人物が副学長に選ばれて職務を代行していたが、マグニツキイはその彼を次期学長に推薦したのである。裁可は十月におりた。この選挙に代わる指名という構想はさきの監査の際にすでに彼の胸中にあり、ソーンツェフについてもすでに白羽の矢を立てていたらしい。無論、ソーンツェフはマグニツキイの滞在中、彼にもっとも好感を与えた一人である。

　こうしてマグニツキイはカザン大学を完全に掌中に収めた。廃学という大魚こそ逸したものの、それをつぐなって余りある獲物を手中にしたといえる。次の課題は、この新しい革袋に新しい酒を満たすこと、彼の理想の教育を実現することである。一八一九年九月、マグニツキイは三つの草案をゴリーツィンに提出した。このうち二つは翌年一月、アレクサンドル一世の裁可をえた。これこそ史上名高いカザン大学主事と同学長にたいする訓令で、しばらくその内容を概観することにしたい。

　まず、主事にたいする訓令[2]だが、全三章からなり、はじめの二章は大学の管理、規律の保持等の指示である。だが、ここは飛ばして、第三章「学生ノ徳育ニ関スル主事ノ任務」にすぐ進もう。

　冒頭、マグニツキイはいう。「学生ノ教育ニオケル政府ノ目的ハ、正教会ノ忠実ナ子、君主ノ忠実ナ臣下ニシテ祖国ノ善良且ツ有用ナル国民ノ養成ナリ。」この新三位一体がマグニツキイの金科玉条にほかならないことを、われわれは同じころ書かれたペテルブルグ大学学則案に関する彼の意見書のなかですでにたしかめている。以下、主事の監督の義務が列挙してあるが、いくつか取り出すと——

「教育ノ要諦ニシテ国民ノ第一ノ美徳ハ従順ナリ。故ニ、服従ハ青年ノ最大ノ美徳ナリ。」従って、学生にたいする手本として、大学において官位の上下をきびしくまもらせ、違反には必罰をもってのぞむべし。

　哲学、歴史、文学の授業から「教会ノ教エ」を損なう「自由思想」を一掃する。このために、主事は「教官ノ傾向ニ関シテ確実ナ情報ヲ集メ、彼ラノ授業ヲ頻繁ニタズネ、時ニ学生ノノートヲ調査シ」、また、すべての教職員が「ツネニ教会ヲ訪レ、秘跡ヲ授カル義務」を怠らぬよう

「厳重ニ見張ルベシ。」

大学において、「有害、人心ヲ惑ワス読書ト談話」を一切禁止すべし。

学生は「毎日、キメラレタ時間ニ、全員、学生監ガ同席シテ然ルベキ祈リヲ捧ゲ、日曜日ト重要ナ祝日ニハ学生監ガ同道シテ礼拝ニオモムキ、娯楽ヤ休息ノ間ニ、タトエ一時間タリトモ祝日ニ相応シキ有益ナ読書ニ進ンデ親シムヨウ」監督すべし。

「学生ノ道徳的純潔ヲ守ル手段」として「誠実で敬虔な舎監ノ選定」とか、学生に学外者との面会を禁じ、「信頼デキル者」のもとへ外出を許可するとか、温和な美風を養うため争いごとの類を一切排するとか、指導の細目も示す。

さきに教官の「傾向」に警戒の目が向けられたが、問題はそこにとどまらない。「学生ノ道徳ニツイテ述ベタコトハ、モットモ厳密且ツ広イ意味デ残ラズ教官ニ当テハマル。（中略）主事ノ監視ハコノ点デスベテノ教官ニ等シク及ブ。」

学長にたいする訓令[3]に移ろう。はじめの二章はいわば総論で、大学の教育を「キリスト教ノ堅固ナル基盤」に立たせ、「自由思想ノ破壊的精神」の侵入を防ぐために、教官にたいする学長の監督の義務と、「ソレニ服サヌ時ハ、授業ヲ禁ジ、必要ナ証拠ヲ添エテ罷免ヲ上申スル」権限などを述べる。以下、四学部それぞれの学科について詳しい指示が続く。ごく一部を記しておく。

道徳・政治学部。

哲学は人間の「理性」の学にすぎず、その射程は「相対的真理」を出ず、「キリスト教ノ真理」が告げられるに及んで、それに凌駕された。唯一福音書に基づくべし。

要するに、マグニツキイは哲学に哲学の否定をもとめたので、それを彼は『コロサイ人への手紙』の一節を借りて直截にいいあらわす。哲学の教授は、「哲学ニ関スル以下ノ言葉ヲツネニ心ニ留メ、語ラネバナラヌ。『なんぴとにもあれ、キリストに非ずして人の習いと宇宙の力に従い、哲学や空しき甘言をもって汝を虜にせんことのなきよう心せよ。』」このあとさらにテモテ人への第一、第二の手紙から同じ趣旨の引用が続き、こう結ぶ。「コレラノ言葉ヲ金文字ニテ哲学ノ〔講義がおこなわれる〕教壇ノ上ニ記スベシ。」先回りしていっておけば、これはその通りに実現した。

学則では法学は三講座から成る。マグニツキイはこれをひとつに合わせ、所定の科目を全部押し込め、講義の順序も決めてしまう。そうしておいて、ロシアの政治制度を欧米の代議制と比較しながら次のことを明らかにすべしという。君主制は「神ガゴ自身デ定メラレタモノ」であり、その法は「神ノゴ意思ノアラワレ」である。

ところで、国家の目的を説く次の言葉はどう理解したらいいのか。「プラトン及ビアリストテレスノ考エルゴトク、ソノ目的トハ、成員ソレゾレノ一身上ノ安全ヲ守リ、財産ヲ保護シ、健康ヲ図リ、考エル自由ヲ与エ、心ノママニ感ジルニ任セ、公正ヲムネトシテ、アタウル限リ彼ラヲ幸セニスルコト」であるという。

どうしたことか、「考エル自由」とは。忌むべき禁句のはずではなかったのか。これは厚顔な偽善か、あるいは、不用意な失言か。以前にも彼の真面目、不真面目を問うたことがあるけれども、この場合もそうしなければならないのだろうか。あるいは、そもそも自分の言葉を信じていないのか。

物理・数学部と医学部。

前者では、自然界にあらわれる「神ノ叡智」を示す。物理学では認識の際の「ワレワレノ感覚ヤ道具ノ限界」を指摘。後者では、人体の精巧なメカニズムに三嘆する余り「唯物論」に陥る危険を排除。

文学部。

修辞学では教会スラブ語の「美シサ」を味わい、その経典に学ぶ。勿論、「最良ノ手本」は聖書である。詩の作法では古典主義をよしとし、ロシア語に持ち込まれる「新奇」な言葉や語法をきびしく退ける。世界史はキリスト教徒の事蹟を詳述。ロシア史では「ワガ祖国ガ真ノ文明ニオイテ多クノ同時代ノ国家ニ先ンジテイタコトヲ示シ」、そのことを「ウラジーミル・モノマフノ教育ト宗教ニ関スル施策ニヨリ証明スル」。現王朝の始祖から当代にいたるまで、その功績を讃えることはいうまでもない。

訓令の「結ビ」は、すべての学科を「ヒトツノ目的」と「ヒトツノ精神」で統一する意義を繰り返してから、今後大学は訓令にのっとり各学科の「詳細ナ指針ヲ作成シ、視学官ヲ通ジテ大臣の承認ヲエル」、全学の教授会は「毎月各教官に自ラ教授セル知識ノ報告ヲ求メ」、これをもとに、毎月全体の報告書を「勤勉ニシテ教育上ノ成果ノ著シイ教官ノ名ヲ付シ」て視学官に提出する、とうたっている。

本来ロシアの大学は大幅な自治をあたえられていた。しかし、この自治には重大な「アキレス腱[4]」がひそんでいた。視学官の制度である。一体、視学官の職務や権限はきわめて漠然としている。この国の学校制度の基本をつくった一八〇三年の「国民教育大綱」でも、「視学官ハ自ラニ託サレタ学区ノスベテノ学校ノ整備ノ責任ヲ負ウ」として、大臣と学区の結び目に位置づけながら、内実ははっきりしない。大学についても、一八〇四年の大学令には、視学官は各種の報告を受けると記されているものの、その「保護」や「指令」の及ぶ範囲は判然としない。さしあたり筆者の関心は大学の自治、とくに教育の自由の問題に限られるが、これについて一言触れておく。一七八七年にエカテリーナ二世に提出された大学設置案には次のような明快な規定がある。「教官ハ学問ノ法則ニ関シテモ、教科書ニ関シテモ強制ヲ受ケナイ。見解ノ自由ハ一般ニ知識ノ進歩ニ寄与スルガ、日々アラタナ解決ヤ発見ノ現レル学問ニオイテ特ニコレヲ要ス。[5]」不幸にしてこの案は流産したが、これにくらべると一八〇四年の大学令はいくつか関門を設けている。そこには、「教授ハソレゾレノ講義用ニ自ラノ著作モシクハ他ノ著名ナル学者ノ著作ヲ選ブコトトス」とあり、つづけて、この「著作」は全学の教授会に諮られ、講義においてなんらかの「変更」の要ありと判断された場合には教官はそれをおこない、「承認」を受けるという。さらに、大学は毎年「講義一覧」を視学官に提出し、「承認」をえなければならないが、これには右の「著作」も記載される。[6]こうした手続きが現実にどれほど支障をきたしたか、筆者には見きわめ難いが、少なくとも、重大、広範な事例は報告されていない。ともかく、いまやマグニツキイの訓令はカザン大学の自治を、教育の自由を、その若い芽を一挙に薙ぎ倒したといえるだろう。

　カザン大学はただちに訓令の実施に着手した。さらに、この訓令がくだされたことを祝い、盛大な祝典を催す。二月二九日、大学の教官、学生はもとより、当学区の中学校の教師、生徒が一堂に会し、お祈りにつづいて二つの訓令がおごそかに朗読され、教授の一人が「学問とキリスト教の相互関係」なる講演をおこなった。席上、アレクサンドル一世、ゴリーツィン公爵、マグニツキイに感謝を捧げ、大臣と視学官を大学の名誉会員に[7]推戴し、毎年一月十七日、つまり訓令が裁可された日をカザン大学「復活」記念日として祝典をもよおす決議がなされる。

　ゴリーツィンとマグニツキイが栄えある称号を受諾したのはいうまでもない。次に筆者は大学がマグニツキイに捧げた証書を引用しておきたい。

「全ロシアを統べたもう　アレクサンドル一世皇帝陛下
の　やんごとなき庇護のもと
　カザン帝国大学教授会は
ロシア正教会の現身の守護天使たる宗務・教育大臣閣下をたすけて、光明とキリストの国をあまねく及ばさんとするはたらきに然るべく敬意を表し、
　われらが主イエス・キリストの僕たる悩める同胞に注ぎ給う、もって範とすべき慈しみと、福音書の教えのままなる常に変わらぬへりくだりの念を慎んで敬い、
　倒壊に瀕せる本学をあらたにキリストの礎の上に据え、その改革と再建に意を用いられること父のごときを衷心よ

り感謝し、
カザン学区の学園に生ける信仰と篤き敬神の救いの種を播き、似非学問が植え育てし毒草を抜き去るため、ペンと精神、権力と愛をもって示されたる熱意を心から喜び、
最後に、本学及び本学区が、そのご尽力によってかくも短期間に浴せるかくも大なる君恩の数々にたいし、特に大学と中学校の若き養い子たちに寄せられし父のごとき愛とその養い子に賜れるご厚情にたいし、伏して感謝する証しとして――一八二〇年二月二九日の臨時の会合において、四等官、聖アンナ一等勲章及び聖ウラジーミル三等勲章授勲者、みずからの視学官
ミハイル・レオンチエヴィチ・マグニツキイ閣下
を満場一致にて本学の名誉会員に選出せり。」

よって、これを証す、とこのあとにつづき、最後に証書の年号がくる。これを文字通り直訳しておく。

「救い主キリスト生誕より第一八二一年、大学復活より第二年[8]」

この証書をいったい誰が書いたのだろう。この誇大な讃辞は儀礼の程度をはるかに超えている。さすがにこれにはマグニツキイ自身も照れたそうだが。もっとも、「復活」とは彼がみずからをたたえるために唱えた言葉である。彼は一八二〇年をカザン大学「復活」元年と称した。以後、大学の公文書には、普通の西暦と新しい大学暦、いわばマグニツキイ暦が併記されることになった。

第8章

いわゆるマグニツキイ時代は一八二六年まで続く。前章で見たのはその第一幕にすぎないけれども、全体として眺めればこれはこの間の縮図といっていいので、それを見届けたところで、このあとは時間の前後にかまわず目ぼしい事実を飛び飛びに述べることにする。

最初の学長のソーンツェフはマグニツキイの誤算だったようだ。彼はこれまでの成り行きに心中つよく反発していたらしく、早速視学官や主事と軋轢を生じる。マグニツキイは、翌二〇年に次期学長の選挙を強行、ソーンツェフは在任七カ月で退場する。なお、この選挙をもってマグニツキイが大学の自治を尊重したと考えるのは早計である、三年後、再び学長を指名するはずだから。この時の選挙はどう転んでも不都合な結果にならないという成算があってしたことである。選ばれたのは数学の教授だったが、これが異色の人物で、一八一六年というから、まだマグニツキイ

のことは思いも及ばぬところだが、この年の終業式の講演「数学の効用」でキリスト教と数学の「相似」を説いてこう述べたという。「一のない数がありえぬごとく、多数としての宇宙は一人の王なくして存在しえぬ。」あるいは、古来三角形は造物主たる神の象徴として用いられたが、そこで、直角三角形の直角を挟む二辺は「愛」と「正しい裁き」、斜辺はキリストによる両者の出会いとして眺めることができる。のちには彼はカバラの類も信じていたらしい。ともかく、彼は視学官におおいに忠誠を尽くし、学長のあとは主事に横滑りしたが、それでも二五年はじめには職務怠慢を責められ辞表を書く羽目になる。

一方、初代主事はさかんに腕を振るった。七等官から五等官へ躍進し、大学の管理はもとより教育、例えばカリキュラムの編成にまで介入した。二一年には、その功あってウラジーミル三等勲章に輝いたが、おのれを過信したか、独断専行の愚を犯し視学官の怒りを買う。結局、翌年末に職を解かれ、そのころ占めていた産科学の教授の椅子も失った。

予想された通り、学長と主事の二本立ての制度は、「二頭の熊はひとつ穴に住めぬ」の諺を地でいく争いをくりひろげたが、なお悪いことに、ここではマグニツキイという独裁者とそれに従う二人の日和見主義者という構図で、あとの二人がまえの一人にむかって互いに相手の非をあばくという泥試合まで演じて見せた。

当時、新設の大学はどこでも手薄な教授陣に悩んでいた。人材の乏しさ、俸給の低さなどがその原因だったが、そうしたなかでマグニツキイは教官の任用基準を提案したりしている。教授は博士、助教授は修士《マギストル》の学位取得者のみとするというもので、これはゴリーツィンにそのまま容れられ、二〇年二月に各大学への通達になった。ところが、このルールを破ったのもマグニツキイだった。彼の在任中、九人の大穴があいたスタッフの数は旧に復したけれども、そこで彼がおこなったのは教授会の選考権の無視といまの基準からの逸脱である。後日の調査によれば、彼が教授会の頭越しに独断で上申し、任命された教授は七人、助教授三人、そのうち五人が基準を満たしていない。さらに、彼の後押しで教授会を通過した同じ失格者が数人いる。[1] こうして招かれたなかにも少数の有能の士はいたとはいえ、もっぱら視学官の意を迎えることで幸運を射止めた例がずっと多かった。

学長にたいする訓令はいわば大学の授業の指導要領だが、これですべてメニューが出そろったわけではない。マグニツキイはこれをさらに発展させる指令を次々に送りつけた。その際、学則はもとより、いまあげた訓令の歪曲さえ辞さない。例えば、神学の講座を学長の監督から取り上げて主事の所管にした措置がそれである。

もっとも被害を蒙ったのは道徳・政治学部だった。あの自然法も、無論、そのひとつである。自然法に浴びせられた非難については、さきにも述べたが、代表としてマグニツキイの口を借りてもう一度整理しておくと、人の生得の権利および平等の否定、いわゆる自然状態、従って国家と権力の根拠となる社会契約の否定、結婚すなわち両性の契約とすることの否定、この三本の柱から成る。マグニツキイのそうした「摘発」の方針は、しかし、実行の段階でいささか出鼻を挫かれた。当初この担当者は本章のはじめにあげたソーンツェフで、彼は視学官の攻勢に抗しえた唯一の教官といってよく、この講義についても全面的な改変に応じず、「破壊的原理」を衣の下にちらつかせていた。だが、彼も二一年に講義から降ろされ、一年後、早くからマグニツキイの御用に名乗りをあげていたロシア文学の教授が兼ねることになる。

既述のように、訓令によって法学のカリキュラムには代議政体論が追加されることになった。具体的には、ヨーロッパ各国の憲法の講義で、マグニツキイの意図は、無論、「摘発」にある。二四年からはローマ法に代ってビザンチン法なる怪しげな科目が登場する。果してこれがマグニツキイ自身のアイデアなのか、彼に迎合した新任の教授の発案なのか判然としないが、ともかく、この教授にいわせると、ローマ法は「異教、異邦の法」で、ロシアとは無縁だという。それにしても、ローマ法と切り離してビザンチン法とは、いかにも実体があやふやなうえ、カザン大学にはこれに関する文献も皆無だったという。

物理・数学部では地質学が聖書——おそらく、天地創造のくだりだろう——に反するとして廃止。文学部では神話学が異教の産物として禁止、フランス文学講座を新設。マグニツキイによると、ブルボン王朝が復位したフランスはいまや「信仰と学問の一致」に邁進しているそうで、この講座にはなによりもドイツ文化の解毒剤の期待がかけられていた。ただ、実際におこなわれたのは主にフランス語の授業だったらしく、しかも、視学官の肝いりでここに座った教授が奇矯な振舞いで早々に放り出され、講座は一年半ほどで開店休業になったけれども。

情報の収集にもマグニツキイは怠らなかった。訓令があげた月例報告もそのひとつだが、劣らず重要なのは、講義概要である。各教官が翌年の講義の要旨を教授会に提出、教授会が検討のうえ意見を付して視学官に差し出し、承認をえるというもの。こうした報告や講義概要をもとに、マグニツキイはそれぞれの学科が扱う項目やその構成、授業の方法やテキストの選択など、すべてにわたって適否を判断し、修正をくわえ、さらに各教官の評定をくだした。

もっとも、この点ではもっと直接的な手段もあった。訓令が命じた学長による監督である。マグニツキイ時代の三代目学長は、前述の通り、指名による学長だが、教官の「指導」に用いた「方法」を四つあげている。一、教官の「ものの考え方、感じ方」を探る。「このために教官と自宅で親交を結ぶべく努め」、通常の招待のほか、自宅で食卓を囲み、懇談する日を設ける。こうして、「各人の考え方がおのずと明らかになる私的な交流のくつろぎのなかで、彼らの思想傾向を容易に、講義概要よりはるかに確実に知ることができました」。二、彼らの「講義を頻繁に、しかも不意におとずれる。」三、「学生を私的に尋問する。」四、入学試験と定期試験を利用する。具体的にどうしたのか分らないが、要するに、問題や評価に目を光らせたのだろう。いずれにせよ、これではスパイも同然で、およそ大学に相応しくないが、学長は「これらの方法の有効性」は証明ずみという。

教官にたいするマグニツキイの要求が彼らの職分にとどまらず、生活全般に及んだことは、訓令にも記されていたが、次の禁酒令もまさに彼ならではといえるだろう。就任二年目の十一月、彼はすべての教官、職員に、今後、酔った者を見つけ次第身柄を拘束し、ただちに主事に通報すること、この者は罷免されることなどを伝え、あわせて全員に禁酒の誓約書を提出させた。以来大学では、皇帝の健康を祝し蜂蜜で乾杯したという。もっとも、昼食前のウォトカ一杯を我慢できず、ひそかに戸棚に隠したり、水薬に混ぜた代物が露見したりした例もあったそうで、視学官の威光かならずしも万能ではなかったようだが。[2]

マグニツキイの大学操縦術はムチばかりではない。アメも用意されている。昇進、勲章、報奨金、講座や役職の兼任による俸給の増、その他さまざまな便宜の供与、これらはかなりふんだんにふるまわれたようだ。例えば、報奨金は一八二四年までに総額二五、〇〇〇ルーブリに達したという。

対する教官の方は、本心はともかく、積極、消極の差こそあれ、そろって新体制に順応したと見てよかろう。人格、識見とも不足ないと評される人にしてなお然り。一例だけ引くと、K・Ф・フックスという人物、彼は専門の医学のほかに少数民族の調査などにも実績があり、当地の敬愛の的だったという。一人だけ証人を立てよう。一八一九年五月、二か月前に監査を終えて立ち去ったマグニツキイと入れ替わりに、あらたにシベリア総督として赴任するスペランスキイがカザンに着いた。滞在の間彼は大学をたずね、そこでフックスに会い、「まさに逸材！」と日記の中で歎声をもらす。その晩フックスを訪れ、この感はさらに深まったようで、日記はこう続ける。「該博な知識。（中略）敬虔で徳義に篤い人物。[3]」この時からちょうど四年経ち、フックスは指名により学長になる。たしかに、これは彼の本意ではなかったが、しかし、彼は与えられた職責を立派に果した。さきにスパイもどきとよんだ学長とは、実にこのフックスにほかならない。

　最後に学生生活を一瞥しておこう。ここでは、数の上で大半を占める寮生に対象を絞る。

　従来、これについて語った人々は、押し並べて僧院や兵営の生活を思い浮かべている。それだけ厳しい規律が課されていたわけだが、一八二二年に主事の手でまとめられた規則から見えてくる学生の一日はほぼ次のようになる。

　六時、起床。七時、ホールへ集合、整列。学生監または学生監助手の到着後、当番学生が所定のお祈りを唱え、全員「アミン」でこたえる。朝の挨拶、当番の室長より「学生及び各室の国有財産の状態」を報告。朝食。その後各室で福音書と使徒の手紙の一ないし二章を朗読。教室。学生監ほかの監視。十二時、整列して食堂へ。当番学生によるお祈り。昼休みには学生の一人が聖書または「教訓的な書物」を朗読。教室。夕食後、再びホールでお祈りと報告。十一時、自習終り、就寝。これは平日で、日曜日と祭日にはミサに参加。学生監助手が「希望者」を集めて、「一時間、ときにそれより長く」聖者伝や説教集を読む。

　娯楽では音楽、ダンス、ボール遊び、ぶらんこ、園芸などを奨励、小説、酒、煙草、昼寝など厳禁。

　懲戒はいろいろあったようだが、なかでも監禁室が特筆に値しよう。監禁室そのものは以前からあるが、例えば、盗みをはたらいてここに閉じ込められた学生の場合、主事により次の措置がとられた。「百姓」の身なりに替えさせ、「堅い寝台と二束の藁」のみ与え、食事は一日二回、パンとクワス（飲料）だけ。大学の懺悔聴聞僧が随時おとずれ、夜間に限り外気に触れさせるも可。「不幸な」学生のため、教会で「全学で祈り」を捧げる。約ひと月後、学生は聖母就寝祭の斎戒の間、懺悔のあと聖餐を授かり解放されたという。

　一八二四年にマグニツキイは二人の学生を兵士送りにした。いずれも市中で酒を飲んだためだが、その一人は監禁室に放り込まれたあと、ドアを破り歩哨の制止を振り切って逃げ出したらしい。もう一人は今度が三度目で、前年にも外出を許されなかった腹いせに「ウォトカ二杯」をあおった。もっとも今回は弱いビール——いわゆる半ビール——一本で「素面同然」だったそうだし、大体この学生はたまたま酒に手を出す以外非難すべき点はまったくなかったという。だがマグニツキイは二人ともオレンブルグの守備隊へ放逐した。

たしかに、これでは僧院や兵営を連想しても不思議ではない。ただ、ひとつだけ銘記しておきたいことは、こうした監督制度、学生の日課、外出、懲戒などの規則が他の大学でも設けられていたことで、首都ペテルブルグではウヴァーロフが高等師範学校の学則第十章に盛り込み、それは衣替えした大学にそのまま引き継がれた。勿論、カザン大学との差は無視できない。しかも、カザン大学の突出ぶりは、一八二五年にひときわ鮮明になる。九月、マグニツキイは指令を発し、学生生活の新しい鋳型を描いて見せたが、これは——彼の視学官としての活動が終りに近いこともあるので——省略する。

ところで、これまで筆者はこの間カザン大学でおきたひとつの重大な事件にあえて口を閉ざしてきた。それは道徳・政治学部教授ソーンツェフをめぐる出来事で、すでにわれわれは一八二一年に彼の自然法の講義が差し止めになったことを知っているが、実はこの時マグニツキイは、「破壊的原理ニモトヅイテ自然法ヲ教授セル」ソーンツェフに一切教壇に立つことを禁じるとともに、「大学ミズカラノ裁判」により彼に厳正な処分をおこなうよう命じたのであった。こうして、主事を議長とする「特別法廷」は十二回の審理を重ね、一二三年三月、出席者十六人全員一致の「判決」を下した、すなわち、「教授職ヲ永久ニ解キ、向後イカナル教育機関ニテモ任用セズ」[4]。結果的には、ちょうどそのころ首都においてソーンツェフの辞表が受理され、この「判決」は宙に浮いたけれども、しかし、それによって大学の自殺行為にも等しい「裁判」の汚点が拭い去られるわけもない。従って、筆者としてもこれにしかるべき紙数を割いて詳しく述べなければならないところだが、前記の通り、そうしなかった。理由はほかでもない、カザン大学に先立ち、それとまったく同じで、規模、反響ともこれに数倍する事件がペテルブルグ大学で起きていたからである。ここでわれわれは再び首都へ戻ることにしよう。

第9章

一八二一年五月七日、ドミトリイ・ルーニチはペテルブルグ学区視学官代行を拝命した。

ルーニチがペテルブルグ大学でしようとしたのは、カザン大学の首都版をつくりだすことだった。九月七日に提出した二通の上申書[1]はそうした彼の宣言にほかならない。まず彼は学則が決まるまで、カザン大学の学長と主事にたいする訓令をペテルブルグ大学とその学区の「指針とする」ことを願い出た。中央教育審議会はこれを承認、同月二一日、皇帝が裁可した。

もうひとつの上申書は前章のおわりで述べた事件の開幕の合図だった。つまり、ルーニチは、二年前のマグニツキイと同じく、視学官としての仕事を教官の粛清からはじめたのである。摘発されたのは次の四人である。統計学教授C・Th・ヘルマン、世界史教授E・B・S・ラウパハ、哲学教授A・И・ガーリチ、統計学助教授K・И・アルセーニエフ。まえ三人の大学、あと一人の付属寄宿学校における講義がいずれも「キリスト教と君主制の原理」に反するというのである。ルーニチによると、そうした「噂」は以前から彼の耳に達していたが、このたびそれを自分の目で確認したという。それができたのは、主事カヴェーリンに命じて集めさせた学生のノートである。

ルーニチはこれらノートの「詳細な検討のあるまで」ヘルマンたちの講義の停止をもとめ、九月十七日、中央教育審議会はノートをひと通り改めた結果、これを承認、代りの担当者の人選と四教官の「講義ニカカルスベテノ学生ノノート、ヲ押収スル」ことを彼に一任、翌々日、ルーニチは学長にこの旨通知するとともに、四人の教官にも講義ノートを即刻提出させるよう指示した。

これより先、ルーニチを迎えてペテルブルグ大学が直面した状況はカザン大学のそれに等しかったが、両者の対応はかなり隔たっていた。ペテルブルグ大学は視学官代行を歓迎しなかった。八月二九日、ルーニチは大学を視察、臨時教授会にのぞみ、「本官の今後の大学運営の方針と目的を開陳する」第一声を発した。いま筆者にはその内容をうかがうすべはないけれども、おおよそ見当はつく。だが、どうやらルーニチは計算違いをしたようだ。「学長は本官の演説にこたえて、大学ではどの学科でも福音書の教えと君主制の原理に悖る教育がなされたためしはないと断言しました。並みいる教官は沈黙をもってこの学長の断言を肯定したのです」。ルーニチがこれを書いている相手はゴリーツィンだが、彼は憤然として続ける。学長の言葉を完全に覆す学生のノートが、すでに「本官の机上にあるにもかかわらず」。教授会でルーニチは大学の各部門に関する照会事項を列挙し、前身の高等師範学校にまで遡って「至急」回答を差し出すよう命じた。しかし、大学の返答は手間取った。この間、四教授を摘発してルーニチはいよいよ牙をむいたが、相変わらずなんの音沙汰もない。九月二四日、彼はこの「怠慢」を叱る詰問状をしたためる。ようやく、十月三日に正式回答がまとまったが、これがまた心外きわまるものだった。ルーニチの照会のうち、最大の焦点である「道徳部門」の教官に関する部分を引けば次のようになる。

教育における「有害な傾向」を防止する方策如何。

今日までそうした「方策を講ずる必要を有しません。」過去十八年、「そうすべき理由」を見出さなかったからです。

疑わしき教官の摘発なきや。

「現在まで、そのような疑わしき教官の摘発は一人もありません。」

各教官の奉じる宗派は如何。「キリスト教徒たる務め」を励行せるや。

これまで大学は、この「励行の如何を確かめる措置は一切とりません」。それは「各教官の良心と信仰に信をおいたから」であり、「かかる調査はいかなる学則にも定めがないからです。」もし大学がそうした措置をとるとすれば、宗務・教育省の懺悔聴聞僧の協力をえて「尋問」しなければならないでしょう。

この春のクニーツィンの事件や現におこりつつある四教授の事件を考えれば、この回答は、実質的に彼らの無実を主張することになり、ルーニチがこれを不遜な挑戦と受け取ったのもうなずける。[2]

さて、渦中の四人の教官のノートもルーニチのもとへ届く。もっとも、完全なノートはラウパハのものだけで、ほかは一部しかノートをつくらなかったり、もともとノートを使わなかったりで、いささか肩すかしだったが。その代り、学生のノートは豊富で、召し上げられた学生は一〇〇人にのぼった。十月六日、すべての資料とともにルーニチの報告書がゴリーツィンに提出された。そこでルーニチは本件に関する判断はわが任にあらずと口をつぐむ。そういいながら、彼が「伏してお願い」したのは「公開」の「裁判」で、しかも、かかる例はフランスにありとして、二人の教授の罷免の事実まで挙げているのだから、語るに落ちる。すぐあとで明らかになるように、「裁判」の場は大学の理事会と教授会の「合同会議」のかたちに決まるが、それにしても、ルーニチや黒幕のマグニツキイがなぜ直接罷免を要求せず、この回りくどい手続きをのぞんだのか。ソビエト時代の『レニングラード大学史』によれば、それは彼らにたいする批判をかわす隠れ蓑で、あらかじめ書いたシナリオに「形式的にせよ〔大学の〕承認を取りつけること」、とりわけ「異端を〈摘発された者〉から〈公開の場での懺悔〉を引き出すことが肝要であった」という。[3] まるで百年後の粛清裁判をそのまま当てはめたような見方だが、ルーニチたちの目的はこれを見せしめの場、宣伝の場に利用することにあったというべきだろう。四人の教授をかばう大学そのものに踏み絵を踏ませる狙いもあったかも知れない。翌十月七日、「数時間ニワタル」ノートの朗読を聞いて「慄然トシタ」中央教育審議会は、四教官に質問を発して回答をもとめることとし、設問をマグニツキイとルーニチをふくむ四人に託した。二〇日、審議会は具体的な実施方針を決め、それは二九日付のゴリーツィンの命令書となってルーニチに手渡される。すなわち、ペテルブルグ大学設置要綱第十八条に「基ヅキ」、貴官を議長として前記の「合同会議」を開き、四教授を喚問し、質問にたいし文書で回答をもとめ、「会議」の「意見」を付して提出すべし。この決定について三点指摘しておこう。「会議」を要綱第十八条に「基ヅキ」とは牽強付会もはなはだしいこと。大学が「意見」を具申するのみで、判決には関与しないこと。ルーニチが四人を摘発し、起訴し、「会議」を主宰するという一人三役を演じること。こうして、ある史家のいう「いかなる法の規定にもない特別法廷」が開廷の運びになるけれども、ここでちょっとしたさざ波が立った。学長M・A・バルギヤンスキイが辞表を出したのである。

バルギヤンスキイの専門は経済学だが、そもそも経済学なる語をロシアに定着させたのは彼だという。彼は重農主義とアダム・スミスの信奉者で、経済活動の自由を唱え、基盤となる農業では農奴制に替え、より生産性の高い、自由農民による借地農業を説いたようである。彼の教壇生活は一八〇四年にはじまる。この間に薫陶を受けた者には、さきのクニーツィンや今回のアルセーニエフもふくまれ、二人はいずれも師の学説を受け継いだ。そのほか、バルギヤンスキイは一八一三年から四年間、皇后の依頼でニコライ、ミハイル両大公に法学一般を講じている。さらに、のちに述べるスペランスキイの「改革」案をはじめ、政府の財政政策の立案に直接、間接に参画するなど、彼の活動範囲はなかなか広い。

バルギヤンスキイは一八一九年に初代学長に選ばれた。その時からずっと落ち着かない気分でそこに座っていたはずである。発足間もない大学ははやばやと学則の制定をめぐる対立で揺すぶられる。踵を接してクニーツィンの筆禍事件がもちあがる。波紋は大学における自然法の存在の是非にまで拡がったが、このとき中央教育審議会に呼ばれたバルギヤンスキイは、マグニツキイによると、「満座の沈黙の中で数時間にわたり」自然法の理論を展開し、その教育に「害はない」と力説した。もっとも、マグニツキイは、彼も「この学問とキリスト教を一致させること」に失敗したと息巻いているが。ともあれ、いまおきている四教官の事件でも、教授会の総師としてバルギャンスキイは防戦これつとめてきた。

バルギャンスキイは学長ばかりでなく、教授の椅子も去るつもりだった。ハンガリーの貧しい司祭の子で、いま異郷で十人の家族を抱える彼にすれば、相当勇気のいる決心に違いない。辞表の提出は、十月二四日である。それは、カザン大学の学長と主事にたいする訓令がペテルブルグ大学へも適用されることを知った翌日だったという[4]。積り積もった憤懣に最後の火種が投じられたということか。しかし、彼の決意は水をさされた。アレクサンドル一世が学長の辞任は認めたが、現に進行中の事件の解決まで教授に留めるよう命じたからである。これを受けてゴリーツィンが学長代行を指名した。

そこでいよいよ四教官に関する「合同会議」に筆を進めなければならないが、それに先立って、彼らにたいする「質問」の際にその証拠として読み上げられる学生のノートの「抜粋」をあらかじめ紹介しておく。ただし、ガーリチの分は、筆者はまだ目にする機会がない。紙幅の都合上、ラウパハ、アルセーニエフについてはあとで簡単に触れることにし、ここではヘルマンひとりに絞って、「抜粋」[5]の抜粋を以下に掲げる。なお、「抜粋」には、社会の成立や権力の起源などを自然法の立場から見た個所も含まれるが、この部分は第五章で詳述した内容と重複するのですべて省く。

質問四　なにゆえに「キリスト教の冒瀆、教会、ロシアにおける統治及び王権にたいする誹謗」を講義の「主眼」とせるや。

「君主制は主権が一人の人間に集中するという、量り知れぬ利点がある」。「ただ、残念なのは、そこに座るのが天使でなく人間であること、その継承者が一様でなく、ある者がつくりあげるものを、彼の死後他の者が破壊することである。」

「家屋の評価をもとに（現行のように）財産に課税する方式は、政府にとってのみ有利」で、「国民にとって不当きわまりない。なぜなら、なんら所得をもたらさぬ家屋から支払わねばならぬからである。」

「人頭税が不当なのは、それがなんぴとも容赦しないからである。貧しい農民は資産家と同じ負担を強いられる。」

政府が紙幣を増発しても、国民は「いずれ」兌換に応じてもらえると考え、「この政府の善意にたいする信頼が紙幣を支える。」だが、外国人はいう、発行高が四倍に増えれば、価値は四分の一に減る、と。

「通念に従えば、紙幣は有害である（一枚の紙幣は一片の金に非ず）。この病いはいまやヨーロッパ中に蔓延しているが、治療薬はいまだ全土で用いるに至らぬ。」

「借金を抱える政府は道徳心を失い」、十分に報われぬ「官吏は略奪に走る。」経済学者はそういう。

「国王は裁判官たりえぬ。裁判官とは所与の法に基づいて裁く者だからである。」国王の「主権に与る国民」も同じ。

「われわれの祖先は異教徒たりし時はペルーン〔古代東方スラヴ民族の雷神〕のもとで、キリスト教の時代には教会で条約を結んだ。」

プロイセン、オーストリア、ロシアはポーランド分割により国際的な「均衡」を破った。「この手本が示さるるや、もはやなんぴともみずから所有するものを守ることができなくなった。」

「秘密主義は弱い、よこしまな人間が欠点や奸計を隠す時にだけ必要になる。国家もまた然り。」

「膨大な常備軍が財政を破綻させ」、「敵国人とさえ貿易をはじめるに及んで」、ロシアをふくむ「諸大国も」「国家秘密を設けた。」

「ロシアの農民の状態が示すように、農民の劣悪な状態の根本原因は封建的な体制にあり」、それゆえ歴代の統治者は「彼らを一顧だにしなかった。」

ピョートル大帝は「農民について喋々しなかった」。彼に必要だったのは、兵を募り、税を課すことだけだった。

橋や道路の修理、囚人の護送、軍隊の移動の際の荷車の徴発――これらは農民からかけがえない労働時間を奪う。草刈り期の一日のように、それは金銭で償えない。

統計学者は、「文明の普及」のために営まれる次の三種類の活動を分析し、且つ、それぞれについて「判断の基準」を示す。「一、教会。二、学校。三、国家の立法及び行政」。

ニコンの改革は一大進歩だった。「無知な写字生によって多数の不純な言葉が写本に紛れ込んでいたことは疑いない。というのも、これら写字生はめったにこの仕事に熱意を示さなかったからで、それは通常彼らが、罪を犯した罰として修道僧に預けられたからである。」

「絶対君主制の特徴は政治の迅速さである。」「広大で、まだ幼い国家」にとり、「これに勝る政体はない。」だが、ティベリウスやネロが玉座を占める時、この「迅速さ」は「最大の不幸」をはらむ。

「経験は教える、君主に発議権を認めれば、結果は必ず凶暴な専制政治で終わる、と。」

質問五　「なにゆえに統計学の講義にこれとまったく無縁な内容を持ちこみ、不逞なる原理を説きしや。」

民兵は「けっして祖国を裏切らず」、国民の利益に従うが、「正規軍は徐々に国民から遊離し、政府の手中にあって容易に国民の利益に反して用いられうる。」

「政府はごく単純な事項すら知らぬ。」ロシアの都市の数、酒や麦の生産量といったものさえ正確に把握していない。

「政府が出す公式情報は疑わしく、統計上の吟味がおおいに必要である。……公式情報は一定の目的のために公表され……その目的の達成に応じて公表されるという欠陥がある。」

「世論は王のなかの王。」法が効力を持つも、持たぬもこれにかかる。

国家は「契約」でなく、「力」、つまり「強者が弱者を支配する」現実から生じた。「強者は通常自己を守り、自己に服従する者が反旗を翻すことを不可能たらしめるため、正当な一線を越える。」

現在の国家は「反乱、革命、相闘う陣営の和平協定」を経て整った。

「プロテスタント教会ではいかなる迫害もなく、自由な議論が許されていたので文明の普及も速かった。これに反し、カトリック教会は、教会にかかわる事柄を論じること自体、最大の罪とみなす。」かつて神学の支配下でガリレオは異端に問われ、鉱物学、地質学も創世記の記述の墨守を強いられた。

「政府による主権の濫用」すなわち「専制政治」は、君主制、共和制いずれにも「起りうる」。「この病いが頂点に達すると、国民は激高し、革命が起き、政体が変わることがある。これは、ありうることである。」

「専制政治」と「革命」なる「政治的病い」の予防薬はいかに。

「民主制の利点は国民一人一人が完全な意味で次のようにいえることにある、わたしは人間だ。」

「基本法をどこも決して変えてはならぬという根も葉もない議論ほど有害なものはない。——その時世論はそれに反抗し、早晩それを覆してすべての人を不幸に巻き込む。というのは、国民は現存する制度を覆す力があるからだ。」

フランス革命は「政治的身分」たる貴族と僧侶を全廃し、それはのちに復活したものの、「多くの国」で「特権階級」として反対する声は高い。

「諸侯《バヤーレ》のなかに多数の不満分子がいて、ロシアさえ棄てたという事実は、彼らがそうした専制政治に慣れていなかったことを証明する。」

以上がヘルマンに関する「抜粋」の概略である。「抜粋」であるだけに、意味の取り難い個所があるけれども、要点は尽くしたつもりである。
　ところで、大学法廷の主役はいうまでもなくルーニチだが、これをよく補佐した主事カヴェーリンも逸するわけにいかない。われわれはすでに、この春付属寄宿学校で起きた「騒動」の際の彼の活躍を目の当たりにしている。その時、彼の大学改革の意図についても言及しておいたが、いまや好機到来、学生のノート取り立ての実績を引っ提げて、彼はルーニチのかわらに座を占める。「合同会議」は一八二一年十一月三日から三日間ひらかれた。筆者の手元には、これに関する基礎資料として、一、議事録、二、ルーニチが中央教育審議会に提出した覚書、三、この「会議」で書記をつとめた助教授M・Г・プリーソフの覚書[6]がある。一は公式の記録だが、「会議」の空気を伝えるには物足りないうえに、カヴェーリンの改竄の結果、かならずしも公正な記録といえないようだ。三は一のそうした空白を埋め、歪みをただす目的で書かれたと思われるが、筆者のプリーソフが「会議」の席上四人の教官の弁護にまわった一人である事実は忘れないほうがいい。付言すれば、ひと月後には彼自身、県都の中学校での自然法の講義で指弾を浴び、翌年三月に大学を追われる。彼がうえの覚書をいつ書いたのか、正確には分らないが、翌年早々に大臣会議に提出されたそうだから、それまでの間であることは間違いない。ともかく、これら三点の資料はいずれもそれぞれの立場からこの件に関与した当事者の手になるもので、それを断ったうえで、まず一によって議事の概要を述べ、そのあと二、三の主な証言をくわえていくことにする。

第10章

　第一回「合同会議」は十一月三日、午前十時にはじまった。出席者二十名。まず議長が学長の交代などを報告、つづいて議事に入り、これまでの経緯を四教官の罪状を逐一挙げながら説明、宗務・教育大臣の十月二九日付命令を告げ、審議をもとめる。

　　プリーソフ　四人の教官は「ひそかに」別のホールに集められ、会議の目的は出席者に伏せておく方針だった。

　本日はヘルマンとラウパハの喚問を決定。議長はあらかじめ両人にたいする質問と「講義ニオイテ認メラレタ有害ナル個所ノ抜粋」を朗読させ、ヘルマンが呼び出される。

プリーソフ　ヘルマンの到着までの間、ルーニチは彼の講義ノートを指し、「手にするのも汚らわしい、悪臭芬芬たる代物」と嘲笑い、試しに臭いを嗅いでみよといいながら、「顔をそむけ」「鼻をつまんでみせた」。

ヘルマンに前記の大臣命令、質問、「抜粋」が読みあげられ、回答をもとむ。願いにより、別室にてしたためることを許さる。

プリーソフ　ヘルマン、回答のもとめに、「平静に」それを果せるよう「質問を自宅へ伝達されたし」と「三度」請うたが、ルーニチ即答を命じ、これに従う。ルーニチ依然「身振り」をまじえ彼を嘲笑。彼、別室にてしたためたき旨願い出る。ルーニチ却下、しかし、出席者の意向を受け、ようやく容れる。

次にラウパハ出頭。同じく朗読。

ラウパハへの質問は六項目。まず、なにゆえ歴史学に替えて「恣意的な哲学」を講ぜしや、と切り出し、異教をもってキリスト教の「唯一の源泉」とし、前者の儀式との「類似」を挙げて後者の機密《サクラメント》を疑わしむるは如何、聖書の信憑性、「神の啓示」を否定し、その「神聖な伝承」をいつわり、おとしめたるは如何と問う。

それを裏づけるという「抜粋」は多岐にわたるが、いくつか拾えば、キリスト紀元のはるか以前にインドに文明栄え、『ヴェーダ』編まる。すべての異教の経典が「洪水」を語り、ゾロアスター教は世界の終末と復活を唱え、聖餐に類する儀式を持つ。天地創造を起点とする紀年法は、聖書の記述そのものが「食い違い」、使用に耐えぬ。創世記にいう「楽園」を潤し、のちに四つに分れるという川は「地球上になく」、かくして、この人類発祥の地の所在については諸説紛々。

さらに、旧約聖書をイスラエル民族の「記録」と見なす立場から、その原典も、七十人訳も「多くの点で変えられ、歪められ」て、本来の姿は失われている。モーセはヤハウエを神としてだけでなく、民族の「王」として示した。イスラエル国家は祭司階級とそのもとの各部族の長という二重権力構造を有した。それは当初から二つの危機を抱えていた、ひとつはこの「宗教が抽象的すぎて感情に届かず、粗野な人間性にあまりにそぐわなかったこと」、もうひとつは部族間の対立。「堕落した」祭司に替えてサムエルが預言者の団体を「設けた」。セナケリブの手からエルサレムを救ったのは包囲軍を襲った伝染病である、等。

質問はこのあと「唯物論と無神論」を鼓吹せるは如何、「王権は人民の自由の略奪」と説き、「反逆思想」を広めたるは如何と続く。

「抜粋」には、「いかなる宗教も理性の発達とともに衰微する」。かつて祭司たちは道徳や「社会の法」を「神々の意思」に基づかせ、かくして人間はみずからつくりだしたものを「神の法」として受け取り、それに服した。王権神授説は「歴史的に証明不能」。君主制は「力と武器」による「征服」の産物、等[1]。

ラウパハは、質問は「彼ノ講ジタ学説」に当てはまらないと拒み、回答の条件として、大臣の命令、質問、「抜粋」の写しの交付、彼及び学生のノートの引き渡し、「コレラスベテヲ検討」する時間を要求、この旨文書にも記す。一同さらに回答をうながすが、彼はねつけ、「不遜ニモ会議ヲ侮リテカク主張ス、本官ハ実行不能ナ法ハ実行デキマセヌ」。協議のため、ラウパハ退場を命ぜらる。

ルーニチ　ラウパハは「激高して、いかなる権力も本官に実行できない法の実行を強いることはできませぬ、と重々しくいい放った。」
プリーソフ　ルーニチはラウパハを「神の定めたもう至上権に服さず、いかなる法も認めぬ」ときめつけ、並みいる教官「一驚す」。「本官の実行しえぬ法を本官に課すわけにまいりませぬ」とラウパハ「毅然たる怒りをやや浮かべ」答える。
彼退席するや、「謀反人、火つけ、国賊」とルーニチ罵り、カヴェーリンは、わたしのいう通り憲兵の派遣をもとめていたら、「白刃」に囲まれ彼もあのように振舞えなかったはず、だが、いまからでも遅くない、などという。
教官たちは驚き、怒って抗議したが、発言を封じられる。他方、「奇妙に冷淡な」教官もいた。

ここでヘルマンの回答がもたらされる。ヘルマンへの質問も六項目。学生のノートに発見された「有害ナ個所」にたいする責任の追及が目的だが、ヘルマンは内容、形式両面から反論した。まず、本官の見解は「有害ニ非ズ」。「抜粋」は本官の考えに「反スル点」をふくむ。本官の講義はすべて口述ゆえ、学生のノートは本官の関知するところでない。多くのノートに「有害ナ個所」が共通して認められるとすれば、長年学生の間で回覧された「親ノート」のごときものがあるのではないか。「抜粋」のうち本官の見解に相当する個所を、この分野に通暁せる者の判断に付されたし、とヘルマンは訴え、回答は最後に「抜粋」の写しを要求してしめくくっている。

プリーソフ　ヘルマン再び呼び出さる。ルーニチ、ヘルマンの主張は彼及び中央教育審議会の否認に通ず、回答は受け入れ難しと「叱責す」。ヘルマン退席。

「全員一致」の決定により、ラウパハを重ねて喚問、回答を迫る。彼「頑強ニ」譲らず。しかし、「全員ガ一致シテコレヲモトメルヲ見」、彼の態度を「反逆ノ印ト見ナス」と告げられ、ついに応ず。

プリーソフ　「全員一致」の結論とは、ラウパハが「もしのぞめば」別室にて回答をしたためるも可、「のぞまなければ」さきの文書をこれに当てるも可、というもの。ルーニチはこれを「歪めて」彼に伝え、教官たち異議を唱う。

ラウパハの回答は、質問を事実無根と全面否定、再びさきの要求を繰り返した。

ラウパハ退席のあと、ヘルマン、ラウパハ両人の回答が会議にはかられる。「一部」の出席者「饒舌ヲ振ルイ」議事を混乱さす。

ルーニチ　彼らは両教授を弁護し、「政府をおとしめ」、「詭弁を弄し、一語毎にいいがかりをつけ、文法的な穿鑿にすら及ぶ」。バルギヤンスキイは「政府の目的はなにか、裁かれるのは学説のみか、教官自身か。後者なれば、別種の審理を要す」という。本官がこれを議事録にとどめよと命ずるや、彼釈明す。

プリーソフ　ルーニチは退席したラウパハを相変らず罵倒、憲兵の「白刃」を免れしめし「政府は温情なる哉」などと讃え、両人への「判決」は如何、と助教授より順に意見をもとめる。助教授のうち三人がただちに発言しかけたが、これで見るに「彼らが予定された議事について十分いいふくめられていたことは明白だった」。しかし、数人の教官は、ルーニチの「嘲笑」や「威嚇」にもひるまず、「いかなる意見か」、大臣の命令にても、本日の審理にても明らかならず、と次々に追及。

ここで議長はみずから問いを発し、全員の答えをもって所期の結論をえることとする。

問一。両人の「回答ハ満足ナリヤ」。

答え。「不満足」十一名。「不十分」五名。ほかに「意見」四名、内訳は、二名が両人は即答しえずと言明す、ゆえに回答は「不十分タルヲ免レズ」と述べ、これにもう一名が同調。他の一名は、両人の要求を大臣に上申すべし、それが充たされたうえで回答を得、是非を判断すると主張。以下の記述の便宜上、まえの二名をA、B、あとの一名をCとする。

プリーソフ　当日の「議事をあらかじめ吹き込まれた」教官はこぞって第一の答え。他の教官はこの「曖昧模糊たる問い」の真意を質す。ルーニチは「罠なり、中傷なり、陰謀なり」となじり、可否のみ答えよと迫る。従って、二番目の答えは「意見」と趣旨は同じ。

問二。両人は回答において、「中央教育審議会ノ質問ガ両人ノ講ジタ学説ニ完全ニ基ヅクコトヲ否定」せるが、本会議はこれを「容認スルヤ」。

答え。「容認セズ」十四名。「意見」五名。この一名は議長自身で、両人の主張を「違法」と断じる。A、Bは、両人は「質問ガ真実ナルコトヲ否定セントスル」にあらず、「回答ニ要スル時間」をのぞみしのみ、として答えず、Cが再び両人の要求を支持。残る一人はバルギヤンスキイだが、彼については次を参照。

プリーソフ　議事録のこの個所は正しくない。会議に付された問いでは、「質問ガ」のあとに「合法、且ツ」の二語があり、あとになってカヴェーリンが抹消した。（このことは、バルギヤンスキイが意見のなかで、「合法性を疑う」ことは許し難い、と述べている事実から裏づけられる。ただし、バルギヤンスキイは両人がそうしているかどうか、判断できないとしているが）

プリーソフによれば、この問いの「意味」について質疑が相次ぎ、事前の地ならしを受けた教官たちも答えに窮し、ルーニチが両人の主張の「違法」をおおいに弁じて表決にこぎつけたという。

問三。両人の回答、態度をふまえ、「両人ノ講ジタ学説」及び「青年達ノ教師トシテノ信頼性」に関し、本会議の「意見ハ如何」。

答え。この「学説」は「イカナル学園モ許容シエヌト信ズ。カクノゴトキ学説ヲ講ジタ教師ハ政府ノ信頼ニ値セヌ」というバルギヤンスキイに賛成する者、議長、主事ら四名。他に同じ意見の者、四名。A、Bは「抜粋」が「真実」ならば、と前置きして「学説」「信頼性」ともに否定。Cももし「抜粋」の通りなら、「両人ノ学説ハ否定サレネバナラヌ」としながら、しかし、前二問に引き続き答えを保留、別の一人もこれに和す。ほかの七名はそろって「学説」を退けたうえ、「信頼性」については、ラウパハを非とし、ヘルマンに考慮の余地ありとする者、両人に寛大な処置を願う者、無言の者など。

プリーソフ　この問いにたいし、教官たちは、尚早なり、両人の「不十分」な回答にては「いかなる結論もありえず」と異議を唱え、両人の釈明の「権利」を保障すべしと迫った。ルーニチはますます怒って、両人との「共謀」を非難し、カヴェーリンはまたまた「抜刀した憲兵」を口にする。こうした「おそるべき不正」に「良識派」の教官たちは悲痛な涙を流す。一方、「この問いばかりか、答えまでいいふくめられていた」教官は次々に両人の有罪を宣言、ルーニチが「ブラボー!」等々叫ぶなかで、さきの教官たちは「義憤」の涙に暮れ、バルギヤンスキイは「失神状態におちいり、椅子に座っていられなかった。」

プリーソフの覚書はもうひとつ重大な指摘がある。それはいまの問三にたいしてバルギヤンスキイが述べたという意見で、前半は議事録の通りだが、後半が違う。すなわち、「かくのごとき学説を講ずる教官あらば、いかなる政府の信頼にも値せぬべし」。

この相違はおおきい。議事録が直説法ならば、こちらは仮定法で、ヘルマン、ラウパハ両人に直接「関わりを持たぬ」。バルギヤンスキイは提出されたノートの「抜粋」にもかかわらず、両人にアリバイの余地を残したといえる。

しかし、これもカヴェーリンの改竄にあったという。これは、どうやら事実と見ていいようで、さらに、プリーソフに従えば、「良識派」の教官も「ほぼ異口同音」にバルギヤンスキイと同じ答えをしている。議事録にはそうした記載はない。

第一回「合同会議」は午後九時閉会。延々十一時間の間、ルーニチによれば、「食事なし」。プリーソフによると、「全員心身ともに疲労困憊」、ある教授は「心神喪失」の結果、大学から同じワシーリエフスキイ島の自宅へ帰らず、ネヴァ川をこえてさ迷い、ようやく連れ戻されてそのまま重態に陥ったという。

第二回「合同会議」は十一月四日、午前十時開会。出席者十八名。

まずガーリチを喚問。彼は講義に自著『哲学史』を使っているので、質問は前半を学生のノート、後半をこの著書に当てる。いわく、学生のノートに見える「破壊的原理」は貴下が講義せるに非ずといかにして証明するや。同じ「原理」を含み、「シェリング哲学ニ偏セル」貴著より取れるに非ずといかにして証明するや。貴著においてなにゆえインド哲学を叙述せるや。なにゆえ聖書の教義を「哲学ニオケル一派トミナシ」、これを「神ノ啓示ニアラズシテ、人間ノ案出セルモノ」と称するや。

議長は「有徳」をもって聞こえるガーリチに「惻隠ノ情」を覚え、彼が「政府ノ恩ヲ忘レ」(彼は国費学生で、留学の機会にも恵まれた)、「母校ヲ傷ツケ」(彼は前身の高等師範学校の卒業生)、「血ヲモッテ彼ノ罪ヲ償エル救イ主ノ座ニ人間ノ誤テル理性ヲ据エントシタコト」を深く諌めたが、これはガーリチと出席者全員を「強ク打ッタ」。

ガーリチにたいする告発は、事実上、彼が祖述したさまざまな哲学者の説にかかわるもので、プリーソフによれば、教官の間からは、「数千年前に他界した人物の説に関してガーリチに責任を問えない」、「たとえ誤謬が立証されたとしても」歴史を曲げるわけにいかない、検閲ずみの著書自体、そこになんら非のない証拠である、といった声があがったが、ルーニチはとりあわず、ガーリチが「そうした論を否定していない」点を責め、彼の著書を「毒薬」や「弾をこめたピストル」にたとえた。また、ロシア人ガーリチに訓戒を垂れるかたわら、ロシア在住の外国人を散々罵倒した。

ガーリチ、回答のため退席。アルセーニエフ呼び出さる。彼にたいする質問はさきのヘルマンと大同小異である。この両者は、統計学に関して師弟の間柄にあり、学生のノートの「抜粋」にもそれは反映していて、ヘルマンと同じ「有害ナ説」も散見する。従って、ここは繰り返しを避け、アルセーニエフの言として次の一節だけ挙げておく。「いかなる政体も欠陥あり」、「イギリスはそうした欠陥の認識の末に最良の選択をして、もっとも完全な政体を有する。[2]」

講義のなかで、ロシアを扱うところでは、アルセーニエフは自著『ロシア国家統計概説』を用いていた。追及はここにもおよんでいるが、いま筆者が知りえるのは矛先が向けられたページの番号のみである。ただ、この著書は翌二二年にマグニツキイによって告発され、その際彼が作成した抜き書きとそれに付したコメントの対照表があり、[3] こちらのページと今回摘発されたページは一部符合する。双方の引用個所が同じという保証はないが、その確率は高い。

そこで、ここからも一個所引いておく。「農民の隷属状態は農業の進歩にとっても一大障害である。」「人をより積極的で、より大なる生産へ向わせる最良の手段は、いかなる制約もない完全な個人の自由であり、これこそあらゆる種類の産業を発展、完成させる唯一真実な源である。」

プリーソフ　ルーニチとカヴェーリンは交互にアルセーニエフを面罵、あげくの果てにルーニチは彼の罪状を列挙する中で農奴制に関してこう口走った。「アルセーニエフ、あなた自身やっと最近農奴身分を抜け出したばかりじゃないか！」（アルセーニエフはコストロマ県の司祭の子である）二人がこのようにいきり立ったのは、カヴェーリンがあらかじめ警告をあたえるため再三彼を自宅へ招いたのにアルセーニエフがこれを無視したからである。アルセーニエフが、本官は統計理論の講義を「一八〇七年に中央教育審議会から刊行され、政府の承認をえたヘルマン教授の著書」に則っておこなったと述べたところ、ルーニチは「昔は昔、今は今」と一蹴した。また、アルセーニエフが自著の使用についても、主事カヴェーリンの許可をえていると反論したのにたいし、カヴェーリンはその取り消しを宣言した。

ところで、プリーソフはアルセーニエフにたいする質問のひとつに次を記している。「重大な国家機密をあばくという暴挙の申し開きや如何に」。その際、ルーニチが財務大臣すらご存じあるまいといい、カヴェーリンが「声をひそめ、震わせながら、恐怖もあらわに」明かした「国家機密」とは紙幣の発行高で、アルセーニエフはこれを周知の詔書や法令からはじき出していて、バルギヤンスキイなどからそれを指摘されてルーニチは沈黙し、教官たちは唖然としたという。しかし、プリーソフの伝えるこの質問は議事録に見当たらない。カヴェーリンが抹消したか。

アルセーニエフ、回答をしたためるため退席。ガーリチ、回答を持ちくる。

ガーリチの回答とそれに続く場面を議事録はこう記す。

「『ゴ質問ヲ拒ムコトモ、反論スルコトモデキマセヌユエ、若サト無知ノ罪ヲオ取リ上ゲクダサラヌヨウオ願イシテ、オ答エトイタシマス。』

回答ハ全員ニハナハダシキ感銘ヲ与エ、コノ不幸ナル者ノ身ノ上ニ涙スル者多シ。」

どうやら情景は一変したようだ。ルーニチは急ぎガーリチを抱擁し、祝福し、出席者にむかい、「この回心は主の恩寵の奇しきわざ」、「羊飼いはガーリチを肩に乗せ、はやイスラエルなるわが家を目指す」などと告げる――プリーソフの描くルーニチの「歓喜」はひとかたでない。ただ、教官たちの胸中は複雑で、彼らが感じたのは「驚き」と「憐れみ」だったという。

しかし、ルーニチは喜びようがいささか早すぎたと悟ったらしい。彼は「不意に」黙り込み、「疑わしげな」視線を走らせ、やがてガーリチに「証し」として、著書の版を改め、序文で「貴下の回心と偽りの理性に立脚せる似非文明からの決別」を声明してはどうかともちかけた。ガーリチは終始無言。ルーニチは考えこんだが、「不意にまた陽気になり」、大学腐敗の証拠はあがった、「これで十分」と繰り返し、ガーリチには「赦免」と「新しいポスト」の骨を折ると述べた。

それにしても、ガーリチの回答はどう解釈したらいいのだろう。プリーソフにいわせると、それはルーニチたちの「忠告」やら「糾弾」やら「脅迫」やら――ガーリチには、もし非を認めなければ、「狂人と宣言される」旨、あらかじめ人を介して伝えてあったという――が引き出した「うわべだけの自白」だという。

ここからはプリーソフを離れる。ガーリチに関する唯一の伝記は、目撃者の証言をもとに次のように述べている。ガーリチの行為は「彼の個性に完全に一致していた」。純粋な「書斎派、思索人」たる彼は、大学に吹き荒れる嵐が少しも早く過ぎ去るよう願ったが、それが「不可避」であり、それに抗するに自分が無力であると悟ると、「平静に」「運命」に従う決意をかためた。ルーニチはガーリチの回答の「反語的な含み」を見落とし、「喜劇的な光景」を演じたという。[4] ガーリチについて筆者は知るところ少ないが、かなり正鵠をえた見方ではなかろうか。

ガーリチ退席。アルセーニエフ回答持参。彼の回答は著書に関する点を除けば、趣旨はヘルマンのそれにほぼ等しい。

プリーソフ　「回答を読み上げながら、ルーニチはおかしな発音をしたり、しかめ面をしたり、笑ったり、それも高笑いをしたりした。」

アルセーニエフ退席にひきつづき、「合同会議」は各人の意見の聴取にうつる。

まずガーリチについて「全会一致デ」以下を議決。講義停止。著書は「今後イツ、イカナル場所ニテモ授業ニ使用セヌ」。同人を現在の身分、俸給のまま大学に留め、「後日教授会ガ同人ニ相応シイ学問的ナ仕事ヲ選ブ」。このことを視学官代行は大臣に陳情する。

アルセーニエフについて議長は、前回同様、問いを発し、答えをもとめた。

回答について、「不満足」十二名。「不十分」三名。教官C、統計学ならびにロシア語の知識なきゆえ「意見ヲ述ベル能ワズ」。議長と主事、「質問ヘノ回答ニナラヌ」。

著書について、「有害」十二名。「使用ニ適セズ」四名。ほかに一名、「読ミ上ゲラレタ個所ハ不埒且ツ危険」。C、「抜粋ヨリ判断スレバ有害、タダシ本官ハ当該ノ学問モ書物モ知ラズ。」

教官として、「信頼ニ値スル」一名。「信頼ニ値セヌ」十名、ただし、うち七名は「誤リヲタダス」ならば「任用ハ有益」とする。他の七名も結論は同じ。このうち議長は、著書の改訂版を出す、講義において従来の「傾向」を払拭し、違反の場合には「法ノ裁キニ服スル」旨の誓約書を提出することを条件に付す。

なお、前回に続き一貫して審理の不法性を浮かび上がらせ、判断を留保した教官Cとは、ギリシャ語教授Φ・Б・グレフェである。

プリーソフは個々の意見は「よく思い出せない」としながら、「全体の結論」は、ガーリチ、アルセーニエフとも「政府の信頼に値する」、両人は別に指示されるテキストにより「講義可」とされたという。

議事録には閉会時間の記載がない。翌年一月に大臣ゴリーツィンはアレクサンドル一世に詳細な報告をしているが、そこには、この日の所要時間は「五時間」とあるので、これに従えば閉会は午後三時になる。

第三回「合同会議」は十一月七日、午後六時開会。出席者十五名。

この日は第一回、第二回の議事録を全員が確認、署名する予定。当日の議事録を見ると、なにごともなく予定通り終了したよう見えるが、どうやら大分混乱したらしい。ルーニチによると、「ここでまた使い古しの詭弁が登場し、あらたに議論が持上り、言葉の端々、句読点、その他もろもろにいい掛かりがつけられた」。もっとも、そこで出された異議がどのようなものだったのか、ルーニチは説明を省いているし、一方のプリーソフも前回でペンを置いているので、直接の証言はえられない。いずれにせよ、ルーニチはすべて却下、署名の際、各人は別に意見書を提出することができる旨告げるにとどめた。

午前三時、閉会。

十一月九日、十日両日ルーニチのもとへバルギヤンスキイ、プリーソフをふくむ五人の教官が意見書を提出した。議事録にくわえられた数々の改竄に抗議、勅令や法規に照らし、ヘルマンたちに弁明の機会を拒むことはできず、彼らにはその権利があると主張した。

第11章

「合同会議」をルーニチたちがどう評価したか、正確にはつかみ難い。ただ、どうやら教官たちの積極、消極両様の抵抗は彼らの予想を上回ったようだ。「一部の教官の間に危険きわまる党派精神が存在する」ことを「確信しました」とは、前章で使用したルーニチの覚書の結語の一節である。もっとも、彼らの勇気ある行動が、肝心の「会議」の結論、議長の問いにたいする答えにかならずしも反映していないうらみはある。大学史の編者C・B・ロジェストヴェンスキイにいわせれば、教官たちも「口頭」での議論はともかく、「文書」による答えでは「きわめて慎重かつ曖昧」たらざるをえなかったというが、おそらくその通りだったのだろう。だいたいルーニチの問い自体、正面切って争いにくい代物といわねばなるまい。

「ルーニチやカヴェーリンに加担した一部のロシア人教官の不当な振舞いは、ドイツ人ラウパハとヘルマンにたいする民族的反感にその一因があったようだ。」こう述べるのは、『ペテルブルグ大学五十年史』の著者、B・B・グリゴリエフだが、この種の「反感」が今回の一件にも鬱陶しくつきまとっていたことは確からしい。ひとつだけ、大筋で信用できると思われるはなしをつけくわえておく。ある教授が学生のノート集めに奔走していたとき、彼らにむかって口走ったという言葉である。「やつらに手心はいらん、あの忌々しいドイツ人どもめ。[1]どいつもこいつも追い出すんだ。まったくやりきれん！」

ともあれ、ペテルブルグ大学粛学作戦は第一幕を終えた。このあと舞台は中央教育審議会へ移るが、この間、この作戦に側面から矢を射かけたもう一人の人物を逸するわけにいかない。それは当時畑違いの財務省商工局長に転じていたあのウヴァーロフで、彼の放った矢とは、二通の手紙である。[2]そのうち、一八二一年十一月十八日付の第一の手紙はアレクサンドル一世への直訴状だった。

今回の告発の対象は彼の在任の時期にかかわる。いうならば、この事件では彼自身も火の子を浴びたようなもので、それだけに彼が再び対決の場に立たされたと感じたのも無理はない。しかも、続く第二の手紙によると、直訴という非常手段は「一年以上」も彼の脳裏にあったという。こうして、この第一の手紙には彼の胸中が一挙にほとばしり出た激しさがある。

ウヴァーロフにいわせると、そもそも検閲済の著書や学生の手になるノートに「犯罪」を立証する力はない。それに、学生のノートを「没収する際の前代未聞のスキャンダル」——ウヴァーロフはそれが夜間強行され、学生たちに兵士送りやシベリア送りといった脅しがかけられたことを伝えている。さらに「テロル」の舞台になった「合同会議」の無法のかずかず。この「正真正銘の精神的拷問」に「もっとも健全な教官の一団が抵抗」したとウヴァーロフはいい、「文書で抗議した」バルギヤンスキイら七人(?)を「大学の精華」とよんで称賛を惜しまない。

「この大学はかつていささかも疑惑をもたれることはありませんでした。それが突如無神論と反逆の巣に化すとは!」そうした中傷をたくらむ一味の正体を衝くウヴァーロフの筆鋒は鋭い。「騒動屋」。「ありもせぬ攻撃より玉座と祭壇を守ると称し、そのまことの支柱たるべき者に疑いをかける」「冷酷な狂信者」。「狡猾な喜劇役者」。まさに邦家に仇なす奸物というわけだが、その彼らによって汚された大学の名誉、ということは視学官としての彼自身の名誉でもあるが、そうして失われた名誉を取り戻すべく、彼は次の三箇条を願い出る。一、四人の教官に身のあかしを立てるに必要なあらゆる便宜を与える。二、議事録等の資料を「抜粋や写しでなく、もとのままで」陛下にご覧いただく。三、当事者の一人として管見を申し述べたし。

直訴は失敗だった。そのことを示すのが二日後に書かれた第二の手紙である。これは文面から推して皇帝にきわめて近い高官に宛てたもののようで、それによれば、ウヴァーロフはさきの手紙の「若干の表現」に関して「厳しいお叱り」をたまわったという。どうやら「不幸にも陛下のお怒りを招いた」らしい。しかし、彼はこの高官にむかっても、右の三箇条に、さらに「事件と無関係な識者による特別委員会」の設置の一箇条をくわえ、事件解明の「決め手」としてあらためて説く。そのうえ、「お叱り」についても、それをおしいただいた彼の「畏敬の念と深い悲しみ」を吐露する一方、「本官の手紙の趣旨につき、全知全能の神のまえで再度断言をためらう個所はひとつもありませぬ」。まさにその言やよしだが、少なくともこの時点ではウヴァーロフの努力は空しかった。

「合同会議」の結果を受けて、中央教育審議会は十一月二四日に一連の決定をくだした。

すなわち、ヘルマン、ラウパハ、アルセーニエフを宗務・教育省所管のすべての学校の教壇から追放する。ヘルマン、ラウパハは十分な釈明をおこないたい旨申し立てているので、「両人ノ犯セル過チノ重大性ニ鑑ミ」その審理を刑事法廷にゆだねる。アルセーニエフについては、同人がのぞむところにて、教職以外の任用を妨げず。ガーリチを大学に留める。ただし、教官の任を解き、視学官の裁量により他の部署へ移す。「十分ナル時間ノ経過セル後」、「有害ナル原理」を清算しおえた暁に再び教職に復することをえる。

ヘルマン、ガーリチ、アルセーニエフの問題の著書はすべて使用禁止。

「合同会議」の議事録の署名後に提出された五人の教官の意見書はすべて無効とする。

年が改まって一八二二年一月十六日、ゴリーツィンは事件開始以来の経緯とその処理に関する「大臣の結論」を奏上、勅裁を仰いだ。「結論」は右の審議会の決定におおむね沿っているが、一点だけ違う。それはヘルマンとラウパハにかかわる部分で、両人を国外に追放し、神聖同盟のよしみにより、「理由を外国の新聞に公表せざるべからず」とある。実は、これはかねてマグニツキイが主張していたことである。彼はさきの中央教育審議会の席で両人の刑事裁判に反対し、それが決定されたあとも意見書を提出して自説を展開していた。こうして見れば、ゴリーツィンの「結論」がマグニツキイへの追随、少なくとも二人三脚の結果であることは間違いない。

ところで、いまあげたマグニツキイの意見書はいろいろな意味できわめて興味深い。二点だけ取り出してみる。ひとつは、ヘルマンたちを司直の手にゆだねる決定に反対するくだりで、もし両人が官位剥奪のうえ懲役に送られることになれば、世論は「ゆえあって」われらを「死刑執行人」にたとえるでしょう、と記している点。もうひとつは、国外追放という「一撃でいっさいの有害な議論が終息し、臆面ない無神論が口を閉ざすこと必定です」としている点。わが国の世論には「つねにふたつの傾向が認められます。第一は、政府にはたらきかける目的でまき散らされる風説であり、第二は、政府の断固とした行為の翌日に早くも沈黙する、あるいは政府と意見を同じくするということです。わが国では、幸いにして今日までこのつくりものの、いわば政治的な迎合主義が、よき国民をして政府と一体たらしめるかの道徳的感情の代わりをしている。動機は純粋とはいいかねる、しかし、結果はひとしく有益なのです。」[3]

もう一度ゴリーツィンの上奏文にもどると、最後に彼はルーニチのこのたびの「功績」を讃え、しかるべき「恩賞」と視学官への正式任命を願い出た。

ゴリーツィンの上奏をうけてアレクサンドル一世は事件を大臣会議へ諮った。それはこの月から二月へかけて開かれ、結果は以下の通り。

まず四教官の「学説」を「有害」と認定。処分に関しては意見が割れ、ヘルマン、ラウパハ、アルセーニエフをすべての学校の教壇から締め出すべしとする者五名、ペテルブルグ大学のみでよしとする者五名、など。「刑事裁判」は議題にならず。他方、当の教官がもとめた釈明のための時間とノート類の引き渡しについては、次のような「一致した見解」をもって退けたという。「教官たちのかかる申し出を容れれば、教育省さらに大臣その人にたいする不信を表することになり、政府と官位にたいする然るべき敬意を覆しかねぬ」。とはいえ、大臣会議も、「合同会議」が教官の弁明を十分聴取せず、またルーニチが一人三役を演じるなど、一般に裁判にもとめられる手続きを無視したことを遺憾とし、最終的に次の二点を決議した。一、当該教官に無実を証明する資料の提出を許す。二、事件の審理のため、大臣会議から三名、中央教育審議会から二名計五名からなる委員会を設ける。

なお、ルーニチの正式任命の件は承認された。

一連の経過を振り返って、ロジェストヴェンスキイはいう、「大臣会議はこれに先立つどの段階より慎重で公平だった」。もっとも、「問題を委員会にあずけた」結末は、「官僚主義的手法」そのものという見方もできるけれども。[4]ここで大臣会議がゴリーツィン、マグニツキイ、ルーニチらに安易な同調を拒んだことはまったく無意味とはいえまい。詳しく述べることはしないが、今回の事件をめぐる首都の反響はかんばしくなかった。なによりも、あとで見るように、皇太后をはじめ皇室一家が不快視した。おそらく、こうしたことが少なからず影響しているはずで、あるいは、さきほどのウヴァーロフもどこかで一枚嚙んでいるかもしれない。

この事件はこれで終りである。海軍大将A・C・シシコーフをふくむ五人委員会はなにもしなかったようだ。それが意図的な棚上げなのか、漫然と店晒しにしていたのか、そのあたりは憶測のほかなく、おそらく前者と思われるけれども、ともかく委員会がことを急いだ気配はない。渦中の四教官の消息はあとで触れるが、事件は宙に浮いたまま、一八二七年二月、次のニコライ一世の勅命により正式に幕を下ろすことになる。

第12章

カザン大学とペテルブルグ大学を襲った粛清の嵐は、あらかじめ述べたように、なんの前触れもなしにここだけで孤立して生じたわけでなく、宗務・教育省発足以来の路線から起るべくして起きた出来事でもあった。この点について、すでに挙げた中央教育審議会学術委員会への訓令の意義を改めて指摘しておきたい。それが「国民教育」の目的に「信仰ト知識ト権力」の「一致」を掲げていたことは既述の通りだが、訓令はその実現の方針としてさらに踏み込んだ青写真を描いてみせる。つまり、すべての学問を神、人間、自然にかかわる三分野と二境界領域に分類し、個別の学問において教えるべきことと教えるべからざることの大綱を示す[1]。詳細は割愛するけれども、これは「教科書ト参考書」の選定にとどまらず、広くこの間の教育のプログラムの役割を果たした。起草したのは、繰り返しいうようにアレクサンドル・ストゥールザだが、彼はこれよりまえ、ドイツにあって、カールスバートの決議を先取りするかたちで当地の大学の大幅な規制を提起する『覚書』を書いている。こうして両者を合わせれば、これまでわれわれが見てきたマグニツキイやルーニチの言説にしても、その源はおおかたここにあるといって過言でなく、その意味でこの彼もこの時期の主役の一人に数えて少しもおかしくない。

さらに遡って前触れを挙げれば、もっとも著しい出来事が一八一六年のハリコフ大学教授J・B・シャートの追放であろう。この事件については、周知の事実のほかに筆者からつけくわえるものはなにもない。口火を切ったのは教育大臣就任早々のゴリーツィンである。彼は前任者によるシャートの著書の使用禁止の措置に満足しなかった。しかも、彼の罷免要求は大臣会議で即時国外追放へエスカレートする。アレクサンドル一世の裁可を経て決議はただちに実行され、十二月八日、命令を受けたシャートは、妻と娘を残したまま、軍隊に護送されて国境を越えた。

この事件はたしかにこのあと続くもろもろの出来事の不吉な予告だった。実際、ペテルブルグ大学の四教授の事件もこれを下敷きにしたといえなくもない。告発の理由が軌を一にしているからではない。マグニツキイがヘルマンたちの国外追放を主張したことは前章で述べたが、その意見書には「陛下がご裁可あそばした大臣会議の決議によりシャート教授にたいし取られた処置に基づき」とはっきり記されている。この実質的な首謀者には、五年前の事件が見習うべき先例に映っていたに相違ない。

ここで視点を変えて、本書はこれまで大学の粛清、マグニツキイの言葉でいえば、その「再生」を詳しく語ってきたが、これをロシアが抱える内憂の除去とすると、次に、いわば外患にたいする対応について一例を示そう。それはドイツの大学への留学禁止令である。

ナポレオン戦争後のヨーロッパ政治の火種のひとつが、分裂国家ドイツの「自由と統一」を掲げる運動の拠点となったこの国の大学だった。ロシアにおいても、かつてモデルであったドイツのプロテスタント系大学はいまや信を失い、代ってフランス、オーストリアのカトリック系大学が範として仰がれる。一八二〇年四月、大臣会議はドイツの各大学からロシア人学生を呼び戻す決定をする。ただ、この時はアレクサンドル一世が同意しなかった。しかし、留学の禁止は、とくに有害と見なされた後述の四大学を対象に、翌二一年、まずバルト三県で実施され、二年後にロシア全県に拡大された。

この非常手段の注目されるところは、いまの留学禁止令という呼び方が、実はあまり正確でないことにある。以下、まずゴリーツィンの覚書からこの点を拾うと――

一八二〇年十二月九日付、内務大臣よりリガ軍事総督へ宛てた訓令は次のように伝えたという。陛下は、バルト諸県からドイツへ留学中の学生がこうむる「危険」を黙過しえずと思召す。できうれば、「一時帰国ノ措置」こそ「有益」なれども、「然シナガラ、陛下ハ、コノ場合ニ当局ノトルイカナル行為モ、強制命令ノカタチヲ取ルナラバ、多カレ少ナカレ公ニナルコトハ避ケラレズ、サスレバ、賢明ナル思慮ニ基ヅクカカル措置モ悪意アル風評ノ的ニナロウトノオ考エナリ。」さしあたり問題は、この害のとくにはなはだしいハイデルベルク、イエーナ、ギーセン三大学だが、これについても、陛下におかれては総督にたいして、これら学生の「父母及ビ後見人」をして彼らを「呼ビ戻ス」か「他ノ大学へ移ス」かをなさしむため、「懇切ナル勧告ト説得ヲ用イルヨウ求メテオラレル」。もっとも、訓令はこのあと「勧告ト説得」のすすめ方が続き、おそらくこのあたりは大臣の発意だろうが、その最後はこうである。「必要トアラバ、コノ善意ノ忠告ヲ拒否スレバ、彼ラ〔父母及び後見人〕自身ノモノノ考エノ好マシカラザル一面ヲ示シ、彼ラノ子女ガロシアニオイテ重大且ツ避クベカラザル不都合ヲ被ル結果ニナルト感ゼシメル」。

翌年三月、リガ軍事総督の報告書にいわく、当該「父母及び後見人」に委細を「密かに説いた」結果、「かの大学から学生の退去が完全に内密に行われる（中略）と確信す」。

なお、報告書はさきの三大学にさらにヴュルツブルク大学をくわえたことを明らかにし、今後の対策として、留学希望者への旅券交付の際、これら四大学「以外の大学を選ばせるよう説得の手段を用いる」ことなどを三県の知事に通知した旨記している。

一八二三年二月に四大学への留学禁止は全土に適用された。提唱者はゴリーツィンだった。大臣会議の議事録によれば、前年に外国のイエズス会系学校への入学を差し止める勅命がくだされたことに鑑みてとられる措置という。そこで、例の点だが、ここでも「陛下ノゴ意向」通り、「公ニナル」ことを避け、「地方長官ガ留学者ノ旅券交付申請ヲ残ラズ内務大臣ニ提出シテ許可ヲ仰ギ」、大臣は、もし留学先が前記大学の場合、「他ノ大学ヘ子女ヲ送ルヨウ父母ヲ説得スル命令」を出す。(2)

こうしてこの件は、世論をはばかる——主に外国の世論であろう——隠密作戦となったが、勿論、いうところの「説得」でも十分効果は期待できたに相違ない。

ペテルブルグ大学のその後に目を転じよう。四教授の事件のあと、二二年三月に政治経済学助教授プリーソフが罷免されたことはすでに触れたが、これら意に反して教壇を追われる教官と並んで、みずからそれを棄てる教官が続出した。まず、真っ先に辞表を出したバルギヤンスキイ。四教授の事件の出口が見えぬまま、彼の身分は相変わらず大学に留まっていたけれども、もはや彼が教室へ足を運ぶことはなかった。二二年三月には教授一、助教授一、七月には教授二人が大学を去る。こうして、最初のクニーツィンからはじめて実に十一人が教室から姿を消したことになり、この数はスタッフ全体の約三分の一に相当し、しかも、掛け値なしに、これによって大学はそのもっとも貴重な財産を失ったといっていい。この大穴を埋めるために兼任、配置換え、新規採用が慌ただしくおこなわれたが、この最後の点について、さきの『ペテルブルグ大学五十年史』から再び引けば、一人の例外を除き、「自己の専門の知識や能力をなんらかの仕方で学会に示したことのある人物は皆無だった」。(3)

一八二二年三月九日、ルーニチによってあらたな一石が投じられた。この日の上申書は八項目からなる改革を提言、大臣は三日後に上奏、早速二項目に裁可を得、他も順次これにならう。そのうち、「大学の学生を能力及び素行により仕分けし、望みなき者を退学させる件」について述べよう。教官の粛清を終え、今度は学生の淘汰というところである。なお、ここでいう「学生」とは大学の主力、教員養成コースの国費学生で、現在五年生、卒業まで一年を残す。

ルーニチがこれを必要とした理由は、次の三点にまとめられる。先頃終了した年度末の試験で露呈されたという「大多数の学生」のはなはだしい学業不振。講義で語られた「破壊的理論に感染せぬ者は極めて稀なるべしという正当な危惧」。学生の「素行面」の「おぞましき限りの悪徳の数々」。

この第三の点に関して、ルーニチはほぼ十か月の在任中にふたつの事件があったという。彼の危機感をいやがうえにも煽ったというそのひとつとは、ある学生が「酔って海軍士官と口論し、警視総監のもとへ突き出された」。この件については、いまのルーニチの言以外に筆者の知るところはないが、もう一件には警察はじめ関係者の証言があるのでそちらを見よう。事件とは、昨年六月のある夜、門限を過ぎた時刻に大学脇の路上で、酒に酔った一人の学生がやはり酔った近くの指物師の内儀と下女を相手に「騒ぎ」をおこし、双方ともパトロール中の兵士の一隊に逮捕、警察署へ連行されたというもの。もっとも、後日学生本人が教授会でおこなった説明によれば、彼が「兵士に乱暴された女性をかばった」ところ、その兵士が追いかけてきて彼を捕えたという。また、現場を目撃した別な学生がいうには、「女性の一人は泥酔していました」。ただ、当該学生は三年前に一度、この年に二度、飲酒や無断外出で「罰」を受けている。ともかく、翌朝、大学側の懇請もあり、「騒ぎ」の両者とも「相手に一切恨みはない」と分り、署長は上申に及ばずとして説諭のうえ釈放した。

たしかに、これらは、あるまじきことといわれればその通りだし、実際、あとの学生について学生監は「完全な矯正」は「保証しかねる」といい、大臣の命で開かれた教授会の票決でも退学処分が十八票中半数を占めたそうだから、ルーニチの慨嘆ばかり大仰ともいえまいが、それにしても、これをひとつの口実にして生じた結果の大きさ、この始めと終りの不均衡には驚く。

二二年六月三〇日、ルーニチは「仕分け」の結果を報告した。対象学生五九名、うち退学とする者三二名。内訳は、教職につくために「学力」は可、ただし「素行」で不可、従って十二等官として勤務させる者二四名、双方不可、官位も与えぬ者五名、その他三名。

添付の判定資料には学生五九名中五八名の記載がある。「学力」は教授会が五段階で評価。「素行」のほうは、主事と学生監それぞれの所見欄があり、前者は三〇名、後者は五名を不可とする。この相違は、ルーニチにいわせると、学生監の「おとなしい性格」や情報不足が原因だという。ともかく、同じ学生をめぐって、一方が「模範的」「きわめて良し」「善良」というかとおもえば、他方は「望みなし」を連発する。異様な対照というほかないが、勿論、ルーニチは主事の判定に全面的に依拠した。それは翌月ゴリーツィンを通じてアレクサンドル一世に承認された。[4]

この「仕分け」の実施と同時に裁可されたのが、国費学生の入学の「一時停止」である。教員養成コースは六年制、五年ごとに新一年生を受け入れるきまりで、この年がそれに当たっていた。大学の前身、高等師範学校は現一期生の供給源を神学校生にもとめたけれども、ルーニチから見れば、「彼らの多くは堕落した好みと野蛮な風習をしきりに持ち込み、このため大学において不祥事が頻発した。」そういう彼が、建物の不備も理由に挙げてこの措置を申し出たのだが、その際彼には学生の調達先の代案があった。それは王立博愛協会貧困児童養育院の児童をまず国費でペテルブルグ中学校へ入れ、そこから大学へ引き取るというものので、これに「学区の教師と貧困官吏の子弟」を追加した人材確保策もただちに決定する。とはいえ、これらの学生が大学の門をくぐるのは数年先のことであって、二三年に一期生が卒業してしまうと、国費学生は姿を消し、翌二四年に中学校から十一人をかき集めたものの、どうやら二人はこの年のうちに辞めたらしく、二五年に一人をくわえて十人、こうしてこの間私費学生と合わせても全体で在学生は五十人前後という低落ぶりだった。[5] なお、参考ながら、教員養成コースでは一期生がそのまま最初で最後の学生となり、二三年以降、この旧高等師範学校の遺産をひきついだ制度は廃止、ペテルブルグ大学の課程は一本化された。

さて、このあたりで、最後に次の一点をくわえて、カザン、ペテルブルグ両大学に関する長い記述を切り上げよう。その一点とは、ここで演じられた粛学劇がかならずしも世論に歓迎されなかったことである。繰り返し念を押したように、一連の出来事は偶発事ではなく、マグニツキイにしろルーニチにしろ十分時流に棹さしてことを運んだはずだが、しかし、そのあまりの偏狭、反文化主義、強引な権力行使には白々しさを覚えるほどで、これには急進派やリベラル派はもとより、保守派のなかにすら顔をしかめる向きが少なくなかった。そして、皇帝とその周辺も時に当惑と不快を隠さない。

ペテルブルグ大学の四教官の事件が五人委員会に預けられたまま沙汰止みになったことはさきに述べたけれども、一年以上も経過した二三年四月、法務大臣がその一人、アルセーニエフについて、本人の希望により同省に採用したい旨、宗務・教育大臣に照会したとき、報告を受けたアレクサンドル一世はこう答えた。法務大臣がアルセーニエフを「なにかの職につける」はよし、「但し、大臣会議にてこの者の一件の現に審議中なれば〔大学の〕職を免ずべからず」。さらに、アルセーニエフのたっての願いにも、八月、同じ答え。とはいえ、アレクサンドルが事件の放置をただそうとした形跡もない。その間も、教室に姿を見せぬ三教官（ラウパハは二三年に帰国、二三年免官）とバルギヤンスキイにはずっと俸給が支払われていて、しびれを切らしたルーニチが大学の台所の逼迫や授業の支障を訴えた末、二四年四月、事件になんら結論が与えられぬまま、解任――うち三人は本人のかねての申し出により――の裁可のみくだる。

こうした歯切れの悪さには、他の事情とも絡んで、アレクサンドル自身の及び腰の姿勢が透いて見える。これに比べてほかの皇族の態度はずっと明確だった。例えば、アルセーニエフが渦中の二一年十二月に父宛に送った手紙には、皇太后と二人の大公が「わたしの身の上をお案じくだされた」とある。[6] 彼は陸軍工科学校と砲科学校の教師を引き続き務めたばかりか、二三年に近衛曹長学校が設けられると早速教授に迎えられる。しかも、彼が完成したばかりの著書を陛下に捧げる許しさえあたえられる念の入りよう。こうした庇護は早くから彼に目を掛けていたニコライ大公ならではだが、しかし、守られたのは彼一人ではない。ヘルマンは内務省統計局長に留まる一方、首都のふたつの貴族女学院の教務主任の地位を保つ。あるいは、一足先に大学を追われたクニーツィンも小姓学校の教師のまま残っていた。いうまでもないが、これらの学校には宗務・教育省の威令は及ばない。

こういうエピソードがある。一八二四年、ゴリーツィンの推挙で聖ウラジーミル二等勲章を授かったルーニチがお礼に参内すると、引見したニコライ大公はアルセーニエフに肩入れしたはなしばかりしていたという。これは二〇年後のルーニチ自身の述懐で、この一幕では大公がいい放ったというもっと辛辣な言葉も伝わっているけれども、この露骨な面当てはおおいにルーニチにこたえたらしい。二二年早々の大臣会議で視学官への正式就任が認められたにもかかわらず、やがて述べる退官のときまで結局「代行」のまま据え置かれたのも、あるいは、こうした事情とかかわりがあるのかも知れない。

マグニツキイは「有害な教授連」にたいする前記の処遇に憤慨した。一八二五年には、この件を陛下に奏上願いたいと息巻き、ゴリーツィンに替わる時の教育大臣にたしなめられている。一説では、建白書まで出したというが、事実かどうか。その彼は首都を動かず、もっぱら机上の交信のみでカザン学区を指揮し、いうところの教育改革を全土に広げる壮図を披歴しているが、その成り行きなどはいずれ追うことにして、さきほどの同時代の反響にもどり、今度は急進派の陣営から、新進官僚、ニコライ・トゥルゲーネフがマグニツキイを評した言葉を彼の日記から拾っておく。幸い彼はシムビルスク（現ウリヤノフスク）市の出身で、一八一八年の夏に帰郷して同県の知事時代のマグニツキイについても貴重な証言を残しているので、遡って記しておく。もっとも、既述の通り、マグニツキイは十八年の二月か三月に任地を逃げだしているで、トゥルゲーネフとは行き違いということになるが。

一八一八年七月二〇日。当地の修道院で「先頃、輔祭が数千ルーブリの盗みをはたらいた。警察は修道院の二人の番人を取り調べたが、両人とも否認し、一人は取り調べがもとで死亡、一人は病気という。数日後に輔祭が白状した。この残酷な仕打ちでマグニツキイが非難されている。彼に責任があるのだ。彼の命令がなければ、署長はそんなことをあえてするはずがないのだから。これはマグニツキイの残酷さの一例として教えられたもの。ほかにもいくつか例を聞かされたが、それらはマグニツキイへの憎しみと軽蔑をわたしのうちに呼び起こした。『彼には魂もない、心もない』と、公平で信頼に足る人たちはいった。（中略）マグニツキイの知事時代、監獄はかつてないほど満員で、その多くは根拠のない嫌疑で投げ込まれ、あとで釈放された。未決囚は首、両手、両足を壁にくくりつける等、マグニツキイは命令した。真に敬虔な人とはかくのごときか。否、と真のキリスト教徒はいうだろう。祖国と人類を愛する人とはかくのごときか。否、否！　人類の幸せを願い、神聖な愛国心を天から授かった人々はいうだろう。」

一八二〇年九月二二日。「晩にわが家で飛び切りおもしろいものを読んだ。細工は流々、仕上げを御覧じろ。出典はカザン大学主事宛の訓令だ。」このあと訓令の記述。

一八二一年四月二二日。「ウヴァーロフが視学官の辞表を出した。後任はマグニツキイというのが大方の見方だが、この学区は一時ルーニチに任されるという噂もある。マグニツキイについては、どうやら衆目は一致している。まったく、この人間のことは嫌悪なしでは考えられぬ！　あんな男でも人間と呼ばねばならぬとは、腹が立つ。」[7]

第Ⅲ部　怪僧フォーチイ

聖書協会対ロシア正教会
府主教アムヴローシイ、ミハイル、セラフィーム、掌院インノケンチイ
修道士フォーチイ――生い立ち、禁欲・苦行生活、A・A・オルロヴァ=チェスメンスカヤ
ゴリーツィン追い落し作戦
アレクサンドル一世の変心
マグニツキイの裏切り
フォーチイ、ゴリーツィンと対決
ゴリーツィン、大臣を辞し、聖書協会を明け渡す

第1章

アレクサンドル・ニキチェンコがロシア聖書協会の歴史の末端の一ページに登場するのは一八二一年からである。この年、ニキチェンコの住むヴォロネジ県オストロゴシスク市に協会の賛助会が誕生した。協会創立から九年、この間に全国の主要都市に支部のネット・ワークがほぼ完成し、それぞれの支部のいわば衛星組織として中小都市の賛助会も、一八一五年からこの年六月までに一七七を数えていた。

後年、ということは三〇年から五〇年後のことだが、その頃まとめた手記の中で、ニキチェンコは聖書協会は神聖同盟の「道具」だったと書く。同盟の「隠れた目的」は「フランス革命が呼び出した理念に対抗すること、自由、封建的専制の阻止、国民が統治者のためでなく、統治者が国民のために存在するという大原則の確立を目指す大衆の運動を麻痺させること」にあった。そのために、宗教、正しくは、その一部である「恭順と服従の教え」を利用したというのである。もっとも、ロシア皇帝アレクサンドル一世の場合、事情は異なる。「神聖同盟に加わる際、彼はキリスト教の偉大な真理を宣言するだけで、人々が善人になり、正義と平和を愛し、彼らの間に協調と順法の精神が根づき、役人による国庫と国民の収奪が終息すると素朴に信じていた。」それが聖書協会奨励の理由という。ともかく、宗教を用いて「知性」を眠らせることにかけては、「いつの時代の蒙昧主義者も」同じであって、「ルーニチやマグニツキイたちの時代」がまさにそうだったという。

ニキチェンコの見方の当否については、本書の記述そのもので答えるしかないが、問題はその先にある。「だが」――と彼はつづける――そうした「策略はさておき、聖書協会の基本理念自体は共感を呼ぶものであったことは否定できない。それは民衆の道徳水準の向上を目指しながら、間接的に彼らの間に読み書きの普及をもたらしたのである。」ニキチェンコに従えば、彼をふくめてオストロゴシスク市民の共鳴はここにあったという。とすると、彼らの意図は結果的に裏切られたことになるが、果たして事実はそれほど明快に割り切れるかどうか。

オストロゴシスク市の賛助会の会長には同郡の貴族が、書記にはほかならぬ十八歳のニキチェンコが選ばれた。これは「身分からしても、年齢からしても」たいへんな「名誉」で、彼は運動に没頭したという。当時、「プルタルコスの英雄」や「福音書の真理と心を慰める約束」が想像をかき立てていたという。

彼の活動については、とりたてて述べるほどのことはないようだ。従って、彼が「永久に忘れ難い日」とよぶ、三年後の一八二四年一月二七日の出来事にすぐ移ろう。それは賛助会の第一回総会が開かれた日である。席上、活動報告に続いて、彼は演説をおこなった。幸い、われわれはその全文をいま読むことができる。[1]

ニキチェンコの演説の目的がキリスト教の「真理」とその信仰を讃え、聖書運動の意義を力説することにあったことはいうまでもない。同時に、そうした主題に並行して政治的な主題も演説の冒頭、いわば導入部ではっきり提示される。

キリスト教の「真理」は「社会の守り手であり、政治的叡智の灯台です。といいますのは、限りなく多様で、対立する人間の目的、手段、情熱のなかにあって、それは諸民のために、万人の幸福を唯一の目的と定め、王権の神聖と力を唯一の手段とし、ただひとつの情熱、すなわち、秩序と正義への愛を燃え立たせるからであります。」

つづいて、二つの主題、正確には、ひとつの主題のふたつの側面は、啓蒙主義の時代、この信仰なき時代にたいする激しい糾弾のかたちに縒り合されて展開する。すなわち、かつて「似非賢者に導かれて」人類は信仰を棄てて「自立せんとした」。この「迷妄は十八世紀のソフィストの驕慢と暗黒の知性の産物であります。人間の本性を知る者として崇められ、みずからも三嘆してやまぬ彼らは、信仰の廃墟の上にそれをうち建てんとして自他を欺きました。理性の不確かな原理に基づくその不遜なる体系に、われわれは理性の悲しむべき迷妄の歴史と人知の重荷に呻吟する人間を見るばかりです。宗教を無用とする以上、彼らはよき行いにおいて宗教を凌駕すべきではなかったか。(中略)だが、彼らはその変革によっていかなる善を人間にもたらしたでしょうか。『われらは理性の王国を創造す、——と彼らはいった——人間たる者みなその市民! 万人きたりて、われらが手より真理の果実を味わうべし、なんじらが血と涙もて育みし果実を。』かくして、不遜なうえに狡猾な彼らは、自己の形而上学的戯言に人々を巻き込み、その知性をもってなしえなかった道徳的アナーキーの完成を人々の手によってなし遂げんとしたのです。意見には武器が、夢想には実体があたえられた。知識といえば自分の勤め向きを出ない、普通の、罪のない人々が突然賢者の名誉に与らんとし、自分の理解の及ばぬものに追随をはじめた。すなわち、真理を体系に、信仰を知識に、統治を無秩序に求めはじめたのです。すべてが変りはじめた。法は、国民一人一人がみずからを立法者より賢いと思い至るや崩壊しました。政府は、人々がその保護なしで幸福、安全、自由になれると考えるや力を失いました。宗教は、各人が理解を超えることがらを自己の秤に掛け、世界の権力と支配を神と分け合おうとするに及んで神聖でなくなりました。（中略）社会的な発言力のある者は、いずれも新秩序を宣言しました、つまり、地上におけるプラトンの共和国と社会生活における平等です。賢者の称号を望む者は、いずれも自己流に賢者たらんとしました。理性の普遍、共通な原理は新ソフィスト派のもとで歪められ、無数の、奇怪な、対立する分派に分かたれ、ほかならぬこれらソフィストがもし一堂に会したら、かつて愚かな思い上がりの罰として互いのいうことを解せなくなった、かのバベルの塔の建設者たちのごとき観を呈したでありましょう。結局、彼らはその名高い変革をなにをもって終えたでしょうか。人間から彼に必要な他者の助けを奪いながら、みずからそれを与えることはできず、人間をその自然のままの弱さの生贄にし、自然のままに傷つくにまかせ、それを彼の本性と称したのでした。」

随分長い引用になったが、そうしたのも、この演説に多少とも注目するとしたら、それは語られる内容よりも、それを語る言葉の羅列ゆえと考えたからである。このあと演説は「自分自身にとって滑稽で、不可解な謎」、「底なしの矛盾」としての人間という認識から、救いは「われは道なり、まことなり、いのちなり、といいえた方」に自己をゆだねることにあると歩を進めるが、これはもうよかろう。この演説から汲みとれるのは、間違いなく、あと二か月足らずで二〇歳になる青年の気負いである。そこではなされる「よみがえり」の物語には、なにも新味はない。「哲学者」や「時代精神」の攻撃にも、われわれは十分食傷している。美文調で、いささか大仰な文体は、のちのちまでニキチェンコについてまわるが、要するに、この演説そのものは、聖書運動や「ルーニチやマグニツキイの時代」に流通していた意匠のコピー以外の創意はなかった。

ニキチェンコの回想によれば、演説が終ると、会場は「興奮のるつぼと化し、喝采の嵐がわたしを見舞った。総会は、ロシア聖書協会総裁、宗務・教育大臣ゴリーツィン公爵にわたしの演説を提出し、刊行の許しを願い出ることを満場一致で決議した。」これは、事実その通りにおこなわれたが、こうして見てくると、ニキチェンコにしろ、賛助会にしろ、どうやらイデオロギー的に白紙でも、政治的に無色でもなさそうで、さきほどニキチェンコが主張したアリバイもいささか怪しくなるがどうだろうか。

ともかく、ここは、ニキチェンコが当代の時流にしっかり自分を登録していたことを見届ければいい。それがどれほどの確信から出たものか、なにほどかの日和見も入り込んでいたのか、さしあたり筆者には知るすべがない。手記は、そのころの知的体験を語るなかで、周囲には「ヴォルテールや百科全書派」の洗礼を受けた人々がつねにいたとか、オストロゴシスク市の「友人兼保護者たち」の間では祖国の現状への批判が渦巻いていたとか述べていて、いまの演説とはいかにもなじまないが、これについても筆者は肯定も否定もしない。ソビエト期に出版されたニキチェンコの『日記』の編者、И・Я・アイゼンシトックは彼の聖書運動への参加に触れてこう述べる。「協会の特権的地位のおかげで、その一員であることは、早々に公私いずれの場でも成功のためのほとんど必須の条件になった。」つまり、ニコチェンコは農奴身分からの脱出を図ってシェレメチェフ伯爵に訴え、それが失敗すると、「別な方法で目的を遂げることにし、聖書協会オストロゴシスク分会の設立者且つリーダーの一人」になったという。[2] これはきわめて明快である。だが、アイゼンシトックはなにを根拠にしているのか。その後のニキチェンコの生活から割り出したという行動パターン――それは「妥協」だという――をここへ当てはめているのだが、それは推理の方法ではあっても、証明にはならない。筆者はアイゼンシトックの見方を否定しているのではない。断定に慎重なだけである。実際、あの演説における彼の誠実をどこまで疑えるのだろう。もしかして、あれは手記のなかで慎重に伏せられた青年ニキチェンコの、ある時期の信条そのものかもしれないではないか。

賛助会の総会の決議へ戻る。「わたしの友人たちがこの決議をする際、わたしのことでなにかを期待していたかどうか、わたしには分らない。しかし、わたしには一条の光がさっと射しこんだみたいだった。心はわたしの運命のただならぬ決定が間近に迫ったことを予感した。『いまか、永久にだめかだ、――と、わたしは思った――これが実を結ばなかったら、万事休すだ。』わたしは興奮から眠られず、食欲をなくし、どこにも落ち着きを見出せず、亡霊のようにさまよった。」勿論、ここでいわれているのは農奴身分からの解放とその後の新しい生活のことで、こうしてひと月ばかり過ぎたあと、ゴリーツィンから賛助会長宛に、演説に「おおいに満足」した旨を伝え、その者の氏名、身分を照会する手紙が届き、折り返し返事が送られる。彼は早速、「わたしの能力をしかるべく伸ばす必要を主張」してシェレメチェフ伯爵と話し合いに入る。そして、四月の末、ついに「わたしはペテルブルグへ呼び出された！」出発は、一八二四年五月初旬だったという。

しかし、その旅の目的地、ペテルブルグの政界では、この時すでに宗務・教育大臣ゴリーツィン公爵を押し流す地滑りが迫っていた。それは、一路北上するニキチェンコの到着を待たずにおこるだろう。

第2章

祖国戦争後のロシアは、宗教意識の目ざましい高揚を迎えた。第Ⅱ部では、それがこの国の政治、具体的には教育行政に及び、ほとんどシニスムの域にまで至ったことを明らかにした。たしかに、この時代の愚かしさはしばしば節度を忘れる。ここで再び、そのもとの流れ、第Ⅰ部で概観した宗教的情熱——作為も不作為も含めた——の滔々たる流れに戻り、その行方を見届けておこう。繰り返しになるが、聖書協会の全土への普及、マソン（フリーメーソン）の支部の増加、一般に神秘主義とも敬虔主義ともよばれる著作の出版や公開の説教、私的な会合の盛況、そこに奇妙な踊りや忌まわしい去勢の集団までくわわり、これらは互いに重なり合い、絡み合いながらおおきなうねりなってこの時代を貫く。特筆すべきは、それらが、最後のものを除いてヨーロパ原産であること、最後のものも含めてロシア正教会の外で、それをないがしろにして展開したことである。しかも、聖書運動や神秘主義者の活動にはこの国の権力者の物心両面の支持が与えられていた。皇帝アレクサンドル一世みずから然り。だが、その最大のスポンサーが宗務・教育大臣ゴリーツィンであったことは改めて念を押すまでもない。

しかし、この宗教情熱の沸騰はやがて暗転、ごく短命に終る。権力者の後見を受けること、その庇護のもとにあること、それはまさに諸刃の剣なので、権力者の変心または凋落とともに運動は行き場を失う。さきにも述べたように、当時この国には国民がみずから企て、行動する素地も、環境もほとんど存在しなかったからである。そこで、以下、そうした時代の相の消長を決定した主役ゴリーツィンと対するロシア正教会の動向に焦点を絞って、光を当てていくことにする。

一口にロシア正教会とはいうものの、その高位聖職者にしてもけっして一枚岩でなく、聖書協会や神秘主義者の活動に多少とも共感や理解を示す向きがなかったわけではない。その最右翼がもっとも有力な高僧の一人、のちのモスクワ府主教、前出フィラレート（ドロズドフ）だが、しかし、正教会の主流は不快、いらだちを募らせ、対決の道を歩む。

正教会は呼びかけにこたえて聖書協会設立二年目の一八一四年以降、中央のペテルブルグ委員会へ代表を送り、各地の支部についてもこれにならった。だが、両者の亀裂は時を追って広がる。その溝の在り処、すなわち正教会による協会批判の要点を、いささか先走りながら、この一件の大詰め、一八二六年にノヴゴロド・ペテルブルグ府主教とキエフ府主教から新帝ニコライ一世に提出された上奏文で見ると、次のようになる。聖書協会が「有害」なる理由。一・「ロシア聖書協会に他のすべての宗派の加わりしは、使徒規則及び公会議の定めし規則により、他の宗派の者と共に祈ることも、祈りのために集うことも許されざることを知る多くのロシア人を誤らしむ。」「正教会に属す事柄において、各種宗派の在俗者が総裁と副総裁の座にあること」は邪道にして、正教会の否認せる宗派も混じりたり。二・正教会は、「思慮なき読者や悪意ある読者による多くの曲解の例に鑑み」、第六回全地公会議の規則をもって、聖書の解釈は「師父の解釈」によらざるべからずと定む。宗務院は「かかる解釈の刊行に努め」、一八〇〇年には「聖書全巻を注釈付で刊行する決定をなせり。」しかるに、聖書協会は「一切注釈を付さず、各人の解釈に任せ」てこれを刊行し、踵を接して「他宗派や異端の解釈」書肆を賑わし、「人々の正教を揺るがせり」。「聖書協会発足時より」種々の分派、分離派等の活動の増大せること、これを証明す。三・ロシア正教会は「古来」教会スラヴ語にて「神の言葉」を耳にし、教会スラヴ語は「いまに至るも人々のよく解するところにして、若干の表現について説明を要するのみ」。このゆえ、聖書の改訂に際しても、ピョートル大帝以下歴代皇帝は、教会スラヴ語テキストを変更せず、修正はただ余白に記すべしと勅命す。しかるに、聖書協会は詩篇と新約聖書をロシア語、すなわち「俗語」に移し、「多くの個所で」教会スラヴ語訳と食い違うまま刊行し、「多くの個所で俗語表現をもって古来の訳の荘重さをおとしめたり。四・「聖書協会の聖書の販売方法は、完全に商業のそれ」であり、「あらゆる手段を用いて」売上げを伸ばした会員が「とくに称賛されたり」[1]。

要するに、正教会の対応は伝統墨守から一歩も出ないもので、こうした点でマンネリズム、アナクロニズムといった批判を浴びることになるけれども、ただ、右に掲げた見方に限れば、当時かならずしも正教会のほかに類を見ないというわけでもないことは記憶しておいたほうがいい。ひとつの例として、トゥルゲーネフ四兄弟の一人、アレクサンドル・トゥルゲーネフを挙げておこう。彼はおおくの文学者との交遊で有名だが、ゴリーツィンのお膝元、宗務・教育省の宗務局長をつとめ、聖書協会の書記でもある。その彼が一八一九年のある手紙で、聖書運動に対抗する「砦」の必要を次のように説く。「聖書協会はもろもろの宗派を統合する。博愛主義という意味ではこの考えは魅力的だ。しかし、国家に関しては有害で許し難い。まさにこのゆえに、教理問答書、すなわち聖書の無限の広がりに歯止めをかける明確な教義が必要なのだ。わが国にはすぐれた教理問答書がまだない。だが、どこでもそれは遅れて現れた。だから、教会の守り手たちは、案内人なし、つまり注釈なし説教者なしで聖書に立ち入ることを禁じたのだ。」われわれはこうした教理問答書不在のまま早まって聖書普及に乗り出した、とはトゥルゲーネフの反省だが、つづく手紙の後半でも宗教改革における聖書の役割に触れながら、それが「教会そのものの基盤を掘り崩した」という。彼にいわせると、「教会が実定法であるのにたいして、聖書は道徳法に過ぎず、個別、具体的な法全般の源泉にとどまる」。従って、さきの教理問答書がその実をあげるまで、「聖書協会がさらにおおきく発展することを望まない」というのがトゥルゲーネフの態度である。[2]

聖書のロシア語訳にたいしても不協和音が聞こえなくはなかった。この点でよく知られているのがミハイル・スペランスキイの言葉で、それを一八一九年、この年あらたに赴任したイルクーツクから娘に宛てた手紙で見ておこう。彼はペンザ県知事からシベリア総督に転じたばかりだが、その両地方で聖書協会の支部の設立に乗り出している。その彼がはじめてロシア語訳を読んで。「スラヴ語訳に比べてなんという違い、なんという弱々しさ！　あるいは、そう思わせるのも習慣のなせるわざかもしれない、だが、わたしの見るところ、なにもかもが変で、場違いだ。（中略）この新訳にはどうあっても賛成しかねる。これがきわめて立派な意図でなされたことは承知している。スラヴ語に不慣れな人にこれは助けになるかもしれぬ。だが、なぜその人たちが慣れるにまかせていけないのか。それは骨の折れる仕事だ。ロシア俗語は、完全にギリシャ語的な語法の正確さからしても、表現力からしてもスラヴ語には到底及ぶまい。」こうしてスペランスキイは「ロシア語でなく、スラヴ語で」聖書を読むよう娘にすすめる。[3]

こうした異論にもかかわらず、しかし、正教会の態度はそれらとははっきり区別されるので、それは聖書運動そのものの全面否定にほかならない。その公式の理由はさきに掲げた通りだが、この間の事情に詳しい史家、И・А・チストーヴィチは、それらをやや別な角度から浮き彫りにしているので、それを追加しておこう。正教会の反発は、これがもたらす「害のおそれからというよりも」、「主として、それをおこなうのが教会でなく俗人の団体であり、しかもそこにカトリック教徒、新教徒等の非正教徒が多数参加していたから」である。まず、聖書の解釈、翻訳、出版の既得権を侵されることは「誰にも増して〔正教会の〕僧たちに気に入らなかった」。さらに、協会がすべての宗派を糾合し、「ひとつのキリスト教」なる理想を追求するごとくに見えたこと。チストーヴィチの言葉を借りると、「無差別的コスモポリチズム」。また、総裁ゴリーツィンを先頭に「多種多様な神秘主義者が一堂に会する場所、集合地点になった」こと。[4] チストーヴィチは正教会の反対をこの三点にまとめているが、この問題をめぐる従来の議論でも、多少の差はあれこうした認識では違いはなく、本書の場合も今後の記述がそれを裏づけるはずである。

聖書協会といおうが、神秘主義といおうが敬虔主義といおうが、その盛んな活動にたいする正教会の苛立ちもさることながら、その含意とされる「コスモポリチズム」があたかも国家に認知され、制度として実体を与えられた観を呈したことはこの間の状況を決定づける重要な一歩だった。さきに触れた一八一七年の宗務・教育省の設置がそれである。

問題はこの省の組織にある。布告は同省が前身の「教育省ノ業務トスベテノ宗教ノ業務」を担当すると述べ、とくにロシア正教会についてこう続ける。「モトヨリ、宗務院ノ業務モ本省ノ所管トシ、コノ業務ニ関シテ宗務・教育大臣ノ宗務院ニ対スルハ、裁判業務ヲ除キ法務大臣ノ元老院ニ対スル関係ニ等シ。」同省設置法から補うと、ふたつの局のひとつ、宗務局が「ロシアニオケルアラユル宗教」を統轄し、これを分けて四つの課がロシア正教、カトリック各教会、プロテスタント各派、ユダヤ、イスラムなど非キリスト教の宗教をそれぞれ担当する。正教会の最高機関の宗務院も、統治の長たる大臣の指揮、監督に従う。[5]

つまり、正教会は他の宗教、宗派と横並びで同じ政府機関の一角に取り込まれたのである。いうならば、地位の相対化である。宗務院は俗人である大臣の風下に立つことが明確にうたわれた。もっとも、この点で一言つけくわえると、周知のように元来宗務院は国家機構の一部門であるうえ、まえの世紀を通じて皇帝が送りこんだ総監の力が次第に強まった。世紀が変ってゴリーツィンがこの席を占めてからはその勢いに拍車がかかっている。こうした文脈で眺めれば、今回の措置も正教会にたいする国家統制のひとつの帰結と見なすこともできよう。他方で問題がさきの「無差別的コスモポリチズム」、一種の普遍主義から発していることも見易く、いずれにせよ、正教会のプライドはひどく傷ついた。それは正教徒の胸中に深い怨恨を植えつけ、みずから播いたこの危険な種をやがてゴリーツィンは刈り取らねばならない。

第3章

ゴリーツィンにたいする正教会の不満がいつ、どのようなかたちで噴出し、両者がいかに対決したか——この経緯はかならずしも明確でない。問題が問題だけに関連の資料がもともと乏しいのか、あるいはまだ十分に活用されていないのか、従来の研究を見る限り不透明な部分が少なくないけれども、わずかな資料に頼る筆者としては、二三の疑問を呈する以上のことはできず、このあとしばらく、いささかもどかしい記述になる。

総主教なきあと事実上正教会の首座を占めていたのは、ノヴゴロド・ペテルブルグ府主教だが、今回の危機においても、どうやら一方の主役はこの正教会の長老がつとめたらしい。最初に矢面に立ったのはアムヴローシイ（ポドベードフ）である。

一八一八年三月、彼は高齢を理由にノヴゴロド主教区のみ残し、ペテルブルグ主教区を返上したい旨皇帝に願い出て、ただちに許される。五月、ノヴゴロドへ出発、同地にあることわずか二週間で死去。これよりまえ、この年一月の神現祭にアムヴローシイは、さきの皇女の葬儀の際に柩をおおった覆いものからアーミン（毛皮）をとり、これを裏に張った祭服を着用、この毛皮は皇族にのみ許されるものゆえ、報を受けたアレクサンドル一世の怒りを買った。実はこの出来事がもとでアムヴローシイは首都退去に追い込まれたという。[1]

つたえられる経緯は以上の通りで、これはたしかな事実と見ていいようだが、通説はこの出来事は口実に使われたにすぎず、真相は宗教政策をめぐるゴリーツィンとアムヴローシイの軋轢にあったとする。前年にはさきの「二重省」も発足し、両者の確執がいよいよ深まり、結局大臣の威力に府主教が抑え込まれ、ノヴゴロド行きを余儀なくされたという。一言断れば、このアムヴローシイ受難説には、これまでのところはっきりした資料の裏づけはない。そもそも彼とゴリーツィンとの関係をうかがわせる手掛かりそのものが不足している。とはいえ、彼がゴリーツィンに同調することは到底ありえないので、直接、間接は問えないにせよ、彼の引退とのかかわりを考えることはたしかに可能である。

アムヴローシイのあとを継いだのはミハイル（デスニツキイ）だが、つづいて起きた事件の主人公は彼でなく、首都の神学校長、掌院インノケンチイ（スミルノフ）だった。彼がゴリーツィンに弾劾の手紙を送り、大臣の抗議を受けた府主教に説得されて謝罪に及んだ事件は、第I部ですでに述べた。それは神秘主義の驍将ラブジーンと雑誌『シオンの使者』にたいする憂慮から発したものだったが、彼のたたかいがこれで終わったわけではない。このあたりの詳しい事情はあのフィラレートが三〇年後に語っている。従来の研究は例外なくこの回想をそのまま拠りどころにしていて、筆者としては若干の留保をつけたいところだが、それは後回しにしてまずこの証言に耳を傾けよう。

当時検閲は一般の検閲と正教会による宗教検閲の二本立てだったが、インノケンチイは後者の検閲官の任にあり、はなしはそれにかかわる。フィラレートによれば、右のラブジーンに関する告発状の一件はインノケンチイの反乱の第二幕で、これに先立って不発に終わった第一幕があったという。そのころロシア語に訳され、神秘主義者の経典となったシュティリングのある著書に彼は「憤慨」し、モスクワの一正教徒の手になる反論に出版の許可を出そうとした。フィラレートは「無用な騒ぎを避けるため」インノケンチイを押し止め、「ミハイル府主教もわたしに賛成した」。さて、インノケンチイの命運を決した第三幕は次のようなものである。この少しまえの国語論争で保守派の論客として名を馳せたE・И・スタネーヴィチなる人物が、一八一八年、今度は熱烈な正教擁護、神秘主義批判の一書をものして出版を願い出る。検閲の通過は九月。「インノケンチイはこの本の検閲に当ったが、病気でふせっていて、スタネーヴィチから次々に送られてくる原稿にしかるべき注意を払わなかった。」十二月、出版されるやたちまち「大騒動」になる。ゴリーツィンは皇帝に申し上げると息巻き、フィラレートはしばしの猶予を得、インノケンチイのもとへ急ぐ。「彼は短くわたしに答えた、真実のためにどんな迫害でも受けるつもりだ、と。」フィラレートは府主教ミハイルに助力をもとめる。ミハイルは問題の本をフィラレートから受け取ったまま「二日間開いてみなかった。三日目にわたしは再び府主教のところへいき、ほとんどむりやり数箇所を読んで聞かせた。府主教はほぼ一語ごとに非難した。わたしはいった。『わけの分からぬところはそのままにして、われわれに害をしそうなところだけ直しましょう。もし著者がいやというなら、われわれ自身のお金で印刷しなおしましょう。』府主教が再び問題の本を手元においたまま、さらに一週間が過ぎた。」この間にゴリーツィンはアレクサンドル一世に上奏、事件はおおやけになる。

フィラレートの回想について二点指摘しておきたい。ひとつは、インノケンチイが「しかるべき注意を払わなかった」としている点。実は、一九〇九年に、それまで知られなかった著者スタネーヴィチの手紙が雑誌に紹介され、事件に新しい光を投じている。手紙は約六年後に友人に宛てて書かれたものだが、それによると、著書の内容について、インノケンチイが意見を異にし、著者に「修正」をもとめ、「該当の個所」に「印をつけ」てきたという。結局、スタネーヴィチがこれに応じたが、辻褄を合せるため「何ページも削らなければならなかった」という(2)。

すぐあとで述べるように、スタネーヴィチは責任を問われ首都をあとにする。右の手紙を書いた頃も故郷ウクライナで追放の身をかこっていたが、この時彼にことさら事実を曲げて記す必要があったとは思えない。つまり、インノケンチイはスタネーヴィチの原稿に決しておろそかとはいえぬ「注意を払い」、出版の許可は彼自身の意思とみるほうが自然ではないか。フィラレートのいう病気がもとの手抜かりは、そうすると誤解ということになる。あるいは、そう語ることでフィラレートはこの不幸なかつての友をかばったのか。

もう一点は府主教ミハイルの態度である。通説では彼もゴリーツィンに抵抗して正教会を守った一人にかぞえられているが、それにしても、この間の対応はどこか釈然としない。従来この点にとくに言及する例は見当らないけれども、そうしたなかでA・H・コトーヴィチの次のような理解は、それがどれほど広く支持されているのか分らないものの、いささかこだわらざるをえない。「一週間以上も彼〔ミハイル〕は、彼の考えを聞くために渡された本を開かず、どうやら最終的な決定を避けていたように見える。勿論、疑いなく、この見掛けの冷淡さによって府主教はインノケンチイとの連帯を示そうとしたのである(3)。」果たしてそうか。ミハイルについて筆者は知るところ少ないが、ここはむしろ彼の戸惑い、困惑を想像したくなる。ことを荒立てず、穏便に運ぼうとする彼の姿勢はインノケンチイの反乱の第一幕、第二幕で見えている。彼はすぐれた説教の才を発揮し、アレクサンドル・ネフスキイ修道院で彼がおこなうミサには「数千」の市民が詰め掛けたというけれども、のちにラブジーンがいうには、そうした自分の信条にかかわる説教でも、ミハイルはゴリーツィンの「不満」を逸らすために彼の「好みに合わせて手直しした」という(4)。今回、彼は対応を決めかねたのではないか。あるいは、あきらめたか。ミハイルの態度を彼の手詰まりと受け取る見方には、当然、確証はない。あくまでも筆者の推測である。

ついでながら、いまの問題に直接かかわりはないが、ひとつだけつけくわえておく。ミハイルについて一致して認められている事実に彼の「神秘主義」がある。もともと彼にはそういう傾向があったともいわれるが、青年期を既述のノヴィコフのグループの影響下に過ごしたことがつよく働いたようである。ただ、これについても筆者の知るところは少ない。手掛かりといえば、すでに指摘されている通り、彼の説教集の標題である。説教そのもので筆者が目にすることができるのは、モスクワの司祭時代（一七八五―九五）の二つの説教の英訳に限る。これは英国聖書協会から派遣され、この国の聖書運動に貢献した前出ロバート・ピンカートンがその著書に収めたものだが[5]、これらを見る限り、当時一般に神秘主義とよばれ、本書もそうよんできた一群の観念や言葉の一部が確実に共有されている。つまり、正教徒の間にもこの時代の潮流をめぐり対応に微妙な差があったということである。

一八一九年一月、ゴリーツィンの上奏の結果、問題の本は発売禁止、すでに個人の手に渡ったものも含めて警察が押収、インノケンチイは厳重な訓戒、スタネーヴィチは二四時間以内の首都退去。しかし、これで一件落着とはいかなかった。同月末、インノケンチイはこの月のはじめに空席になった僻地オレンブルグの主教に任命される。宗務院が事前に上申した候補者は別人である。ゴリーツィンがインノケンチイの追放を図ったというのが大方の見方で、ミハイルも大臣に苦言を呈したそうだが、そうしているうちにペンザの主教職も欠員になり、ミハイルたちの働きかけもあって、インノケンチイはより条件に恵まれた同地へ改めて任命された。三月、カザン寺院で叙任式がおこなわれ、六月、インノケンチイはペンザに着く。だが、もともと病身の彼は四か月足らずで他界した。

病気がちという点ではミハイルも同じだった。重い責任、むずかしい舵取りは彼の心身に安んじることを許さなかったに相違ない。ゴリーツィンとの軋轢は年とともに深まったといわれるが、最終局面は次のように伝えられている。一八二〇年の末、宗務院の会議でゴリーツィンとはげしくわたりあったミハイルは、憔悴して僧院へ帰り着き、「召使たちが文字通り抱きかかえて馬車からおろし、府主教の部屋へ運んだ」。このあとミハイルは次第に病み衰える。死期を悟った彼は、スロベニアのライパハ（現リュブリャナ）に滞在中のアレクサンドル一世に手紙を書き、正教会を脅かす「危険」を訴え、「盲人ゴリーツィンについて遺憾の意をこめて語り」、こう結ぶ。「陛下、この手紙が届く頃、おそらくわたくしはすでにこの世におりますまい。真実以外、わたくしはなにごとも人々に述べたことはございませぬ、まして、わが行いのかずかずを至高の裁き手に申し述べんとする今においておや。」皇帝は手紙に強い衝撃を受けたという。一八二一年三月、ミハイル昇天。「一般民衆や上流社会の世論はミハイルはゴリーツィンのせいで死んだというものだった。遺体の出棺の際、ゴリーツィンが府主教を殺した、という声が群衆の間で公然とあがったほどである」[6]。

これらはいずれも後年の記録で伝聞に基づく。ただ、やや異なる文脈で語られていることだが、既出の宗教局長トゥルゲーネフは、葬儀の翌日の手紙で、ミハイルが「その言動をあげて万人のために尽くした」と述べ、その死がよびおこした広汎な哀悼の念に触れていう。「彼の死を嘆く悲しみがこの上なく強く、偽りない証拠は、この死を招いたとして彼の病気でなく、他の人々が非難されていることだ[7]。」

ミハイルの晩年と死をめぐるエピソードがその通りであったかどうか、無論定かではないが、そういうはなしが伝わったこと、そういう風聞が立ったこと自体は動かし難い。そして、重要なのはあとのほうの事実であって、その意味するところがふたつの陣営の対立、その激化にあることも論をまたない。実際、当時ヤロスラーヴリ大主教に昇格していた（ただし首都在住）フィラレートの手紙にも、ミハイルを失ったいま、両者のあらわな争いの予感が重苦しく響いている[8]。

一八二一年六月、セラフィーム（グラゴレフスキイ）がノヴゴロド・ペテルブルグ府主教に就任した。一般にこの頃からゴリーツィンの威光にかげりが見えはじめるとされる。そして世上いうところのこの「総主教」はついに台座から転げ落ちるが、この追い落とし劇の主役を演じるのがインノケンチイの弟子でフォーチイとよばれる修道士である。このフォーチイ、そうした役柄にくわえて、いかにも端倪すべからざる人物、どうやら怪僧とよんで当らずといえども遠くない。

第4章

フォーチイには詳細な自伝がある[1]。首都ペテルブルグでの活動の舞台を去ったのち、一八三〇年代の半ばに口述したものだが、教会スラヴ語まじりのロシア語は雑然、ひどく乱れていて読むのにおおいに難渋する。ともあれ、これは彼がみずからに捧げた顕彰碑とでも呼ぶに相応しく、それだけに舞文曲筆のきらいがなきにしもあらず、一方それを検証する資料にも空白の部分が少なからず、従ってここに示された自画像をそのまま実像として受け取るのはかなり躊躇われる。しかし、視点を変えれば、それはフォーチイがみずからをどう考えていたか、考えたがっていたか、あるいは、どう考えられたがっていたか、等々の反映でもあって、そうした意識、無意識の動機をも含めた彼の全体像がここにはたしかに刻印されている。一般に自伝にはこの種の曖昧さがつねにつきまとうけれども、以下、それを踏まえたうえで、自伝を軸に、他の資料ともつき合せながらしばらくこの人物をスケッチすることにする。

フォーチイは俗名ピョートル・ニキーチチ、姓は、神学校時代以来、ノヴゴロド郡の出身地の村の名にちなんで通称スパッスキイ。彼は一七九二年六月七日の日曜日、つまり主の復活日に生まれた。この日彼の家では祖父の葬式がおこなわれていて、そのために生まれたのは家畜小屋という。新生児は藁の上に寝かされ、あかあかと射し込む日光を浴び、右手を頭上に掲げ、十字をきるときそのままに三本の指を合せていた。その手をおろさせても、またもとへもどってしまったそうで、それは「神に忠誠を誓い、天上の住人に誓いをたてる者」の姿そのものだったと自伝にある。

彼の祖父も父も僧位に達しない教会の下役で、死者のかたわらで詩篇を読み上げるのがその仕事だった。父はフォーチイの生後まもなく輔祭に任じられたものの、フォーチイ三歳のとき妻が病死、ほぼ一年ののち、同じ教会の下役の娘と再婚するため、神品を辞し読経役に逆戻りしている。最初の妻について詳しいことは分らない。二度目の妻は彼より四歳ほど年上、彼自身「学校で学んだことはなかった」が、彼女のほうは「読み書きを知らぬ」女性だったという。

フォーチイの生い立ちを振り返ると、そこに少なくとも二つの暗い影が認められる。ひとつは、いま述べた通り幼くして生母を失ったことで、自伝に見える生母へのあつい思慕をことさら疑う理由はない。自伝は継母をよき母としながらも、彼女によって満たされなかった「遺児」の胸の内を隠そうとはしない。ついでながら、父については、ごく普通に父の役割を果したと考えてよさそうである。ただ、どうやら酒に関しては自制が利かなかったらしいし、怒りに我を忘れる人物でもあったらしい。文字を習いはじめの頃、父はフォーチイが怠けるのを許さなかった。たまたまその疑いをかけられ、怒って鞭を手にした父に朗読を強いられて、フォーチイは恐怖のあまり「しばしば口を開くのもやっと」、時に涙で文字が見えなかった。激してくると父はいきなり子の頭を両膝で挟みつけ、裸にして打ちすえ、「一度などは危うく殺さんばかり」。助ける者があれば、その者に打ちかかり、子供を別棟にかくまい、閂を掛ければ、なおもその開かない窓から押し入ろうとしたこともあるというからすさまじい。

もうひとつの暗い影は貧しさ。一家は身分も低かったが、暮らしのほうも、フォーチイみずから「赤貧」と呼ぶほど貧しかった。「教会からの収入もごくわずか、耕す土地もわずか」、収穫期のまえに家中に一粒の麦もないことがよくあったという。

そうしたなか、自伝に従えば、「数え年十歳」でフォーチイは口減らしと「学問習得」を兼ねて首都のカザン大聖堂の聖歌隊へあずけられる。だが、教師は「粗暴、無知」。練習では年長の少年にしたたか頭をなぐられ、両腕を腫れあがるほどたたかれる。風紀も乱れ放題。監督に当る長司祭は少年たちの宿舎へ足を運ぼうともしない。フォーチイは体も弱り、「血を吐き」、逃げるように翌年帰村した。

明けて一八〇三年、フォーチイはノヴゴロドの神学校へ入った。もっとも、生活は丸抱えといかず、学費、食費として年に六ルーブリを納め、衣服など身の回り品は自分持ち。これすら一家にとっては重荷だった。くわえて、数年後には二歳下の弟も同じ神学校の門をくぐり、彼のための納付金は年間十二ルーブリになっていたそうだが、こうして父は「力以上に働かねばならず」、農業はもとより、森へ入り、木を伐り、村へ運んで売ったという。二人の息子も休暇にはもどり、懸命に働いた。とりわけ夏の取り入れが辛い仕事で、日の出とともに野にでて、日の入り、ときに真夜中までつづく。フォーチイ少年は暑さと草いきれで「体の中まで焼けるよう」。背中や腕の痛みに涙を流し、「うめいて転がり」、身に帯びた十字架を口にくわえて鎌を振るったという。

神学校では彼は「貧しい仲間とともに一番悪い」庵室をあてがわれ、それはしばしば便所の上にあった。食事は粗末で乏しく、彼はつねに空腹を抱え、生か焼いたどんぐりでそれをしのぐ。厳寒のなか「履物らしい履物なし」もまれでない。そして、やはり病気がち。だが、神学校がフォーチイにみじめな記憶ばかりを残したと考えるのは早計である。後年の述懐ながら、事実は逆で、そこで彼はほぼ十一年七か月をすごしたが、かつて「予は（中略）救いと善き生活と学問の修得に資するに神学校に勝る所、並ぶ所を見る能わず」という。彼の語るノヴゴロド神学校の敬虔、清浄な活動をどれほど信ずべきか、筆者には分らない。ただ、彼自身の証言として、この「申し分ない秩序」がたえまない監視、食事の差し止めや「ときに相当に厳しい」体罰といった制裁によって守られ、フォーチイみずからそれを「恐れ」て精進したとだけつけくわえておこう。

自伝は、フォーチイの胸中に修道生活への憧れが芽生えた年を数え六歳の時とする。以後彼の生活はこの理想へ向かって一直線に伸び、迷い、疑いの混入する気配はない。

彼には生来孤独癖のようなものがあったようだが、いまやつねに沈黙を心掛け、あらゆる「遊び、楽しみ」を遠ざけ、神学校にあっては外の世界とのかかわりを一切断つ。村に帰れば「同年の若者たち」との交わりを避ける。親類の娘や村の女たちによる肉の誘惑を退けたことはいうまでもない。こうしたいわば修道士への準備運動ともいうべき生活に、一家の貧しさ、たえまない、激しい労働がきわめて適していたとは自伝の弁である。

一八一四年、フォーチイは選ばれて首都ペテルブルグ、アレクサンドル・ネフスキイ修道院内の神学大学に入学した。しかし、一年後の九月、みずから願い出て退学、健康の悪化が原因だったという。もともと彼は虚弱な体質のうえに、早くから胸を侵されていて、この点はさきにも言及したけれども、ここへきて病状がいっそう進んだらしい。彼のいうには、講義の筆記が「いたずらに」体力を失わせるようで、視力も落ち、日中でもよく見えなくなった。ともあれ全身衰弱、これには、寒い教室で「暖かい着物が一枚もなく、時折風邪をひいたりした」ことも引き金になったとみられるが、フォーチイ自身は「勤勉の極み」が招いた結果としている。

小康をえたフォーチイは、幸い同修道院の初等神学校の教師として留まることができた。そこで彼はギリシャ語、ラテン語、スラヴ語、教会規則及び神法《ザコン・ボージイ》——キリスト教の教義や歴史の解説——を講じる。もっとも、相変わらず健康は思わしくなく、「大喀血」に見舞われたとある。さらに故郷の村の火事で生家が全焼、彼は俸給の前払い百ルーブリほかの有り金を父に差し出し、みずからは学生食堂からひそかにパンのお裾わけを受ける憂き目にも遭う。しかし、彼の生涯における最大の喜びのひとつが訪れるのもこの時期で、一八一七年二月、二十四歳八か月で念願かなって得度、これにより法名フォーチイを授かる。同時に修道司祭に叙せられ、第二陸軍幼年学校の神法教師及び主任司祭に就任した。

若々しい欲望を封じ込める禁欲生活は、無論続いていた。飲食については当人の外にも証人がいて、十六年に帰郷したとき彼はある地主宅へ通って子供たちを教えたことがあったが、そこでのはなしに、彼が精進を守り、それも「たまにしか食べない」とある。好みの料理はカラスムギのスープでしかも塩気ぬき。塩をふると沢山食べてしまうから、といったという。幼年学校では、フォーチイはお茶だけで過ごしていると信じられていた。実際には、彼はお茶を呪い、生水しか飲まなかったけれども。ややくだって二二年のことになるが、彼はまる一年そば粥しか口にしてないと語ったと伝えられる。前記のように、フォーチイは宿痾をかかえ、つねに病身をかこっていて、これには彼に課せられた苛酷な生活条件が作用したことはたしかとはいえ、いま述べた事情を見る限り、ここに彼自身の意思が関与したことも動かせない。しかも、自伝によれば、大学時代に病勢の一段と深まるにもかかわらず、復活祭の大斎期には「病院へ行かむと毫も思わざりき」。斎戒日に肉やミルクを与えられる恐れゆえという。十六年末の降誕祭の四〇日前から翌年三月半ばの復活祭まで彼はぶっ通しできびしく飲食を慎む物忌みを決行した。ことに四旬節に入ってからは「ほとんど飲まず食わず」、二週目には手足も萎えるほど。もしこれらの自伝の言葉がそのまま事実だとしたら、少なくとも結核を患う者としては、まったく無謀としかいいようがない。さらに、彼の手紙からも確認できるように、得度後、この年から、直接、外側から肉体を苛む手段もとった。動物（山羊、馬など）の毛でつくったガウン風の衣を素肌にまとい、「ほかにほとんどなにも着ず」。くわえて、裸の肩から胸へ鉄の十字架を連ねた鎖を巻きつけ、それは胸一面に皮を食い破り、肉を腐らせ、骨を露出させる。二一年には三回の手術を受けたものの、彼は生涯この苦行をつづけ、胸の傷も癒えず、このためわずかな気象の変化に耐えられずに夏でも重ね着をし、毛皮外套にくるまることになった。

フォーチイの禁欲、苦行ぶりについては、以後繰り返すことを控えるが、ともあれ、こうして彼はつねにやつれ果てていて、憔悴の極、ときに死線をさ迷ったと自伝にはある。

幻視、幻聴にも触れておこう。自伝では「数え四歳」のとき、死の床にある母のまわりに「光輪のような」ものを目にしたのが最初で、神学校では、ある夕べ、そこの教会の上空に「妙なる歌声」を耳にしたりした。一方、彼にいわせれば、病気をふくめて彼に降りかかった数々の災いは悪しき霊のなせるわざで、そのはたらきとおぼしい幻にも彼は見舞われているが、なかでもおどろおどろしい悪霊との文字通りの闘いが得度した年におとずれる。悪霊ははじめ夢に現れ、二度目は四匹で人間の姿をして襲いかかり、胸を痛打した。三度目は姿を変えずにやってきて、激しい格闘となり、フォーチイの首を絞め上げる。あわや息絶えんとする瞬間、「神の力」が彼にくだり、救われる。あるいは、翌年、悪霊は数か月彼の右側に立ち、「汝は新しき預言者イリヤなり」と囁き、「神の力を衆人に現す」奇跡をなすべし、もしくはネヴァ川を歩き渡れ、と誘う。フォーチイは十字を切っていい放つ、「サタンよ、退け。」これらが、ただ単に精神を集中し、肉体を責め抜いた挙句の幻覚にすぎないのかどうか、判断の限りではないけれども、彼の記すと通りなら、このあと彼は幾度となく天上からのお告げに浴するはずである。

さて、修道士フォーチイの名はこの間次第に知れ渡る。すさまじい禁欲、苦行が人々の耳目を驚かしただけではない。彼は正教会の使徒として教会の外で流行をきわめていた宗教運動の告発に乗り出していて、本書もそろそろそちらの本題へ移らねばならないが、その前にもう一点、彼を語るうえで欠かせない事実を補っておこう。

第5章

フォーチイは上流婦人の間で崇拝者に恵まれたらしい。その一人、アンナ・アレクセーエヴナ・オルロヴァ＝チェスメンスカヤ（一七八五―一八四八）が彼の生涯に登場するのは、一八二〇年からである。このときアンナ三十五歳、彼より七歳多かった。

アンナは未婚だった。モスクワ生まれの伯爵家の一人娘。父はエカテリーナ女帝時代の元勲で、対トルコ海戦の英雄。一歳で母を失う。一八〇一年、約五年ぶりに外国からもどり、旧都の社交界へデビューしたとき、大詩人デルジャーヴィンは、才たけ眉目うるわし、とうたった。「御身眼差しは鷲のごとくにして父君を辱めず、／心は鳩のごとくにして花嫁たるに相応しき。／（中略）帝都に現れなば、――／勝利は必定。／父君のかつて敵艦隊になせるがごとく、／御身あまたの胸を焼き尽くさん。」こうした言葉を額面通り受け取るかどうかはともかく、それから十数年後、フォーチイとの出会い間近、三十をやや超えたアンナに接したある女性の回想によれば、彼女は「年よりも若く見え、美人ではないが、どんな美しさにも勝るたいへん魅力的で感じのいい顔立ちをしていた。[1]」

アンナは皇室からとくに目をかけられ、典侍の位を授かっていた。それだけではない。彼女は一八〇七年に死亡した父の莫大な遺産を相続していた。そこからえる年収は紙幣百万ルーブリ、不動産はその価値四千五百万ルーブリ、宝石類が二千万ルーブリという。もっともこういう数字だけでは雲をつかむようで、例えば、右に引いた回想にある次のエピソードのほうがむしろその富を彷彿させるかもしれない。そのころ、アンナの遠縁の若者が結婚し、彼女が新郎新婦とその親類を自宅の食事に招いたことがある。無論食事は贅を尽くしていたが、その最たるものが食器で、すべて銀製、金メッキ、デザート用のナイフとフォークの柄は瑪瑙。当日の客は「四〇人かそれ以上」。宴終ってアンナはそれら食器類一切を新婚の二人に贈ったという。

当然ながら、アンナは求婚者に不足しなかった。その彼女がこのときまで独身を貫き、豪奢な暮らしの一方で信仰を深めた理由は定かでない。彼女はキエフやロストフへ巡礼の旅に出たり、ややのちの手紙から分ることだが、世を捨て僧院に身をかくす望みをつよく抱いていた。彼女の父、アレクセイは、一七六二年、ピョートル三世を廃し、エカテリーナ二世を玉座にのぼせた宮廷革命の首謀者、オルロフ兄弟の一人である。一族の富貴はこのクーデターからえた贈物にほかならない。しかも、忌まわしい王殺しではアレクセイみずから手を下した疑いが濃い。こうした過去と照らし合わせて、アンナの生き方の背後に贖罪の意識を読み取る見方もあるけれども[2]、果たしてどこまで真実か。あるいは、いまわれわれが立ち止まっている時点からほぼ四分の一世紀後、晩年のアンナを見たという画家の回想に、彼女は「頬におおきな傷痕」があったとあり、「彼女は若い頃馬に蹴られた」という[3]。「若い頃」とはいつのことか判然としないが、もしこれが事実なら、いまの問題にかかわりがあるのだろうか。

フォーチイの自伝に従えば、アンナが念願かなってはじめて彼の訪問をうけたのは、一八二〇年五月である。席上彼女は早速さまざまな「思い」の群がる胸の内を明かし、教えを請うたそうだが、彼女の悩みなるものに直接触れるために、フォーチイに宛てた彼女自身の手紙の一節を引いておく。「信じてくださいますか、師よ。不幸せなアンナのいまの身分が彼女にとってどれほど辛いものか、どれほど日一日と辛さが増しているか、どれほどそこから抜け出したいと切望しているか、それは主のみがご存じです。独りきりでどなたからもお呼びがないとき、まこと、うれし涙を流すことがございます。ああ、主よ、お助けくださいませ。御身だけが罪びとたるわたくしをいかようにもでき、呪われたわたくしを世の喧騒と日々の雑事から遠く遠く連れ去ることができるのです。」「わたくしはまるで霧の中にいるようでございます。主イエス・キリストから遥かに遠く、思いは一向に定まらず、救いを希求することさらに少なく、祈りは怠け放題、実にこのわたくしの状態以上に苦しいものはございません[4]。」

アンナはフォーチイの前に文字通り拝跪した。まもなく彼が首都を離れ、ノヴゴロド近郊の三つの修道院を転々とすると、みずから幾度もそこを訪れる。フォーチイのほうも彼女を庵室に迎え、深夜まで語らい、上京の際は彼女のもとを足しげくたずね、果てはそこに滞在し、モスクワへ招かれては、彼のいう「王宮のような」彼女の屋敷に旅装を解く。この間、二二年、二人は信仰上の「父」と「娘」、つまりフォーチイがアンナの聴悔司祭となる一方、あり余る彼女の富は彼と彼の修道院に洪水のように注がれる。

次に掲げるフォーチイの言葉は、彼の女性にたいする見方を示し、従ってまた彼のアンナへの対し方がきわめて異例であったこと、彼にとってアンナが特別な女性であったことを浮き彫りにするのではあるまいか。引用は一八二一年の弟宛の手紙からで、やはり司祭であった彼が妻とともに兄をたずねたあとらしい。「おまえはわたしがおまえと妻を冷たく扱い、少ししか贈り物をしなかったと怒っている。わたしはおまえにたいして修道士として振舞ったのだ。この夏自分の母とさえ会わなかったのだから、おまえの妻と会うことはこれからもない。女子修道院長だろうと、公爵夫人だろうと、伯爵夫人だろうと、将軍夫人だろうと会わない以上、どうしておまえの妻と会うことができるかね。彼女は庵室の入り口の間にいただけだが、それすらわたしには辛かった。ああ、おまえの信仰のなんという薄さ、修道生活の理解のなんという浅さ！　いいかね、修道士にとっては見るだけでも毒になるのだ。[5]」

フォーチイがアンナに及ぼした力、裏返せばアンナのフォーチイへの傾倒ぶりについては、フォーチイ本人が自伝で語り、別人の証言でも確かめられる次のエピソードを挙げておこう。モスクワのアンナ邸では、銀製で真珠や宝石をはめ込んだ人や動物のグロテスクなミニアチュアが卓上を飾っていたそうで、それらは十六、十七世紀にニュルンベルクやアウグスブルクの名のある工房でつくられたものらしい。また、その庭には裸の男女もまじる異教の神々の大理石像が据えてあった。フォーチイはこれらの一掃を命じ、それはただちに実行された。貴重なコレクションと石像は、絵画もくわわってまる三日間アンナの館から吐き出され、市内のその種の店々に氾濫したという。もっとも、真珠や宝石はまえもって抜き取られていたそうで、それらは改めて聖像画などに用いられ、フォーチイみずから主宰する修道院に収まった。

こうしたいかにも親密すぎる二人の関係が人々の口の端にのぼり、いかがわしい噂が立つのに時間はかからなかった。例えば、詩聖プーシキンの名で流布した戯れ歌二篇はこれをあからさまにスキャンダルとして槍玉にあげ、アンナを指していう。「敬虔なる女性の／魂は神に帰依すれど、／罪深き肉体は／掌院フォーチイに帰依す。[6]」二人の結びつきはこのあと二十年代後半以降一段と強まり、噂は宗務院でも取り上げられる。だが、噂は所詮噂であって、フォーチイの自伝や手紙から見る限り、これは不当な濡れ衣といわざるをえない。とはいえ、この関係が純粋に宗教的な動機だけで割り切れるかといえば、少なくともフォーチイについては、どうやら疑問符がつく。

問題は彼がアンナの富を存分に利用したことにある。もともと彼の狙いがそこにあったのかどうか、はなはだ微妙でにわかに断定しかねるけれども、そうした疑惑がのちのちまで広く支持されてきたことは事実であって、実際、さきに示したアンナの出家遁世の願いに水をさしたり、あらたに持ち上がった縁談を彼女に断念させたりした行為は、従来主張されているように[7]、このロシアでもっとも豊かな女性の一人を手放さず、繋ぎ留めておこうとする意図の露骨なあらわれと見えなくもない。出家の件でいえば、フォーチイはそれを喜ぶどころか、「神の国」は「俗界」にあっても与ることができるとか、当初の「熱意」にもかかわらずのちに修道生活を「憎悪」する者もあるとか説いて引き止めにおおわらわで、たしかに、これには首をひねらされる。また、彼の自伝には「結婚の考えそのものを捨てよ」とアンナに直言したとある。それは一八二二年のことで、理由のひとつに彼女の年齢が挙げられ、さらに曰く、「処女の輝き」をもつ瞳以外「御身は生来肉体の美を有せず」、従って、御身がのぞまれるのは、「富と名誉と家門ゆえにて、「愛ゆえに非ず」。御身結婚にて「わが魂を救い」、「他者を益せんとすれば」、御身の夫たるべきは主よりほかになく、この「結婚」にてこうむる試練に耐え抜くよう心せよ、という。あるいは、フォーチイは性の営みを知らない「純潔」をつねに賛美して倦まなかったが、そうしたアンナ宛の手紙の一通からも数行抜き出せば、「肉体にて包まれし人間を天使に似さしむるに、純潔と清浄にまさる美徳なし。」「御身は処女なれば、終りまで処女にてあるほうが幸せなり、神意なり。」果たして、一方で「主」への献身をもとめながら、他方で僧院の門から押し戻すとは、矛盾といえば矛盾、少なくとも素直に頷けないのではなかろうか。勿論、これらのフォーチイの言葉を別様に受け取ることも可能だろう。ただそれを彼の行動をはじめ一連の経緯を通じて眺めるとき、どうしても前記の疑問を棄てきれないのは致し方ない。

さきにフォーチイを揶揄したエピグラムを掲げておいたが、いまのはなしに関連して、ここでもう一度、当否はさておき、同時代の目に映った彼の姿を身近な目撃者に語らせたい。資料は一八二六年一月付の手紙で、アンナのもとの農奴たちが彼女の行状を見るに忍びず、彼女に訴えたもの。「ああ、あなたさまが強欲で狡猾で愚かな狼の手に落ちてしまわれたとは、卑しき僕なれど心ある者には辛いことでございます。あの男はあなたさまのもとで日夜過ごし、それは聖職者の掟に背き、広く正教徒を惑わしました。あの男はあなたさまを頭の天辺から爪先まで虜にしてしまいました。（中略）あなたさまはあの男のまえに見苦しいほどわが身を貶めたのです。あなたさまはあの男のためならこの世の何物も惜しまぬおつもり。あの男のほうは、あなたさまの熱中ぶりを見てあなたさまから容赦なく巻き上げていて、やがて糸屑一本残さず、あなたさまと神様からあなたさまに託された百姓たちとを破産させるに違いない。」「よくよくお考えください。地獄の松明にあらぬまことの法灯が、か弱き女性ばかり、それもお金持ちの女性ばかりを照らし、賢い男たちを悪魔のように恐れましょうか。（中略）赤貧をいとわず、毛の衣をまとったまことの苦行者が、装身具や豪華な衣装、ダイヤの飾り、黒貂や銀狐の外套を追いかけましょうか。フランネルのシャツを着たり、豪華な制服を着た従僕を従えてきらびやかな四頭立ての馬車を乗りまわしたり、その従僕たちを蔑み、家畜のように扱いましょうか。[8]」

　フォーチイがなぜアンナを支配することができたのか、彼女はなぜあれほどに彼に仕えたのか——これまでの記述はこの疑問に部分的に答えるにとどまるだろう。たしかにこの問題では核心となる事実といったものを明確に指摘することが難しく、周辺の事実を組み合わせて推理を試みるしかなく、従来彼を扱った論文などもその例に漏れない。つまり、外にあらわれる事実よりも内にはたらく心理の解明に踏み込まざるをえないわけだが、本書ではそうした課題はひとまず措く。代わりに、すでに引いた回想の中の次の証言だけをつけくわえておこう。アンナがフォーチイに近づき、教えをもとめた時、彼は「他の人々がはばかって仄めかすことさえしなかったことをずばりといった。『あなたは自分の富をあまり自慢されるな。あなたの富は罪深く、犯罪によってえたものだから。』」この言葉が一七六二年のクーデターを指していることは念を押すまでもないけれども、証言はつづけて、ここではじめて一家の暗い過去を知った彼女はその「富」を惜しまずに「善行」を積み、「父の魂を救おう」と決意、この「秘密を明かした」フォーチイの「導きに完全に服し、フォーチイは彼女の財産を取り仕切り、すべての行動に助言を与える者になった」という。[9] とはいえ、この証言とて未確認で、とくにこの時までアンナが一家の恥部について無知であったとはいかにも信じ難いのだが、まったく度外視するわけにもいかない情報のひとつとして記しておく。

　ともあれ、フォーチイの勝利は完璧だった。二二年のアンナ宛の手紙には、彼の快哉の叫びが聞き取れるのかもしれない。「わが霊の娘、敬虔なる処女よ、御身のすべてよりして、御身がその心より流れ出ずる清き純潔の雫もて肉の人間を死なしめ、肉欲を消し去れりと知れば、いかにして予の喜ばずにおれようか。都一番の高貴、高潔、高名な花婿すら持ちうる御身の結婚を主が押し止めたるを見て、心楽しまずにおれようか。御身、主の恩寵にて、天上の幸を受けんがため世俗の幸一切を顧みざれば、予、主に感謝せずにおれようか。御身、キリストに出会い、永遠の生の道、天国への道をお示しあれと請わんがため、金銀を惜しまず、すべてを潔く分かち与えたれば、予、主に感謝せずにおれようか。[10]」

アンナの宮廷とのつながりも忘れてならない。彼女は皇太后のおそばに仕え、右に述べた結婚のはなしも皇太后みずから彼女に勧めたもので、相手は皇族の一員だったという。こうした宮廷との絆は、治世が替わった二十年代の後半も同様で、手始めのニコライ一世のモスクワでの戴冠式には新皇后に随行、その際、自分の屋敷の馬場で祝賀の大舞踏会を催した。再びプーシキンの、今度は紛れもない彼の手紙が伝えるには、当日の招待客、その数一千という。[11]この例からもうかがえるように、アンナは信仰に沈潜する一方、宮廷はもとより、社交界とのかかわりも依然失わずにいわば二重の生活を続けていて、それがフォーチイの意思に沿うことは繰り返すまでもない。実際、彼にとってそういう彼女が経済的に劣らず政治的にも頼みになるパートナーたることは容易に想像できるのであって、これについてはすぐあとの次章が多少とも明らかにするだろう。

数々の恩恵にもかかわらず、フォーチイはアンナを文字通り顧で使い、横柄に振舞ってまわりの人々を憤慨させた。いや、こういういい方はあまり適当でない。つまり、そうしたことは決してこの場合に限らないということだ。この土気色の顔にぎょろりとした目、痩身、背丈も中背にみたない修道士には、生前死後を問わず、ごく疎らな賛辞をかき消す非難、反感、嫌悪の声が渦巻いている。粗野、無学、尊大、独善、狂信、誇大妄想、さらに野心家、陰謀家、そして売名家、偽善者、等々。これらの評語が、果して真実かどうか、それを見定めるにはなおしばらく事実の探索を続けなければならないが、ここで、アンナとのかかわりで先へ進み過ぎた叙述を前章の終りの時点に戻し、当時の聖書協会、神秘主義者やマソンの運動に挑み、ついにその帰趨を決したフォーチイの闘いにはなしを移そう。

第6章

フォーチイの自伝はさしずめ彼がくりひろげたわが闘争の記録で、それは神学大学の時期にはじまる。彼にいわせると、当時「大学に共通のキリストの精神、共通の知、共通の教義、共通の信仰のあらざりき。」つまり、この正教の砦にも神秘主義のうねりが押し寄せ、侵入していたということなのだが、例えば、その教祖の一人、シュティリングの著書にここ神学大学の学生までが「魅了され」ていて、フォーチイは単身それを論破し、病床にある友にはこれこそ病いの源と説き、読むなかれとたしなめたという。だが、これはいわば前哨戦、彼が公然と闘争の舞台に躍り出たのは、陸軍幼年学校の教師時代である。自伝によると、一八一八年、フォーチイは「天上のお告げ」に再三接して邪教追放の使命を自覚し、そのための「力」がみずからに与えられていることを確信、以後、「教会で、教室で、路上で、自分の庵室で、そして機会さえあればどこででも」異端の徒を告発してやまない。あるいは、全生徒をまえに、「呪いあれ《アナテマ》」と叫びながら不浄の書を裂き、火に投じた。さきのアンナがフォーチイのことを知ったのもこの頃のようで、後年彼女は次のように語ったと伝えられる。「あの方は幼年学校の神法教師で若い修道士だった頃、当時流行していた誤った信仰の摘発に乗り出し、その勇気、その大胆さでわたしの関心を引いたのです。宮廷をはじめ、だれもがあの方に反対しました。あの方はそれを恐れませんでした。[1]」彼はみずから立っただけでない。正教会の指導者たちが、アレクサンドル一世を後ろ楯とするゴリーツィンの威光のまえでおしなべて沈黙、あるいは日和見に終始していたことはすでに述べたけれども、フォーチイはそれに苛立ち、思うところを彼らに直言したと自伝はいう。そういういい分を踏まえてか、さきの神学校長インノケンチイのゴリーツィン弾劾状の一件もフォーチイが焚きつけたとする説が見られるが[2]、そういうこともあろうか。

この間、投獄や流刑のおそればかりか、マソンによって生命すら危険にさらされていたとはフォーチイ自身の言だが、真否のほどは不明である。いずれにせよ、敢然闘いの声をあげたフォーチイを正教会ははらはらしながら眺めていたに相違ない。自伝には府主教ミハイルが彼に自制を促す場面もあってそうした一端をうかがわせるが、この点を裏書きする証人として挙げておきたいのが右のインノケンチイである。一八一九年六月、彼が検閲の責任を問われて新任地ペンザに病いの身を落ちつけるまでの経緯は既述の通り。その地からフォーチイの手紙に答えてこう書く。「いい争いに深入りするなかれ。平和の使者たるわれらが主に、われら自身、われらの感情、われらの生活、われらを取り巻くわれらの隣人の和解をまず祈れ。さすれば、遠き人々も、仲悪しき集団も、反目しあう教会も和解をはじめん。[3]」

一八二〇年、インノケンチイの危惧は現実になった。七月、府主教ミハイルはフォーチイをノヴゴロド郊外のさびれ果てた第三級修道院の院長に任命、九月、フォーチイは首都を去る。彼はこの時の手紙で「秘密の結社や信仰と教会にたいする公然たる敵の圧力」が彼を「追放」したと断じたが、この見方は四年後の覚書でも十数年後の自伝でも変えていない。直接の引き金はこの四月にカザン大聖堂でおこなった説教だという。たしかに、これに関してわれわれの目に触れる確実な資料はないけれども、多分真相は大枠で彼のいうところからそう外れていないのではないか。もっとも、幼年学校では彼の教師としての能力や適性に疑問を投げる向きがあり、とくに校長は更迭をのぞんだようなので、こちらの事情も無視するわけにいかないのかもしれない。いずれにせよ、この件でははっきりした輪郭すら描くに至らないが、ついでにいえば、正教会の首脳部、具体的には府主教ミハイルの態度もなんともぼやけている。こうした点についてはすでに指摘済みだが、フォーチイの自伝で見る限り、彼の悲憤慷慨をよそにミハイルがことを運ぶさまはいかにも淡々、フォーチイのほうはこれを冷淡と受け取っているけれども、ミハイル自身、争いの種を遠ざけるほうをよしとしたのではないかとの印象を拭えない。[4]

あらたに託された修道院の荒廃ぶりは、さすがにフォーチイも愕然としたらしい。もっとも、そうしたことは当時決して稀有な例とはいえなかったようで、そのたぐいの修道院のひとつを垣間見せるものとして、以下の彼の手紙はなかなか興味深い証言といえようか。「予はほとんど壁のみ残れるところに着きしが、その壁も教会堂ですら屋根は朽ち雨は漏りて此処彼処腐り果てたり。予、僧坊に着きしが、そこに一片のパンも一粒の麦もなく、礼拝用の聖油、葡萄酒、その他もろもろなく、庵室に錠も桶もなく、若き僧たちは貧しさ極まりて辛うじてぼろぼろの服を身にまとえり。」後年の自伝からも引用すれば、教会堂の惨状に続いて、「庵室は此処彼処屋根も床もなし。此処彼処暖炉もドアも窓もなし。此処彼処ドアもなし。塀はまるまる半分此処彼処で傾き倒れかかりつっかい棒す。此処彼処で塔崩れリ」などなど。ドアもガラスも暖炉もない空っぽなあばら庵室。真ん中に干草が積んであり、その中に人間が一人。フォーチイの問いかけにその男はこう答えたという。「干草にもぐり込んで寝るんです、ご覧のぼろ服のほかになにもないものですから。」[5]

右に挙げた手紙は、フォーチイが着任早々アンナ・オルロヴァ＝チェスメンスカヤに書いたものだが、そのあとのほうにこう続く。「御身はその慈しみにてなんぴとにも先んじてわれを訪れぬ。御身はわが悲しき住処にわれを訪れし最初の人なり。なにとぞ、われらが住処へ御身の慈しみを変わらず注ぎ給え。哀れなフォーチイ！　汝、神法教師として献身的且つ栄えある四年を過ごせるのち、たかだか修道院長とは！　汝、一二〇〇ルーブリの俸給その他を受けしのちに二〇〇ルーブリにて暮らし、全員の身をおもんばからねばならぬとは。[6]」念を押すまでもなく、ことは物質的な窮状にかかわっていて、いうところの「慈しみ」とはそれにたいする援助にほかならず、おそらくアンナは新院長のあとを追うようにその手を差し伸べたのであろう。そして個々の事実は確認できないものの、文中のフォーチイののぞみに彼女が十分に応えたことは想像に難くない。

一八二二年一月、フォーチイは別の第三級修道院へ移り、掌院に昇格、四月、許されて上京、アレクサンドル・ネフスキイ修道院に滞在、再び首都において活躍の機会をえる。既述の通り、前年三月に府主教ミハイルが死去、世評によれば大臣ゴリーツィンとの確執の末の憤死ということになるが、そのあとを保守派のセラフィームが襲い、ふたつの陣営の対立の歴史は新しい段階を迎えていた。フォーチイを呼び戻したのはそのセラフィームで、たしかにこのとき彼に強力な援軍を拒む理由はなかった。しかし、以後の展開と重ね合わせて考えるとき、この一連の復権劇の舞台裏の主役がアンナであったことはほとんど疑いない。いまや彼女のあつい庇護にくわえて、受難者の後光をまとったフォーチイの威信はたかまり、その活動の第二幕がはじまる。

第7章

フォーチイの自伝によれば、一八二二年、上京の翌月、アレクサンドル・ネフスキイ修道院内の献堂式で彼は宗務・教育大臣ゴリーツィンと出会い、はじめて言葉をかわした。大臣は早速フォーチイを自宅へ招く。指定の日に訪れた彼を大臣は「あたたかく迎え、一時間半ばかり語りあった」。これを皮切りに、大臣の願いに応えて、「聖書や教会の教義や信仰心」をめぐって両者の語りあう日が幾度も繰り返される。それはアンナ宅でおこなわれて、「つねに」数時間つづき、「九時間」に及んだこともあり、こうしてゴリーツィンはフォーチイにすっかり心服したという。

この多分に予想を裏切る展開について、同じく自伝には、そのころゴリーツィンは皇帝の不興を買っていた。そこでフォーチイは彼のあとに彼にもまして「凶暴な獣」が座るやも知れぬと危惧し、彼を排斥することをせず、「ゴリーツィン公爵、この実らぬイチジクからもなにかの実が生るまいかと考え」、対立する彼と府主教セラフィームの「協調を図ることに決め」、その結果、フォーチイ自身を含めた三者の間に「憎しみ」に代わって「愛」が支配するようになった、とある。にわかに信じ難いはなしのようにも聞こえるが、果たしてどうか。

意外なことに、事実の経過は、内実はしばらく措くとしても、外側から見る限り右のフォーチイの記述の通りなのである。まず、当時つまり一八二一年から二二年にかけて皇帝アレクサンドルとゴリーツィンの間にはすきま風が吹いていた。その余波もあって、大臣としての彼の周囲には順風が止んで逆風が立ちはじめ、彼自身の言葉を借りれば、「みんながわたしに背をむけました。部下でさえわたしにたいして陰謀をめぐらす始末で、攻撃は間断なく次々に襲ってきました。」ほかならぬフォーチイに告白したところによれば、彼は辞職はおろか死すら願ったという。この間の事情についてここで具体的に立ち入ることは控えるけれども、ともかくゴリーツィンが苦境にあったことはたしかである。ただし、フォーチイがそういうゴリーツィンとの対決を避け、一時休戦を選んだ理由が彼みずからいう通りかどうか、確認の手段はない。

ゴリーツィンは二十歳年下の修道士にすすんで教えを請い、両者は時に膝を突き合わせ、多くはペンをとって約二年の間親しく交わった。それを示す資料にゴリーツィンのフォーチイ宛手紙六十一通、アンナ宛手紙十一通が残されているが、[1] そこにあるのは終始フォーチイを師と崇め、その言葉に随喜する彼の姿で、例えば一八二三年八月の手紙で見れば、「御身にお目にかかった最初の日から覚えた親愛の情は、いまに至るも変わらず、御身以前になんぴとにも抱いたことのない特別なものです。小生が期待するのは、われらの間につねに在す主イエス・キリストが小生の御身への愛を刻一刻清め、われらが主において固く結ばれることであります。」フォーチイのほうもよくこれに応え、彼の手紙は現在われわれの目に触れないけれども、その一端をいまのゴリーツィンの手紙を介して記すと、ゴリーツィン曰く、芳書拝受、「しかし、お便りなきとて小生ももはや不平を申しませぬ、御身の手紙に、御身が時として沈黙する間も手紙で語らう以上に小生と一体であり、御身の祈りが手紙以上に小生を益するとあるからには。」アンナ・オルロヴァ＝チェスメンスカヤともゴリーツィンは共にフォーチイを頂く絆で結ばれた。主イエスとのかかわりで彼はこのフォーチイの「娘」を「わが妹」と呼び、師がペンをもって彼に説くところをみずから書き写して彼女に送る。

こうした一見蜜月ともみえる関係を額面通り受け取るに

せよ、受け取らぬにせよ、疑問の余地ない確証といったものはない。そう断ったうえであえていえば、ゴリーツィンについては、彼の誠意をおおよそ信じていいのではなかろうか。理由の第一は右に挙げたフォーチイとアンナ宛の手紙そのもので、この引きも切らぬ信仰告白、心情の吐露を単なる儀礼や意図的な巧言、甘言の類に帰するならば[2]、いかにも不自然のそしりを免れまい。理由の第二は彼が第三者にたいしてフォーチイに言及している場合で、これには同じ神秘主義の陣営の一人、既出のクリュデナー夫人への手紙が好例といってよく、そこでゴリーツィンはフォーチイに讃辞を惜しまず、「彼のはなしは、命の水の源です」といい切っている[3]。それとならんで、ゴリーツィンの府主教セラフィームへの敬愛の念も、このクリュデナー夫人宛の手紙が物語っていることをつけくわえておこう。

ゴリーツィンの宗教的信条のフォーチイのそれとの隔りは、繰り返すまでもない。しかし、彼がロシア正教会とのつながりを軽んじるつもりがないことは第I部で述べた通り。そしてなによりも、その信条の核心はすべてのキリスト教徒の宗派を超えた「統一」で、それを彼は「主における統一」とか「主への愛における統一」とか種々いいあらわしているけれども、いずれにせよこの曖昧模糊とした大同団結を掲げて大臣としての彼が諸宗派の共存を打ち出していたことも既述の通りである。そういうゴリーツィンであれば、対立の傷口があらわにならぬ限り、フォーチイの一途な信仰生活を讃え、その恵みに与ろうとしても決して不思議ではなかろう。付言すれば、このゴリーツィンなる人物、たいへん温和な、気立てのいい人物だったらしい。彼にたいして好意的な側もそうでない側も、そうした人物評ではおおむね一致する。つまり、いまの場合、そうした好人物ということも手伝っているのかもしれない。さらにいえば、この時期の政治的な苦境、それからくる精神的な落ち込みも、あるいは後押ししたとも考えられる。彼のフォーチイとアンナ宛の手紙が示すフォーチイへの対し方は文字通り崇拝にひとしく、それもいささか度がすぎ、ときに面映ゆいほどで、そこにはなにがしか相手におもねる響きも感じられなくない。アンナは朝廷の覚えめでたい名門の女性、すぐあとで見るように、フォーチイは皇帝の厚い信頼をえる。みずから知ってか知らずか、ゴリーツィンも彼らの意を迎える気持ちを多少とも抑えきれなかったのだろうか。

一方、フォーチイのほうはどうだろう。それをうかがうには、彼の自伝のもう少し先を読んでみる必要があるようだ。

最初の出会いの半月後、六月五日、フォーチイはゴリーツィンのはからいでアレクサンドル一世に拝謁、祝福を与えた。もっとも、自伝には、彼は大臣の懇請や府主教たちの賛同にもかかわらず、「われ御前にて如何にすべき、なにゆえの拝謁ぞ」と固辞したすえ、「天上のお告げ」に従うと言明、まもなく二度にわたって夢に聖ゲオルギイが現れ、行くべき道を指したとある。後半の「お告げ」について真偽は不明、自己の行く手の至るところに「神の指」を見る自伝の記述の一例にすぎない。問題は前半で、そこにはアレクサンドル一世の聖書運動その他への傾倒や庇護にたいする非難が透いて見え、フォーチイの胸中、たしかに穏やかでなかったと想像される。だが、会見は大成功だった。

その模様を伝える資料は本人の自伝しかないが、それに従えば、皇帝は恭しく、一心に修道士の言葉に聞き入る。その様子にフォーチイ、「聖なる教会と祖国」に仇なす邪教追放の急務なることを説き、全能なる皇帝の決断をうながすこと一時間半、結びは、これら「隠れた敵を不意打ちし、公けに禁止しなければなりませぬ。」会見の間アレクサンドルは再三フォーチイに祝福をもとめ、終りに臨んで彼のまえに跪き、深々と頭を垂れたという。[4]

同じ六月の末と思われる頃、フォーチイは皇太后マリヤ・フョードロヴナにも拝謁した。今度はアンナが一役買っているらしい。席上、彼は「ゴリーツィン公爵やその他の信仰の敵、無法の息子ども」についても「ことこまかに」言上した。もっとも、第Ⅱ部でも触れたように、皇太后はさきに詳述した当時の教育行政におおいに不満だったが、フォーチイは大臣ゴリーツィンを弁護し、悪いのは「まわりの面々」と弁じたそうだけれども。

これはどういうことか。もし右の自伝のいう通りなら、フォーチイは見事にゴリーツィンを出し抜いたことになる。つまり、表で手をさしのべ、裏で足元を掘り崩す両面作戦の展開である。事実、自伝は、ゴリーツィンの「たっての願いにもかかわらず」フォーチイも皇帝もこのとき「ひそかに」話し合ったことを一切彼に洩らさなかった、といとも素直に記している。皇太后との会見についても、とくに言及はないものの、同様に違いない。

従来、おおかたの見方は、ゴリーツィンの人の好さに乗じたフォーチイのだまし打ち説に傾いている。[5] やがて明らかになるように、一八二四年四月、両者はそれぞれ本来の立場に戻って正面から衝突する。その際フォーチイはそれまでの二年間ゴリーツィンに「誤り」をただすよう説きつづけたと主張するはずだが、既述のゴリーツィンの手紙にはそれらしい痕跡は見出せない。そこには、ゴリーツィンの信仰は勿論、なによりも許し難い権力者としての彼の振舞いに当然向けられるはずのフォーチイの異議、批判にたいするゴリーツィンの釈明なり反論なりが皆無なのである。二人の間のなんらかの重大な意見の齟齬、感情のもつれを想像する手掛かりすら見当らない。こうしたことから、少なくとも現在知られている資料による限り、本書の筆者も、結果的にフォーチイ謀略説を支持せざるをえないけれども、ただ事態は見た目よりも少々複雑ではあるらしい。

フォーチイが、隔意ない関係にあった人物に宛てた手紙が残っていて、なかに、一八二三年、ゴリーツィンに言及した一通がある。その一部。「ゴリーツィン氏とかならず近づきになるべし。たとえ御身に百人の親類があるにせよ、一人の真のキリスト教徒はいかなる親類にもまして御身の頼りとならん。思うに、俗界にありては公爵に仕える以上のことを要せず。彼は友を裏切らず、敵すら辱めぬ。かかることはいまの世のいずこにもなし。予は心から、そしてキリストとのかかわりにおいて彼を愛する。(中略)彼は善人なり！」[6] どうやら、この言葉に嘘はありそうもない。とすると、フォーチイもゴリーツィンの人柄を高く買い、少なくともこの時点では「真のキリスト教徒」にかぞえていたことになろう。

確実な決め手には欠けるが、これまで述べてきたことを踏まえてフォーチイの胸の内を推し量れば、正教護持、異端駆逐を追求する一方、ゴリーツィンにたいしては当初もその後も迂回作戦をとり、みずから正教の信仰を説き、それを通して彼の変化にのぞみをかけたのではあるまいか。そうした戦略を描くには、右に記したゴリーツィン個人への見方に劣らず、おそらく、翳りはみえるとはいえ依然皇帝との古い友情で結ばれた彼の威光への警戒心も働いたに相違なく、正教会の数々の受難劇を目撃したフォーチイであれば、これは異とするに当るまい。いずれにせよ、結果的にこれが一種の煙幕ともなって、ゴリーツィンは迂闊にもフォーチイ一派の暗躍を見過ごし、やがて寝首をかかれることになる。それにしても、さきの皇帝との会見の場合と同じく、その大詰め段階での宮廷工作もすべては「極秘」におこなわれた、とフォーチイの自伝はいとも無造作に、誇らしげにさえいう。ゴリーツィンにしてみれば、これはまさしく裏切りであり、実際彼はそう受け取るはずだが、フォーチイのほうにはそうした自覚はまったくないらしい。

はなしが少々先走りしたが、再び一八二二年六月、フォーチイの皇帝拝謁後に戻ろう。同月、神法教師及び修道院長としてこれまで果たした功績に報いるため、フォーチイにたいし、その胸を飾る金とダイヤモンドの十字架が皇帝より授与と決定。つづく八月、彼はロシア最古の僧院のひとつ、第一級修道院たるユーリイ修道院の院長に任命された。このあとのほうは、自伝によれば、あらかじめ夢の中で聖ゲオルギイのお告げがあったそうだが、ともあれ、これらはいずれも府主教セラフィーム、ゴリーツィン、アンナらの尽力の賜物で、勿論、そこにはアレクサンドル一世の肩入れも欠かせない。実際、皇帝はこの間、フォーチイの例の胸の傷のことを知らされ、早速命をくだして医師を差し向けている。もっとも、その医師が証言するには、切開が必要という彼の言葉をフォーチイはこういって退けたそうだが。「わが罪深き生を主が望み給わずば、われただちに主の御前に罷りいずる覚悟なれど、わが体は切らせじ。」ただ彼は前年即ち一八二一年の弟宛の手紙に、この年に「三回」手術を受けたと記している[7]。とすると、アレクサンドル相手の右の場合は、あるいはフォーチイ一流のポーズ、思わせぶりな演技ということになるのだろうか。

どうやらアレクサンドル一世はフォーチイから強烈な印象を受けたらしい。それにしても、アレクサンドルといえば、先頃までフォーチイのいう「新しい宗教」に少なからず帰依し、手厚く庇護した本人である。これは一体どうしたことか。異形の僧の繰り出すおどろおどろしい託宣にたじろぎ、容易に軍門に下ったか。果して彼になにが起きたのか。

この問いに手短に答えるのはむずかしい。要は、この時期、アレクサンドルはかつての彼でなくなっているということである。いうならば、幻滅した夢想家。その胸の内は不安と不信が色濃く澱んでいる。ナポレオンを倒し、キリスト教の「愛ト正義ト平和ノ教エ」にもとづく新秩序の提唱したかつてのロシア皇帝は、いまヨーロッパ各地に広がる民衆の反乱に立ちすくみ、足元のバルカン半島への飛び火に戸惑い、老獪な宰相メッテルニヒがかかげる革命の幻に怯えては、その腕にすがる。憲法制定をはじめ国内改革の理想はこの間に遠のく。栄光のなかを生き急いだあとの、祭りのあとの虚脱感のようなものもあったのかもしれない。いずれにせよ、ここでは一つ一つ事実を挙げてはなしの流れを堰き止めることは避ける。このあとに続く一連の経過がアレクサンドルの変貌をおのずと明らかにするはずだから。

会見からほぼ二か月後の八月一日、内務大臣宛に一切の秘密結社を禁止する勅命がくだった。この勅命については第一部ですでに取り上げたが、その第一項にいわく、「アラユル秘密ノ団体ハ、ソレガマソンノ支部ソノ他ノイカナル名称ノモトニアルモコレヲ閉鎖シ、向後ソノ設立ヲ許スベカラズ。」前文にある通り、これは政情不安なヨーロッパ諸国の同様の措置に追随したもので、主眼は「国家ノ安寧」つまり革命の防止にある。ロシアにおいても、この時までに、もともとうさん臭い存在のマソンに止まらず、政治目的のための秘密結社の情報はアレクサンドルのもとへ届いていた。のちの憲兵長官、当時の近衛師団幕僚長A・X・ベンケンドルフによる未来のデカブリストたちの動静のくわしい報告書もそのひとつで、アレクサンドルはそうした警鐘を耳にしながら手を拱いていたけれども、フォーチイとの会見はその彼を動かして一歩を踏み出させる力になったようだ。勿論、フォーチイ焦眉の関心は人心を惑わす異端の徒の一掃にあって、彼自身は地下の政治組織などは知る由もなかったとおもわれるが、ともあれ、これによってマソンの団体は息の根を止められることになり、フォーチイ最初の勝利といってよかろう。付言すれば、この勅命、本来の目的である「国家ノ安寧」を脅かす革命運動の摘発にはなんの効もなく、フォーチイたちを喜ばせた政治的に無害な鼠一匹を捕えただけで終わった。

第8章

ノヴゴロド市より南へ流れを遡ること約三キロ、ヴォルホフ川左岸に立つユーリイ修道院は、一〇三〇年、キエフ大公ヤロスラフ賢帝(洗礼名ユーリイ)の創建にかかるロシア最古の修道院のひとつである。それは中世を通じて大修道院《ラウラ》の名で呼ばれ、十七世紀の戦乱や火災による破壊のあとも再建されて遺風を保っていたが、次の世紀、一七六四年、エカテリーナ二世のいわゆる教会財産世俗化の勅令により領地、領民を失ってからは荒廃の一途をたどっていた。府主教セラフィームがフォーチイをここへ配したうらには、その再興という狙いがあったようで、この場合の目当ては、無論、アンナの財産である。そういえば、さきにフォーチイが授かった金の十字架にしても、彼の自伝には、府主教はフォーチイがおこなったふたつの修道院の建て直しを多としてこれに報いたとあり、フォーチイ自身もこれをわが功績のごとくに記しているけれども、なんのことはない、この場合でもアンナという他人のなにやらで相撲をとっただけのはなしで、手柄よばわりもおこがましいといえなくない。

院長に着任早々、僧院の修復に手をつけるいとまもなく、フォーチイは思わぬ事件に見舞われた。一八二三年一月、ユーリイ修道院を襲った火災がそれである。自伝に従えば、火は院長棟の人気のない一隅から発して教会堂、庵室を含むこの棟のすべてを呑み尽したという。その他の被害については、この記述から詳らかでないが、いずれにせよ、これによって老朽化した建物はほぼ灰塵に帰したらしい。それにあるかあらぬか、この火事は修道院の面目を一新するためにフォーチイみずからおこしたものという自作自演説が流れ、彼自身も認めるように、モスクワ府主教フィラレートまでもそれに与していたけれども、自伝はそうした風説をいわれのない中傷と一蹴している。

ともあれ、課題は修道院の再建である。フォーチイの頼みの綱がアンナにあることは改めて繰り返すまでもない。まず第五章でも触れたモスクワ訪問だが、それは彼女の招きによるもので、目的は「彼女の寄進を直接受け取り、おもな修道院を見て回って」新しい修道院の構想を練るためだったそうで、出発が火事の十日後というから、冬の凍てついた道の溶け去る時を控えているとはいえ、まさに取るものも取り敢えずといったところである。あるいは、モスクワとの間を使者が往復し、府主教から旧都行きの許可をえて焼跡をあとにするまでわずか十日とは、いささか手回しがよすぎるといえばいえようか。

これを皮切りに、アンナの資金をもとにフォーチイは大規模な造営工事に乗り出す。やがてそれはこの国有数の偉容を誇ることになるが、その建物、所蔵品などの詳細にいまは立ち入らず[1]、この間、一八二五年にここを訪れたフォーチイの若き崇拝者が後年記した回想記の一場面だけを取り出しておく。工事中の修道院を見て回りながら、青年は教会堂で聖ゲオルギイの聖像画を目にし、「その豪華極まる飾りに驚いた。」聖者の兜に嵌め込んだ「鳩の卵ほど」の真珠を指してフォーチイはいう。『この真珠一個で百五十万はする。』つづく器具室では、「沢山の真新しい豪華な衣装」のなかから「肩当てに宝石をちりばめた祭袍」を示して、『この祭袍だけで二万はする。』さらに錫杖が四万、主教冠が二十五万、佩用聖像が七千という[2]。

ここでいうのは、紙幣ルーブリである。なにしろ半世紀後の回想なので、フォーチイ自身の記述などと照らし合わせて、かならずしも個々の記憶が正確とはいいきれないけれども、問題はそれではない。フォーチイがあれこれ贈り物の価値をルーブリで量るということ、それも得意然とそうしていること、このことは彼がその自伝でもおこなっていることで、彼にはごく自然な振舞いのようだが、こうした彼の一面もおそらくなにほどかの注目に値するであろう。

皇帝アレクサンドルからは、高さ「約二アルシン半」（約一・八m）、六個の螺鈿をつらねた十字架と同じく螺鈿の聖母就寝像がくだされた。いずれもある修道僧が聖地エルサレムと聖山アトスへの巡礼から持ち帰り、皇帝に献上したもので、ゴリーツィンに従えば、皇帝はフォーチイにたいする好意のあかしにこれを贈ったという。それが火災のふた月後で、さらにそのふた月後にはセラフィームとゴリーツィンの願いにこたえ、ユーリイ修道院へ毎年四千ルーブリを「永久に」支給する勅命をくだす。

フォーチイの権威はいまや揺るぎなかった。ある回想記の作者は、その頃、つまり一八二三年、首都のある会の席上、フォーチイが並みいる聖俗界の人士をよそに狷介そのものの構えをくずさず、作法を無視した振舞いにおよぶさまを書き残しているけれども、[3]おそらく、これは真実を外れていまい。他方、彼の胸中深く燃える炎もおとろえず、同年、もう一人の「娘」、詩人デルジャーヴィン未亡人宛の手紙の一節にいわく、「ああ！わが子よ！　予は、なおあまたの狼ども、野獣ども、われらの教会を堕落させんとする者どもを目にして悲しみ止まず！　嘆かわしくも、一同打ちそろい徒らなることにかまけて主の務めに思い至らず、ただ益なきわざをなし、雄弁術、哲学、弁証法を教える。キリストと使徒のわれらに教えしは、ただ清き心を持ち、善き行いにてその証しを立てることなり。たとえ労多くとも、主は予が死に至るまで不信の徒と闘い、勝利せんとするをお助けあらん。[4]」

そうしたフォーチイに府主教上京を促せども、「神託」なくば立たず、ようやく一八二四年一月、みずから皇帝を諭して教会を救う「幻」を見、決起の意思を固めた、とは約十年後の自伝の弁。ほんの数か月後の覚書には、「二月一日ペテルブルグへ呼び出さる」とあり、多分こちらは混じり気なしの事実のようで、たしかに一八二四年二月四日、彼は首都に着いた。

たたかいはいよいよ最終段階を迎える。ところで、通説では、以前からこの作戦の黒幕にはあのアレクセイ・アラクチェーエフ伯爵がいて、彼の狙いは、つぎつぎにライバルを蹴落としてきて最後に残った一人、アレクサンドル一世と古い友情で結ばれているゴリーツィンの追い落としにあったという。アラクチェーエフの関与については、時期や役割に未確認の部分が多いけれども、フォーチイの自伝はもとより、のちに触れる両者のかかわりの事実などから見ても、なんらかの加担があったと考えて差し支えなく、そうだとすると、このまぎれもない皇帝の右腕との政教提携がフォーチイの士気を鼓舞したことは十分想像がつく。

もう一人、反ゴリーツィン陣営に馳せ参じた人物を逸するわけにいかない。誰あろう、七年近くに及ぶ失意の身を当のゴリーツィンによって再び中央政界に引き上げられたあのカザン学区視学官、ミハイル・マグニツキイである。

第9章

カザン大学を皮切りに、祖国の教育を皇帝の権力と神の権威に捧げるため、ひたすら道を掃き清めるマグニツキイの熱意は休むことを知らなかった。二三年には、まず二月に大臣ゴリーツィンに覚書を提出、大学の教壇から哲学を即刻追放すべしと力説する。当代の哲学はフランス、ドイツのそれの「破壊的原理」にまみれ、哲学とは名のみにして、その実かの「光明派」にほかならず。それは単なる理論から現実の舞台へ移され、すでに「いくつか玉座」の転覆を来せり。その人民主権なる「マラーのいつわりのドグマ」について、既述の『自然法』の著者クニーツィンを思い出させながら、覚書のいわく、「神の敵がこの一件をクニーツィンの教壇からナポリ、マドリード、トリノ、リスボンの騒乱まで（中略）もっていくのに、わずか三年しか要しなかった。」マグニツキイは自説の裏付けに、「シェリングの瀆神的教説」の引き写しというモスクワ大学貴族寄宿学校用教科書外一点をつぶさに検討して覚書に付す。[1]マグニツキイは覚書を指して、五年の間、哲学の「危険」を「甲斐なく叫び」続けた末の最後のお願いといい、本官の考えの正しければよし、さもなくば職を免ぜらるもよしと結ぶ。もっとも、結果は彼の不退転の決意にもかかわらず、この「怪獣退治」にただちに応じる声はなく、やむなく彼も大学にたいする統制強化の提案に代えざるをえなくなる。

八月、今度は皇帝へ直接上奏文がマグニツキイから差し出された。[2]それは、国家評議会で進められている民法典編纂の方針に「一ロシア人貴族」として意見を具申するというもので、この編纂には二年前にシベリアから首都へ帰還かなったあのスペランスキイもかかわっていたが、マグニツキイはこのかつての庇護者と一蓮托生の憂き目に遭うまでの間を振り返り、本邦の法制の欠陥を本官は「当時誤った観点から眺めていた」けれども、その後「反対の立場」から検討し、以下の結論をえたという。すなわち、問題はわが国が、ローマ法とカトリックの宗法の結合の所産で、「われわれに無縁な」ヨーロッパの法を範としていることにある。われらが依るべきは、ユスチニアヌス帝亡きあと「九世紀にわたって」整備され、正教の宗法に合致したビザンチン法でなければならず、事実、この帝国が滅びたのち、この遺産はロシアに受け継がれ、あの会議法典の源にもなった。「東の皇帝からアレクセイ・ミハイロヴィチ帝まで」連綿とつづくこの「黄金の鎖を放棄したるは誰ぞ」。

専制君主制に相応しい往古の法からの逸脱はわが政体瓦解への道、とマグニツキイは相変わらず危機を訴えるが、この大時代で曖昧模糊たるビザンチン法なるものを、彼がみずからカザン大学の科目に登場させたことはすでに述べた通りである。

三か月後の十一月、マグニツキイは再び皇帝へ『国民教育試論』と題する上奏文を差し出した。[3] 例によって、彼の論そのものには格別新しいところはなく、正教と専制政体を万邦無比の「ふたつの宗教」と讃えたうえで、それは文字通り次の言葉に尽きる。分野を問わず、「ロシアの国民教育はふたつの原理に基づかねばなりません、すなわち、正教会の忠実な子、神のものなる専制君主の忠実な臣下の養成であります。」われわれにとうに食傷気味なこの種の主張をいま改めて蒸し返すまでもないけれども、そのうち一点だけ拾うとすれば、それは、前回の上奏文同様、さすがに名指しこそ控えたものの、ピョートル一世以後の治世にマグニツキイが背を向け、それ以前の「ウラジーミルの後継者たち」への回帰をここでも鮮明に打ち出していることで、彼自身どれほどそれを信じていたかどうかはさておき、これは記憶に留めておいて無駄ではない。だが、この上奏文で注目すべきはそうした議論よりもその実現のためのマグニツキイの提言だろう。彼にいわせれば、これには、彼のカザンでの実践をロシア全土のすべての教育機関へ拡大すればいい。カザンでの実績を踏まえれば、「宗教人、軍人、文民からなる委員会を組織し」、「国民教育の総合計画」を作成するのに「一年とかからないでしょう」。

この上奏文のその後の成り行きを筆者は知らない。おそらく、梨のつぶてにおわったのだろう。いずれにせよ、相も変わらぬ精勤ぶり、臆面もない自己宣伝にはおそれいるばかりだが、それにしても、所管大臣の頭越しの上奏文となると、ことは必ずしも穏やかではない。マグニツキイ自身はこの『国民教育試論』を「通常の職務の枠に収まらぬ」「忠誠の産物」と称し、「陛下よ、御身の足下にあらずんば、いずこに捧ぐべき」と訴える。彼がこうした挙に出た背後には、多分、さきにも触れたゴリーツィンの政治力の失速という事実があるに違いない。次章でくわしく見るように、翌年早々彼はゴリーツィン追い落しの陰謀にくわわり、脇役の一人を演ずるが、従来伝えられているところに従えば、彼はみずからその後釜に座るつもりだったという。いまの『試論』もそうした野心の先触れ、すでに彼が大臣の椅子に食指をそそられていたことを表しているのかもしれない。

そういうマグニツキイがスペランスキイ、ゴリーツィンと乗り継いで新たに庇護者に選んだのがアラクチェーエフ伯爵である。もっとも、どうやら以前から折あらば秋波を送っていたようだ。

両者の結びつきが疑いないものになる一八二四年よりまえ、ふたりがどのような関係にあったのか、詳しいことは分らない。後年マグニツキイのいうところに従えば、まだ国事犯の汚名を着せられ流謫の身をかこっていた一八一五年以降、彼はアラクチェーエフの「好意」に「絶えず」浴していたという。実際のつながりは、翌年、アラクチェーエフの領地、ノヴゴロド県グルジノ村へ身のあかしを立てるために出頭したのがはじまりらしい[4]。第Ⅱ部で述べた通り、この年八月、スペランスキイが追放を解かれ、ペンザ県知事に任命されるについてはアラクチェーエフが一枚噛んでいる。同時にヴォロネジ県の副知事を拝命したマグニツキイの場合も事情に違いはなかろう。

一八一七年四月のマグニツキイの手紙からは、右のグルジノ訪問の事実が読み取れる。そこで彼はアラクチェーエフの肖像画と「夢のような、忘れ難い」領地の版画を所望し、「小生と小生の家族にとってわが家にこの二つがなければならぬ重大な理由がいまもこれからも常にあるのです[5]」。

この直後の六月、マグニツキイはシムビルスク県の知事に転じた。しかし、その強引な県政はわずか八か月で行き詰まり、彼は一切を放り出し、再びアラクチェーエフをわずらわし休暇の許可をえて、辞意を胸にモスクワ、さらにペテルブルグへ旅発つ。この時から一八一八年の末まで、首都におけるマグニツキイの足取りは十分に明らかではないけれども、この間彼は求職運動で落ち着かない時を過していたはずである。

そうした一日、十一月二八日付のアラクチェーエフ宛の手紙がなかなか興味深い。手紙には「閣下のご注目に値する」と銘打った短いメモが同封されていて、次のように記している。昨日、ネフスキイ大通りの金細工師アルントの店に立ち寄った際、バルクライ・ド・トーリー公爵の肖像のついた指輪を見かけ、たずねたところ、「ポンマン大佐の団体」の注文で、値段は五〇ルーブリ、すでに三〇ないし四〇人から依頼を受けている由。このはなしから導き出せるのは、「さまざまな秘法、とくに催眠術をおこなうことで知られるポンマン氏を長とするなんらかの団体が実在すること」、そのしるしに「いかなる疑惑も招かない名士の肖像」を用いていること、「団体が富裕な者よりなるに相違ないこと」である[6]。

バルクライ・ド・トーリーは祖国戦争で名を挙げた将軍のことだろう。ポンマン大佐は不明だが、いずれにせよ、ここでマグニツキイは「摘発」を勧めていて、この通報、彼の面目躍如といえる。

ともあれ、一八一九年一月に彼はゴリーツィンに推されて中央教育審議会に足場を得、六月にカザン学区視学官の座を射止める。この年から五年間、筆者の手元にはアラクチェーエフとの関係を探るに足る資料はなく、そして一八二四年、いよいよマグニツキイはアラクチェーエフの傘のもと、同時代の証人の一人が「ユダの裏切り」とよぶ行為に及ぶ。[7]少々余談になるが、ゴリーツィンの元部下が伝えるには、アレクサンドル一世ははじめからそうした成り行きを予見していた。すなわち、五年前、マグニツキイの視学官任命の裁可をもとめるゴリーツィンに皇帝はこう警告したという。『予は予の大臣にその部下を選ばしむを常とす。ただし、あらかじめ汝に告ぐ、マグニツキイは汝を密告する最初の者ならん。』もっとも、マグニツキイ本人が語るには、審議会入りも視学官就任もいずれも陛下自身のご意思であって、とくにあとの場合には、『予は汝に白紙委任する』なるお言葉をいただいたとある。[8]どちらのはなしも、いかにも出来過ぎたはなしに聞えるが、あるいはアレクサンドルの日和見的、八方美人的な一面を示しているのだろうか。

マグニツキイがアラクチェーエフへ寝返った時期や経緯を具体的に跡づけることはできないけれども、一八二四年二月二日付の彼の手紙は両者の意思疎通の成立をうかがわせるに十分といえよう。そこでマグニツキイは反ゴリーツィンの情報提供者に見事に変身している。[9]そしてなによりの証拠は、同月十九日、カザン大学教授会が「全会一致」でアラクチェーエフを「本学の名誉会員」に推挙した事実で、これは首都における針路変更を如実に物語る。

こうしてアラクチェーエフの側に立ったマグニツキイはこの陣営の主役、フォーチイとも腕を組む。この出世主義者と狂信家の出会いは、伝聞によれば次のようであったという。場所は例のアンナ・オルロヴァ＝チェスメンスカヤ宅らしい。「フォーチイは客間の入り口で両手に蠟燭をささげて彼を迎え、無言で重々しく用意の椅子へ導いた。周りを貴婦人たちがぐるりと座を占め、オルロヴァ伯爵令嬢もいた。フォーチイはマグニツキイのかたわらに座り、数分間沈黙。それからテーブルの上の鈴をつかみ、力一杯ならしはじめた、ただし、一語も発せず。おそらくマグニツキイと彼は同意のしるしに視線を交わしたのであろう——そして二人の秘密の同盟が結ばれた。[10]」

第10章　ゴリーツィン追い落としがどのようにおこなわれたのか、

この当代の耳目を少なからず驚かした事件の真相なるものについては、当時もおおくの人が語り、その後もいろいろなところで取り上げられてよく知られていて、筆者としても手元の資料を洗い直してみても新しくつけくわえることは特にない。そう前置きをしたうえで、つぎにおおよその顚末を記すことにする。

発端は一冊の本である。著者は第I部ですでに紹介したヨハンネス・ゴッスナー。この聖書協会によって招かれたドイツ人が、ゴリーツィンの手厚い庇護のもと、カトリックの神父でありながら敬虔主義の信徒として説教壇に立ち、首都の正教徒までも熱狂させていたことはそこで述べた通り。本というのは『マタイによる福音書』の注釈書で、[1]これを彼の崇拝者たちがロシア語に翻訳、それが印刷所へまわったところで陰謀に巻き込まれた。つまり、刷り上がったページをひそかに手に入れ、出版に先んじて皇帝に告発し、淫祠邪教のスポンサーたるゴリーツィンの罪業を明るみに出すというもので、どうやらこの作戦、二四年三月に開始、指揮はマグニツキイがとったらしい。一味は当初の失敗にもかかわらず、まもなく校正刷りを騙し取ることに成功、あとはシナリオ通りに進み、後述するように、やがてこの一件、勅命により大臣会議に付されることになろう。

もっとも、従来大方の目はもっぱらこの秘密工作に注がれているけれども、実は、同じ頃、フォーチイが彼らから見た「有害な書物」の数々についてゴリーツィンに直接警告を発していた事実も忘れてはならない。三月十六日付ゴリーツィン宛の手紙によれば、そうした「もろもろの書物」から「ある信頼できる経験豊かな御仁」がつくった「抜粋」を彼はこの間ゴリーツィンに読んで聞かせていて、再度そうしたいとある。「さもなくば、御身らは不意の攻撃を受け驚愕せん。」手紙は、それら「書物」に関与しているゴリーツィン派の二人の名もあげ、彼らにも会って「救いの言葉」をかけたいという。フォーチイは翌日の手紙でも「御身の僕の声」に耳を貸すよう念を押す。[2]

たしかに、折りも折り、まさに戦機熟すこの時期にゴリーツィンへ宛てた右の手紙にはいささか戸惑わされる。フォーチイは、府主教セラフィームについて、尊師には「御身以上に愛する者なし」とか、自分とゴリーツィンについて、二人は「肉体と魂」のごとし、「われらはひとつなり」とか、彼らの間の「愛」をしきりに弁じる。こうした言葉を常々交わされた単なる常套句と片付けることもできようが、しかし、ここは、この時「愛をもって」ゴリーツィンに改心を迫ったという自伝の中のフォーチイの言[3]をおおよそ信じていいのではないか。おそらく彼にすればこれが最後の機会に見えたであろうし、その程度の「愛」を彼が抱いていたとしてもあながち不思議ではない。

その自伝によると、ゴリーツィンはフォーチイのすすめに応じなかった。この直後のことだろうか、同じく自伝によれば、宗務院の会議の席上、ある「きわめて重要な問題」でセラフィームがゴリーツィンに反対し、「激怒」した大臣は「野獣のように走り去り」、こうして彼は宗務院において「唯一」彼の意に従わぬ府主教の更迭を考え、一方、府主教は「時を移さず」みずから皇帝へ直訴する決意をしたという。真偽のほどは確かでない。確かなのは、正教会がいよいよ戦端を開いたことである。

このあとしばらくの間、フォーチイの自伝しかまとまった資料といえるものがなく、それが公平な証言かどうか疑問を残しながらも、以下、これに沿って記述をすすめざるをえない。四月四日、まずセラフィームがゴッスナーの一件に関する告発の文書二点を宮廷内の同志を通じ皇帝に提出、十二日、フォーチイが邪教弾劾の文書四点（うち一点は前記「抜粋」）を同じく提出した。勿論、いずれも「極秘」である。セラフィームの文書についてはフォーチイの口を介してしか知りえないが、彼自身のものは四点とも自伝に収められている。もっとも、その全部を合せればかなりの量で、個々に取り上げるには紙幅が許さないし、おそらくその必要もなさそうである。要するにこれはフォーチイの異端審問といえるもので、その対象もそこで用いられる論理も、すでに見た正教会とこの時代の新しい宗教集団、宗教思想との対立の構図を少しも出ない。フォーチイはそれらを悪魔の子、地獄の使者、反キリスト、カルボナリ等々とよび、正教の教会、正教の皇帝、正教の祖国、この聖三位一体を破壊する「革命」の危機を訴える。「知るべし、偉大な帝よ、主は予めわれにすべてを明かせり、向後も予めすべてを明かさん。われを通じ御身に語る主に従えば、いかなる災いもなし。」こうしてフォーチイはアレクサンドルによるべき指針を示すが、それは次の三点に絞れよう。すべてを胸中に留むべし、「あたかもなにごとも知らぬごとくに」。アラクチェーエフの協力をえるべし、「アラクチェーエフ伯爵なれば万事なし遂げん、彼は忠臣なり」。「二人の人物をその任より遠ざけるべし、一人はお側より、一人はその職より。」さすがにフォーチイも名指しこそ避けたが、後者がゴリーツィン、前者がその盟友の宮内官であることは誤解の余地がなかった[4]。

こうした工作の合間にも、フォーチイはゴリーツィンに説いて翻意を迫ったという。その努力も空しかったとは自伝の弁。裏づける資料はなにもないけれども、右の直訴は功を奏し、皇帝はさきの二人によって「引き込まれた迷いから抜け出した」とも自伝は語る。一種心の折れた観の「玉座のハムレット」は、容易にあらたな疑惑に惑わされ、狂信者が告げる神託に取り込まれたのだろうか。

四月十七日、まずセラフィームがアレクサンドルに召し出された。三日後、今度はフォーチイが呼ばれる。秘密の入口、秘密の階段より参れとのお達しである。いずれも詳しい言上をもとめられたもので、いわばこの造反劇のクライマックスとよぶに相応しく、従って、フォーチイの自伝もこれに多くのページを費やしている。ただ、二人が開陳したという議論にはここでも立ち入ることはしない。セラフィームの場合は、聖書協会や宗務・教育省にたいするそれも含めて、本書がこれまで述べてきた正教会の側の批判、非難の総ざらえといえば足りる。フォーチイはさらにそれを国家転覆の陰謀に仕立てて恫喝した。当然、ゴリーツィンについてもセラフィームは口をきわめて罪状をあばき、フォーチイが名指しは控えながらも即時罷免をもとめている。しかし、興味深いのはむしろこの場面の登場人物たちが見せた行動の数々で、それはいろいろな意味ではなはだ示唆的ですらある。

フォーチイがいうには、参内の当日セラフィームは出発の間際までぐずぐずと部屋を出たり入ったり、彼が「尊師よ、おじけしや？　われらに神あり！」云々と励まし、腕をとって連れ出し馬車に乗せる。府主教は馬車の中からさらにはなしかけようとしたが、フォーチイ、十字を切って御者に「行け」の一声。別な証言では、この日ネフスキイ修道院にはアラクチェーエフもいた。府主教は「長時間にわたる逡巡、説得、激励、懇願のあと」ようやく決心。いあわせた一人が語るには、府主教は馬車へ乗ったり降りたりを三度繰り返し、最後はフォーチイたちが抱えるようにして乗せたという。[5] この種の情報がすみずみまで事実のままかどうかひとまず措くとしても、あきらかにセラフィームは大舞台をまえに臆病風に吹かれたらしい。もともと小心な彼とはいえ、正教会の最高指導者としてこれはなんとも見苦しい。どうやら、この一幕、俗権への従属になじんだ教権のありようをうかがわせるうえで象徴的といえようか。ただし、本番の謁見の場では彼も十分に大役を果したとフォーチイの自伝にはある。いまの事件の数年後に書かれたと見られる筆者未詳の文書によると、セラフィームは敢然と直言し、白い僧帽を脱いで皇帝の足元に置き、のぞみがかなえられる約束がえられるまで、それを手にせぬといい放ったという。[6] もっとも、この文書も主眼が正教会の擁護にあり、ここのところもどこまで信用できるのかどうか。

マグニツキイは、伝えられるはなしでは、セラフィームのあとを馬車で追い、相変わらず逃げ腰の府主教の馬車がネフスキイ大通りから逸れそうになると、御者を叱咤して冬宮へ直行させた。彼自身が後年語ったとされるところでは、馬車で追いかけたあと、彼は皇居の車寄せに集まった人々にまじって府主教の出を待ち、その「満足した表情」を見届けると修道院へ取って返し、早速お祝いを言上したそうである。フォーチイの言に従えば、この日、府主教の謁見は午後七時に始まり、帰院は深夜の零時過ぎ。つまり、出発からほぼ六時間経つ。ただ、当日修道院にいたある主教によると、この間「二時間十五分」ほど。おそらく、あとのほうが事実に近いのだろうが、それにしても、右のマグニツキイの述懐、本当とすればいかにも彼らしい勤勉さといえようか。

ゴリーツィンは反対派の罠にいつ気づいたのだろう。フォーチイの言葉の通りなら、四月四日の府主教の直訴の文書の提出のあと、風向きの変化を感じ取ったようだが、まだ高をくくっていて、眼前のフォーチイを疑うことなど思いもよらなかったらしい。だが、二十日のフォーチイの参内は彼の知るところとなり、ここで怒りが爆発、翌日から翌々日に激しい詰問状を送りつけた。そうと分かるのは二二日付のフォーチイの手紙で、この手紙、彼のなかなかの策士ぶりを示す傑作のひとつといえるのかもしれない。

「予が御身の敵なりと御身に告げしは誰ぞ？」冒頭から手紙はこう切り出す。相手の失脚を画策していることなどおくびにも出さない。予の敵は「邪悪なる書物」なり。「予が皇帝をたずねしと御身に知らせしは誰ぞ？」御身にたいし予は悔い改めをすすめしはず。「御身なにゆえ予の奸計を暴きたてるや？　いかなる霊に耳打ちされしや？すべての霊を信ずべきにあらず、ためすべし、そは神のものなるや、と。」こうして矛先をはぐらかしながら、逆に硬軟両様に相手を攻める。すなわち、一方で、予は御身の「師にして父」、「神の僕」なり、「御身とてもし予に手を挙ぐれば、見るべし、たちまち大地御身らを呑み込まん、はたまた神の怒り御身らすべてにとこしえに及ばん」と威嚇。他方、相手の「苛立ちや憤怒」にたいして、「されど、予、御身を許す、神も御身のすべてを許さん、御身予の平安を乱さず、乱すことあたわざれば。」要するに、ゴリーツィンの非難は「中傷」であり、そうした彼の信仰や愛の不足こそ責められるべき、これがフォーチイの返答である。[7]

このあと両者対決、大詰めの会見となるが、これについてもフォーチイの側の記録しかなく、到底正確は期し難いけれども、そのひとつが彼がアレクサンドル一世に献じた手記で、これまたフォーチイの仕掛けた陰謀の内実、つまり彼がいかに皇帝を挑発したか、その内幕をのぞかせるよき見本でもある。それによると――

　四月二三日、ゴリーツィン来る。例の数々の書物、「革命を公言する」書物を差し止めよ、もしくは陛下へ奏上せよ、と「懇願」されて大臣はこう答えたという。『いまやわれ如何にせん？　すべての大学、学校ははや革命の態勢なり。』『わが故にあらず、陛下なり、陛下かかる御心にてかく望めり。』『止めるにははや遅し、すべて酣なり。』これはとてもありそうもないいい方である。ともかく、フォーチイはこの「聖なる教会と国家の敵」と二度と会うまいと決心したという。

　二五日、ゴリーツィン再び来る。フォーチイ、聖像のかたわらに立ち、蠟燭をともし、エレミヤ書第二十三章を開いて迎える。祝福を受けようとする大臣を彼は拒み、悪行の数々をあげ、聖書の前記の個所を示し、『読み、悔い改めよ！』。『読みたくなし』とゴリーツィンは応じ、「聖像に蔑みの一瞥をくれて向きをかえ、駆け出し」ていう、『汝の真理など耳にしたくなし』。フォーチイ重ねて諭すも、ゴリーツィン「嫌悪と敵意をあらわに」身を翻し、荒々しく扉を閉めて走り去る。フォーチイ扉を開け、後姿に叫ぶ、汝悔い改めず、皇帝に一切を明かさずば、『天国を見ず、地獄に堕ちん[8]』。会見が決裂したのは確かなようだが、これではゴリーツィンは悪鬼同然である。

　同日、ゴリーツィンに勅命あり、大臣会議が「全会一致」でゴッスナーの著書を正教と公共の秩序に反すると認めたことを受け、これを許可した検閲官から説明をもとめるよう命じるとともに、ゴッスナーを国外へ追放する措置をとったことを伝え、あわせて、今後の検閲のあり方について府主教セラフィームの意見を徴し、みずからのそれと共に提出するようもとめた。

　再びフォーチイの自伝に戻ると、この一日か二日後、アンナ宅を訪ねたゴリーツィンはそこで彼と顔を合わす。例のごとく激論が繰り返され、最後に決定的な場面を迎える。すなわち、フォーチイ、ゴリーツィンにむかい『主なる神は汝らすべてを罰さん。すみやかに滅ぼさん。呪いあれ《アナテマ》』云々。さらに急いで立ち去るゴリーツィンのうしろから『汝らすべてに呪いあれ』云々[9]。この身の程を知らぬ破門の宣告には驚くほかない。肥大した狂信のみがなしうる暴走であろう。フォーチイの周辺は色を失い、彼に降りかかる災厄をおそれてうろたえたそうで、実際、アレクサンドルの「怒り」についてはいずれ触れるけれども、ともかく噂は広がり、騒々しいスキャンダルに発展したらしい。

　フォーチイは追及の手を緩めなかった。彼の直訴の文書は、直後の四月二九日、五月七日と相次いで皇帝に届く。すべては彼の単独行、相変わらず弱気な府主教にさえ秘しておこなったという。延々と続く告発の内容は改めて述べるほどのことはなく、その中のひとつの題名だけをしるしておく。いわく、「ロシア転覆計画及び同計画を平穏に一挙に壊滅させる方策」。ここでいう「方策」は、さきの拝謁の際のご下問、「革命阻止の方策や如何に」に答えたもので、宗務・教育省の解体、聖書協会の閉鎖、宗務院の復権、ゴリーツィンらの罷免、外国人のフリー・メーソンやメソジストの追放を「神命」と称して迫る。

ゴリーツィンがいつ皇帝に辞意を伝えたのか分からない。ゴリーツィンがのちに語ったというはなしによると、その席でアレクサンドルは、彼自身もまえまえから「率直に話し合いたいと思っていた」といい、宗務・教育省を失敗とし、ゴリーツィンを解任し同省を廃止する意向を明らかにした。ただ、「朕の家族全員の最良の友」として彼のそばを離れず、国家評議会の議員と当時ゴリーツィンが兼務していた郵政局長の地位に留まるよう命じたそうだが。[10]

五月十五日、勅命あり、ゴリーツィンは大臣職を退く。いわゆる「二重省」は事実上解消し、教育局と宗教局の「外国宗教」を扱う第二課以下の三課は新教育大臣に引き継がれ、ギリシャ・ロシア正教担当の第一課は宗務院総監の所管とされる。「宗務院ノ業務ハ、宗務大臣ノ任命アルマデ、一八一七年十月二四日ノ本省設置以前ノママトス。」[11]

二日後の十七日、ゴリーツィンは創立以来のロシア聖書協会総裁を辞任した。そのあとはほかならぬノヴゴロド・ペテルブルグ府主教セラフィームが就任する。

新しく教育大臣に指名されたのは、七十歳の牢固とした保守派、A・C・シシコーフである。あらかじめ情報をえていたらしいフォーチイは、就任に先立つ五月十三日に祝福のエールを送り、「教会と祖国の敵」とたたかう「御身に口づけする」と書いた。

第Ⅳ部　革命家たち

П・И・ペステリ
Н・М・ムラヴィヨフ
С・П・トゥルベツコイ
К・Ф・ルィレーエフ
Е・П・オボレンスキイ
А・И・ヤクボーヴィチ
南北両結社の憲法草案
南北会談、戦線統一成らず
北部結社の「実行計画」
Я・И・ロストフツェフの通報
一八二五年十二月十四日
決起
指導部の脱落、逃亡
ペテルブルグ総督他一名狙撃
指揮官オボレンスキイ
潰走

第1章

一八二四年五月二四日、二〇歳のウクライナの青年、アレクサンドル・ニキチェンコは農奴身分からの脱出と大学への進学を夢見てサンクト・ペテルブルグへ着いた。だが、そこで待っていたのは、頼みの綱、宗務・教育大臣ゴリーツィン失脚の報である。ニキチェンコの落胆は想像に難くない。回想にも、失意のあまり、フォンタンカ運河のさざ波が「誘うがごとくに」彼に迫り、「やっとの思いでそこから目を逸らした」とあるけれども、ただ、当のゴリーツィンは約束にたがわず、シェレメチェフ伯爵にニキチェンコの解放を再三はたらきかけたという。しかし、結果は空しかった。理由は、ニキチェンコの言葉を借りれば、ゴリーツィン「自身の地位が揺らぎ、浅薄な人士たちはもはや彼の意を迎えることをおのれの義務と見なさなかった」からである。

そこへ思いがけない救いの手が現れた。なんと、革命詩人К・Ф・ルィレーエフ（一七九五―一八二五）である。ニキチェンコは故郷オストロゴシスク市の「友人兼保護者」の一人から託された依頼を果たすべく彼を訪ねたのだが、相手の身の上を聞いたルィレーエフは「その場でわたしのためのキャンペーンの計画をつくりあげた」。最初のそれは不発におわったものの、つづいて彼はニキチェンコに自分の生い立ちをしたためるよう促し、これをもとに同志を募り、その結果、シェレメチェフ伯爵が所属する近衛騎兵連隊の将校たちがこの若い当主を包囲して「圧力」をかけた。これら将校の名は、ニキチェンコ自身が手記の中で挙げている一人をふくめ六人が知られている。そのほか、同じく手記は、近衛フィンランド連隊の将校一人の名も記しているが、翌二五年十二月、われわれはのちにデカブリストの名で呼ばれる史上初の体制変革の反乱軍の中に彼ら全員の姿を見出すはずである。

こうした「圧力」にとどまらず、「わたしの支援者たち」は「上流社会」に噂を流し、「貴婦人たち」が共闘の列にくわわってシェレメチェフ伯爵は次第に窮地に追い込まれる。幾度か不本意な約束をさせられながらも、なお踏みとどまろうとする彼を、ニキチェンコの頼みにこたえた執事の一人がたくみに説き伏せ、ついに伯爵は解放証書に署名した。一八二四年十月十一日のことだという[1]。

以上がニキチェンコの手記の最終章「自由のための闘い」の概略である。なお、この時「自由」をえたのは、彼、アレクサンドル・ニキチェンコのみで、彼の一家は依然農奴の身分のまま留まったことをつけくわえておく。

念願の進学を可能にしたのも、やはりゴリーツィンだった。ニキチェンコの解放から十日余りあとの十月二四日、この前宗務・教育大臣があのペテルブルグ学区視学官代行ドミトリイ・ルーニチへ宛てた推薦の手紙が残っている。手紙は、これを持参する「ニキチェンコフなる者」についてお目にかかり次第おはなしすると前置きして、次のようにいう。「この青年はシェレメチェフ伯爵の農奴たりしが、このたび学問に一身を捧げるため自由の身とされ候。この興味ある青年に貴下のご高配をたまわり、大学にて講義を受くるの手段をお与えくださるよう、ここにご推薦申し上げ候。」[2] 明けて二五年、ニキチェンコはペテルブルグ大学哲学・法学部の聴講生になった。のちに娘ソフィアが生前の父のはなしとして伝えるところによると、この場合、中学校の課程を経ていないニキチェンコに次のような「異例」の措置がとられたという。すなわち、「学力検査抜きで一年次の講義を受けさせ、二年次への進級時に入学試験もあわせて課す」というもの。このはなしのはじめの部分は未確認だが、後半はニキチェンコ自身が日記のなかで言及している。一年後、二六年二月、彼は正規の学生になり、二年次へ進む。この間の日記の記述から、彼に学年末の試験のほかに正規の学生になるための試験が予定されていた事実が読み取れる。これを「入学試験」とよぶべきかどうか、筆者は知らないが、幸いニキチェンコはこの試験を免れたらしい。どうやら一年次の好成績が買われたようである。

現在公表されているニキチェンコの日記は、一八二六年一月一日からはじまる。[3] それで見る限り、大学生としての彼の生活には特筆すべきことはない。ペテルブルグ大学は、ルーニチや陰で糸を引くマグニツキイによって仕組まれた四教授事件の余震からまだ立ち直っていなかった。とくに有能なスタッフの大半を失った哲学・法学部の傷は深かった。ただ、学生の数は低迷からわずかながら漸増へ向かいつつあって、ニキチェンコが正規の学生に登録されるこの二月には、哲学・法学部三学年合せて私費学生十八人、国費学生三人、他の二学部をくわえた全学でそれぞれ三九人、十人、計四九人。当時は学生の出入りがはげしく、どの時点での数字か判然としないけれども、この年度には私費学生が五六人まで伸び、これに聴講生二四人を足して全体で九〇人に達したらしい。[4]

ニキチェンコは国費学生にならなかった。国費学生には、卒業後六年間、おもに地方で教員として勤務する義務が課されていたが、これを勧められて彼は「二度と奴隷の身にならない決意」を披歴し、日記には「なんであれ、これよりはまし」（二六年八月三〇日）と書く。首都において教育省に職をえること、彼はみずからの進路をそう描いていたけれども、そうした希望もさることながら、彼の言葉には彼自身の過去から湧き出た切実な響きが聞こえよう。勿論、私費学生とあれば、ニキチェンコは日々の衣食にもこと欠くことは避けられず、当面彼には住み込みの家庭教師をしながら辛うじて糊口をしのぐほかに道はない。ところで、この時期、みずからの人生をみずから選ぶ自由をえたばかりのニキチェンコは、ひとつのきわめて重要な体験を経る。それは一八二五年十二月の事件にからむ体験である。

ニキチェンコをシェレメチェフ伯爵の手から救いだすために未来のデカブリストたちが力を貸したことはすでに述べた通りで、彼らはその後もこの農奴出身の青年とのかかわりを絶たず、やがてそのなかの一人が弟の家庭教師として彼を自分の住まいへ招く。その一人とは、さきにあげた近衛フィンランド連隊の将校、エヴゲーニイ・ペトローヴィチ・オボレンスキイ（一七九六―一八六五）で、いうまでもなく、彼こそはルィレーエフの盟友、北部結社の中心人物の一人にほかならない。ニキチェンコが彼のアパートに身を寄せたのがいつのことか、日記からはうかがい知れないが、娘ソフィアによれば、「一八二五年七月」のことだという。こうして、ほぼ一年前、あのオストロゴシスク市での演説によって当代の権力サイドのイデオロギーの忠実なメッセンジャーをつとめたニキチェンコは、いまやこの時代のもっとも急進的な変革が語られ、実行計画が練られる革命思想の隠れ家の一隅に身をおく。勿論、かりに彼がそこでなにかを目にし耳にしたにせよ、あわただしい蜂起のまえになにがしか不穏な空気を感じたにせよ、もとより彼は十二月の事件の埒外にある。振り返ってみれば、ほとんど僥倖だけが頼みの蜂起におわったとはいえ、若い革命家たちは結社の秘密を洩らしたりしなかったし、当然、オボレンスキイもニキチェンコにたいしそう振舞った。それにしても、ひとつ屋根の下で同時に進行したこの二人の生活は、まさに奇遇としかいいようがないが、一方、その隔たりもなんとおおきかったことか。

そのことを語るまえに、デカブリストの運動なるものについて多少とも触れておこう。

第2章

デカブリストの運動についてはその発端から結末まで、おおよその事実はすでに周知の部類に属するが、ここでは、このあとの記述に関連して、――そして、従来かならずしも十分に知られているとはいい難いところでもあるので――彼らがどのような国家を、いかにして建設しようとしたのか、彼らが抱懐し、ついに机上のプランに終わった革命の構想にしばらく照明を当てることにしたい。

デカブリストの運動は一八二一年の福祉同盟の解散、つづく南北両結社の成立で新段階を迎えた。そして、このふたつの結社の間には、それぞれの革命綱領、いわゆる「憲法草案」において重大な相違があった。

南部結社の革命綱領は指導者パーヴェル・イヴァノヴィチ・ペステリ（一七九三―一八二六）が起草した『ロシア法典』に形を与えられている。[1] 次にその内容を概観することにするが、ここに問題がふたつある。現在『法典』は序文と本文一～五章が残っている。しかし、本来これは全十章から成るはずであって、半分が書かれずに終った。さらに、従来の研究によれば、現存する草稿そのものがふたつの部分に分れる。すなわち、ペステリはまず一八二二年から翌年はじめにかけてこれを執筆、しかし、一年後の二四年に改めてその書き替えに着手した。こうして草稿一～五章のほぼ前半が書き替え後の第二稿、後半が書き替え前の初稿だという。筆者もこのあと前者を新稿、後者を旧稿とよんでこの分け方に従うが、このようにテキストが不完全なために、そもそも全体像が不明であるばかりでなく、残された部分についても、その解釈には確定し難いところが若干ある。

なお、付言すると、一八二三年一月、南部結社は前年に引き続きペステリの『ロシア法典』の構想を討議、これを承認したが、右にいう旧稿がその一部とみなされる。新稿はそうした手続きを経ていないので、ただちに結社の綱領とはいい難いけれども、ペステリの指導者中の指導者という位置を考えれば、そう扱ってほとんど誤りないだろう。

以下、新稿の部分からはじめて、『法典』の主要な点を抽出してみる。

序文は「基本理念」と題して本文を導き出す思想的枠組みを示す。それがいわゆる社会契約説で、契約という語こそ使わないものの、その国家、そして政府及び国民の規定は結合、服従の両契約説をなぞっている。この社会契約説については、第Ⅱ部ですでに詳しく述べていて、ペステリの場合もそれに特につけくわえるところはない。そのほか、序文では次の二点を指摘しておきたい。ひとつは、「国家機構の完全な変革」を掲げながら、その政治日程を述べている個所。すなわち、「新体制は一挙になされるものにあらず。」これには「多くの予備的ないし過渡的施策が必要であり、それらは漸進的に実施に移されなければならない。

これは、国家を改良でなく破滅に陥れるばかりの混乱や動揺や急激な変化を免れるためである。過去半世紀のヨーロッパのすべての出来事は、国家の変革を唐突になしうると空想してこの間の漸進性を無視した国民が恐るべき災いに巻き込まれ、再び専制と無法の軛に繋がれていることを証明している。」もうひとつは、この「変革」を遂行する権力として臨時政府の樹立を打ち出していること。議会の招集は、この「原理」が「いまだロシアに存在せず」と否定されている。

本文はまず領土の画定を論じ、ポーランドを除き、ロシア帝国の傘下にある人民と土地をそのまま引き継ぐ。ロシア民族の国家の「安全」、この「大国」としての権利が、「みずからの弱体ゆえに」これに吸収されざるをえない諸民族の独立の権利に優先するというのである。ペステリは繰り返し「大国」の拡張主義をいましめているけれども、ロシアの「安全」のためには、さらにくわえて、カフカスの山岳民族や中央アジアの遊牧民族の平定を唱え、隣接するモルダヴィア（現在のルーマニア東北部）やアムール川全域に及ぶ「モンゴルの一部」を併合すべきと説く。こうした「獲得」が武力によらざるをえない場合も容易に考えられるところだが、ペステリにはそれを拒む気配はない。

新生ロシアは連邦制を排し、ひとつの政府、共通の法を有する「単一、不可分な国家」でなければならない。一般に連邦制がはらむ分裂国家の危険は、多種多様な地域と民族をあわせもつ新国家にあってはその解体に通じ、果ては「本来のロシア」の滅亡すら招きかねない。「国法は国民をかたちづくり、いわばそれを育て、国法に応じて風俗、習慣、もろもろの観念は形成され、かつ働く。」従って、全国一律の統治と法は諸民族を「共通な道徳に染め上げ」、それによって国家をひとつに結ぶ。この民族一体化は、ペステリにいわせると、「すべての種族は合流してひとつの民族にならねばならぬ」となるが、具体的には、非ロシア民族の「ロシア化」を指す。その実現の手段としてロシア語を共通語とすること、すべての民族名、種族名を廃止して「ロシア人という共通の名称」に統一することなどを主張する。

ロシア国民は現在十二の身分に分れているが、これは全廃する。それらが一定の職業と結びついたものであることについて、ペステリはいう。「国民をもっぱら農業、製造業あるいは商業に従事する身分に分割することは、経済学によって完全に否定されていることで、それが議論の余地なく証明したところでは、すべての人は、公正にして法に従う限り、自己に最大の利益をもたらすと期待する産業部門に従事する完全な自由を持つべきである」。また、身分制度の「目的」が「少数者」——つまり貴族——の「特権」と「大衆」の「抑圧」にあると断じたうえで、「すべての国民は法の前で平等でなければならない」。

身分の中でも、もっとも問題とすべきは貴族と農民であろう。貴族に関して、ペステリは、天人ともに許さずという農奴所有をはじめ五つの「特権」を挙げて、それらの廃止、従ってまた「貴族の称号そのもの」の廃止を強く訴えているが、ここでは次の三点に注目しておきたい。第一に、貴族の「特権」のリストに彼らの土地所有が含まれていないこと、いい換えれば、この権利が無効宣言を免れていること。これは貴族の領地を必ずしも不当な所有と見なしていないことを示すものであろう。第二に、農奴制の廃止を臨時政府の「もっとも神聖にして欠くべからざる義務」とし、それを「もっとも早い時期に」果すよう求めていること。第三に、これらの「特権」の廃止に反対する「よこしまな」貴族は「一人もいまい」、あるいは、「頑迷な」貴族は「ごくわずか」であろうといい、「万が一」そうした場合には厳罰に処すとしていること。

農奴解放の問題に逆方向から光を当ててくれたはずの農奴の身分に関する規定は書かれずに終わった。そこで次に、貴族の代わりに国家に同じく従属していた国有地農民にかかる規定を見ておくことにする。もっとも、ここは丁度新稿が尻切れに終わる個所で、国有地農民に「必要な施策」の第四項で中断、しかも最後の項は数字の「四」のみである。そのうち、のちにおこなう検討のためにはじめの第一項をそのまま掲げておく。なお、第二項、第三項は後述の郷の制度に関連した内容である。

「一・すべての国有地農民及び御料地農民を自由にしてもはやいかなる隷属民でもないと認め、宣言、布告し、彼らすべてをロシア国民と認めて商人及び町人のすべての権利を彼らに広げ、彼らを共通の規則に基づく共通のロシア国民の一員とし、彼らが向後もはや特別な身分を成さず、ロシア国民なる共通の身分に属するようにする。」

新稿では、新国家像の支柱のひとつである土地制度に言及した個所もあるけれども、これについては旧稿のほうにまとまった記述が見えるので、そちらにゆずる。これで新稿は終えて、以下、旧稿。

残された原稿は、身分制度に関する章の途中からはじまる。その一部は新稿と同じ身分を扱っているので、両稿を比較する上で都合がいい。そうした中にいま触れたばかりの国有地農民に関する一節があるが、くわえて、旧稿は新稿に欠けていた貴族領地の農民（以後、簡潔に領地農民という）すなわち農奴に関する規定を含む。こうして旧稿は当時のペステリの農民問題への対応を確実に伝えていて、早速そこへ筆を進めたいところだが、そのまえに、右の新稿に合わせてまず身分制度全体にたいする考え方から。

旧稿も身分制度廃止の原則に変りはないが、ひとつだけ例外を設けていた。貴族制度の維持である。もっとも、それは従来の「封建制度」の温存ではなく、「祖国におおいに貢献した者」のみが「ある種の特権」を享受し、「ある種のきわめて重い義務」を免除される、いわば報奨制度であって、このために現在の「貴族は政府の指揮下に成員の見直しをおこなう」とある。いうところの「特権」や「義務」がなにを指すのか、知るすべはないけれども、いずれにせよさきの新稿との相違は明らかだろう。

続いて農民の問題へ移ることにするが、これには、新旧両稿に共通するペステリ独自の土地制度についてあらかじめ述べておかなければならない。

新国家は全土を最小行政単位の郷に分け、すべての国民を郷に所属させる。郷は「最低男子住民千人よりなる」。その上で、それぞれ郷の土地を元国有地の場合は共有地と国有地、元私有地の場合は共有地と私有地に等分する。共有地は郷の所有とし、郷の構成員は無償で配分を受けて耕作する権利を持ち、国有地、私有地は国または個人が所有、自由に売買、貸借できるものとする。旧稿は新制度は「十五年の期間中漸進的に実施される」と明記しているが、それにしても現在の貴族はそれぞれ所領の半分を放出することになろう。これについて両稿とも具体的なプログラムは示していないが、この点はのちにもう一度触れる。

さて、旧稿によれば、国有地農民は今後「十ないし十五年間」共有地、国有地双方の耕作及び年貢の納入を「現行通り」続け、その後、共有地に関しては年貢なしで利用し、国有地に関してはもし望むなら所定の金額を払って使用権をえるという。つまり、これら農民については、新土地制度の完全実施まで現在の賦役、年貢据え置きの移行期間を設けたことになる。これは一種の土地買い戻し義務と解していいのではないか。「十ないし十五年ののち、もし支障がなければそのまえにも、この新制度が最終的に定着、機能した暁に国有地農民は完全な自由を享受し、完全に自由であると宣告されるであろう。」

次に領地農民。これら農民は領主の意のままに「まったくの幸福」から「まったくの不幸」までさまざまな境遇にある。この無法状態をただすために、両者の権利、義務を確定する必要があるとして、旧稿は「貴族会議」にその素案の提出を求め、政府がそれらを取捨選択のうえ制度化すべきという。ここでいう「貴族会議」とは、おそらく前述の「見直し」後のメンバーから成ると思われるが、詳細は不明。

こう述べたあとで、この節の後段は「時代精神」や「人道、自然の法則、キリスト教」などを挙げて、農奴制が「完全に廃止さるべき」と説く。ただ、「しかし」と続けて、この大事業の達成には「漸進的な実施」が不可欠であること、政府は「貴族会議」にしかるべき案を求め、それらに従って施策を講じること、その場合の「原則」として「農民の奴隷身分からの解放が貴族が領地からえている収入を奪ってはならない」、同時に「この解放が農民の現状を改善し、偽りでない自由を与えなければならない」ことなどをくわえる。

これが旧稿の国または領主に隷属する農民にかかわる規定である。それにしても、領地農民の行方ははなはだ不透明なうえに、最後の「原則」は一読戸惑いすら覚える。ともあれ、ここは次の諸点を確認しておきたい。即ち、ペステリが農奴解放の目標を設定したこと。しかし、その実現のプロセスは将来の問題として残し、その際現領主の地位が尊重されるべきとしたこと、とくに現領主に経済的な損失があってはならないとしたこと。

このあたり旧稿の規定にかかずらい過ぎの感なきにしもあらずだが、筆者がこれにこだわるには理由がある。それは、このあとの新稿の段階、ということは精々長く見積もっても二年ほどの間ということになるけれども、この段階でペステリの農民問題への対応に一大前進が生じたとする主張にかかわる。旧ソビエト期に定説化したこの主張を、デカブリスト研究の泰斗M・B・ネーチキナによって見ると次のようになる。国有地農民に関していまの旧稿の規定とさきに掲げた新稿のそれの第一項を比較して、彼女はいう。「この通り、十〜十五年の移行期間は新稿では完全に姿を消し、農民は自由であるとただちに宣言された。（中略）移行期の役務も年貢の納入も完全に消滅した。」ネーチキナはさらに重要な一歩を進める。「国有地農民問題の扱いから推して次のように結論することができる、おそらく、領地農民解放の際の移行期もその間の役務、年貢ともども廃止された、と。」要するに、「貴族会議」の消滅とも合わせて、新稿は国有地、領地双方の農民の土地付き即時、無条件解放に踏み切ったというのである。[2]

もしもネーチキナのいう通りなら、ペステリは大飛躍を遂げたことになるけれども、この主張の当否を判断することは難しい。確実な裏付け資料を欠くからだが、それにしても、筆者はいくつか留保をつけざるをえない。まず、新稿の国有地農民を扱う個所が中断したままであること。果してペステリはこのあとになにを記したであろうか。次に、新稿が農奴制の廃止について、さきの引用の通り、「もっとも早い時期」と述べるに止まること。これをネーチキナのいう「ただちに」に置き替えてよいものか。そしてなによりも、新稿のいわば大前提として序文が強調する「漸進的施策によって国家改造に当たる必要」をどう理解するのか。

ここにいささか扱いに迷う資料がある。題して『憲法国家大綱』。これは南部結社の憲法草案、つまりほかならぬ『ロシア法典』の要約だが、その第六項は、すでに述べた新土地制度、即ち「すべてのロシア人」を「共有地から私有地の地主」にする制度に言及したあとを受けて次のようにいう。

「六、現状からここに提案する制度への移行は漸進的である。現在の地主から土地は年貢または夏期の労働によって買い戻される。これはあらかじめ国有地の郷で実施され、しかるのちに私有地の郷で実施される。年貢を納める村落、耕作を課される村落、屋敷付きの召使、工場勤めの農民は現在の仕事を定められた期間続けてみずからの手でみずからを買い戻し、屋敷付きの召使は郷の一員になる。[3]」

ところで、一八二五年九月、南部結社の一員M・П・ベストゥージェフ＝リューミンがスラヴ人同盟との提携を図り、メンバーの数人にたいし結社の憲法草案の概要を示した。右に挙げた文書がそれであることは、同盟側の供述の内容から確認できる。一方、ペステリは「わたしが口述してベストゥージェフ＝リューミンがロシア法典の短い抜き書きをつくった」と証言している。それがいつのことか、ペステリは触れていないけれども、この提携工作の間と考えて差し支えなかろう。

謎はここからである。右に引用した『憲法』の第六項は、明らかにさきの『法典』中の旧稿が描く国有地農民解放のプログラムに通じる。両者は基本的に連続している。だが、ソビエト期の理解に従えば、ペステリはすでに新稿において、国有地、領地両農民の即時、無条件解放に達していたはずで、もしもそれが正しいならば、この時彼はそうした「一段と革命的」で、「もっとも成熟した」段階から後戻りし、前年を飛び越え、すでに破棄した前々年の構想を「口述」したことになるのだろうか。この奇妙な逆行を説明するためにいろいろな説が試みられたが、ネーチキナも指摘する通り、いずれも成功しているとはいい難い。そういう彼女自身は、この「『解き難い』矛盾」は次のように「きわめて単純かつ自然に解き明かされる」という。即ち、一八二五年にペステリが求められたものは、(1)「南部結社が採択した憲法」であって、この時彼の改訂作業はまだ途上にあり、従って(2)彼は「一八二三年に南部結社が採択した憲法の要旨を口述した。なぜなら、南部結社が採択した憲法は他に存在しなかったからである。[4]」

残念ながら、またしても、ネーチキナの説明を検証するに足る資料がない。にもかかわらず、この場合も疑問なしとするには少なからず抵抗がある。まず、(1)で問題を「南部結社が採択した憲法」とする根拠はどこにあるのか。『憲法』を示したほうも、示されたほうもそういういい方をしていない。ベストゥージェフ＝リューミンは虚実とりまぜて戦略的に振舞い、南部結社では「万事準備済み」と称してこれを与え、同盟側もそのように受け取っているにすぎない。(2)は(1)の必然の結果である。しかし、(1)の疑問はさておいても、(2)そのものにも疑問はないだろうか。一体『憲法』は「一八二三年に南部結社が採択した憲法」の要約なのか。ネーチキナにいわせると、前者の「内容」は、後者つまり『法典』の旧稿に「議論の余地なく遡る」というが、果してそうか。旧稿の領地農民に関する規定を振り返っていただきたい。右に掲げた『憲法』第六項と比べればその隔たりは明らかだろう。相違はほかにもある。『憲法』第四項は現行身分の全廃をうたっているが、これが新稿のものであっても旧稿のそれでないことは念を押すまでもない。従って、続く第六項にかつて旧稿が提起した「貴族会議」が見当たらないのも偶然でないのではないか。

以上の理由から筆者はネーチキナの見解の支持をためらう。率直にいって、それは一八二五年の『憲法』を前々年の『法典』の旧稿に釘付けにする強引な主張に映る。前年のペステリの飛躍説を維持するためにそうする必要があったとは思いたくないけれども、ご都合主義の匂いを拭いがたい。もっとも、そうなるとひとつ難問が残る。いうまでもなく、この『憲法　国家大綱』の位置づけだが、この点は、このあと『法典』の旧稿をすべて見終わったところで再度考えることにしたい。農民問題へのペステリの最終的な対し方もそのとき改めて触れることになろう。

旧稿は新国家の将来の政治生活の一端をのぞかせる。数え二〇歳以上の「すべての国民」は郷、郡、県議会の選挙権、被選挙権を持つ。ただし、この「すべての国民」は男子のみを指す。とはいえ、そのことに特別な言及があるわけでなく、国民の参政権について述べながら、草案は終始「すべての国民」を繰り返し、その終りのほうで「男子」という語に不意に出会う。それは一度だけまるで偶然に書き留められたかのようである。さきに郷の形成要件に「男子住民千人」を挙げていたのも、これと同断、こちらは一目瞭然で見易いけれども。一方、性別以外この選挙人、被選挙人の資格を問わないこと、財産による制限を強く退けたことは注目に値する。それは、新旧両稿が一貫して志向する「富」による支配の排除、「封建貴族」に代わる「富裕貴族」の台頭の阻止につながる。

県議会は「最高立法権力たる国会へ国民代表を指名する」。その手続きは不明だが、一八二五年の『憲法　国家大綱』には、このほか、各県の候補者から国会によって選ばれる五人が構成する「最高行政権力」、立法、行政の「合法性」を担保するために、一二〇人の終身議員（欠員は県推薦の候補者から国会が補充）から成る「最高監視権力」の規定があり、三権分立の原則を建前としている。

残された資料からえられるのは、こうしたわずかな素描に限られるが、そこでなによりの重要な点といえば、君主制に替えて共和制を打ち出したことであろう。この画期的な出来事の意義はすでにいい尽されていて繰り返すまでもなかろう。

旧稿は国民の私的領域でまもられるべき規則、その間の権利、義務の規定を含む。たとえば財産権について、それは「神聖、不可侵」であり、いかなる権力も個人の財産を奪ってならないとする。万一「公共の福祉のために」個人の財産が求められる場合でも、「あらかじめ完全な事前補償がいつでもなされるべきである」。さらに、なんぴとも法の定めるところに反して逮捕されたり、裁かれたりしない。言論や信教の自由は保障される。また「産業の自由な展開」はこの草案の基調のひとつであり、従って政府、民間を問わず「あらゆる独占」を排除する、など。

権利や自由の擁護の反面、制限も著しい。政府は教育の実施に責任を負う。ゆえに、私立学校は禁止。それは政府のこの「神聖な義務」を委ねるに値せず、「監視」も届きにくい。「恒常的な目的をもって設立されるあらゆる私的団体」は禁止。理由は、政府の諸機関ですべてことは足りる。娯楽の類は「純粋無垢な道徳に反しない」もののみ許される。「政府は油断なく厳重に監視しなければならない。」ペステリの描く国家像のうち、公権力中心の統制色の濃い一面がここにある。

以上で現存する『ロシア法典』新旧両稿の概観を終える。なにぶんテキストが不完全でもどかしさは免れないが、それでも南部結社の新国家構想のおおよその輪郭は明らかに浮び上がる。旧稿から新稿へ向けて、貴族身分を名実ともに廃止する前進も確認できた。残る課題は、ペステリの農民問題への最終的な回答である。農民の「隷属」からの解放がいわゆる土地付きであることはこれまでの記述で十分だろう。それをいつ、どのようにおこなうか、これについても旧稿は一定の方針を打ち出し、その限りでは疑問の余地がない。しかし、新稿、さらにその後はどうか。この点ではネーチキナの見方を挙げ、容易に同意しがたい理由も示したが、つぎに筆者なりの私見を述べてみたい。とはいえ、これには確証とよべるほどのものはなく、あくまでも推定の域を出ないと断っておく。

では、いつ、どのようにおこなうか。新稿の序文が掲げる「新しい国家体制」の「漸進的実施」を基本とする。序文はさきの引用個所のあと、末尾近くで重ねて臨時政府にこの点を念を押し、他方国民にも「いたずらな焦り」をたしなめ自制を促している。続く本文の改革はこのルールに沿って適宜実施されるはずで、農民の自立の時も例外ではあるまい。それが「もっとも早い時期」といった幅のある表現になっているのではないか。

ここで一八二五年にペステリが口述した「ロシア法典の短い抜き書き」にもう一度注目したい。その内容の旧稿との食い違いについてはすでに述べた。身分制の全廃という新稿との共通性も指摘した通り。新稿との相違点を探すとすれば、新しい首都として新稿がニージニイ・ノヴゴロドを予定していたのにたいし、「抜き書き」が「ニージニイ・ノヴゴロドまたはモスクワ」に変えたところ。実は、次章で取り上げる北部結社の憲法草案は二四年秋の時点で新首都を従来のニージニイ・ノヴゴロドからモスクワへ移している。「抜き書き」に見える揺れは、あるいはこの事実とかかわりがあるのかも知れない。これらのことは、全体として次の可能性を示唆していないだろうか。即ち、この「抜き書き」つまり『憲法　国家大綱』は、『ロシア法典』の旧稿、その改定版の新稿を受け継ぎ、それになにがしかを加え、あるいは減じたその後のペステリたちの政治生活の所産ではないか。もしそうならば、新稿以降の農民問題は、ネーチキナたちのそれとはまったく別な照明を浴びることになる。

『憲法　国家大綱』における農民問題にたいするペステリの処方箋は前掲の第六項の通り。それは国有地、領地双方の農民が「定められた期間」おこなう土地「買い戻し」を内容とする。国有地農民の場合、これが旧稿のプログラムと通じ合うことはさきに言及した。領地農民については、旧稿では具体的な方策を政府が「貴族会議」に諮問するはずであった。しかし、新稿の段階でもはやこの過去の遺制は存在しない。従って、『憲法』においてペステリはみずからあたためていたプランを直接提起したのではないか。

要するに、筆者の見るところ、この間ペステリの基本方針に変化はなかった。これが差し当たりの結論だが、それにしても、一、二稿を経たいわば最終稿が示すプランもおおまかな略図に留って、「買い戻し」の期間にせよ規模にせよここからうかがうことができない。

最後に、現在の貴族の領地の行方に関してもう一点だけ資料を引いておく。それは『土地分割』と題するペステリのメモで、『ロシア法典』のために用意されたらしい。新しい土地制度は従来の私有地についても半分を郷の共有地とすると定めていたが、メモは一千人以上の農奴を有する領主＝地主の領地収用計画を記したもの。それによると、一万デシャチナ（一デシャチナ＝一・〇九ヘクタール）以上の地主には収容された土地にたいする代替措置なし。一万以下五千以上の地主には残留分との合計が五千デシャチナになる面積の国有地、五千以下の地主には収容分に等しい面積の国有地をそれぞれ代替地として与える。これらは金銭をもって代えることあり。地価の決定は郷または地主の申告に基づく。[5]

このメモが書かれた時期は特定し難いが、考え方において新旧両稿に通ずる。たしかに、メモは途中までしかなく、問題は宙ぶらりんのままで、農奴所有一千人以下の領主の扱いなどは不明とはいえ、大規模地主の領地にペステリが大鉈を振るおうとした意図は十分読み取れよう。

第3章

北部結社において憲法草案を起草したのは、ニキータ・ミハイロヴィチ・ムラヴィヨフ（一七九五―一八四三）である。もっとも、この草案には結社内で異論もあったようで、すべての点で支持をえていたわけではない。このことを一応念頭において、次に主要な点を概観してみよう。

現在判明しているところでは、ムラヴィヨフの草案執筆は三回に及ぶ。即ち、①二一年～二二年、②二四年、③二五年。このうち最後の場合は、草稿、写しとも現存しない。実は、蜂起失敗の翌年、取り調べにたいしてムラヴィヨフは、「記憶」にもとづいて「本官が書いた憲法草案」の「精神と内容」を復元、提出している。ここでいう「草案」が③のそれと見なされているのだが、これには重大な限定がつく。この場合、もはや極刑さえおそれなければならない裁かれる側のムラヴィヨフが、裁く側――勿論、ニコライ一世である――の忌諱に触れる部分を除いたり薄めたりしたことは明らかで、その跡は歴然としている。こうして、これら三つの草案は執筆の時期も違い、それを取り巻く状況も異なるばかりでなく、構成、分量も一様でなく、記述も精粗の差があるけれども、その全体を見渡してあらかじめいうとすれば、この間草案の基本的な構図におおきな変更はない。以下の検討は、もっともまとまっている二四年の草案を中心に、必要に応じ前後の草案にも言及して進めることにしたい。便宜上、三つの草案を右に掲げた順に初稿（一稿）、二稿、三稿とよぶ。[1]

冒頭の第一章は人民主権をたからかに宣言する。「自由にして独立せるロシア国民は、いかなる個人、いかなる家族の所有物にもあらず、ありえず。」「最高権力の源は国民であり、国民は自己のためにもろもろの基本的決定をおこなう排他的権利を有する。」この規定は一、二稿とも共通、ただし三稿にはない。

国民の基本的な権利、義務に関する条項では、まず「法のもとの平等」を掲げ、財産権の「神聖にして不可侵」、職業、言論、信教の自由のほか、さきの『ロシア法典』と異なり、結社の自由をうたう。身分制度に関しては、「ロシアの土地に存在する奴隷は自由になる」のをはじめ、貴族を含め同じく撤廃。商人のギルドなども廃止。

ムラヴィヨフの農奴解放案はペステリのそれと根本的に違う。「地主の土地は彼らの所有のままとする。」これがムラヴィヨフの原則である。そのうえで、初稿は、農民が別な土地へ移る場合、彼らの耕作によって地主がえていた「収入の一時中断」にたいする「補償」を課した。二稿ではこの義務は消え、代って農民の家屋と菜園が農機具、家畜ともども彼らの「所有物」に認められる。ようやく三稿に進んで当初の原則がわずかながら修正され、農民はさらに「定住のために一戸当たり二デシャチナの土地」を受け取るとある。ムラヴィヨフ案が軸足を地主の側においていることは容易に見てとれよう。一、二稿に至っては、農民は同じ土地にほとんど足止めされたまま従来の分与地すら失い、地主への依存は変わらず、農奴制の廃止を名目だけに終らせかねない。三稿はようやく農民に自立した生計への糸口を与えるかにみえる。しかも、農民は「土地を取得し代々所有する権利をえる。」ただし、その間に草案はいう。「彼らは土地所有者と結ぶ契約により土地を耕す。」こうして一連のプログラムは、農民の地位の一定の向上をもたらしながら、地主の農業経営のための自由な労働力の確保に大きな比重がかかっていると見なすことができる。定住農民はその調達の場にほかなるまい。なお、御料地や国有地の農民についても、一部を除き、「彼らの住む土地」は「彼らの共有に供せられる」とあって、規模の大小は不明ながら、この場合の解放は当初から定住を想定している。これらの土地は後日分割され、「共有から各農民の私有に変ずる」。こうして見てくれば、ムラヴィヨフがいわゆる自由主義経済への扉を全開し、半開きのペステリとの間に明確な一線を画していることは明らかといえよう。

ムラヴィヨフは新生ロシアに連邦制を採用し、政治体制として議会制を導入するとともに君主制を温存した。まず、初稿によれば、「連邦制のみ」が大国なるがゆえの専制を排し、小国にて保たれやすい「国民の自由」を可能にするという[2]。

連邦を名乗る以上、外交、軍事など共通の主権にかかわる分野を除いて、各州の独自性がどこまで生かされているか、問題はその許容度にある。たしかに、ムラヴィヨフの連邦国家はペステリが描く中央集権国家とは異なる。しかし、果たしてその名と実が一致しているかどうか、具体的に検証してみる必要があろう。たとえば、後述の連邦議会はロシア帝国の「立法の全権を有し」、全土に共通な民法、刑法、商法その他の諸法を制定、警察制度や訴訟制度を定める。また連邦議会は各州が提出した候補者のなかから当該州の首長を選任する一方、各州の議会が「自己の権限を越えたならば」、それを解散し、選挙のやり直しを命じる。さらに、これもこのあと述べるように、ムラヴィヨフの憲法草案は各州内の統治組織をも一律に決めている。せっかくの連邦制ながら、どうやらこの構想、遠心力より求心力に重心が掛り過ぎ、名実半ば伴わずといわざるをえない。

連邦議会は二院制。下院は各州から男子住民五万人に一人の割合で選出される議員、上院は各州三人の議員より成る。

皇帝は「ロシア政府の長官」として行政の「全権」を握る。皇帝の位置づけに関しては、一、二、三稿とも変わりはないが、とくに二稿が権利、義務を詳細に規定しているので、そこから主なものを抜き出し、前後の稿も参照しながら若干検討しよう。まず、皇帝は即位に際し議会において憲法遵守を宣誓する。皇帝は両院を通過した議案を裁可、または差し戻す。ただし、あとの場合、両院の再審議の結果、それぞれ三分の二の賛成により議案は成立する。皇帝は陸海軍の長官である。ただし、両軍の編成、配置、移動などは「議会の定めるところによる」。開戦の宣言は議会がおこなう。国内に反乱が起きた場合、「議会へ諮らず」武力を行使してはならない。皇帝は外国とロシアを代表して講和条約を結ぶ。ただし、上院の三分の二の同意を要す。また、一般に条約の締結に当り、国民の「権利や財産を侵害する条項」を含ませてはならず、「議会の同意なく」一片たりとも国土を譲ってはならない。これらいくつかの例はムラヴィヨフが玉座の周囲に慎重に柵をめぐらし、王権と民権の均衡を図ろうとした意図をよく示すといえよう。

皇帝の収入について初稿には「土地の所有及び一千万銀ルーブリ」とあるが、二稿になると土地の所有は姿を消し、もろもろの経済的な権益は国庫に吸収され、代りに毎年「二百万銀ルーブリ」が支給されるという。皇室とか宮廷とかいった伝統も葬られる。皇帝の家族は「私人」であって「いかなる特権も享受せず」、侍従以下は皇帝の「私的」使用人で、そうした使用人がすべてそうであるように後述の市民権、つまり選挙権、被選挙権すらない。帝位は世襲とし、現実にはロマノフ現王家を指すが、ムラヴィヨフにいわせれば、これは「便宜上」そうするにすぎず、直系の男子が絶えた時点で「国民は統治方式を決めるか、または別な家系を選ぶことになる」という。この「便宜上」、あるいはある個所で皇帝を称していう「国民の第一奉仕者」といった言葉にも、ムラヴィヨフによる君主制の位置づけがくっきり表れている。

かつてムラヴィヨフは共和制の支持者だった。そればかりか、みずから告白するように、一八二〇年にペステリがはじめて皇帝殺害を提起したとき、ただ一人それに同調した。その後君主制に立場を変えたが、最終段階での彼の考え方は、供述書の中で示した革命戦略の一項に明記されている。それによれば、武装蜂起、占領地域における新しい統治の開始、さらに国会の開設へと進んだ「その期に及んでも皇室が〔本官の〕憲法を受け入れないならば、最後の手段として本官は皇室の追放と共和制の導入を考えていました。」[3]

君主制に関する記述はこのあたりで切り上げるが、ここで指摘しておきたかったことは、ムラヴィヨフ草案における君主制がそれ自体のためでなく、もしのぞめば代替可能な制度として支持されていたことである。要は君主制の理念でなく、よりよく統治するための仕組みにある。ムラヴィヨフにとって統治のメカニズムの中心に定点が必要だった。それが世襲制の君主であって、国民の中に深く根を下ろした王家の権威が、連邦国家の統合、秩序の維持、国民の忠誠心の動員にもっとも有効と判断されたのだろう。

各州の政府と議会は連邦のそれを完全に模してしている。議会は同じく二院、議員の定数は下院が男子住民一万人に一人、上院はその約三分の一。連邦政府の皇帝に等しい位置は州の首長が占める。これら三者の機能、相互の関係も中央のそれに基本的に見合う。各州は郡、郷と下位の単位に分かれ、それぞれがそれぞれの長を選ぶ。

立法、行政のあとは司法について述べる番だが、一、二稿はごく短く言及するに止まり、最後の三稿がやや詳しい。まず、近代国家の要件として司法権の独立。連邦裁判所の裁判官は、二稿では上院、三稿では両院の議を経て皇帝が任命。各州の裁判官は、二稿では当該州の両院が選ぶ首長の顧問官会議の推薦により、三稿では両院みずからの選考により首長が任命。いずれの場合も三稿のほうに選出母体の広がりがみとめられる。郡の裁判官は、三稿のみの規定で、後述の選挙人が選ぶ。裁判は公開、陪審制による。

連邦と各州の統治システムを一巡したところで改めていえば、全体として直接、間接に広く民意を基盤とすることを構想の軸にしていると見てよかろう。もっとも、当面「ロシア政府の長官」はここからやや外れる。この点ではペステリの『ロシア法典』の後塵を拝するものの、前掲第一章の人民主権の宣言はまさに革命の真髄を示す。ムラヴィヨフにすれば、つづく一連の改革はその具体化のつもりだろうが、実は、そこにはこれまで伏せてきたもうひとつの面があって、冒頭の宣言が抱かせる期待をおおきく裏切る。そのことを最後に明らかにしよう。

問題は連邦及び州の公職者の選挙、被選挙権の行方である。繰り返しになるが、議会の議員定数を算出する際、対象の「住民」に女子は含まれていなかった。ここに示されるように公的世界への参加は満二一歳以上の成年男子が独占する。第二項には次のような念の入った断り書きまで添えてある。連邦議会の審議の公開（必要により非公開）に関する条項の結びはこういう。「女子及び十七歳未満の未成年者は両院への立ち入りを許さず。」州の議会に関しても同じ規定が初稿に見える。このあたりまではムラヴィヨフもペステリも足並みをそろえているが、しかし、ムラヴィヨフは各人の持つ財産に応じて権利の配分をおこない、制限選挙へ深く踏み込む。

その主な部分を最後の三稿で見ると次のようになる。①不動産または動産六万銀ルーブリ、②同一万五千、③同五百。①は連邦の上院議員、州の首長、②は州の上院議員、郡の首長の財産資格。なお、連邦及び州の下院議員は財産を要件としない。③は各種選挙において選挙人たりうる財産の下限。ただし、次のケースでは権利の行使はない。連邦の上院議員は州の上下両院が選ぶ。州の首長が連邦の上下両院によって選ばれることは既述の通り。なお、司法関係では、②が連邦と州の裁判官、③が陪審員たりうる財産資格。

この財産規定について二点指摘しておこう。まず、一、二稿では必要とされる財産は不動産一に対し動産二——例えば、①は不動産三万銀ルーブリまたは動産六万銀ルーブリ——とされていたが、この三稿において動産と不動産の別をなくし、金額を統一したこと。これは不動産つまり土地の所有者の優位の否定であり、地主国家からの脱皮を意図したと解せる。もう一点は、①は一、二稿の高いほうの金額に統一したが、②③では低いほうの金額に統一したこと。改悪と改善が共存したかたちだが、後者による参政権の裾野の拡大は強調するに値する。連邦と州の下院議員の要件から財産を外す修正も二稿からだが、これを選挙人の「信任のみ」とした意義は大きい。おそらく、これらは、南部結社はもとより、北部結社のなかでも聞かれた異議に応えたものであろう。勿論、これによってもなおムラヴィヨフ案の本質が変わらないことはいうまでもない。選挙権に限ってみても、農奴の身分から解放されるものの、膨大な農民層はその埒外に放置される。Ｈ・Ｍ・ドゥルジーニンの研究に従えば、最低の③の財産資格を有するのは「富裕な農民」に止まる。元国有地などを「共有」する農民には五百人に一票を与えられるが、これもいかにも迂遠なはなしである。一方、最高の①について、同じドゥルジーニンの研究を借りれば、該当する層は第一ギルドの商人または三千デシャチナ以上の土地（農奴にすれば五百人以上）の所有者となる。[4] 富豪といってよかろう。

以上で南北両結社の憲法草案、国家改造案の概観を終える。繰り返しになるが、ムラヴィヨフのそれは結社の綱領としてまとまる以前の段階にある。結社の政治生活のなかでどのような曲折が待ち受けていたか、確かな手掛かりはない。なお、これら憲法草案が欧米の先例に倣うところははなはだ大であったことは明らかで、例えばいまのムラヴィヨフ草案にしても右に引いたドゥルジーニンの委細をつくした研究があるけれども、それを述べることは本書の範囲を超える。

第4章

蜂起失敗後、なんらかのかたちで罰せられたデカブリストは二八九人にのぼる。そのうち、一一人の不明者を除き、貴族の身分を有しない者はわずか十二人にすぎない。北部結社についてみても、有罪と認められた八一人中八〇人が貴族の出身である。無論、一口に貴族とはいうものの、ほとんど名目だけのそれまで含んでいるけれども、なかでエヴゲーニイ・オボレンスキイは五百年におよぶ由緒ある公爵の血を引く。これらデカブリストの家系は、多くの場合高位高官の座を占めていたが、オボレンスキイの父も四等官で、一家は裕福だったらしく、そうした子弟がほとんどそうであるように、教育は家庭でおこなわれた。彼はフランス人の教師についてフランス語、ドイツ語、英語、さらに歴史や地理の基礎を学んだという。

右に挙げた二八九人のデカブリストのほぼ九割が軍隊勤務の経歴を持つ。とりわけ北部結社の八一人中七割は近衛の将校を経験していた。その一人、オボレンスキイは一八一四年、近衛砲兵旅団第一教育中隊へ士官候補生として入隊、その後順調に昇進を重ね、一八二五年当時近衛フィンランド連隊配属陸軍中尉、近衛歩兵総司令官付上級副官。取り調べの際の供述に従えば、「本官が自由主義思想に染まるにいたったのは軍務についた時からで、十二年の戦役を担った教養ある人々と交わったり、いろいろな政治的著作に親しんだり、みずから考えを深めたり、政治的目的を持つ結社に加わったりしたことによるものです。それは時代の風潮や、近年世界中のほとんどの国（アメリカを除く）に種々革命をもたらしたもろもろの出来事を観察することで堅く根をおろしました。」一言くわえると、アレクサンドル・クニーツィンの著書『自然法』に降りかかった筆禍事件を第Ⅱ部で述べたが、オボレンスキイの供述には、一八一九年にそのクニーツィンの経済学の講義を聞いたとある。それがどこであったか、場所は思い出せないものの、クニーツィンの説く経済学はJ・-B・セーのそれを下敷きのひとつにしていたという。

ここで一点断りをしておかなければならない。このあとしばらく、一八二五年の蜂起に至るオボレンスキイたちの足取りを追うことにするが、そのほとんどは、右に引いた彼自身のそれも含め、事件後の審問委員会におけるデカブリストの供述をもとにする。いうまでもなく、秘密裡の活動である以上、彼らの運動は第三者の目に届かず、それをうかがい知るにはなによりも彼ら自身の証言に待つほかはない。とはいえ、いわゆる回想類はなんらかの片寄りを免れ難いので、その扱いには十分用心が求められよう。一方、彼らが残したおびただしい量の供述にしても、意図的にせよ、そうでないにせよ、たしかに食い違いや対立も少なくない。それら供述が唯一記憶に基づくばかりか、きびしい取り調べのなかで、みずから犯した罪の重みにうろたえ、ふりかかる罰におののく心理もそこに働いているかもしれない。しかし、供述の全体を通して、そのさまざまな部分を照合して確実にいえることは、彼らがみずからの運動と挫折をほぼ包まず――時に必要以上に――吐き出しているということではなかろうか。その意味するところをどう受け取るにせよ、「今日まで研究者を驚かしつづける、取り調べの際のデカブリストたちの率直さ[1]」は否定し難い。以下、それら錯綜する供述をもとに、オボレンスキイたちの政治生活の素描を試みよう。

オボレンスキイは一八一七年に福祉同盟へ加入した。その後衣替えした北部結社に引き続き参加したものの、二三年頃まで彼の活動は取り立てていうほどのものはない。彼自身の言によると、「一八二二年と一八二三年の間、まったくなにもしない会員」だったそうだが、これはいささか訂正を要する。たしかに結社自体この間ほとんど名前だけの存在に近いけれども、オボレンスキイが運動再建の推進役の一人であったことはどうやら疑いない。もっとも、彼がみずからの無為の原因を次のように述べている点は注目しておいていいかもしれない。即ち、軍隊での勤務、「くわえて、われわれの手段が目的にそぐわないという確信」[2]。この後半は具体的になにを指すのか定かでないが、のちに再び訪れる運動への深刻な疑問との関連で記憶に留めておきたい。いずれにせよ、結社が多少とも動き出すのは二三年頃からで、この年前半にやがて牽引車の一人になる詩人ルィレーエフがあらたにくわわる。さらに同年秋、結社は彼らが「議会」とよぶ最高機関に三人のメンバーを選ぶが、この時ニキータ・ムラヴィヨフ、セルゲイ・ペトローヴィチ・トゥルベツコイ（一七九〇―一八六〇）と共に選ばれたのがオボレンスキイだった。ただし、オボレンスキイはさきに選ばれた者が固辞したため、代り（の代り？）に選ばれたようだが。（なお、これは南部結社の呼び方では「司令」となる。このあと記述を分り易くするため、この語を用いる）

北部結社が直面したのは南部結社との提携問題である。この件で北は南の再三の働きかけに応じようとしなかったが、二四年三月、南の指導者パーヴェル・ペステリがじきじき首都へ乗り込み、一向に進展しない北の運動を批判し、統一綱領、統一組織をよびかけるにおよんで問題は山場を迎える。しかし、先回りしていうなら、両者の溝は埋まらず、二年後の二六年へ向けて歩み寄りの約束こそ交わされたものの、結果はもの別れに終った。

南北の結社がそれぞれに練っていた憲法草案、つまり新しい国家像が少なからず相違していたことはさきに明らかにした通りで、当然、これをめぐって協議は行き詰った。のちにおこなわれた取り調べにおいて、ペステリはムラヴィヨフ案の連邦制と財産を要件とする制限選挙、この「ふたつの主要な原理」を「有害無益」と断じている[3]。実際の協議の場で彼がどのように述べたか知るすべはないけれども、そういう彼自身の国家構想もきびしい拒否に遭った。北が俎上にのせたのは主に次の二点である。国有、私有を問わずすべての土地を二分し、一方を「共有地」として全住民に耕作の権利を保障する制度。そして選挙制度。もっとも、これについてはどこに批判が向けられたのか、オボレンスキイの供述の次の一語以外、判然としない。オボレンスキイは「二重選挙」といういい方をしていて、おそらく二段階選挙つまり間接選挙のことだろうが、ペステリの構想は確かにその点を含む。ともかく、最大の論敵、ムラヴィヨフがいまの「土地分割」とともにこの選挙制度に「特に反対」したというペステリの言からして、男子のみに止まるとはいえ、他に条件を設けない普通選挙にきびしい矛先が向けられたのだろう。[4]

さらにポーランド問題。さきに触れたように、ペステリの描く新生ロシア共和国は唯一の例外を除き現帝国の版図を維持し、諸民族の一体化をはかる。唯一例外とはポーランドだが、現実に南部結社は祖国再興を目指すポーランド人の地下組織と提携を試み、新政権成立後のロシアからの分離、独立と旧領土の返還に同意していた。しかし、北部結社はこれを認めず、「ロシアが獲得してわがものとしているものを譲り渡す」ことに反対した。[5] そうした反対のうち、ルィレーエフが「この種の問題は国民議会で決せられるべき」として挙げている「国民議会」に次に目を転じよう。南北は新体制実現のプログラムをめぐってここでも対立したのである。

さきにわれわれは、ペステリが現政権打倒後に「国家の完全な変革」を遂行する臨時政府＝革命政府の構想を打ち出し、「代議制の原理未だロシアに存在せず」として議会の招集を退けたことを知った。それは『ロシア法典』の新稿に当たる個所で、これが書かれたのはいま述べている南北協議のあとだが、同じ構想はそれに先立つ旧稿にすでに示されている。北の供述によると、ペステリは南北の結社の「司令」が全権を掌握するよう主張したという。トゥルベツコイはそれを「五人」としているが、これは南北の「司令」全員を指す。ただ、期間について北の証言は一致せず、ペステリ自身は「八ないし十年」を考えていたとみずから語っているが、『ロシア法典』に見える改革の日程に照らして、おそらく本人のいう通りだろう。しかし、こうした「デスポチズム」に北は強く反発した。その北が対置したのが「国民議会」で、ルィレーエフによれば、現政権打倒後、「各県の各身分から二名ずつの代表」が参集し、それは国家のありようを決する憲法制定議会となる。ルィレーエフにいわせると、南北両結社が一致して採用した憲法でさえも「案」としてそこの審議に付される。君主制、共和制いずれをとるか、これについても、「そこの決定に無条件で従うことが各人の義務である」という。[6]

軍事クーデターを企図する点では、南北とも歩調をそろえていた。しかし、具体的な戦略で足並みは乱れる。まず革命の第一段階で「皇室の面々を殺害する」。ついで宗務院と元老院を通じ革命政府の発足を布告し、両院そして「全ロシアに宣誓させ」、各省、軍その他の要路に結社のメンバーを配して「漸進的に新体制を導入する」。ニキータ・ムラヴィヨフはペステリがこう主張したと述べ、続けていう。「この計画は始めから終りまで本官には実行不能なばかりか、野蛮で道義に反すると思われました。考えを変えさせようと本官は彼に次のことだけいいました、血を流した者は世の指弾を浴び、奪い取った権力を用いることはできないだろう、と。ペステリは反論していいました、そのために選ばれる者は結社の外の者でなければならない、結社は目的を遂げたあと彼らを葬り、皇室の仇打ちと宣言する、と。」これにはもはや二の句がつげず、南北統一の拒否を心に決したとはムラヴィヨフの弁。[7]「仇打ち」云々は覚えはないと、ペステリは否定しているけれども。

皇帝殺害の考えはデカブリストの運動の初期の頃からあった。南では一八二三年にペステリをはじめ主なメンバーがこの考えで一致している。その実行部隊を結社とは別な「決死隊」とする案も同時に浮上し、たとえば不本意に降格させられた兵士をそれに見込む。翌年ペステリはこの秘策を抱いて上京したわけで、最後の「仇打ち」への言及こそないもののムラヴィヨフと同様な証言はトゥルベツコイにもある。ことに彼はペステリが「皇室全員」を標的にしていたと述べていて、この点は南のメンバーも異口同音に認めているけれども、ペステリ自身は狙いは「皇帝一人」と強く抗弁している。とはいえ、南のメンバーの供述を突きつけられて彼の回答は歯切れが悪く、どうやら事実は彼の側になかったと見てよい。もっとも、彼に従えば、こうした戦略そのものも計画とよぶ以前の議論の域を出ていなかったことになるが、この段階では確かにその通りだろう。

これにたいする北の反応は、ムラヴィヨフについてはすでに見た通り、トゥルベツコイも同じく拒否。他のメンバーの場合は直接これを知る材料がない。当時南のエージェントとして首都において北と接触し、今回の協議にも参加したマトヴェイ・ムラヴィヨフ＝アポストルの供述は、右の二人を除く北のメンバー六人の名を挙げて、彼らが南の「共和制と〔皇帝〕殺害」を支持したという。またやはり南の一員で前年に北と交渉をもった者の供述にも、そうした「意見」が広く共有されていたとある。これらの証言をどう受け取るか、この点はなかなか面倒なところがあるけれども、少なくともそのまま鵜呑みにはし難い。この問題をめぐる北の論議はのちに検討するので、ここでは省く。いずれにしろ、この時点でムラヴィヨフとトゥルベツコイという二人の指導者の意向が大勢を左右したことは疑いない。

こうして南北間の亀裂は、それぞれが思い描く革命のありようにかかわる。しかし、争点は革命の中核部隊たる彼ら自身の組織論にもあった。統一後の結社の指導部はどうあるべきか、これに関するペステリの提案について北の証言は分かれる。ルィレーエフやオボレンスキイはペステリが一人の「司令」を提起したという。トゥルベツコイの場合は複数である。ニキータ・ムラヴィヨフはトゥルベツコイから聞いたはなしとして、結社の意思決定は南北の「主要メンバー」の「多数決」によるとペステリが主張したという。ただし、ムラヴィヨフにいわせれば、北では「各人各様の意見を持つ」一方、南では「ペステリの意見に反対は一切ない、従って、いうところの多数決はつねに彼一人の意思のあらわれとなろう」。いずれにせよ、こうした相違ににもかかわらず、これら四者とも一致しているのは、ペステリが結社の全員に「司令」あるいは「主要メンバー」の決定への「絶対服従」を課すとしたことである。これにたいしてペステリのほうは「共通の司令部」と「一致した行動」をもとめただけと反論しているけれども、ともあれ、供述によれば、一人の「司令」へのそれはもとより、いかなるかたちであれ「盲目的服従」を北は拒否した。[8]

政治的な色分けでいえば、二つの結社の北が右派、南が左派ということになろうが、しかし、こうした場合にありがちながら、若い革命家たちの対立は相手の胸の内を不当に推し量るところまで進む。北部結社はペステリが開陳する国家改造案に異を唱えただけでない。右に見た統一組織論、革命政府論をくりひろげるペステリのうちに、彼らは危険な冒険主義者に止まらず、みずから権力の座を狙う「野心家」、「有害人物」の疑いを抱く。クーデターが成功した暁は臨時政府にくわわらず、キエフ・ペチェルスカヤ修道院にかくれるつもりとは、同年、すでに南へ戻ってからのペステリ自身の言葉ではあったが。

ペステリにたいする警戒心には、多分、彼その人から受ける印象も手伝っていたに違いない。例えば、ほとんど敵意に近い不信をあからさまにしているルィレーエフの場合、次のような初対面でのやり取りが冷水を浴びせることになったのだろうか。「ペステリはおそらくわたしが何者か探り出そうとしたのでしょう、二時間の間、彼は北アメリカ共和国の市民になったり、ナポレオン主義者になったり、テロリストになったり、イギリス憲法の擁護者になったり、スペイン憲法の支持者になったりしました。」あるいは、モスクワのデカブリストの一人は回想記に次の言葉を残しているが、果してそれは彼だけのものだったのだろうか。「ペステリはすぐれた頭脳と豊かな知識の持ち主で、天才的とさえいえるかもしれない。だが、彼は政治的党派の指導者に必須の才能――人々を引きつける才能を持ち合わせなかった。彼の心には、彼が目標へ向けて導いていかねばならぬ人々の共感を妨げるなにか冷たいものがあった。[9]」

トゥルベツコイの供述のなかに、なかなか微妙な個所がある。それはペステリと北の指導者たちの大詰めの協議の個所で、トゥルベツコイによると、席上「もはやペステリは自分の憲法を守ろうとせず、様子からしてそれを放棄し、われわれの説くところを容れて、ロシアにおいて立憲政治は君主制のそれしかありえず、憲法制定は国民議会のみがなしうる、ただしそれは遠い将来のことと納得したふうでした。[10]」ペステリがそうした「納得」をしていないことは、さきに詳述した憲法草案にも明らかだし、二年後の彼の供述もそれを裏付ける。もっとも、共和制、君主制いずれをとるか、この問題では北の路線は一本化にいたらず、のちに見るように個々のメンバーにも揺れがあり、ペステリもそのあたりを踏まえて、共和制を主張する一方で君主制の可能性も否定しない両様の構えでのぞんでいた。それにしても、もしいまのトゥルベツコイの言葉が真実としたら、ペステリの態度には首を傾げざるをえまい。だが、続くトゥルベツコイの供述に、ペステリは南北の統一「のみを力説した」とあるのを見れば、不審は解消する。しかも、彼はこの「力説」が退けられると、再びトゥルベツコイ一人を訪ね、説得につとめたという。つまり、もしトゥルベツコイがいうようにペステリが振舞ったとすれば、それは、なにをさておいても革命の拠点たる首都の結社と統一をなし遂げるためをおいてほかにない。そういうペステリが抜け目ない戦略家、表裏ある「野心家」に映ったのかどうか、いずれにしても「個人的思惑」の濡れ衣まで着せられて一連の協議は友好的とは程遠く、彼の戦線統一の夢は頓挫した。

とはいえ、北も検討の約束はした。ニキータ・ムラヴィヨフによると、「記憶している限りでは、二六年まで」南北は現状を維持、その後に双方の代表が改めて協議することでペステリと合意したという。そのための準備であろう、オボレンスキイが語るには、ムラヴィヨフとトゥルベツコイの意見により、北はペステリに憲法草案と「実行計画」を文書にして送るようもとめた。憲法についてはムラヴィヨフのそれと共に取捨選択のうえ、「われわれの意見」もくわえた「共通のもの」をつくり、「実行計画」のほうも「われわれの案」を作成、いずれも南に提示するはずだったという。だが、ペステリはなにも送らなかった。連絡もしなかった。それだけ失望が大きかったのか、働きかけを諦めたのか、彼は多くを語らない。

一八二四年の南北会談は、北部結社の短い歴史において――無論、最後の蜂起を除いて――もっとも重要な出来事といえるだろう。このとき、南北の提携にもっとも熱意を示したのがオボレンスキイである。同時に、この一月半の出来事は、彼がそういう熱意とは裏腹な未熟な革命家であることも露呈した。

北の低調な活動に苛立ち、ペステリがみずから上京した事情はすでに述べた通りだが、そもそも彼の出馬をつよく促したのはオボレンスキイらしい。さきに引いたムラヴィヨフ＝アポストルが伝えるには、「オボレンスキイ公爵はペステリをペテルグルグへ呼ぶようわたしにしきりに頼みました――南部結社でおこなわれていること、目的達成へ向け心を一にしていることをつぶさに聞けば、北部結社の面々はトゥルベツコイ公爵とニキータ・ムラヴィヨフに逆らって全員南部結社に合流すると請け合うのでした。」こうした見通しがいかに甘かったか、繰り返すまでもないけれども、ともあれ、首都に現れたペステリをオボレンスキイは諸手を挙げて迎えたようである。三〇年後に書かれた彼の回想記の南北協議に関する部分はかならずしも正確とはいい難いが、そこに記されているペステリの「印象」は若き日のそれを十分に彷彿させる。その「非凡な頭脳、もっとも抽象的なことがらにまで及ぶ明快な見解、稀有の弁舌の才」を挙げてオボレンスキイはいう、「パーヴェル・イヴァノヴィチのような人物の魅力に抗することは難しかった。」[11]

実際、オボレンスキイの供述によれば、まずペステリとの「個別の会談」で彼は「両結社を一体化する希望」を披歴、そのために「出来る限りの協力を約束しました」。肝心の憲法については、そこにある「考えの斬新さ、それらの結びつき、とくに基本的な諸規定が本官をしてそれに賛同させたのです。」彼は臨時政府＝革命政府の構想にも賛意を表したらしい。オボレンスキイの意気おおいに上がったに違いないが、しかし、それはあえなくしぼむ。彼みずから語るには、続く結社内の論議でペステリ提案の「二重選挙や共有地の不都合な側面」を指摘する意見に「同意」したというのである。その間「多少の議論」があったそうだが、いかにも呆気ない。結局、彼は当初の思惑とはかけ離れたムラヴィヨフとトゥルベツコイ主導の統一見送りに「同意」する。ペステリにしてもおそらく肩すかしにあった気分ではなかったろうか。このあと、最後の南北協議はオボレンスキイの住まいで開かれたが、その模様を語るペステリの口調には、かすかな苦みが感じられなくもない。「オボレンスキイ公爵は決定的なことはなにもいいませんでした。（中略）オボレンスキイ公爵はほかのどの場合にも、臨時政府や本官の憲法草案のほぼ全項目にわたって本官とムラヴィヨフ（＝アポストル）に同意していたのです。」同席したもう一人の南の一員、いま名が挙がったマトヴェイ・ムラヴィヨフ＝アポストルのより直截な証言も引いておこう。「オボレンスキイ公爵は南部結社の意見に共鳴していましたが、ニキータ・ムラヴィヨフやトゥルベツコイ公爵と一緒になるといつでも彼らに同調するのでした。ペステリが彼一人を頼みにして、統一か分裂か決しようとした会議がその証拠です。」[12]
オボレンスキイの変革への熱意を疑う理由は無論ない。要するに、このとき彼が意余って力足らずの革命家であったということだろう。このとき彼に出来たことは、深刻な路線対立の一方から他方へ意思を伝達する「つなぎ」役を引き受けることでしかなかった。ペステリの滞在中は勿論のこと、その後も彼はそれを忠実に果したようである。同じ二四年の末、彼はペステリに一書をしたため、北の状況を伝えるとともに、憲法草案と「実行計画」を早く送るように促した。結果は梨のつぶてであったけれども。

第5章

「すらりとした美男子、柔和な、感じのいい眼差し」——当時親しく目にしたというオボレンスキイの印象を、ある女性が半世紀後に語ったものである。十代にさしかかったばかりの少女は、彼の「美しさ」に劣らず、「輝かしい近衛の制服」にも魅了されたそうだが、それにしても、「彼の真向かいに座り、かつてティツィアーノのヴィーナス〔ウルビーノのヴィーナスのこと。模写〕に見とれたように彼に見とれた」というから相当なものといえる。作家グレーチも、オボレンスキイの知性や人柄をたたえて、「彼にはつくづく見惚れてしまった」と述懐している。[1]

後年マルリンスキイなるペンネームで人気作家になるアレクサンドル・ベストゥージェフが結社にくわわるのは、一八二四年である。それから「約一年半」の間、彼はオボレンスキイにもっとも身近に接した一人になるが、その彼はオボレンスキイを指して、「熱烈な愛国者で夢想家」という。革命家オボレンスキイを評して、おそらくこの言は的を射ている。しかも、そういういい方をするとすれば、彼は別な意味でも「夢想家」とよぶに相応しいかもしれない。前章で引いた彼の供述には、一八二二、二三年の運動の再建期、彼自身は勤務にくわえて「われわれの手段が目的にそぐわないという確信」から「まったくなにもしない会員」に終始したとあったが、そのあと彼はこう続ける。「その時から（中略）本官の学習は政治的な学問から哲学のそれに変わったのです」。たしかに、ここでいう通りかどうかはともかく、オボレンスキイが当時この国の知的世界に新しい啓示として迎えられたフリードリヒ・シェリングの哲学に肩入れした事実は紛れもない。右のベストゥージェフの供述にも、オボレンスキイを訪ねては「ドイツ哲学について議論し、彼はそれを擁護し、本官はそれを笑いものにした」とある。実際、ベストゥージェフに限らず、オボレンスキイはこれによって少なからず周囲の不評を買ったようで、二五年十月にそうした「友人たち」の一人に宛てた手紙でも、彼らが「わたしの学習のことでわたしを非難し、わたしのシェリング熱に腹を立てている」ことに抗議している。彼にいわせれば、これまでに学んだ「学問はわたしにばらばらな観念を示し、それらはわたしの頭の中で脈絡もなく当て所もなくさ迷っていた。シェリングの体系はこれら種々の観念をひとつの観念に統一して、わたしの求めるところを幾分満足させたのだ。いまわたしは無秩序であったものを秩序あるものにしようと努めている、ところがきみたち友人はそのことでわたしを非難する!」[2]このように、オボレンスキイはあのシェリングの汎神論的「自然哲学」を奉じるロマンチークであることをみずから明かす。以上、あれこれまとめて一言でいえば、眉目秀麗な貴公子にして「夢想家」オボレンスキイということになろうか。

さて、オボレンスキイが二四年末にペステリ宛に一書をしたためたことは前章の最後に述べたばかりだが、ペステリの供述によると、手紙は北部結社の近況を「順調」と伝え、続けてオボレンスキイが「兵士、とくに下士官に働きかけている」とあったという。しかし、これを受けた審問委員会の問いに対し、オボレンスキイはそうした「働きかけ」については「絶対に書いてない」と否定している。

これとは別に、南部結社の一人は審問委員会に答えて、この年の初め首都において同じオボレンスキイの口から、北部結社が兵士の間に「姿勢の正しさや装備の清潔をうるさく命じられることへの憤懣を吹き込む」等の「方針」をとり、「いくつかの連隊の兵士にすでに首尾よく吹き込んだ」と聞かされたという。この点もただされたオボレンスキイは当初「絶対にはなしていない」と否定したが、両人直接対決の場でこれを認めた、それは「結社の力を実際以上に見せる」「単なる言葉」だった、と。[3]

彼の言によれば、「結社の安全のため」にも、「われわれは最終的な決起以前に兵士に働きかけをしない方針を決めていた」し、十二月十四日の直前までその通りにおこなわれたという。他の証言にも照らし、彼のいい分は信じるに足る。とすると、さきのペステリ宛の手紙の一節も、「単なる言葉」——ひょっとして、強がりの——だったのだろうか。

ともあれ、オボレンスキイはこの手紙で「われわれが彼〔ペステリ〕と最後に協議をおこなった時以降、結社に新たに活気が生まれ、活動は以前より順調」と報じたことは認めた。組織の輪が小さく、動きも鈍く、みずからの「無力」を常々自認せざるをえなかったとは、のちに北の指導者が異口同音に供述しているところだが、その中でペステリの来訪がひとつの刺戟になったことはどうやら確からしい。この南北会談の結果、双方がそれぞれ「実行計画」立案の課題を負ったことは既述の通りで、北の指導部はモスクワの同志たちにもこの件の検討をもとめることとし、その連絡をオボレンスキイに託した。二四年の末から翌年にかけてオボレンスキイは休暇をえて旧首都に帰省し、その際に彼らと協議をおこなったことが、参加者の供述から知れる。「実行計画」についてどのような意見が交わされたのか分らないが、当地での「活動の方法」の議論では、そうした可能性は皆無と聞かされたようだ。それでもオボレンスキイは日を改めて会合を設け、そこに集まった七人が新しくグループを結成することになったという。

北部結社に「新たに活気が生まれた」とすれば、その主役はおそらく、前年から隊列に加わった詩人ルィレーエフであったに違いない。この時期彼は「自由」をもとめるウクライナの歴史を舞台に一連の叙事詩を書く。加盟の前後に筆を染め、ほぼ一年後に完成した『ヴォイナロフスキイ』は翌二五年早々出版されるが、冒頭の献辞は、詩の巧拙はいわず、そこに脈打つ「生きた感情」こそわが本領といい、こう結ぶ。「われは詩人に非ず、市民なり。」たしかに、こうした姿勢は「詩の目的は詩」というプーシキンに冷たく迎えられたけれども、そこでルィレーエフは「祖国」と「自由」のためにわが身を捧げたと称する主人公にみずからを重ね合わせ、それを高らかに宣言したのであって、いうところの「市民」のありようを知るには、つづいて着手された『ナリヴァイコ』の次の一節を引くだけで十分だろう。場面は、ポーランドの桎梏から父祖の地ウクライナを解き放つ戦いのまえ、主人公ナリヴァイコの告白。「だが、いってくれ、どこで、いつ／犠牲なくして自由が購われたか？／われは祖国のために死す、――／そをわれは感じ、そをわれは知る……／そして喜びもて、師よ、／わが運命をわれは寿ぐ。」ここには、「のちの世の人々の正当な非難」、つまりは歴史の審判をもっともおそれるルィレーエフの覚悟はもとより、みずからを待ち受ける避け難い受難の予感が、あるいは響いているのかもしれない。[4]

本章の初めに挙げたアレクサンドル・ベストゥージェフといえばルィレーエフの文学上の盟友で、この詩文集『北極星』の編者の一人を北部結社へ導き入れたのも、もう一人の編者ルィレーエフ自身にほかならない。つまり、両者は政治的にも相通じる盟友でもあったので、そういう彼らの共同作業の産物と称されるものに、二三年から二五年にかけて革命のアジテーションのためにつくられたという一群の歌謡がある。それは兵士を含む「一般民衆を啓発する手段として提案された」もので、現在知られているのは、ロマンス調のもの、古い歌を模したもの合せて十二篇だが、そのどれにも反乱をうながす熱いメッセージが込められていて、彼らデカブリストたちの高揚した心情の発露として見逃せない。

もっとも、これら歌謡についてはひと言いい添えておく必要があろう。これはどうやらルィレーエフの発案らしい。そしておおむねベストゥージェフとの共作というのが従来の通説だが、実のところ、それはいささか裏付けを欠く。ルィレーエフ自身には、故意か偶然か、この点への明確な言及がない。ベストゥージェフは後述の一篇を除く「数篇」を「一人」でつくったと供述している。オボレンスキイによれば、「誰かが特につくったというものではなく（本官の知る限り）、一連一連に作者がいたのです。大概それはわたしたちの詩人や文学仲間、それは結社のメンバーもそうでない者もいましたが、彼らが集る陽気な席での座興だったのです。」この後半は追及の矛先をかわす韜晦戦術の気味がなくもないけれども、ベストゥージェフのほうも、「たわむれに仲間うちだけで歌いました。しかし、手から手へ渡る間にいろいろなものがつけくわわり、各人各様に変えられたのでした。」つまり、今日残っているテキストは、それを誰に帰すべきか、かならずしも判然とせず、ルィレーエフとベストゥージェフ以外の関与の可能性も残しておかなければならないだろう。

そうしたなかで、審問委員会でルィレーエフが自作と認め──ベストゥージェフは二人の共作と供述──、自筆をもって提出した一篇がある。これは十五連という長さで、内容も幅広くもっとも精彩に富む。それは「ああ、辛いこと／生まれた国にいてさえも」ではじまり、農民にたいする専横、略奪をほしいままにする地主、司祭、裁判所、そして皇帝と陰の「張本人」アラクチェーエフ伯をきびしく糾弾し、終りは、神も皇帝も助けにならぬ、それを「よく覚えておけ」と結ぶ。この結びもそうだが、なかの次の一句がとくに注目されよう。「力ずくで取られたものを／われらは力ずくで取り返す」。実際、その他の、おそらくルィレーエフもかかわっていると見られる歌謡でも、「力ずく」の反乱がより直截に武器の名を挙げてうたわれている。曰く、サーベル、銃剣、短剣、斧、包丁、縄（「旦那の首にかける縄をなえ」）。これらの武器が向けられる先は皇帝まで及ぶ。[5]

果してこれらの歌謡は、当初の意図通り兵士や農民のもとへ届いたのだろうか。作者の一人ベストゥージェフは、そのわれわれは「考え直し」て門外不出にしたといい、そのわけはなによりも「民衆革命」つまり大量の流血を恐れたからという。さきのオボレンスキイと同じく、結社の発覚を避ける「用心」も理由に挙げている。「民衆革命」への恐れはルィレーエフも洩らしているけれども、ベストゥージェフの言葉にもかかわらず、兵士の間での流布の事実をつたえる後年の証言もあり、ここのところは見定めがたい。

北部結社にとって最大の課題はなんといっても組織の拡大、新しいメンバーの獲得にあるが、ルィレーエフがこれに力を尽くしたことはいうまでもない。なかでも、取り調べの席で明らかになった彼の二つの案が興味を引く。ひとつは、モスクワへ戻るメンバーの一人に当地の商人を結社に誘えないかと持ちかけていることで、これには資金提供を引き出す狙いもあったらしい。ただし、相手に「わが国の商人は無知」で頼むに足らずと直言され、あっさり引き下がったというから、こちらは現実の問題にはまったくなりえなかったが、もう一方は、やはり不発に終わったとはいえ、いわゆる「実行計画」と絡んでいて、意味するところはずっと大きい。案というのは、軍港クロンシュタットに結社の支部をつくり、決起の際にその海軍を手中に収め、陣営の一翼にするというもの。これも海軍士官の二人のメンバーの反論、異論に会い、またルィレーエフ自身同港を訪れ、まったくその芽はないと納得したようだが、構想そのものはその後も残っていたようである。

こうしたアイデアは文字通りアイデア倒れに終わったものの、ルィレーエフが精力的な一員として結社の中心にいたことでは、すべての証言が一致する。とくに二五年に入り、ニキータ・ムラヴィヨフが活動から遠ざかり、トゥルベツコイが第四歩兵師団に転出しキエフへ去るあとを受けて「議会」の一人に選出されてからは、名実ともにそうであって、ロシア＝アメリカ会社内の彼の住まいは現役、退役の将校たちの活発な議論が行き交う場であった。

オボレンスキイは蜂起直後も三〇年後も、ルィレーエフの加盟以来二人は肝胆相照らす友であったと述べている。実際、これに誇張はないようだ。ところで、後年の回想には、「一八二五年の初秋」、「わたしのうちに重大な疑いが生じ心が休まらなかった」というくだりがある。それは、現状に満足するか、「歴史的な発展による」改善をのぞむか、そのいずれかにある圧倒的な多数者にたいし、われわれ少数者が「クーデターを企て、国制に関する自説をほとんど強要する」正当性、その「権利がわれらにありや」を問うものだったという。これを打ち明けられたルィレーエフは「熱い」反論をくりひろげたそうだが、その要点は、われわれ少数者は、「多数者が感じていながら、なお表わしえぬもの」の代弁者であるということらしい。だが、

「彼の反論の正しさ」を認めつつも、もし自由、法による裁判などの「観念」が普遍的なものなら、それを「表わす形式」も「普遍的観念を表わす普遍的法則に従う」とオボレンスキイは続け、意外な方向へ逸れていく。曰く、貧しい者が「正義の感情」から富める者に、汝の富の「一部」をわれに与えよ、というのはいい。しかし、拒否に会い「力ずくでそれを奪おう」とすれば、その行為によって当初の「正義の観念」を踏みにじることになる。回想は、「国制」についてさらに続ける、それは自由その他の「観念」の実現だが、その「形式」は「理論的見地」でなく、国民の「共通の意識に深く根ざす歴史的発展次第」、と。またそこには「万人を共通なひとつの家族に結び合わす至高の愛の観念が表わされていなければならない」、それは教会である、と。[6]

これをどう解したらいいのか。注目すべきは、無論、右の議論の当否でなく、ここに示された少数者の「権利」や「力」の行使にたいする疑問あるいは異議である。もしこれが事実なら、デカブリストならずとも革命運動の縮小ないし解消へいきつくほかあるまい。繰り返すが、もしこれが事実なら、である。この回想が書かれるまで三〇年も経ているうえ、ずっとあとで述べるはずだが、それを語るオボレンスキイの口調には苦い悔恨が滲んでいる。回想というものが、多かれ少なかれなんらかのバイアスを免れないとすれば、いまの場合、ひとしお慎重でなければなるまい。ここで思い起こされるのは、これよりさき「一八二二年と一八二三年の間」、運動にたいする深刻な疑問に襲われたというさきの供述である。これについても実際にそうだったのかどうか、それを立証する材料は残されてないけれども。

こうしたオボレンスキイの言葉からは、筆者はただ推定で語るしかないけれども、そこで浮かび上がるのは揺れ動く革命家オボレンスキイの像である。その内実を正確には捉えがたいにせよ、少なくともそうした像を描くことは誤りではないのではないか。さらにくわえれば、中間の二四年、すでに述べた南北協議の場で露呈したジグザグな足取り。真摯な、しかし揺れ動く革命家を眼前にせざるをえない所以である。ともあれ、回想によれば、この「一八二五年の初秋」、ルィレーエフはオボレンスキイの議論を運動への「熱が冷めた」と受け取ったそうだが、無理もないだろう。

第6章

蜂起鎮圧の当日からはじまったデカブリストたちへの取り調べは微に入り細に入りして進められたが、そこでもっとも執拗な追及を受けたのが皇帝とその一家にたいする大逆罪の疑いである。南部結社では皇帝狙撃の計画が実際に練られていて、追及も当然そこへ向けられた。北部結社においても、そうした考えはかならずしもタブーではなかったけれども、しかしそれは言葉以上のものになることはなかった。ところが、実は、二五年に思いがけずそうした一線をはみだす出来事があり、本章はデカブリストの歴史のいわば番外篇として、その出来事を入り口にそこに登場するいささか特異な人物を取り上げ、光を当ててみたい。いささか特異な、とはいうものの、ひょっとしてそれはデカブリストたちの精神の一面を大写しにして見せてくれるかもしれないのだが。

一八二五年六月、北部結社に一人の男が現れた。長身、痩軀、険しい浅黒い顔、ひとつにつながった濃い両の眉、血走って飛びだした大きな黒い目、鬱蒼とした口髭、異常に突き出た頤、そして額に巻かれた黒い包帯。この男、アレクサンドル・イヴァノヴィチ・ヤクボーヴィチ（一七九二―一八四五）は伝説的人物の後光をまとっていた。一八一七年、近衛騎兵少尉の彼は、当代一の舞姫をめぐってくりかえされた決闘のひとつで介添人をつとめ（当人は死亡）、この「近衛士官ニ相応シカラヌ行為ユエ勅命ニヨリ」翌年早々陸軍准尉としてロシア帝国の南方進出の拠点、カフカスの前線へ送られる。しかし、この年、グルジアはチフリス（現トビリシ）において、さきの一件の先方の介添人とかねての約束通り決闘に及ぶ。その相手とは誰あろう、やがて『智に働けば災いあり』を書くあのA・C・グリボエードフである。この時、外務省十二等官の彼も首都の勤務を解かれ、ペルシャ派遣使節団の書記を拝命して出国を待つ身だった。決闘で彼は左の小指を撃ち抜かれたが、噂によれば、それはヤクボーヴィチが音楽愛好家の彼からピアノを弾く楽しみを奪うためだったという。カフカスにおいてヤクボーヴィチは原住民との戦闘に明け暮れ、山野を駆け巡る勇猛果敢ぶりでその名を轟かす。ただし、二三年に右こめかみの上に銃弾を撃ち込まれ、傷は癒えず、前述の黒い包帯がそれをおおっていた。今回の上京はその治療のために許されたものである。

そういうヤクボーヴィチは早くから北の人々の口の端に

のぼっていた。それがどういうものか垣間見るには、二五年十一月にアレクサンドル・ベストゥージェフに宛てたプーシキンの手紙の一節が少なからず役立とう。文中「彼」はヤクボーヴィチ、「シェレメチェフ」は彼が介添人をつとめた人物。「ぼくはご婦人方と馬鹿ばなしをする時は、こういって煙に巻くんだ、ぼくは彼といっしょにカフカスで強盗をしたり、グリボエードフに一発ぶちこんだり、シェレメチェフを葬ってやったりした、などとね。――実際、彼はロマンチズムにあふれている。カバルダで彼に会えなかったのが残念だよ――ぼくの物語詩がもっといいものになっていたろうに。」カバルダはカフカスの地名、「物語詩」は『カフカスの捕虜』だろう。いささか余談に属するが、一八三一年にプーシキンはカフカスを舞台にした小説を試みている。書かれたのははじめの個所だけで大部分が書かれずに終ったけれども、小説のプランを記したメモが残っていて、主人公の一人にヤクボーヴィチなる人物が登場する。どうやら実在の彼をもとに構想された人物のようだが、このヤクボーヴィチ、ある令嬢のコケットリーに翻弄されたり、彼女をさらって逃げたり、恋敵と決闘したり、最終案ではそこで殺されたり、いかにも恋と冒険の立役者ではある[1]。

ヤクボーヴィチがカフカスのある秘密結社の一員であるということはどこまで知られていたのだろう。いつの頃か明らかでないが、そうした組織の存在を匂わす情報が南部結社に届いていたらしく、二三年と二四年、ペステリは確認のためメンバーを同地へ派遣している。最初のそれは徒労だったが、次のC・Γ・ヴォルコンスキイがそこの保養地でヤクボーヴィチと接触し、彼の口から一連の情報を引き出すことに成功した。ヤクボーヴィチは結社の存在そのものは「始終否定した」ものの、秘密結社のありようを「進んで」論じ、ヴォルコンスキイは相手がその一員で、そういうかたちで「情報を与えようとしている」と判断したという。彼が語ったとされる秘密結社は、ロシアに「革命」が起きれば支援し、それが失敗した場合はグルジアの分離、独立を図り、最悪の場合は中央アジアのヒヴァやトルキスタンへ退き、そこを「征服」して国家を建設する。ヤクボーヴィチはカフカスの軍政、民政双方を握るA・П・エルモーロフ将軍について、当地の自立を推進しようとしている、結社と関わりはないが、メンバーを「庇護」している、などと述べ、結社は「エルモーロフ新王朝」の樹立を目指し、麾下の軍団は将軍に忠誠を誓っていて、結社はその全軍を駆使できると強く示唆したという。この秘密結社の件が北部結社にどこまで伝わっていたのか定かでない。供述からえられるのは、二四年末にヴォルコンスキイが上京した際、ニキータ・ムラヴィヨフに語ったという事実止まりだが、他のメンバーの耳にも達していたと考えられなくはない。

首都に現れたヤクボーヴィチはデカブリストたちを恐慌状態に陥れた。ルィレーエフによると、「最初に会った時から」彼を結社に迎えようと思い立ち、早々に打ち明けたところ、突如彼はこういいだしたという。『諸君、正直にいおう、わたしはいかなる秘密結社も好まぬ。わたしの考えでは、断固とした人間一人はカルボナリやマソンの全員より役に立つ。（中略）わたしは皇帝に重大な辱めを受けたのだ！』そういうとかつて近衛師団からの降格を告げられた「半ばぼろぼろの命令書」をポケットから取りだし、『これこそ八年間肝に銘じた癪の種。八年の間わたしはひたすら復讐を念じている。』ここで額の包帯をひきむしり、血をながしながら、この傷によりついに時節到来、わたしを辱めたあの者は『決して逃れられぬ。』こと成った暁は、『その機を利用したまえ。やりたいことをやりたまえ！諸君のいう国民議会を招集して心ゆくまで馬鹿を演じるがいい！』

以上はあくまでもルィレーエフの言葉だが、同席したアレクサンドル・ベストゥージェフも同じ趣旨の供述をしていて、ヤクボーヴィチの「動機」には別にくわえることがありそうだが、要するに、アレクサンドル一世を狙った個人テロである。いつ遂行するかも二通り決まっていて、ひとつはペテルゴフの祝日のパレード。そこでは大勢の軍隊と民衆がこの壮挙を目撃するはずで、ヤクボーヴィチは黒服をまとってチェルケス人の騎手に扮し、黒い馬に跨って現れると語ったという。

いまの「動機」について補足すると、オボレンスキイはルィレーエフと「なん度か話し合った中から」知りえたとして、ヤクボーヴィチは頭部の傷により「死期が近いと思い」、諸悪の根源たるアレクサンドル一世から「ロシアを解放する一事をもって生を閉じよう」としたという。それと、カフカスにおける「不可能を可能にする」活躍にもかかわらず、近衛師団への復帰がかなわなかった怒り。蛇足ながら、この間、彼は軍功により大尉に昇進、聖ウラジーミル四等勲章も授かっているが、それは彼の心を安んじるには無力だったわけである。

北部結社には暗殺に乗じて決起する力は、無論ない。時期尚早なテロが成功しようが失敗しようが、いずれにしてもヤクボーヴィチが捕らえられれば、すでに秘密を明かした彼の口から結社は発覚し、瓦解は必至。結社は危機に立たされた。

念のためにいっておくと、アレクサンドル一世にたいするテロリスト志願はヤクボーヴィチだけではない。やはり新顔の退役陸軍中尉П・Г・カホフスキイがそれで、ルィレーエフの供述では、二五年のはじめに彼にその意思を伝え、さらにその後も繰り返したとある。もっとも、カホフスキイ自身はこれをルィレーエフの「中傷」と強く反発、革命の戦略として皇帝一家の抹殺に「同意」したものの、テロを「買って出たことはない」というのだが、彼の供述は額面通りにはなかなか信じ難い。ただし、カホフスキイについてはこれだけにとどめ、先へ進む。

ユーリイ・ロトマンはデカブリスト研究において「今日までずっと日陰にあった一面」を次のように指摘する。「デカブリストは、先行するロシアの全歴史において知られるそれと行動という点ではっきり異なるロシア人の特別なタイプをつくるのに多大な創造的エネルギーを発揮した。」こうして彼は、デカブリストたちの「日常生活」での語りや身振りをはじめとする彼らの行為の独自性、それら行為の「記号化」を論じる。そのなかで、「意図と結果」を繋ぐひと続きの行為を「行動のテキスト」と名づけたうえで、こう述べる。「これまでもいわれたように、デカブリストの行動はロマンチシズムの刻印を帯びていた。即ち、もろもろの行為と行動のテキストは文学作品の題材《シュジェット》やそれを想起させる、モデルになるような文学的シチュエーションとか人物によって決められていた。」つまり、現実が文学を模倣するわけだが、「カエサルの死とカトーの英雄的行為、告発し、教えを説く預言者テュルタイオス、戦いの前夜兵士のまえで歌うオシアンまたはバヤーン（この題材はナレージヌイの創作）、戦いに向かわんとしてアンドロマケに別れを告げるヘクトル」——これらがそうした「題材」の例だという。[2]

ヤクボーヴィチも右の「ロマンチシズム」の行動様式が少なからず妥当するのではあるまいか。そのことは本題以前の決闘やカフカスでの秘密結社の件にも遡っていえるのかもしれない。たしかに、復讐—テロという「テキスト」で彼がなにを、どう踏まえていたのか、それを特定することはできないが、勿論、古今の文学にそうした「題材」はこと欠かない。他方、文学作品たらずとも、当時おおいに想像力をかきたてる事件が現実に起きていたことも忘れてなるまい。例えば、先に触れた一八一九年の学生ザンドによるコツェブー暗殺。それはすでにプーシキンの詩『短剣』で「題材」化していたともいえるのだが。

ルィレーエフたちはヤクボーヴィチに計画の撤回ないし延期を迫り、説得は難航したが、ようやく「一年間」先送りする約束をとりつけた。さらに後日、とくに期限を付けないことになったらしい。一方、ヤクボーヴィチは二度にわたって頭の手術を受けながら近衛復帰の運動をつづけ、実現の曙光が見えはじめる。結社との関係ではルィレーエフとアレクサンドル・ベストゥージェフを除けば格別のかかわりはなく、むしろ彼を「狂人」視する向きさえあって、あくまで圏外の人といってよかろう。一体のちの取り調べでも、ある者は彼を結社の一員といい、ある者はそうでないといい、結社の最高機関の三人ですらまちまち、ルーズといえばルーズな組織に違いないけれども、本人の供述では一貫して加入を拒んだとある。だが、そうした曖昧な状況はアレクサンドル一世の突然の死で急転する。悲報が首都に届いた十一月二七日、ヤクボーヴィチは、ルィレーエフによれば、扁桃腺を腫らしてふせっていた彼の部屋へ駆け込み、「激昂」していった、『皇帝が死んだ！ きみらが彼をわたしから奪ったのだ！』ともあれ、このあと北部結社は十二月十四日の元老院広場へ行きつく坂道を走りだす。最大の目的を失い、予想もしない場面に立たされたヤクボーヴィチも激流に乗り出し、渦中の一人になるが、なぜ彼がそうなったのか、その点はのちほど本人の説明を聞くことにして、以下、蜂起を目前にした彼の弁を審問委員会の記録等から拾っておく。

十二月十二日。連日協議が続くなか、この日、各部隊の決起の見通しが論じられ、当初の期待から遠いことが判明する。席上、ヤクボーヴィチが、「突然」、未遂に終ったみずからのテロの一件を「猛然」と語りはじめ、こう結ぶ——ほかに手段がないなら、いまここにいる五人が『籤を引いて決めよう』、当たった者が『彼〔ニコライ一世〕を殺す』。一同の沈黙を見て、『だが、諸君』と続け、自分は引き受けることはできぬ、わたしは『復讐』のためにそれをやろうとした、しかし、『人殺し』にはなれぬ、『わたしは善良な心の持ち主だから』。この「奇矯な振舞い」に応える声はなく、協議は幕になったという。これはトゥルベツコイの証言、他もこれを裏付ける。ヤクボーヴィチ自身はこれを問われ、「委員会を煩わせぬため否定しません」と供述。

十二月十三日。最終協議。ヤクボーヴィチは「酒場をぶち壊し、兵士や有象無象の連中が略奪するにまかせ、それからどこかの教会から教会旗を持ちだして王宮へ向うべき」と「熱弁」を振った。ここはルィレーエフの供述の引用だが、ヤクボーヴィチも発言を認めている。オボレンスキイによると、「略奪」以下は耳にしなかったが、彼の「雄弁」や、兵士の手で「少なくとも酒場一軒ぶち壊す」という、兵士操縦の「経験に基づく意見」に引き込まれて「本官と他の者たち」は彼に同調、しかし、ルィレーエフが反対の口火を切り、全員これに和したとある。

北部結社が武装蜂起を起点とする革命戦略をまとめる作業に費やしたのは、せいぜい五日程度のようで、文字通り拙速を強いられたというほかない。とはいえ、この間、さまざまな案が俎上にのぼり、なかには鋭く対立するものもあって、それらをうかがわせる供述も散見するが、ともかく最終的な「実行計画」を実質上の指導者ルィレーエフの供述を軸に組み立てれば、大筋で次のようになろう。決起の日は、大公ニコライの即位の日、一八二五年十二月十四日とする。①各部隊で予定される新帝ニコライ一世への宣誓の拒否。②各部隊の元老院広場への集結。示威。③あらかじめ決めた部隊による王宮（＝冬宮）占拠及び皇室拘束。④元老院の名で国民にたいする布告を出す。内容は現在の帝政の廃止、暫定政府の設置、農奴制、屯田制、人頭税の廃止、言論、信教、職業の自由など。暫定政府は「国民議会」を開催するため選挙方式を策定する。⑤「国民議会」による国家の統治形態の決定及び憲法の制定。⑥同議会が共和制を選択した場合、現皇室の国外追放。君主制を選択し、現皇室が制定された憲法を拒否した場合も同じ。この場合は新しく皇帝を選ぶ。

右の③は「必要な場合」に遂行するとされていたらしい。[3]また④と⑤の間には時間的に相当な隔たりが予想されよう。なお、元老院布告にいう諸改革については、既述のニキータ・ムラヴィヨフの憲法草案におけるそれとの比較、検討がもとめられるが、ここでは見送る。

再びヤクボーヴィチに戻れば、彼には②③の段階で大役が振られていた。反乱軍の指揮はトゥルベツコイがとることになるが、ヤクボーヴィチはもう一人の陸軍大佐と並んで副官をつとめる。中核のひとつに予定される近衛海兵隊は彼の命に従う意向であり、彼は同隊を率い、途中イズマイロフ連隊に決起を呼びかけ、「ピョートル広場か王宮広場」へ行進、そこで「コンスタンチン万歳！」と一斉に叫ぶ。」引用の個所は、ヤクボーヴィチ自身の供述から。いうまでもなく、すでになされたコンスタンチン大公への宣誓の堅持、ニコライ大公による帝位簒奪の阻止、これが表向きの――兵士向きの合言葉である。くわえて、ルィレーエフはヤクボーヴィチが前記海兵隊の士官一人と共に③の任務を「申し出た」と証言している。これを問われてヤクボーヴィチは再度否定したが、三度目の問いに、「記憶にない」と断ったうえ、先の「籤引き」の件同様、委員会を「煩わせぬため」これを認めると答えた。一方の海軍中尉はルィレーエフとの直接対決も含め否認の態度を崩さない。両者とも問題が問題だけに恐れをなしたか。

ともあれ、ヤクボーヴィチはアレクサンドル・ベストゥージェフと共に十三日から翌日へかけての深更、海兵隊の兵舎を確認、右の中尉と少なくとももう一人の少尉をまえに、近衛「全軍」が蜂起に備えていると語り、こう胸を張ったという。『諸君、わたしは諸君の勇敢さを疑わぬ、しかし諸君はまだ一度も銃弾の下をくぐったことがない、だからわたしが身をもって諸君に手本をみせよう。』この台詞、ヤクボーヴィチも肯定している。

以上、蜂起前夜までのヤクボーヴィチの言動を追ってきた。いささか瑣末に走り過ぎの感がなくはないけれども、それは以下の展開を見越したうえのことである。実は、海兵隊の兵舎から帰宅して数時間後、蜂起当日の早朝を境にヤクボーヴィチの言動はいわば一枚のカードをくるりと裏返すように一変する。このあと彼自身のものを含めた数々の証言には細部で不一致も見られるが、それらをもとに事実の輪郭を探るとほぼ次のようになる。

(1)十二月十四日午前六時または七時、ヤクボーヴィチは前記ベストゥージェフのもとへきて予定の任務の放棄を告げる。代わりに「近衛師団が全軍元老院広場に終結した時」に合流する（ヤクボーヴィチの供述）、「軍隊を通りで待つ」（ベストゥージェフの供述）と約束。ヤクボーヴィチによると、そのまえ、深夜「二時過ぎ」から考えにふけり、ことの成否がどちらに転ぼうと汚名を免れないことを「はじめて悟り」、「無辜の犠牲」や「惨事」を思い描いて「長らく迷った」末、「一時の恥辱をもって永遠の呪詛を逃れる決心をした」という。とすると、右の約束はいかにも中途半端に見えるが、どうか。

(2)十一時近く、元老院広場へ向かうモスクワ連隊の約八百人の行進を見て、くわわる。抜き身のサーベルの先に帽子をかかげ、「コンスタンチン万歳！」を叫ぶ。

(3)第一陣で広場到着。その後、同じベストゥージェフの供述で、ヤクボーヴィチは「頭痛がするといい——姿を消しました。」同行したモスクワ連隊の二等大尉の回想では、これに先立ち、どの部隊も現れていない空虚な広場をまえに、彼が(1)の時点で発したという言葉を繰り返したとある。『きみらは実現不能なことを企んだのだ。ほら、そう思ったのはわたし一人じゃない。』ヤクボーヴィチの供述では、この間「十分足らず」、兵士たちの銃が装塡されるのを見、「叛徒たちの意図のいかに犯罪的か」を知り、広場をあとにしたという。

(4)付近で成り行きを見守るうち、午後、新帝ニコライに出会い、許しを乞い、恭順を誓う。ニコライこれを容れる。ここは本人、ニコライ、その他の証言に食い違いはない。ただ、ヤクボーヴィチの供述には、その際、「全員の赦免」を願ったとある。

(5)反乱軍のもとへおもむく。これについては、本人が申し出たのか、ニコライが申し付けたのか、どちらとも決め難いが、いずれにせよ、帰順をすすめよとのニコライの命である。広場の側はこの「軍使」を「驚き」や「蔑みを込めた非難」で迎えたと証言、ヤクボーヴィチは「兵士たちが本官を刺し殺そうしました」と述べている。信じ難いことだが。

一方、広場と対峙した側は、後日、彼の恭順は偽装で、実の目的は偵察やニコライの殺害にあったと口をそろえていう。根拠は不明。おそらく、再三の説得も空しく、結果的に武力鎮圧に踏み切らざるをえなかったゆえの憶測、勘繰りの類だろう。

筆者としては、③④にもかかわるが、さきのモスクワ連隊の二等大尉の次の供述に注目したい。「広場ではヤクボーヴィチにむかって、〔ワルシャワ在住の〕コンスタンチン・パーヴロヴィチ〔大公〕が来られるまで二度目の宣誓をしないですむよう要求したいと申しました。というのは、彼が直接陛下〔ニコライ一世〕に奏上しにゆくといいだし、まえもって本官に近づいてきたからです。」つまり、ヤクボーヴィチは自分を救うとともに、広場の内の意思を外に伝え、みずからのぞんだかどうかはともかく、外の意思もまた内に伝える仲介者、平和の使者の位置に自分を置いたのであろう。そして、結果は徒労、えたものは双方の不信ということになろうか。

やがて、夕闇迫る午後四時頃、数度の砲撃により反乱軍は散を乱して敗走。

(6)帰宅。「叛徒を恐れ銃に弾を込め、誰も通すなと命じ、ベッドに入りました。」しかし、同夜逮捕、引用の一節はその直後の供述である。

審問委員会でヤクボーヴィチは一貫して犯意を否定した。

(a)結社への加入を終始拒否したこと。「本官は結社の政治的意見に与したことはかつてなく、現状の改善をつねに望んでいましたが、急激な転換は望みませんでした。」

(b)アレクサンドル一世殺害など「思いもよらなかった」こと。みずからの不遇に関して故帝に含むところはなく、「命令書を持ち歩いたことは一度もない」。ルィレーエフが供述している彼の不敬な言葉は、「心身ともに悩み、生そのものがうとましかった」時に洩らしたもの。さらに「同情や称賛を寄せられ、結社へ加わるよう頼まれ」、「これらすべてが普通でなく、ロマンチックに見え」、「想像力」のおもむくまま、「八年におよぶ復讐という馬鹿げた作り話を考え出したのです。」

(c)コンスタンチンへ宣誓ののち、結社には一切協力しないと宣言したが、「大公の帝位放棄の噂、臆病者に見られることへの誤った羞恥心、それに本官の無分別」が今回の事件に巻き込まれるもとであること。全体に、(b)を含め、「不幸な自尊心、特別な人間に見られたい願いが本官を滅ぼしました」という。

(d)結社の目的がコンスタンチンの即位にあると思い、当日、大公への「忠誠と個人的な愛着」から行動したこと。広場へ各部隊が集結したのち、平和裏にニコライが譲位すると「確信していた」こと。

ここで、先に示した(3)へつながる。

なお、やや時間を遡り、カフカスにあってヤクボーヴィチが当地の秘密結社についてヴォルコンスキイに詳しく語った事実を思い出していただきたい。右の供述はそうした組織の存在も、みずからの関与もあっさり否定している。当のヴォルコンスキイも、後年ヤクボーヴィチと獄舎を共にした体験から、それが「彼流の叙事詩」にすぎなかったと了解したという。

カフカス時代を含め、一八二五年六月の上京から十二月十四日の事件を経て約一年間、ヤクボーヴィチに関して筆者が必要と見なす情報は、枝葉は捨ててこれで全部である。当然ながら、いかなる情報もそれをもたらす者、取り巻く状況によるバイアスは避け難い。取り調べの場に立たされた者の証言ともなればなおさらであろう。曖昧な部分、矛盾する個所を探すことは困難でない。しかし、いまはそれを問わない。筆者にはこの間のヤクボーヴィチの言動を大枠でつかめば十分であり、問題にしたいことは別にある。

それは、おそろしく振幅の大きいヤクボーヴィチなる人物の謎である。この歴戦の雄の十二月十四日の逃亡劇についてデカブリストの一人が残した言葉がよく知られる。「兵士の勇気と謀反人の勇気は同じでない。前者では――たとえ敗れても――彼を尊敬と恩賞が待っているが、後者では成功すれば前途は見通しつかぬ未来であり、失敗すれば確実な恥辱と不名誉な死である。」[4] その通りかも知れないし、あるいは別に原因があるのかも知れない。例えば、彼の供述(1)や(a)は、もしかして彼の本音かも知れない。逆臣たることへのはばかり。これは彼の素顔ではあるまいか。しかし、筆者の関心は、むしろ、そうした豹変以前の、まさに奔放自在な彼の言動にある。これについても武勲を鼻にかけた大言壮語の類とおおむね片付けられ、見方によってそれは必ずしも不当とはいえず、軽率のそしりも免れまいが、果たしてそれだけなのか。一歩踏み込んで眺めれば、カフカスの秘密結社の一員として、復讐鬼として、テロリストとして、反乱軍の戦士として、その時ヤクボーヴィチはみずから物語をつくり、仮想の現実をたしかに生きていたのかもしれない。そうした自己劇化、あるいは虚構化の欲求に彼は衝き動かされていたのではあるまいか。それはさきのロトマンがいう「文学作品」の模倣の域を越え、いわばヤクボーヴィチの創造行為とよぶに相応しいのかもしれない。そうよびたくなるほど、彼の言動は情熱的にみえる。従来からいわれることだが、レールモントフのペチョーリンはヤクボーヴィチそのものだという。それをいうなら、ゴーゴリのフレスタコーフも思い浮かべたくなるがどうだろう。

ヤクボーヴィチの大言壮語――と敢えていおう――は彼一人のものではない。やがて見るように、若いデカブリストたちはより熱いもの、激しいものに憧れ、しばしばそれを気取り、それに流された。そうした意味でヤクボーヴィチは彼らの一面を写す鏡ともいえ、彼を取り上げた意図も、ひとつはそこにある。無論、鏡とはいえ、それは歪んで、奇妙に広がった像を結ぶ凸面鏡のようなものだが。

第7章

北部結社の革命戦略は、前章でルィレーエフの供述をもとにおおまかなシナリオを示したが、それが反乱軍の主要なメンバー――戦列に加わって数日を経ない者もいる――に確実に共有されていたかどうか、かならずしも判然としない。故意にせよ偶然にせよ、これに関して彼らからはごく短い供述しかえられないからである。しかも、既述の通り、彼らの供述には食い違いや対立も少なくなく、ときにそれは藪の中へ迷い込む感すら与えるが、とりわけ当日の行動については、のちに見るように計画そのものを十分に煮詰めず、不徹底な部分を残していたのではないかと想像される。しかも、比較的冷静な観察者の証言によれば、決起を明日に控えた夜、興奮渦巻くルィレーエフ宅では「誰も彼もがしゃべり、ほとんど聞いていず」、そのうち一人が後年振りかえっていうには、「大言壮語、実行し難い提案や指令」が入り乱れるありさま。さらに、その前夜、蜂起の計画のあらましはこの時にまとまったのだが、出席者の一人の回想によれば、「決まった戦術は曖昧模糊」、それにたいする「わたしの反論や意見」をオボレンスキイたちはこう揶揄したという、『だってリハーサルはできんじゃないか！』[1]

とはいえ、詳論は省くが、そうした点在する供述を突き合わせてみて、多かれ少なかれ相違する部分、ニュアンスの濃淡はさておき、大枠で彼らの間に先のシナリオに沿ったほぼ共通の了解が存在していたことはどうやら確認できる。そこでもっとも微妙なのが現皇室の扱いであろう。シナリオの③⑥はルィレーエフの供述から割り出したものとはいえ、彼一人のものでないこともおおむね確かである。もっとも、当のルィレーエフ自身、十二月十三日、もしニコライ一世を「捕らえられなかったなら、内乱必至と思い」、同日深夜、この時はすでに翌十四日の蜂起を決定したあとだが、彼はカホフスキイに向かい当日単独でニコライを狙撃するよう持ちかけている。かたわらのメンバー数人もそれを受けてこもごもカホフスキイを「抱擁」したそうで、その一人オボレンスキイはのちにこれを「一時の激情」と釈明しているけれども、そしてこの件は本人の拒否で立ち消えになるけれども、この一幕は皇室をめぐる彼らの方針がなお手探り状態にあることを如実に示す。ともかく、デカブリストのなかには君主制そのものについても廃止を唱える者もいればその反対の者もいて、この問題では黒と白、さらに灰色の立場もあったと見るほうが事実に近い。

それにしても、さきのシナリオはいくつかポイントを取り出して掲げたにすぎず、特に①〜④の間はもう少々立ち入った検討の必要がありそうである。まず、決起に先立ち、各部隊において新帝ニコライにたいする宣誓の拒否がなければならない。蜂起に参加する将校はこれに率先範を垂れる。そして、コンスタンチンの帝位辞退の事実を伏せ、逆に監禁説、逮捕説を流し、もともと人気のないニコライを不法な簒奪者に仕立て上げ、さらに兵役期間の短縮を約した先帝の遺言書ありと称して兵士を煽動し、反乱に巻き込む。このように広く兵士に呼びかけ、兵力を動員、権力にたいし「力」を示すやり方は、デカブリストの蜂起の性格をあきらかに規定している。いささか古いが、H・K・シルダーの言葉を借りれば、デカブリストは「それまでのペテルブルグのクーデターの常道」を踏み「夜陰に紛れてことを運ぶ」戦術を捨て、「白昼公然」と反旗を翻す、「ロシア史にかつてない、新しい手段を選択」した。彼らは「そうすることで行動に合法の外見をほどこし、一般の支持をえて成功を勝ち取ろうとした。」[2] このあと、反乱軍は打ち合わせ通り②③の二正面作戦に突入する。③の部隊については後述、②について一言添えると、この元老院（ピョートル）広場への集結、示威の目的をニコライにたいする議員の宣誓の阻止とする見方があるが、同意し難い。事件のすぐあとにせよ、後年のそれにせよ、彼らの証言にそのことを裏付けるものはない。実際、彼らは蜂起の前夜、翌朝「七時」（あるいは「六時」）に元老院の招集が予定されていることも、軍隊の宣誓がその後、おそらく「九時か十時ごろ」におこなわれることも確実に知っていた。[3] 繰り返すようだが、蜂起は各部隊における宣誓拒否のアジテーションをもってはじまる。このことは彼らの計画の大前提であり、それを彼らは異口同音に述べていて、従って、この間の順序を逆にした右の見方は成立しない。

当日の計画で固まっていたのは、実はここまでである。勿論、このあとにとるべき行動をめぐって連日議論が飛び交ったことはいうまでもないけれども、つまるところ、彼らは集結した反乱軍の指揮をルィレーエフと並ぶ首脳陣の一人、屈指の名門貴族であり、彼らの間では最高位の陸軍大佐セルゲイ・トゥルベツコイに一任し、「状況」に応じて彼がくだす方針に全員従うことにした。このような場合に有効な指揮系統の一元化には相違ないものの、やがてこれは思わぬ落とし穴になろう。選ばれたトゥルベツコイはひと月前にキエフから戻ったばかりだが、こうして蜂起の最大の鍵は彼の手に握られる。

さて、部隊の集結の次にとるべき行動であるが、いまのトゥルベツコイの構想では、当然帰順の説得がおこなわれるはずなので、その際、ニコライにたいしポーランド在住のコンスタンチンの帰国さらに即位を要求する。それが実現した場合は、彼らが描く立憲政治その他の改革は断念、すでに当局の知るところとなった結社は解散または活動停止、各人は新帝の治下で「要路につく」ことを目指す。以上は事件後の供述だが、二〇年後の手記にも、決起に至るまえ、もともと彼らがコンスタンチン帰還の時は「彼に即位をもとめ、しかるのち彼の信を得、それを用いて後継帝の権力の制限に努力すると合意していた」とある。北部結社を引っ張るトロイカの他の二人、ルィレーエフとオボレンスキイの供述もトゥルベツコイとの間に方針の違いは見られない[4]。

蜂起の建前を地でいけば、おそらく右の通りになろう、あるいは、ならざるをえまい。その限りでは三人の証言に格別表裏があるとも思えないけれども、しかし、コンスタンチンの辞意がもはや動かないものとなったこの時点で、デカブリストたちがみずから掲げる要求の実現をどこまで信じていたか、それはおのずから別問題であって、実際には、むしろ要求が受け入れられないことを見越して、その場合の行動の如何に大半の議論が費やされたといわなければならない。

そこで再びトゥルベツコイに戻ると、この段階で元老院に以下を要求する。(a)「国民議会」の招集、(b)暫定政府の設置、(c)元老院より国民にたいし現政体の廃止と(a)(b)を含め一連の改革を盛り込んだ布告を出す。つまり、前記のシナリオでいう④だが、このうち(a)は元老院を通じてニコライに要求する。ここのところは、ルィレーエフの供述では、コンスタンチンにたいしても同じ要求をするつもりと読める。(b)は改革派と目される要人数人から成る。その候補の一人にあのミハイル・スペランスキイがつねに挙げられていたことは記憶に値しよう。(c)は(a)と共にトゥルベツコイやルィレーエフがもっとも必要と見なす「合法性」を担保する手段だが、これはデカブリストの戦略のかなめといってよく、それが前年の南北協議の数少ない合意のひとつであったことをペステリが証言している。[5] このほか、主要なメンバーの中には、元老院そのものに憲法制定を迫るといった供述も見え、この間の議論が十分な詰めを欠いていたことを露呈しているけれども、そうした不揃いは全体としてプログラムの基本を左右するには至らない。

ところで、右の構想はいささか楽天的に過ぎはしまいか。すでに再度にわたり、クーデターののち、みずから臨時政府＝革命政府を樹立、権力を掌握して「漸進的」に改革を推し進める南部結社の戦略を示してある。北部結社はそうした「デスポチズム」を拒否した。一体、軍隊の蜂起は、たとえ皇帝政府の退場を余儀なくさせたにしろ、それはあくまで変革の始まりであって、終りでない。当然その先に激烈な政治闘争が待ち受けていることを予期しなければなるまい。ようやく取り着いた橋頭堡を退き、「暫定」とはいえ政府を明け渡し、全国から代表を集める「国民議会」に一人でも多くの同志を送り込むとはいうものの、果たしてどれほどの成算があるだろう。いうところの「布告」も空手形におわらないとも限らない。

さきのシナリオには、③として冬宮（王宮）占拠、皇室拘束が掲げてある。現体制の中心であり反革命の拠点たりうるこの本丸の強襲は、いまのデモンストレーションと並んでデカブリストの戦略のもうひとつの面を示す。もっとも、トゥルベツコイには事件直後も二〇年後も、そうした意図を有していたことをみずから肯定する言葉はない。あるのは明白な、もしくは、暗黙の否定である。もっとも、ルィレーエフによれば、この本丸攻めは「トゥルベツコイみずから決めた」ものという。そうした両者が直接向き合う機会は一度しかなかったが、その二六年五月六日の審問委員会での対決の結果は、トゥルベツコイの全面屈服——真意は奈辺にあるにせよ、というのも、後述のように、彼はルィレーエフにたいしておおいに後ろめたさを感じなければならなかったので——であった。確かに、ルィレーエフのいい分はしばらく措くとしても、北部結社が戦術の一環に皇室の拘束を予定していた事実は紛れもなく、そのことは主要なメンバーがとりどりに証言していて、[6] 彼らの間でトゥルベツコイが異を唱える姿は想像し難い。

ただ、この作戦をどうおこなうのか、これについては少なからず曖昧さを残す。前章ではルィレーエフに従いヤクボーヴィチと近衛海兵隊の中尉Ａ・П・アルブーゾフが同隊を率いて遂行するとしておいたが、以下、煩雑を厭わず、事件後の供述から関連する個所を抜きだしてみる。(a)～(c)は事件後、年内におこなわれた供述、(d)は翌二六年三月、(e)は同四月の供述。

(a)カホフスキイ。「事件当日ヤクボーヴィチに冬宮の占拠が任されていました。そこで彼は皇帝一家全員を捕らえるはずでした。」

(b)ルィレーエフ。「彼〔トゥルベツコイ〕の補助として〔元老院〕広場にブラートフ大佐とヤクボーヴィチ大尉が現れるはずでした。」「ヤクボーヴィチ大尉は近衛海兵隊と共にトゥルベツコイの指揮下にあって、必要な場合に皇帝一家を捕らえるために王宮へ向かうと決められていましたが、このことは彼みずから買って出たことです。」ブラートフについては後述。

(c)近衛擲弾兵連隊の中尉。「十二月十三日」に「ルィレーエフは本官にたいし、兵士たちを宣誓させないようにし、もしそれができたらピョートル広場へ連れてくるようにいいました。われらはそこでいかにすべき？　本官の問いに彼は答えました、そこでモスクワ、フィンランド両連隊と合体し、トゥルベツコイ公爵から指示を受けよ、彼は貴官らの指揮官たるべし。わたしとヤクボーヴィチは――彼はいいました――近衛海兵隊を連れ、イズマイロフ連隊を引き出すために立ち寄り、冬宮へ向う。」

(d)アレクサンドル・ベストゥージェフ。冬宮等の占拠について。「そうしたことはすべて成功後におこなうつもりでしたので、それを誰かに決めたこともありません。」「成功の前に冬宮を占拠することは考えてもいませんでした。（中略）なん人かが、冬宮広場に終結したほうがいいのではといった時、本官はそこでなく、元老院広場にすべきと主張しました。手順は次の通りでした。ヤクボーヴィチとアルブーゾフは海兵隊を連れ出してからイズマイロフ連隊へ出向き決起させる、それからヴォズネセンスキイ通りを広場へ向ってくだる（以下略）」。ここでいう「成功」が各部隊の決起、元老院広場への集結を指すことは明らかだろう。

　ついでながら、オボレンスキイも元老院広場集合説。彼は冬宮占拠を否定し、さらにこのあとに触れるペトロ・パウロ要塞占拠などについても、「トゥルベツコイ公爵の考えの通りに、最後の最後の日まで彼の指示を待ちましたが、（中略）それはありませんでした。」従って、個々人の任務は特定されていなかったという。

(e)再びルィレーエフ。「冬宮占拠はヤクボーヴィチとアルブーゾフが引き受け、それにトゥルベツコイが賛意を表しました。」

参考として、数年後の手記から。

(f)元第八艦隊海兵隊の大尉。十二月十三日、ルィレーエフは同夜の最終協議の「決定」をこう伝えた。『最初の一撃をくわえなければならない——彼はいった——そうすれば混乱が起きてあらたに行動のチャンスが生まれる。だから、自分の中隊を連れて、きみの弟のミハイルか、アルブーゾフか、スートコフか、広場に最初に着いた者がすぐ冬宮へ向うんだ。』ただし、「十三日の協議に加わった同志の多くは明言している、そこでそうした企てが決まったことはまったくない、と。」スートコフは前出(c)の中尉。付言すると、この手記、ルィレーエフに捧げるオマージュである。[7]

なお、ここで名指しされたヤクボーヴィチ、アルブーゾフ両人が彼らにむけられた嫌疑を否認したことは前章で述べた通り。

このことはいまの場合に止まらなくて、ここではひとつの例として敢えて長々と掲げたけれども、再三繰り返すように、これではまさに藪の中である。供述(d)のほうは、あるいは審問委員会の目をくらます煙幕と疑えば疑えなくもないものの、後年の手記にその必要はなかろう。ともあれ、彼らの「協議」の不徹底は歴然としている。肝心のルィレーエフにしても、いうところは定かでない。(b)では決行は元老院広場へ集結後、その判断は指揮官トゥルベツコイが「状況」に応じてくだすと受け取れよう。いわば二段階戦術だが、しかし(c)はそれを覆す。どちらにしても決め手というものはなくて、ただ(d)にせよ(f)にせよ、少なくとも(b)との間で元老院広場という接点を持つ。一方、(c)にただちに結びつくかどうか不明ながら、トゥルベツコイの次の供述も無視できないのかもしれない。蜂起当日「ルィレーエフを午前七時頃たずねましたが、彼はまだベッドの中にいました。本官は喜びました、なぜなら、まえの晩彼がアルブーゾフに語った言葉から、彼が彼のところへいってしまったのではないか、海兵隊で煽動がおこなわれたのではないかと危惧していたからです。」なにやら迷路へはまり込んだようで、ともかくここは敢えて結論は出さずにおく。それにしても、戦術の木目の粗さもさることながら、(d)は論外としても、(b)にしろ(c)にしろ、もしもこの通りとしたら、その甘さも見え隠れしないだろうか。冬宮奪取、皇室拘束となれば、まさに電撃作戦、反乱開始から寸刻を争う時間との勝負ではなかろうか。それにしては、(b)はおおいに、(c)はいささか間延びして映るがどうだろう。

なお、先回りになるが、次の点を指摘しておきたい。当日、H・A・パノーフが率いる擲弾兵の一隊が王宮をうかがう構えを見せた。彼らはペテルブルグ区の兵舎を出発、要塞を通ってネヴァ川へ下り、大理石宮殿のあたりで川から上がって直進、ボリシャヤ・ミリオンナヤ通り（現ミリオンナヤ通り）へ出たところで右折、そのまま進んで王宮広場へ出たのだが、この時彼らは皇帝一家の捕捉を意図していたとする説がある。[8] しかし、パノーフ本人は①自分には元老院広場集合の指示が与えられていた（実際彼は兵士をそういって煽動した）、②王宮護衛の部隊を味方のそれと誤認して右の行動にでた、③誤りに気づきすぐ取って返し、元老院広場へ向ったと供述している。この①②については、他のデカブリストたちも後年の手記で語っていて――当のパノーフから聞いたのであろう――、疑いないと見られる。一方、さきの説のもとになっているのは、ニコライ一世自身の手記のようだが、ここのところは彼がそう受け取った、そう思い込んだことを示すにすぎない。[9]

ここまでのところは、冬宮占拠、皇室拘束をともかくも結社において合意された戦術として扱ってきた。ここでルィレーエフがカホフスキイにニコライ狙撃を急遽すすめたあの一幕を思い出していただきたい。この劇中劇があったのは実に十二月十三日夜の最終協議のあとで、まさしくルィレーエフたちの独走である。こう見てくると、デカブリストのクーデター作戦なるもの、いかにも混沌の渦中にあったといわざるをえない。

そのほか、兵器庫やペトロ・パウロ要塞などの占拠も視野にあったようだが、こちらも供述から具体的な計画を割り出すことはできない。どうやら目安止まり、実行に関しては当日のトゥルベツコイの指示待ちだったらしい。彼のほうは、審理の場でそうした作戦は兵力の分散を招くので不要と考えていたと否定しながら、この場合も、ルィレーエフの告発を受けてやむなくそれを翻し、後年の手記に至って逆にこの作戦をみずから「提案」したという。即ち、ふたつの連隊の名を挙げ、それぞれが兵営から兵器庫と要塞へ「直行」し占領するというもの。ただし、真偽は不明、なにしろ、彼の供述にはまさに正反対、いまのふたつの連隊は他部隊とは別に「元老院広場へ直行するはずでした」とある。

さきの戦術の甘さ（？）に関連して次の点をくわえておきたい。もっとも、この類のはなしは、必ずしも公平とはいえない結果論を出ないことが多いので、この点は留意する必要はあろう。まず、「無血」革命の見通し。トゥルベツコイにいわせれば、「これらの〔決起〕部隊を他の部隊に鎮圧させるかもしれないと本官は思わなかった」し、われわれにはそういうことが「ありうるとは信じられませんでした。」ルィレーエフの言葉でいえば、政府軍が武力を行使することはあるまい、「兵士は兵士を撃たず、逆にわれわれに合流するだろう。」こうした見通しは、「ほぼ全員」が共有していたという。[10] そしてさらに、蜂起を契機に体制の上層部に協力者が現れるとする説。結社がそうしたつながりを隠し持っているという情報はおもにルィレーエフの口を通してメンバーの間にばらまかれていて、彼らの供述から察するところ、彼はそれを結社へ引き寄せる好餌に利用したらしい。もっとも、それは彼にとって根も葉もないものでなく、例えば「十四日の前日か前々日」にトゥルベツコイは「〔蜂起が〕成功しさえすれば、〔そうした〕人々が現れる」と語ったという。「そのほか、包まずに打ち明けますが、わたくしは〔結社の〕最上位の支部が別にあり、それらについてはトゥルベツコイ、ニキータ・ムラヴィヨフ、ニコライ・トゥルゲーネフだけが知っていると考えていました。まえの二人についてそう思ったのは、二人が当地の一流の名家と縁つづきで親しく交わっているからであり、あとの一人は国家評議会の要職を占めていたからです。」一方、ルィレーエフに名指しされたトゥルベツコイには、協議の際に「暫定政府」の候補者を挙げるにつけても、それらしい仄めかしと受け取られかねないふしが見える。その彼は後年の手記でそれまでのヴェールを剝ぎ、刮目すべき証言をした。すなわち、当日、「元老院を強いて布告を出させ」たのち、反乱軍は市内を退き、郊外に留まることになっていたが、これを「条件」に「国家評議会の数人のメンバーが協力を約束していた」というのである。[11] 体制の要人のなかに、デカブリストを支持する、あるいは気脈を通じる向きがあったのかどうか、これについていまここで従来の憶測の上に憶測を重ねるつもりはない。

ただ、右の一面をあまりに拡大して強調することも当を失するおそれがある。というのも、デカブリストたちが口々に吐露した決死の覚悟、例えば、よく知られるA・И・オドエフスキイの言葉、「死のう！　立派に死のうではないか！」、あるいは、蜂起前夜、オボレンスキイがやはり協議の席でいい放ったという「われらは共に死なねばならぬ」といった言葉、ここにはさきのユーリイ・ロトマンが指摘する「ロマンチシズム」やら、もっと単純に若々しい悲壮感やら、そうしたものがおそらく紛れ込んではいるものの、しかし、これらの言葉から彼らが前途を決して楽観視していなかったと見てよかろう。そう留保をつけたうえで、さきのルィレーエフやトゥルベツコイの言にどこまで信をおくべきか正確には量り難いが、そこでいう見通し――見通しというより期待とよぶほうが相応しいのかもしれないが、ともかく、そのなにがしかを彼らが抱いていた事実は疑えまい。

以上が十二月十四日の「実行計画」である。このあと新体制樹立の舞台が「国民議会」へ移ることはシナリオ⑤⑥に示した通り。現皇室――拘束下にあるのだろう――の運命も最終的にそこに託されるが、さきに触れたように、この問題をめぐるデカブリストの態度はどうやら一色ではなく、一言補足しておきたい。

実際、デカブリストと一括りによばれる者のなかには、憲法制定などは二の次で、心底コンスタンチン擁立をのぞんで反乱にくわわった向きもある。[12] 元老院広場へ駆り出された兵士の大半も同様であろう。その目的は皇位継承の筋を正すことにあり、ロマノフ王朝の今後の存否は問題ですらない。しかし、枝葉はさておき、結社の発足からこのかたその幹をなす人々について見るならば、大勢は立憲君主制の枠で括ることができよう。既述のニキータ・ムラヴィヨフの憲法草案が示す通りである。ただ、ここで見逃してならないのは、この間、同王朝の廃絶、さらには共和制実現の夢が若い革命家たちの想像をかき立てていた事実で、彼らの供述はその痕跡をそこここに残す。今回の蜂起についても、アレクサンドル・ベストゥージェフをして「成功すれば（中略）現皇室を退位させ、ルーシに共和国を宣言するつもりだった」といわしめたほどである。だが、こうした勇み足はともかく、結果だけ取り出していうなら、前記の一線にほぼまとまる。そのあたりを指導陣の中からもう一人、ルィレーエフの供述に語らせよう。ただし、文中、「つねに」は疑問符がつく。

結社のなかで「わたくしはつねに、ロシアはまだ共和制を敷くほど成熟していないという意見でしたし、従って、その間つねに制限君主制を擁護しました。胸中北アメリカ合衆国の政体のほうをよしとしていたにもかかわらずです。というのも、この共和国の政体が広さと多民族性からしてロシアに最適と考えたからです。」別の個所でも、この後半と同じことを繰り返してからこういいきっている、「わたしはつねにいいました、大統領の代わりにロシアには皇帝が必要なのだ、と。[13]」

ところで、指導陣のなかのもう一人、トゥルベツコイはどうか。前年、ペステリによると、南北協議の席上彼は「はっきりした考えを示さず、共和制に賛成するかとおもえばそれに反対したりした」が、ともかく「国民議会」に決定を委ねる方針を堅持していた。もし君主制が選択されたら、ニコライの一子アレクサンドルを推戴するという。一年半を経て蜂起の前、トゥルベツコイは同じアレクサンドル、または先帝の妃エリザヴェータを玉座に上せるよう唱えたらしい。「議会」についてどのような言及があったのか、こちらは不明である。一転、事件後の彼の供述には、その「議会」がなすべきことはコンスタンチン、ニコライいずれかを帝位に迎えることと考えていたとある。この時期、彼は長い曲折の末、わが国は「君主制でなければならぬと結論していた」そうで、政体の選択を「議会」に託す方針は本意ではなかったという。これら揺れ動く彼の言葉をそのまま受け取るのはためらわれるが、ただ、後年の手記にも「議会」招集は「新皇帝」選出のためとある。[14]どうやら、さきのルィレーエフにくらべ、彼は共和制を封印し、その姿勢を君主制の維持――それが、ニキータ・ムラヴィヨフ同様、政治的な利用であるにしても――へ深く傾斜させているように映るがどうだろうか。

第8章

一八二五年十二月十四日。首都ペテルブルグはよく晴れた朝を迎えた。午前七時二〇分、元老院ではニコライ一世の即位の詔書が読み上げられ、つづいて議員たちの宣誓が無事終了、議員たちは間もなく散ってゆき、新帝の治世第一日は静かに幕を開けた。午前十一時頃、人影のない元老院前の広場に武装した近衛モスクワ連隊の将兵約八百人が姿を現す。午後に入って同擲弾兵、同海兵の部隊がくわわり、その数はほぼ四倍に達する。彼らは先帝の死後ただちに忠誠の誓いを立てたコンスタンチン大公を玉座に迎えるよう要求する将校と兵士である。

反乱軍は一万を超える政府軍に包囲されたまま、再三の帰順の勧告を退け、その際ペテルブルグ総督ほか一名に瀕死の重傷を負わす（のち死亡）。政府軍とは若干の小競り合いをまじえる。しかし、そのほか、「コンスタンチン万歳」を叫ぶのみで、なんら行動をおこさず。この間、国家評議会にも元老院にも彼らに呼応する動きなし。広場は底冷えがきびしく、日は翳り、灰色の空に粉雪が舞った。日没は二時五八分。ほぼ一時間後、あたりが次第に闇の色を濃くするなか、広場をはさんで元老院の向い側、海軍省前の並木道に立つニコライ一世はついに砲撃を命じ、政府軍は反乱軍に霰弾の雨を降らせ、新帝の治世第一日はおびただしい血を流して幕を閉じる。

指揮官来たらず――すでによく知られているように、当日、元老院広場に集結した将兵のまえにトゥルベツコイは現れなかった。副官に目されていた二人のうち、近衛海兵隊を率いるはずのヤクボーヴィチが早々に戦線を放棄したことも既述の通り。もう一人、第六歩兵師団第十二狙撃兵連隊長、陸軍大佐A・M・ブラートフはルィレーエフの陸軍幼年学校の同期生で、このときたまたま私用で任地のペンザ県から上京していて参加をすすめられたもの。彼は以前所属していた近衛擲弾兵と共に広場入りするはずだったが、やはり戦列を離れた。のちにミハイル大公に宛てた長文の告白の手紙によると、ルィレーエフの言に反し決起した部隊がわずかなのを見、かねての疑いの通り、今回の企てが「合法的な君主」を廃し、みずから権力の座を狙う「欺瞞」と確信したからだという[1]。

一人の指令官の命令に従うだけの「実行計画」は完全に裏目に出た。この躓きから立ち直り、態勢を整えるどのような手段がとられたのだろう。ルィレーエフ――この蜂起の文字通りの中心人物、すでに軍服を脱いだ彼が反乱軍の指揮をとることは無論ありえないけれども、このとき彼はどうしたか。この日の午前、彼はモスクワ連隊、イズマイロフ連隊、海兵隊の兵舎をまわって動静をうかがい帰宅、その後元老院広場へ出向く途中モスクワ連隊現ると聞き、同広場へ。正午近く、フィンランド連隊兵舎へ。さらにそこから擲弾兵連隊の兵舎へ。しかし、「そこへ着く前に」その一個中隊が「出発した」ことを知り、広場へ戻る。一時―二時の間か。だが、「広場の秩序なく混乱したさまを見」、「トゥルベツコイ公爵を探しに駆け出しました」。この間、「数分」という。そして引き続きルィレーエフ自身の供述――その後「再び戻りませんでした[2]。」他も一様に証言する、このあと彼の姿は見えなかった、と。

第六章でも触れたように、蜂起が日程にのぼって以来、各部隊への期待が不発に終る危惧が重く澱んでいたが、この時点までにそれは現実のものになっていた。その部隊とは、右に挙げたほかに猟兵連隊などがあるけれども、そうした期待はおおきく裏切られる。目前には指揮官に見捨てられたモスクワ連隊の将兵たち。そこへ擲弾兵、踵を接して海兵隊が到着する。その一人、前章で参照した第八艦隊海兵隊の大尉は、数年後、この時ルィレーエフが彼に語ったという「最後の言葉」をこう記す。『われわれが予想した通りだ、最後の瞬間は近い、だが、それはわれわれの自由の瞬間だ。われわれは自由の空気を吸った、わたしはその瞬間のために喜んで命を捨てる。』

あからさまにいえば、この有名な、あるいは有名になり過ぎた「最後の言葉」を――というより、これを伝える大尉の言葉を、筆者はあまり信じない。おそらく間違いなくいえるのは、この時ルィレーエフが自分の立つ足元の砂が急速に崩れていくのを感じたことであろう。それにしても、一体彼はどこを「探し」たのか。すでにこの時までに、元老院の並び、ネヴァ川沿いのトゥルベツコイの住まいには詩人B・K・キュヘリベーケルが出向き、不在が確認されている。では、例えば、イサーク広場近くの彼の妹のところだろうか——実は、ここにいたのだが。しかし、その形跡はない。いや、残されている資料による限り、他のどこにせよ、ルィレーエフの足取りは杳としてつかめず、ようやく「晩の六時すぎ」、元老院広場から遠からぬ、モイカ運河にかかる青橋《シーニィ・モスト》のそば、ロシア＝アメリカ会社の一室に再び彼を見出す。そして、午後七時、そこを訪れた一人の友人は、蜂起の失敗を南部結社の指導者に伝えるよう頼まれ、次の言葉を聞く。「万事休す、トゥルベツコイとヤクボーヴィチが裏切った[3]」。

　ルィレーエフの行方知れずについてデカブリストたちはとくになにも語らない。例外を探せば、おそらくИ・Д・ヤクーシキンの一文の次のくだりだろう。「秘密結社に加わって以来、彼〔ルイレーエフ〕はつねに言葉と行動の双方で尽力を惜しまぬ覚悟だった。だが、決定的瞬間に彼は動転してしまった。勿論、命惜しさからでない、絞首台へ彼は堂々と上ったし、死が彼にとって予期せぬ客でなかったことは彼のすべてが証明する。[4]」ヤクーシキンは結社とつながりはあったが、当時モスクワにいて蜂起とはかかわりない。しかし、シベリアの地でそれに参加したデカブリストたちと起居を共にし、聞き取りをもとに蜂起の詳しい記録——かならずしも正確ではないけれども——をものしている。引用の個所はその一節で、おおよそ彼らの見方を伝えているのだろう。もっとも、「動転してしまった」だけでは、曖昧といえば曖昧、舌足らずの感は否めないが。

　ともあれ、最高指導者の一人は来たらず、一人は戻らず、置き去りにされた蜂起軍は寒風に曝されながらいたずらに足踏みをつづけ、やがてオボレンスキイを新たに指揮官に選ぶが、時すでに遅く、数度の砲撃を浴び潰走する。北部結社の蜂起の失敗の原因は種々もとめられよう。一言でいえば、それが帝政下の体制の変革を目指す史上最初の試みであり、そうした時代を先取りした分だけ孤立の運命を免れなかったということであろう。ただ、それは広く元老院広場の外側の世界をふくめた議論で、それはそれとして十分検討を要するけれども、差し当たり筆者の関心は広場の内側、それにかかわった革命家たちにあり、その範囲に限ってはなしを進める。

　彼らの「実行計画」や見通しの齟齬についてはすでに言及した。皇位継承の混乱に乗じるため、準備期間がきわめて短かったことも改めて指摘しておこう。だが、なににもまして致命的だったのが指揮官トゥルベツコイの雲隠れであって、そのことを彼らは一様に述べている。勿論、予定通り彼が広場に現れたとて、蜂起の成否をどれだけ左右しえたか、おおいに疑問とすべきだろう。兵力の集結に手間取り、午後にずれ込むに及んでは冬宮占拠はもはや機を失したといわざるをえない。交渉の糸口をつかむ努力も所詮徒労に過ぎまい。のちにデカブリスト自身が口にして以来しばしば語られる可能性のひとつ、広場を取り巻く兵士や民衆を巻き込み、反乱に取り込む可能性にしても、それがどれほどあったのか、なかったのか、いずれにしても決め手を欠く。しかし、たとえそうであるにせよ、少なくとも、トゥルベツコイの行為があの将兵たちの五時間にわたる迷走、なんら明確な意思表示もなしえず霰弾の雨に身をさらして終る、その限りでは不毛な迷走の直接の責めを負わねばならないことは確かである。

供述に従えば、彼が雲隠れを実行に移したのは、当日午前九時をまわってからで、まず冬宮広場に面した参謀本部へ出向き、そこで「本官の宣誓する場所」をたずねる。返事は、明日十一時、同本部広間にて。正午すぎ反乱軍第一陣の到着を知る。それから悶々として冬宮広場と参謀本部を行ったり来たり。そのうち自宅の妻の身が「たいへん心配」になり、イサーク広場近くの彼の妹、ポチョムキン伯爵夫人のもとに難を避けたかもしれぬと思い、橇を駆る。時間は定かでないが、一～二時か。

つづいて、妻の妹がのちに知ったこととして伝えるには、その時ポチョムキン夫人は不在、帰宅してからの問いに、トゥルベツコイがきたとの答え。ただし立ち去ったかどうか分からないという。そこで家中を探し、夫人が自分の祈禱室で見つけ出す。トゥルベツコイは聖像のまえで失神して倒れていた。正気に返った彼は、「殷々たる砲声を耳にし、頭をつかみ、叫んだ。『ああ！　この血は全部わたしの身に降りかかる！』」

さらに妻の妹の言。同夜、「すべてが終ってから」トゥルベツコイはここを出て、妻とその両親を妻方の祖母宅へ送り、そのあと妻と二人だけでこの義妹のところへ移った。問題は彼女の夫が駐露オーストリア公使であること、つまり、ここへロシアの官憲の手が及ばないこと。彼女は単に祖母のところが手狭だったからそうなったというのだが。

以下、ニコライ一世の手記。逮捕者の自供からトゥルベツコイの関与判明。彼の手になる文書一点を自宅から押収後、右の居所を突き止め、ただちに外務大臣を派遣、引き渡しを要求。深夜連行。予の尋問にたいし知らぬ存ぜぬを繰り返すが、さきの「重要文書」を示すと、「雷に打たれしごとく、まことに恥ずべきさまで予の足元に身を投げた。」ミハイル大公もこの「思いもよらぬ光景」を目撃したと証言している[5]。トゥルベツコイの後年の手記には一切ないが。

細部はさておき、大筋はこのようなものだったのだろう。当日の晩ルィレーエフが「裏切り」とよんで以来、デカブリストの側から見てこれはおおむねそうよばれてきたし、そうよばれてもやむをえまい。前掲のヤクーシキンは、この場合もトゥルベツコイが「すっかり動転してしまった」と繰り返し、そのもとを彼が「決断力にはなはだ欠けた人間である」点に求めているが、これでは事実の一端を語るに止まるのではないか。しかし、それは後回しにし、ここでトゥルベツコイ擁護論、いうなれば免罪論に一言触れておく。研究史のうえではこれはどうやらソビエト時代の初期、二〇年代に登場したらしい。その後のことは筆者は詳らかでないが、ネーチキナ女史に代表されるソビエト史学ではきびしく退けられている。ところが、その末期、Я・A・ゴールディンの著書に再（？）浮上しているので、それを見てみよう。

擁護論は、当然ながら雲隠れを否定する。トゥルベツコイの「計画」の最大の鍵は冬宮占拠、皇室拘束にあり、あらかじめそこへ急行する指示を発していたにもかかわらず、それを遂行する者なく、その結果、あえなく一切が崩壊したのだという。彼は冬宮広場の周辺を離れずに部隊の到着を待ち続けたのだという。要約すればこういうことになろうが、ゴールディンはこの瓦解の責任をあげて約束を翻したヤクボーヴィチに帰す。彼は「トゥルベツコイの足元の基盤を打ち砕き」、こうして蜂起は軌道を外れ、漂流の末難破した。[6]

H・Я・エイデリマンは書評の中で、著者ゴールディンがこの日ヤクボーヴィチの演じた「役割」に「余りに断定的な結論」を下しているという。しかし、ここで問題はそうしたところにではなく、そこに至るまでに重大な一事が裏付けもないまま安易に前提されているところにあるのではないか。果して右の作戦自体どこまで煮詰まっていたのか、いたとすれば、どのようなものであったのか。すでに前章で見た通り、この点でこそまさに断定は慎重であるべきだろう。トゥルベツコイに関していえば、そもそもこの作戦にどこまでかかわっていたのか。ここはむしろルィレーエフ主導と見るべきではないのか。第一、トゥルベツコイが冬宮攻略をキー・ポイントと捉え、構想の「基盤」に据えた事実はない。少なくとも、どの証言にも支持されない。どうやら彼の「計画」の基本は、先に決起した部隊が軍鼓を響かせながら行進し次の部隊を決起させる、いわば雪だるま式にふくれる将兵のデモンストレーションにあり、しかももともと元老院広場でさえ当初から反乱軍を向かわせることに乗り気でなかったほどで、これらの点を容易に見過ごすべきではない。[7]

他方、別の見方は、彼の行動を分かりにくいという。デカブリストに関しロシア語圏以外では唯一まとまったモノグラフであるA・G・マズーアの著書は、「奇怪千万」といい、「心理学者の分析」をうながす口振りで、それはトゥルベツコイのかつての「勇敢な兵士」からこの日の「臆病な将軍」への変身を指しているようだが、しかし、いうところの「十二月十四日の彼の行為」は一面では覚めた――「臆病」ではない――計算から出発していて、なるべくしてなったという、それなりの論理が透視できるのではないだろうか。

トゥルベツコイは、彼自身はそもそも今回の企てに懐疑的であって、兵力不足が露呈するにつれ、それが「破滅」しかもたらさないとして中止を強く働きかけ、みずからも不参加の意思を固めたと繰り返し供述している。このうち前半の働きかけに関しては額面通り受け取るわけにいかないが、それはしばらく措く。ここで検証を要するのは後半の意思のほう、それも可能な限り確実な事実からそうすることで、それには次に注目したい。

決起前夜。ルィレーエフ宅。トゥルベツコイがのちに「われわれの弱体ぶり」を否応なく知らされたと供述する日である。彼は数人の将校をまえに翌日とるべき行動をめぐり以下の発言をした。それぞれの部隊において兵士の支持を期待できない場合、貴官はニコライへの宣誓を率先して拒否するようなことをしてはならない。（しからば、いかにすべき、と問われて）コンスタンチンの辞退に疑問を呈し、すでに彼にたいし宣誓をしたと説く。それで兵士が貴官を支持すればよし、元老院広場へ連れ出すこともできよう、そうでなければ、やむをえぬ、貴官はあらたにニコライに宣誓すべきである。――この発言は当事者たちが取調べの場で一致して認めている。

ついでながら、このあとについてもほぼ共通する色調の場面を伝えていて、一人の将校によると、ルィレーエフ『あなたは、公爵、断固として行動すべき時、つねに穏和な手段をとる。』トゥルベツコイ『なにをいう！　もし広場にごくわずか、二、三の中隊しか出ていかなかったらどうするのです。』あるいは、別な将校は、なにゆえの負けいくさか、と問い、アレクサンドル・ベストゥージェフがこう答えたという。『少なくとも、われらが倒れれば、歴史はわれらに一ページを割こう。』この個所は、トゥルベツコイの供述では前後関係が逆、つまりさきのやり取りのまえにきていて、ルィレーエフの曰く、もはや退くことかなわじ、はや裏切り（後述）もあり。トゥルベツコイ『では、おのれを救うため、他の者たちを滅ぼすにや？』ア・ベストゥージェフ『然り、歴史のために。』トゥルベツコイ『然らば貴殿はそれを追いかけるがよい。』――それぞれ供述の間にずれがあって、定かではないものの、見えるのは積極論、消極論対立の同じ構図で、両者の相違をくっきり浮き上がらせる。

さらに別な供述。右の一幕をはさんで座が引けた後、トゥルベツコイは「少なからず混乱しながらルィレーエフに小声でいいました、『もし広場に中隊の一つか二つ、ごくわずかしか出ていかないと分かったら、われわれはいかず、行動をおこすまい。』それにルィレーエフも同意しました。」この発言にはもうひとり証人がいて、ルィレーエフの「同意」は「記憶にない」としながら、トゥルベツコイについてはこれを認め、さらに翌日つまり蜂起当日、九時過ぎに彼を訪ねた際、彼が再度同じことを繰り返したと供述している。なお、トゥルベツコイ自身はこの時こう述べたという。『どうにもなりませんよ、どこかの中隊の一つか二つ出ていってどうなりますか?』[9]

これら一連の発言の事実は、トゥルベツコイがすでに前日から当日にかけて蜂起の行方をほぼ見限っていたこと、その後の戦線放棄はその延長にすぎず、偶然の行動でなく、必然のそれに近いことを示唆していまいか。念を押すまでもないけれども、彼がその挙に出たのは、「広場に中隊の一つか二つ、ごくわずかしか出ていかない」事態が生じたからではない。当日、そこへ展開するはずの「計画」は手つかずのまま、現実にはまだなにも起こらない。そう、ヤクボーヴィチの一件を除いては。もし彼の翻意を耳にしていたら、前日来の見通しに確実に追討ちをかけたであろう。こうして、さきに述べた通り、「もしも彼らが元老院広場へやってくれば、呼びにくるだろうと危ぶみ、家を出ました。」

トゥルベツコイが戦線離脱、少なくとも指揮官の座を降りる意思を抱いたのは、さらに遡って前々日と考えることができるのかもしれない。十二月十二日。この日の協議の席で彼は任地のキエフへ戻りたい旨の意向を洩らしている(ただし、同意はえられず)。一夜明けて十三日の朝にはモスクワ在住の元福祉同盟員、第十六歩兵師団長、ミハイル・オルロフ少将に至急当地へ来られたしと手紙を書く。トゥルベツコイによると、これらはいずれも前記の意思にもとずくものという。ただ、この両行為ともたしかな事実とはいえ、その意図を語るのは彼自身の言葉のみで他に検証の手段がなく、従って結論は保留したい。

以上、トゥルベツコイの言動をたどってきたが、いうならば、それは革命の夢想からその現実への辛い覚醒の過程にほかならない。「十二月十四日の彼の行為」は単に「動転」したからでも「怖じ気」ついたからでもなかろう。成算のない——少なくとも、そう見える——たたかいに身を投じるか、自他ともにそこへ沈むか否か、ア・ベストゥージェフのいう「歴史」の捨て石になるか否か、問題はいずれを選ぶかであって、彼はそこで踏みとどまり、身を退いた。その限りでは、一方のルィレーエフたちがみずから退路を断ったにしろ、トゥルベツコイの判断は非難さるべきではない。しかし、さらに大きい問題がその先にあった。結社の指導者として、蜂起の指揮官としてこの時彼にどのような対処の仕方がありえたのか。ここはそうした議論に立ち入る場ではないが、これにたいする見方はどう転ぶにせよおそらく一様ではありえまい。勿論、すでに見た逃亡劇がいかようにも正当化しえないことは、敢えて贅言を費やすまでもないけれども。

さて、当面の課題に掲げたオボレンスキイをよそに他のデカブリストの記述が長くなったが、もう少々この回り道を続けたい。もっとも、筆者には彼らの運動はもとより、蜂起そのものについても、過不足ない全体像を描く意図はもともとないし、力も及ばない。筆者の試みは、あくまでもいくつかの面に照明を当てるにすぎなくて、これまで若干の私見をまじえてそれをおこなってきたが、その主な目的のひとつは十二月十四日の蜂起を用意した彼らの精神のありようを垣間見ることにあり、トゥルベツコイもその一例として取り出したもので、以下、彼もまじえた次の一事をくわえてこの章を締めくくろう。

十二月十三日、明日の決起を決めた席上、「陛下〔ニコライ一世〕をとくに攻撃したのはオボレンスキイ公爵でした。ベストゥージェフ兄弟、カホフスキイ、さらにはほかならぬトゥルベツコイまでも絶対不可欠なこととして陛下を葬るようもとめました。ただ、トゥルベツコイはアレクサンドル・ニコラエヴィチを皇帝にするため残さねばならないとの考えでしたが。他の人々は拘束に止めることは可能と語り、総じて誰も彼もがしゃべって、ほとんど聞いていませんでした。（中略）皇室についてはルィレーエフが、どうすべきかはその時の状況がおのずと示すであろうといって議論を切り上げたと記憶しております。」この証言はかなり信ずるに足るもので、一部はすでに引用済、まさに熱気横溢、議論沸騰の場面を彷彿させるが、それにしてもトゥルベツコイには意表を突かれるのではあるまいか。これまでに見てきたように、皇帝を血祭りにあげる図は彼にはおよそ相応しくなく、しかも、この時彼は胸中すでに明日の決起の行方にほとんど希望を失っているはずである。彼のこの発言は、別人のア・ベストゥージェフも「多分」と条件付きで認めている。当のトゥルベツコイの供述は「身に覚えない」と拒みながら、他方、指摘の通り、もしもそれを口走ったとすれば、「われを忘れ、逆上のあまり」の所為という。さらにつけくわえれば、ほかに裏付ける資料とてないものの、日時は定かではないが、いまのベストゥージェフの「記憶」によると、陛下のみか皇室の「抹殺」を「トゥルベツコイも語ったことがある」という。もっとも、誰のものであろうと、そうした言辞は「他意のない強がりに過ぎなかった」と断っているのだが。[10]

北部結社のデカブリストの供述を一読すれば、その活動の三年間を通じ皇帝殺害、さらには皇室全員殺害の考えも決して珍しくないことが了解されよう。これには南部結社、ことにペステリの影響が無視できない。二五年に入ってからは、既述のカホフスキイやヤクボーヴィチも登場し、波紋を投じる。右に示した一幕は決起前夜のそれを取り出したけれども、おそらく大なり小なりこれに近い場面が幾度となく見られたに相違ない。審問の場でとくに追及を受けたのは、いまの二人は当然のこととして、この間の指導陣の三人、ルィレーエフ、オボレンスキイ、ア・ベストゥージェフらだが、彼らはそこで苦い告白や弁明を強いられ、ひたすら恐懼、改悛の情を表わす。供述によれば、彼らの狙いは体制側の「支点」を取り除き、「内乱」の危機を避けることにあったという。しかし、そのとき彼らは「実行計画」なるもの、彼我の力を踏まえ、考えうる戦略、戦術のひとつひとつを精査し組み立てる地道な作業に徹していたろうか。そうと認めるには躊躇せざるをえない。それは時に怒りや苛立ちの噴出であったり、気負いであったり、時に若々しい衒いであったのではなかろうか。そうした意味で、さきのヤクボーヴィチに関する章の末尾の一行をここで改めて繰り返しておきたい。即ち、デカブリストたちはより熱いもの、激しいものに憧れ、しばしばそれを気取り、みずからそれに流された。

最後にオボレンスイの供述の一節を引いておく。彼は後年の手記にも同様のことを述べていて、間違いなくここには単なる遁辞以上のものがある。いずれにせよ、デカブリストたちはみずからの行為と共にその言葉によっても裁かれるはずである。

「もし本官自身がそうした言葉を吐いたとすれば、包まずに白状いたしますが、若者同士の議論百出、騒然とした集りにしばしば立ちまじり、われを忘れ、邪な考えとてないまま陛下に不敬の言を吐くことがあったのかもしれません。互いのはなしに夢中になり、愛する祖国の民の新時代を眼前にした人間の熱情のおもむくままにです。[11]」

第9章

一八五八年十月十五日、ロンドンに活動の場を移していたアレクサンドル・ゲルツェンの新聞『鐘』に作者名なしの長い詩が載った。題して『ヤコフ・ロストフツェフへ』。ロストフツェフ（一八〇三—六〇）はこのとき陸軍中将、陸軍教育総監。国家評議会議員、大臣会議のメンバー。すでに前年から始まっていた農奴解放案検討委員会の委員。要するに当代の重臣の一人で、長年の功により聖アレクサンドル・ネフスキイ勲章、聖ウラジーミル一等勲章などを受けている。彼の総監部入りは一八三一年十二月二三日、この詩はその二五周年の祝賀の催しの際につくられたもので、右の標題のあとにこう続く、『彼の記念日、一八五六年十二月二三日に』。『鐘』の注によると、ロストフツェフはこの詩をその日の早朝に受け取ったという。次にその大意。

詩は三十一年前、デカブリスト蜂起へ時間を引き戻す。「自由の声にわかに響き、ルーシが強い、親しい呼び声にこたえていましめの枷から解き放たれたかもしれぬ」そのとき、おまえは「友」を捨て、王宮へ走り、「独裁者のぐらつく冠をしっかりと据えてやった。」「おまえは彼に友を売り、生贄に供する者を指を折って数え上げた。独裁者は彼らを残らずひっ捕らえ、ロシアの自由は滅び、人民の華、誉れなるおまえの友は高々と吊るされた！」おまえの「良心の声」が「おまえは悪人、利に敏い祖国の敵と囁いたためしはないのか！」おまえはイスカリオテのユダにすら及ばぬ。「ユダは悔いて縊れたがおまえは裏切りをつねに誇り、そして独裁者はおまえを引き立てた、専制と卑劣の砦として。」以下、総監ロストフツェフにたいする弾劾がつづくが、省略。なお、ここでいう「友」とは詩人ルィレーエフを指す。[1]

ロストフツェフには「裏切り」の烙印が生涯ついてまわった。ここに掲げたのは彼に放たれたもっとも激しい非難の矢である。断罪の声は生前にとどまらない。死後、現在に至るまでデカブリストを「自由」の殉教者とみなす人々の口からそれは発せられ、止むことがない。彼の「密告」とは、実にどのようなものであったのか。

ロストフツェフの両親はいずれも商家の出身で、父は官途につき、ペテルブルグ県の教育長などを務め四等官、ただしロストフツェフ三歳のときに他界。一方、母方の祖父は富豪として知られ、一度ならず自邸にアレクサンドル一世来駕の栄を賜ったという。幼いロストフツェフにも、父の死後まもなく宮廷とのつながりが生じる。小姓《パージ》というのがその身分で、この名を冠した貴族学校に学ぶ。一八二二年、十九歳のロストフツェフはそこを出て近衛狙撃兵連隊配属陸軍准尉に任ぜられ、翌年、少尉に昇進した。

「一八二一年、近衛の部隊がヴィリノ〔現ヴィリニュス〕

に滞在していたとき、わたしはオボレンスキイ公爵と知り合った。」ロストフツェフは二五年十二月の事件へのみずからの関わりをこう語り出す。この手記[2]がいつ書かれたのか、定かでないけれども、ずっとくだって一八五八年十一月に当のオボレンスキイへ宛てた手紙にも、「三十五年の間」きみはわが畏友なりとあり、どうやら両者の出会いはこのあたりらしい。手記によれば、帰国後も「互いに愛し、尊敬しあう」間柄だったそうだが、それが一段と親密の度をくわえたのは、二五年四月、オボレンスキイが近衛歩兵総司令官付上級副官、ロストフツェフが同副官を拝命してからである。ときにオボレンスキイ、二十九歳、ロストフツェフ、二十一歳。しかも十一月からは長官が住むアパートのひとつ屋根の下で二人は階上、階下に分かれ住む。この間ロストフツェフは他の未来のデカブリストたちとも近づきになっていったようで、手記はルィレーエフやФ・Н・グリンカの名をあげている。

もっとも、こうした交わりにことさら政治的な意味を求めるのは早計である。いま名をあげた二人はいうまでもなく詩人で、オボレンスキイもそうした方面に無関心でなかったし、ロストフツェフ自身もパルナスの住人たらんと志し、早くも一八二一年に彼の詩がはじめて雑誌に現れたという。二三年には『ペルセウス』なる「悲劇」も上梓する。これらはいずれも筆者は未見。筆者の目に触れるのは、おそらく二五年の作であろう、次の一篇に限られる。題して『憂愁』。献辞に「オボレンスキイ公爵に捧ぐ」とあり、『北極星』につづくルィレーエフたちの詩文集『星』——十二月の事件により陽の目を見ず——に載る予定だったもの。詩は、はや精神の高揚にも倦み、「地上につながれ、魂の眠れるままに」、「当てどなく」、「人々の群れについて」さすらう「わたし」の嘆きではじまり、後半で、「運命」にむかい、果して「渇き」の癒えぬまま、「望み」の実らぬまま「死の闇におちてゆく身か」と問い、こう結ぶ。「ながためにわが内に命のたぎる？／ながために胸の火の燃え立つや？／そは導きの者なるか、はたまた惑わしの者なるか？」一口にいうなら、テーマといい語句といい、流行のロマンチシズムに忠実な習作といったところであろう[3]。同じ二五年にロストフツェフは悲劇『ポジャールスキイ公』に取り掛かったらしい。手記によれば、彼はこの公に「純粋な祖国愛の崇高な理想を描き出すつもりだった」そうだが、「十一月下旬」にそのプランをさきの友人たちに読んで聞かせたところ、公が首都解放の兵力を結集するため、全軍の司令官を「年齢も位も上の」トゥルベツコイ公とし、みずからその配下に甘んじた個所に彼らは「一斉に反論」したという。それは「卑下」であり、ポジャールスキイ公は「誇り高く、おのれを譲らず、みずからの価値を知らねばならぬ」というのである。このときの議論は相当にはげしかったようだが、この一幕、ただちに裏付ける証言はほかにないものの、おおむね事実と見ていい。

　ロストフツェフの手記には、彼らが文学や哲学を語り合ったとあり、さらに政治にかかわることがらにも論議は及んだという。この点についても直接うかがう材料は見当たらないけれども、あるデカブリストの回想に、彼が「当時のロシアの体制に、憎しみでないにせよ軽蔑を隠さなかった」とある。次に四人の兄弟がそろって蜂起にくわわることになるベストゥージェフ家の長女の回想からも一節を引いておく。

「これをロストフツェフもうたいました、ほかの人たちもうたいました。

神様、もしもおわすなら、／帝は残らず泥に捏ねろ。
玉座の下へほうりだせ／ミーシェンカを、マーシェンカを、
コースチェンカを、サーシェンカを、／ニコラーシェンカを
けつからずばり串刺しに。[4]」

いうまでもなく、ミーシェンカ以下は皇室の面々、なんともすさまじい歌だが、冗談にもせよもしもこれが事実なら、多かれ少なかれロストフツェフも現状に飽き足りない気分を共有していたことになろう。

　とはいえ、「この〔デカブリストの〕結社とかかわってわが身を汚したことは決してありません」――事件の翌年、かつての友人たちと獄窓を隔てる身となったロストフツェフは新帝ニコライへ差し出した手紙でこう述べる。従来、通説ではロストフツェフは北部結社の一員と見なされている。たしかにデカブリストたちは審問委員会の問いにそう答えていて、いまの手紙もそうした濡れ衣を晴らす目的で書かれたそうだが、実際、オボレンスキイは、アレクサンドル一世死去の報が首都へ到着する日の「数日前」にみずからロストフツェフを結社へ「加入」させたと供述している。勿論、この段階では決起の日が迫っているとは想像も及ばなかったはずで、ロストフツェフも「詩人」で「あくまでも社会の啓発に役立つ才能の持ち主として」迎えられたという。一方、ロストフツェフのほうは、手記の中で、「十一月二四日の朝と思われる」が、オボレンスキイが「諸悪の根源そのものを断つ」ために「この上なく緊密な絆」で結束することを持ちかけたとき、こう明言したという、「しかし、わたしにはなんであれ秘密結社にくわわるつもりもないし、権利もない！」さらに、オボレンスキイへ宛てたさきの五八年十一月の手紙には、「結社の存在す

ら知らなかった、きみはなにもはなしてくれなかったから。」とある。「知らなかった」断っておくが、この手紙が書かれたのは、「この前の冬」と「数週前」に二人が三〇年越しに再会し、旧交をあたためあったばかりのときである。ともあれ、この対立、しばらくこのままにしておく。

つづく半月をこえる空位期、蜂起の動きが次第に熟していくことになるが、ロストフツェフはそれをどのようにして知ったのだろう。手記は周辺のあわただしい、不穏な動きから察知したといい、十二月九日には彼の詰問をオボレンスキイは言を左右にして逸らし、せいぜい自分が「とても大きな鎖の中のごく小さな輪」にすぎないとか、止めようもない「強力な機械」とか、漠然と匂わす言葉しか口にせず、翌十日、再度の追及にも「計画」を洩らすことを拒み、「なにも起きはしない」と繰り返し宥めたという。前記の手紙には、オボレンスキイがニコライの「統治を妨げる目論見」を語ったとあるけれども、果してなにを指すのか。これに反し、オボレンスキイ当人の供述は端的にいう、「十四日の計画」は彼が伝え、ロストフツェフは「協議にはまったくくわわらなかった」が、広場に現れる「はずだった」と。二か月後にも、「計画」の全容を詳しく供述するなかで、オボレンスキイはそれを告げた相手の一人にロストフツェフを挙げる。再び両者の証言は食い違う。

筆者の見るところ、オボレンスキイの右の供述はいずれも信じるに足る。同じ個所でロストフツェフと並んで直接、間接に名指しされた者が、審問の場でそろってそれを認めているからである。ロストフツェフだけが事実無根とは到底考え難い。そう考えるには、オボレンスキイの側に単なる偶然でなく、明らかに好ましくない故意——ロストフツェフをおとしいれ、巻き添えにするという——を想定しなければならないが、彼に関してそうしたことはまったく無用といっておこう。では、ロストフツェフの言辞はどう解すべきなのか。結社の一員でないという前半に限れば、もしかしたら、空疎な弁明ときめつけるには若干留保が必要かもしれない。さきにヤクボーヴィチの場合に触れておいたけれども、そもそも結社自体厳密な組織とはいい難く、結社への加入とはいえ特別な形式があるわけでもなくて、そこにはたしかに理解の差が生じる余地はあったといえよう。しかも、蜂起が現実の日程にのぼる段階では、ロストフツェフは「協議」の場からどうやら遠ざかっていたようなので、それをもって彼が自分を局外者と位置づけたのかもしれない。しかし、それにもかかわらず、オボレンスキイがみずから「計画」を明かしたという供述は覆らないし、実際、のちに見るロストフツェフ自身の言葉もそれを示唆する。

繰り返しになるが、ロストフツェフには生涯「裏切り」の汚名が陰に陽につきまとった。事実を秘した、またはぼかした彼の言辞をいい逃れの強弁、そうした意味でいわば二重の「裏切り」と非難することはたやすい。ただ、敢えて想像すれば、ロストフツェフ自身にも自分の行為の正しさを何度でも自分にいい聞かせる必要があったのかもしれない、仮に結社を裏切らなかったとしても、友人の信頼を彼は確実に裏切ったのだから。

このほか、デカブリストの供述からこの間のロストフツェフに言及している個所を拾ってみる。

(1)近衛イズマイロフ連隊の少尉

「十二月」にかねて耳にしていた結社についてロストフツェフとはなしをしました。本官が「制憲を目的としている」こと以外聞き及んでいないと述べたのにたいし、彼は「自分にも結社の本当の狙いは分からないと応じ、その思い通りの道具になるつもりは毛頭ないといい、こうもつけくわえました、もっとも、ロシアになにか変化が期待できるとしても、五十年かもっと先のことだろう、と。」

(2)元騎兵隊中佐

「十二月」にロストフツェフは、彼の妹の夫を結社へ加えるよう、わたしに勧めました。『自分でも入れられますが、具合わるいのです、どうか入れてやってください。』

注　義弟は首都の第一ギルドの商人

(3)オボレンスキイ

「十二月九日」のあと、「本官はロストフツェフにコジェヴニコフを〔結社へ〕加えるようにいいました。」「ロストフツェフはコジェヴニコフを加入させました。」

注　コジェヴニコフは(1)の人物。彼は結社との接触は認めたが、一員であることは否定（ただし、一年ほどまえ彼を加入させたという別人の供述あり）、ロストフツェフのかかわりについても言及なし。

(4)アレクサンドル・ベストゥージェフ

蜂起の「三日前」、冬宮でロストフツェフを見かけ、「剣の出番、というと、彼は衛兵に聞こえるようにいいました、然り、剣はよきもの。」

いずれも一方の証言のみで、真偽は保証しかねる。ただ、このあとのロストフツェフの行動から振りかえって、ということは結果から原因を遡って推し量るにすぎないけれども、(1)はおそらくありえなくはないだろう。それにしても、(2)(3)(4)は手記との隔たりに戸惑わざるをえない。手記には、既述の通り、十二月に入って「反乱」の気配を察したとあり、「ロシアを待ち受ける災厄」を思い「寝食を忘れ」、九日、オボレンスキイにじかに問いただす、きみは「自分の功名心を愛国心」と取り違えていまいか。相手は言葉を濁したが、ロストフツェフは相手のいう「強力な機械」を阻止するつもりと告げ、翌十日にはこういい切ったという、「今日にもニコライ・パーヴロヴィチに反乱が起きるとお知らせする。」

右の(2)にしろ(3)にしろ(4)にしろ、大筋にせよ事実であれば、ロストフツェフ自身の証言とまったく交わらず、双方は平行線をたどる。ことに(4)は――日付はかならずしも正確でないにしろ――なんとも割り切れないとしかいいようがない。あるいは彼は一方で「寝食を忘れ」るほどの危惧を抱きながら、他方でそれを糊塗し続けたのか。それともその間で迷い、揺れていたのだろうか。しかし、ここはあれこれ想像を差し挟むことは控え、再び結果から見て疑うべくもない通報の意思のみを確認し、先へ進む。

第10章

周知のように、デカブリストの運動に関する情報が政府の耳目に達するのは、今回が初めてではない。漠然とした噂はともかく、第三部でも触れた通り、早くも一八二一年に当局のエージェントによる報告書が近衛師団幕僚長ベンケンドルフを通じてアレクサンドル一世に提出されている。そこには福祉同盟の発足から解散までが、組織のありようをはじめとしてかなり詳しく記され、このあと運動の中心になる主要なメンバーも漏れなく登場する。以後、二五年十二月の事件まで、精粗の違いはあれ、こうした報告が繰り返されるが、これについてここでは立ち入らない。いずれにせよ、ロストフツェフの場合は自陣からの通報でそれらとはっきり異なる。以下、そのあらまし。

ニコライと「だけ出会う」機会を探しあぐねているうち、十二日夕方にオボレンスキイをたずねると、「近衛のいろいろな連隊の将校二〇人ばかり」が密談中、「驚愕」して取って返し、その晩意を決してニコライ宛に手紙を書き、「八時半」に冬宮へ向い、上司の使いと称して無事手渡す。次にその要旨。

手紙は、一旦差し出された王冠を退ける「青史に類のない私心なきお振舞い」を讃えたうえ、つづけていう。

「殿下ご自身の名誉のため、統治遊ばすことはお控えください！

殿下にたいし密かに反乱が企まれているはずです。それは新たな宣誓がなされるとき火を噴き、おそらくその火は空に映じてロシアの滅亡を照らし出すでしょう！

国家評議会、元老院、そしておそらく近衛師団は殿下にお味方するでしょう。屯田村と独立カフカス兵団は必ず敵にまわるでしょう。第一、第二軍についてはなにも申し上げられません。」

「内乱」に乗じてグルジア、ベッサラビア、フィンランド、ポーランド、リトワニアが離反し、「分裂ロシア」はヨーロッパから見放され、「アジア国家」に転落するでしょう。

コンスタンチン大公に真情を吐露し、ご即位いただくこと。いたずらな急使の往来は玉座の空白を長引かせ、人心の動揺につけこむ「非道な謀叛人が現れるやもしれません」。ご自身でワルシャワへ発たれるか、大公にペテルブルグへお戻り願うか。大公が「皇帝たることをご承知くだされば、万歳！　万一かなわぬときは、おおやけに広場にて殿下をご自分の君主と宣言されますように！」

結びは、敢えて直訴の挙に出た本官を如何ようにもされかし。願わくば、「本官の逮捕をお命じくだされ」。もし殿下が「つつがなく」ご即位遊ばされたら、本官に死を賜り、「ロシアにとって不幸にも」本官の「予測」の通りになったなら、「本官を信ずるに値する者とされ、殿下の傍らにて死ぬことをお許しあれ！

慈しみ深き大公殿下の忠実なる僕　ヤコフ・ロストフツェフ」


このあと両者は互いに感激のあまり涙やら抱擁やらを繰り返し、しかし、ロストフツェフは相手の問いに「陰謀」の有無には一切触れず、ただ「反乱」のおそれありとのみ答え、ニコライのほうも相手の「高潔な心」を慮り、「一味」の名を明かすことをもとめず、いうところの「兄上」の「宣言」がたとええられずとも、「ロシアは皇帝なしでいられぬ」ゆえ、「死」を恐れずみずから皇位を継ぐ覚悟とだけ語ったという。『もし死なねばならぬなら、共に死のう！』

以上、ロストフツェフの手記から。ただし、手紙の一部に欠落個所があり、当局の資料から補ってある。なお、この夜の会見は二人だけの文字通り密室の出来事だったようだが、幸いニコライ側の資料によっても確認できる。できるというものの、事実の外側止まり、当日のニコライの日記には「手紙持参にてロストフツェフ。去る。」とあるだけである[1)]。

この十二月十二日は、実のところ、帝位継承をめぐる混乱に終止符が打たれた日と見てよい。もともと発端は、二年前、「願イ」により「第一ノ弟」の権利放棄を「動カヌモノトシ」、「第二ノ弟」を「ワレラガ後継者トスル」とうたった一八二三年八月十六日付アレクサンドル一世の秘密の詔書にある。それは指示通りに彼の死後、十一月二七日開封され、ニコライに伝えられた。彼はコンスタンチンの辞意を「ずっとまえから、まさに一八一九年七月十三日から知っていた」し、しかじかの「文書」があることも耳にしていたが、詔書そのものはこの時はじめて目にしたという。混乱はここから始まる。なぜなら、この時までに彼は遠くワルシャワ在住のコンスタンチンを帝とし、みずからを臣とする誓いを神のまえですませていたからである。文字通りの一足違いだったが、ただし、「たとえ詔書を知っていたとしても、予は同じようにしただろう、詔書は〔先〕帝の生前公にされていなかったし、コンスタンチン・パーヴロヴィチは不在、ともかく予と全ロシアの義務は法の命ずる帝に宣誓することだったのである。」のちにニコライはこう述懐しているが、この言葉に確かに嘘はない。だが、同時に、そういう彼自身も兄に劣らず玉座を免れることをひたすら念じていた事実は紛れもない。いずれにせよ、いまや明白になった故帝の遺志に彼は従わず、躊躇する国家評議会を先導してコンスタンチンへの忠誠を誓わせ、それはただちに全土へ広まっていく。

問題はコンスタンチンの出方である。十二月三日、故アレクサンドルの同意を盾に、はやニコライを「慈悲深き陛下」、みずからを「忠実なる臣下」とする手紙（十一月二六日付）がペテルブルグの母后マリヤ・フョードロヴナとニコライのもとへ舞い込む。四日後、祖国で起きている出来事にたいする返答（十二月二日付、同三日付）が着く。改めて自分への宣誓は無効、先帝の勅命違反と非難、帰国はおろか国を捨てることさえ仄めかす。こうして危惧は現実となったが、しかし、この十二月七日は前後約半月間の迷走のいわば折り返し点で、この第二便を受け、同日のニコライの日記には「新しく返事がくるまで問題を先へ延ばすことに決まる」とある一方、その少しあとに次の一節がくる。「詔書の草稿書き上ぐ」。これはほかならぬニコライ自身の即位声明で、この日、彼はまだ多少の猶予は残しながらも、意に染まぬゴールを目指す意思を固めたのであろう。このあと連日歴史家ニコライ・カラムジンや再び国家評議会に復したミハイル・スペランスキイに諮り、詔書の練り直しが続く。他方、九日以降ペテルブルグ総督ミロラードヴィチ伯爵はコンスタンチン帝位拒否の「噂」の広がりを報告、事態はもはや待ち時間の残り少ないことを告げる。

十二月十二日。朝七時、ニコライはタガンローグより急使到着の報に起こされた。同地からの報告書は、「ペテルブルグからモスクワ、さらにベッサラビアの第二軍まで、全土に枝を張った広範な陰謀の発見」を伝え彼を震撼させる。これは先帝在世中からさまざまなエージェントを通してえた南北両結社の情報をまとめたもので、彼がこうした機密にふれるのはこの時がはじめてだったらしい。後年の手記は続けていう。「その時ようやく予は自分の運命の重みをはっきりと感じ、自分がいかなる状況に置かれているか思い出し戦慄した。」急ぎペテルブルグ総督らと協議、後述の措置が決まる。そして夕刻四時を過ぎた頃、コンスタンチンから第三便（十二月八日付）が届き、事態を平穏に収束するための彼自身の声明や帰国の要請をはっきり拒む。母后マリヤとニコライはこれを決定的と受け止め、ただちにニコライの即位を決断、翌日の国家評議会招集以下の日程も取り決め、先日来の詔書の最終チェックもおこなう。その間弟ミハイル大公へ宛てたニコライの手紙から。「そこで一件落着、でも、きみの不幸な友は犠牲にされた。——だが、文句はいうまい、まあ神のご意思といったところだね。僕《しもべ》としておとなしくついていけるさ。[2]」緊張の半月間、そしてこの一日、このフィナーレ、彼の胸中一通りであるまい。

　さて、ロストフツェフに戻ろう。彼がニコライに会えたのは右の出来事がすべて終ったあと、もはや後戻りのない決着のあとである。果して彼の手紙をニコライはどう受け取ったろう。幕が下りたことを知らず駆けつけた観客を目にして苦笑したろうか。すでに演じ終えたドラマをもう一度見せられて白けたろうか。しかし、ロストフツェフの手記はそのたぐいの想像とはまったく裏腹に、まさに絵に描いたような君臣一体の感激の場面を事細かに記す。彼の言葉をそのまま信じるべきかどうか、差し当たり疑いを挟むに足る材料はないとしかいいようがないけれども、そうした条件つきでいうとすれば、このときニコライが一種興奮状態にあり、この日再度の「反乱」の警告が不安に油を注ぎ、しかも、もともと自分の不人気を知るだけに、ロストフツェフが示す忠誠にもおおいに動かされたという推測はおそらく成り立つ。もっとも、ニコライにはなかなか食えない一面もあるので、ここのところもかなり割り引かなければならないのかもしれないが。

　しかし、大事なことは別にある。ロストフツェフの通報が事態の進行をどのように変えたのか、変えなかったのか、そのあたりを事実にもとに洗い直すことである。帝位の行方はもはや論外で、ここでいうのは翌々日の一連の出来事、デカブリストたちの運命についてであって、結論から先にいえば、「密告」からはなにも生じなかった、それは多分に感傷的な短い幕間劇にすぎなかったということになろう。「密告」の最大のポイントは、「それ〔反乱〕は新たに宣誓がなされるときに火を噴く」としたところにある。これはロストフツェフがデカブリストの「計画」を、少なくともその一部を正確に知らされていたことを窺わせ、前章で引いた彼の弁明を危うくする有力な反証になりうるが、ともあれ、従来の見方では、これこそ彼のもたらした新しい、しかももっとも重要な情報であるという。たしかにその通りではあるものの、しかし、ここに力点を置き過ぎてもいけない。というのは、「二度目の宣誓」が人心の動揺を招き、軍の暴発を引き起こしかねないという予測は少しも新しくなかったからで、それはミハイル大公も抱き、ニコライ自身、その恐れがあればこそ、コンスタンチンに進退をみずから公にする声明や帰国を繰り返し求めていたのである。この日、ロストフツェフの「密告」よりまえ、タガンローグへ折り返しこたえた手紙のなかでも、ニコライは当方に関しては間もなく万事片付くと見通しを述べながらも、こうくわえる、「さもなければ予は生きていまい。」

タガンローグからの報告書を受け、ニコライは急遽総督ミロラードヴィチとすでにわれわれのよく知る前宗務・教育相、当時の郵政局長ゴリーツィン、さらに近衛師団幕僚長ベンケンドルフを呼び対応を協議した。結果は、右の手紙によれば、首都を離れているニキータ・ムラヴィヨフの逮捕を手配すること、ニコライ自身「手先」としか認めぬ首都在住の二人を「見張る」ことなどごく限られていて、「今後の方策」はより詳しい情報待ちという。そのためであろうか、前述のベンケンドルフの報告書以来とうに知られているルィレーエフ、オボレンスキイなどは素通りしている。あるいは、すぐあとでも触れるように、対策はこれがすべてではなかったのかもしれない、しかし、翌々日の蜂起の状況から見て、とくにデカブリストの側からこの間の推移を眺めるとき、彼らにたいする実効ある監視の強化や警備の増強が図られたとは到底いい難い。ニコライの手記には、総督は「監視に万全を期すと約束したが、すべては相変わらず無為無策のままだった」[3]とあるが、半ば以上事実と受け取ってよかろう。

ミロラードヴィチがどれほど情報を摑んでいたのか不明だが、事態を楽観視したとしか思えない。つづくロストフツェフの「密告」にしても、それは確実に危機感を深めたはずなのだが、案に相違して、母后マリヤは翌年の日記でニコライの「はなし」としてこう伝えている。おそらく一夜明けた翌日であろう、彼がミロラードヴィチとゴリーツィンにロストフツェフの手紙を示したところ、両人は「熱に浮かされて書いたもので、考慮に値しない」と一蹴したという。[4]さらにいくつかの証言をつなげれば、同日深夜、ミロラードヴィチの副官は、「若干の部隊」で不穏な空気ありと聞き総督邸へ出向いたものの、ミロラードヴィチは『万事心得ている』、適宜指示を出すと引き取らせる、もっとも、パトロールの増員などは命じたそうだが。十四日、当日の朝、ミロラードヴィチはまずニコライに首都はいたって平穏、警戒怠りない旨報告、近衛騎兵連隊にて宣誓無事終了の第一報到着後退廷。彼は「至って上機嫌」。十一時予定の高官たちの宣誓式まで間、帝室劇場主事の名の日の祝いへ、いや、そのまえにかねての約束通り、「プラトニック」な関係の花形バレリーナとピロシキを楽しむため馬車をめぐらす。残念ながら、彼女の住まいへ入って「十五分も経たぬ」うち急を告げる憲兵が駆けつけ、倉皇として走り去り、王宮広場に姿を現す羽目になるけれども。

後年ニコライはミロラードヴィチや警察にたいする不満を隠さず語っている。しかし、そういう彼は果して正しいだろうか。彼がみずからの即位を生死を分かつ危険な賭けと見なしていたことは疑いない。そのことはすでに述べた通りで、同じ言葉を彼は十四日の朝まで繰り返し洩らしている。だが、さきの十二日のタガンローグへの返書でも、一連の措置を伝えたすぐあとに次の一節が続く。「しかし、この際わが近衛師団のためにこう述べることを予は義務と考える、即ち、予はかかる犯罪に与する者は当地にはごく少数、ないし皆無とおおよそ確信する。その争う余地ない証拠」が先帝の訃報以来「すべての部隊で保たれている完全な秩序である。」

従って、このあとニコライが次のように振舞ったとしても、少しも不思議はなかろう。十三日、陸軍大臣がタガンローグの報告書をもとに逮捕の許可をもとめたとき、彼は言下に退けたという。『宣誓のまえに逮捕をすることはのぞまぬ。考えてみよ、皆の者にいかなる悪印象をあたえるか。』十四日当日。「朝七時十五分」にニコライはミハイルに書く。昨夜、一人の准尉がプレオブラジェンスキイ連隊の兵舎へきて、今日の宣誓の不当を兵士たちに訴えようとして追い出され、いま拘留されている。「わたしは彼に会うだろうが、いま彼を許しているようにその際も許すつもり。良心をして罰せしめよだ。」その後、十時をかなりまわったころだろうか、近衛砲兵長官が急ぎ報告にくる。騎馬砲兵の将校が宣誓に疑問を唱えこれに応じないので、拘束、サーベルを没収、ただし、部隊はすでに平静を取り戻した由。これにたいしニコライは述べたという。『サーベルをその者たちに返すがよい。予はその者たちが誰か知りたくない。』ただ、「声を張り上げ厳然と」長官の「責任」を思い起こさせたそうだが。しかし、間もなく、モスクワ連隊「反乱」の報が飛び込んでくる。十年後、ニコライはこう述懐するだろう。「この知らせは予を雷のごとくに打った、なんとなれば、予は（中略）陰謀が存在する証拠をここではじめて知ったからである。」[5]

要するにニコライも胸中少なからず危惧を抱きながら、

結局、ほとんど無防備のまま「反乱」を迎えたわけで、彼にすれば、この間、落ち着きのない噂も飛び交い、嵐の前の静けさの不安は消えぬのの、首都がひとまず平穏に過ぎ——彼の日記や手紙には連日それが語られている——、表立った危険信号がなかったのだから、判断の甘さはおそらく責められまい。いずれにせよ当局は状況を読み違えたのであって、ロストフツェフの警告もそれをただす力を持ちえなかったわけである。もっとも、状況を読み違えたのはニコライの側だけではなかった。

十二月十三日。ロストフツェフはオボレンスキイとルィレーエフに前日の通報の一件を伝え、『わたしは自分の義務を果たした』、『反乱鎮圧にあらゆる手段がとられるだろう』、『きみたちは知られていない』等々述べて翻意をすすめ、例の手紙の写しと会見の内容を記したメモを二人に示した。「両人とも顔面蒼白、周章狼狽」。オボレンスキイは『信頼を悪用した』と彼をなじり、『大公はわれわれ自由主義者を残らず知っていて徐々に根絶やししよう。だが、きみは誰よりも先に死なねばならぬ、最初に犠牲になるんだ！』ロストフツェフ『きみが復讐の権利ありと思うなら、いまやりたまえ！』ルィレーエフ『いやオボレンスキイ、われわれと考えが違ってもロストフツェフの罪じゃない！』きみは彼に心を許し過ぎた。『彼は自分の良心に従った。命を投げうって大公のもとへいき、いままた命を投げうってわれわれのところにいる。きみは彼を高潔な人間として抱きしめるべきだ！』オボレンスキイ『ああ、ぼくは抱きしめている、こうして抱いたまま絞め殺したいくらいだ！』——以上、ロストフツェフの手記。

ルィレーエフもオボレンスキイもこの件について完全に沈黙を守っている。これまでにもしばしば参照してきて、かなり信頼がおけるデカブリストの回想のひとつにはこうある。ロストフツェフの「告白」にルィレーエフは「激怒」し、その直後この筆者のところへやってきていう、『見せしめに殺すべきだ』。相手になんとか慰撫され、「『じゃぁ、生かしておけ！』——ルィレーエフは憎しみ以上に蔑みをこめていった。[6]」

真相は時間の彼方としかいいようがないが、それにしても、前章につづいてここでもロストフツェフの証言には疑問がなくはない。さきのニコライにしろ、いまのルィレーエフにしろオボレンスキイにしろ、あまりにも見事に彼の行為の正義を保証し、ヒロイズムを讃えているのが気になるのである。もっとも、すでに前章で触れた翌二六年のニコライ宛の彼の手紙にはそれをうかがわせる響きがあり、五八年の当のオボレンスキイ宛の手紙では右の一幕を「真の騎士」の振舞いとして相手に思い出させているので、事実の根幹は動くまい。勿論、これはこれらの手紙をそのまま信じたうえのことで、差し当りそうしてならないという理由を見出せないというほかなく、それより先へ筆者の判断は及ばない。とはいえ、やはりでき過ぎの感は拭えない。きれいごと過ぎる。事実の大筋の改竄はないにしろ、もしなにがしか枝葉の粉飾があるとすれば、あるいは「密告」にたいする非難への精一杯の反論のつもりなのかもしれない。あるいは、そこには、意識的にせよそうでないにせよ、消し難い後ろめたさを少しでも癒されたい欲求がはたらいているのかもしれない。誰であれ、自分が不当な存在であるという意識にいつまでも耐えられるとは限らないのだから。しかし、これらはあくまでも推測、なんの裏付けもないと断っておく。

だが、再び、大事なことは別にある。先程はニコライの側、今度はデカブリストの側で「密告」が事態の推移にどのように影響したのか、しなかったのか。さきに第八章で十二月十三日の最終協議に触れた際、ルィレーエフが「裏切り」の事実をあげたことに触れておいた。それは彼がトゥルベツコイをはじめとする慎重論や懐疑論を押し戻し、翌日の決起を迫るなかで起きた。トゥルベツコイの供述によると、ルィレーエフは「叫んだ、『いや、もういまとなってはそのように止めることはできない、引き返せないところへ来てしまったのだ、ひょっとしてわれわれを陥れる裏切りがあったかもしれない。』」別の将校は、席上彼が『もうある程度までなにもかも陛下に知られている』と打ち明け、こう続けたと供述する。『これが証拠の書き物だ、(中略)だから一刻の遅延も許されないのだ。』ここでいう「書き物」がロストフツェフが差し出したさきの二点で、この将校はほぼ四十年後の回想にもこの一幕を記している。トゥルベツコイの供述にはここのところが欠けているが、あるいは意識的に避けたのだろうか。ともあれ、このあとアレクサンドル・ベストゥージェフのたとえ敗れても「歴史のページ」に名を刻む、等々の発言もあり、大勢は決起へ動く。彼らの間には、ロストフツェフの「書き物」に疑いの目を向け、そこに書かれている以上のことを彼が告げたのではないかと危ぶむ声が強く、座して縄目を受けるよりみずから打って出るほうをよしとした。ロストフツェフの「密告」は右の場面以外でも議論されたようだが、いずれにしても、それはかれらの「決意」をさらに高めたという。[7]

そして、これまた情勢の読み違えであったことは改めて指摘するまでもなかろう。読み違えたのは相手方の出方だが、この場合は多分にもっともといえばもっともな成り行きといえるのかもしれない。こうしてロストフツェフの意図とは逆に、彼の通報は一方で「反乱」を未然に防ぐことにも、それに備えることにも役立たず、他方では、皮肉にもむしろ火の手を煽り立て、「反乱」へ突入する背中を押して終った。

十四日当日のロストフツェフについて少々つけくわえておこう。午前中、彼は長官に従い各部隊でおこなわれたニコライへの宣誓式に臨む。そのどの時点か不明だが、ルィレーエフ宅へ立ち寄り、「近衛師団の大部分は宣誓し終えたと慌ただしくいい残して立ち去りました」——これはロストフツェフでなく、別のデカブリストの証言。次は本人の手記から。その後モスクワ連隊決起、事態把握のためフィンランド連隊へ派遣され、途中イサーク広場にて「反乱」軍に遭遇、かき分けて進みながら叫ぶ、『馬鹿な真似はよせ、恥ずかしくないのか！』兵士たちの罵声を浴び、銃床にて殴打され「失神転倒」。辻橇で運ばれる途中で正気づく。ただし、重傷。この一件は右のデカブリストも後日の回想で言及しているが、ロストフツェフ自身は「のちに多くの人がはなしてくれた」として「オボレンスキイがわたしを兵士たちから引き離し、辻橇に乗せた」と記している。直接、間接いずれにせよこれを裏付けるものはどこにも見当たらないけれども。

政治的ということを狭い意味に、つまり現実の政治過程との関連だけで考えるならば、デカブリストの蜂起は政治的におおきな事件とはいい難い。いま眼前にしている北のそれにせよ、半月後に起こる南のそれにせよ呆気なく鎮圧され、この国の体制はかすり傷ひとつ負わなかったのだから。それを単なる一過性の事件に終らせず、毀誉褒貶を越えてながく語り継がれる出来事たらしめたのは、未熟とはいえ、そこで実らなかった理想であり、それを担った人々の情熱であり、その果ての受難にほかならない。勿論、いつのことであれ、権力に正面から闘いを挑むとなれば、その行方は定かでなく、動揺、逡巡、脱落、逃走はつきもの、デカブリストの場合も例に漏れず、その一端はこれまでに述べてきた通りだが、にもかかわらず、一八二五年十二月十四日、周到に準備されたとは到底言い難い反乱に捨て身で投じた人々の記憶はいまも失われない。エヴゲーニイ・オボレンスキイ、その彼もこの日元老院広場を全力で駆け抜けた一人である。

筆者はさきにオボレンスキイ自身の言葉を引くかたちで、「一八二五年の初秋」に彼を捉えたという、運動にたいする「重大な疑い」に足をとめた。こうした「疑い」はどうやらはじめてではなかったようだが、このときのそれがその後どう解消されたのか、されなかったのか、これに答える彼の言葉はない。とはいえ、言外にも「疑い」解消の気配はさらにない。明らかなことは突如おとずれたアレクサンドル一世の死であり、オボレンスキイのいうこの「晴天の霹靂」から、やがて事態は予想を覆し、玉座をめぐる混乱に押され北部結社は決起へ向けて走り出す。そうしたなかでオボレンスキイにはもはや迷ういとまはなく、ひたすらその先頭を突き進むほかなかったのだろうか。ともあれ、筆者の知る限り、このあと蜂起当日を含め、半月をこえる彼の軌跡をくわしく再現する試みは従来ほとんどなく、まとまったものとしてはЛ・Б・ドブリンスカヤのそれ[1]ぐらいしか見当たらない。筆者はこの軌跡のいくつかの点をすでに示したが、以下、いわばその主要な線をたどってみる。

「〔十二月〕九日か十日以降われわれは先の陛下〔コンスタンチン〕が重ねて帝位を退けるとほぼ確信しました、従ってこのときから不退転の活動が始まったのです。」焦眉の課題は決起へむけてあらたに各部隊の将校へ働きかけ、参加を訴えること、要するに態勢固め、兵力確保である。右に引いた個所につづけてオボレンスキイはみずからおこなった工作を逐次供述していて、それには実を結んだものも、結ばなかったものもあるけれども、ともあれ彼がこの間の主役の一人であることを如実に映し出す。まず九日、第九章で触れたイズマイロフ連隊の少尉に会い、引き込みにかかる。ほかにもこの連隊の一部の将校に結社は浸透を果していて、オボレンスキイの同隊への期待はおおきい。十日。フィンランド連隊の二人の大佐を訪ねるが、一人は不在、一人は来客あり目的を達せず。十一日。再びフィンランド連隊二等大尉宅にて同隊の少尉、准尉たちと会う。この会合について、オボレンスキイは前夜ルィレーフ宅で初対面の前記二等大尉が彼に「頼んだ」と供述、二等大尉のほうはオボレンスキイが「みずからいいだした」と反論して食い違う。参加した将校は五、六人とも「十六人近く」ともいうが、いずれにせよ、オボレンスキイによれば、「彼らから協力への同意」を取りつけたという。さらに彼の言に従うと、席上、一人の中尉が、「〔結社の〕他のメンバーの協力」を確実にするために、「共通の目的のため行動するとしたすべての連隊から一名ずつを集めて全体で協議するよう提案しました。本官は提案に賛成し、翌日本官宅へくるようにいいました。」もっとも、この場合も、当の中尉の供述には「提案」の語はなく、相手がこう述べたとのみある。『これ〔ニコライへの宣誓拒否、元老院広場集結〕に賛同しているのがわれわれだけではないと、諸君に明日証明できる、――オボレンスキイ公爵はいいました――一人か二人わたしのところへきたまえ、ほかの連隊の将校たちを見て納得するだろう。』どうやら、この場合は中尉のほうが口を閉ざしたように見えるが、オボレンスキイが語ったとされる言葉もいかにもありそうなことである。

さて、その十二日夕刻、オボレンスキイ宅。出席者は、彼によると、擲弾兵、騎兵、海兵、イズマイロフ、モスクワ、フィンランド各連隊から七人、それにルィレーエフ。散会後、さらに帝室警護連隊の二人がやってきたという。さきにロストフツェフがたまたま目の当たりにし、彼を冬宮へ走らせた「近衛のいろいろな連隊の将校二十人ばかり」の密談とは実にこの協議にほかならない。そこでは当日の行動計画がひとわたり確認されたようだが、当然ながら、ことの成否はどれほどの部隊が決起にくわわるか、どれほどの兵士を動員しうるかにかかっていて、こもごも語られる見通しは語る者の熱気を総じて裏切り、ことに中核と目されるイズマイロフ、フィンランド両連隊のそれを聞いて「うろたえる者もいた」という。オボレンスキイは協議の大詰めを次のように語っている。「重苦しくなりかけた話し合いを打ち切るため、ルィレーエフはきっぱりいいました、今日集まったのは、一歩進めて、宣誓の日に各人ができる限りの部隊を連れて広場へ行く、できなければ単身広場に立つと互いに誓うためだ――そこで全員話し合いを打ち切り、その通りに行動すると誓い、別れました。」このあとやってきた帝室警護連隊の二人のうち一人は、オボレンスキイが協議の結果を伝えるなかで洩らした言葉をこう記す、「われらは共に死なねばならぬ」。もっとも、二人はそうしたオボレンスキイの呼びかけに応えず、「誓い」に同調することを拒んだそうだが。

十三日。この日は文字通り心胆を寒からしめる出来事が起きた。ほかでもない、ロストフツェフが前夜の通報の件を告げたのである。彼によると、日中を勤務に費やし、例の手紙の写しを携えオボレンスキイの部屋をたずねたのは――そこにはルィレーエフもいたそうだが――午後「五時半」という。オボレンスキイの胸中どれほどの嵐が吹き荒れたことか、察するに余りあるが、それが静まる間もなく、「七時」にルィレーエフ宅へ出向く。勿論、ここでいう「五時半」にせよ「七時」にせよ、オボレンスキイの軌跡を追う目安として取り出したまでで、正確な時間かどうか問うところではない。ルィレーエフの住まいは、この日も、結社の中心にいる者、周辺にいる者、古くからかかわりを持つ者、まだ旬日も経ない者が入り替わり立ち替わり現れ、幾重にも渦を巻く。渦がいつにもまして急で、高揚した感情に彩られたことは繰り返すまでもない。ニコライへの宣誓は明日おこなわれる、この情報はおそくともこの日の夕刻にはルィレーエフに届いていたはずで、さらに「八時」過ぎにはそのための元老院の招集時間も急ぎ伝えられる。かくて決起は明十四日。オボレンスキイもこの場でそれを告げられたという。ロシア＝アメリカ会社の一隅でおこなわれた最終協議はどうやら十時前後に閉じたらしい。ルィレーエフたちは部隊での工作を推し進めるため出かけるが――オボレンスキイは同行せず――、この時、この一日のうねりが頂点に上りつめた観の場面がやってくる。それは再三言及したニコライ撃つべしの一幕で、ここで改めてオボレンスキイの供述を引いておこう。「ルィレーエフは別れ際にカホフスキイに近づき、彼を抱いていいました。『ねえきみ、きみは天涯孤独の身だ。きみは結社のためにおのれを犠牲にすべきだ。明日皇帝をやりたまえ。』このあとベストゥージェフ、プーシチン、本官がカホフスキイを抱擁しました。これにたいしカホフスキイはどうしたらできるかたずねました。そこで本官は近衛擲弾兵の制服を着、冬宮内で実行する案を出しました。しかし彼は不可能といいました。すぐに彼と分ってしまうというのです。それからその場の誰かは覚えていませんが、玄関口で陛下が通るのを待ち伏せしてはどうかといいました。しかし、これも不可能として退けられました。」引用の後半、どう実行するかの部分では多少相違があるものの、前半の『やれ』から「抱擁」まで、ルィレーエフ、カホフスキイ、ア・ベストゥージェフ三人もそれぞれ事実としてはっきり認めている。残る一人、И・И・プーシチンだけは「思い出せない」としていて、あるいは故意に明言を避けているのかもしれないが、ともあれ、この点を差し引いても右の証言そのものは動くまい。この一幕をオボレンスキイが「一時の激情」とよんでいることもすでに述べた通りで、ほどなくして「われわれはみな我に返りました」とあるけれども、果してそうであったのかどうか、事実は闇の中というほかはない。結果的には、この作戦、一夜明けてカホフスキイが拒否、幻におわるのだが。(2)

以上、蜂起前日までのオボレンスキイの言動を記したが、もとよりこれは彼らが残した供述から抽出したにとどまる。彼らが語らなかった部分がもしあるとすれば、それはもはや推測の域に属するが、いま敢えてそうするなら、例えば最終日、オボレンスキイもまたなにがしかの部隊になにがしかの働きかけをおこなった可能性を挙げておきたい。

十二月十四日の朝は早い。この朝、前日発せられた秘密の指令により、近衛全軍の将官、連隊長は七時に冬宮へ集合することとされていた。七時間前、国家評議会にたいし即位の声明を読み上げたニコライは、再びこの席でそのやむをえざる所以を明らかにし、対する出席者全員は「一身を捨てて忠誠を尽くす覚悟」を披歴し退出、それぞれの部隊にて新帝に宣誓させるべく散っていく。かくしてデカブリストの「実行計画」の舞台はととのう。

近衛歩兵総司令官付上級副官オボレンスキイが行動を開始するのは、長官が宮中へ出発したあと、六時を過ぎてかららしい。供述によると、彼はヴォズネセンスキイ通りからフォンタンカ運河を越えイズマイロフ連隊、かたわらのゴロホヴァヤ通りのモスクワ連隊の兵舎を廻り、帰途「七時」にモイカ運河沿いのルィレーエフのもとに立ち寄り、長官宅へ戻る。この兵舎廻りが命令によるものかどうかははっきりしないが、いずれにせよ彼にすればこれら連隊の動静をうかがう偵察活動でもあったろう。このあとも事情は同じで、一旦戻った彼はさきに部隊へ出向いた長官を探して兵舎から兵舎へ馬を駆り、宣誓がすでになされたか否か、長官がきたか否かたずねてまわる。それはエカチェリンゴフスキイ通り（現リムスキイ＝コルサコフ通り）の海兵隊にはじまり、再びフォンタンカ運河対岸のイズマイロフ、セミョーノフ、狙撃兵、モスクワ各連隊へと続く。当日反乱軍の指揮をとる一人に目されながら戦線を放棄したブラートフ大佐のことはさきに述べたが、後日ミハイル大公へ宛てた彼の手紙に従えば、オボレンスキイはこの二度目の兵舎廻りのときにも――多分モスクワ連隊をたずねたあとだろう――、ルィレーエフのところへ現れている。時々刻々、反乱本部へ状況報告といったところだろうか。その後兵舎廻りは、馬を橇に替え、タヴリーダ庭園脇のプレオブラジェンスキイ連隊第二大隊で終る。そして、これより先はもはや明らかに職務の軌道を逸れ、反乱への道を走りだす。彼はリテイヌイ通りに面した騎馬砲兵の兵舎をたずねるが、ここでは既述の通り一部の将校が宣誓に異議を唱える事件があり、入り口が封鎖されていた。そこに抜剣した大尉が立っていて、彼の問いに「ちょっとした騒ぎがあった」との答え。オボレンスキイが事件を察知したかどうか不確かながら、異常に気付いたことは間違いない。急ぎ彼は三度モスクワ連隊を目指す。兵舎近くには沢山の人だかり、聞けば、同連隊の「第五、第六〔実際は、第三、第六〕中隊が宣誓を拒否し」、連隊長と近衛第一歩兵旅団長に「傷を負わせ、元老院広場へ向った」とのこと。そこで「本官は彼らを追って橇を走らせました。〔広場では〕彼らはすでに方陣を敷いていて、〔本官は〕合言葉を告げそこへ入りました。」

反乱軍は方形の陣のうち、元老院側を除く三つの面の前方にピケット・ラインを張った。敵の動きを監視する、また部隊に群衆を近づけないようにするのが目的で、オボレンスキイはその一隊を指揮したようである。[3] それにしても、広場でのオボレンスキイの動きはなかなか摑み難い。手掛かり自体疎らだし、ほとんど断片の域を出ない。もっとも、これは無理もないといえば無理もないので、この間反乱軍そのものに目立った動きがなかったのだから。彼らは後続部隊の到着を、なによりも指揮官トゥルベツコイの出現をひたすら待ちつづけたのだが、しかし、そうしたなかでも広場の空気が一段と緊張する瞬間もあって、とりわけペテルブルグ総督ミロラードヴィチ伯爵が彼らに兵を引くよう呼びかけた時がそうであった。さいわいこの場面ではオボレンスキイの姿を視野に捉えることができる。

　ミロラードヴィチがモスクワ連隊蜂起の報を受け、冬宮広場へ引き返すところまでさきに記した。ここから彼に同行する副官によれば、そのとき彼は服装はくずれ、錯乱の態で、その場に居合わせたニコライに近づきこう告げたという。『陛下、本官をかかる目に合わすからには、もはや武力を用いるほかありません。』これで見ると、彼はすでに反乱軍将兵となんらかのやり取りがあったようで、実際、この副官は、後刻判明したこととして人々にこう語ったらしい、このとき総督は彼らの暴走を止めようとして手荒く追い返されたのだ、と。ところが、もう一人の当事者、ニコライはこの副官を「はなはだ想像力豊か」と揶揄したうえ、右の場面を「まったくのつくりごと」と退け、総督はやってきてこう述べただけという。『よくありません。連中は元老院へ向っています。だが、本官が連中にはなしをします。』以後の展開から推して、このあとのほうが事実に近い。ここまでの間に反乱軍と接触があったかどうか定かでないけれども、ともかくミロラードヴィチはこのあとこの言葉通りに振舞う。

　さきの副官は続けていう。騎兵連隊を連れ元老院広場に近い馬場にて待機せよ——ニコライの命を受け、ミロラードヴィチは同隊へ着く。しかし、出発に手間取るさまに焦れ、単騎、副官のみ従え元老院広場へ向う、追いかける連隊長にこういい捨てて、——部隊は要らぬ、『それにこの日を血で汚しとうない……わし一人でこの事件を片付けたい！　まったくだ！』この副官には確かに舞文曲筆のきらいがあって文字通り受け取るのはおおいにためらわれるが、ミロラードヴィチがまさかの失点をわが手で取り返そうと急いだことは疑いない。そして、広場に立つ。

「一八二五年十二月十四日、陸軍歩兵大将、ミロラードヴィチ伯爵、左脇腹、第七、第八肋骨の間に拳銃弾丸を受け負傷。弾丸は本官により右脇腹、第六、第七肋骨の間にて摘出されしが、胃二個所及び肝臓を貫通、弾丸の通過せる左右脇腹の肋骨は破砕す。他の傷は鋭利なる武器にて右脇腹、腰椎付近、第十二肋骨と腸骨の間に加えられたるものにして、腹腔に達す。同人は負傷後、深夜三時に死亡、十三時間存命せり。

市医　ペトラシェフスキイ

一八二六年五月二五日」

審問委員会に提出された報告書である[4]。銃撃したのはカホフスキイで、これが致命傷だった。刺したのはオボレンスキイである。

歴戦の将軍ミロラードヴィチの大礼服の雄姿、そして持ち前の雄弁は反乱軍兵士を沈黙させるに十分だったようだ。彼はコンスタンチン大公から拝領した剣にかけて大公の帝位放棄を明言、原隊へ戻り、陛下の許しを乞うよう勧め、動揺が広がる。デカブリストが仕掛けたトリックの危機は明らかだった。以下、オボレンスキイの供述。このとき彼はピケ隊と共にいたそうだが、本隊へ戻っていう、『閣下、お引き取りください。兵士に構わないでください、任務を遂行しているのです。』同じことを二度、三度告げる。相手が「動かないのを見て」、かたわらの兵士の銃を取り上げ、「伯爵に近づき、立ち退くようにと断固として繰り返しました。――これにたいし伯爵は、本官に背中を見せていたのが、馬を左へ向きを変えました。――そして拍車をかけました。――と同時に隊列のなかから銃声が響いたのです。――本官も、自分がどのようにしたのか、銃剣で馬をたたこうとしたのか、思わずしたことなのか覚えていませんが、銃剣で軽く鞍をたたきました。そして多分伯爵も刺してしまったのです、というのも伯爵は弾丸、銃剣双方の傷を負ったと耳にしたからです。」苦しげな供述である。しかも、敢えて疑えば、重要なポイントをぼかしているのではないか。「一サージェン〔一サージェン＝二・一三四m〕と離れないところ」にいたという目撃者によると、オボレンスキイは「馬の右側に立ち止まり、小銃を構え、『失せろ！』といいざまミロラードヴィチ伯爵の右脇腹、下腹を銃剣で突きました。」伯爵は「片手で小銃をはねのけ」、なおしばらく兵士に呼びかけようとしたが、断念、馬を「左後方へ向けた」瞬間、銃弾が「左脇腹」へ撃ち込まれたという。問題はオボレンスキイがいつミロラードヴィチに傷を負わせたかで、この点ではあるいはいまの証言の通りかもしれない。それがこの前後の彼の動きを彼自身の供述とほぼ違わず伝えているからだが、ただ、「銃剣で突きました」という個所は事実の表面をなぞっただけかもしれない。これをオボレンスキイのいうように偶然の事故とすべきなのか。あるいは狙った一撃なのか。[5]

この事件は、どうやらこのあと一連の出来事の流れを決める分水嶺の役割を果たしたようである。以後、コンスタンチン大公の辞退を真実とし、「騒動」の責任は不問とする帰順の勧告が近衛師団長、ペテルブルグ府主教セラフィーム、大公ミハイルとつづくが、いずれも阻まれ実らなかった。

ところで、この間にさきと同じく判断に迷う事件が挟まる。それは近衛擲弾兵の第二陣が反乱軍に合流したときで、連隊を率いる大佐はペテルブルグ島北端の兵舎からここまで彼らに引き返すよう説きつづけ、広場でもそれを止めない。そこで再びカホフスキイが拳銃を撃つ。連隊長と共にいた同隊の中尉によると、このときオボレンスキイも『切れ、突け』と叫びながら、サーベルでその頭部を切りつけたという。これには反乱軍の側にいた同隊の中尉の証言もある。しかし、オボレンスキイの供述は「まったくの濡れ衣」と強く否定、そのときサーベルを帯びていなかったし、連隊長に抗議はしたものの、「三歩以内に近づきさえもしない」といい切る。[6] なお、この連隊長は三日後に死亡した。

軍の首脳に拳銃を向けたのはカホフスキイに限らない。詩人キュヘリベーケルもイ・プーシチンに煽られて近衛師団長やミハイル大公を狙っている。もっとも、両者の供述では、プーシチンは煽りを否定、キュヘリベーケルもそう演じただけと釈明しているが。つまり、拳銃であれ他の武器であれ、そうした襲撃は実際にありえたので、オボレンスキイとて例外ではなかろう。ただし、それを事実として伝える証言にも多かれ少なかれ留保は欠かせまい。混乱のなかでの誤認もさることながら、この一日をめぐる数々の証言も、証言する当人の立場如何、どちらの陣営から事件を眺めるかによるバイアスを免れてないからである。他方、デカブリストの側にしてみれば、右のような襲撃がみずから掲げる建前を裏切るばかりか、あからさまな反逆行為とされることは必定で、その責めはなんとしても避けたかろう。果して両者のどちらの言を採るべきか、従来の研究にもこの疑問が氷解する答えは見当たらないので、ここはこのまま残すことにしたい。

時間を少しまえへ戻す。ミロラードヴィチが撃たれたのは、正午から一時までの間と見られる。新帝ニコライは広場へ馬を進め、彼に忠実な部隊の出動を今や遅しと待ちながら、反乱軍への対応を容易に決めかねていたようだが、一時過ぎ、最初の作戦に踏み切る。そのとき広場にはまだモスクワ連隊の将兵約八百人のみ、ニコライはようやく到着した彼の部隊に攻撃を命じた。もっとも、攻撃とはいえ、騎兵部隊を突入させて反乱軍を分断、排除する作戦のようで、掃討が目的ではない。

実は、この日ニコライ軍の攻撃がいつ、どのようにおこなわれたのか、いまひとつはっきりしない。騎兵連隊と帝室警護連隊、それにおそらく騎馬工兵連隊の一部、つまりこれら騎兵部隊の突入が図られたらしいが、それがいつおこなわれたか、例によってこの場合も少なくない数の証言があるものの、互いに嚙み合わず一致した像を結ばない。これに関して定説らしいものも見出し難い。ともあれ、筆者は、攻撃はおおきく分けて第一波、第二波と二波にわたっておこなわれたのではないかと推測する。右に述べたのはその第一波だが、これについてはニコライにそれを進言したという皇族の一人、それを敢行した騎兵連隊の大佐、それを受けたモスクワ連隊の二等大尉などが証人として挙げられよう。もっとも、当のニコライはこれにはまったく触れず、手記では、攻撃を筆者のいう第二波に相当する一回のみとしていて、これは単なる記憶違いなのかどうか。

このあと反乱軍に擲弾兵、海兵の両部隊がくわわり、総勢三千を超える。この間、ニコライが――おそらくさきの攻撃の失敗の結果――部隊の投入を避けて事態の収拾に動いたことは確かである。府主教フィラレートを説得に向かわせたのは彼であり、大公ミハイルについても、危害がくわえられるおそれはありながら、たっての願い出に折れ広場へ差し向けている。それが徒労に終ったのち、はじめて「予は騎兵隊による攻撃を仕掛けることに同意した」と彼はいう。この攻撃は騎兵連隊の少尉その他も明言していて、疑問を挟むまでもなさそうである。時刻は、ニコライともう一人に従えば、「二時過ぎ」だが、二時を大分まわっていたのではなかろうか。

攻撃はいずれも失敗した。出撃、撤退の繰り返しである。迎える反乱軍は群衆の投石などにも助けられながら、銃撃で応戦、一斉射撃も放ったという。ただし、多くは「上へ向けて」、つまり相手の頭より上を狙ったもので、これには攻撃側のいまの騎兵少尉をはじめ、ニコライと彼の陣営からも証言に不足はない。また、供述によると、兵士たちは騎手でなく馬を撃つよう命じられていて、さきの証人とは別なもう一人のモスクワ連隊の二等大尉は、兵士たちがそれを「喜んで容れた」という。実際、攻撃側に負傷者は出たが、その数はごく小さい。一方、ニコライ自身は作戦の失敗をスペースの狭さや地面の凍結や当日彼の部隊が儀礼用の剣を帯びていたことに帰していて、たしかに滑ったり転んだりの報告は他に見られるものの、果して彼のいう通りなのかどうか、筆者には判断しかねる。なお、まえに挙げたモスクワ連隊の二等大尉の手記には、騎兵連隊が

「いやいや、だらだら攻撃した」とあり、士気の低さに言及しているが、この点はあとにまわす。

午後三時頃、ウ・キュヘリベーケルが発議し、主だったメンバーによって反乱軍の指揮官にオボレンスキイが選ばれた。キュヘリベーケルの供述には、「〔広場に入り込んだ〕有象無象の連中や一部の兵士までもが右往左往、しきりに騒ぎ立て、ことにモスクワ連隊の兵士は数回も勝手に発砲をはじめて、われわれが止めたり頼んだりするのに耳を貸しませんでしたが、こうしたありさまを見て、全体の指揮官が必要と感じました」とある。しかし、これは遅すぎた一歩というほかないだろう。この「必要」はもっと早く「感じ」るべきもので、ア・ベストゥージェフが認めるように、トゥルベツコイ不在のあと、「軍人としての階級も低く、名声もない身で指揮をとろうとは誰もしませんでした」といったあたりが真相ではないか。オボレンスキイに大役が振られたのは、最初の候補者が固辞したからだが、デカブリストの一人がのちに伝えるところでは、それは「戦術家としてではなく、兵士たちによく知られ愛されている将校として」「ほとんど無理矢理」「押しつけ」られたものという。とはいえ、勿論、ただの「将校として」だけではあるまい。ルィレーエフは「〔事件前〕トゥルベツコイは自分の幕僚長にオボレンスキイを指名しました」と供述していて、これはしばしば確かな事実として独り歩きをさせられているけれども、「指名」したという当人も、されたという当人もいずれも否定しているので、やはり疑問符を付しておくのが適当だろう。しかし、「幕僚長」の件はさしおいても、オボレンスキイが結社の中核の一人、蜂起の中心の一人であることはこれまでに見た通りで、当然それが彼を押し出す要因になったに相違ない。

だが、明らかに時すでに遅く、反乱軍は、外はほぼ四倍のニコライの軍隊に完全に包囲され、内はもはや明確な意思で統一された集団とはいい難い。残り約一時間、オボレンスキイがなしえたことは次の供述に尽きる。指揮をとるよう求められて、「本官は経験が浅く、なにかの任務を引き受けるような力はないといいました。――しかし、きっぱり断れば、彼らが完全に意気喪失すると思い黙って不幸な成り行きにまかせました。キュヘリベーケルは本官の手を取り、〔方陣とは別の〕海兵隊の兵士のところへ連れていき、本官が指揮官と告げました。――本官の指揮はこれが全部です。――ほかに指示はなにも出しませんでした。本官ができた唯一よかったことは、〔方陣の〕後方がなんら命令なしに騎馬工兵に発砲したのを止めたことです。――このほかに、軍議を開いてなすべきことを決めるよう三度提案しました、とくに皇帝陛下が寄越された寛大なお申し出のあとではそうでした。しかし、全員度を失い混乱するばかり、本官の提案を諒として将校を集めにゆく途中思い直して黙ってしまう、あるいは別なことをしてしまうのでした。[7)]」「寛大なお申し出」の部分については後述、あとはおおよそ事実と受け取ってよかろう。

それにしても、オボレンスキイは「軍議を開いて」一体なにを「決め」ようとしたのだろう。いや、そもそもこの時彼らになにを「決める」ことができただろうか。ニコライのほうも「流血」を嫌い、強行手段をとりかねて、それゆえ事態は膠着した様相を呈しているものの、このとき反乱軍にどのような行動の選択肢がありえたろう。なんらかの要求を携えて平和裏に交渉するなどはもとより論外、そのための武力行使も当初から彼らの念頭にはない。決起に先立つ事前の計画では、万一失敗の場合には屯田村へ撤退して再起を図るはずだったが、いまこの包囲軍をどうして突破できよう。ともあれ、彼らがなにを考えていたか、勝手な想像は控え、残された言葉をもとにいうとすれば、とりあえず次のふたつを挙げなければなるまい。ひとつは、日暮れと共に広場の外の部隊が寝返り、広場の内に「合流する」のを待つ。事件の記憶もまだ鮮やかな翌月、ア・ベストゥージェフはまさにこの時点でイ・プーシチンが「暗くなるのを待つべき」と語ったと供述している。さきにも触れたが、この「合流」の可能性はデカブリスト自身が後年述べていることで、その一人、はじめに引いたモスクワ連隊の二等大尉は、そうした部隊が「方陣を取り巻く民衆を通じてその意図をわれわれに伝えてきた」という。さきに彼が攻撃側の士気の低さを口にしたのも、こうした文脈においてである。もう一人、傍らで縦隊を組んだ海兵隊の少尉の回想にも、「いくつかの連隊から使者の兵士がやってきて、夜まで持ちこたえるようにといい、そうすればわれわれに合流すると約束した」とある。おそらく、これらは事実なのだろう。つまり、どれほどの強さ、どれほどの広がりか未確認ながら、このときなお反乱軍の間に援軍待ちの姿勢ないし気分が存在した事実は紛れもない。

さらにひとつ。反乱軍への勧告についてはすでに述べたけれども、なかでもミハイル大公その人が姿を見せたことにはやはり特別な意味があったといえる。彼はつい先日までワルシャワにいて、伝えられるコンスタンチン帝位辞退の真偽を握る証人と目されていたからである。事情を知る一握りのデカブリストはさておき、反乱軍の将兵も大公がじきじきことを明かすよう異口同音に求めていた。大公は海兵隊に歩み寄って語りかけたが、彼らデカブリストはそのいうところを欺瞞と叫んで遮り、やむなく彼は引き返す。だが、そのあとに見逃せない出来事がくる。

この日、海兵隊の兵舎では当日の宣誓に異議を唱える声で騒然としていた。ただ、将校たちの部下の兵士への対し方は一様でない。兵士の間にはすでに近衛全軍決起の噂が流され、波紋を広げていたが、アルブーゾフたち数人はそれをさらに煽り元老院広場へ駆り立てる。だが、ほぼ同じ数の将校は宣誓への疑問を語るにとどめ、是非を兵士自身に任せた。勿論、これでも火に油を注いだことにはなるけれども、それ以上の働きかけはない。しかし、折から響いた銃声——政府軍の攻撃にたいするモスクワ連隊の応戦——に乗じて千百人の兵士が兵舎から連れ出され、広場で縦隊を組んだ時、これらの将校も行を共にする。供述によれば、それは「自分に託された」部隊のもとに留まるべきと考えたからであり、兵士たちの暴走を制止するためだったという。実際、広場へ着く早々、そのさまを一見、「慄然とし」てひとり引き返した将校もいる。このあたりの彼らの言をそのまま信じるべきかどうか、当然慎重な扱いが求められようが、いまはそこへ深入りせず、おおよそのところで次の出来事が木に竹を接いだ感を免れているとだけいっておく。

出来事というのは、この隊の大尉ミハイル・キュヘリベーケル——詩人キュヘリベーケルの弟——が、大公のはなしをもとに兵舎へ戻るよう兵士たちに呼びかけを始めたことである。これには同隊の四人の将校の供述があり疑問の余地はない。その一人によると、彼が『恥ずかしくないのですか』と詰め寄ったのにたいし、キュヘリベーケルはこう応じた、『ここでどうしようというのか、なんの意味もないと自分で分かるだろうに。』さらに二人の将校も、同じく退去の説得をしたようで、それに兵士たちはこうこたえたという、『殿下のお言葉は信じます、だが、モスクワ連隊の兵士が自分たちを撃つかもしれないので、彼らより先にこの場を動きたくありません。』説得は不調におわり、このうち一人の将校は広場を去る。キュヘリベーケルのほうは、このあと政府軍の砲撃を浴びて反乱軍が潰走する間部隊を捨て、ミハイル大公に「サーベルをわたした」、つまり投降したらしい。どうやら大公の出現はそれなりに効果があったと見ていいようだ。それを裏書きするように、率先反乱に投じた将校までも「誤り」を悟ったといい、右のような行動にこそ出なかったものの、それに通じる胸内をその時の自他に認めていて、これまた事件後の供述ながら、当然見落とせない事実ではある。要するに、一連の事実は、さきほどと同じく広がりなどは不確かとはいえ、少なくとも反乱軍の三分の一に終戦あるいは厭戦気分が浸透するさまを物語るといえるのではないか。

さて、再び、このときオボレンスキイはなにを「決め」

するが、この場面を彼の回想から引いておく。「『諸君！——わたしはいった——諸君のまえに大砲がある。しかし、陛下は寛大であらせらる。諸君の名前を知ろうとなさらず、諸君が迷いから覚めるのをのぞんでおられる——陛下は諸君を不憫と思し召しているのだ。』兵士たちはみな目を伏せ、明らかに感じ入った様子だった。しかし、燕尾服や軍服の数人が寄ってきて罵りはじめた。『スホザネット、憲法を持ってきたのか？』——『わしがつかわされたのは許すためで、話し合うためではない。』——こういうと同時にさっと馬の向きを変えた。」これはあくまでも当人の弁。彼は「卑劣漢」よばわりされて退散させられたと相手のデカリストは伝える。ともあれ、午後四時頃、ついにニコライは発砲の命を下す。それでも、ほとんど信じ難いはなしだが、『始め！』『止め！』を二度繰り返し、三度目の命令でようやく四門の大砲が火を吹いたという。

オボレンスキイは海兵隊について走った。途中アルブーゾフに近づきいった、『そちらの兵士を集めてください、プールコヴォ丘陵へいきましょう。』丘陵は首都の郊外、南へ二十数キロ、蜂起失敗の場合の撤退先としてかねて口の端に上っていたところ。対するアルブーゾフ、『離れてくれたまえ、わたしはなにも知りたくない。』ただし、このやり取り、伝聞で未確認。海兵隊の兵舎へ着いてからオようとしたのだろう。乱れた規律、弛緩気味の士気を引き締め持久戦に備えるつもりだったのか。海兵隊の供述に、ミハイル大公の勧告にも彼が兵士たちに『信じるな』と叫んだとあり、もしもこれが正しければ、「軍議を開く」彼の態度に有力な示唆を与える。だが、そうすると、従来顧みられない供述の一節、すでに引いた「とくに皇帝陛下が寄越された寛大なお申し出のあとで」はどうなるのだろう。「寛大なお申し出」とは、兵を引けば当日の責任は不問に付すという帰順勧告を指すのか。ということは、反乱の収束も視野にあったのだろうか。そもそも審問委員会の席で彼は事実を語ったのか。それとも弱気な弁明を弄したのか。不本意な指揮官オボレンスキイは一体どこへゆこうとしていたのだろう。これを正確に探り当てる手掛かりはないといわざるをえまいが、しかし、そうした漠とした事実を貫いて、「軍議」を「三度」提起したという苛立たしい焦燥感だけは痛切に響いてくる。

新帝ニコライは最後まで砲撃をためらったようである。軍の首脳が次々に進言、フランス大使までもが口をそえてようやく決断したということだが、最大の要因はすでに立ち込めはじめた夕闇であろう。夜のおとずれと共に群衆も巻き込む「騒動」の拡大を恐れて当然だからである。まず砲兵隊長官И・О・スホザネットが派遣され最後通牒を発ボレンスキイは一人引き返し、ルィレーエフのもとへ向ったらしい。たまたま「十五分ほど」立ち寄った者のいうには、時刻は「六時過ぎ」、そこでは七人が「口々にしゃべり、聞く耳持たないありさま」。「何人かが元老院に火を放とうといいましたが、オボレンスキイ公爵が反対し、沙汰止みになりました。」それからどれほど経ってからか、追われる身のオボレンスキイはネヴァ川を渡り、ヴァシーリイ島の同志、ただし当日不参加のフィンランド連隊二等大尉のもとへ。次は同隊の中尉の証言。彼が訪ねたとき、二等大尉は「二人いっしょに発見されないため、彼〔オボレンスキイ〕に立ち去るようしきりに頼んでいました。」それは「ほとんど追い出さんばかりでした」とも。二等大尉自身、オボレンスキイがいたのは「数分」、どこへいったか知らないという。実は、行き先は連隊病院内の軍医の住まい、これについてさきの中尉は続ける、一夜の宿に窮したオボレンスキイに「同情」し、自分が泊まるつもりでいた軍医のもとへ同伴した、と。(8)

翌朝、オボレンスキイはそこで逮捕された。

第12章

「一月一日。今日目が覚めた時はひどく気が滅入っていた。先日来の恐ろしい出来事が黒雲のようにのしかかっていた。前途はこの上なく暗く、望みないように思われた。わたしはますますふさぎ込んでしまった。」いわゆる『ニキチェンコの日記』第一ページ、一八二六年元旦の書き出しである。（以下、日記からに引用は日付のみ記す）

デカブリストの蜂起から半月、事件当夜以来の大量の逮捕者はペトロ・パウロ要塞監獄に溢れ、陸軍大臣を議長とする審問委員会もすでに事件三日後から取り調べを開始していた。たしかにこの新年の幕開けはいつにない不安と緊張に満ちていて、いまの引用にもそれをうかがうことができるけれども、しかし、ニキチェンコには彼らの身の上に心を痛めるさらに切実な理由があった。いうまでもなく、彼を農奴の身から救い、文字通りわが家へ迎え入れたルィレーエフやオボレンスキイたちとのかかわりである。他方、対する審問委員会の委員の席のひとつには、彼を首都へ招き、大学の門へ導いたあのアレクサンドル・ゴリーツィン公爵が座っていた。このことはおそらくニコチェンコも知っていたであろう。こうしたまさに運命のいたずらとしか呼びようのない巡り合わせを彼はどう眺めていたろうか。残された日記にはなにも書かれていない。あるいは、書くことをはばかったか。いずれにしても、その胸中容易に語りえないものが潜んでいたに相違ない。だが、この事件で彼が「前途」を危ぶみ「ふさぎ込む」にはそれにもまして切迫した個人的な動機があった。彼自身ほかならぬわが身に累が及ぶことを恐れなければならなかったからで、デカブリストとのかかわりは、一転、災いの種に変じたといえよう。

もっとも、彼が事件そのものの埒外にあったことを疑う材料はなにもないし、実際、すべては杞憂におわるはずだが、ただ彼が一年を超える若い革命家たちとの交わりでなにを目にし、耳にし、あるいは語り合ったか、さらに事件直後、なまなましい衝撃のもとでなにを感じ、思ったか、それらをうかがうすべもわれわれには奪われている。手掛かりになる一八二五年の日記が欠けているからである。この一年のノートは行方知れずとされる。娘ソフィアの言に「一八二五年十二月の惨禍のさなか消え失せた」とあるが、おそらくこれは故意にぼかしたいい方で、事件直後ニキチェンコがみずから破棄したのであろう。勿論、巻き添えを避けるためである。しかし、半月の間彼を閉じ込めていた暗雲は幸いこの一月一日に晴れる。さきの引用のあと、日記は続く。「突然ロストフツェフが姿を見せた。あの不幸な十二月十四日に受けた傷を病んでから今日初めて部屋を出たのだ。」ロストフツェフが反乱軍の兵士たちに殴打された一件は第十章末尾に記した通り。ともあれ、その彼が疑惑解消の朗報をもたらしてくれたのである。こうして、この十日後、ニキチェンコはいまや主なきオボレンスキイの住まいを去る。

オボレンスキイのもとに身を寄せたニキチェンコが同じ副官、しかも同じ屋根の下に住むロストフツェフと親しんだのはごく自然な成り行きであろう。事件の四日後、十二月十八日、ロストフツェフは中尉に昇進した。彼は一旦近衛歩兵司令部を出て部隊へ戻ったが、任に耐えず(彼は強度の吃音者だった)、ニコライ帝のはからいでこの一月末からミハイル大公付になり、以後長くそれが続く。そういうなる。つまり、あの通報の一件は彼らの関係に水を注すことにならなかったわけで、むしろ「あの嵐の時期」の記憶が二人を強く結びつけているようにさえ見える。とはいえ、ニキチェンコがロストフツェフの行為を鵜呑みにし、なんら引っ掛かるところがなかったわけではない。

日記はいう。ニコライへ差し出した手紙は、「勇気」あるものだが、「どこかつくりもの染みて、わざとらしい愛国心が見える。」「彼は自分を高邁な人間に見せたがりすぎたと思う」。あの行為は「彼が不幸を免れ、同時に自分を勇気ある人間に仕立てようとした狡猾な戦術にすぎないと多くの人の目に映るかもしれない。」そうした考えはルィレーエフたちにニコライとの会見を明かしたのみか、手紙の写しまで渡した事実によっても裏付けられるだろう。そこには彼らを思い止まらすという「良き意図」はあったかもしれぬ、他方、「彼は自分の行為が裏切り者のそれでないと彼らに示したかったのだ。」（二六年十月二二日）

ニキチェンコは他の個所でロストフツェフの「功名心」に繰り返し言及している。通報の一件もそうした「功名心」の所産と彼は診断したらしい。それに無縁でない自己正当化の強い欲求も嗅ぎとっているようである。いまの日記のなかで引用を控えた部分にやや分り難いところがあるけれども、筆者はそう解釈する。筆者はさきに九、十章でロストフツェフ自身の言葉の背後にあれこれ想像をめぐらし、もとよりそれと右の日記の一節とは別物だが、どうやらこの間には一脈通ずるところがあって、ロストフツェフなる人物の輪郭がおぼろげながら浮かび上がるように思えるがどうだろうか。

ニキチェンコには通報という行為そのものを非難する言葉はない。その意味でロストフツェフのよき理解者ともいえるだろう。では、十二月十四日の蜂起、デカブリストとよばれる貴族革命家たちを彼はどう見たのか。日記には直接その点を伝える記述は二個所しか残されていないが、それで十分である。

二六年三月七日。主なきあとのオボレンスキイの住まいを訪ねて。「なにもかも雑然と荒れ果てていた。わたしは窓際に立ち、もの思いに耽った。太陽が沈んでいき、最後の光線が急速に空を覆っていく雲を通しかすかに漏れていた。わびしい部屋から部屋へ一面に墓場の静寂。漂う腐臭、憂愁の影。ついこの間までこの場所で沸き立っていたあの生活はどうしたのか？　運命に逆らい、積年の恨みを一挙に晴らさんとしたあの大胆不敵な知性の徒はいずこ？　なんという底なしの不幸に落ち込んだことか！　不利な事態の流れを押し戻せぬと分かったあの血に染まった日にひと思いに倒れたほうがよかったのに！」

同六月十七日。先月死亡したさきの后妃の柩があらたに安置されたペトロ・パウロ要塞を訪ねて。「要塞を出る時、監獄の格子窓をちらと見た。あそこに同じ墓！　哀れな受難者たち！　ああ、人並みにあなたがたもおのれに満足することで満足をえられるなら。おのれへの満足は地獄にまでやってきて地獄そのものを和らげてくれるはず。わが心相手の収支の決算は、勿論、あなたがたに完全な満足をもたらそう、しかし、理性相手の決算の結果は、多分、不満と疑問の苦い澱を残すだろう。義人ももし行動しようとするなら、賢明たらざるべからず、賢明ならざる義人は無力な子供なるがゆえ……」

注釈は無用だろう。デカブリストの反乱と挫折は二二歳のニキチェンコへのよき政治教育であった。

七月十二日、特別法廷は南北双方の被告一二二人に判決をいい渡した。翌十三日、ルィレーエフをふくむ五人の絞首刑が要塞の外側の堡塁で執行された。五人は並んで吊されたが、両端のペステリとカホフスキイ以外の縄が切れて下の穴へ落ちたので、そこから這い上がり、もう一度やり直しをさせられた。あれこれ不手際続きで、処刑を終えたときは予定の午前三時を二時間近くも過ぎ、すっかり明るかった。

七月二二日早朝、オボレンスキイは灰色の囚人服に身を包み、足の鎖を引きずりながらヤクボーヴィチら三人と四台の荷馬車に分乗、一路シベリアへ向けて出発した。

この年、ペテルブルグ大学生ニキチェンコは既述の通り年明け早々オボレンスキイ宅を引き払う。あたらしく移った先もオボレンスキイ公爵の遠縁の一家で、そこの家庭教師を務めることになり、とりあえず住と食は確保したものの、衣のほうはほとんど着の身着のまま、わずかな蔵書を売ってペンやインクをもとめるありさま。幸い、年末、新任のペテルブルグ学区視学官の事務局に「書記」のようなかたちで雇われ、わずかに愁眉を開いた。

第V部　ニコライ・カラムジン
――危機の十年

フリー・メーソン時代
『ロシア人旅行者の手紙』
フランス革命の衝撃
『メロドールとフィラレート』
啓蒙・進歩主義
自然法思想の刻印
保守的メンタリティー
革命批判から政治的保守主義の形成へ
懐疑主義、複眼主義
自然回帰と文明志向
ルソーへの共感とルソー離れ
ペシミズム
滅びの意識
死のイメージ
幸福論

第1章

ニコライ・ミハイロヴィチ・カラムジン（一七六六―一八二六）は詩人、小説家、歴史家として、このいずれの分野でもすぐれた仕事を残したが、同時にロシア保守主義の最良の部分を代表する知識人の一人といえる。第Ⅴ部、第Ⅵ部はそういう彼の思想および時代とのかかわりの解明を目的とする。本書が対象とする時代はアレクサンドル一世の治世、十九世紀の第一四半期だが、カラムジンに関しては、この前の世紀から、いわば前史からはじめることにしたい。それによって彼の保守主義の心理と論理をより見易くすることができると考える。そうするためにも、彼の精神の歩みをできるだけ広い視野で捉えてゆくつもりである。

カラムジンの思想遍歴にも大小の曲がり角があった。最初のそれはマソン（フリーメーソン）との決別である。

モスクワの薔薇十字団《ローゼン・クロイツ》、いわゆるマルチニストのことは第Ⅰ部で触れておいたが、一七八四年、その一人И・П・トゥルゲーネフがシムビルスク市（現ウリヤノフスク市）に支部「黄金の冠」をひらき、そのころプレオブラジェンスキイ連隊を辞して帰郷していたカラムジンがこれにくわわった。名簿によれば、会員は十七人、「徒弟」五人の上の「仲間」六人の中に彼の名が見える。この支部の実際の活動について確実なことはわからない。カラムジンがどれほど熱心な会員であったかも不明である、彼自身いうには、このとき社交界の蕩児から心機一転、落ち着いた読書の生活に立ち返ったそうだが。ともあれ、カラムジンの才能を見込んだのであろう、トゥルゲーネフは翌年早々彼をモスクワへ連れてゆき、この時からマルチニストとのかかわりは本格化する。団所有の建物には数人のマソンが住んでいて、カラムジンもその中の一人とその一室で起居を共にする。そこを訪れた友人の回想によれば、それは「古い石造りの家」で、カラムジンたちの「質素な住まい」は三つに仕切られ、そのひとつには、緑の羅紗を張ったテーブルに前年昇天した指導者シュヴァルツの胸像が立ち、「べつな仕切りは黒いクレープでおおった十字架上のイエスによって清められていた。[1]」

カラムジンのマソン時代は、一七八九年、ヨーロッパ旅行へ出発するまでと考えていい。ただ、このことは旅行を境にマソンとの人的、あるいは思想的は関係が完全に途絶えたことを意味しない。人的なつながりでいうなら、たしかに有力なマソンのほとんどは彼に背を向けたけれども、一七九一年に彼が創刊する雑誌の寄稿者の中にはなお数人のマソンをかぞえる。思想的なつながりについては、従来少なからぬ議論があり、見方は分かれる。しかし、この点でもモスクワのマソンはカラムジンのうちに消し難い刻印を残したというべきだろう。たとえば、当時カラムジンはスイスの宗教家、観相学者J・ラーファーターにむかい、彼にとって焦眉の課題は「人間とはなにか」「わたしとはなにか」を「知る」ことにあるといい、その重要な鍵として「魂と肉体の結びつきやいかに」と教えを乞うているが、[2]マソンとの交わりによって触発されたこの関心はその後もつづく。この時代はまた彼の文学の修業時代でもあって、翻訳ではシェイクスピアの『ジュリアス・シーザー』やレッシングの『エミリア・ガロッティ』を世に送る一方、創作のほうではいくつかの作品に彼特有のペシミズムがすでに色濃く漂い、自然への回帰、感情生活、内省の世界への沈潜とともに、天上は知らず、地上では幸福は不可能であること、運命とか死とかいった主題が早くも姿を現す。そうしたテーマの出自は無論一定ではないはずだが、それがヨーロッパのセンチメンタリズムないしプレロマンチシズムの文学に負うところ大であることは明らかで、こうした影響の点でもカラムジンはマソンと経験を共有する。そして、これらの主題はほとんどそのまま九十年代以降のカラムジンの精神生活の基調を決定している。

カラムジンとマソンの亀裂はいつから生じたのか。後年カラムジンはこう述べたという。わたしは彼らが珍重する「神秘性」に共感できず、彼らの儀式は「いつでも愚劣に思われた。」「外国へ旅立つまえ」、わたしは「信念に従い今後彼らの集りに参加せず、彼らと別れなければならない」旨を告げ、彼らは「遺憾としながらも引きとめたりせず、(中略)わたしたちは円満に袂を分かった。」このはなしを伝えているのはH・И・グレーチだが、もしカラムジンがこの通り語ったとしたら、彼は少なからず事実に反したことになる。というのも、われわれはこの点に関する情報を当時彼の身近にいたA・И・プレシチェーエヴァの手紙に見出すことができるからで、それによると、両者の関係はこの時点までにすっかり冷え切り、険悪にさえなっていたという。では、それを招いた原因はなにか。このあとの経過から考えて、マルチニストのオカルティズムにカラムジンが抱いたという不信は本当だろう。「訣別」宣言については他に確かめる手段がないけれども、いずれにせよ、そうした彼の違和感が彼らとの間に目に見えぬ溝をつくっていたことは想像できなくはない。もっとも、プレシチェーエヴァの手紙にはそれを示唆する個所は見当たらないが。

そこから知りえるのは事態のおおまかな輪郭だけで、彼女が「悪人」「タルチュフ」とよぶ人物によってカラムジンが苦境に立たされたこと、そのため、もともと彼の旅行に反対だった彼女と彼女の夫がそれを彼に「泣いて頼んだ」こと、彼の「いわゆる友人たちは彼から旅行のはなしを聞くや露骨に彼を憎んだ」こと、などである。彼女の言葉はいささか感情に走り過ぎるきらいもあるが、それを割り引いた上で、大筋で信ずるに足るのではないか。とくに最後の点では、そうした「友人」の一人、И・В・ロプヒーンみずから、彼らがこの「無意味で損な旅行を思いとどまらせようとした」事実を明らかにし、それが祝福されざる旅であったことを裏付けている。あるいは、彼らの目にカラムジンの企てが浅薄なディレッタンティズムに映ったのかもしれない[3]。

一七八九年五月から一年二か月に及ぶヨーロッパの旅は、カラムジンにとって、内面的にも外面的にも自立への旅になった。たとえば、さきのプレシチェーエヴァは旅先からとどいた「彼にまったく似つかわしくない」手紙を引いて、共通の友人に自分の「不安」をこう洩らす。「『わたしはいつまでもあなたを愛します、もしわたしの魂が不滅なら』。なんということでしょう、もし彼がこれを疑っているとしたら！　この『もし』にわたしは気が狂いそうです！」このカラムジンのいい方には彼特有のアイロニー、あるいは揶揄の調子が感じられなくないけれども、逆にそれは背後の真実をいっそう浮き立たせる。ケーニヒスベルクでのカント訪問はカラムジンに強い印象を残したが、『ロシア人旅行者の手紙』のなかで彼が書き留めている哲学者の次の言葉はいまの手紙の箇所に対応するといえよう。「わたしたちが来世に関していう確かさとは保障ではありません。」これに、同じ『手紙』の一節、「われわれの不死」が「確かさ」の域に留まることにあきたらぬという大学生に語られるカラムジンの言葉をくわえれば、彼の依って立つ位置は明らかである、すなわち、「その保証はわが心の感ずるところにもとめねばなりません[4]」。とはいえ、筆者はこのときカラムジンに木に竹を接いだような変化が生じたと主張するつもりはないので、いわゆる「心」は多分従来も彼が信仰をあたためていた場所に違いない。つまり、ここで注目すべきは、たとえ冗談にせよ、「魂の不死」に「もし」を冠して憚らないのびやかさ、ある種の自由であって、こう見てくれば、彼をマソンから隔てたのは、オカルティズムの否定であり、ヨーロッパ旅行に示されるような、内にとどまらず外の世界へ開かれた視野であり、ごくおおまかに懐疑主義という名で括られるような精神の姿勢であり、さらにくわえれば、みずから作家として、ジャーナリストとして羽ばたこうとする旺盛な野心ではなかったろうか。

一七九一年一月からカラムジンは雑誌『モスクワ・ジャーナル』を発行、名実ともに独立へスタートをきった。これに先駆けて新聞にのせた広告には、新雑誌の方針として「神学的、神秘主義的」作品の排除が明記されていた。かつての後見人のマルチニストのほうは、ごく一部を除いて、カラムジンの若々しい自負に苛立ち、『手紙』についても「外面的なことがらを外面的に描くのみ」と決めつけたが、そういう彼らはカラムジンにたいしてもはや無力だった。

第2章

『ロシア人旅行者の手紙』によると、たまたまめぐりあった大学生と右に引いた「不死」をめぐる議論をかわした翌日の午後四時、カラムジンはライプチヒへ着く。その途上、彼がのんびり馬車にゆられていたころ、パリではバスティーユ監獄に民衆が押し掛け、おびただしい血が流れていた。「パリの新しい出来事」の知らせは半月後、フランクフルト・アム・マインで彼を待ち受けるはずである。こうして彼の思想遍歴の第二の、おそらく最大の難所たるフランス革命との対決がはじまる。

カラムジンとフランス革命とのかかわりを取り上げる場合、事態がついに王政の崩壊へ進む九二年後半を境にふたつの時期に大別するのが普通で、筆者もこれに従う。このはじめの時期には、彼の反応を探る手掛かりに乏しく、見通しはきわめて悪い。まずヨーロッパ旅行の記録『手紙』だが、これは訪れる先々から祖国の友人へ書き送るという形式で帰国後に着手、九一、九二両年『モスクワ・ジャーナル』に連載されたものの、同誌の廃刊により「一九九〇年三月二七日」(グレゴリウス暦。以下、ヨーロッパに関する個所同じ)パリ到着の時点で中断、いわば入口で終わっている。たしかに、この間、ドイツやスイスの訪れる先々で革命が話題になったこと、ストラスブールやリヨンで「酔った兵士」や、「おそるべき暴君」になり果てたという民衆の暴動を目撃した事実は報告されていて、とくにあとの場合には不快の色は紛れもないけれども、しかし、このわずかな断片では如何ともし難い。同じ時期に書かれた詩や小説、評論も格別助けにならぬ。こうした空白を埋めるために、ソビエト期の研究者たちは、カラムジンが雑誌の読者に与えようとしたフランスの出版や演劇の情報に注意をうながす。つまり、そこで彼が革命を鼓吹する新刊書二点を挙げて「昨年〔一七九一年〕のフランスのもっとも重要な著作」とよんだり、教会や貴族の権力を俎上にのせたオペラや劇を紹介し、観客の喝采に触れたりしたことのなかに、革命にたいする彼の「共感」[1]、「じっと形勢を見守る、多少とも好意的な」[2]態度などが読み取れるというのである。ただし、同じ事実をカナダの研究者は別な角度から眺めていて、それらは、カラムジンが「フランスの諸事件がはらむ秩序の混乱をあきらかに危惧しながら、しかし憂慮の余り革命を非難するにはまだ至らなかった」モラトリアム段階の所産だという。[3]あるいは、程度の差こそあれ、カラムジンと革命の関係を一貫して対立と捉える見方も従来から珍しくなく、例えば、あるイギリスの研究者は九一年の彼の訳詩『パレモンとダフニス』から「現状に満足し、フランス人の轍を踏むなかれ、災いの避け難ければ」なるカラムジンのメッセージを抽出した。もっとも、これらのいずれとも違い、この時点で「カラムジンは革命とそれに伴う一切のことに無関心だった」といい切るR・パイプスのような見方もあるが。[4]

筆者はさしあたり以上のどの解釈も肯定も否定もしない。どちらの側に立つにせよ、確実な証拠に欠けるのがその理由だが、ただ次の一事は指摘しておく必要があろう。一七九七年、カラムジンは求めに応じてハンブルクの亡命フランス人の雑誌に一文を寄せた。彼が付した表題は『ロシア文学について』であるが、内容は主に『ロシア人旅行者の手紙』の要約で、これには本国で未発表のフランス滞在の部分も含まれていて、そこに本文からの引用という以下の一節がある。「フランス革命は以後幾世紀にもわたって人々の運命を決する事件のひとつである。(中略)わたしには賛成、反対を叫ぶ声が聞こえてくる。だが、わたしはそれにならうつもりはない。打ち明けていえば、この点でわたしの考えはまだ十分に熟していない。(中略)人々はさらに多くの驚くべき出来事を目撃するだろう。極度の人心不安がその前兆である。[5]」

文字通り受け取れば、これが一七九〇年、革命の現場に立ち会った時点でのカラムジンの見方――正確には、見方の留保である。ただし、信憑性については、保障の限りでない。

ここで、当面の問題の直接の答えにはならないものの、重要さに掛けては劣らないと思われる事実をひとつ補っておきたい。それはカラムジンのスイス紀行にある。『手紙』は、一七八九年八月にはじめてこの国を訪れた時の感動をこう記している。「こうしてわたしはすでにスイスにいる、絵のように美しい自然の国、自由と幸福の地に!」スイスは恵まれた風光と素朴な気風によって早くから彼の憧れをかきたてていた。その際ジャン・ジャック・ルソーの役割は欠かせない。たとえば、『新エロイーズ』といえば、カラムジンの感性を潤したもっとも瑞々しい泉のひとつで、この点でルソーは彼にとって「十八世紀最大の作家」になるけれども、そのルソーの故郷であり、この作品の舞台でもあることがカラムジンのこの国にたいする特別な愛着にひと役買っていたことはたしかである。だが、それにもまして彼の夢を培ったのは、S・ゲッスナーたちの牧歌の世界だったようで、実際にも彼はアルプスの牧人を目の当たりにして、人類の失われた無垢の楽園に思いを馳せている。従って、彼がスイスを指して「自由と幸福の地」とよぶ場合、それはまず自然と一体になった素朴な牧人の生活を意味することを念頭に置かなければならない。だが、他方、彼の耳目がそうしたいわば文学的なスイスばかりでなく、社会のありようにも向けられ、この国の共和制に人々の「兄弟的結合」を思ったり、「賢明なチューリヒの立法者が奢侈は自由と平等とよき風俗の墓場と知って、共和国への侵入を阻止した」ことに共感を寄せたりしたことも忘れてはならない。特に次の一節。「スイスの農民に幸せと呼びうる暮しを可能にしている最大の原因は、彼らがほとんど税なるものを収めず、完全な自由と独立のもとで生活し、収穫のわずか十分の一を政府に差し出すにとどまることにある。」政治の実状についていえば、バーゼルの市民参加制度のほか、いくつかの州に関して言及がある。[6] たしかに、これらは断片的な印象の域を出ず、積極的な関心事には至らないけれども、この時期のカラムジンのこうした一面はともすれば見過ごされがちなだけに、のちのちのために記憶に留めておきたい。

一七九二年八月、パリの民衆の王宮襲撃と事実上の王政廃止をもってフランス革命は新段階を迎えた。ルイ十六世の処刑から列強との戦争、山岳派の独裁、マリー・アントワネットの処刑、恐怖政治、テルミドールの反動、白色テロルへ進むこの時期、ヨーロッパの緊張は一挙に高まる。「わたしは田舎で親切な人々と本と自然に囲まれて暮らしている、だが、しばしばひどくひどく心が揺れ動く。いいかい、ヨーロッパの恐ろしい出来事がわたしの胸をすっかりかき乱すのだ。わたしは森の深い闇に逃げ込む、が、破壊される町々や死んでいく人々がどこでも念頭を去らず、心を締めつける。わたしをドン・キホーテとよびたまえ、だが、この名高い騎士がドゥルシネーアを愛したよりもっと激しくわたしは人類を愛しているのだ！」一七九三年八月十七日付、И・И・ドミートリエフ宛の手紙である。これより先、二月十七日といえばルイ十六世処刑の衝撃がまだ生々しかったころだが、その日の手紙にも革命の成り行きにたいするカラムジンの悲嘆の影らしきものがうかがえる。[7] 当時の彼の肉声を伝える私信で革命に触れているのはこれだけだが、しかし、同じく革命への対応をいうにしても、この段階ではさきに見たような厄介な曖昧さは免れている。それは、彼がメロドールとフィラレートという二人の架空の分身に託しておおやけに自己を語っているからで、両人の往復書簡のかたちをとった作品の執筆時期は、生前の著作集にも「一七九四年」と付記してあるだけで正確には分からないけれども、どうやらこの年の前半に書き上げられたらしい。[8]

作品を構成する主題はふたつ、それぞれの名前の通りメロドールは第一の絶望をひたすら「歌い」、その傷口に「真理」の香油を塗るフィラレートが第二の希望を体現する。メロドールのいわく、「啓蒙の世紀よ！　われ汝を見出せず、——血と炎のなかに汝を見出せず——殺戮と破壊の巷に汝を見出せず！」彼によると、かつて十八世紀は、「哲学の光に照らされ、風俗はなごみ」、「公共の精神みなぎり」、諸国民の絆固く、政治また「温和」な時代として二人の惜しみない賛美を受け、彼らはこの世紀の終りをもって「理性」の王国の始まりとしていたという。ここでいう「啓蒙」にせよ「哲学」にせよ、中身が判然としないし、いうところの時代認識にしてもかなり疑問符がつきそうだが、それらはいまは脇に置く。要するに、メロドールの嘆きは、この虹色の夢が「ヨーロッパを廃墟と化す」戦乱で無残に引き裂かれた呻きであって、こうして、「汝らが哲学よ、滅びよ！」という「蒙昧主義者」の呪詛の声を耳にし、やがて硝煙の鎮まるのちにおとずれる学問の衰微、人心の荒廃をも見通しつつ、メロドールは問う、人類の歩みとは、シシュフォスの罰にも似て、文明の頂上と野蛮の谷底を攀じ登り滑り落ちる繰り返しにあらずや。先史以来の歴史とは、文明なるものの興りては滅ぶ連鎖にあらずや。「ひとつ円のなかの永久運動、永遠の反復、（中略）真理と謬見、美徳と悪徳の果てしない交錯、ひとしずくの喜びの涙、悲しみの涙の海……」さらば、一切は無意味、すべては徒労なるか。

さにあらず、メロドールよ、——フィラレートはこたえる。彼も胸中苦い幻滅を味わっているが、なお踏みとどまる。彼を支えるのは、いわゆる摂理への「信頼」である。彼はいう。天体の運行、四季の変化を引くまでもまく「自然界」における「神の手」は疑いをいれない。いわんや、御心に「より近い」「精神界」においておや。けだし、人にとっての「混乱」は天使にとって「調和」、「破壊」は「新しい十全なる生」かも知れず。「全知者にその見えざる行路を問うまい」、ひたすら信ずべし。さきにカラムジンの懐疑主義的な姿勢に触れておいたが、実際、フィラレートが説くところは一種の不可知論で、次に引く言葉は今後われわれが幾度となく思い出さなければならないはずである。「災いなる哉、すべてを解かんとする哲学！ それは暗中模索の迷路に行き暮れ、われわれを絶望に突き落とす、われわれの心が本来善良であればあるほどに。」

摂理史観とは、この場合、進歩史観と読み替えてよい。それは、フィラレートにあって、神が人間の運命に無関心でありえぬ以上、人間に播かれた「善の種子」は、神の庇護のもとでやがて開花し、「理性は奇怪な企てを棄てて、平和な生活の幸福を追求しはじめるだろう」という「期待」の表明となる。そして、その進歩の原動力が「啓蒙」にほかならない。フィラレートの、つまりカラムジンの「啓蒙」の内実についてはこのあとに触れよう。

フィラレートの手紙の最後は、メロドールの循環説を「空中楼閣」として退け、人類の歩みを「階段」を上るさまに比し、自己の信念を対置する。「友よ！ われらは世界を善と悪、真理と謬見の一大血戦と見なければならぬ。忍耐と希望だ！ 正しからざるもの、誤れるものはすべて滅ぶ、早晩滅ぶ。真理のみが時をおそれぬ。真理のみが常にあるのだ！」

メロドールの絶望もフィラレートの希望もともにカラムジンのものだった。それを裏書きするのが当時の彼の作品で、そのひとつである詩『ドミートリイへ』は彼の心境の赤裸な告白といっていいが、メロドールの手紙はこの詩が散文に姿を変えたにひとしい。一方のフィラレートについては、ほぼ一年まえに書かれた論文『学問、芸術、啓蒙に関する小論』を挙げておこう。これはカラムジンの啓蒙思想家たる面目がもっとも鮮明な論文で、表題が示す通り、ルソーの『学問、芸術論』への反論として書かれている。勿論、ルソーにたいする彼の敬愛に変わりはないのだが、『学問、芸術論』については、「矛盾と詭弁に満ちた論理的カオス」とよばざるをえないという。つまり、学問、芸術の発達は人間本来の美徳を失わせ、社会の風俗を虚飾でみたして腐敗させるとルソーは断罪し、カラムジンは学問と芸術の根源に立ち返り、前者を自然と人間の認識、後者を自然の模倣と定義し、両者とも人間に固有な欲求と認めたうえで、次のように擁護する。「芸術と学問はわれわれに荘厳な自然の美を示して魂を高め、それをより感じやすく柔らげ、（中略）秩序への愛、調和、善への愛、従って、社会生活の美しい絆をそこなう無秩序、反目、悪徳への憎しみを心中に呼び覚ます。」この二人の対立の源をさぐれば、両人がともに足場とする人間の「自然」という観念へいきつくが、この点はあとまわしにして、カラムジンによれば、こうして「学問の光、真理の光がくまなく地上を照らし、黒々とした無知の洞窟に射し込むとき、おそらく、それまで人類を汚していた道徳的妖怪はすべて姿を消す（中略）。おそらく、詩人のいう黄金時代、美風良俗の時代が到来するだろう。」

『学問、芸術論』の出版は一七五〇年である。それが巻き起こしたセンセーションも有名すぎるくらいだが、それにしても四十年も経ったいまそれに反論するといういささか季節外れの挙に出るについては、それ相応の理由があったに相違ない。彼自身の言によれば、執筆の動機は、「無知蒙昧の徒」が「高名なジュネーヴ市民の盾にかくれて啓蒙を誇り」、それが「灰燼に帰しかねない」状況にある。実際、ロシアについてみても、共和制宣言、国王処刑を機に朝野を問わず湧きあがった反革命、反フランスの大合唱がそうした危惧を抱かせても不思議ではない。しかし、これが理由の全部でなかろう。

この『小論』で注目されるのはカラムジンの啓蒙観である。ほかでもない、右に掲げた「学問と芸術は」云々の一節がそれを示す。同じ論文から引用をもうひとつ。「学問のなかの学問、すべての学問とすべての芸術のアルファにしてオメガたる倫理とはなにか。（中略）人に社会秩序の必要と効用を教えるはこれにあらずや。彼の意志を法に一致せしめ、束縛のただなかで彼を自由たらしめるはこれにあらずや。」[9] 外面的「秩序」と内面的「自由」がいわば対概念をなしていることに、とくに留意しておこう。

ごくおおまかながら、これが彼のいう啓蒙の内実であり、目指すところである。そして、これに照らせば、革命とその後の展開への道を用意したフランスの啓蒙思想もまた重大な誤りであることは明らかだろう。つまり、このときカラムジンは、あるべき啓蒙の守り手として、左右の敵をにらんだ両面作戦を演じたことになる。

メロドールとフィラレート、等しく革命を批判しながら、実にこの二人に象徴される光と闇の交錯こそこのときカラムジンの胸中でくりひろげられた劇であって、当時を指して彼の精神的危機の時期とよぶいい方には十分理由がある。彼の動揺はなによりも革命がいまや流血の修羅場に化したことによる。もともと彼には、天にいます「ひとりの父」をいただく「兄弟」同士が争う戦争を忌む気持ちが強い。九一年の露土戦結結を祝う詩『平和の歌』では四海同胞の理想をたからかにうたいあげている。そういう彼にとり、文明の聖地ヨーロッパの戦火は二重の痛恨事であったに違いない。「一七九三年五月一日」の日付のある詩『春に感ず』はその苦衷のあらわれだが、末尾の「聖なる慈しみよ、御身哀れなる人間の蒙をひらくは何時、何時なるや、猛々しき心に愛と喜びをよみがえらすは何時、何時なるや」という悲痛な叫びは交戦国すべてに向けられていると解していいのではないか。

しかし、最大の衝撃は、おそらく、フランスの王制が崩壊し、国王さらに王妃も断頭台におくられたことにあった。この出来事についてカラムジンは直接にはなにも語らなかったが、間接ながらきわめて雄弁に意思表示をしたとみられる文章がある。それは、一七九五年、メロドールとフィラレートの往復書簡と同時に発表された『ロシア人旅行者の手紙』の一章「パリ。一七九〇年四月二九日」にふくまれている。パリ滞在のある日、カラムジンは宮廷の礼拝堂で祈るルイ十六世とマリー・アントワネットを目撃した。問題の一文はこのときの印象をまず記す。「この世には生来善を愛さずにいられない、善をおこなわずにいられない幸せな性格がある。そういうお方だ、この国王は！　彼は不幸に見舞われるかもしれぬ、轟々たる嵐のなかで滅びるかもしれぬ——だが、公正な歴史はルイ十六世を仁君の一人にかぞえるであろうし、人類の友は彼をしのんで心から涙を流すだろう。——王妃はうちつづく運命の打撃にもかかわらず、美しく、威厳にみちている（中略）。容姿、眼差し、微笑み——すべてが非凡な魂をあらわしている。その心は苦悩せざるをえぬ、だが（中略）その明眸に一点の翳りなし。」さらにカラムジンはチュイルリー庭園で太子を見かける。爽やかな大気のなかで無邪気に跳ね回る幼児と、四方から帽子を脱いで走り寄り、「うれしげに」眺め入る人々とのなごやかな光景の描写をカラムジンはこう結ぶ。「民衆は依然王家を愛している！」[10]

はたして事実がこの通りだったのかどうか、筆者には確かめようがない。この文章の執筆の時期も不明である。いずれにせよ、一七九五年にこれが読者にどう受け取られるか、カラムジンが知らないはずがない。

血で血を洗う権力闘争も、この間しばしば主役を演じた民衆の荒々しい力も、カラムジンを震撼させたに相違ない。九〇年代後半にはそうしたサン・キュロットや農民の勢力を排除したブルジョアジーが覇権を握り、総裁政府を発足させるものの、政情は依然安定せず、それは、一七九九年、再度の対仏包囲網の圧力のもと、ナポレオン・ボナパルトのクーデターでようやく終止符をうつ。この革命の第三期、つまりその最終段階ではカラムジンも冷静を取り戻したようである。遠くヨーロッパの砲声を聞きながら、九六年の詩『うぐいす』で平和の到来を待ちのぞむ一方、同年十月の手紙はいう。「人類の歴史は世紀から世紀へますます興味深くなっていきます。ある人はそこに新しいことはなにもないといい、またある人はそこではすべてが新しく、いかなる繰り返しもないといいます。どちらにしても、また現在の戦争の帰趨がどうなろうとも、こう断言できます、ヨーロッパの政治体制に重大な変化が起ころうとしている、と。」[11]「人類の歴史」をめぐるふたつの見方はさきの対立の再現だが、ともあれ、カラムジンの「変化」の予感が——おそらく、彼自身が予想しないかたちで——見事に的中することは周知の通りである。このほか、カラムジンは革命についてとくに記していない。まえにも触れたように、一七九七年の論文『ロシア文学について』には革命に言及した一節があるけれども、書き手のいる時と場所は、一七九〇年、パリという設定になっているので、そのままここへくわえるのは適当でない。

以上が、一七九〇年代におけるカラムジンのフランス革命への対応である。この十年、彼は革命の推移を追いながら、その意味するところに思いを凝らしていたので、これまでに引いたいくつかの例はまさしくその露頭部分にほかならないが、そうした点々とした思索の跡は、このあと書かれる『手紙』の続編や論文その他へ引き継がれ、そこで点は線に成長する。だが、そこへ移るまえに九〇年代のカラムジンについて、視点を変えてもう少し述べなければならない。

第3章

あらゆる徴候からから推して、ロシアの政治、社会の基本的枠組みにカラムジンがなんらかの変更を望んでいたと考えることはできない。最大の支柱たる専制君主制しかり。ただ、カラムジンにしても、歴代皇帝の統治をすべて是認していたわけでなく、その権力に一定の節度をもとめていたことを忘れてはならない。

既述の通り、一七九二年四月、モスクワのマソンの活動はエカテリーナ二世の手で窒息させられ、ノヴィコフは逮捕、首都へ護送のうえシュリッセリブルグ要塞監獄につながれた。このときカラムジンは『モスクワ・ジャーナル』誌にかつての師のために女帝に訴える詩『慈しみに寄す』を書く。おそらく、こうした行為自体少なからず勇気を要したに違いないが、それはさておき、詩は君主の「慈しみ」を讃え、国民これに応えるに「愛」をもってするとし、エカテリーナに向いさらに続けて、「市民やすらかに不安なく眠りにつき／御身の民それぞれ意のままに生を用いることを得／（中略）／御身万民に自由を与えて知の光を曇らすことなき限り」、その名はいよいよ高く、国家は安泰という。[1] この詩、とりわけいま掲げた数行は、カラムジンの人権思想とでもよぶものの表現として読まれるべきであろう。

ついでに仮定のはなしをひとつ。実は、『慈しみに寄す』には雑誌に掲載されたテキスト以前に別なテキストがあったらしい。もっとも、このあとのほうは現存していないので、両者の異同をたしかめるすべは失われている。ところで、カラムジンは一八〇三年に著作集にこの詩を載せるにあたり、雑誌のテキストに数箇所筆を入れた。雑誌では、いまの引用のすぐまえに、「御身が母たる権利のみを行使する限り」とあるが、著作集では、「御身が人の生れながらの権利を忘れぬ限り」に変わっている。[2] もしもこれが後日の改変でなく、当初のテキストの復元だとしたらどうだろう。時はすでにアレクサンドル一世が即位、政情は一変している。かつてやむなく篋底にかくれた一句がいまようやく陽の目を見るに至ったと考えられないか。もしこの仮定の通りなら、一七九二年の時点で、カラムジンにおける人権観念、自然権思想の刻印がいっそう確実になるわけだが。

さらに見逃せない事実がある。それは九六年の詩『天分』の一節とその注で、まず作者は人類の未開時代からの脱皮をこううたう。「森の中に果樹園がひらけ／竪琴がひびいて町々が建ち／知恵が法を告げた／『共に住み、共に楽しみ／善を愛し、悪を厭うべし。』／経験が玉座についた／民の幸せをはかり／地上の友にしてかつ守護神となるべく。／そして人々は黄金の自由の一部を／秩序の犠牲に捧げた。」これにカラムジンは「社会、法、王権の始まり」と注をつける。[3] ここから分かることは、国家といい、国王の権力といい、その起源を彼が天上でなく地上にもとめ、曖昧な神秘の霞から解放されていること、さらに重要なことに、これは最後の二行から明らかだが、それらが「人々」の「自由」の「一部」譲渡という貴重な代価と引き替えに成立したと認識していることである。いわゆる社会契約説がなにがしか反映していると見ていいのではないか。

こうして散在する点を拾ってみれば、程度はさておき、カラムジンが近代啓蒙思想、自然法思想の影響から無縁でなかったと結論づけて誤りではあるまい。しかしながら、それがロシア社会の変革に向かうことはない。

一七九六年、モスクワ市民の新帝パーヴェル一世にたいする宣誓の式典の際に書かれた『頌詩』に、カラムジンが抱く君主の理想像がはっきり刻まれている。それは、要するに、開明的専制君主ということで、「学問、芸術の庇護者たること」はもとより、カラムジンにあって君主と人民はつねに父（または、母）と子の関係に擬せられているが、この「父」は「正義」の秤をささげもつ厳父と「万民の幸福をのぞむ」慈父のふたつの顔を合せ持つ。

農奴制について、あからさまな批判はもとより、それを匂わす言葉もカラムジンのペンからけっして生まれなかった。一躍文名を挙げた『哀れなリーザ』にしても、たしかに悲劇の一因は貴族と農民という身分の差にあるけれども、カラムジンが格別これに抗議したとはいえない。一体彼の作品に登場する農村や農民はこの制度の重荷を感じさせないのである。それどころか、彼は少なくとも二回、直接または間接に彼らに自分の境遇に「すっかり満足」といわせている。[4] 無論、彼らの「独立」を奪われた身分や「適度」とはいえぬ労働や「暗くて悪臭を放つ住い」は彼も知っていたし、そのなにがしかの改善にはおそらく異論はなかったであろう。だが、農奴制そのものは所与の「秩序」の中にしっかり位置づけされていたというほかなく、そのもとで領主と農奴ののぞましい関係をあらわすのに、さきの君主と人民の「父」と「子」の比喩が同じように用いられていることもつけくわえておく。

繰り返しになるが、ロシアに関して現存体制の維持がカラムジンの態度で、そうした意味では彼を保守の側に分類できよう。ただ、さきのフランス革命への対応とも合わせ、これを政治的な保守主義と名づけるのはためらわれる。イズムとするには、理由づけや意味づけはいまだし、対象の広がりも見えにくい。骨格も輪郭ももうひとつはっきりしないので、これは一定のメンタリティーとよぶほうが相応しかろう。カール・マンハイムは、一般に政治的保守主義は伝統主義に根を持つが、単に伝統に従って身を処するだけのそれと明確に区別されるとし、前者の「意味指向的行為」にたいして後者を「形式的‐反応的行為」とよんだだが、[5] カラムジンの場合も、ロシアの中流地主貴族としての多分に心情的な行為というべきであろう。

ロシアの現実のなかでカラムジンの立つ位置、向き合う姿勢をひとまず見定めたところで、ひとつ補っておきたい。それは、Ю・М・ロトマンがカラムジンの「ユートピア志向」とよぶもので、彼の精神生活の欠かせない一面を成す。「プラトンの共和国」、あるいはプラトンの名に結びつけて語られる「共和国」のビジョンがそれで、カラムジンの理想国家を意味する。これを彼は八十、九十年代を通して温めつづけた。もっとも、具体的な中身となると、なんの手掛かりもない。哲人王の出現か。叡智や徳が支配する国家の夢か。だが、ここはカラムジンのこの一面の指摘にとどめ、もっとあとでもう一度これに触れよう。

第4章

　これまでの記述からうかがえるように、カラムジンは政治を含めて社会の災いの源を人間の「悪」にもとめた。戦争や革命はもとより、彼にあって社会はしばしば「強者」と「弱者」、「富める者」と「貧しい者」、前者の後者にたいする抑圧として表象されるが、それらもまた制度の悪でなく、人間の「悪」の発現と見なされる。「悪」の問題はマソンの思想の原点だが、彼もその洗礼を受けている。ただし、彼にとって「悪」はなによりも「自由な意志」によって克服しうるもの、やがて癒さるべき「迷妄」であって、それが彼の一貫した信念である。それなくしては、いかなる進歩もありえない。

　それにしても、カラムジンはいうところの進歩の実現をどれほど信じていたのだろう。もともと彼は無邪気な楽天家ではない。とはいえ、九十年代のはじめは希望が希望として確実に存在した時期で、これには当人の述懐[1]もさることながら、さきに見た『手紙』や『小論』をあげれば十分だろう。しかし、やがて希望は達せられぬ願望にまで遠のいていく印象をあたえずにおかない。われわれはすでにメロドールの幻滅を知らされているが、同じ頃の詩『ドミートリエフへ』からさらに引けば、「ああ！　世に悪は果てしなく／人は永遠に人ならん。」二年後の九六年、『年経りしソロモンの知恵、あるいは伝道書よりとれる思想』から、「世に新しきこと絶えてなく／いまあることは、かつてあり／とこしえにあらん。／往時も血は川をなして流れ／往時も人は涙にくれ／往時も人は運命と希望と／おのれの弱さと悪徳の犠牲なりき。[2]」

　ここではくわしく立ち入ることはしないが、九十年代にはカラムジン自身にもその周辺にも彼の心を曇らせる出来事が相次ぎ、鬱々として楽しまぬ日々を強いた。おそらく、そうした影響を皆無といえばいいすぎになろう。にもかかわらず、カラムジンの胸中を乱した不協和音はあきらかにフランスの動乱によってもたらされたので、そのことは既述の通りだが、しかし、彼の精神的危機にはもうひとつ、いわば文学者としてそれがくわわってより複雑な相を呈する。いわゆるプレロマンチシズムの不吉な影がそれである。

　ロマンチシズムに通ずる要素は八十年代にすでにカラムジンにみとめられ、九十年代に明瞭に作品に造形される。暴力的な自然、残酷な運命、不気味な死、漠とした憂鬱、抑え難い情熱、絶望、破滅。そのもっとも暗い画面が九四年と九五年のふたつの小説である。

そのひとつ『ボーンホルム島』[3]は兄と妹の近親相姦の物語。島を追われた兄は妹を慕ってうたう。

「法は非道という／わたしの愛を。／だが、心よ、誰が／おまえに抗しえよう。

どのような法が神聖だというのか／おまえの生来の感情にもまして。／どのような権力がまさるというのか／愛と美にくらべるならば。

（中略）

聖なる自然よ！／おまえのやさしい友、おまえの息子は／おまえにたいして罪はない。／おまえがわたしに心をくれたのだ。

おまえの幸せな贈り物が／彼女を飾ったのだ――／自然よ！　おまえがのぞんだのだ／わたしがリラを愛することを！」

妹は島の古城の地下牢に幽閉され、こうして両人を引き裂いた哀れな父は、作者に問いかける。「なにゆえ天は、徳を愛し、天の神聖な法を敬ったこのか弱い白髪の老人に怒りの杯を注いだのか。」

「海はざわめいていた。」島を去る船の甲板で作者のわたしは「悲しいもの思い」にふける。「とうとうわたしは空を見上げた――風がわたしの涙を海中へさらっていった。」

もうひとつの『シエッラ・モレナ』[4]はこの名の山のあるアンダルシアが舞台。恋人を海の事故で失ったエリヴィラにわたしはひそかに愛を抱く。傷心の彼女もやがてわたしの無言の情熱にうごかされる。だが、そこにはかつて彼女が恋人に「あなたのほかには誰も愛さないと誓った」事実が立ちはだかる。しかし、「誰がわが心に打ち勝てよう」。ついにわたしは思いを告白、おそれと苦悩に苛まれながらエリヴィラはこたえる、「愛している！」

結婚式。いままさに司祭がわたしたちを祝福しようとした時、突然一人の男があらわれ、エリヴィラにいう、「裏切り者！」男は彼女への愛を告げ、わが胸を突いて死ぬ。男はじつはかつての恋人で、波間に漂うところをアルジェリア人にたすけられ、一年の奴隷生活のあと飛んで帰り、エリヴィラの結婚を知って、「彼女を罰しようとした……みずからの死で。」

罪におののくエリヴィラは恋人を葬ると、わたしに別れも告げず、修道院にわが身を閉じ込める。絶望の果て、石のような心を抱いたわたしはスペインを去り、ヨーロッパをあとにし、シリア砂漠の古代都市パルミュラの廃墟に至り、ようやく涙を流す。「民族の生死を思いやり、地上のすべての空しさ」を感じ、こう独りごちて不思議に心をなごませる。「われらの生とはなにか。一瞬、そしてすべてが消え失せる！　幸せの微笑みも不幸の涙も一握りの黒い土におおわれるのだ！」

ヨーロッパへ帰り、「かつて愛した人々の悪意」に迎えられたわたしはエリヴィラの死を知り、その墓で最後の涙をぬぐう。「無情な世界！　わたしはおまえを棄てた！人間という名の愚かな生きもの！　わたしはおまえを棄てた！　猛り狂うがいい、つかみ合うがいい、殺し合うがいい！　わたしの心はおまえたちに応えぬ、おまえたちの運命もとどかない。」

いまわたしは故郷の淋しい北国に住み、ひとり嵐に耳をすませながら、「永遠の安らぎ」のおとずれを手を差し伸べて待っている。

あきらかに『ボーンホルム島』はゴシック・ロマンの題材や手法を踏まえている。『シエッラ・モレナ』のほうもスペインの古いバラードを下敷きにしているという。[5]　それにしても、登場人物の悲劇は運命という言葉でいいあらわすほかないように見えながら、そこに込められた主題はまぎれもなくカラムジンのものであって、具体的には男女の愛のかたちをとるけれども、それを越える広がりをもつ。

愛の欲求と道徳の「法」の対立という問題はいまはじめて意識されたわけでなく、九二年の『ナターリヤ、貴族の娘』にも次の一節がある。「一生のあいだに恋に身をやいて、きびしい道徳にすこしも悖ることのなかった人は幸せだ！　幸せというのは、彼の情熱が美徳に反していなかったからで、もしそうでなかったら、美徳はみずからの弱さを認めたことであろう、そしていたずらな後悔の涙が溢れたことであろう。[6]」また、愛の「誓い」のはかなさもカラムジンの作品のもっとも見慣れたモチーフにほかならず、『哀れなリーザ』がまずそれであり、同じ九二年の『ライサ』、執筆の時期は不明だが、『手紙』の中の一挿話『アリーナ』もその例に漏れない。九六年にスタール夫人の初期の作品から訳した『メリーナ』もこの線上にある。それぞれ状況は異なるが、いずれも相手に背かれたヒロインが自殺して果てる点でも共通している。しかし、大切なことは、そうした背信を責める一方で、愛の「誓い」そのものが時間と共にこうむる風化を避けがたい宿命としてカラムジンが見据えていることであり、例えば『アリーナ』では、「愛の誓い」についてアイロニカルに、「だが、束の間の人生に何ぞ永遠なる。／誓いとはなにか――まぎれもない嘘！／心とはなにか――移り気な暴君！／欲するところは気ままにて／幸せにさえ満ち足りぬ。[7]」

このように『ボーンホルム島』にせよ『シエッラ・モレナ』にせよ、扱われている主題に関してはかならずしも突出しているわけではない。しかし、一方であえて性の禁忌に手を掛け、他方でヒロインの「裏切り」を最大限許容しうる状況を付与することで、それらは愛とモラル、「自然」と「法」の対立をもっとも純粋に、従ってもっとも先鋭なかたちに結晶させ、解き難いアポリアとして提示したといえる。アポリアとよぶのは、対立の両項に価値をみとめ、「自然」をとり「法」を棄てることができないゆえの行き詰まりだからで、そのことはカラムジンがロマンチシズムの数歩前で立ち止まっていることにほかならないが、それにしても、世界の存在の不調和、不条理という認識がこのとき彼を脅かしていたことをこの二作品は確実につたえている。もしこれを危機というなら、他の事情は度外視するにしても、当時カラムジンはフランス革命によって生じたそれと合わせて、二重の危機を経験したことになる。

カラムジンの危機は、おおよそ一七九五年を峠と考えてよさそうである。さきに述べたメロドールとフィラレートの往復書簡が現れた年だが、そう考える理由のひとつがこのあと書かれた小説『ユーリヤ』である。場面は再び男女の三角関係ながら、ここには『ボーンホルム島』のように異国に追われることも、地下牢に幽閉されることもなく、『シエッラ・モレナ』のように短剣が閃くこともなく、道徳の勝利、ハッピー・エンドの物語。このセンチメンタリズムの理想を取り戻した観の小説にカラムジンの苦いアイロニーを読み取る向きもあるが、それは彼ののぞむところではなかろう。九六年には、人々のあいだに美と善の福音をもたらす詩人へ捧げる賛歌『天分』を生む。とはいえ、すでに彼には好むと好まざるとにかかわらず、以前の理想を相対化する視点を持たされていることも忘れてはならない。つまり、カラムジンが味わった内と外からの危機は消滅したのではなく、そこで出会った問題は解消したわけでなく、それは彼のうちに深く淀んだのであって、そのわだかまりの一端はこの章のはじめに掲げたふたつの詩にもうかがえよう。

第5章

もし人の感情生活を長調、短調といった分け方ができるとすると、カラムジンの場合はおおむね後者に属することになろうが、なかでも見過ごせないのは、彼がしばしば襲われた「憂鬱の発作」である。これは、文字通り灰色の気分で、「なんら思い当る理由もなく」、「世の中」が「暗く、いとわしく思われ」、「心はすっかり縮んで冷たくなる」という。ここには、どうやら疎外感、閉塞感といった言葉を重ねても捉えきれない部分があるようで、いわば感情生活のエア・ポケットのようなものだが、その「発作」の容易ならざることは、「むごい」とよばれていることからも推し量れる。そこで、ヨーロッパ旅行で見聞したという次のふたつの出来事の報告が重い意味を持つ。

　一方の主人公は、在ジュネーブ、フランス大使館付の神父。学識もあり、陽気で婦人たちの人気者の彼が「突然」ふさぎこみ、周囲の案ずる声にもこたえない。ある冬の夜キリスト磔刑像に涙ながらに手をさしのべている姿が見受けられ、翌朝、平静に書記官と散策し、天気のはなしなどを交わしたあと、祝日のミサをとりおこない、午後人知れず市の門を出る。二カ月後腐乱した水死体が発見された。「神父が生を嫌悪した理由はいまだに分らない。」

　もうひとつは、ロンドン行きの馬車の中、高台に聳える城をのぞみながら、そこの当主におきた出来事を聞く話。

　オ・・卿は若く、美しく、裕福な方でした。しかし、幼いころから憂鬱の相がありました――どうやら生は鉛のようにその心にのしかかっていたようです。二五歳で名門の令嬢と結婚。城に住みましたが、奥方の愛情にもかかわらず、もの思いは深まるばかり。ある嵐の晩、卿は奥方の手をとり、鬱蒼とした庭園に連れ出し、こう告げたのです。『わたしはおまえを苦しめた。わたしの心はどんな喜びにも応えないから、おまえの良さも感じない。わたしは死ぬべきなのだ――さらばだ！』そういうや卿は頭を撃ち抜きました。それから二年あまり、奥方は城を一歩も出ず、来る日も来る日も夫の墓に涙を流しておられます。――聞き終わると、「同行者たちはこの出来事をあれこれ議論しはじめた。わたしは黙っていた[1]。」

　さきの話は題して『自殺者』。カラムジンはこれを『モスクワ・ジャーナル』創刊号に載せている。あとのほうは『手紙』の一挿話だが、最後の沈黙がいかにも重い。ともあれ、こうした憂鬱は捉えどころのない気分だけに、いわば精神の生理として彼の思考を少なからず左右したのではなかろうか。

　センチメンタリズムがうながしたテーマはカラムジンのなかに広く根を張った。たとえば、人間界、自然界を問わず、存在全般にかかわる滅びの意識である。そのもっとも端的な終末の幻が、早くもマソン時代の一七八七年にうたわれている。「見ゆるものすべて消え失せ／地上の万物すべて滅びん。／まさにこの世の絶え果て／いつの日か灰となるべし。」あるいは、『手紙』に中で、スイスはローザンヌへ向かう旅の途中、古代ローマの都市の廃墟を目撃して。「かつてヘルヴェティア地方第一を誇ったこの都市の雄姿はいずこ。住人はいずれに。もろもろの王国、もろもろの都市、もろもろの民族は消え失せる——われらもまた消え失せん、親しき友よ！……われらの墓はいずこに建つや。」勿論、滅亡は滅亡で終るのではない。「わたしの唯一の慰めは、もろもろの民族は滅びても、人類全体は滅びないということだ。ある者は他の者に席をゆずる、そしてもしもヨーロッパが荒廃しても、中央アフリカかカナダに新しい政治社会が花開き、学問、技術、芸術が栄えるだろう。[2]」文明の興亡といえば、いま引いた文章の三年あとになるが、われわれはすでにこれをめぐるメロドールとフィラレートの対話を知っている。実にこれは孤立したエピソードではなく、変わらぬ主題の鮮烈な展開だったわけで、そこでメロドールの単なる循環説にたいしてフィラレートは文明のいわば螺旋状の上昇を説いていたが、この対立の図式がその後も尾をひきながら、しかもなおカラムジンが進歩の側に賭けていることは、これまでの、そしてこのあとの叙述が示すとおりである。にもかかわらず、そうした希望や信念の背後で、人間の営為も自然のはたらきも非情な時の波間にのみこまれてゆく滅びの意識、凋落の予感が彼のうちに培った空しさの感覚を指摘しておきたい。

人間にもっとも親しく、もっとも確実な滅びは、彼自身の死である。八十年代、九十年代を通じて死はカラムジンの脳裏を黒い蛾のように飛び回って、休むことがない。死の問題とは、とりもなおさず、死後の問題、「魂の不滅」とか「来世」とかにかかわる問題だが、生死を分ける「鉄の壁」の向う側についてカラムジンが不可知論の立場に与していたことはすでに述べた。その際に引用した哲学者の言葉のつづき、「けれども、すべてを勘案して、理性はそれ〔来世〕を認めるよう命じるのです」、さらにカラムジン自身のいう「心」、あるいはキリスト教があたえるという「幸せな保証[3]」——これらがカラムジンの「不死」の信念をささえる支柱といっていいのだが、さりとて、それは死をおそれ、生のはかなさを嘆く妨げには決してならない。

もっとも、生ははかない「夢」という認識では一貫しているものの、死のイメージはかならずしも一様でない。たとえば、「わたしの精神が人間本来の素朴さを取り戻す時」、「死の恐怖」は消え、死は「新しい幸福」へのいざない、「美しいもののより美しいものへの変容」と確信できて、その場で「自然の懐」に抱かれることもいとわない、とカラムジンはいう。あるいは、春、最愛の人がわたしの目を閉じ、うぐいすの声がわたしの死をつたえるなら、わたしは死を恐れない、ともいう。これはまさにセンチメンタルな、自然宗教的な死の受け入れ方だが、九十年代はじめのこうした生と死の和解のイメージはたちまちひび割れをおこす。それをもたらすのが既出のプレロマンチシズムの要素で、九二年の詩『墓地』で死のイメージは二極化する。すなわち、一方に「穏やかな墓」の快い眠り、小鳥の囀り、青い菫やジャスミンの香りがあれば、他方で「暗く冷たい墓」に風が吠え、柩はふるえ、白骨が鳴る。そこに住むのは死体を食い荒らす蛆、頭蓋骨に巣くうひきがえる、蛇、黒い鴉。そして湿った霧に裸の木。詩は分裂したイメージの対比で終る。(4)

しかし、カラムジンの死の意識にとってもっとも切実な体験は、翌年の親友ペトローフの死であろう。死は重い必然でありながら、生の脆さを知らしめるかのように、まるで偶然みたいに軽々とやってくる。彼の追悼の文章に流れるのは、この深い無力感にほかならない。孤独の思いをうたった『うぐいすへ』では、死は「貪婪な死」とよばれよう。

このあと九六年の詩にも「死の吻」といった表現が見られるが、次に、同年の詩でさきに触れた『ソロモンの知恵』の一節を引くと、「王も、奴隷も、愚者も、賢者も/罪なき者も、罪ある者も、極悪非道の者も/だれもが影のごとく消え——だれもが同じ結末。/死は万人を脅かし、柩は万人に開かれている。」とはいえ、こうした威圧的なイメージにもかかわらず、牧歌的なイメージも絶えることはなかったので、この意味でカラムジンの死のイメージは二分されていたといえ、その一例を九十年代の最後の作品『願い』に見よう。「炎熱に焼かれた旅人は/涼しい日蔭の休息を願う/悲しみに疲れた不幸せな人は/とわの眠りにつくことを願う。(5)」

現在知られているカラムジンのもっとも古い作品は一七八七年の手紙に見える詩である。習作の域を出ない月並みなものだが、それでもここにはその後のカラムジンを占ううえで見過ごせないところがある。次が第二連と最後の第十一連。「この世の生の大海を/騒がす嵐の数しげし。/しばしば猛き波の間に/われらの舟の砕け散る。」「信じよ、人の世に/幸せは住まずして/幸せとよばるるは/幸せの影にすぎぬ、と。(6)」たしかに、ここでもはやカラムジンの生にたいする視座は定まったといっていい。人の世に幸せのありがたし、というペシミズムはふんだんに流される「涙」をともなって、以後、数多くの詩をすっぽり包む。そのもとになる認識や心情についてはこれまでの記述に尽きるけれども、九十年代に彼みずから味わった実らぬ恋、頼み難い愛もくわえておこう。

勿論、カラムジンがこれによって幸福の追求を放棄したわけではない。もっと正確にいうなら、そうした人間の条件のもとで可能な幸福こそ彼が繰り返し説いたところで、そこに彼のモラリストたる所以がある。周知のように、幸福論は十八世紀の流行のテーマであって、カラムジンの場合もその一バリエーションにすぎないが、それをさきの政治的な現体制維持に掛けておおざっぱないい方をすれば、現状満足の哲学、きわめて内向きな自足の哲学ということになろう。

その発端もマソン時代にさかのぼる。当時彼が訳し、みずから編集する児童雑誌に載せた『アルカディアの碑』はこの哲学を声高く響かせる。作品は一種の教訓劇で、人のもとめてやまぬ桃源郷は外の世界になく、満ち足りた「心」の内にあると諭す。それを見出す者は、少なく欲し、よく働き、徳高く、愛をほどこす者である。フィナーレでヒロインがこう締めくくる。「余力をもって／仕事にはげみ、／いまあるもので満足なら／どちらを見ても／そこにアルカディアを見出すでしょう。[7]」

このあと、カラムジンの幸福像がまとまったかたちで描かれるのは、九四年の詩『アレクサンドル・アレクセーヴィチ・プレシチェーエフへ』である。例よって詩は権力や富といった幸福の「夢」を追う愚をいさめてから、大要次のようにいう。人の世にあって、「わずかなもので満足し」、精神は自由、率直、「今日は今日のために生き」、仕事を苦とせず、野の逍遥に興じ、「その手か知恵により時に人の役に立ち」、よき友、よき夫、よき父にして、「心の底から笑える」人——かかる人はわが身に刃を向けず、毒をあおがず、「悲しみの内に喜びを見出さん。[8]」

九七年には『幸福をめぐる対話。フィラレートとメロドール』がこの問題の決着を図る。われわれにすでに親しい二人の対話の形式を借りた幸福論だが、前作の緊張に代わる覚めたユーモアも漂い、幸福とはついに空しい蜃気楼にあらずやと問うメロドールにフィラレートが答えるかたちで作品は展開する。これはこの時期の幸福論の集大成と称していいが、要は、「欲求の一は他を生じ、この連鎖に限りない」ゆえ、欲望を理性の制御にゆだね、自然の「目的」に従い——男女の愛であれば、結婚、出産、つまり種の保存——、われわれに「益」をもたらす「限界」に留めること、この一点にある。ここまでは、従来と同じだが、このあとそれを補強する、この対話のハイライトともいうべき重要なくだりがくる。

それは、「真の楽しみを味わう味覚を磨く」べしというフィラレートの言葉につづく次の部分である。

「メロドール。だが、おいしい食べ物が見つからなかったら、すぐれた味覚も持ち腐れじゃないかい。いいかね、暗くて臭い家に住む農民は（中略）毎日の暮しでたいした喜びを見つけられないのだ。
フィラレート。でも、見つけはている。農民は妻や子を愛している。折よく雨が降ればうれしい。空が晴れるのも、穀物倉が満ちるのも、仕事の報酬をたっぷり受け取るのもうれしいことさ。」

さらに、フィラレートにいわせると、空腹を癒したり、草原で「真っ赤な夕焼け」を眺めたり、恋する相手から愛を告げられたりする時の「快さ」は、王も奴隷も、壮麗な御殿の住人も貧しい農民もみな「等しい」。結局、フィラレートは、「どの身分でも幸せにも不幸せにもなりうるし、それは自分次第、生を享受する能力次第、精神状態次第」といい、「なんぴとも羨まぬ」自足を説く[9]。

この幸福論は分かり易い。フィラレートの理想はカラムジンのそれと解して差し支えない。彼がセンチメンタリズムの理想に忠実に振舞っていることはいうまでもない。ここにはカラムジンの主観主義がもっとも鮮やかに示されている。そして、既述の政治的、社会的な現状保守のメンタリティーとも地つづきであることも明らかであろう。

第6章

詩人をわれひと共に楽しむ「巧みな嘘つき」とよぶ九六年の詩『不幸せな詩人へ』から――「人の世を知る賢者いわく／この世は嘘で持つ、と。／友よ、われらはみな嘘つきなのだ／愚かな者も、賢い者も。／真実は不透明な霧におおわれて／われらの目には届かない。」カラムジンは同じ九六年のドミートリエフ宛の手紙の中で詩人の想像力をペガソスに譬え、これに現実の世界を去って天翔る力をあたえたが、いまの詩も文字通りファンタジーに捧げるオマージュ。そのいわんとするところは、メフィストフェレスのまさに裏返しで、生活の木は灰色にして、つねに緑なるは黄金なす虚構の世界ということになる。つまり、詩人とは自在な「夢」を織りなす「嘘つき」であるわけだが、こうした詩人観は九八年の『プロテウス』[1]でさらに新しい展開をしるす。そこでカラムジンは「詩人は首尾一貫せず」という批判にこたえて、完全な自由こそ詩人の本分とし、詩人を表題の変身の神に比べる。このような主張自体、古典主義の規範を越えるものとして文学史のうえで少なからぬ意義を持つはずだが、それはさておき、詩は次の四つの対立を軸に展開する。すなわち、田園と都市（あるいは、自然と文明）。すべてに超然たるストイシズムと多情多感なセンチメンタリズム。人類に「真理の火花」をもたらし、「万人の幸福」に資する法を編み、祖国に命を捧げるなど、後世に名を留めんとすることとその愚かさ。恋は喜びと恋は苦しみ。作中の詩人はこれら対立する見地をいずれもわがものとしてうたい、どれにも縛られない。こうした「矛盾」は、詩人の使命がもろもろの「表現」にあって「解決」にないことにほかならず、それは「心」のままにうたうこと。「真理」の宿る「地下の井戸」を探すは哲学者の領分、「この世では」、「心は語れど、真理は沈黙。／（中略）／事物はわれらに種々なる相を呈す／われらが目にする一面が／われらの感ずる事物の相。」

カラムジンの言葉の端々には当時の混迷の跡がのぞかれるけれども、『プロテウス』が示すような「矛盾」の擁護はより深く彼の本質にかかわっているというべきであろう。ユーリイ・ロトマンはこの詩の「中心思想」を「絶対的真理の不在」とし、いま引いた最終連にカラムジンの「哲学的相対主義の独自の帰結」を見る。[2] 筆者はすでにそうした土壌として彼本来の懐疑主義に繰り返し言及しているが、実際、カラムジンこそ相反する思いや感情を抱え、それをそれぞれみずからの声で語っていたので、このことは前章までに述べたとおりだが、あえてつけくわえれば、懐疑主義といい、「相対主義」といい、それは韜晦でもアリバイづくりでもなく、見方によっては曖昧とも不徹底ともいえるけれども、それは彼の誠実の証しであって、おそらくその分だけ彼は不幸になったに違いない。

『プロテウス』に戻ると、そこに登場する四つのアンチノミーはいずれもカラムジンが直面していた切実な問題で、作中の詩人は彼自身の投影にほかならないが、このうち特に注目されるのが田園対都市であろう。詩人は春の野を散策しつつ人類の「黄金時代」の記憶をよみがえらせ、都会の喧騒と欺瞞から人々を自然の懐へ呼び招く。他方、都市の偉観も詩人を魅了する。「社会にあってこそ」人間は「自然の奴隷」ならぬ「自然の主」。もろもろの欲望が渦巻きながら、「知性のはたらき」によって調和させられ、「法」によって公共の福祉へ収斂するところ。そこにおいて学問と芸術が誕生し、善はそこで試練に耐え、悪とたたかってこそ光り輝く。

たしかに、自然はカラムジンの思想のキー・ワードである。田園の美、自然の秩序は人間の徳を養うと共に幸福の尽きせぬ泉と彼は説いてやまない。しかし、彼は決して反都会主義者ではない。この点、象徴的といえば、やがて述べるはずの新首都ペテルブルグの建設者、ピョートル大帝にたいする彼の賛美がそうである。時代を遡れば、古代ギリシャ文化への愛着は彼が一貫して育んだものだが、それがポリスにおいて開花したことはいうまでもなく、九五年の小説『アテネの生活』が彼のユートピア幻想であったこともつけくわえておこう。あるいは、『手紙』の中の次の一節はロシア文学が新しい感性を獲得したことを示していまいか。「わたしは大都会と群衆が好きだ。そこで人は、少数の人々のなかにいる以上に孤独になれる。わたしはたくさんの見知らぬ顔を眺めるのが好きだ。それらは影絵のようにわたしのまえに現れて消え、わたしの神経に淡いかすかな跡を残してゆく。わたしはわたしに働きかけるさまざまな事物に心を奪われ、ふとわれにかえり――自分を精神界の中心、そのすべての運動の対象のように、あるいは、他の無数の原子と共に、あらかじめ定められた出来事の渦中に舞う一片の塵のように考えるのが好きだ。[3]」

結局、田園と都市は排除し合う二つの原理でなく、人間がもっともよく生きるために不可欠な二つの場ということであろう。もっとも、共存とはいえ、一歩踏み込めば容易ならざる難問のはずで、カラムジンがそこまで掘り下げて考えていたとは見えないが、ともあれ、ここは彼の「相対主義」、あるいは複眼主義を確認すればよい。

ところで、『プロテウス』の詩人は、人類がその本能のままに善であり、このうえなく幸福であったという「黄金時代」を追慕したあと、一転、次のようになじる。「かのアルカディアにて汝は獣同然／いうところの黄金時代は、怠惰な／幼い、眠りの時代／詩は誉めれども、汝には恥。」

かつて二十歳のカラムジンは、まだ見ぬアルプスの牧人に思いを馳せながら、こう書いた。「この幸せな人々を思う時、わたしはしばしばたまらずに叫んだ、ああ、人間よ、どうしておまえはその始まりの素朴から逸れてしまったのか！　なにゆえその似非文明を誇るのか！」六年後、彼はスイス・アルプス紀行のなかで、過ぎ去った人類の楽園への郷愁を再び奏でてみせる。「ああ、いとしい友よ！　なぜわたしたちはだれもが牧人で兄弟だった時代に生まれなかったのか！　わたしは人間の原始の状態へ戻るためなら、おおくの生活の利便（わたしたちはそれを今日の文明に負うている）を喜んで棄てるだろう。」『ロシア人旅行者の手紙』のこの部分は、『モスクワ・ジャーナル』一七九二年三月号に載った。三カ月後の六月号には『哀れなリーザ』が発表され、カラムジンはそこでも主人公に失われた至福の時代を思い出させたが、同時に、これに「存在せしや、否や」とかっこ書きの留保をつける。そして、翌年春に書かれた『学問、芸術、啓蒙に関する小論』は「正直に認めようではないか」という、「この幸せな国は快い眠りにほかならない、まさにこの〔感じやすい人々の〕空想が生んだ魅惑的な夢にほかならない、と。少なくとも、それがいつか存在したと歴史的に証明した人はまだいない。」こうして、一七九七年に『手紙』が本になった時、さきのテキスト「だれもが牧人で兄弟だった時代」に「空想が生んだ夢！」と脚注が付され、先走りしていえば、一八〇三年以降の著作集では、これが「何時？」に替わる[4]。

　まさに神話の崩壊だが、問題を別な角度から探ってみよう。太古の人類のイメージはそのまま人間の本性に関する観念と重なり合う。いずれも文明以前の人間の「自然」を想定するからである。一七九一年、カラムジンは『モスクワ・ジャーナル』創刊号に、パリで出版された『アフリカ内陸紀行』と題する本の長文の書評を翻訳、掲載した。本の著者は博物学者、彼はこの未知の大陸の奥地を長年歩いてまわった。本というのはその記録で、著者はアフリカ原住民に関する虚説妄誕をしりぞけ、野蛮人の汚名をそそぐためにおおいに弁じているらしい。つまり、彼らこそ「善良」で「温和」で「無垢」な人間であることだが、引用されている言葉をひとつだけ挙げると、「あえていうが、もしこの地上のどこかでしかるべき品行や風習がまだ守られているとすれば、その殿堂は荒野のまん中に探さなければならない。」書評のほうも、「最近の旅行者がほぼ例外なく」これら「未開人あるいは自然人」について認識をあらたにしている事実を指して、次のコメントを差しはさむ。「今日哲学者たちが人間性の観念を組み立て、それを永久不変の悪と称する拠り所にしている観察も、改めてやり直さなければならないのかもしれない[5]。」

　カラムジンにとって、翻訳も多かれ少なかれ彼自身の共感の産物であり、こうして右の例は人間の「自然」に彼が真剣な関心を寄せていたことを示している。そして、そこで眺められた人間の原点が、彼の希望の担保を成していたはずである。しかし、右に見たように九三年の『小論』が「黄金時代」の「空想」を封印した時、太古の闇はもはや聖域ではなくなった。さきに引いた九六年の長詩『天分』[6]でわれわれは次の数節に出会う。

「太古よ、われに現れよ！／われ不敵なるわが手もて／汝の聖なるヴェールをはがさん。／見ゆるは何？　闇に生きる人々／荒野のただ中、密林の間に／無感覚に生い茂る草木のごとし。／その声は獣の咆哮するに似／暗き眼差しは凶暴にして荒々しく／喜びはただ眠りのみ。／一日は耐えがたく長く、一瞬は／遅々として進まず。

（中略）

彼らはお互いを避け／あるいはお互いに血をながす／干

からびた一片の実のために。／　愛はひたすら獣の営み／そを求めることまさに凶暴。／お互いを慕って心を溶かすも／燃やすもありはせぬ。／要求、力がすべてを決める……／欲望が失せるや否や／抱擁の相手は忘れ去る。
不幸なる人類のかくありき……」
これがカラムジンから見た人類の原風景である。つづけて詩は、人類による自然の美の発見、宇宙を貫く「不変の秩序」の認識、男と女、親と子の間の愛の芽生え、「憐憫」、「友情」の出現、農耕の開始、政治社会の発足を語り、「希望」と「期待」に彩られる生活の到来を告げ、善を勧め、悪のおそろしさをうたう詩人の使命をたたえる。いずれにせよ、この原始のイメージがさきの楽園伝説の崩壊と表裏の関係にあることは間違いない。彼がいつからこのような見方をするようになったのか判然とはしないが、あきらかにこの間カラムジンは人間の「自然」をめぐって快い感傷をみずからに禁じたのである。

いまのはなしに関連して、興味深い事実を書き添えておきたい。一七九七年に出版した文集『アオニドス』第二巻にカラムジンはヴォルテールの風刺詩『粋人』の翻訳を載せた。ただし、訳者は彼でない。この文集、筆者は未見だが、訳詩は一部を除いてほぼ忠実に原詩を移しかえているようなので、こちらを見てみよう。

『粋人』は一七三六年の作。この世紀を沸かせた「奢侈」論争に敢然と名乗りをあげ、「奢侈」礼賛をくりひろげる。そこで祝福されるのは、当代文明のもたらす「快楽」や「豊かさ」、金の額縁に収めたコレッジョやプッサンの絵とゴブラン織の絨毯で飾られる客間、あずまやや噴水をしつらえた庭、瀟洒な二輪馬車、入浴、女優や踊子との交わり、オペラ座、シチューやアイの葡萄酒の夕食など。片や、作者いうところのこの「鉄の時代」にたいするかの「黄金時代」はさらに郷愁を誘わず、エデンの園に住む「裸の先祖は「無知」の一言で斬り捨てられ、「わが愛するアダム」に白状なさいという。「御身二人ながら／爪はのび、うっすらと黒く垢じみ／髪はいささかおどろにて／顔は日に焼け、肌はなめした焦茶色。／不潔なれば至福の愛も／はや愛ならず、そは恥ずべき要求。／やがて二人は情事に倦み、／樫の木陰で優雅に夕餉するは／水、栗、どんぐり。／食事終りて寝るは地の面。／これぞけがれなき自然のさま。」[7]

この冒瀆的な詩は、キリスト教徒を激昂させ、ヴォルテールはオランダへ逃げ出す始末。さすがにロシア語訳ではアダムとイヴの名は伏せられ、彼らに関するくだりはぼかしてあるというけれども、誤解の余地はないようだ。カラムジンがこのいわくつきの一篇を文集にくわえた事実は、彼自身の偶像破壊なしではありえなかっただろう。

　牧人への興味も未開人への関心も、要するに失われた本来の人間なるものをもとめる試みで、十八世紀においてそれは少しも珍しい現象でなく、カラムジンの場合もその追随の一例にすぎないのだが、そうした時代とのかかわりを手繰っていくにつけ、浮び上がるのはやはりルソーである。当初、人類の揺籃期、人間の「自然」をめぐって両者の間には確実に一定の共鳴が存在する。だが、それは消えてゆかざるをえない。カラムジンにとって、人類の歴史とはその内なる「自然」の陶冶の歴史であって、その描く太古の生活は、『不平等起源論』の作業仮説、いわゆる「自然状態」からはなはだ遠い。孤立した、しかし平和で自足した生活にそれは鋭く対立する。さらに、ルソーが「自己保存」と共に人類の本能とする「憐憫」は、カラムジンにおいて成長の段階で学習の結果として獲得される。ルソーによれば、その後の農耕の開始、従って土地の私有の出現は「不平等」の発生をともなって人類の不幸の第一歩をしるす。この点でもカラムジンとの相違は明らかだが、ここではそれは問わない。

　人間の本性を善というも悪というも、いずれも観念論に違いないだろう。いずれにせよ、この間、カラムジンのルソーとの距離はいわば鋏状に拡大した。次の世紀にわれわれはこの「自然と真理の人」の人間観が正面から挑まれ、パロディー化されるのを見るだろう。

第7章

『ロシア人旅行者の手紙』にはなしを戻す。これから述べるフランスとイギリスに関する部分は、現実の旅行から十年以上過ぎた一八〇一年、『手紙』全六巻の最後の二巻としてはじめておおやけにされたもので、果たしてこれがいつ書かれたのか定かでない。ただそれにわずかながら光を当てるヒントが、さきに触れた一七九七年のカラムジンの論文『ロシア文学について』にある。そこには、ロシア文学のなんたるかを語る作品を挙げて、「ロシア人旅行者の手紙．全五巻．モスクワ．一七九七年」とある。実際にこの年に陽の目を見たのは、すでに雑誌などに発表ずみの分を収めたはじめの四巻だけで、そうなった経緯は明らかでなく、検閲とのかかわりを推測する向きもあるけれども、ともかく、論文によると、「手紙全五巻」は旅の全行程の記録で、未発表のフランス篇とイギリス篇をふくむという。論文はその大要を述べ、本文の抜粋という文章も数箇所織り込む。ここからわれわれは『手紙』全巻の原稿が遅くともこの時点までに一応完成していたと考えてよかろう。さらに、この幻の一七九七年版と現存の一八〇一年版を比べると、右の両国に関する部分で内容と構成にかなり相違があり、このことはこの間に念入りな書き替えがおこなわれたことを示している。つまり、以下に扱うフランス、イギリスをめぐる記述は、文字通りこの十年間の最終章をかたちづくると見なして差し支えない。

とはいえ、いま筆者にはカラムジンのパリ印象記をことこまかに取り上げるつもりはない。ここでは問題を中断したままの彼のフランス革命観の追跡にしぼり、彼の言葉をそのまま訳しておく。いささか長いが、政治的信条の直接的な表出もともなっていて、見過ごすことのできない一節である。

「あらゆる国家は幾世紀も経て定着したゆえに、善良な国民にとって神聖なものである。いかに不完全な社会といえども、妙なる調和、整然たる秩序に驚かざるをえない。『ユートピア』は善良な心が抱く永遠の夢であろう。あるいは、目に見えぬ時の力によって、理性、啓蒙、教育、美風良俗の遅々とした、しかし確実、安全な進歩によって実現されよう。人々がみずからの幸福のために美徳が不可欠と確信した時、黄金時代が到来する。そして人はいかなる統治のもとでも平和な生の幸せを味わうことだろう。あらゆる暴力的変革は破滅を招き、すべての反逆者はみずからの断頭台を用意する。友よ、摂理の支配におのれを委ねよう。摂理は当然それ自身の計画を持つ。その掌中に君主の心はある――それで十分なのだ。

軽佻浮薄の徒はすべては容易なりと思う。賢者はあらゆる変化の危険をわきまえ、静かに暮らす。フランス王国は偉大な君主、偉大な大臣、さまざまな偉大な人物を生んだ。その平和な庇護のもとで学問と芸術が育った。社会生活は快適の花々で飾られた。貧者はパンを見出し、富者はその富を楽しんだ……ところが、不逞の輩が神聖な木に斧を振りかざし、こういったのだ、おれたちがもっとうまくやってみせる！

よこしまな心を持つ新しき共和主義者たちよ！　プルタルコスを繙きたまえ。さらば、古代の英明、有徳な共和主義者カトーのかく語るを聞くならん。無政府状態はいかなる権力より悪し！」[1]

なお、文中の『ユートピア』は、カラムジンの自注によりトマス・モアの著作を指す。

これがカラムジンがフランスの動乱から引き出した結論である。折々の彼の反応はこの明確な反革命宣言に収束する。幸福の条件としての社会の秩序とその破壊――彼の議論は終始この対立軸に沿って動く。周知のように、革命とそれにともなう混乱、流血はヨーロッパの知識人の間の当初の共感すら困惑と恐怖に塗り替えていったほどで、それを思えば、カラムジンの反応はことさら異とするに足らない。銘記すべきは、彼の危機意識が伝統的な社会体制一般を「神聖」とよばせ、所与の権力や階級の容認を普遍的な規範の域に引き上げる力になったことで、たしかにフランス革命はロシアの中流貴族としての彼の保守的なメンタリティーをいわば彼の哲学に、ひいては現実的な政治綱領に鍛えあげる貴重な政治教育の場であった。

カラムジンにとってイギリスは大陸の国々に劣らず、ある点ではそれにまさる大きな意味を持つ。彼の十代前半はアメリカ独立戦争の時期に重なるが、当時彼はこの旧宗主国の戦果に欣喜雀躍したという。もっとも、成人後はさすがに見方を変えたようで、一例に、フランクリンの自伝を評して、彼は「イギリスの高慢をくじき、アメリカのほぼ全土に自由を与えた」とたたえている一節をあげておこう。カラムジンのイギリス熱を培ったのは、彼自身認めるように、なによりもこの国の文学である。シェイクスピアをはじめとして、オシアン、ミルトン、E・ヤング、A・ポウプ、S・リチャードソン、H・フィールディング、L・スターン、Th・グレイ——八十年代の精神形成から九十年代の作家としての自立まで、既述の自然観、人間観、さらに理神論的世界観も含めて、彼らのカラムジンに裨益するところのいかに大きかったか、改めて説くまでもない。ただ、本稿の課題に照らし、この点の検討は他に譲り、以下、当面の関心に即して記述をつづける。

ロンドンの店頭を飾り、「全ヨーロッパ用」に倉庫に山積みされる「あらゆる種類の商品、インドやアメリカの貴重な品々」はカラムジンにこう語らせる。「こうした奢侈は憤慨させるどころか、心を喜ばせるもので、人間の勇気、諸民族の精神的接近、社会の開化をまざまざと目の当たりにしてくれる！」[2]

ここで「奢侈」について一言。「奢侈」は社会を堕落させる毒か、もとめて享受すべき文明の果実か——十八世紀はこの論争に明け暮れた。前章までで見る限り、カラムジンの発言の指すところは、「奢侈」の否定である。例外は、ヴォルテール『粋人』の文集への掲載。そしていま引いた「奢侈」礼賛の一節。これは矛盾といえば矛盾だが、カラムジンの自然回帰と文明志向の二重性、複眼主義がここにもひとつ現れていることを見定めてさきへ進む。

『手紙』が描くイギリスは農業生産の向上と海外貿易の制覇をふまえて産業革命に突入しつつあったこの国を彷彿させてくれるけれども、そこで目を引くのは、カラムジンが洩らす素直な感動であり、右に引いたような讃辞である。ユーリイ・ロトマンが指摘するカラムジンの「ユートピア志向」についてはすでに触れたが、ロトマンはカラムジンのこの一面を捉えて、彼はのぞましい国家像として、一方で遠くプラトンの『国家』を範とし、「道徳の勝利と富の規制」を掲げる国家、他方でその裏返し、「自由な企業活動」を謳歌する国家の双方を認め、スイスを前者に――カラムジンのスイス観はさきに述べた通り――、イギリスを後者に擬していたという。[3]

こうしてロトマンはカラムジンの内に「ふたつのユートピア」が共存していたと結論づけている。「ユートピア」というい い方には、筆者は同じ難いが、ここでも皮相といえば皮相ながら、相反する二者にそれぞれに価値を認めるカラムジンの「相対主義」、あるいは複眼主義といったありように注目せざるをえない。

マグナ・カルタをカラムジンは「イギリス人とその王ジョンの誉れ高い契約」とよび、この国の法の支配に拍手をおくっている。マグナ・カルタの目的は国王大権の恣意的な行使の制限にあり、カラムジンの言葉はそうした意味に読めなくもないけれども、断定はできない。彼はイギリス人の「憲法」にたいする「誇り」も理解できたし、彼らの「法は立派」という。とはいえ、法とその実態の落差も見逃さず、みずから目撃した下院選挙の「ただでもてなし」をする一幕を皮肉たっぷりに報告したりする。対外政策についても、貿易の意義を強調するかたわら次のようにくわえることも忘れない。「イギリス人は自国では人道的だ。だが、アメリカやアフリカでは獣に近い。少なくともそこでは人々を獣のごとく扱う。金を貯め、帰国し、こう叫ぶ。おれにかまうな。おれは人間だ！」[4] 要は、イギリスに関しても一方的な期待や理想化からカラムジンが自由でいることで、これは決して小さいことではない。

『ロシア人旅行者の手紙』は単純な旅行記ではない。それはカラムジンのヨーロッパ観を写す鏡でもある。従来指摘されているように、それがなんらかの作為をこらし、ときには虚構すらまじえた作品である以上、作中の「わたし」と作者のカラムジンを完全には同一視できないにせよ、基本的にそう見なすことを妨げる理由はないし、そこで述べられる感想や意見に関してはとくにそういえる。そこで最後に、銘記すべき言葉がある。「いかなるものであれ国の制度は民族の性格と一致していなければならない。イギリスで良いものも、他の地では悪しきものに化す。ソロンがこう語ったのはいたずらではなかった、曰く、わが制度は最良なり、ただしアテナイ人にとってのみ。」[5]

「民族の性格」とはいかにも漠然としているが、ともあれ、これによってひとつの格率が立てられたことは間違いない。当然、ロシアはそれを満たしている、あるいは満たさなければならないが、その掘り下げた議論はまだ先になる。

　以上で、十九世紀へ入るまえ、前史の部分を終える。

第Ⅵ部　ニコライ・カラムジン
――保守主義の成立

ナポレオン論
ロシア国家論――君主制、法治主義、身分制、農奴制
国際政治論――「力」と「均衡」
ナショナリズム
『わが告白』
M・M・スペランスキイ――『国法典序説』、行財政改革
『新旧ロシア論』におけるスペランスキイ批判、ピョートル大帝批判
いわゆる「自由の精神」について――『太守夫人マルファ』以後
『ロシア国家史』全十二巻
祖国戦争
ギリシャ解放戦争
I・カポディストリアス
君主制主義者にして「共和主義者」
内外の事件をめぐって
ロシア・アカデミーでの講演

第1章

幻滅と危機の十年の後、新しい世紀の幕開けはカラムジンにひとつの転機をもたらす。

ロシアにおいてアレクサンドル一世が登場し、ヨーロッパでは革命に続く動乱がようやく舞台から姿を消し、彼の胸に新たに希望の灯をともす。一八〇二年一月から「文学と政治の精選文庫」を目指すというロシア最初の総合雑誌『ヨーロッパ通報』を単独で編集、発行する。こうして、国内、国外の動きに呼応してカラムジンは活発な発言をくりひろげるが、そのうちまず後者から見ていきたい。ただそこへ入るまえに、この十年のヨーロッパの経験を彼がどう取り込み、どう意味づけていたか、おおよそのところを押えておこう。それは、いわばこのときまでの彼の到達点であり、このあとの出発点でもあって、それを直接彼自身に語らせることにしたい。引用は『ヨーロッパ通報』一八〇二年六月、第十二号から。筆者はすでに同じ意図から前年刊行の『ロシア人旅行者の手紙』の一節を示してあるが、次に掲げる一文も、趣旨はもとより、言葉に至るまでそのリフレインにほかならない。

「ものごとを公平に考え、判断する幸せに恵まれた人ならば、誰であれ、かつていかなる時代もわれわれの時代ほどにヨーロッパに政治的、道徳的安寧を約束したためしはなかったと認めるに相違ない。革命の結果、思想的に明らかになったことがある。つまり、われわれは次のことを悟ったのである。社会の秩序は、ごく部分的ないし偶発的な欠陥があろうともなお神聖であること。その権力は国民にたいする圧政ではなく、圧政から守るものであること。この有益な盾を打ち壊すとき、国民は、日ごろ見られるあらゆる権力の乱用をはるかに越す恐ろしい災厄の犠牲になること。トルコの政治でさえ、国家的動乱の果てに常に生じる無政府状態にまさること。（中略）古い制度には魔術的な力があり、いかなる頭脳の力もそれに取って代わることはできないこと。ひとり時と合法的な政府の善き意志のみが社会の至らざるところを正すべきこと。われわれ個々人は、このように時の作用と権力の叡智を信頼して穏やかに暮し、進んで従い、身の周りにできる限りの善をなすべきこと。[1]」これをもってカラムジンの保守主義宣言とよんでいいであろう。

「ついにヨーロッパに平和到来。」創刊号掲載のカラムジンの論文第一号はこう切り出す。すでに実現したフランスとオーストリア、フランスと教皇庁との和解に続き、フランス、イギリス両国のアミアンにおける和平交渉の進展をうけ、この冒頭の一句は長い鬱屈から抜け出た解放感と前途の明るい見通しにつよく息づいている。「十年戦争」はヨーロッパの政治地図をおおきく塗り変えたが、嵐の過ぎ去ったいま、「暗雲の残りが地平線上にまだ多少見える」ものの、おおむね各国は安定に向かっているという。そうしたなかでカラムジンの最大の関心がこの間の台風の目であり、このあとイギリスをふくめてヨーロッパ全土の浮沈の鍵を握るフランスにあったことは当然であろう。そして、その関心の焦点が、第一執政ナポレオン・ボナパルトに絞られていたことも多言を要しまい。

右の論文はいう。いまやライン左岸からイタリア北部に及ぶフランス国家は「ひとりの人間」に服し、仕えている。その彼を指してカラムジンは「新しいカエサル、新しい〔フランク王国の祖〕クロヴィス」と呼ぶ。そして、この共和国を「いまや事実上紛れもない君主国」ともいい、第一執政を「君主」に比する。「その内政外交はマレンゴの勝利に劣らず驚嘆に値する。」「フランス人はさきに夢のような平等を欲し、それは彼らすべてを等しく不幸にした。」いまやナポレオンは「もろもろの夢想を打ち砕き、宗教を再興し」、「立派な市民に重要な公職選挙権（名士名簿による）を与え、これによってフランスにとって有害な民主政を葬り」、みずからの道を歩みつつある——こう語るカラムジンにためらいの影はない。[2]

このようなカラムジンの姿勢は、当時のロシア政府の親仏路線とも、ナポレオンに喝采を送った社会の大勢とも軌を一にしていて、異とするに当たらない。以後『通報』は毎号フランスの動静を、つまりナポレオンの統治の行方を伝えていく。その基調は右の論文を受け継ぎ、この年の最終号も、いまや「彼の権力は磐石」と報じ、「フランスと全ヨーロッパ」のために「平穏と秩序の真の友は彼の長寿を願う」という。

しかし、この新時代の「英雄」にたいするカラムジンの期待を従来いわれているような手放しの楽観や称賛と受け取るのはお門違いであろう。彼の期待は無条件の是認と同義ではない。そのことをまず翌一八〇三年、『通報』第一号中のカラムジンの言葉で示しておこう。「もしわれわれが（中略）執政についてみずからの考えを述べなければならないとすれば、こういおう、彼は革命という怪物を退治し、フランスのみかヨーロッパからも永遠に感謝されることになった、と。この点でわれわれは、危険な眩暈を癒した偉大な医師として常に喜んで彼を讃えるだろう。もし彼が、かのソロンの立法に関わる叡智やスパルタの国制を定めるやみずから永久に祖国を後にしたかのリュクルゴスの純粋な徳を有しなければ、遺憾とするだろう。」ソロンもさることながら、とりわけ注目すべきはリュクルゴスである。カラムジンは権力の座を潔く捨てた彼を指して、「これこそ英雄的行為」、そのままではナポレオンの輝かしい戦功も「跡形もなし!」と言葉を続け、こう結ぶ。「明らかに、有能な将軍や抜け目ない政治家になることは、偉大な、つまり英雄的にして徳の高い人間になるより遥かに易しいのである。[3]」

実際、カラムジンはナポレオンを「英雄」と呼んではばからない。とはいえ、どうやら問題は見かけほど単純でもなさそうである。そのあたりを『通報』初年度のページを繰ってもう少し確認しておきたい。

カラムジンの見立てによれば、ナポレオンはティモレオンではなくヒエロン二世になるだろうという(八月・十五号)。周知のように、前者はシラクサを僭主ディオニュシオス二世から解放し民主政を復活させたコリントスの司令官。後者はシラクサ王。アルキメデスを用いて軍備を強化し、法典を編み、この都に繁栄をもたらしたとされる。こうした期待のもとでは、ナポレオンの強大な権力もとくに非とするに当たらない。この年、国民投票の結果彼は終身執政になり、憲法を改正して三権を意のままにする体制が整う。かくて「ボナパルトはフランスの唯一無二の権力者であり統治者である」。それを受けてカラムジンはいう。「フランスはその規模と性質からして君主国でなければならぬ、そしてボナパルトには統治の能力がある。もし彼が人身の安全、財産、生活の自由を自国に永久に根付かせるなら、歴史は彼の権力欲を祝福するだろう。」まさにその言やよし、というところだが、同じ文章には終身執政受託演説を評した次のようなくだりもあるとつけくわえておく。「読者はまた気づくだろうが、ボナパルトはみずからを称してずばり至高者に選ばれた天上の道具などという。それはその通りとしよう。だが、かくもあけすけにわが身に祭壇や聖堂をのぞむのは不躾に思える。それを口にしたのはマホメットやゾロアスターたちで、プルタルコスの英雄にそうしたことはない。」(九月・十七号)

それにしても、ナポレオンの一人支配は、当然ながらその種の権力につきものの危険をはらむ。独善に陥らないか、圧政に変じないか、彼亡き後は如何、等々、そうした危惧の一端は、カラムジンが直接語るかたちではないにせよ、当初の賑やかな賛辞の間にも忘れずに挿入されているけれども(五月・九号)、一体いまの憲法改正にもカラムジンはなんらの留保もなしに同意したのであろうか。彼自身の言葉からこれにたいする直接の答えは見出し難いが、やはり間接ながら、次の事実はなにほどかそれを示唆するのだろうか。改正からひと月おいて『通報』にドイツの雑誌から翻訳したという論文が現れる。筆者は新憲法を第一執政独裁に道を開くと断じ、国民は身の安全すら保障されぬときびしく批判する。「一言でいえば、フランスは長い放浪の末再び元の場所へ戻ったのであって、違うところは」、国王のTel est nottre bon plaisir（朕はかく欲す）は高等法院と地方三部会の制約を受けていたが、「執政の意志には常に黙って従わねばならぬことである。」（十一月・二一号）追いかけるように続く二号にわたってフランス人の論文が翻訳、掲載される。論文は憲法改正よりまえのものだが、ナポレオンの功績を十分に認めながらも、その時点ですでに不法勾留や言論統制に抗議するとともに前記の危険に警鐘を鳴らす（十一月・二三号。十二月・二三号）。

あるいは、ここにはナポレオンに批判的な言説を紹介する以上の格別な意図はないのかもしれない。『通報』がヨーロッパ政治のできる限り公平な俯瞰図を提供しようとしていたことは間違いない。確実にいえることは、カラムジンがこうした批判を十分に認識していたというところまでで、その先の安易な憶測は控えねばなるまい。

どうやら、このあたりはもうひとつ判然としないところで、どこか引っ掛かるといえばいえなくもないのだが、それはひとまず措き、明白な一事に目を転じよう。実はこの一八〇二年の最後の四半期には、ナポレオンの大陸政治にカラムジンが明白な抗議を唱えるという重要な一幕がある。

改めていうまでもなくナポレオンの動向は国際政治の行方を左右する。この点ではアミアン条約の調印を彼が引き延ばしている場面で、再び戦火となれば「彼の高慢を弁護しようとする者は一人もいまい」とカラムジンは苦言を洩らしたものの（四月・七号）、幸い条約締結成った暁には「フランスだけでなく人々の意識においても革命は終わった」と快哉を叫び（同・八号）、以来ナポレオンの平和への意志に信をおく態度に変わりはない。もっとも、この場合も、ナポレオンへの不信を隠さないドイツの歴史家の論文にも彼は誌面を割く。その筆者のいわく、平和の確保に必須な国際的な「均衡」は失われた。「フランスはいまやきわめて強力、国民はきわめて支配欲旺盛かつ勇敢、従って他国の愛国者はその力が悪用されることを恐れなければならない。」（六月・十一号）現実に進行するフランスの勢力拡大をカラムジンが心底どう眺めていたのか正確には測り難いが、いずれにせよ、彼によれば、平和を取り戻したとはいえ依然流動的なヨーロッパ安定の鍵はナポレオンの手中にあり、ナポレオン主導の大国間の「特別な友好関係」がそれを担保するという（八月・十五号）。この場合、周辺の小国は国際政治の谷間に置き去りにされるが、これについては別な箇所で述べることにしたい。

さて、そうしたナポレオンにたいするカラムジンの抗議の一幕。一七九八年、スイスはナポレオンの支援のもとで新たにヘルヴェティア共和国となるが、地域主義の伝統は抜き難く、たちまち中央政府にたいし各地の勢力が反乱を起こし、フランス語圏の住民が前者、ドイツ語圏の住民が後者に分かれ武器をもって戦う。一八〇二年九月、ナポレオンはフランス軍を派遣するとともに、声明を発して「調停」を宣言、反乱軍の解散、中央政府の地位回復、各派、各地の代表のパリ招集を告げた。当初カラムジンは紛争を「愛国心」ならぬ「凶暴で愚かなエゴイズム」の産物と見なし、ナポレオンの介入を歓迎したが(十月・二〇号。十一月・二一号)、多数を占める反乱側がそれに抗議、さきにリュネヴィル条約によりスイスに認められている、中央および州政府の形態をみずから「選ぶ権利」の行使を主張し、不退転の決意を表するにおよんで、これに理解を示す(十一月・二三号)。さらに、進駐したフランス軍がその指導者たちを逮捕、投獄するに至りカラムジンは憤激、これら指導者の「私心」を疑うことは止めぬものの、広範な支持をえている彼らの正当性を力説する。「隣人は助けるべきだ、だが、抑圧者であってはならぬ。」「ヘルヴェティアの代表をパリへ集める考えは執政の自尊心をくすぐる」だろうが、かつて「自由」を謳歌したアルプスの山々、かつて「祖国愛に燃える牧人たちがヨーロッパの精鋭部隊を壊滅させた」平原こそ彼らが議する場に相応しい。ナポレオンは「自分の意見」を知らしめるに止めよ。「そうすれば彼は寛大な治者、有徳の士として振舞うことになろう、が、目下の振舞いは一軍に厳命を下すヨーロッパの将軍のそれだ!」(十二月・二四号)

カラムジンのスイスにたいする特別な愛着については、すでに述べた通りで、それだけに彼の怒りも嘆きも大きかったといえようが、見過ごせないのはいまの引用のあとに続く言葉である。「権力や武力が博愛主義者の考えを鼻で笑うことができるとわれわれは知っている。好みの良し悪しは議論の限りでなく、(中略)人によってはどこかの壮麗な宮殿のほうがクリオの神殿より住み心地がいいことも知っている。だが、その場合はもはや名誉を思うなかれ、子々孫々、正義、後代の評価を語るなかれ、なんとならば、歴史を書くのはサン - クルー宮殿の長官たちではないからだ!」[4]

その後、予定通りパリ会議は開催され、スイスの代表たちには用意した憲法草案が示される。『通報』翌年第一号、前年を振り返ってカラムジンの言、「スイスの独立の完全な消滅」。

この一八〇三年第一号の論文は過去一年を総括する内容だが、この間にナポレオンが「完全に本当の姿を現した」として、カラムジンは再び次のようにいう。

「彼がこう考えていることは疑いない。不幸な奴！ のちの世の評判になんの用がある？ 墓石に囲まれ、骨と柩のかけらに埋もれては、なんといわれようと感じはせぬ！ 愚かなり、名誉の奴隷！ 愚かなり、このシンバルの響きのために栄華の楽しみ、王者の幸せを手ずから捨てんとする者！」(5)

これは一体どういうことなのか。ここで扱われているのは、内政外交両面のナポレオン、「生涯にわたる絶対かつ不動の専制権力」を手中にしたナポレオンである。さきに掲げた一節と合わせ、まるで落ちた偶像とでもいうように、「名誉」より「権力」を、「正義」より「武力」を、後世より現在をよしとするナポレオン——果たして、これをしも「新しいカエサル」と呼びうるのだろうか。こうした見方が事実に照らしてどこまで正しいかどうか、いまは問うところではない。要はカラムジンが抱くナポレオン像であって、そこに一点の翳りを認めざるをえない。

しかし、もう一度もとへ戻って、さらに大事なことがある。それは、すでに記した通り、こうした抗議にもかかわらずカラムジンが依然第一執政の「磐石」の地位を肯定していることである。さきにナポレオンの事実上の三権掌握を可とする彼の言を引いておいたが、そのすぐまえにはこうある。「われわれは、ボナパルトが、祖国を救うために一時独裁者となり偉業を成し遂げるや進んで鄙のあばら家へ帰ったあの古代ローマの有徳の士を見倣おうとしないのを非難せぬ。」四ヶ月後、いまの一八〇三年第一号も「われわれの時代に〔ナポレオンを目して〕ティモレオンのごとき人物を夢見た空想家」を揶揄し、「あばら家」で終わるというその「物語は〔トマス・〕モアのユートピアに勝るとも劣らぬ！」と喝破する。

カラムジンはナポレオンの「生涯にわたる絶対かつ不動の専制権力」にとりたてて異を唱えることをしない。理由は、必要の一語に尽きよう。現在の段階で、フランスはもとより、広くヨーロッパの「秩序」や「平和」のためにも、ナポレオンの存在が不可欠ということである。しかし、同時に、カラムジンの見るところ、そのようにしていまある「君主」は彼がのぞむあるべき「君主」に及ばない。こうして彼は現実の必要に従ってナポレオンの統治を認めながら、みずからの理想をもとにそのありようを疑う。つまり、一方で肯定し、他方で留保する。単に現実と理想の乖離をいうだけならなら別段珍しくないし、ことは容易に済みそうだが、ここはそうではなくて、カラムジンが現実と理想のふたつの要請を共に——等しく、ではないにせよ——正当とし、いずれか一方にのみ加担することを拒んでいることにある。いうならば二律背反だが、要するに彼がすぐれて現実家でもあり理想家でもあるということで、こうした緊張関係そのものも特に新しくはないけれども、ただそれにあくまで忠実であろうとすれば、両者の間で股割きにも宙吊りにもなりかねない。筆者は第V部で彼の複眼主義、あるいは——やや誤解され易い言葉ながら——相対主義に幾度となく言及し、それを彼の認識の構造と捉え、それが真摯であればあるほど彼はおそらくその分だけ不幸になったと述べたりしたが、どうやらここでも同じことを繰り返さなければならないらしい。

『通報』は一八〇三年十二月の第二三・二四合併号を最後にカラムジンの手を離れるが、対ナポレオンについていえば、この一年の間、上記の構図に基本的に変化はない。彼の言葉をふたつだけ引くと——

「ボナパルトの統治の仕方は非難して構わぬ。しかし、彼が人々と諸々の国家を治める稀有の才を有していることは認めねばならぬ。」（三月・六号）

「執政は英雄だ。現代人はそう認めている。遥か後代の人々もそう認めるだろう、多分、彼が純粋な徳の求めを残らず果たさずに終わったことを遺憾としながら……だが、フランスは——あれこれあった後で——偉大な人物が統治していることを誇ってよい。アンリ四世からいまの世に至るまでフランスはこの利益と名誉を持たなかったのだ。」（九月・十七号）

五月、英仏再び戦端開く。この年後半はまさにこの戦争の行方がカラムジンの関心を被い尽くす観がある。それはそれとして、この年の各号も引き続きスイスの運命を追うものの、そこにもこの国にたいする「執政の独断専行」（六月・十二号）を容認する言葉は見当たらないとつけくわえておこう。

第2章

アレクサンドル一世の登場をカラムジンはふたつの詩と論文『エカテリーナ二世の御代を顧みて讃える』[1]（以下『エカテリーナ二世』と略記）で迎えた。これらは新帝の即位を祝うとともに、さきの女帝の治世をカンバスとしてあるべきロシア、あるべき君主の理想像を丹念に描く。

カラムジンの場合、その理想のイメージとは「家族」のイメージにほかならない。ロシアは一君万民の一家族、皇帝は父（または母）、国民は子、父はときに慈父、ときに厳父として子を庇護し、子は感謝して父に従う。両者を結ぶのは相互の愛。家族や親子の関係とアナロジーで国家その他の社会関係を表象することは、格別珍しくはない。カラムジンについてもこのことは前稿で述べた通りだが、このアナロジーは国家に止まらず、より下位の関係、各地の総督と当該の地方、個々の地主と農奴の関係にまで及び、ロシアの社会関係全体を貫徹するステロタイプといえる。もっとも、そこでカラムジンが素朴な共同体への憧れをうたいあげているわけでは少しもない。「家族」のイメージで括られる彼のロシア国家論は、その実、ひたすら現実的な認識を踏まえ、すぐれて政治的な要請をその内容とする。それはすでに長大な『エカテリーナ二世』におおよそ盛られているが、つづく二年にわたる『通報』での言説とも合わせ、十九世紀へ歩を進めたカラムジン、いわば後期カラムジンの第一期ともいうべきこの間のロシア国家論を以下にさぐろう。

ロシアは現行の専制君主制をもって最善とする。理由のひとつはまず広大な国土、多くの民族。「宇宙を司る創造主の意志同様、単一不可分な至高の意志のみが、かくも多種多様な部分間に秩序と一致を保つことができる。」権力の分散がかつてなにをもたらしたか、歴史が証明している。「ロシアが多くの領地に分割され、公たちが反目しあったことがチンギス汗の子孫の勝利とわが国の長きにわたる災難をもたらした。」[2]

カラムジンによれば、共和制が成立するためには、個々人が「エゴイズム」を捨て、私益より公益を重んじ、全体すなわち「祖国」に奉仕することが不可欠という。「徳と英雄的愛国心なき共和国は生命なき死体である。」つまり、そのために「人は天使でなければならない、さもなくば、さまざまな意志が働いておこなわれる複雑な統治は、いかなるものであれ、果てしない反目に終始し、国民は、権力欲に燃え、自己の利益のために祖国を犠牲にして顧みないわずかな者たちの不幸な道具と化すだろう。」前章で見たスイスの失敗も「徳」の衰退に起因する、それは「商魂」、「富」の「犠牲」だという。「すぐれた国民的な徳性がなければ、共和国は立ちゆかぬ。まさにこのゆえに君主制のほうがはるかにうまくいくし安全なのだ。それは国民から特別なことを求めない、そして共和国なら滅んでしまう道徳の水準で立派にやっていける。」[3]

こうして、ロシアは君主国でなければならないが、その君主が果たすべき使命は、なにをおいても国民の幸福でなければならない。このことは随所でいろいろないいかたで語られているが、一例を挙げれば、エカテリーナ二世が新法典起草委員会へ与えた訓令から、「ワレラハカク考エ、カク述ベルヲ名誉トス、即チ、ワレラガ創ラレシハワレラガ国民ノタメナリ」なる一節を含む第五二〇条を讃えていう。「一体どこの君主が玉座にあって敢えて——そう、敢えて自国民にこう宣言したであろうか、君主の名誉と権力は国民の幸福に捧げらるべし。臣下が君主のために存するに非ず、君主が臣下のために存す、と！」他方、一般国民について。「わが国の歴史には（中略）政府への反乱の例はめったにない。これはロシア国民のおおきな名誉である。ロシア国民は服従の必要、そして国民の勝手なまつりごとはいかなる場合でも国家の重大な災厄という真理を常に感じていたようだ。[4]」

しかし、こうした上下の歯車が、たとえ稀にもせよ噛み合わずに外れて暴発することはある。そのひとつ、一六四八年のモスクワの民衆の暴動を扱った論文は、カラムジンの庇護と感謝という構図の裏側を覗かせる重要な鍵といえるだろう。以下、事件のあらましは論文の記述のままとする。

暴動は主に一部の高官の栄華と専横にたいする正当な怒りに発する。しかし、彼らにたいする襲撃は「法」に背く「犯罪」として許されない。問題はアレクセイ・ミハイロヴィチ帝の対応で、若き君主はまず王宮前広場の暴徒に使者を立て、彼らを虐げる者をかならず罰するという事件の前の約束を再び繰り返し、平穏な退去をもとめる。だが、暴徒たちは、彼らの怨嗟の的、姿をくらました三人の高官の引き渡しをあくまでも要求。「ここでロシアの歴史家は、帝の善良な御心を三嘆して讃えたのち、こう述べるだろう、それは国家の安泰の限界を越えている、国家の安泰はこうした不幸な状況下では権力の寛容よりも権力の不屈の勇気によって確保される。民衆は盲目で無分別だ。統治者の断固たる行為により彼らは自分自身から救い出されねばならない。[5]」

アレクセイ・ミハイロヴィチ帝はただちに軍隊を派遣して鎮圧する代わりに高官二人を死刑とし（うち一人は執行前に暴徒により惨殺）、残る一人も見つけ次第処罰すると誓い、民衆は「満足」し、暴動は終息した。数日後、帝は民衆のまえにみずから現れ、今回の事件の源をただす一連の措置を伝えたあと、逃亡したと見なされている高官について、引退含みの助命を懇願した。この高官、アレクセイ・ミハイロヴィチの育ての親で、彼に后を娶らせみずからもその妹と結婚、権勢をほしいままにして事件に遭遇、王宮に潜んでいた。帝の「涙」ながらの訴えに民衆は跪き、その衣や足に口づけして声を合わす、「主と陛下の御心のままに！」アレクセイ・ミハイロヴィチは「感謝」を表し、

「臣下の幸せ」を唯一こころざすと改めて約束した。ここで再び「歴史家」の口を借りて論文はいう。このロシア人の「心を永遠に打つ」一幕は、しかし、その統治に「害」を及ぼすたぐいのもの、「なぜなら、人は天使でないからだ！」「経験を踏まえ人間性を熟知した健全な政治」なら「まったく別な手段で暴動を鎮火させた」はず。「賢明な君主が寛容になることはある、だが決して寛容を求めたりせぬ。それは許す、だが頼みはせぬ――感謝は臣下の感情であるべきで、君主のものであってはならぬ。」そして結語。「善良な御心ゆえの誤りは悪しき結果をもたらした。まもなくノヴゴロドとプスコフの反乱は確固とした厳しい手段の必要を証明したのである。」[6]

文中の「歴史家」がカラムジンの代弁者であることは間違いない。こうして見てくれば、カラムジンが唱える「父」と「子」の図式にあって、庇護と感謝が支配と服従の別名であることは論を待たないとして、この関係は相互の「愛」を内実とするとしながらも、武力あるいはその威嚇によって外側からも維持されなければならないこと、権力は権力であることが常に明示されていなければならないことが知れるだろう。

ところで、一般に専制君主制と訳されている――本稿もそれを踏襲している――もとの語は本来君主の恣意でなく自立、自主を指していて、カラムジンの場合もそのように解せるけれども、問題はそうした「自立」した君主が果して「臣下の幸せ」に専心するかどうか、その信頼度の有無にある。もっとも、さきにエカテリーナ二世について記したように、カラムジンはいとも明快にこれに答えているので、それをもうひとつ、いま扱ったばかり論文から引いておこう。「実際君主が国民の抑圧をのぞんだりするだろうか。少なくともそのような例は史上稀にしかない。君主自身の利益、名誉、幸せ、すべてが彼らを正しい裁きと慈しみへ向かわせるのだ。国家の最高位の人々の私的な幸せが全体のそれに反することはありうる。ただひとりの人だけがそうした美徳の危機に出会うことが決してない――それが専制君主なのだ。」[7]

しかし、いかにカラムジンといえども、こうした君臣一体あるいは予定調和の楽観論に安住しきっていたわけでなく、これはしばしばかくある現実ではなく、あるべき期待であって、そのことはついこの間のパーヴェル一世の治下でも彼みずから学んだはずである。そうした教訓から彼が掲げるのが、法にもとづく統治にほかならない。

法にもとづく統治はカラムジンのロシア国家論の柱のひとつで、それは随所で繰り返され、君主は「立法者」として法を制定し、社会はこれにより、カラムジンのもっとも重視する「秩序」や「公正」や「平安」が担保されるという。次はアレクサンドル一世の戴冠式に捧げた詩から。「自由は定めあるところ、／善人不安なく暮らすところにあり。／法なきところ、／正しきも正しからざるも滅ぶところに隷従あり。」無論、君主自身もみずから設けた法を順守しなければならず、いまの引用でもそうした含意は明らかだが、『エカテリーナ二世』にきわめて直截な一節がある。既述の新法典起草委員会への訓令第五一一条をカラムジンはこう伝える。「君主国が崩壊するのは、君主が事物の秩序に従わず、それを変えることで自己の権力を示さねばならぬと考える時であり、自己の夢想を法よりも尊しとする時である。」これをカラムジンは政治の要諦のひとつに数えていて、最後の段落は彼がなにをどう見ていたか疑問の余地なく語る。実は、ここのところは訓令の条文と微妙に異なり、そこには、「自己ノ夢想ヲ法ノ源タル自己ノ意思ヨリモ愛スル時」とある。ともあれカラムジンのいい換えは法の優位を少しの曖昧さも残さずはっきりうたっている。ことさら意図せずとも、自然にそうした表現へ彼のペンが動いたのだろうか。(8)

しかし、君主はこれで国民の「幸せ」から逸脱したり背馳したりすることはないだろうか。彼の「立法」行為そのもののどこにそうした保障があるのか。また法が彼の恣意に歯止めを掛けるというが、一体誰がどのようにそれを監視するのか。もしこれらの問いに答えようとすれば、カラムジンの答えはなにはさておきいわばブーメランのように前掲の君臣一体論、いうなれば君主性善説へ戻っていくだろうし、戻らざるをえまい。もっとも、彼の言説を丹念にたどれば、君主が正道を保つための有形無形の働きかけを彼が思い描いていたこともたしかである。ひとつは、君側に侍る佞臣の甘言に代わる「まことの愛国者」の「真実」の直言。ふたつには、より広い国民の支持。ことにその本当の「声」はかならず君主の死の時に聞こえ、「幾世紀も伝わるという。その時「国民の感情が明らかになるのは王宮ではない。（中略）町の広場、宮廷から遠い家庭の静かな住まい、穏やかに仕事にいそしむ百姓家ではじめてそれは明白になる。もしもそこで君主の死に心から感謝の涙が注がれないとしたら、彼は国民の幸せのために統治をしなかったのだ！」国民の審判をおそれよ、カラムジンのメッセージは疑うべくもない。勿論ここに前章で触れた歴史の審判をくわえていい。だが、このたぐいのことをどれほど連ねても、さきの問いを遠巻きにするばかりで、それが実際に答えになりうるか否か、すべては君主自身の才幹や徳性の如何に帰着しよう。

カラムジンの立場は広義の法の支配なる範疇に括ること

ができる。同時に、君臣一体説からはじめてその綻びを繕ういまの議論まで、これらは王権の行使に制約を課す制度論不在のまま、精神論の域をなんら出ないといわざるをえない。

すでに通説の部類に属するけれども、カラムジンがモンテスキュー『法の精神』の影響下にあったことは疑いない。その『エカテリーナ二世』は前記新法典起草委員会への訓令の概観に多くのページを費やしているが、実に訓令そのものがしばしばその骨子から文言に至るまで『法の精神』の引き写しに近く、カラムジンはこれに全面的に賛意を表している。あるいは、国家の機構や制度のありようについて、第五部で見た「民族の性格との一致」にしろ、本章にも一貫している伝統の尊重にしろ、『法の精神』が提出する観点――例えば、冒頭の第一篇第三章参照――を支えにしていると推測できる。取り上げられることの多い政体論では影響はとくに見易い。もっとも、「徳」をめぐり、モンテスキューが宗教や道徳のそれと峻別し、あくまでも「政治的な徳」とするのに比しカラムジンの場合は曖昧の感がなくもない。しかし、すでに述べた法にもとづく統治にせよ、このあと述べる貴族制度にせよ、カラムジンの描く君主制の構図が、『法の精神』がもとめる要件――第二篇第一章、第四章参照――に沿っていることは明らかといえよう。

君主制に引き続き、ロシアはまた現行の身分制をもって最適とする。カラムジンの描くロシア国家は、一人の君主を頂点とし、以下貴族、都市の商工業者、そして膨大な農民を底辺とする三角形をなす。まず貴族について。その「特権」に関するエカテリーナ二世の「勅許状」を讃えてカラムジンはいう。そこで女帝は「貴族の功績」にたいする「祖国の感謝の印である報酬」のすべてを列挙し、「これら特権の神聖、永遠、不可侵を天の名にかけて保障している。」次にいわゆる「中間身分」について。「彼らはかつてない程自己の権利の重みを感じ、何人も羨ましく思わぬ。」最後に農民。「農民の勤勉は以前に増して報われている。」「啓蒙の結果領主の権力の濫用はなくなりつつある、そもそも法律上もこの権力は横暴でも無制限でもないのだが。ロシアの貴族はみずからの農民に必要な土地を与え、社会生活の場で彼らの守り手になり、不慮の災難や自然災害では援助する人となる。それは彼の義務だ！　その代わり彼は彼らから週の労働日の半分を要求する。それは彼の権利だ！」(9)

この階級社会に巣くう病弊をカラムジンが見過ごしていたわけではない。例えば、貴族の法外な「浪費」を槍玉にあげていう。「わたしは贅沢三昧な人々を全員暫く田舎へやり、きびしい農作業を目の当たりにさせ、農民にとって一ルーブリ一ルーブリがどれほど値打ちがあるものか見せてやりたい。」ただし、そうした非難の矛先も、「富」を用いるにまず家計の健全化、「もしできたらあなたの農民の境遇を改善しなさい」、さらには学校や病院の建設その他祖国を裨益する事業へ向けよといった忠告へ収斂していく。カラムジンの貴族にたいする苦言は、期待の裏返しにほかならない。いうなればノブレス・オブリッジ、彼が説くのはそれであって、国家の支配的、指導的勢力として貴族が占める位置は、いささか紋切り型ながら次の数語に要約されよう。「貴族は全国民の魂であり高貴な姿である。」

こうして拾い集めたカラムジンの発言のどこからも身分制国家への異議は聞こえてこない。さらに、農奴制にたいするみずからの態度を架空の人物に託して語った『一村人《むらびと》の手紙』から補っておく。

「村人」がいうには、「博愛主義の著作家の精神にひたされて」、わたしは「彼ら〔農民〕に土地を全部与え、もっとも軽い年貢で満足し、村には支配人も管理人も置かず」、長年都会暮らしのあと帰ってみれば、村は畑は荒れ、倉に麦なく、家屋は腐り放題。「わたしが与えた自由」は「怠けて飲んだくれる自由」になっていたのだ。わたしは「領主の耕地」を復活、農民とともに終日野に立ち、彼ら自身の農作業にもきびしく目を配り、日常生活に至るまで監督、「わたしの畑、村、その住人」の建て直しにすっかり成功した。この経験からえた結論は次の通り。「外国人旅行者」は農民の「怠惰」の源は「いわゆる奴隷状態」にありといういう。だが、そうした「哲学」が彼らの脳裏に浮かんだこともないし、そもそも「奴隷状態」は事実としてもない。「彼らが怠けるのは天性ゆえ習慣ゆえであり、勤勉のもたらす利益を知らないゆえである。」昨今のわが国の農業の向上は領主の「努力」の賜物。現在「わが国の農民の真の幸せのためわたしが願うのは、彼らが善き主人に恵まれ、あらゆる良きことを唯一可能にする啓蒙に浴する手段を与えられることに尽きる。[10]」

カラムジンの農奴制維持の主張は明らかだが、二点指摘しておきたい。まず、右で「外国人旅行者」の言を退けたように、ロシアは「外国の博愛主義者の助言」、「イギリス、フランス、ドイツの賢人たちの方式」を採るべきでないとしていること。つまり、ロシアにはロシアのやり方があること。もっとも、これには、「五〇年後、一〇〇年後」はいざ知らず、と断りがつく。「時が国民の理性を前進させる」からである。とはいえ、そうした「理性」の「前進」は「遅々たる」もの、と再度断りがあり、「立法者が時代の先を越す」勇み足が強くたしなめられていて、いまの未来にかかる言葉は目前の現実を説く言葉にかき消されがちで、とくに論文の末尾で「ロシア貴族の主な権利は領主たること、主な務めは善き領主たること」と改めて念を押されるとその感は一層深く、農奴制堅持の基調は揺るがない。

この階級社会に水を注す、安定を乱し、ひび割れを起こす、そうした危険な因子のひとつを、カラムジンは一般の民衆が抱く「羨望」に見ていたようである。そのことは、さきに「中間身分」の商工業者に言及した一節、「彼らはかつてない程自己の権利の重みを感じ、何人も羨ましく思わぬ」からもうかがえるが、底辺に位置する農民をめぐる言辞はそれを一段と浮き立たせるのではなかろうか。カラムジンはいう。エカテリーナ二世は「農民の幸せ」をのぞんでいた。「豊かな自然の恵み受け、大勢の家族に囲まれて彼らが楽しみのために働き、安らぎの住処たる慎ましく鄙の百姓家に住んでしばしば無為と退屈に蝕まれる都の広壮な館を羨まぬようのぞんでいた。」あるいは、右で触れた貴族の「富」の浪費をたしなめるなかで。「貧しい人々の父となり、彼らの羨望の念を愛と感謝の念に変えなさい。」前稿ですでに指摘したことだが、以上の身分論はカラムジンの幸福論、つまり自足の哲学と深く絡み合い補い合っていて、前者が制度論、後者が精神論として過不足なく盾の両面をなす。ともあれ、身分制国家をよしとするカラムジンの脳裏に、「平等」に惑わされたというフランス革命の悪夢が映じていたことは想像に難くない。

第3章

例えば、ユーリイ・ロトマンはこの時期のカラムジンの姿勢を「政治的リアリズム」とよぶ。あるいは、リチャード・パイプスは「政治においてカラムジンは徹底したプラグマチストだった」という。[1] この二人の研究者の言はこれまでの記述でおそらく裏付けられるはずだが、しかし、リアリズムといい、プラグマチズムといい、そうしたカラムジンの処し方が強烈に、時にシニカルに響くほど発揮されるのはむしろ国際問題、ロシアがとるべき外交政策の領域であろう。

「詩、雄弁術、似非哲学が侵略者の功名心を弾劾する声の繁きことよ！　この荒々しい情熱の無数の犠牲者をあげて彼らを責める声の頻々たることよ！　だが、真の哲学者は選り分け、判断し、必ずしも非とせぬ。全世界が親しく兄弟のように結ばれるという、やさしい心にかくもここちよい美しい夢よ！　なにゆえ汝常に夢なりしや？　国民や君主の規律は品行方正な人間の規律と異なる。後者の幸福のためには、前者が対外的な安全を第一に考えることがもとめられる。ところで、安全とは威力のことだ！　弱い国民はおののき、強い国民は威光に護られて自由に政治生活を享受する。[2]」

外交におけるキーワードは内政と同じく国民の「安全」、それを保障するものは「力」、あからさまにいえば、武力——これがカラムジンの基本認識である。こうした「力」本位主義自体当時としてはなんら珍しくはないが、カラムジンの場合も有史以来の人類の過去を見渡して得た知見であるとともに、それはまさに現在の問題でもあって、この間の「十年戦争」から学んだ教訓にほかならないことを彼自身に語ってもらおう。『通報』創刊号で「ついにヨーロッパに平和到来！」と喜びを発したカラムジンは同論文でいう。「しかし、サルディニア王、トスカナ公、ドイツ諸侯は全体の平穏の犠牲になったままだ。罪は彼らにある、なぜなら弱さは政治において罪だからだ！[3]」

国際政治とは国家間の利害のせめぎ合いにほかならない——これまたカラムジンの多彩な言説を通底する基本認識といっていい。ひとつだけ彼の言葉を引いておく。翌年六月。英仏再び戦うを報じる一文。「不幸にも、戦争が始まった。イギリスが戦端を開いた。平和を愛する心がいま公平な裁判官であることは難しい。それは血を流す剣を最初に抜いた者を非難しがちだ。しかし、政治は博愛事業ではない。大臣たちの関心は唯一自国の利益なのだ。[4]」では、それぞれにエゴイズムを抱えた国家と国家、その間の平和はいかにして保たれるのか。カラムジンのキー・ワードは「力」の「均衡」の一語に尽きる。

しかし、ここで当然疑問が生じよう。みずから「安全」を確保する「力」、「均衡」を維持する「力」のない国、つまり「弱い」国はいかにすべきか。これにたいするカラムジンの答をふたつ挙げておこう。ひとつは、ポーランド分割後ロシアに吸収されたクールランド公国について。それは、「力のない地方にとって独立は常に不幸を招くと知っていたので、エカテリーナ〔二世〕の統治下にある名誉をのぞんだ。」次は、逆の場合。この間ナポレオンに占領され、滅びたヴェネツィア共和国。「政治的対立のさなか、自国の位置や力からして対立するどの側にも抵抗しえない場合、そのどれにも加担しないことがいかに危険か証明している。[5]」要するに、「弱い」国は「強い」国に併合されるか、同盟の名のもとで衛星国になるか、いずれにせよその傘の下に入らざるをえないということであろう。

国家間の関係は善悪を越えて「力」が競合する場であり、従ってそれぞれの「力」の大小がそれぞれの国家の命運を左右するという図式がこれで明らかであろう。そこには大国主義、強者の論理が透いて見える。実際、「現代では世界の主役は三国家、フランス、イギリス、ロシアのみ」とカラムジンはいう。

たしかに、以上のようなカラムジンの立場は、一方に理想主義といったものを置いて考えるとすれば、現実主義と名付けて不当ではなかろう。ただ、これに関してもやはり次の二点をつけ加えておかなければならない。ひとつは、それが決して特別なものではないこと。第Ⅳ部第二章で見たように、カラムジンにもっとも遠い陣営、ロシアの体制変革を目指すデカブリストにさえほぼ共有されていたこと。もうひとつは、敢えて断るまでもないけれども、「力」にせよ、その「均衡」にせよ、それが主張されるのはあくまでも現下の必要という一点からであって、カラムジン自身は決して「力」の信徒ではないこと。それを裏付けるため、まさに「力」が行使される場面での彼の言葉を引いておく。一八〇三年、英仏戦争の危機。海という「幸運な自然の障害」にもかかわらず、両者は「人間の血を流す手段をやはり見つけるだろう、人間と虎は時に僅かな差しかないと証明するために。」そして開戦。「人々は書物の中や会話の中ではたいへん賢い。だが、どこかむきだしの岩越しに大砲を撃ち合う時、いまだ未開人か十四世紀の親愛なるおのれの祖先におおいに似る。」(6)

いまの「力」の忌避、武力によらぬ平和を理想と呼ぶなら、ここでもまた前章に続いてカラムジンがすぐれて現実家でもあり理想家でもあるといわざるをえまい。もとより、どちらの場合も、彼の眼差しはまず目下の現実に向けられ、言説の軸足はそこにあるが、しかし、それを相対化するもうもうひとつの視点、もうひとつの足場がつねに保たれている意義は小さくない。だが、さきにも述べたように、こうした精神のありようはおそらく幸福ではないはずで、例えば、うえの最後の引用のまえには、「今世紀の啓蒙」が「政治問題にほとんど影響らしきものを持たぬ」ことを嘆く一節があって、現実と理想の架け橋不在のままそこに両足を掛け続けるとすれば、それには少なからず緊張を伴うに相違ない。

なお、いま扱ったような理想と現実にかかわる問題は、前章のロシア国家論にも潜む。歴史小説『太守夫人マルファ』がその実例だが、この点の検討はのちにゆずる。

第4章

アレクサンドル一世の登場は文字通り新しい時代の始まりとして歓呼をもって迎えられた。再びロトマンの言葉を借りれば、そうしたなかで「カラムジンのうちに政治家の精神が目覚めた。」彼が繰り広げた言説のあらましはこれまでに見た通りである。筆者はさきに彼の活動の前期つまり前世紀九十年代の概観を試みたが、両者を比べると、そこに変化の相を認めざるをえない。そのもっとも顕著と思われる部分についてはこのあと引き続き述べることにしているので、取り敢えずここまでのところでいえば――まず、なんといっても目を見張るのは、「政治家」への変貌だが、それが一七八九年来のヨーロッパの動乱に触発された危機意識に後押しされたものであることは既述の通り。さらに、ヨーロッパ諸国家を襲った激震は、ひるがえって祖国ロシアの国家体制を過去、現在を通して改めて見返す契機にもなりえたであろう。

ロシアの国家及び社会にたいする対し方の基本線にぶれはない。ただし、このときカラムジンはいわば階段を一段上ったところに立っているので、それについては以前記した言葉をもう一度そのまま繰り返しておこう。すなわち、九十年代の経験はロシアの中流貴族としての彼の保守的なメンタリティーをいわば彼の哲学に、ひいては現実的な政治綱領に鍛えあげる貴重な政治教育の場であった。

カラムジンの保守主義が成年に達するこの間、いささか肥大気味に膨らんだのが彼のパトリオチズム、ナショナリズムである。ロシア帝国の「偉大」を讃え、「栄誉」をのぞむ彼の言葉は、まさに枚挙に暇ない。その「力」の発現である数々の戦争の勝利、領土拡大は、前述の強者の論理の実践ということになるのだろう。すでに幾度となく引いた『エカテリーナ二世』も冒頭からそうした戦果を列挙し、強国ロシアを高らかにうたい、「女帝の一言が諸々の国家の命運を決した、一言につづき無敵の軍が飛び立つ構えでいたからだ」などといささか鼻白む言葉まで飛び出す。もっとも、カラムジンにいわせれば、ピョートルやエカテリーナがえた領土の拡大は、ひたすら「それなくしてはいかなる国内の福祉も期しがたい対外的安全」のため、つまりは自衛手段ということになり、こうしたいい分をまるまる鵜呑みにするのは躊躇われるけれども、ことが宿敵トルコ、スエーデン、ポーランドなどにかかわるとなると、カラムジンの強弁と決めつけるだけで片づくはなしでもなさそうだ。そう思わせる端的な一例がポーランド分割だが、これに関するカラムジンの言葉をまず聞こう。

「ロシアの敵どもが今度はロシアのまえに跪き、かつて奪ったものを返したのだ。然り、女帝はポーランドでわれらの古い財産を獲得したにすぎぬ、それも老いぼれ共和国のひ弱な精神がもはやその国土を治められなくなってからである。この分割はエカテリーナの威力とロシアへの愛のなせるわざなのだ。」

「ポーランドはない。だが、その不穏且つ不幸な住民は、みずからの名を失って、三同盟国の主権の下に平和と安らぎを見出した。」

「彼らの残虐行為、略奪やら殺人やらありとあらゆる暴力やらを想像するとき、わたしには天の正しい裁きがここにはたらいていることが分かる。それはわれわれ子孫に先祖の仇を討たせたのであり、一撃をくだす役にエカテリーナ大帝を選んだのだ。ふたつの国民の相互の憎しみは一方の滅亡によって早晩終わるだろう。[1]」

カラムジンの「古い財産」論が多少とも妥当するのはせいぜい第一次分割までで、つづく一連の経過の免罪符には到底なりえないけれども、ここは彼のパトリオチズムが過去のトラウマを抱えあらあらしく噴出したケースとして記憶しておこう。

ロシアを英仏と並ぶ「世界の主役」の一にかぞえていることはさきに触れたが、この両国が再び戦争へ突入するなか、平和回復をロシア皇帝アレクサンドル一世の「仲介」に期待するとするなど、カラムジンのパトリオチズムには力みが見える。

どうやらこの間、カラムジンの意識に確実に地殻変動が起きていたのである。しかも問題はそれが上記の政治論のレベルに止まらず、いわば文明論の深みにまで及んでいたことで、要するに、それらをひっくるめてロシア人なる一民族、一国民のありよう、その進路をうらなうカラムジンの視座に変化が生じたのである。

一七九八年、カラムジンはピョートル一世の改革を讃える一文を構想していたらしく、ノートにメモが残されている。次はその一部。「われわれはこのように精神的、道徳的にみじめなまま留まるべきだったのか？　あなたがたの民族的特性（民族性）にいかなる意義ありや？　あらゆる民族の使命はひとつ。」この単線型の発達史観がカラムジンのものであったことは、同じころ書かれたと思われる『ロシア人旅行者の手紙』フランス篇の一節からも明らかだが、以下その要旨。はなしの糸口はやはりピョートルの改革で、それがヨーロッパの「模倣」に終始したとする批判を「耳にするたび憤慨に耐えなかった」と前置きして

「わたし」はいう。「もろもろの民族にとって教育あるいは啓蒙の道はひとつ。すべての民族はその道を後になり先になりしてゆくのだ。」ロシアが先行していた「外国人」に学んだのは当然のこと。「並んでいけないのか、追い越すために?」ドイツ風の衣服もひげの禁止も、「より快適になるため」。大帝が「われわれの古来の習慣に宣戦布告したのは、第一にそれらが粗野で時代後れだったからであり、第二にその他のより重要で有益な外国産の新しいものを導入する妨げになっていたからである。」「ロシア人の性質の変化、ロシア人の精神的特徴の喪失を云々する嘆き節はすべて戯れ言に他ならないか、思慮が足りない結果かどちらかだ。われわれは顎ひげをたくわえた先祖と違う。それでこそいいのだ! 内面外面ともに粗野、無知、怠惰、倦怠が最高の身分においてさえ彼らの運命だった、——われわれには理性を磨き、高尚な精神的喜びを味わう道がすべて開かれている。民族的なものはすべて人間的なもののまえでは無価値だ。肝心なことは人間であることで、スラヴ人であることではない。人間にとっていいことがロシア人にとって悪いはずがない、そしてイギリス人かドイツ人が人間の利便、利益のために発明したものは、わたしのものだ、なぜならわたしは人間だからだ。」長い引用になったが、ここはまさに「啓蒙の世紀」の嫡子、ピョートル改革の衣鉢をつぐコスモポリタン宣言と呼ぶに相応しかろう、いささか勢い余ったいい過ぎの感もあるけれども。

さて、世紀が変わって一八〇二年、カラムジンは論文『祖国愛及び民族的誇りについて』[2]を発表した。表題そのものからしてかなり刺激的といえそうで、そこでは一般に「祖国愛」の依ってきたる所以が種々論じられているが、いまはロシアの読者にそうした「愛」の覚醒をうながす箇所にのみ注目しよう。「わたしの見るところ、われわれはみずからの民族的な長所を思うに余りにへりくだり過ぎる、——が、へりくだりは政治において有害である。みずからを敬わない者を、他者も決して敬うまい。」ロシア人の「模倣」なる非難にたいしては、哲学者ライプニッツまで引き合いに出し、それもすぐれた能力のひとつと反駁する一方、結び近くの言。「何事にも限度や限界がある。個々の人間がそうであるように、民族も模倣から始める。だが、時がくれば自分自身にならねばならぬ、次のようにいうために、精神において我在り! いまわれわれは、パリやロンドンでどう暮らし、なにを着、なにに乗り、どう家々を飾るか尋ねずとも暮らせるほど知識や生活の趣味を有している。愛国者は祖国に有益なもの必要なものをもたらすべく急ぐ、だが、民族的誇りを傷つけるこまごました奴隷的模倣を拒否する。学ぶことはよいことであり、そうすべきだ。だが、いつまでも生徒のままの人間も民族もともに不幸である！」[3]

両者の差は明らかだろう。ここは潜んでいた民族の意識が表面に浮上したと読むべきで、要は「みずからの価値」の自覚であり、決して排他的ではないものの、単なる「模倣」からの離陸を迫る自立宣言にほかならない。文明論におけるこの推移がさきの政治論のそれと時を一にし、互いに因となり果ともなったに違いないが、右に掲げたカラムジン自身の言葉から推し量るならば、そこには、N・V・リャザノフスキイがいうように、「外国の文化的主導権を受け入れ、いかに模倣に成功しているとはいえそれに満足できない「傷ついた民族的誇り」も強く働いたことは疑えまい。[4]

さらにもうひとつ。一八〇〇年、ドミートリエフ宛の手紙。「ぼくはロシアの歴史に首まではまってしまった。ニコンやネストルを夢にまで見るんだ。」もともとカラムジンの歴史への関心は強いが、この間それは本格的な研究へ進み、その成果は以後次々に公にされる。いうまでもなく、それはロシアのアイデンティティー確認の作業にほかならず、彼のナショナリズムを内から支えることになる。ただ、これについてはいまは立ち入らず、もう少し時期を待ち、まとめて述べることにしたい。

以上、カラムジンの変化の相をさぐってきたが、このあとこれを彼のロシア回帰とよぶことにしたい。ただ、改めて断っておきたいことは、彼の立場が決してヨーロッパからの離脱や対立を指すものではないことで、ピョートル、エカテリーナと受け継がれた路線は踏襲され、ヨーロッパの一員という枠組みは維持されている。それはヨーロッパ発「啓蒙」への拒否では少しもなく、その上でのアイデンティティー確立の要請にほかならない。そうした主張の支えに、彼は古代から現代まで数々の戦いで示された「祖国愛」や「勇気」を挙げ、「われわれの国制は数世紀の啓蒙に浴している他の国家のそれと叡智において引けをとらぬ」といい、学問の後れは認めつつも早くも開花した文学の例を引いて「ロシア人の偉大な能力の証拠」とする。なかでも、彼が他に比してロシアの「新しさ」、「力」の「新鮮さ」に再三言及し、それをもってロシアの前途洋々とうたっていることは注目に値しよう。たしかに、そこでは差し当たり言葉だけに止まって議論の深まりはないけれども、重要なのはそれではなく、おそらくそのいうところの当否ですらなく、そうした意識そのものであって、やがて時至れば彼我の位置が入れ替わる思想にカラムジンは近づく。「ロシア人は一国民をこの上なく偉大な国民たらしめるものすべてを、即ち知性と不抜の勇気を自然より与えられている。われわれは目的地へ向け邁進している——そして、ピョートルがロシア人を見出した地点、エカテリーナが彼らを見出した地点を眺めやり、断然期待を抱く、もうすぐ光輝く目的地とわれわれの間にヨーロッパの国民はひとつもいなくなるだろう、と。[5]」

第5章

「万物をつくる者の手をはなれるときすべてはよいものであるが、人間の手にうつるとすべてが悪くなる。[1]」『エミール』冒頭のこの一節はルソーの全思想の原点とよんでおそらく差し支えあるまい。

筆者はすでに人間の「自然」をめぐってルソーとカラムジンの間の溝を指摘したが、世紀をこえてそれは狭まる気配を見せない。一八〇二年の小説『わが告白[2]』はそうした両者の深い亀裂をのぞかせる。表題そのものがすでにルソーのコピーだが、果たしてカラムジンはそこへなにを盛り込もうとしたのか。

四十歳過ぎという主人公の「わたし」は、一体なんのための「告白」か自分にも分からんと切り出し、そもそも自分はこれまでなんの自覚もなく、ただ「なんとなく」欲したり、振舞っただけと続ける。その上で、あらゆる例に反して、「わたしの告白はいかなる道徳的目的も持たない」と前置きし、本題に入る。「自然はわたしを完全に特別な人間として造った。」

裕福な貴公子たる「わたし」は、「ありとあらゆる悪戯をしでかしては、仕置きを受けず」に育ち、フランス語を習い覚えたものの、ロシア語は知らず。十五歳になっても、「人間として、市民としてなすべきことをわきまえていなかった」が、「たいそうな官位を授かり、外国へやられた、なんのためとも聞かされずに。」ライプチヒ大学、ヨーロッパ各地、特にパリ、ロンドンと渡り歩いて放蕩三昧。やがて帰国しては、外国仕込みを披露、数々の「奇行」で首都の度肝を抜き、社交界の「立法者」となるかたわら「退屈」しのぎの漁色に明け暮れる。そのうち、「ひょいと」思いついて結婚する、「人気者」のわずらわしさの「気晴らし」にわが家でオペラやダンスや喜劇に興ずるため。そしてあっけらかんと借金を重ね、ついに無一物の宿無しとなる。

この作品については従来から貴族社会にたいする風刺という見方がされていて、筆者も異存はない。右の「わたし」の物語はいかにもステロタイプで、「特別な人間」という彼の言をあっさり裏切っている。作品の結び、「わたし」の居直りの弁は作者が風刺の意図を包まずに伝えている一節として読めるのではないか。「たしかに、ある人々はわたしを蔑みの目で見、一門の恥ときめつけ、高貴な家柄とは国家有用の士にして祖国の有徳な市民たるべき義務の謂という。だが、そういう彼らを信じられようか、ひるがえって見るに、たくさんの愛すべき同胞がわたしの模倣に精を出し、目的なく生き、愛なく結婚し、慰みに離婚し、夕べの食卓のために破産しているではないか！　否、否！わたしはわが天命をまっとうした、そして、旅人が高みに立ち、満ち足りた心で遍歴の跡を眺めやるように、わたしはわが身の上を喜んで思い起こし、おのれにいう、かくわれは生きたり！」

しかし、どうやら「わたし」という人間は甘やかされたエピキュリアンというだけではいい尽くせないらしい。そこには、なにか不透明な、どす黒いものが蠢き、突き動かし、あざわらっているようにみえる。例えば、ドイツでは「やんごとない女性」と踊り、飛び跳ねては「思い切り乱暴に下へ落とし」、イタリアでは「善良な信徒たちと教皇の靴に口づけする間、その足を噛んで、哀れな老人を絶叫させ」、イギリスでは、ロシアから同行した家庭教師のジュネーブ人が、「わたしのジェニーにやさしくする気を起こした」ので、階段から突き落とし、「段々を頭でかぞえさせる。「もっとも、誓っていうが、わたしには嫉妬心なるものがまるでない。あの一瞬の動作は、勿論病気のせいだったのだ。」

あるいは、これらはさきの「悪戯」のたちのよくない続きといえるかもしれない。では、次はどうか。「恋」こそこの世の「空虚」を潤す「もっとも有益な発明」と信じる「わたし」は、結婚のあとも相変わらずそれを怠らず、当初そうした「わたしの哲学」を嘆き悲しんだ妻エミリアもやがて収まり、「とうとうわたしは、彼女の周りに彼女にいい寄る男たちの群れを見て、妻の矯正を完全に確信した。わが家はそれによってずっと楽しくなった」。が、好事魔多し、前述の通り破産。二か月ばかり経ってひとりの初老の公爵が訪れ、「わたし」が離婚の書類に署名すれば、借金をすべて肩代わりすると申し出る。彼は彼女と結婚するつもりと打ち明け、「友情」のしるしに「わたし」に自分の館へきて住むようにとまでいう。債鬼に追われ行き場のない「わたしにこの時うまい考えが浮かんだ。わたしは署名した。」

公爵のもとへ身を寄せた「わたし」は「エミリアと昼食や夕食をともにし、悩み悲しむ表情を浮かべ、二人だけになるとかつての無分別、心からの後悔、最愛の女性の夫と呼ばれる幸せが永遠に失われたことを涙ながらに語った。」やがて「わたしの計画は見事実現」、エミリアは「わたし」の腕に身を投じ、「わたしは一分後、わが勝利の奇妙さ、こうした関係の新しさを思い、笑いをこらえるのがやっとだった。」しかし、「わたし」はこれで満足しない。のぞむところは、「燦然たる栄光」。そこでエミリアに駆け落ちを迫り、さすがに彼女が尻込みすると、自殺をもちだして脅し、数日後、手に手をとって出奔する。「わたしの勝利は完璧だった。わたしは哀れな公爵や品行方正な面々の驚きようをまざまざと思い浮かべた。わたし」は、リチャードソン『クラリッサ』のあの「ラヴレイスの類とわが身をくらべ、連中はわたしの足もとにも及ばぬとした、連中は愛人をさらったが、わたしはかつての妻を第二の夫からさらったのだ！」

落ち着き先のモスクワ（？）では、親類縁者は門を閉ざし、通りで会えば十字を切る一方、「ある種の若者たち」には「自分たちの英雄」に祭り上げられる。エミリアは自分の宝石を売ってまずまずの暮らしを支えていたが、「わたしの冷淡さ」をかこちながら、とどのつまり「わたしが名うての浮気女と情を通じるようになった」ことを知り、病に伏し、恨みを残して死ぬ。

その後も漁色は変わらず、そのうちの「二、三人を破産させ」、みずからは高利貸、「道化、殿方や奥方のちょっとした道楽の取り持ち役」になり、「わたし」の告白は上に示した結びの居直りの弁で終わる。

一見して、「わたし」の行動には終始なにか堅い核のようなものがある。いうならば、確信犯。それはアモラルとよぶだけではいかにも足りない。悪意とよぶほうがむしろ相応しかろう。人間のうちなる悪意。快楽としての悪。さらには、無償の悪、そういうものの存在さえ感じさせるのではないか。

『わが告白』は扱いにくい作品のようで、長く足を止めず、せいぜい軽く触れて通り過ぎることがおおい。たしかに、これはカラムジンの他の作品に比してはなはだ異質といえるので、正直なところ、筆者も当初は戸惑いを覚え、これをカラムジンの苦いアイロニーと受け取るまでに少々時間を要した。表題そのものが示唆するように、ルソーその人の影をそこに重ね合わせた上のことである。

対ルソーの問題で、もっとも明快な割り切り方をしているのが、この問題にはじめて深く鍬を入れた前記ロトマンであろう。彼によると、作品は「ルソーの『エミール』にも、『告白』にも、——さらに広く——人間の生まれついた善、つまりは人間の内なる意義といったイデーにも矛先をむけ」、「人間のよこしまな、非合理的‐非理性的本質なるイデー」を打ち出したという。[3] たしかに、「わたし」にはサヴォア助任司祭のいう「良心」などどこにも見当たらない。カラムジンは翌年の作品でも次のように述べて、個々の人間のありようが生まれながらのものであること、その先天性をつよく主張する。「自然のみが種をまく。芸術や教訓は種子がよりよく、より完全な芽を出すように水を注ぐにすぎぬ。人々の知性も性格も自然のわざ。父、教師、環境はそのわざのその後の展開をたすけることはできるが、それ以上を出ぬ。」[4] つまり、ロトマンに従えば、うえの「わたし」の悪の源も人間の本性なるもの、ルソーに倣えば「万物をつくる者の手」にまで溯らざるをえず、もしそうであれば、この章の初めに掲げた彼の言葉を鋭く切り裂くことになろう。

実際、『わが告白』は『エミール』や『告白』のパロディーといってよく、そのことは、「自然はわたしを完全に特別な人間として造った」以下、うえに記した作品の素描からも十分うかがえるはずだが、さらにつけくわえれば、家庭教師のジュネーブ人。彼は「わたしは共和国の生まれで圧制を憎みます!」と宣言して、お目付役を返上、「わたし」のご乱行のお相伴にさえあずかるが、これはもう棘のあるカリカチュアであろう。この作品のハイライト、エミリア、「わたし」、公爵が演ずる一幕は、『新エロイーズ』のジュリー、サン゠プルー、ヴォルマール三者のそれのあくどいからかいかもしれない。

しかし、『わが告白』の扱いにくいところは、実はこの先にある。人間の「自然」をめぐって、ロトマンのいうふたつの「イデー」の対立と一方が他方を凌駕する説は、果して妥当といえるのだろうか。それは作品の見てくれの構図であって、作品の内実はもう一歩踏み込んだところにあるように思える。というのは、次から次へひたすら続く「わたし」の悪行はいかにも念が入りすぎ、誇張のきらいが否めないからで、それは危うく滑稽の域に堕しかねないとさえいえ、こうして「わたし」の物語は悪の「イデー」の表現ではなく、いわばその批評になっているのではあるまいか。つまり、「わたし」という悪人は悪人の戯画でもあり、「わたし」がおこなう悪は悪の戯画でもある。ルソーの善の「イデー」を裏切る「わたし」は、みずから悪の「イデー」もパロディー化する二重の役割を付与されていたといえるのではないか。

いわゆる人間の本性なるものについて、それを善とするにせよ悪とするにせよ、一方に偏した断定からカラムジンは確実に距離を保っている。すでに幾度も言及した彼の相対主義あるいは複眼主義の一貫したあらわれにほかならない。それはまた懐疑主義といい換えてもいいけれども、いずれにせよ、そうした認識の姿勢が必ずしも幸福をもたらすものでないことも再々述べた通りである。

カラムジンのルソー離れはあきらかであろう。ただし、大切なことだが、それをいえるのはいまの問題に関してであり、しばしば見られるように、これを不用意に他に広げてはならない。カラムジンのルソーへの敬愛は変わらず続いていているのであって、この一八〇二年の『通報』に載せたふたつの記事がそのことをはっきり語っている。それは人間の無垢な愛をたたえ、自然の素朴な美をいつくしむルソーである[5]。振り返れば、まえの世紀に『学問、芸術論』を批判したときにも同じことが確認されていて、カラムジンの対ルソーの二面性は彼の本質に深くかかわっていたのであり、その意味でこれをアメリカの研究者にならって、「生産的なアンビヴァレンス」とよぶことさえできるのかもしれない[6]。

人の世に幸せのあり難し――既述の通り、現在知られているもっとも古い詩のなかで二十歳のカラムジンはこううたったが、いま三十台の半ばを過ぎ、彼のペンはやはりこの重いモチーフを奏で続ける。一八〇二年の詩『愚者礼賛』もそのバリエーション。移ろい易い運命、不確かな愛、表裏ある人の心。遠く達し難い知の地平。皇帝の統治、「人々を教え、啓蒙する」道やいかに。さらに、なにものにも癒されぬ「退屈」の虫。こうしたもろもろに心を悩ます「賢者」にたいするに、これらに無縁、自己満足に浸る「愚者」の幸せ。「時の巻物を繙いてみん。／人の幸せなりしはいかなる時？／もの思う力なく、／ただ口腹の徒たりし時。」俗物痛罵の陰に知の悲しみありということか。

死が思い知らせる生のもろさを嘆くことも変りない。一八〇二年、結婚生活わずか一年で妻を失う。翌年、前日たずねてきた友人を翌日突然死が襲う。それぞれの死を悼む詩はいずれも来世への望みをつよくうたっているものの、しかし、それによって傷心が癒されることもない。人の命のはかなさは、年と共に冷厳な現実としてますます深くカラムジンの胸に刻まれていったといわなければなるまい。

いや、そういわなければならないのは、おそらくこの問題に止まらない。右に引いたばかりの『愚者礼賛』の一節はどうか。「狡猾、冷淡／忘恩の者どもを目の当りにし、／心優しき人が／かかる徒輩を永劫忘れんと誓い、／偽善者の犠牲にならんより、／獣と暮らすをよしとする時――愚者は誰彼なく友とみなし／そして思う、『わたしを愛さずいられる？』」人間より「獣」――詩の表現という点を割り引いてもここにあるのは単なる嘆きとは遠い、突き放した感情であろう。

筆者は第V部において人間の生、人間の世界、歴史のうねりを眺めるカラムジンのある種のペシミズムをつぶさにたどった。勿論、繰り返すまでもなく、どの時点であれカラムジンのありようを一色に塗りつぶすことはあやまりで、それはつねに明暗二面を持つ。同時に、そのペシミズムは起伏に満ちた経験をくぐりぬけて、いまや感傷に曇らされない覚めた認識へ歩を進めている。

本章でも再確認したカラムジンの懐疑主義あるいは相対主義、ペシミズム、多分、それらは人間が「天使」でないことを前提に、確固とした権力を必須とし、それに守られる「秩序」の枠内でのゆるやかな改良主義、いわゆる彼の保守主義にそのままつながっているのであろう。

第6章

一八〇三年末にジャーナリズムの舞台を去ったカラムジンは、翌年以降、読者の前から姿を消し、日夜、大作『ロシア国家史』の執筆に没頭する。そのカラムジンを取り巻く時代の風は、この世紀の初めにほほえむかに見えた順風は影をひそめ、横なぐりから逆風へ向きを変える。

カラムジンにとって、アレクサンドル一世の即位は希望を抱かせるに十分であった。新帝は第一声で祖母エカテリーナ二世の統治を踏襲する旨宣言し、カラムジンは快哉を叫び、第二章に示したように、その指針に供すべく女帝の治世を少なからず理想化して讃える一書を上梓した。しかし、若い皇帝は旧に復することなく、立憲制に意欲をのぞかせ、行政機構を改め、「自由農民」を誕生させるなど、彼の期待は早々に裏切られる。

一八〇三年六月英仏再び戦端開く。これを皮切りにヨーロッパはまたもや砲火にさらされ、その間ロシアは第三次、第四次対仏同盟の一翼を担って出陣、しかしやがてナポレオンの脅威をみずからの国境に覚えねばならなくなる。

一八〇六年、カラムジン『戦士のうた』より。詩は「轟く、轟く、祖国、法、名誉の聖なる声が！」にはじまり、皇帝を「父」にいただくロシアの「息子たち」に「武器をとれ」と呼びかけ、こう結ぶ、「フランス人の味方は恐ろしい地獄の一族――われらが味方は神と徳！」

一八〇七年六月、敗戦、ティルジット講和。八月、弟へ宛てて。「今年は気持ちが落ち着かず、仕事がはかどらなかった。」

一八〇九年八月、弟宛。「ヨーロッパの出来事が一切耳に入らぬように、どこか鳥も通わぬところに隠れてしまいたくなることがたびたびだ。われらの父たちのなんと幸せだったことか！　われわれはヨーロッパのかつての平穏の有難味が分からず、いまやもろもろの帝国の滅亡を目の当たりにし、恐る恐る未来の到来を待つしかない。さもなければストア派のいう徳を身につけるほかないのだが、これは家族持ちにはそう易しいことじゃないね。[1]」

アウステルリッツからフリードラントに至る敗北とティルジットの和平は、この国の人々に屈辱の深手を負わせたばかりでない。それは大陸封鎖の桎梏、戦時インフレの昂進をともない、アレクサンドルの国内政策に当初からくすぶっていた不満とも相まって与論は沸騰、政府批判が強まった。そうしたなかでさらに新たな緊張をもたらしたのがミハイル・ミハイロヴィチ・スペランスキイの登場である。

スペランスキイについては、さきに別なところで短く触れたことがあるが、一七七二年、ウラジーミル県の一僻村の司祭の家に生まれる。八〇年頃、県都の神学校へ入学。その際にはじめてスペランスキイなる姓がつけられたという。八九年、首都のアレクサンドル・ネフスキイ修道院内の神学校《アカデミー》（のち大学）へ進む。卒業後、同校にて数学、物理、雄弁術、哲学を教える。九七年、聖職者への道を捨て官途につく。異例の速さで昇進し、一八〇一年、四等官。この非貴族出身の能吏は次第に権力の中枢へ歩を進め、〇三—〇七年に新設の内務省で事実上大臣につぐポストを占めたほか、種々の施策の立案に携わり、ついに皇帝アレクサンドル一世のもっとも信任厚いブレインとして苦境にある治世を担う主役に躍り出る。〇八年、法務次官、三等官、十年、国家評議会発足と共に同書記官長。この時期、衆目の一致するところ、軍事、外交を除く国政の行方はスペランスキイの手中に握られていたが、アレクサンドルの支持のもと「坊主上がり」の打ち出す一連の「改革」は貴族、官僚の間に広汎な反対を呼び起こし、それはやがて危険な水位に達する。

一八一一年、こうした状況にカラムジンも政府の内外政策を激しく攻撃する一文をもって応えた。通説ではそこでカラムジンはスペランスキイ主導の「改革」をきびしく批判したとされる。文面はたしかにその通りである。ただ、その言葉が語るままにカラムジン対スペランスキイの構図を描くとすれば、いささか正確を欠くことになろう。対立は事実だが、それはどのようなものであったのか、もう一歩踏み込んだ検討が必要であろう。

既述の通り、スペランスキイは十二年三月突如罷免され、彼の「改革」は道半ばで挫折する。いうまでもなく、彼は当時はおろか、少なくともこの世紀前半のもっとも卓越した開明的官僚、政治家と目される。そこで、ここで寄り道ながらもともと彼がどのような「改革」を意図していたのか、「自由主義的」と称される国家構想の全体像を概観しておきたい。

『国法典序説』。これは、一八〇八年にスペランスキイがアレクサンドル一世の命を受けて着手、翌年に完成、提出したもので、いわば国家基本法草案、彼が年来育んできたロシア国家構想の集大成といえる。以下、提出された最終稿による。(2)

まずスペランスキイが「改革」の方向について、その必要性、あるいは必然性について述べているところから見ていこう。

スペランスキイによれば、一国の統治形態はその国の「文明の程度に一致していなければならない」。政体が時代に後れれば「政変」を招き、先んじて「変革」を試みれば「失敗」に帰する。まえの例がイギリスやフランスであり、あとのほうがロシアのアンナ及びエカテリーナ二世の治世である。それぞれの女帝のもとで見られた元老院がみずから「政治的存在」たらんとした試み、新法典編纂の試みがそれだという。

「ヨーロッパで起きたすべての政変は、いうなれば共和制と封建制の絶えざる戦いにほかならぬ。国家が文明化するに従い前者が力を得、後者が衰える。」これが国家の進化の図式である。ただし、ここでいう「共和制」は君主制に対するそれではないと断っておかなければならない。彼の言葉を引いておく。「さまざまな名称と形態のもとにあって、その特質は、統治権力が国民が多かれ少なかれ策定に参加した法により抑制されたことである。」こうして、ここでいう「共和制」国家は語の本来の意味である公共の国家の流れを汲むが、それはギリシャ、ローマに溯り、その後イギリスが先陣を切り、オランダ、スエーデンからフランスに至るまでこれに続いたとあって、王制は排除されない。ともあれ、スペランスキイは右の「参加」と「抑制」を国民の側の「政治的自由」と呼び、ヨーロッパの歴史をその「獲得」への歩みとする。

「まったく同じ一連の出来事をわが祖国の歴史は示している。」すでに封建制において、諸公の衰退から専制君主制の確立まで、ロシアとヨーロッパは「類似の原因」と「等しい結果」を共に持つ。以後、ロシアも「多かれ少なかれ」一貫して「政治的自由」を志向してきたという。すなわち、アレクセイ・ミハイロヴィチの治世に「当時のもっとも文明化した国民の一部である貴族」の参画がみられてより、前述の女帝時代の「時期尚早」の試みを挟んで、パーヴェル一世は農奴の賦役を一週三日に制限した。さらにスペランスキイは現皇帝が「すべての自由身分に」、つまり国有地の農民を含めて非貴族身分にも「土地の所有権を開放したこと」、「自由農民なる身分を定めたこと」その他を挙げる。もっとも、これらの施策にしても、実際の効果は乏しく、スペランスキイのいう「国家の政治的自由化」は相当に割り引く必要があるが、ここではそれには立ち入らない。

こうしてロシアは封建制の後期段階に当る現体制から抜け出る助走路を「まっすぐ」に進んでいる。問題はこの離陸のための「政治改革」にいつ取りかかるべきか、その「時」は早すぎても遅すぎてもいけないが、それはいつか。この点についてスペランスキイは明言を避け、そういう「時」を想定してあるべき改革の青写真を描いていく。

草稿では、四つの「徴候」にもとづき「現在の統治制度に換えて新しい体制を建設する時が到来した」とはっきり結論づけている。[3]

「改革の基本精神」は専制君主制を法に基づかせ、それを「制限」し「抑制」すること、「国民参加」を組み込むこと、統治組織の末端から頂上までピラミッド型の一貫性、段階性を実現することなどである。次に『序説』の構想を順不同で主要な点のみまとめて示そう。

まず、中央の組織から。

ロシア国家は世襲の皇帝を頂点にその下に国家評議会、さらに下に三権の機関を置く。国家評議会は皇帝が主宰し、議員は皇帝により任命、各省大臣もこれにくわわる。これは国政全般のいわば結節点で、それらはここで「ひとつになり」、ここを通じて玉座に「上せられ」、またそこより「発する」。「従って、あらゆる法律、規則、規程の原案」は付属の委員会が作成し、法制部会、全体会議の審議を経て、あるものは立法化のための次の段階へ、あるものは裁可ののち実施に移される。その他、軍事、財政など分野別に三部会。非常事態における施策、歳出・歳入予算、必要に応じて宣戦、講和その他「重要」外交事項なども全体会議に付される。

三権の一、立法については議会即ち国会を開設する。国会は毎年九月に開かれるが、勅命により翌年まで延期または解散させられることがある。審議は皇帝の名において大臣または国家評議会議員が提出する案件についておこなわれる。それは「自由かつ民意の反映」でなければならず、「有害な法」は「拒否されるであろう」。「いかなる法律も立法府でつくられぬ限り効力を有しない」。この審議のあと皇帝の裁可をもって立法行為は完結する。

同じ一八〇九年につくられたという別の文書はより具体的に記す。国会において「過半数の票により不適と認められた法は、効力を有しない。」[4]

国会の審議は法律類はもとより、国民の税その他の負担にかかわる事項、国有財産の売却等を含む。また、国会は「国家の必要」について具申したり、政府が所定の報告を怠った場合、政府の施策が法を犯す場合、当該大臣の問責、施策の廃止を発議したりできる。なお、議員の選出については後述。

行政には「統一」が不可欠であり、共和国においてすらこれを「常に一人に委ねた」のであって、ロシアでは行政権はあげて皇帝に属し、そのもとで各省がこれをおこなう。そこでスペランスキイは、その実際の行使が「恣意」に走り、法を逸脱したり、それに反したりする場合の「ありうる」ことを繰り返し警告し、国会にその監視を課す。ただし、彼によれば、本来法を提案し且つ裁可する皇帝、それを助ける国家評議会が法をないがしろにすることは「ありえず」、違法な施策の責任は、臣下の大臣等が負うべきものので、前記の国会の発議及びその裁可により審理、訴追の措置がとられる。

司法も法の侵犯をただし、法の実効性を保つという点で行政の一部とみなされるが、その行使は国民が選ぶ後述の裁判官に託し、皇帝は裁判が所定の形式に従っておこなわれる点に限って責任を負う。この衡に当たる者の任免、それが皇帝のなすことのすべてである。

問題は右の国政に国民がどのように関わるか、いうところの「参加」のあり方である。ここでスペランスキイは、国民に与えられる権利の「平等」を退け、身分制を敷く。

『序説』はまず国民の権利を「公民権」と「参政権」に大別する。「公民権」はなんぴとも裁判なしで罰せられないこと、法または契約によるもののほか、「他者の恣意」による人的、物的な義務を負わないこと、財産を取得したり任意に処分したりできることなどをいう。ただ、「公民権」は「なんぴともこれを奪われてはならないが、しかし誰もが等しく有するわけにいかぬ。」例えば、高位の官職は、「特別な育ちや学問を前提とする」から、そうでない者は「除外」しなければならない。農民付の土地の所有には、「農民の管理、従ってまた法の知識」がもとめられるゆえ、同じ理由から、「この権利を専らにする階級があるべきである。」。つまり、「公民」としての権利には、「一般」「特殊」の別があり、前者は全員、後者は一部の国民が行使する。

「参政権」は国政三分野、立法、行政、司法各分野に参加する権利をいい、財産を要件とし、この場合も「平等」原則は否定される。「ヨーロッパ諸国に選挙制すなわち国民代表制が実現して以来、国民の国政参加は主要なふたつの仕方に分かれた。選挙権と代表権である。」本来法は人身や財産を保護するために編まれるものであり、財産を有する者は、「自己の利益に鑑みて」法の整備や遵守に意を尽くすゆえ、この選挙権は「すべての国家で」財産の所有者にのみ与えられているという。「当然、わが国も同じルールに従い、一定量の不動産ないし産業資本を有しない者は、何人も選挙に参加できないと定めなければならない。」しかも、「社会には、暮しや育ちの如何により、」「法の制定」に関与させられるほど「知性」や「名誉心」を備えていると「考えられぬ」身分がある。召使、雇われ職人などが、「たとえ金銭のかたちの財産を有していても」そうだという。

一方の「代表権」つまり被選挙権の財産資格については、「収入」が選挙権のそれより「高くなければならない」とある。しかし、いずれの場合も具体的な基準の記述はない。

ここでひとつ私見を挟んでおきたい。選挙への参加資格として右の引用文では「不動産ないし産業資本」の所有を挙げているが、のちに述べるように、別の箇所では「不動産」のみあって、「産業資本」はない。『序説』にはこうした不明な点がいくつかあり、これもそのひとつなのだが、スペランスキイ自身の他の覚書とも一致することから[5]、この場合の有権者は「不動産所有者」に限定していいのではないか。ここでいう「不動産」が土地を指すことはいうまでない。

さて、こうして、国民の権利は「一般」「特殊」の「公民権」、「参政権」の三種類とされ、そのいずれを有するかによりスペランスキイは国民を新たに次の三つの身分に分ける。

①貴族は「一般」「特殊」の「公民権」のほか、「財産に基づいて」「参政権」を有する。

②「中間身分」は「一定量の不動産」を持つ商人、町人、手職人、農民など。「一般公民権」及び「財産に応じて」「参政権」を有する。[6]

③「労働者」は領主領農民、召使、雇われ手職人、その下働き。「一般公民権」のみ。

身分は固定せず、「中間身分」には国家勤務により一代貴族への道が開かれているとし、「労働者」も不動産の取得により「中間身分」へ進むことができるとする。

各身分はそれぞれ法により課せられる義務も異なり、「中間身分」「労働者」は「人的」なそれも含む。貴族は先に挙げたほかに「特別の権利」として徴兵を免れるが、代りに、「文官ないし武官のいずれかを選び最低十年の勤務を必ず行なわなければならない。」

『序説』は現在「ロシア国民は三つの階級に分かれている」という。つまり、右の三身分制は現状を変えるものではなく、各身分の構成もそのまま引き継いでいる。変化は

「専制権力」が「臣下の政治的自由も私的自由も握っている」段階からの脱却にあり、新たに第一、第二の身分に財産資格つきの「参政権」を付与したこと、第三の領主領農民などに基本的な「公民権」を認定したことがそれである。最後の点については、これによって、領主から「裁判の権利を奪って」農民に「法の下の平等」を保証し、また、領主から彼らを「順番を無視して兵役に送る権利を奪う」という。

草稿の最初の段階では、この「公民権」のうちの「人身の自由」を「ロシアで今すぐ遅滞なく導入可能」としている。(のち抹消)[7]

この領主領農民、いわゆる農奴の無権利状態は「奴隷制」ともよばれていて、その解消の必要がつよく打ち出されている。ただし、次の留保があることもつけくわえておかなければならない。「これらの施策が実効を上げるために、それらは漸進的でなければならぬ。」『序説』の提言は、農民に前記の「公民権」を与え、貴族に農奴所有の権利を確保するかたわら、「彼らを法に従い管理する」ことを課すに留まる。むしろ、彼らの土地への「定住」はロシアの兵制、国土の広さ、人口の少なさがもとめるものとしている。これに関連して、次の一節も記憶に値しよう。「〔領主に対し〕法の定める義務を果たし、代りにみずからの土地を有する農民の境遇は、イギリス、フランス、アメリカの〔雇用〕労働者のような根無し草の身の上よりはるかにまさる。」

農奴制についてこれ以上踏み込んだ言及はない。ただ、さきに述べたことだが、領主のための労働日の制限や「自由農民」の創設にスペランスキイが高い評価を与えていることからも、彼の農奴制改廃の志向に疑問の余地はない。

問題を国民の政治参加の方法へ戻す。スペランスキイの構想では全国は、周辺の五つの州を除き、県、郡、郷の順に分かれ、それぞれ三年毎に議会を開く。まず各郷は「すべての不動産所有者」を集めて(国有地の農民は五〇〇人に一人の割合で長《おさ》を送る)郷議会を開き、みずからの人数の三分の二を超えない数の郡議会議員を選ぶ。各郡の郡議会もそれぞれ同様に県議会議員を選出、こうして成った県議会は「参政権を有する両身分から」国会議員を選出する。その数は県ごとに法が定める。

国会と内閣、すなわち国レベルでの立法府と行政府の関係はさきに見た通りで、前者が後者にたいし一定の監視機能を有していたが、これと相似のパターンが地方レベルでも繰り返される。県議会は評議会を選出、それは年一回開催され、県知事から収支の決算及び予算の提示を受け、それぞれに関しみずからの意見を財務大臣へ上申するなど、執行機関の「権力」にたいして「抑制」作用を果たす。郡、郷の議会も同じ役割を負う。なお、末端の郷では行政機関の郷庁そのものが郷議会の選出にかかる。このほか、各地方が抱えるさまざまな「必要」の訴えは郷、郡、県の議会を経て中央に達する。

『序説』は中央の省庁に大幅な変革を提起する。行政は法の命ずるところに従い、これに違わず実施されるべきであり、この点での政府の責任は、既述のように、国会に報告をもとめる権利を、大臣にその義務を付すことで担保されるという。続いてスペランスキイは、現行の行政の混乱、非能率の是正を図り、国政の分野に応じ省庁を編成し直す、大臣以下の権限と責任を明確にする、省庁の業務の施行規則を整えるなどの方針を打ち出す。県、郡、郷にもこれを「モデル」にした改革がもとめられる。この章は分量がもっとも多く、内容も具体的で詳しく、スペランスキイの実務家として力量を示すと共に、その意欲も十分に伝える。

裁判は郷、郡、県それぞれでおこなわれ、郡、県の裁判官はそれぞれの議会が選出。事件の種類により、陪審制を採用。「元老院は帝国全体の最高法廷」とされ、現議員に欠員が生じた場合、後任は全国の県議会が選出した者のリストから皇帝が任命する。

以上がスペランスキイの『国法典序説』の概略である。ただ、食い違いや明確でない箇所も散見され、それらはそのまま素通りしたり、筆者の解釈をまじえたりしたところもあるが、おおよそ要点は網羅したつもりである。なお、後回しになったけれども、次の断りが必要であろう。前述のようにスペランスキイはほぼ二年半後、一八一二年に失脚、追放の身となる。九日後、流謫の地ニージニイ・ノヴゴロドから彼はアレクサンドル一世へ手紙を送り、そのなかで、『序説』が「陛下のご庇護のもと、陛下のじきじきのお指図によって構想された」こと。その「基本にあるもろもろの考え」について、「それらを提案したのはわたくしではありません。わたくしはそれらが陛下の胸中ですっかり出来上がっているのを見出したのです」と書く。翌年、彼はさらに遠隔の地ペルミから再びアレクサンドルにあて長文の手紙を送り、こう記す。『序説』は陛下との「親密且つ「百回にも及ぶ」意見の交換から生まれたもので、「その本質にはなんら新しいものは含まれていず、一八〇一年以来陛下のお心を占めていたさまざまなお考えがそこで体系化されているのです。[8]」『序説』がどのようにして成ったのか、正確なところは分らない。しかし、スペランスキイの言葉を空疎な弁明と片づけるのは当を失するだろう。実際、すぐあとでも触れるように、アレクサンドルの関与を裏付けると思われる跡も認めることができる。またしかし、『序説』の責任をアレクサンドルにのみ帰するのも承服し難い。結局、この時期のこの二者の緊密な関係を考えれば、『序説』を両者の共同作業とまでいわずとも、共通の理解、相互の合意の所産とするのが無理のないところだろう。そういうものとして、はじめにも述べた通り、これをスペランスキイが抱いた「真の君主制」なる国家構想の一応の完成図と見なして少しも差し支えない。なお、モンテスキューをはじめ当時知られていた国家論、数次の改定を重ねたフランス憲法などからの借用や援用については早くから指摘がされているので、改めて繰り返すことはしない。

ここは『序説』の内容を詳しく検討する場ではないが、いうところの「改革」が、全体を眺めるにせよ、部分を取り上げるにせよ、単純な割り切り方を許さないことは容易に見てとれよう。従来の評価も一様でない。そもそも国民――正確にいえば、ごく一部の国民――の国政参加と皇帝の権力の維持、このふたつが接ぎ木されていて、前者の意義を正当に認めながらも、それが後者のもとで空洞化されかねないという、あきらかな限界も指摘せざるをえないからである。国家評議会は次の規定も示す通り、すでに先例のある皇帝の諮問あるいは助言機関を出ない。「いかなる法律、規則、規定も王権の裁可なしに評議会から出ていかず、完成に至らない。」皇帝の意思はここを介して三権に及ぶだろう。立法府たる国会は、法案の拒否権を有して専制の防波堤になりうるが、みずから提案し決定する能力を欠き、名と実の隔たることいかにも遠い。行政府にたいする監視においても、ある種の緊張関係はありうるにせよ、そもそも受身の立場にあるうえ、各省の長は国家評議会に座を占めることでむしろ優位にあるといえよう。こうした国会の地位と機能は県以下の議会においても反復され、なによりも三年に一度の招集で果たしてどれほどの成果が期待できるだろうか。

国民の「政治的自由」がこうして囲い込まれているばかりではない。「参政権」の制限はこの「自由」の享受、ことに選挙の権利そのものを農奴主たる貴族と一部の富裕市民の独占に委ね、「一定量の不動産」を持たぬ大多数の国民を締め出すことになろう。

従来の身分制の温存、再定義は「改革」の微温的性格をまさに浮き彫りしている。スペランスキイの言にもかかわらず、ここには本来の意味の「法の下の平等」はない。ただそのなかでも、第三身分である「労働者」の「一般公民権」を明記している点は注目していい。とくに領主領農民に関してこのことの持つ意義は論を待たないし、しかも、当初「人身の自由」の即時実施をうたっていた事実は特筆に価しよう。完成稿に至る間にそれは姿を消しているけれども、この変化などはアレクサンドルの存在、彼の関与を示唆する一例ではなかろうか。

『序説』には法治主義と並んで幾重にも括弧つきながら立憲政治への萌芽が確実に存在する。いまの「公民権」の保障然り、さきの「国民代表」による立法議会然り、行政権力にたいするチェック装置然り。ただし、銘記すべきは、それらも現行の君主制の維持を無条件に前提していること、そのうえでそれを補強し、より広い、安定した基礎の上に据えることがのぞまれていること、これらのことを忘れずにいたい。もっとも、スペランスキイが植えようとしたこうしたわずかな芽ですら、この時代の社会のなかで立ち枯れを免れるには強力な支えが必要で、それは皇帝アレクサンドルその人を措いてないが、彼は間もなくその庇護を失うことになろう。

ここで、とくに重要な問題として、農奴制にたいするスペランスキイの態度をひとわたり眺めておく。

農奴制改革の意図は一貫しているといってよかろう。一〇二年、〇三年の覚書類は国政全般を扱っていて、農奴制にわずかな紙幅しか割いていないが、以下、その方針。

まず第一期。現在農民は領主の所有とされ、身柄がまるまる領主に握られているが、これを改め、農民を領主ではなくその土地に属するものとする。そうするために、農民の領主にたいする義務、労働であれ、なんらかのかたちの納付であれ、農民の負担を法が定めるべきという。この場合、とくに言及されていないが、一七九七年、領主のための労働日を週三日とした措置などが念頭にあると思われる。同時に、領主から農民の人数に応じて徴収する税を土地にたいする税に替え、地味、面積に従って課すべきという。

第二期．「農民に領主から領主へ自由に移動する古い権利も返され、これによって最終的な解放が達成される。[9]」

次はさきの『序説』の記述になるが、どうやらスペランスキイの態度に変化があったようで、これについてはのちに触れる。

失脚後、ペンザ県知事、シベリア総督を経て再び首都に復帰したスペランスキイは、一八二六年に設置された国政改革の検討委員会に名を連ね、農奴制に関する覚書を提出した。覚書はいわゆる家僕の問題も扱っているが、ここではひとまず省く。

覚書は歴史的な概観から入り、一六四九年の会議法典の時代には世襲地、封地の別なく農民と土地は不可分と見なされたが、一七一九年にはじまる人口調査は農民をそれぞれの領主に張り付け、その結果、農民は領主の「所有物」に化した。「この動産は人口調査の上では不動産に、村に、土地に属しているけれども、しかし一方を他方と切り離し、土地だけをそうするように、農民だけを売ったり、質入れしたり、移住させたり、屋敷へ召し上げたりできるし、しかも過ちをおかせば領主の思うままに裁判抜きで流刑にさえできる。」こうして農民は領主の「財産」としてその手に委ねられ、これまで「是正策」は種々講じられたが、いまだ十分ではない。覚書は中央、地方の機関が一体となって取り組むべき施策を提言する。

第一期。農民のみの売却、質入、贈与の禁止。土地のみ売却、村または何戸かをその持分である土地を減じて売却することを禁ずるなど。これで農奴制は「以前の法的規定」に戻り、「農民は人身でなく土地を通して持主に結びつくことになろう」

第二期。農奴制が抱える「困難」の完全な解決、農民の地位を確定し、領主の「悪用」と農民の「反抗」を絶つ「唯一、決定的な方法は、農民の労働や義務のすべてを協定により取り決めることである。」これは「数年」にわたり「漸進的に」おこなわなければならない。

まずはじめにいまの「労働や義務」の問題を含め国有地農民のありようを検討し、決定する。その後、領地農民にもそれを広げる。つまり、「領地農民の土地所有者にたいする関係は、国有地農民の国にたいするそれに等しくなければならない。」

一方、覚書は、第一期に続いてとりえる「中間の手段」があるといい、現行法のもとでなしうる「人身の解放」や「自由農民」の制度を「解放の最善の策」とし、その進捗を滞らせている原因の除去を主張している。例えば、前者の場合は、領主の側が次期人口調査まで農民の人頭税を納付し続けること、農民の側は農村または都市の自由身分への編入が当該身分組織の同意を要することなどがそれだという。[10]

ごくおおまかで漠然としているが、以上が二〇年代までの改革案である。それは農奴制そのものの廃止には至らない。制度の枠は維持される。とくに目を惹くのは、農民の移動の権利が最初の段階で明記されていながら、以後姿を消していることである。これが偶然かそうでないかにわかに断定し難いが、最初の段階でも、この権利が農民を「一種の放浪生活」に向かわせ、農業に打撃を与えかねないと警告し、次の『序説』では、彼らの「定住」を必須としていることに照らして、この権利の復活は棚上げされたのではないか。もしそうなら、スペランスキイの改革案はいっそうの矮小化をまぬがれず、農民の負担は多少とも軽減されるものの、彼らは領地に縛りつけられたまま、労働力として足止めされて終るだろう。無論、領主が領地を「そこに住む農民と共に」売買する権利も存続する。いうところの「中間の手段」はひとつの出口ではあるけれども、実現が領主におおきく依存することはいうまでもない。（そして、よく知られる通り、これは成果をあげなかった。）

こうしてスペランスキイの唱える改革は抜本的なそれには程遠いが、彼は農奴制が帝国の社会構造全体に関わり、税制や兵制の基盤をなしていること等々を強調し、上記の改革すら拙速を避けるよう求めている。

晩年に当る「一八三六年十月三日、皇帝村にて」と記された覚書（のちの皇帝アレクサンドル二世への講義メモ）は、この問題への彼の最終的な回答と見なしてよかろう。覚書は古代以降の土地の所有と農民の地位の変遷を時代を追って概観しているが、現行の農奴制の成立を十八世紀とする点で従来と変わりない。つまり、徴税と徴兵のシステムの基礎が農民の「人数」に置かれて以来、「どの地主にもふたつの別個の財産が生まれた、土地と人間である」。

しかし、一七九七年に「きわめて重要で本質にかかわる」法が制定されたという。農民の賦役を週三日と定めたことだが、スペランスキイ曰く、この法は今日「基本」と見なされている、「基本という意味は、これをもとに、現存の秩序を揺るがすことなく、地主にとって有益、農民にとって公正な、法に適った農奴制を敷くことができるということである。」領主は農民の三日の労働にたいし、農民が家族ともども生活を支えるに足る土地を与えねばならず、こうした双務的な制度の完全な実施への期待で覚書は結ばれている。[11]

繰り返しになるが、スペランスキイは農奴制の廃止をもとめない。勿論、そこにはこの制度がそれだけ堅く根を張っている抗い難い事実がある。他方、最後の覚書によれば、そうした現在の農奴制も領主の「恣意」でなく、一連のプロセスのなかでなによりも「習慣」として形成されたので、従って「合法的」という。いわゆる歴史主義の、それに忠実なあまりの自縄自縛というべきか。

さて、『序説』に展開された構想は、必ずしもそのままではないにせよ、一八一〇年から実現へむけ動き出し、年頭の国家評議会の発足につづいて省庁の改革も緒につく。しかし、国会の開設は、その期に非ずとして見送られる。おそらくアレクサンドル一世の意向であろう。そうした決定がいつなされたのか定かでないけれども、いずれにせよこれによってスペランスキイの構想に穴があいたといわねばなるまい。彼が提出したこの年度の事業報告書は立法の機能が皇帝と輔弼の任に当る国家評議会に一元化されたことを告げている。

一年置いて一八一一年、スペランスキイは元老院改革の成案をえる。[12] これは国家評議会で審議されたものの、やはり日の目を見ずにおわったので、手短に触れておく。

案は行政、司法のふたつの院の設置を提起する。行政院は皇帝主宰、各省の大臣、次官等により構成され、帝国の行政全体の指揮、監督に当る最高機関。審議にも皇帝への上奏にも合議制が基本とされ、官吏の任免、官位や褒賞の授与もここに諮られるなどとあり、わが手を縛られるかたちの大臣たちに冷たく迎えられる。そして反対は特に司法院の次の点をめぐって鮮明になる。すなわち、最終審である院の決定は文字通り「最終」決定であり、「決定ニタイスル訴エハドコニモ受理サレヌ」。これは皇帝の全権を損なうという。その他、賛否は種々分かれたが、評議会では元老院再編を時宜をえないと先送り論が多数を制し、アレクサンドルは少数意見を支持したものの、そのまま頓挫した。

さらにもうひとつ、同じく流産の運命に見舞われたスペランスキイの提案に民法典のそれがある。前世紀の九次にわたる法典編纂の試みがすべて水泡に帰したあとを受け、彼がこの課題を託されたのが一八〇八年、二年後の十年末までに民法典第一部、第二部の草案をまとめあげた。無論、これは彼ひとりでなく、そのための委員会の作業によるものだが、従来と異なる編纂方針の採用から成文化の段階まで全体を統括する彼の活動は一貫していて、そういう意味でこれにもまた彼の名を冠して少しも不自然ではない。もっとも、筆者の持ち合わせの資料にこの草案はなく、内容について云々することは控えたい。

草案は国家評議会に諮られたものの、スペランスキイの追放後、結局立ち消えになる。ただカラムジンが――おそらく一八一〇年当時法務大臣の職にあった友人を通してであろう――草案を手にし、これに激しい非難を浴びせるのをやがてわれわれは見るはずである。

さて、スペランスキイの国家改造の机上計画はこれで終わり、以下、彼の舵取りで実際におこなわれた施策のいくつかに移ろう。

第7章

まず一八〇九年四月三日付勅令が衝撃を与えた。宮廷に仕える貴族のうち、侍従は官等で四等級に位置づけされ、その下の侍従補も一八〇四年から官等から外れ単なる称号に変じたが光輝は失せず、名門の子弟は早くからこれら名ばかりの職を得、さらにこれをもって官界入りし、その第一歩から顕職を占めていた。勅令はこのつながりを断ち、長年の特典を廃する。現在侍従ないし侍従補の職にあるものの他に文官、武官いずれの勤務もおこなっていない者は「二カ月ノ間ニ」そのいずれかを「選ビ」、申し出なければならぬ。これらの者の現に有する官位は据え置くが、今後右の職は双方とも称号にとどめ、「文官、武官ノイカナル官位モ授ケズ。コノ称号ヲ帯ビル者ハソノイズレカノ勤務ニ就キ、最初ノ官位ヨリハジメテ順次ソノ務メヲ果サネバナラヌ。」[1]

四か月後、さらに広い範囲に激震が走る。八月六日付の勅令が八等官、五等官への昇進におおきな関門を設けたのである。前者は世襲貴族の切符を手にすることができ、後者は将軍の名を奉られる一歩前の官位。今後、八等官への昇進には、わが国の大学にて「文官勤務ニ固有ノ学問ヲ修メタ旨、又ハ、試験ニ臨ミソノ知識ヲ可トセラレタル旨ノ証明書」を要す。五等官にはさらに勤務年数、職歴等の条件をくわえる。なお試験の内容は次の通り。ロシア語及び少なくとも一外国語。以下の分野の基礎的な知識、すなわち、自然法、ローマ法、民法、刑法、経済関係の法。ロシア史、世界史、関連する地理。統計、特に自国の統計。算数、幾何、物理。[2]

スペランスキイの後年の述懐によると、このあとのほうの勅令はもともと当時の教育大臣の発案だったそうだが、ともあれ、特典や年功頼みの安逸の夢を揺るがし、スペランスキイは上下を問わず貴族、官吏を敵に回すことになった。

一八一〇年一月一日、スペランスキイが描いたスケジュール通り、新国家評議会設置の詔書が発せられた。冒頭の評議会の役割の規定は『国法典序説』のそれと異なる。

ここにおいて「立法、司法、行政部門のすべての行為が主要な点でひとつになり」、皇帝のもとへゆく。(『序説』)

ここにおいて「スベテノ統治部門ガソノ立法ノ主要ナ点デ一致ヲ見」、皇帝のもとへゆく。(設置法)

しかし、両者ともこれを受けて続く条文は同じである、「従ッテ、アラユル法律、規則、規程ノ原案ハ国家評議会ニ提出、審議サレ、ソノ後王権ノ作用ヲモッテ予定ノ完成ヘ進ム。」このあとも設置法は既述の『序説』の内容をなぞる。つまり、国家評議会の組織とそれがおこなう作業になんら変更はない。そうすると、右の条文はやや戸惑うが、要は機能を立法に特化したということだろう。さきに触れた司法、行政それぞれの最高機関の設置が構想としてすでに視野にあったとも考えられる。この変化を評議会の権能の「重大な後退」とする見方が従来からしばしばおこなわれているが、[3]果たしてどうか。評議会は帝国の立法行為の担い手であり、内外の重要案件が諮られる国政の中枢という位置づけに変わりなかろう。審議は多数決原理に従うが、その結果奏上される「多数意見」に皇帝が縛られるという規定はやはり見当たらないとだけ述べておく。

同じ一八一〇年、スペランスキイは財政再建に乗り出した。周知のように、この国の財政はエカテリーナ二世のもとで赤字に転落して以来立ち直る方途を失い、それはこの世紀へ入りペルシャ、トルコ、スエーデン、なかんずくフランスとの戦争により泥沼化した。ナポレオンに屈し最大の貿易国イギリスを失い、傷口はさらに広がる勢い。拡大する一方の赤字を食い止める有効な方策もなく、紙幣の増発を止めどなくおこない、内外の借金にすがり、歳出は歳入の二倍を超え、紙幣の価値は銀貨の二分の一に落ち込んでいた。一八一〇年でいえば、歳入一二一、〇〇〇、〇〇〇ルーブリ、歳出二七九、〇〇〇、〇〇〇ルーブリ。流通中の紙幣は五七七、〇〇〇、〇〇〇ルーブリである。[4]

スペランスキイは前年にこの課題を託され、ただちに外国人の学者たちの参加をえて再建の青写真、再建計画を練り上げた。[5] それは発足早々の国家評議会の承認を経て、一八一〇年二月二日、大綱が詔書として陽の目を見、引き続きその具体策、追加策も順次おおやけにされる。[6]

再建策とはいうものの、この場合もとくに妙案があるわけもなく、支出の削減と収入の増加、通貨の安定に活路を見出すほかはないのだが、まずはじめに、前年比で二千万ルーブリ余の支出削減を実行した。次に焦点の紙幣の洪水をせき止めるため、「現ニ流通セル」紙幣は「従前通リ帝国ノ全財産ニヨリ保障サレル国家ノ負債ト認ム」と言明したうえで、「紙幣ノ新規発行ハ今後停止スル。」また、紙幣一億ルーブリ規模の国内債を五期に分け発行する。応募した紙幣はすべて焼却。元利の支払いは銀または金貨にておこなう。第一期の開始は本年七月、償還は一八一七年。借金を返済する資金づくりのため、国有の施設、森林、貸付地等を向後五年間競売に付す。これら全額を「銀行業務」をもって運用する。

続いて、国庫の不足を補塡する措置。これには紙幣の膨張により各種の税が実質「半分以下ニ低下シタ」現状を踏まえる。人頭税を農民一人当り二倍、二ルーブリに、町人一人当り三倍、五ルーブリに引き上げる。国有地の農民の年貢に一人当り二ルーブリから三ルーブリ幅の上乗せをする。その他さまざまな増税、料金の値上げについては省略するが、最後の一項は外せない。曰く、以上の増収策ではなお不十分ゆえ、「コノ難局ニオイテ貴族身分ノ助力ガ必要デアル」。即ち、「御料地ソノ他皇室ニ属スルモノモ含メ、スベテノ領主領ヨリ」、「彼ラノ純所得ノ若干ノ部分」、すなわち農奴一人につき五〇コペイカを「本一八一〇年ニ限リ臨時ニ徴収スル」。これが貴族の伝統的な免税特権を侵すことはいうまでもない。

さらに基本通貨を銀貨とし、今後鋳造する銅貨と共に品位、量目を定めた。

これらの施策が国庫の窮状の緩和にひとまず貢献したことはたしからしい。スペランスキイによれば、歳入は〇九年の一二五、〇〇〇、〇〇〇ルーブリから二年後には三〇〇、〇〇〇、〇〇〇ルーブリに増加したという。にもかかわらず、一八一二年には「きわめて深刻な不足」に直面しなければならなかったともいう。[7] これには戦雲垂れ込める政情下ということもあるが、それればかりではない。紙幣は一八一〇年には宣言空しく四三、〇〇〇、〇〇〇ルーブリを発行、停止は翌十一年にようやく実現、資金調達の主力に期待される国有財産の売却も翌年にはじめられたもののきわめて低調等々、こうして紙幣の価値は額面の四分の一とも五分の一ともいわれる低迷を続けていた。

大幅増税をはじめとする一連の施策の当否は筆者には量りかねる。ただ、積年の難題が一挙に片づくわけもなく、もう少し長い時間を要したことであろう。しかし、まもなく始まるナポレオンとの戦争は再び紙幣の大増発を引き起こし、この国の財政を含む経済を未曾有の混乱に陥れるだろう。

この一八一〇年から翌年へかけ中央官庁の再編、整備が進められ、それらは大枠で次の世紀に受け継がれたこともあり、なおざりにはできないが、この「改革」が『序説』に示した構想に従い実施されたこと、その成果をスペランスキイがおおいに自負していたこと、そして後代もこれを彼のもっとも重要な功績のひとつに数えていると述べるに止める。

最後に一言。スペランスキイが打ち出した「改革」の立案には有力な協力者がいたようである。このことは財政再建計画のところですでに触れたが、なかでものちのペテルブルグ大学初代学長М・А・バルギヤンスキイの存在が大きい。経済学を専門とし法学にも通じた彼の演じた役割については、さきの『序説』も含め、スペランスキイは彼の下書きをなぞるか手をくわえるかしただけと極言する見方も、その反対の見方もあって幅があるが、いずれにせよ彼の寄与抜きで語れないことはたしかなようである。筆者はこの問題では検証の材料を持たず判断する立場にない。ただ、この間の事情がどうあれ、上に述べた「改革」の流れをつくり、かたちを与えたのはスペランスキイ以外になく、従ってそれらはいずれも彼の名と結びつき、それゆえはげしい非難の矢面に彼は立ったのである。

第8章

カラムジンの手紙から――

「モスクワは陛下と大公女にすっかり夢中です。貴族と民衆はいずれ劣らず敬愛の念を披瀝しました。」（一八〇九年十二月十二日、A・И・トゥルゲーネフ宛）

「陛下はモスクワにおられたあいだ、わたしに暖かいお言葉をくだされた。大公女はそれに輪を掛け、わたしは殿下のご意思に従い、そのあとトヴェーリへわざわざいってきた。向こうには六日間滞在し、毎日宮殿で食事をし、毎晩わたしの『国家史』を大公女とコンスタンチン・パーヴロヴィチ大公に読んでさしあげた。お二方はおおいにご好意を示されてわたしをとりこにしてしまわれた。」（十年二月十五日、弟宛）

「大公女、コンスタンチン・パーヴロヴィチ大公、皇太后のご好意はわたしの仕事の少なからぬ励みだ。大公女からはこの間たいへんありがたいお手紙をいただいた。」（十年三月二八日、弟宛）

「このあいだトヴェーリへいき、大公女のご好意の数々に改めて浴した。殿下はまれに見るお方だ、並はずれて聡明で親切なお人柄だ。わたしと家内はほぼ五日間トヴェーリで過ごし、毎日殿下をおたずねした。」（十年十二月十三日、弟宛）

「ようやく今夜家内ともどもトヴェーリから帰ったところ。あちらには二週間いたが、まるで魔法の城で暮らしているみたいだった。大公女と〔その夫、オルデンブルク〕公がわたしにどれほどやさしくしてくださるか、きみにはなす言葉もないくらいさ。」（十一年二月十九日、И・И・ドミートリエフ宛）「お二方の書斎で過ごした時間は、生涯でもっとも幸せな時間のひとつだ。」（十一年二月二八日、弟宛）

「愛する大公女のご意思に従い、またトヴェーリへいってきた、陛下にお引き合わせいただくためだったが、陛下ご自身もこの町でわたしに会いたいとわたしに手紙で知らせるようドミートリエフにお命じになっていたのだよ。」（十一年四月十二日、弟宛）

「わたしと子供たちは村でわずか二週間だけ過ごしてモスクワへ帰ってきた、明日八日間の予定でトヴェーリへ発つためだ。すばらしい大公女のご好意に与るのはどれほど楽しかろうと、子供たちと別れるのはやはり悲しいね。それに、わたしの『国家史』にも痛手だ。でも、大公女を心底愛しているので、ご意思に従わぬわけにいかないのだ。」

（十一年五月三〇日、弟宛）

「トヴェーリに滞在して、以前同様、大公女の並々ならぬご好意に与った。毎日殿下のところで食事をし、毎晩参上した。」（十一年十一月十一日、弟宛）[1]

アレクサンドル＝スペランスキイの「改革」は強烈な抵抗を呼び起こした。「新しい」ペテルブルグにたいする「古い」モスクワ、そこをそうした反対陣営の拠点とすれば、もうひとつは旧首都の北西一七〇キロのトヴェーリがそれであった。アレクサンドル一世の妹、大公女エカテリーナ・パーヴロヴナのサロンでは、北西へさらに五〇〇キロ離れた新首都で主役をつとめる「坊主上がり」の「改革」に反発する声が渦巻いていた。このサロンをカラムジンがはじめて訪れたのは一八一〇年二月、それにつづく大公女との親密な関係はいま見た通りで、そこに彼女の「ご意思」がつよく働いているさまが文面からうかがえよう。最初の訪問で彼は執筆中の『ロシア国家史』を朗読したりしたが、同年十月下旬、次の訪問で両者の交わりはきわめて現実的な政治課題、アレクサンドル＝スペランスキイの政府攻撃へ歩を進める。果してカラムジン自身がどれほど望んだのか分からぬながら、このあと翌十一年一月にかけて彼は痛烈な弾劾の一文『政治的及び社会的観点よりする新旧ロシア論』（以下『新旧ロシア論』と略す）を書く。おそらくこれには大公女エカテリーナのつよい慫慂があったはずで、彼女はそれの完成を「待ち焦がれています」と繰り返しカラムジンへ書き送る。やがて明らかになるように、彼女はこの高名な文学者、歴史家の手になる弾劾の書を兄アレクサンドル一世にじきじき示し、一矢報いることになろう。

『新旧ロシア論』執筆のこの時期、一八〇四年に書き始められた『ロシア国家史』は十一年夏までに第五巻、翌十二年八月末までに第六巻本文の稿を終えている。筆者はさきに世紀転換後、『ヨーロッパ通報』で健筆を振るうカラムジンを概観したが、これを後期カラムジンの第一期とすると、このふたつの著作はそれにつづくいわば第二期を形成する。そこでなにが変わり、なにが変わらなかったか、まずその輪郭をたどることにしよう。

「現在は過去の結果である。前者を判断するには、後者を思い出さなければならない。両者はいうならば互いに補い合うもので、関連づけられてより鮮明な姿を現わす。」[2]これはカラムジンの歴史認識の基本であり、方法論でもあるが、『新旧ロシア論』はまずこの「思い出す」作業から始め、ロシアの歴史を貫く格率を明らかにする。とはいえ、格率とは、別段新しいなにかが見つけだされるわけではない。その格率とは、ロシアの国土、国民の存立に「一元支配」が不可欠であること、そしてそれは専制君主制でなければならないことである。この成立を阻んだ主な原因はふたつ、ひとつは諸公の割拠とその間の対立、内訌、もうひとつは民会を中心にした各地の「民衆政治」の自治と独立の伝統。前者について、『ロシア国家史』から補うと、その導火線となる分領制に道を開いたとして、ウラジーミル聖公、ヤロスラフ賢公も「誤り」をおかしたという。後者は、これを克服した歴代のモスクワ大公が「古来の共和制の残滓を一掃して、徐々に真の専制君主制を確立した。」つまり、いわゆる「自由の精神」は清算されるべきであったというのだが、この短い一節はのちにカラムジンの言説をさらに他にもとめてその内実をさぐることになろう。

カラムジンの専制君主制論はすでに見た通りで、『新旧ロシア論』もその延長にほかならない。ただ、そこで明らかなのは、声高な攻撃の姿勢であり、なかでも強く目を射るのが、専制君主あるいはその権力に繰り返し冠せられる「制限なき」という語である。[3] もっとも、この語自体は別段新しくはない。

本来自主、自立を意味する専制君主制において、君主はみずからの意思のみに従い、他の掣肘を受けず、この意味でその権力に「制限」はない。実に、この一語は専制君主制の核心をいい尽しているともいえる。ただし、その権力は「国民の幸福」のために行使されなければならないとカラムジンはいう。これについてもすでに詳述したのでここでは繰り返さないが、この『新旧ロシア論』でも権力の「乱用」はいましめられ、「暴君」はきびしく斥けられる。のちに明らかになるように、民族の伝統的な習俗の尊重も当然ここに含まれよう。さらに、これもすでに述べたことだが、法による統治はカラムジンの一貫した主張で、君主もみずから制定した法の遵守を免れず、法は忌むべき権力の「乱用」から君主自身を護る盾ともなりえよう。

これらは専制権力に一定の枠を設けるともいえる。勿論、その成否にはなんら制度的裏づけがなく、精神論の域を出ないこともすでに指摘済みだが、それはさておき、『新旧ロシア論』でもカラムジンはこの立場を変えていないと見ていい。つまり前提は変らない。しかし、今回彼はそれに口をつぐんだまま、前記の通り「制限なき」をしきりに強調し、あたかもの君主の権力を一切の束縛から自由にするかのごとくである。

とはいえ、カラムジンの真意に疑問の余地はないので、それは君主の権力を「弱める」いかなる企ても阻止することにある。もしもアレクサンドル一世がかつてロシアが「御身の祖先」に捧げた全権にそぐわぬ法に手を染めるなら、それは「越権行為」である。「〔御身は〕なにをしてもよい、ただし御身の権力を法的に制限してはならぬ！」[4]

こうして「制限なき」の反復は現皇帝にたいする歯に衣せぬ直言に収束する。このカラムジンのメッセージがスペランスキイの「改革」への敏感な反応、強い警戒であることは改めていうまでもない。

カラムジンにとって歴代君主のうちもっとも理想に近いのは依然「専制君主制を弱めずに和らげた」エカテリーナ二世であり、そこで描かれる女帝の像は、いわゆる啓蒙専制君主のそれにほかならない。それにしても一連の発言は実にきわどい。モンテスキューのいう君主制をデスポチズム――統治者の恣意につねに晒される政体――から分ける一線、法による統治、それしもどこかぼやけて映るほどで、力み過ぎの感は否めない。たしかに君主制の域を越えたわけではない。スペランスキイ批判に煽られて、上限まで舞い上がったといえばいいだろうか。

さて、さきほど触れた「民衆政治」、カラムジンのいう「自由の精神」についてしばらく考えたい。

「自由」と権力、ロシアについていえば「自由」と専制の問題はカラムジンにとって少しも新しくない。世紀が変わった後、これをめぐる彼の議論の軌跡はこれまでに見た通りで、そこには「秩序」や「安全」をキー・ワードに、「自由」の危うさを説き、専制の側に立つ彼の姿がある。しかし、そこへ囲い込まれた「自由」に彼がどのような思いを抱いていたのか、これまで彼の言葉の裏を推し量ることはできても、表立って彼の口から語られることはほとんどない。そうしたなかで、ここで少々後戻りして、一八〇三年一～二月、『ヨーロッパ通報』に発表された『太守夫人マルファ、またはノヴゴロドの征服　歴史小説』を振り返ってみたい。前年、カラムジンはそこの住民を「古いロシアのこの上ない栄えある子」と呼んでいる。「小説」は、この時期、歴史家、あるいはユーリイ・ロトマンのいう「政治家」カラムジンによっても覆い尽せない文学者カラムジンの一面をのぞかせるともいえ、続く第二期との比較のひとつの入り口になりうるはずである。

全土を統一し、そこに自己の一元的支配を打ち立てようとする専制君主国モスクワ。それに抵抗する独立自治共和国ノヴゴロド。この図式化した二項対立が「小説」の主題であり、一四七〇年代、両者の攻防の大詰めをそれは描く。

作品には序文がついていて、「これはロシア史のもっとも重要な出来事のひとつである！」と書きはじめる。「英明なイョアンは祖国の名を挙げ力を増すためノヴゴロド地方を自国に併合しなければならなかった。イョアンは褒むべきかな！　しかしながら、ノヴゴロド市民の抵抗はジャコバン党の類の反乱とは違う。彼らが戦ったのは古くからある自分たちの仕来りや権利のためであり、その一部はほかならぬ大公によって、例えば彼らの自由を承認したヤロスラフによって与えられたのである。彼らは無分別に振舞ったにすぎぬ。抵抗はノヴゴロドの滅亡をもたらすと見通すべきだったし、良き分別はそのとき彼らが進んで犠牲を払うようもとめていたのである。」さらに、「抵抗」の指導者マルファについても、「民衆を意のままに動かすことができ、みずからの共和国のカトーたらんとした（まったく場違いに！）希有の女性」という。[5] これらの言葉はこの「出来事」にたいするカラムジン自身の認識、評価と受け取っていいであろう。ノヴゴロドの「自由」の正当性をうべないつつ、モスクワの専制の勝利、祖国の統一をことほぐ――要約すればこうなろう。

ところで、序文によれば、本文の「小説」はたまたま入手した古文書そのもので、「分かり難い文体を改めただけ」という。さらに、それは「身分の高いノヴゴロドの一市民」が記したと思われるという。無論これはフィクションで、本当らしさを演出する仕掛けにすぎず、これによって序文に対立する視点が導入されるわけでもなく、「小説」は全体として右に示した解釈の枠を出ない。それにしてもこのことは一方の当事者の側から事件を眺めることを可能にするので、「小説」は「自由」か死か、二つに一つに賭けたノヴゴロド市民の捨て身の戦いを誇らしく、痛恨の念を込めて語る。ただし描かれるのは事実の正確な再現ではなく、大幅な改変、潤色がほどこされているのだが、それが作者カラムジンの意図にもとづくことはいうまでもない。イョアン（イワン）三世を迎え撃つマルファは亡夫への「愛」を貫いてその遺志を受け継ぎ、文字通り「自由」の旗手として立ち、威厳に満ち、情熱に溢れる言葉で市民を鼓舞し、みずからそれに殉ずる。こうしてノヴゴロドの「無分別」な「抵抗」は「自由」のための英雄的な戦いに鋳直され、「場違い」な役を演じたマルファは「運命」に身を託す悲劇のヒロインに装いをあらたにする。「小説」全編はまさしく「自由」の高らかな賛歌であり、荘重な挽歌でもある。

「小説」では、このときノヴゴロドがモスクワとの共存をのぞみ、外国の介入を排し、祖国の独立を守ろうとしたとされている点にとくに留意しておきたい。市民に向いマルファはいう。『イョアンよ偉大たれ、されどノヴゴロドも偉大たれ！』あるいは、『かの者たち〔モスクワの軍勢〕を撃ち払うべし――しかるのちかの者たちと喜んで和解せん！』そして、リトワニア＝ポーランドの密使に、『汝らが手にて救わるるより、イョアンの手にて滅びるがよし！』熱を込めてマルファはこたえる。[6]」

『太守夫人マルファ』が従来のセンチメンタリズムを抜け出て古典主義に範を取った作品であることはこれまでに

も繰り返し指摘されているし、その通りであろう。ただ副題の「歴史小説」を額面どおりに受け取るのはおおいに憚られる。さきにも述べたようにこれは歴史そのままからは遠く、当時すでにノヴゴロドが有力貴族に牛耳られ、内紛に明け暮れていたこと、リトワニア＝ポーランドと気脈を通じていたことなど、実像との距離を見過ごせないからである。つまり、この「小説」は、半ば以上「ロシア史のもっとも重要な出来事のひとつ」に舞台を借りたカラムジンの創作であって、その時空にノヴゴロドの「自由」とモスクワの「専制」を対置し、前者がそれ自体正義であること、ただしより高い正義のために後者により駆逐されなければならなかったこと、その勝者を承認しつつ感傷的と見紛うほどのオマージュを敗者に捧げたといっていいのではないか。架空の作者「ノヴゴロドの一市民」は、思いのたけそうするためのダミーであろう。すぐれて理想家でもあり現実家でもあるという、すでに幾度となく指摘した彼の一面が確実にここにある。

『ロシア国家史』に目を転じよう。

ノヴゴロドの自治について、まずはじめにこうある。ヤロスラフ賢公がここに「多くの利益と権利を与えた。後代のノヴゴロド公はそうした彼の特許状の遵守を市民に誓わねばならなかったが、残念ながらそれら特許状は今は失われている。われわれは次の一事を知るのみである、すなわち、当地の民衆がそれら特許状に基づき自分たちを統治する者を自由に選んでよいと見なしたことである。」（第二巻）[7]

ノヴゴロドをめぐる記述は全巻を通じて頻出し、それはこの共和国のロシア史に占める位置からして当然なことだが、カラムジンはその自治の内実を順次明らかにする。しばしばキエフ、ウラジーミル、モスクワの大公に従わず、対立し、ときに武器をもって戦う。みずからの公は目まぐるしく首をすげ替える。内紛、勢力争いを繰り返す。それらは変転きわまりない分領時代の政治状況に起因することもあり、そのあおりで危険な隣人リトワニアと手を結ぶことにもなる。[8] いずれにせよ、総じてこうした「自由」の行使がカラムジンの共感を呼ぶことはない。若干言葉を引いておく。

一一三六年、ノヴゴロドは「すでに自分たちの上に彼ら〔キエフ大公〕の権力があることを認めなかった」（第二巻）が、一一七〇年、代ってウラジーミルの大公が「この高慢な自由の友」に鉄槌をくだそうとしたとき、「公平な同時代人」はそれを「正当」とみなした。「『たしかに（彼らはいった）、ヤロスラフ大公はノヴゴロド市民の忠誠に永遠に感謝する印として、彼らに自分たちの公を彼のもっとも相応しい子孫から選ぶ自由をあたえた。だが、この不朽の大公は自由がいかようにも悪用されることを予想したであろうか。思い通りの権力に酔った民衆が、忘れ難い恩人の後裔である国主の神聖な位に唾をする、破るつもりで誓いを立てる、公を牢に閉じこめたり、不名誉な追放にするなどと予想しただろうか。悪用は権利を無効にする、そしてアンドレイ大公は背信の徒を罰するため天に選ばれたのだ。』」（第三巻）

一二一二年。キエフの府主教に無断でみずからの大主教を解任し、あらたに選出したことについて。「このようにノヴゴロド市民は公も大主教も裁いた、聖俗とも権力は民衆より生じると考えていたからである。」（第三巻）

一三三四～五年の内紛に関連して。「民会の決定つまり市民の総意に基づく国内の統治に不一致が生ずれば、自然これら度重なる争乱が生じたのであって、常に不安定で、常に民衆が好む自由のもたらす第一の災いがこれなのだ。」（第四巻）

一四四三～五年。「ノヴゴロドは、内に揺れ動き、外から脅威にさらされながら、しっかりした統治もはっきりした政治制度も有しなかった。」[9]（第五巻）

ノヴゴロド市民とその行動を語るのに、「不穏」「恣意」「傲慢」「軽率」といった類の語がしばしば冠せられていることにも注目すべきだろう。

モスクワ大公のもと、モンゴルの軛からの脱却と分裂国家の克服、カラムジンのいう専制君主制と「一元支配」が共にその緒に着き、やがて確立へ進むなかで、ノヴゴロドもモスクワから送られる代官を通して大公に従うようになるものの、両者は対立と妥協を繰り返し、やがて決着の時を迎える。これを扱う『ロシア国家史』第六巻は、前述の通り、『新旧ロシア論』に続いて書かれる。まず、結果にたいする見方は基本的にさきの『太守夫人マルファ』と軌を一にするといえるだろう。「イョアンはノヴゴロドのひ弱な自由を打ち砕いてしかるべきだった、ロシア全土のゆるぎない幸せをのぞんだからである。[10]」

対照的にノヴゴロドの抵抗と敗北の様相は悲劇的なオーラを剥ぎ取られて一変する。「反乱」の首謀者マルファは「傲慢な、野心家の女性」であり、その「狡知、弁舌、家門、富と豪奢」をもって市民を取り込み、扇動し、モスクワからの離反、リトワニア＝ポーランド王と同盟して祖国の支配を企む。「最後の平和手段」を使い果たしたイョアン三世がついに開戦し、ノヴゴロドが惨敗、モスクワの支配に「愛にあらぬ、恐怖ゆえ」の恭順につとめたものの、六年後、イョアンが口実を設けて全面屈服を迫ると、マルファたち一派は再び抗戦を叫ぶ。しかし、イョアンがやむなく戦端を開き、ノヴゴロドが降伏、一派はモスクワの

「不倶戴天の敵」ないしリトワニアの「名うての友」として葬られる。「誰一人彼らを庇う者はなかった。」

一方、市民は主戦論と和平論に割れ、最終的に後者が前者を凌いだが、いずれにせよ、ノヴゴロドの滅亡を招いたのは「徳」の衰退、「闘争心の喪失」にほかならないという。「共和国は徳によって保たれ、徳なくば滅ぶ。」尚武の気風は商業が栄え、「富」を増すにつれ減じる。「豊かなノヴゴロド市民はモスクワの公やリトワニアの支配を銀貨によって免れるようになった。しかし、自由を救うのは銀貨でなく、自由のために死ぬ覚悟だ。」彼らは「自由のための最後の決戦」で「混乱と意気地ない遁走」をさらして終ったという[11]。

まさしくノヴゴロド神話の崩壊といっていい。この間の歴史研究がカラムジンを事実の側に引き寄せたことは疑う余地がない。ただ、どうやらそれだけでは『太守夫人マルファ』と『ロシア国家史』の間の落差は埋め尽くせそうにない。確実なことは、右に掲げた発足から末路に至るまで、歴史家カラムジンから見てノヴゴロド共和国の滅亡が必要であったばかりか、必然でもあったということであろう。アテネやスパルタに遡るというノヴゴロドの民主制そのものを彼が否定しているのではない。むしろ彼の言葉はそれにたいするある種の憧れさえ滲ませている。政体としての共和制、「民衆政治」、彼の語彙でいう「自由」の不可能性――前稿までに述べた通り、カラムジンはそれをヨーロッパの経験から、モンテスキューの著作から学んでいたけれども、いまそれを改めて深く確信したはずで、上記の落差はその帰結にほかなるまい。このときの彼の意図がどうあれ、こうして彼は前作の偶像を引きずり降ろしたことになるが、もともとそれ自体実像ならぬいわば虚像であり、多かれ少なかれ彼自身そのことは自覚していたであろう。しかし、もはやカラムジンは再びノヴゴロドに象徴される「自由」をうたうことはしない。いうなれば、彼はこのときそうした感傷をみずから封印したのであって、彼にとってその正しさは十余年後、デカブリストの事件によって証明されるはずである。

ノヴゴロド共和国滅亡物語は『新旧ロシア論』と同じ政治状況下で、それに引き続いて書かれた。そのことが物語の上になにかしら影を落としているのかどうか、それを跡づける手掛かりはなく、いずれにしても憶測の域を出ないが、疑問の余地なくいえることは、「民衆政治」の不可能性、ノヴゴロドの長い歴史に裏付けられたというこの信念が専制君主制の正当性をいっそう確実に担保することであろう。

ここで『新旧ロシア論』へ再び戻り、もう一点、ピョートル一世の改革にたいする批判に目を向けたい。

まず生活習慣の欧化政策。カラムジンによれば、「国家の安泰」には「民族精神」が不可欠であり、「それはわれらに特有のものへの愛着にほかならない——民族としての品位の尊重にほかならない。」「古来の風習を滑稽で愚かなものと称して根絶やしにし、外国のそれをほめあげ取り入れようとして、ロシアの君主がロシア人の心を踏みにじった。」この種の「規則を立てることは専制君主といえども許されぬ不法な強制」であり、君主と国民との間の「本来の約束」に反する。こうして生じた家族の絆を薄め、慎みを失わせる社交生活、貴族と民衆の乖離。さらに、官庁や軍隊での名称の付け替え。「われわれは世界の市民になった、が、いくつかの点でロシアの市民であることを止めてしまった。そのもとはピョートルだ。[12]」

たしかに、第四章で見た通り、カラムジンは〇二年の論文で、日常の生活において「民族的誇りを傷つける、こまごました奴隷的模倣を拒否」している。それにしても右の告発はいかにもはげしい。しかもあの陰惨な秘密官房まで持ち出し、「多くの者がただロシアのカフタンと髭の名誉」のために「拷問と極刑」の犠牲になったという。〇三年の論文は、秘密官房について「歴史は敢えて栄えある君主を非難しまい」と寛大に眺めていたのだが。

続いて総主教制の廃止。結果は教会の権威失墜。従って国民の信仰の衰退。かつてそれはさきの「民族精神」と共にあの「僭称者の時代にロシアを救った。」それが薄れれば君主は危機に際し、国民をして祖国に「すべて」を捧げさせる「手段」を失う。

最後は、ピョートルの「もうひとつの重大な誤り」、すなわち「国家の北の果て」、寒冷、不毛な沼沢地への首都建設。カラムジンは、本来それはロシアの温暖、肥沃な「美しい平野」にあるべきというが、意味するところは単なる風土の問題に止まるまい。物理的な偏向は精神的なそれも含意していよう。[13]

一連の言説は、あきらかに同根である。カラムジンのロシア回帰はすでに述べた通りだが、ここにあるのはその方向をさらに具体的に押し進め、ヨーロッパのものでないロシア固有の習俗や信仰、ロシア土着の伝統を守ろうとする積極的な意思である。それらを国民生活の支柱とし、それを揺るがす動きを退ける強い意思の表明である。勿論、この場合も彼が「有用な知識」の移入を拒んでいるわけではないし、そうした「啓蒙」の結果、習俗が「自然に変わる」ことに背を向けているのでもない。「啓蒙」主義者としての姿勢を疑ういわれはどこにもない。同時に、彼のナショナリストとしての心理の深化、広がりが否応なくここに露出している。ピョートルの事跡の光の面に比べ影の面に費やされる言葉がはるかに多いこと、その断罪の厳しさ、それらは確実にそれを指さしている。

以上、筆者は後期カラムジンの第二期とよぶ期間を概観した。そこでは一段と進んだ専制君主制と「民族精神」の堅持を確認した。カラムジンのこの新たな展開が内外の危機に促されたことは第六章の冒頭に述べた通りである。勿論、ひとりの人間の精神の歩みが時代とのかかわりだけで割り切れるわけはないけれども、いまの場合それを抜きにして語ることはできない。

カラムジンのうちに澱んでいた出口のない不満は、新たな「改革」の旗手、アレクサンドルの全幅の支持を盾に広汎な変革に突き進むかに見えるスペランスキイの登場により沸点に達した。その意味で、本章で明らかにした彼の保守主義、ナショナリズムの高まりは、スペランスキイ主導の新たな「改革」にたいするカラムジンの応答といえる。

次章はそうした立場からするスペランスキイ批判がどのようなかたちで表れたか、具体的に眺めることにする。

第9章

『新旧ロシア論』のほぼ三分の二はアレクサンドル一世治下の内外政策の検証に費やされる。ただ、本章ではスペランスキイ主導の「改革」にのみ限りいくつか論点を拾って光を当てるにとどめる。その際、次の一事が前提になる。スペランスキイは一八一二年三月に権力の座を追われるが、『新旧ロシア論』の執筆はそれよりも早く、遅くとも前年一月に終わっている。その扱う時期は一八一〇年末までで、「改革」はまだ途上にある。『国法典序説』に至っては、たとえ存在を耳にしていたにせよ、無論目にする機会はないし、内容を知らされていた痕跡もまったくない。つまり、カラムジンの批判は公にされたものに限られ、しかも全体は隠れたまま、部分しか見えない時点のそれであることを忘れてはならない。

まず、あらたな省の設置など、動き出した行政機構の整備について。カラムジンは八年前に遡り、従来の部会《コレギヤ》に代わる省の制度そのものを俎上にのせ、これを新奇を追う形だけの組織いじりときめつけた。周知のように、この制度の立案、発足にはスペランスキイも関与している。カラムジンによれば、「アレクサンドルの顧問官たち」は次の「賢者の法則」を無視したという。「国の制度に持ち込まれる新しいものはすべからく悪であって、それに手を出すのはやむを得ぬ時だけにすべきである」、なんとなれば、われわれはそれよりも「古くから重んじているものを重んじるし、なにごとも習慣によるほうがよくできるからだ」。現在おこなわれている「第二の改革」も同断、行政の混乱を増すのみ。

もっとも、部会の合議制にたいして省が一人の大臣に握られ、その権限に明確な規定もないまま独断専行、皇帝への上奏、裁可を盾に大臣が「ロシアを支配する」弊を挙げているのは的を射ているばかりでなく、カラムジンのこの指摘は今後も長い間この国で無用になることはないはずである。

すでに見たように、スペランスキイの構想は国家権力、国家機能の合理的、効率的な組織化、分節化を出発点として持つ。一方、カラムジンにすれば、ロシアはピョートル一世が創設した元老院、かつて皇帝の意を体して法を制定し、行政のお目付け役をつとめ、裁判を司ったという、貴顕の居並ぶ元老院、そして、やはりピョートルが始め、のちに一部手直しを経た部会の制度で十分なのである。[1]

しかし、繰り返すけれども、スペランスキイによる行政機構の整備はまだ一端が現れただけで、全体が姿を見せるまでには少なくともさらに半年を待たなければならない。カラムジンが指摘した現行の省の不備は、実にスペランスキイが取り組んだ課題と重なり、彼の手になる「一般規則」には大臣以下の権限と責任、その他運営上のルールがくわしく明文化されるだろう。それをカラムジンが知ったとしたらどう受けとめたか、安易な想像は許されないけれども、右の批判になにがしかの変化が生じたかもしれない。

そして国家評議会。カラムジンによれば、皇帝が臣下の意見をもとめる場は、かつてエカテリーナ二世がそうしたように、国家機関でなく「皇帝個人」のそれであればよく、不要。とくに設置法第七三条はこう切り捨てられる。ここは国家評議会の検討、皇帝の裁可を経た法律類を公にする詔書の書式を述べているところで、それによると、序文には次の一句を置く。「国家評議会ノ意見ヲ聴取シ、カク定ム。」カラムジンはいう。「専制君主制にあって法律は陛下の署名以外いかなる承認も要しない。陛下は全権を有する。」「Le conseil d'état entendu〔国家評議会ノ意見ヲ聴取シ〕なる語はロシア国民には意味を持たぬ。フランス人が正当に、あるいは不当に使用すればよいのだ！[2]」

カラムジンの評議会無用論には、昔日の俤はないとはいえ伝統ある元老院に屋上屋を重ね、これを店ざらしにすることへのつよい反発がある。このときにはまだ元老院の行方は知らされていない。これを二分し、立法機関と並立するかたちで、新たに司法、行政の両院によみがえさせる構想をこのあと知りえたにせよ、彼のこだわりがやわらぐとは想像し難いが。後半の「国家評議会ノ意見」云々に噛みついた箇所は明らかに過剰反応である。

このように、カラムジンの批判は批判する的をまだ十分に捉えていない。とくに国家評議会に関しては、スペランスキイの意図するところ——君主制の基盤整備——に正しく向き合っていない。おそらく、そこに君主の足手まといのおそれありと見たのだろう。あるいは、君主対貴族の再発を危ぶんだか。

カラムジンにいわせれば、統治の良否を握るのは「形式」ではなく「人」ということになる。当代の「第一の誤り」は前者の「偏重」にある。いま求められるのは後者、有能な、なににもまして「清廉潔白な」人材なので、カラムジンは中央、地方を問わず、私腹を肥やすことに専らな現状に怒りの言葉を連ね、綱紀粛正を声を大にして叫ぶ。そのために、マキャベリまで引き合いにして厳罰主義の「恐怖」を知らしめよという。

次に、財政再建策は不適、改めるべき。税の引き上げは物価に転嫁され、国庫の支出を増やす悪循環を生むだけ。紙幣を「国家ノ負債」とした宣言は紙幣の信頼を損ねたにすぎぬ。それは「似非才子がおのれを鼻にかけ、才をひけらかす周知の流儀」にほかならなかったが、その結果、下がり続ける紙幣のさらなる下落を恐れ、外国資本が逃げ出すことにもなったという。そもそも紙幣について「われわれは陛下に貸しがあると考えたこともないし、支払いを期待したこともない」。硬貨の不足に代わり、紙幣は決済手段として「習慣」と化しているし、かけがえのない「必要」なのだ。「一言でいえば、かの詔書に反し、紙幣はいまも依然わが国では貨幣である、他がないからだ。」国有財産の売却などで紙幣を吸い上げる方策は思うように進捗せず、これに関するカラムジンの懸念はおおかた杞憂におわるけれども、ともあれ、彼自身の処方箋を聞こう。「大きな転換は危険だ。紙幣の量を突然減らすことは、突然増やすことと同様有害である。どうすべきか?——これ以上発行せぬこと!……それで十分。」物価は「徐々に」下がるはず、その上昇をもたらしているのが、増税やら、紙幣の発行停止にたいする半信半疑やらにあるのだから。[3]

最後の軟着陸はにわかに信じ難いけれども、カラムジンの議論には頷けるところがあり、一方、スペランスキイの取り組みも正攻法というべきで、ここは単純に一方を是、他方を非とするわけにいくまい。

全体を通して見れば、要は現実にたいする間合いの取り方で、これは良くも悪くもカラムジンに歩がある。逆にスペランスキイのほうは一定の距離をおいていて、それは観念論とか形式論とか称され易く、カラムジンのそうした視線が彼のスペランスキイ批判に一貫していることは念を押すまでもなかろう。官吏の学力試験制度を槍玉に挙げた一節はまさにその典型で、なんの説明も要しない。「わが国では民事控訴院の議長はホメロスとテオクリトスを知らなければならず、元老院書記官長は酸素とすべての気体の性質を、県副知事はピタゴラスの定理を、瘋癲院の監督官はローマ法を知らなければならない、さもなければ六等官と九等官で死ぬのである。」現実離れどころかロシア離れ、文字通りの空論と一蹴されたのが、スペランスキイがまとめあげた民法典の草案である。「目にするのはなにか？……ナポレオン法典の翻訳！」筆者は草案の中身を直接知るすべを持たないが、カラムジンの決め付けは行き過ぎとしても、実際、スペランスキイは過去、現在のこの国の法令類を度外視、一足飛びに完全な法典の作成をこころざし、そのためにナポレオン法典を範にとり、どうやらカラムジンのいう「他人のサイズでわれわれのカフタンを縫う」結果に近づいたことはたしからしい。

『新旧ロシア論』でカラムジンが直接スペランスキイ主導の「改革」に矛先を向けたのはここまでである。ここで浮き彫りされた対立について一言だけつけ加えておきたい。いささか図式的ないい方になるけれども、カラムジンのいらいらした攻撃的な言辞の源にあるのは、君主の専制政治の堅持という信念だけではあるまい。そこにあるのは、近代的な統治システムにたいする嫌悪であろう。さらにいえば恐れに近いのではないか。カラムジンが家父長制的な統治のありようを縷々語っている事実は、これまでに述べてきた通りである。機能的に編成され、合理的に整備された非人格的統治組織。その実動部隊である専門家集団。一口に官僚制とよばれるそのようなものがいま眼前に存在するわけでない。それは予感されているにすぎない。予感どころか、単なる想像にすぎない。だが、それで十分であり、カラムジンが覚えたのはほとんど生理的に近い反発ではなかったか。実際、彼の反応は正当な度合いを少なからず越えている。

容易に推測されるように、この官僚制への恐れはきわめて現実的な動機を持つ。権力化し、自己目的化した機構は、いわば新しい階級としてこの国の勢力地図を塗り替え、封建的身分である貴族を支配的地位から駆逐しかねない。カラムジンの反発にはこの彼自身の階級的立場が色濃く反映しているといわざるをえない。
『新旧ロシア論』において彼の地主貴族としての立場がもうひとつ深く刻印されているのは、農奴制の扱いである。これについてはさきにも述べたところで、「農民を自由にする」ことは農民にとっても、国にとっても不幸でしかないという。同じように農奴制を容認するスペランスキイが、それでも農民の独立した人格を認め、領主による「所有」を廃する方向を基本に据えたのにたいして、カラムジンは逆にこれをよしとする。彼の民衆不信はもはや繰り返すまでもないけれども、農民についてはまさに救いがない。領主の持つ「裁判」や「警察」の機能から解放されれば、彼らは「飲んだくれ、悪事に走るだろう――居酒屋とまいない取りの郡の警察署長には大豊作、だが、いかに人々の暮らし振りを毒し、国の安全を脅かすことか！　一言でいえば、全国に散らばる貴族は、現在、安寧秩序の維持で君主を助けている。この監視の権力を取り上げ、君主がアトラスよろしくロシアを両肩に担いだら――持ちきれるだろうか？……落ちたら大変だ。」カラムジンの場合、問題は終始地主貴族の目を通して眺められている。[4]
そういうカラムジンであってみれば、『新旧ロシア論』の結びで皇帝アレクサンドル一世に向い、モンテスキューの「君主なくして貴族なく、貴族なくして君主なし」を掲げ、[5]「ロシアと同じほどに古い」貴族階級を他に先んじて重んじよと説いているのは少しも不思議ではない。ここでいう貴族とは一代のそれでなく、世襲の貴族を指す。「相続財産」にくわえ、大切なのは「生まれ」と「育ち」に培われる「自尊」や「高貴な精神」であり、そうした貴族こそ祖国に仕えるに相応しい。この類の意識はとくに珍しくはないし、多かれ少なかれ広く共有されていて、スペランスキイも例外でないことは既述の通りだが、カラムジンによれば、彼ら代々貴族にとって「古来大貴族の姿を見慣れた玉座の階段に低い素性の者を見せられるのは侮辱」だという。勿論、身分の如何を問わず、すぐれた人物が要職を占めることを妨げるいわれはないとカラムジンは断っているのだが、「平民の生来の才能」では前記の資質に代え難いとして、こう続ける。「〔平民は〕たとえ高い地位にあっても侮りを恐れ、おおよそ貴族を好まず、ひとり尊大に構えて自己の低い素性を人々の記憶から拭い去ろうとするのだ。」
おそらくこういうのを蛇足というのだろう。『新旧ロシア論』はカラムジンが匆々の間に書き上げ、筆使いは荒くしばしば嘲笑すら響かせる。いうところの「平民」のひとりに、「坊主上がり」の国家評議会書記官長が念頭にあったかどうか、カラムジンしか知る者はいない。

一八一一年三月二〇日、トヴェーリ。

「昨日わたしたちは陛下とお食事を共にする幸せの最後の機会を持った。陛下は深夜お発ちになった。わたしは妻と四回のお食事のほかにも奥の間で陛下に二回お目にかかったが、三回目のときには大公女と〔その夫、オルデンブルク〕公のおられるところで陛下にわたしの『国家史』を二時間余り読んで差し上げた。」（И・И・ドミートリエフ宛。）

五日前の三月十五日、カラムジンは当地に着いたアレクサンドル一世に会った。大公女エカテリーナ・パーヴロヴナが兄に引き合わせるため彼を呼び寄せていたのである。皇帝の滞在中授かった好意は右の通りだが、最後の『国家史』を「読んで差し上げた」あとに異変があった。「そのあと陛下と少なからずお話しをした――それもなににについて？　専制君主制について！　わたしはいくつかの点で陛下のお考えに同意する幸せを持てなかった、ただ陛下の知性と押し付けでない巧みな話し振りには感嘆した。」（同）

どのような議論だったのか、中身は分らない。アレクサンドルの内外政策をきびしく批判した『新旧ロシア論』はこの間大公女の手元から皇帝のもとに移されるが、それが議論の前か後か、この点も正確なところは分からない。しかし、二人が緊張したやり取りを交わし、対立が深刻であったことは手紙の控え目な言葉からも十分想像がつく。

つまり、問題が「専制君主制」であれば、カラムジンの主張はすでに本稿で詳述した通りで、彼はそれをアレクサンドルに披瀝し、皇帝がそれを拒んだのである。両者の溝がどこにあり、広がりがどれほどか、いまは明らかにできないけれども、カラムジンがのぞむ「専制君主制」は君主その人に斥けられ、熱意とは裏腹な結果に彼は落胆したことだろう。

もっとも、彼は「陛下のお心の美しさを十分納得させられたのでいまや陛下を愛し、尊敬している」という。アレクサンドルのほうも彼をペテルブルグへ招き、住まいにはアニチコフ宮殿の一隅を提供しようなどと愛想を振りまいて別れた。（同）[6]

一八一二年三月十七日、ペテルブルグ。

この日、友人宅で食事を楽しんでいたスペランスキイに宮廷から使いが来て、今晩八時に参内せよと告げる。ごく普通のことなので、書類を取りに自宅へ立ち寄り、王宮に出向く。控えの間には先客に宗務院総監ゴリーツィン公爵がいたが、皇帝は彼を待たせてスペランスキイを呼び入れる。謁見は二時間以上続いた。やがて現れたスペランスキイはひどく混乱した表情を浮かべ、泣きはらした目でテーブルに近づき、動揺を隠すかのようにゴリーツィンに背を向けて書類を鞄に詰め、足早に部屋を出たところでわれに返ったか、再びドアを半ば開き、常と異なる抑揚でいう、「さようなら、閣下!」

これはゴリーツィンの回想だが、この場で当直を務めていた侍従武官の別な証言もある。

現れたスペランスキイはほとんど失神状態で、書類の代わりに帽子を鞄に詰めようとして気づいたものの、そのまま椅子にくずれ落ち、武官が水を取りに走る。数秒後、執務室のドアが静かに開き、敷居際に激しく心を揺すぶられた観のアレクサンドルが立つ。「もう一度さようなら、ミハイロ・ミハイロヴィチ」こういって奥へ消えた。

スペランスキイ解任劇の真相は謎である。これは一人の高官の退場といったものではない。ほとんど政変に等しい。だが、なぜ? この問いに答えようとほぼ二百年の間さまざまなことが語られたり、書かれたりしてきた。おそらくそのどれもがそれぞれに正しい違いない。つまり、状況ははっきりしているのである。すでに述べた「改革」にたいする不満、怒り。「坊主上がり」によって傷ついた誇り、くすぶる嫉妬。湧き上がる誹謗、中傷の嵐。祖国を混乱させ、ナポレオンと通じる「裏切り者」というつくられた汚名。それらは当然アレクサンドルに達している。その彼の緊急の課題はすでに避け難いナポレオンとの戦争に備えて国民の一致した支持を集めることでなければならない。加えて、彼自身の自信と弱気が入れ替わる二重性格。うずき出した「改革」への疑念。スペランスキイの存在の大きさにたいする不快の念。彼の自尊心を逆撫でするスペランスキイの不用意な言葉、など。あるいは、カラムジンの『新旧ロシア論』もなんらかの役割を果したのかもしれない。いずれにせよ、このうちのどれがどのように働いたのか分からず、その意味で真相は藪の中のままである。

王宮を出てスペランスキイは、数少ない協力者の一人、国家評議会書記局法制課長ミハイル・マグニツキイ宅に立ち寄るが、当人はもはやヴォログダへ向け護送されたあと、突然夫を連れ去られた妻の涙にくれるのを見出すのみ。自宅に戻った彼を警察大臣とその部下が迎え、即刻追放の命を伝える。車寄せにはすでに駅逓馬車が待機している。彼は許可をえて若干の書類を包みに入れ、封をし、数行書き添え、皇帝に渡してくれるよう頼む。時刻は夜半を過ぎている。それから、十二歳の一人娘と妻の母(妻は娘の生後間もなく亡くなっている)を起こして別れを告げるに忍びず、春になったら彼のもとへくるよう書置きを残し、二人の寝室のドアに十字を切り、家を出る。区警察署長を同乗させた馬車は一路ニージニイ・ノヴゴロドを指して走り出した。7)

第10章

一八一二年六月、ロシア。それまで国境の外で繰り返されたナポレオンとの戦争は、舞台を国境の内に移して最終段階を迎える。戦争は社会の上下を問わず激動の渦に巻き込む。その一人、カラムジンも例外でない。

いわゆる祖国戦争はカラムジンの生涯の最大の事件である。筆者はさきにカラムジンの活動を前後期に分け、後期について『ヨーロッパ通報』につづく時期を第二期として祖国戦争のまえまで概観したが、本章は、この戦争に彼がどのように臨んだか、曲折の跡をたずねることからはじめることにする。

カラムジンはこの戦争に反対だった。ほぼ一年半まえに書かれた『新旧ロシア論』はそうした見地からアレクサンドル一世の対決路線をきびしく批判している。

世紀が変わり、革命と戦争の余燼が終息し、ヨーロッパに「平和」が戻った時点で、「ロシアはなにも失わずにすんだし、なにも恐れずにいることができた、つまり、この上なく幸運な位置にあった。」イギリス、フランス、プロイセン、オーストリア、これら列強が対立しながら牽制し合う、それによってどの一国もロシアの脅威になりえぬ構図、それがロシアの安全のたしかな保障であって、そうした不安定のなかの安定、ヨーロッパの「平和」の維持こそわが国の外交戦略でなければならなかったし、軍事力を背景にナポレオンを抑えてわが国にそれは可能であった――『新旧ロシア論』はまずこう前置きする。だが、アレクサンドル一世の対外政策は「誤り」の連続だったという。

オーストリアと戦ってフランスがライン西岸を獲得した結果、ドイツではこの地方に領地を有した諸侯への「補償」問題が生じたが、フランスはそのためにおこなわれる国土の分割に介入し、ドイツにおける影響力を増大させた。「誰もが驚いたことに」駐仏ロシア大使はこれを承認し、「ナポレオンの目論見に度を越えた寛大さを示した」が、「さらに驚いたことには」、翌〇三年、「ジュネーヴの流れ者」（実際はフランス人。ロシア政府に雇われ、フランスにて活動）が王党派の一味と反ナポレオンの陰謀を企てたとして逮捕、投獄されるや、一転して強硬に抗議、「ボナパルトを怒らせてしまった。」大使はナポレオンの求めにより召還されたが、その際帝国最高の栄誉、聖アンドレイ勲章を授けられた。「結果は予想通り……」この「首尾一貫せぬ」ひと幕が第一の「誤り」である。

○五年。フランスとの戦争に突入、出兵、「一文の得にならず」、ただイギリスとオーストリアの「道具をつとめるために」。わが国の安全に「直接」害はなかったし、勝敗も未知数、たとえ勝利したところで他を益するのみだったからである。

ウイーン占領後、アウステルリッツ会戦の前夜、ナポレオンはアレクサンドルに和平を打診してきた。ロシアは軍事的にこの間でもっとも有利な状況にあり、この時、「もっとも名誉あるかたち」で矛を収めることができたはずだった。しかし、「われわれは戦いをのぞんだ！」これが第二の「誤り」。

○七年。再び出兵。「第三の、そして結果から見てもっとも重大な誤りはティルジット講和である。」この時の参戦は「非難をせぬ」、ナポレオンがポーランドを「扇動」してわが国を脅かしていたからである。しかし、ティルジットにおいてわれわれは「アウステルリッツとフリードラントで失ったヨーロッパを忘れるべきだった、ロシアのことだけを考えるべきだった、ロシア国内の幸せを保つために」。つまり、われわれは「われわれに有利なイギリスとの通商を破棄し、〔イギリスの同盟国〕スエーデンと戦争する義務」を負ってはならなかった。これによる紙幣の増発、物価の高騰にくわえ、ロシアはスエーデンとの戦争で「正義」を犠牲にし、内には国を守るに欠かせぬ「道徳的な力」を損ない、外には「すべての国の国民の非難を買った。」さらに、ロシアの安全のために決して譲ってならぬ条件、「いかなるかたちであれ、いかなる名称であれポーランドは存在すべきでないという条件」を貫かなかったこと。フランスの息の掛かったワルシャワ公国、このロシアに隣接する新生国家を「認めるより、ナポレオンがシュレジエンを、ほかならぬベルリンを獲得するのに同意したほうがよかったのだ。」

要するに、われわれはフランスと同盟を結んだが、ナポレオンはわれわれが「彼を恐れるゆえに彼を憎んでいる」と知っている。こうしてロシアはみずからにとって「自然な敵」に仕える一方、その脅威を身近に引き寄せる愚を犯したのだ。[1]

カラムジンの批判は大筋でこのようになろう。それがどこまで正しかったかどうか、そうした検討をここでおこなうつもりはない。そうするには、彼のいう「誤り」に代わる選択を、その可能、不可能も含め、当時の状況と突き合わせてひとつずつ精査する必要があろうが、筆者はその任に耐えないし、筆者の関心も別のところにある。ただ、一般にこの時代のアレクサンドル一世への否定的な見方は、その後、今日に至るまでかならずしも支持されていないとだけつけくわえておこう。例えば、最近の外交史はいう。アレクサンドルは「〈神と祖国にたいする〉崇高な義務を十分に自覚し、その実現に並々ならぬ能力を傾けた。（中略）彼は設定した目的を達成し、好機を摑むことができた。彼には、人々や状況が及ぼす影響に受身で抵抗するという、権力者にはめったにない大きな力があり、これはナポレオンとの歴史的な対決でおおいに彼を助けたのである。」カラムジンのいう最後の「もっとも重大な誤り」についても、「あきらかに、ロシア外交は自己の立場を完全に守り抜くことはできなかった。しかし、ティルジットの合意を〈屈辱的〉で〈恥ずべき〉講和と評するのも（中略）正しくない。」やはり最近書かれたアレクサンドル一世のモノグラフィーもこの点で後れをとらない。「ロシアはアレクサンドル一世の努力によって勝利した敵から国境を護り、威信を保ったのである。粉砕され、占領され、辱められたプロイセンとも、脇役に追いやられ、ナポレオンの新たな一撃なるダモクレスの剣が頭上にぶらさがるオーストリアとも同列にならずにすんだのである。」こうして著者Ａ・Ｈ・サハロフは一世紀前の歴史家Ｈ・Ｋ・シルダーの次の言葉に同意する。「彼〔アレクサンドル〕の生涯において特筆すべきこの功績が同時代人に評価されなかったとすれば、せめて後世の人間は真実をよみがえらせ、みずからの君主をしのんで然るべき感謝を捧げねばならぬ。[2]」

結論として、現時点でアレクサンドル一世がなすべきことは、「ナポレオンとの第三の、きわめて危険な戦争からロシアを救う」ことである、「たとえ多くの利益、いわゆる名誉を失っても」、とカラムジンはいう。「名誉」は「強国の享受する贅沢にすぎず、国家にとっての第一の善、みずからの存立には比ぶべくもない。[3]」

おそらくカラムジンなりに彼我の軍事力を秤に掛けた上の結論であろう。彼が具体的にどのような譲歩を考えていたのか分らない。それに、見過ごせないのは、必要とあれば捨てるも可という「名誉」観である。その意味するところは小さくないけれども、どうやらこの一節、この場だけの唐突な言とも受け取り難い。遡って次の一節も一脈通じるのではあるまいか。ほぼ三年前に書かれた『ロシア国家史』第四巻、イョアン一世、通称銭袋イョアンの章。この時代、「タタールの軛」を甘受しながらも略奪と殺戮がしばし止んで、ロシアは「平和と静けさ」を取り戻したという。たしかに「わが祖国は辱しめを受けていた。諸公の首は相変わらず汗国において汗の合図ひとつで切り落とされていた。」しかし、「国家の第一の善は安全と平安である。名誉はつつがなく暮らす国民にとっては尊いが、虐げられた国民はそれが和らぐことのみを願い、それが叶えば神を讃えるのだ。[4]」

以上、カラムジンの議論はきわめて明快、ロシアの「安全」を第一とする主張をためらわずに貫いている。繰り返しになるが、この外交方針がその目的に相応しかったかどうか、そうした問題はいま脇へ置く。その限りで、あくまでも自国中心、それに資すところなければ他国と手を組まず、ときには犠牲に供することも辞さぬエゴイズム、名を捨て実を取る行動原理、これらをすでに幾度となく言及した彼の「政治的リアリズム」（ユーリイ・ロトマン）のあらわれと称して差し支えなかろう。おそらくそれは流動的な、どの国にも信を置き難い国際環境に負っているに相違ないけれども、『新旧ロシア論』には、モスクワの大公について、「国民の安寧を唯一目的として、彼らはやむをえぬときにだけ、いつでも和平するつもりで戦い、国家に有益という以上に君主の虚栄心に媚びるヨーロッパの問題への関与を一切しなかった」とか、エカテリーナ二世に触れて、「ロシアに益なき他国の戦争に立ち入らぬこと（中略）が女帝の主義だった」などとあり、[5]カラムジンにいわせれば、不干渉主義こそロシアの伝統なのである。

一八一二年六月十二日（旧ロシア暦）。払暁、フランス皇帝ナポレオン・ボナパルトは大軍を率いてロシア西部国境ネマン川を渡り、侵攻を開始した。祖国戦争のはじまりである。カラムジンの願いは空しかったことになるが、それまで戦争回避に向けられた彼の愛国心はいまや祖国防衛に向きを変えて燃えさかる。

八月二〇日、И・И・ドミートリエフ宛。「妻と子供たちは身重のヴャーゼムスキイ夫人と一緒にヤロスラーヴリへ発たせた。わたしはロストプチーン伯のところで暮らしている、そして神の御心とあらばモスクワのために死ぬつもりだ。城内は日に日に空虚になっていく、去る者多し。（中略）わたしはよろこんでわたしの灰色の馬に跨り、モスクワの勇壮な義勇軍と一緒にわが軍にくわわる。かけがえない妻と子供を送り出した時の気持はきみにはいわぬ。もしかしたらこの世でもう会えないかもしれない！　はじめてきみがうらやましいと思う、きみは夫でも父でもないからね！　でも、わたしの心は随分と落ち着いている。国家史ともおさらばした。一番いい、完全な一部は妻に、もう一部は外務省文書庫に預けた。いまは国家史もないし、することもない、ヒュームの『観念の起源』を読んでいるよ!!」

八月二七日、弟宛。「逃亡者になるという考えは気に染まぬ。だから、全部決着がつくまでモスクワから出ていかない。昨日一大血戦がはじまった、今日またはじまった。

（中略）双方必死で戦っている。神よ、われらにお味方を！　数時間後ロシアは救われたか滅んだか明らかになろう。（中略）わたしの身がどうなるか分らない。おまえたちにまた便りをするかどうか分らない。ただ、これまでずっと冷静でいられることを神に感謝したい、わたしの性格ではいつでもそうはいかないからね。危険が近づくほど、わたしの中で恐怖が減っていく。われわれは経験によって自分自身を知るわけだ。」この日、ある人の回想によると、同じロストプチーン宅でカラムジンがナポレオンの敗北を予言し、終わりの始まりがはじまっていると熱弁を振ったという。アレクサンドル一世が講和を結ぶかもしれぬ、カラムジンは「それだけが心配です」と続け、しかし、ロシアに「新ヴァンダル人」がいる限り決して「矛を収めたりすまい」といい切ったという。果たしてこの通りだったのかどうか、いまとなっては確かめようがない。筆者は否定も肯定もしないが、ともあれこの一件、カラムジンについて書かれるものにはきまって登場するエピソード――無論、事実として――ではある。

九月一日、ロシア軍の撤退にともないカラムジンはモスクワを離れ、ニージニイ・ノヴゴロドに戦火を避ける。もっとも、翌月の手紙では当地の義勇軍と行を共にしたいという思いを吐露しているが、これは実現しなかった。やがて「ナポレオンは虎のごとく来て、兎のごとく逃げて」ゆき、この年の末ロシアの地から駆逐され、祖国防衛は成る。[6]

一八一三年。「せめて神のわれらに名誉ある平和を与えられんことを、それもなるべく早く！」（一月二一日、А・И・トゥルゲーネフ宛）「〔戦費の負担で〕農民はひどい有様だ。わたしには年貢をまるまる要求する勇気がない、わずかな年貢だけれども。前途も不透明だ。これからずっと戦うのだろうか？　ロシアの名誉と安全のためにわれわれと農民からこの上なにが求められるのか？」（二月十七日、И・И・ドミートリエフ宛。）「早々に平和になると期待してペテルブルグへいこうと考えていましたが、このところ戦争がまたはじまると噂しています。」（七月十日、В・А・ジュコフスキイ宛）[7]これらの手紙から浮び上がるのは、戦争の行方にたいする深い懸念である。当時国境を越えた戦争をめぐって賛否は分かれていた。断定はできないけれども、カラムジンがヨーロッパでの戦争継続を望んでいるようには見えない。「愛するモスクワ」の火災をはじめ、軍民双方の損害の大きさはいうまでもないとして、この場合も、さきに詳述した対ナポレオン戦争をめぐる彼の一連の論理を想起すべきかも知れない。

一八一四年。しかし、結局、ロシア軍のヨーロッパ転戦からパリ入城、ナポレオン退位と続く勝利の行進にカラムジンも快哉を叫ぶ。「飛び跳ねはしない、だが、わたしの目には、正義をもって罰し、慈悲をもって救う主への感謝の涙がときに溢れる。」「驚異的で感動的！」（四月二〇日、И・И・ドミートリエフ宛）[8] こうして、一年九か月に及ぶ戦争の総決算として長編詩『ヨーロッパの解放とアレクサンドル一世の栄誉』が書かれる。各連八行、全五二連の長い詩だが、このたびの「経験」により得た「叡智」の語る「忠告」を別にすれば、――この点はのちに触れることにしよう――取り立てて述べるほどのことはない。要は、「地上の王のなかの第一の王」アレクサンドル一世に捧げる顕彰碑で、かつてのきびしい批判や疑問はどこへやら、にぎにぎしい賛辞一色に塗りつぶされている。いずれも愛国心の発露には相違ないが、結果よければすべてよしか。「いまは詩の時。散文はその時ではありません」（五月二八日、皇太后マリヤ・フョードロヴナ宛）などとあって、また、実現こそしなかったが、この間の「偉大な出来事」を「子孫」に伝えるためみずからペンをとる意欲を見せたりして、カラムジンの高揚した気分は並々でない。

第11章

一八一六年五月十八日、カラムジンは住み慣れたモスクワを去り、同二五日、皇帝村（ツァールスコエ・セロ）に着いた。アレクサンドル一世が提供したのは「立派な家具を備えた小ぶりの家」である。この時から夏は皇帝村、冬は首都ペテルブルグで過ごす生活が生涯の終わりまで続くことになる。カラムジンの活動の後期の第一期、第二期につづき、今後この最後の十年をその第三期とよぶことにする。

このときのペテルブルグ行きは、イョアン四世の治世前半まで書き進んだ『ロシア国家史』を出版するためである。費用としてあらかじめ皇帝から六〇、〇〇〇ルーブリの下賜を受けている。この出版の華々しい成功はあまりに有名で、多く語るまでもなかろう。『ロシア国家史』全八巻、三、〇〇〇部（セット）は一八一八年二月一日発売開始、同二五日完売（うち前年末までの予約およそ五〇〇）。この背後には、この世紀のかつてないほどの民族意識の高まり、従ってまた自国の歴史への関心の高まりがあるけれども、それにしても「歴史関係の著作の平均的な印刷部数は当時は六〇〇だった」そうで[1]、『ロシア国家史』についてはまさに快挙としかいいようがない。しかも、カラムジンのもとにはさらに六〇〇部の注文が寄せられたという。早速、版権を譲り受けた業者が改訂第二版の準備に取り掛かり、この年に第一巻が出る。

『国家史』は第五巻が一八一一年夏、第六巻が「注」を残して十二年夏、つづく二巻が十五年秋に稿を終えたと見られる。従って、執筆の時期からいえば、第六巻までは以前に取上げることも考えられたが——ノヴゴロドについては言及したけれども——、次の二巻と共に世に送り出された時期に合わせ、ここで扱うことにする。

まず、第一巻冒頭に掲げられた「序文」から、はじめの部分を訳しておく。

「歴史はある意味で民族の聖典である。もっとも大切な、必須の書である。民族の生活と活動の鏡、啓示と掟の碑、先人から子孫への遺訓、現在の補足、説明にして未来の手本である。

為政者、立法者は歴史の指示に従い、その頁を眺めること航海する者の海図に対する如くである。人知は経験を要する、だが人生は短い。古来もろもろの激情がいかに社会の動揺を招いたか、知性の健全な支配のもといかなる手段により激情の奔流をせき止め、秩序を立て、人々の利害を一致させ、この地上で可能な幸福を与えたかを知らねばならぬ。

だが、一般人も歴史を読むべきである。歴史は彼をこの世の不完全と和解させる、いつの時代にもある普通の現象として。国家の災難にあって慰める、以前も同様の災難があり、もっと悲惨な災難があったが国家は滅びなかったと証言して。歴史は道徳心を養い、正当な裁きにより、われわれの福祉と社会の調和のもとである正義へ精神を向わせる[2]。」

啓蒙思想家カラムジンの面目躍如というところ。歴史をすぐれて道徳的な教訓の素材とする見方に注目しておこう。

カラムジンが書名を先行研究の『ロシア史』でなく『ロシア国家史』としたなかには、彼が祖国の過去、現在に向き合う際の視座、関心のありようが寸分の余地なく表れている。政治体としての国家というのがそれで、人間が共同生活を営むのは、生命、財産の安全を確保するためであり、国家こそがそうした目的に最もよく応えることができる。こうした観点は彼一人のものでも、この時代だけのものでもないけれども、ともかく彼の場合、ロシアの歴史はなによりも国家の生成、発展の歴史であるといってよい。そうした意味で『ロシア国家史』はもっぱらその政治史、より正確にいえば、歴代の大公、のちの皇帝の治世を順にたどる光と影の物語である。以下その大筋を追うことにしよう。

ロシア国家の起点をカラムジンは八六二年のヴァリャーグ招致におく。ネストルの年代記に基くいわゆるノルマン説である。「スラヴ人は自分の古くからの民衆政治をみずから廃し、かつての敵のヴァリャーグから治者をもとめている。どこであれ強者の剣か野心家の狡知が専制権力を生んだが、(中略)ロシアではそれは人々の一致した同意から実現した。」ここは『ロシア国家史』のもっとも重要な箇所のひとつといえよう。キー・ワードは「みずから」。ちなみに、のちの『新旧ロシア論』でも同じく、「スカンジナヴィアが最初の治者を与え」、人々が「みずから受け入れた」とある。[3] いずれもдобровольно、「みずから進んで」、「みずからの意思で」ということである。つまり、そもそもロシアは「みずからの意思」で「専制権力」をいただく国家として発足したのであって、以来この選択を否定、破棄したことはない。その証明がこれから綴る『国家史』になるわけだが、カラムジンの「専制」擁護の議論はすでに随所で見てきたけれども、このノルマン説の採用により、それは自己の理由づけを他に求める要がなく、いわば自明化される。

ノルマン説の承認はカラムジンの保守主義の原点であって、従来さまざまな論者がそれに言及してきたが、その際、これを単なる政治的な戦略と片付けないにしても、それまでの彼の言説とのつながりに必要な目配りがされずに、それが前提抜きでにわかに現われたかのように扱われているうらみがある。勿論、この重要な一歩にはあらかじめ「専制」支持という素地が用意されていたのだが、いいたいことはそれではない。筆者はノルマン説を治者、被治者間の合意と見なすが、こうした社会契約に通ずる発想は前世紀九〇年代にすでにカラムジンに認められるもので、そのことは長詩『天分』のなかで指摘してある。そうした文脈でノルマン説はいわゆる服従契約の一形態として受け入れられたと十分考えられる。なお、このあと『新旧ロシア論』も、君主と国民、「権力と服従」の関係の発生に、約束を意味するзаветという語を用いていることをつけくわえておく。[4]

二年後、リューリクがひとり統治の権を握り、ここに「ロシア君主国」が誕生した。その後キエフを中心に拡大する国家は、しかし、二代を経てスヴャトスラフによって災いの種が播かれる。彼が「息子たちにそれぞれの領地を与える習慣をはじめて取り入れた」からである。続くウラジーミル聖公も国土を分割して息子たちに与える「誤り」をおかし、いずれの場合も、父の死後、息子の公たちは剣をとって互いにたたかうことになる。そうした一人、ヤロスラフもキエフ大公の座を制するややはり同じ「誤り」を繰り返す。各地の公は大公を名乗り、それぞれ独立国の如く振舞う。領地は相続され、一族の間で分けられる。以後ロシアは求心力を失い、首都の大公位をめぐる確執やら領地の争奪やら、戦火の絶えぬ分裂国家の様相を呈し、旧都キエフは陥落し新都ウラジーミルが取って代る。

古代の国家はヤロスラフ賢公の治世に頂点を極めた。キエフの公が全土を掌握し、威を振るうという「一元支配」がそれを可能にしたのである。ヤロスラフはその最後を飾った。正教ロシアはヨーロッパと「同じ法、習慣、制度」を持ち、このとき「ヨーロッパの第一級の国家」に比して遜色なかった。だが、彼の死と共にそれは崩れ去る。「十一世紀半ばから」ヨーロッパが中世の「闇」を抜け出て活発に前進を始めた時、「われわれは立ち止まるか、のろのろ進むか」して、取り残されることになった。前述の通り、諸公が割拠し、争い、「秩序や平安」が破壊されたからである。[5]

十三世紀、そのロシアの地を、モンゴル軍がノヴゴロドを除き席捲する。「諸公の従士団や都市はひとつにまとまろうとせず、てんでに戦い、至極当然ながらバトゥの大軍に抗しえなかった。」くわえて国土の西と南の一帯には、リトワニア大公国が進出し、勢力を伸ばす。ロシアは実に浮沈の淵に立たされたといってよかったが、しかし、この「不幸の極」の「まさにその時に国家的再生がはじまった」という。

ロシアの公たちは、恭順の意を表するため汗国の首都サライ詣でをくりかえした。抗争事件の裁きを仰ぐためにおとずれることも珍しくなかった。彼らはそこで「平身低頭」し、阿諛と贈り物によって汗の歓心を買うことに余念がなかった。己を守り、他を陥れる讒言も厭わなかった。こうした汗の「寵愛」獲得にもっとも成功したのがモスクワ公である。

ウラジーミル大公国の一隅、モスクワが歴史の表舞台に登場するのは、アレクサンドル・ネフスキイの末子ダニイルの領地になってからである。十三世紀末、彼は兄の大公と争って所領の「独立」を実現し、ペレヤスラーヴリを手中にするなど、台頭の素地をつくった。その子ゲオルギイ(ユーリイ)はウラジーミル大公の座に名乗りをあげ、慣習に従い正当にそれを継承した叔父のトヴェーリ公と戦う。汗に取り入り、その妹を妻とし、念願の座をゆるされる。叔父汗の家臣を「買収」し、叔父を誇り、死に追いやる。叔父は従容としてモンゴル人の刃を受け、のちに聖者に列せられるが、六年後、ゲオルギイ自身も彼の長男の刃に掛かってあえなく落命する。

実はこのときまでにこの長男は汗の「庇護」を得て、大公位は彼に渡っていた。だが、ゲオルギイに肩入れしていた汗の家臣が、汗の権威を損なうこの復讐を不遜な振舞として「罰」をもとめたのであろう。長男は汗の命により殺され、次男が大公位を継ぐ。翌年、その領地トヴェーリに汗の従弟が「略奪者」の一隊と共に現われる。領内に、彼がロシア人を回教徒に変え、大公たちを殺してその座を奪う、などの流言が広まり、それを盲信した大公が領民を率いて遠来のモンゴル人を襲い、一人残らず討ち果たす。汗は激怒し、さきのゲオルギイの弟、モスクワ公イョアン(イワン)をよびよせ、大公の座を約束し、モンゴル人の指揮する五万の兵をつけて攻撃を命じる、「ロシア人の手でロシア人を屠るために」。大軍はスーズダリ公の部隊も加え、トヴェーリ一帯を「火と剣」によって蹂躙した。汗は「モスクワ公の忠誠に満足し」、ウラジーミル大公と認める「手厚い特許状」を与えた。

ここで、さきの第十章のなかの一節を改めて繰り返すことになる。即ち、このイョアン、通称「銭袋イョアン」の即位から略奪と殺戮がしばし止んで「平和と静けさ」が戻る。さらに、この「イョアンの時代から」モスクワが「ロシアの真の主になった」。先代に続いて新しい府主教もここに講壇を設けたが、それに各地の公たちは「不満」だった。「彼らはこう考えた、イョアンの後継者たちは、僧門の長をわが方に有して、大公位の独占を図るだろう、と。その通りになったのである、ロシアにとって幸せにも。[6]」

以後十五世紀末まで、モスクワは諸公国の乱立、ノヴゴロド「共和国」の抵抗などを抑え、和戦両様の構えで勢力を伸ばし、祖国の「一元支配」と「専制政治」へ向けひた走ることになる。こうして内を固め、外へ向ってはリトワニアの脅威をかわしながらモンゴルの「軛」から脱却を目指す。幸い、モンゴルはみずから内紛に明け暮れ、間歇的な襲来はあるものの、ロシアに対する圧力は緩む。カラムジンの叙述からいくつか拾うと――

右に述べたモスクワ公イョアンのトヴェーリ攻撃の際、この「大災難の因をつくった」公は逃亡したが、十一年後に再び汗の手によってトヴェーリ公にもどされる。彼はかつて座した大公位にすわるイョアンに「復讐」の念を覚えたことだろう。イョアンは汗にたいし「甘言を弄し、贈り物を振りまいた」上で、この「危険なライバル」をモンゴルに反逆する「敵」と吹き込んだに相違ない。まんまと彼を葬ったイョアンはトヴェーリ公国も傘下に収めた。汗は「知らなかったのだ、われわれの祖国が弱体なのは力がばらばらに分かれていたからで、モスクワ公の一元支配を助けながら、ロシアの自由とキプチャク汗国の没落をみずから進めているとは。」

「タタールの軛は大公の金庫を潤した」。それは本来の戸口調査や徴税の場合にとどまらず、汗のためと称して課す「はじめて耳にする、さまざまな税」によりもたらされた。イョアンが次々に領地を買い取った「驚くべき富」の所以である。次のシメオンが他の公を抑えて大公位を継ぐことができたのも、「疑いなく」、「新たな地方の獲得や新たな商業税」によってえた財を用いて汗を「買収」した結果である。

三代後のディミトリイ（ドミトリイ）にトヴェーリ公が反旗を翻し、汗国に出向き大公位の特許状をえた。「だが、黙って従う時代は過ぎた。モスクワの騎兵隊がトヴェーリ公を捕らえるためすべての道を素早く押え」、公は逃亡した。このあとも再度彼に特許状がくだされたが、いずれも宙に浮いたままに終る。そして一三八〇年、クリコヴォ・ポーレの「勝利」。それは「ロシアの力の復活を証明した」が、しかし「幸せな時は短かった。」二年後、モンゴル軍がモスクワ公国に地獄絵さながらを現出する。ディミトリイは、汗は「己の非を悔いる罪人を赦しもする」と告げる汗の使者を「心ならずも丁重に迎えた。」

次のワシーリイ一世は「リャザンもトヴェーリも武力で制圧しようとしなかったが、そこの公より決定的に上位にあり、それゆえロシアの一元支配に近づいた。モスクワ公国を重要な領地獲得によって強化し、リトワニアの牙から無傷で守り、それまでのどの大公よりも少ない貢税をモンゴル人に払った。」

ワシーリイ二世は長年叔父と大公位を争ったが、一四三二年に汗の裁定により改めてその座を認められ、モスクワで即位の式がおこなわれた。「この時からウラジーミルは首都の権利を失った」。一四五〇年、彼は一時期大公位を奪われたディミトリイ・シェミャーカ（「シェミャーカの裁判」により名を残す）を攻め、敗走させたが、これが「公同士の最後の武力衝突」になった。「ワシーリイが晩年にモンゴル人にまったく貢税を払わないか、彼らの貪欲にろくに応えなかったことは疑いない。」彼らが「頻繁に」「部隊」をなして現われ、荒らしまわったからである。

この一世紀半をまとめてカラムジンの言。「リューリク、スヴャトスラフ、ウラジーミルは剣によって土地を得た。モスクワの公は汗国でひれ伏すことによって――われわれにとって屈辱的、だが、ロシアの存在と力を救った行為だ！」たしかに、ロシアの「一元支配」はまだ完全ではない。大公国の外はいうに及ばず、おおきく広がったその内にあっても、相変わらず領地分割の遺制が続いたりしていたからで、それは「真の意味で依然単一国家でなかった」。とはいえ、もはやモスクワの大公の力は他を圧していて用意は整った。

異民族の支配という悲運が失われて久しい国家の統一、権力の集中を生み、祖国の再生をもたらすというこの逆説、同じようにそうした「災い転じて福」式の幸運に浴したもうひとつが専制政治の出現である。モスクワの大公たちは「汗国で平身低頭する一方、帰国して強権的な統治者になった。至高の帝の名をもって命じたからである。」彼らは民衆の自治を封じ、ノヴゴロドとプスコフを除いて民会の鐘は沈黙した。かつての諸侯《バヤーレ》も昔日の威光を失った。いずれも「汗の圧政にうちひしがれ、もはやモスクワの大公と権利をめぐって争わず、ただもうモンゴル人から無事に守ってくれるようもとめた。」

「一言でいえば、専制政治が誕生したのである。」「当時の国民と諸侯にとって疑いなく不快なこうした変化は、ロシアの運命にとって最大の恵みであった。」「企てるためにひとつの秘めた思いが、なしとげるために一本の手が必要だったのだ。騒々しい群集も、遅々たる諸侯の会議もそうすることはできなかったろう。[7]」

「一元支配」と「専制政治」、この国家原理は次のイョアン三世によって「完成」される。こうして『ロシア国家史』の「序文」はロシアの歴史をイョアン三世を境にそれ以前を古代、以後を中世とよぶ。いまやロシアは長いトンネルを抜け、あらたに「独立と偉大」へ向おうとしている。第五巻執筆途上の一八一一年の手紙はこうしたカラムジンの感慨を率直に語るといえよう。「ワシーリイ盲目公（ワシーリイ二世）を急いで書き上げているところです。ここからロシア君主国の本当の歴史がはじまります。この先はすばらしいことが一杯です。」（А・И・トゥルゲーネフ宛）「イワン・ワシーリエヴィチ（イョアン三世）の時代を書く準備をしている。これこそ歴史が扱う題材だ！これまではひたすら智慧をひねって苦しいところを凌いできた。見えるのは後方にアフリカの砂漠、前方に壮大な森林、美しい草原、実り豊かな畑等々だ。」（И・И・ドミートリエフ宛[8]）

最大の障害、都市国家ノヴゴロドを征服したのをはじめ、モスクワは旧に数倍する国土を「一元支配」する。「リューリクやウラジーミル聖公の血を引く公たち」もいまや大公に仕える。即ち、イョアン三世は「ロシアの最初の、真の専制君主」である。そのもとでロシアはモンゴルの軍勢を戦わずして退け、「軛」は過去のものとなる。こうしたイョアンに『国家史』は「ロシア史のみか世界史のヒーロー」、この時代の「ヨーロッパのもっとも高名な国王の一人」と賛辞を呈する。

内政は勿論、自国中心の外交においてもイョアン三世こそ後継者たちの範たるに相応しい。カラムジンは理想の君主に出会ったごとくにおおいに弁じているが、そのなかに、もう一人の巨人、ピョートル大帝と比べて、両者とも「偉大」としながら、イョアンは「新しい習慣を持ち込み、臣下の心性を入替えるようなことは考えなかった」とあり、さきに見たピョートル批判がそのまま続いている。あとあとのために記憶しておきたい。[9]

次のワシーリイ三世の治世にはスモレンスクの奪還やリャザン公国の併合など多年の宿願が実る。ノヴゴロドのあと、なお「民衆政治」の伝統をまもるプスコフを屈服させたこともそのひとつである。もっとも、それを語る一節はモスクワの勝利をひたすらうたいあげているわけではない。プスコフは「思慮深く、公正で、忠実だった。」祖国を裏切ったこともない。それは「動かし難い運命の犠牲になり、必然に道を譲ったが、自由な民に相応しいある種の高貴なへりくだりをもってそうした」という。第八章で詳述したノヴゴロドとは事情は異なるとはいえ、ここにはいわば滅びゆく「共和国」への哀惜の響きがあり、これもこのあとのために記憶に留めておこう。[10]

『ロシア国家史』第七巻はこうしてイョアン三世、ワシーリイ三世の両者がロシアの政治体制を「永久に決定した」と結ぶ。続く第八巻からイョアン四世に移るが、この巻は治世の前半、次の第九巻が後半の「雷帝」時代と二巻に跨っているので、これについてはまとめてこのあとの章で扱うことにする。

第12章

『ロシア国家史』全八巻の出版許可は国史官カラムジンの申し出を受けてアレクサンドル一世がじきじきに下した。それは当初陸軍の印刷所で印刷に付された。この間、通常の検閲を素通りしている。カラムジンによると、「陸軍のお歴々」はこれに不満だったようで、検閲に差し出すべしと彼に伝えてきた。この件はアレクサンドルが不要を命じてことなきをえたが、それよりまえ、カラムジンがこの問題について記した覚書がある。日付は一八一六年十月十四日。そこに興味を引く一節が見える。

陸軍の要求の不当を訴えたのに続けて、カラムジンはいう。「拙著に信仰や皇帝や道徳に反するものはまったくないはずです。しかし、検閲官が、例えば、イョアン・ワシーリエヴィチ帝の残酷を自由に語るのを許さないといったことは起こりうる。もしもそうなったら、歴史はどうなるのか？」[1]

カラムジンがイョアン・ワシーリエヴィチ、すなわちイョアン四世、あのイョアン雷帝の「残酷」――彼に比べればネロもカリグラも「小児」だという――に稿をすすめるのは、翌々年からだが、もともと彼がそれを「自由に語る」つもりでいたことがこれで明らかだろう。物議をかもすことも覚悟のうえだったし、実際、一八二一年に世に出た『ロシア国家史』第九巻はおおいに物議をかもした。

イョアン四世の治世は通常前半と後半に分けて扱われるが、カラムジンも一五六〇年を明暗が入れ替わる転換点とする。この年に彼の后が死亡、「ここでイョアンとロシアの幸福な日々は終る。次章に見る通り、彼が伴侶だけでなく徳も失ったからである。」これを受けて次章はこう切り出す。「帝の精神と帝国の運命の激変に筆をすすめよう。」以下、「暴君」と化したというイョアンのもと、陰惨な暗黒時代の記述が延々続く。一体、『ロシア国家史』はこれまで多くの点で訂正やら修正やらを迫られているが、イョアンについてもその例に洩れない。いうところの「迫害」の規模もそうだし、その内実や歴史的な意味づけも特にそうである。それは果してイョアンの特異な個性が生んだ、常軌を逸した「暴政」なのか。照明をずらし少し離れて眺めれば別な光景が見えてこないだろうか。Р・Г・スクルィンニコフがいみじくも「テロルの王国」とよんだ一連の事実は、この国の勢力地図をめぐる帝と貴族の綱引き、専制国家確立途上の権力闘争の文脈に位置づけられるのではないか。そのような見方は出版当時すでに出されていたようだし、現在では一般的とさえいえるかもしれない。[2]カラムジンにもそうした視点はなくはないけれども、しかし、イョアンの「暴政」を誘い出したとされる「陰謀」のたぐいは一切否定する。それは彼の「濁った頭の中だけに存在した」という。「否、虎が子羊たちの血を存分に吸ったのだ」。こうして、さきの引用文中の「帝の精神」の一語が予告する通り、終始前面に大写しになり、「迫害」の起動力となるのはもっぱらイョアンの異常な人格である。果たしていずれが事実の核心に近いのか、判断は分かれるだろうが、カラムジンに限っていえば、問題はイョアンの裏切りや謀反にたいする偏執的といえる猜疑心、嗜虐的ともいえる残忍さ、等々にあり、そこに響くのはカラムジンのすぐれて道徳的な断罪である。こうした意味でこの第九巻はもっともカラムジン的な歴史とよべるのかもしれない。

「暴君」イョアンの告発に未来のデカブリストは随喜したが、ある人は顔をしかめ、ある人は憤慨した。カザン学区視学官ミハイル・マグニツキイは当時起案中の検閲規則の一項に、「永眠された本邦の君主」に不敬をはたらく書籍の禁止を盛り込み、二年後、『国民教育試論』と題する上奏文では、『ロシア国家史』を君主にたいする「暴君や悪者」呼ばわりの元凶ときめつけた。[3]

ところで、こうしたカラムジンの雷帝批判をとらえて、彼が従来より専制君主制にきびしい目を向けるようになったとする見方――いわばカラムジン進化説――にしばしば出会うが、同意しかねる。第一、イョアンの「暴政」の断罪はこの時がはじめてではない。『新旧ロシア論』にはこうある。「地獄の唆しに乗って血を好み、無辜の血を流し、美徳の誉れ高い人々の首を刎ねた。」さらに遡って『ヨーロッパ通報』にも点在する。一八〇二年第十五号では、カザンを征服して凱旋するイョアンにこう形容がつく。「忠実な真のロシア貴族の血にまだ染まらず、古代ロシアのもっとも輝ける子、罪なきノヴゴロド市民の恐ろしい殺戮者にまだならぬ」イョアン。翌〇三年第十八号には、モスクワは「イワン・ワシーリエヴィチ帝の時代のあらゆる惨禍、オプリーチニナ〔皇帝直轄領〕隊員のあらゆる狼藉に耐えた。彼らは、敵地にいるかのように首都で強盗団同然の悪行を重ねた。」いずれも断片ながら、言葉ははげしい。カラムジンの悲憤が籠もるというべきだろう。[4]

専制君主制の支持が無条件のそれではないことも、念を押すまでもなかろう。『新旧ロシア論』のピョートル、アレクサンドル両帝の統治にたいする辛辣な批判はすでに見た通りである。いわゆる「徳」についても容赦ない。エカテリーナ二世の「好色」や「奢侈」は指弾をまぬがれない。前帝パーヴェル一世に至っては、「イョアン四世になろうとした」と断じ、その「恣意」ぶりをあばき、同じく「暴君」の名を献上している。

こう見てくれば、第九巻の雷帝告発はなんらかの変化を表わすものでなく、むしろその持続を示していること、カラムジンの専制君主制の支持は制度の支持であって、個々の君主にたいする歯に衣せぬ批判と両立することが明らかであろう。「暴君の歴史」は、「悪にたいする嫌悪」すなわち「徳にたいする愛」を植えつけ、「君主と国民にとりきわめて有益」であり、再来の防止に通じる。カラムジンみずから告発の目的をこう語るのを聞けば、彼が専制堅持の線を一歩も譲っていないことはいよいよ明白であろう。[5]

しかし、カラムジンの目的はこれがすべてではあるまい。「暴君」の弾劾がメダルの表とすれば、その裏は国民の忍従を讃え、これを「美徳」に祭り上げることであろう。右に引いたイョアン告発には一貫して同じ内容の忍従論が伴う。曰く、貴族も民衆も、暴君を疫病、地震同様神の下すものと受け止め、この天の鞭、みずからの罪にたいする罰にひたすら耐え、露ほども逆心は抱かず、ただ暴君の怒りの和らぐことのみ祈り、従容として死を迎えた。[6]

これは到底ありえぬはなしで、美しすぎる物語としかいいようがない。もっとも、カラムジンのために急いでつけくわえておかなければならないことはある。それは、すでに触れたことだが、カラムジンが、私的なことにせよ社会的なことにせよ、そこに神の導き、摂理を見て、それにのぞみを託していたことである。そうした帰依の言葉は彼のペンから頻繁に洩れ、まさに枚挙にいとまないが、いまそこから拾うとすれば、彼自身を含めてロシアが遭遇した最大の試練、祖国戦争をめぐる言葉がもっとも相応しかろう。モスクワ陥落。「摂理を信じる。」(十二年十月十一日、И・И・ドミートリエフ宛)ナポレオン敗走。「神は在ます！神はロシアを罰しもし、慈しみもする。」(十一月二六日、同)「われわれは罰せられた、だが栄光と共に救われた。」(十三年四月三〇日、同)とはいえ、これで右の忍従論への疑念がまったく消えるわけでもない。これをカラムジンがどれほど信じていたか分からないし、分かろうとしても無駄だろう。確実なことは、カラムジンがこのように人々に信じさせたいと思ったことである。

第十巻、第十一巻の執筆は一八二一年から二三年にかけて、出版はいずれも二四年。

ボリス・ゴドゥノフは第十巻から登場し、十一巻は彼の即位で幕を開ける。その統治には総じて高い評価が与えられるが、彼の手はリューリク朝最後の皇子ディミトリイの血で穢れているとされ、カラムジンの筆誅を免れない。「賢明な」統治も数々の「善行」も良心の疼きの産物、彼を追い詰める偽ディミトリイ一世は、従って、「天の怒りの奇しき道具」であり、彼の死と一家の悲惨な運命は「神罰」である。このゴドゥノフ犯行説は『新旧ロシア論』にすでに見えるが、一言添えておくと、一八〇二年の段階ではカラムジンは逆にこれに疑問を呈している。少なくとも同調を躊躇っている。「世上一般に受け入れられ、認められたことがらは、一種神聖なものに化す。そして小心な歴史家は不遜の評を恐れ、年代記を無批判に繰り返す。こうして歴史は時に誹謗の反復となる……。悲しい哉！」さらに、「もしもわれわれがこの〔ゴドゥノフの〕遺骸を譏っているとしたら、どうだろう。考えなしに、あるいは敵意ゆえに年代記に収められた妄説を信じて一人の人間の記憶を不当に汚しているとしたら。」いずれもゴドゥノフの「悪業」をめぐる言葉だが、ただカラムジンは「わたしはいま歴史を書いているのではない」として判断を留保している。[7]もっとも、そこにはゴドゥノフを指して「クロムウェルの権力欲と知性」の持主とあり、このあと『新旧ロシア論』

も——ついでにいえば、このまえの『ロシア人旅行者の手紙』も——同じく彼をこのピューリタン革命の立役者に比していて、ゴドゥノフ即ちロシアのオリヴァー・クロムウエルという見方では一貫しているが。

ゴドゥノフ犯行説にはきびしい反論が出されたようである。確実な証拠がないばかりか、食い違う証言もあり、憶測の域を出ないという。実際、カラムジンがなにほどか距離を置いた地点から全面的な断罪へ進むまで、そこでなにが、どう変ったのか、明確に跡づけることはできないけれども、どうやら彼は自由な懐疑の権利を放棄したらしい。

一六〇六年五月十七日払暁、モスクワ市中に急を告げる鐘が一斉に鳴りわたり、刀、槍、火縄銃で武装した各種、各層の民衆が赤の広場へ続々つめかけた。やがて、ずたずたに切り裂かれた僭称者、偽ディミトリイ一世の死体が宮殿から投げ出され、昨日まで「異教徒」ポーランド軍の占領下にあったモスクワは「復讐」の巷に化す。

首都解放のこの壮挙を、『ロシア国家史』は手放しで喜べない。ひとつにはその背後に玉座を狙う野望がうごめいていたからで、このことはのちに述べるとして、もうひとつ、決起した民衆は「再度の裏切りでみずからを汚した」という。一度目は、ゴドゥノフのあと帝位を継いだその子フョードルに背き、死に至らしめたことだが、二度目はいまの偽ディミトリイの成敗である。これも「裏切り」という。彼を「正真正銘のイョアンの子」と強弁する「不公正な外国人」を退けたうえで、カラムジンは続ける、「もっとも、ロシア人は、たとえごろつきを誅したにせよ、〔忠誠の〕誓いを破ることになる行為を自慢はできなかった。なぜなら、誓いの神聖は社会のまとまりに必要であり、背信行為はいかなる時も犯罪だからである。[8]」

偽帝にして然り、正統の皇帝とあれば、論を待たない。たとえ「暴君」であってもそうであることは、さきの忍従論で見たばかりである。もう一例、第八巻に戻って補っておこう。ワシーリイ二世没後、幼君イョアン四世に代わり事実上この国を統治した母后エレーナは愛人を抱え、専横の振舞いに及んだが、その毒殺説に関連して。「悪しき皇帝を罰するのは神、良心、歴史のみ。彼らは存命中は憎まれ、死後も呪われる。社会の幸せのためにはこれで十分なのだ、毒薬や武器無しで。さもなければ、王は害すべからずという君主制の鉄則を否定しなければならない。[9]」

こうした議論を王権神授説の系譜を受け継ぐものとする見方はあるし、そういうものとして扱うことは不可能ではないが[10]、そこに主眼を置いて眺めると、カラムジンを駆り立てたより直接的な動機の影が薄れ、取り逃がすおそれがある。まず忘れてならないことは、繰り返し述べてきたように、カラムジンがリューリク以来の君主制を君主と国民の間の「約束」と捉えていたことがある。相互に責任を負う「約束」である。それにもまして銘記しなければならないことは、これも繰り返しになるけれども、この国の歴史を振り返ってえた貴重な教訓で、「専制君主制」と「一元支配」を国家存立の基盤とした論理がここでも働く。王殺し、首のすげ替えを一旦許せば、それはこの基盤そのものの瓦解を招くという認識である。第十一巻から第十二巻を通して語られる「動乱期」の記述から一節を示せば、皇帝ワシーリイ・シュイスキイを棄てて偽ディミトリイ二世のもとへ走る軍隊について、「世襲の専制君主の威力に静まりかえっていたこれらの面々は、もはや皇帝を弄んでいた、皇帝なるものが彼らの力か不敵な野心によって選ばれもし、倒されもすると分かったからである。」遡って、先の皇帝パーヴェル一世の殺害を非難する言葉も『新旧ロシア論』から引いておく。「もしも何人かの高官、将軍、護衛が密かに君主を殺す、つまり皇帝を取り替える力を握ったら、専制君主制はどうなるか?――寡頭政治の玩弄物となり、早々にアナーキイに変ずるに相違ない。それはもっとも凶悪な支配者より恐ろしい、なぜならすべての国民を危険に晒すからで、一方暴君が手を下すのは何人かに過ぎぬ。」[11] ディミトリイ、フョードル、偽ディミトリイと続く王殺し、その結果、国の上下を問わぬ「裏切り」につぐ「裏切り」、内乱、外国の介入。「動乱期」はまさに全国規模の「アナーキイ」ということだろう。

王殺しの封印は君主制や君主本人のいたずらな神聖化ではなく、国家、国民の痛切な記憶から割り出したきわめて現実的な公理とよぶに相応しい。王王たらずとも臣臣たるべし。ここには、リアリスト、プラグマチストたらんとするカラムジンの曇りのない目がある。

第十二巻はワシーリイ・シュイスキイの即位ではじまる。「シュイスキイの第二章を写している。あと三章ほど、それに現代までの概観〔を書く〕。そうしたら世の中一切とおさらばだ、冷ややかにじゃなく、のちの世の人々に手を振って。彼らが愛想よかろうが、高慢ちきだろうが、ご随意に。」（一八二四年十月二二日、И・И・ドミートリエフ宛。）「第四章を書いている、時に感情が籠もる、どうやら悪くなさそう。これは白鳥の歌です。」（二五年四月二七日、П・А・ヴャーゼムスキイ宛）

そもそもシュイスキイは本題に入るまえから重い負い目を負わされている。さきのディミトリイ殺害の際、ボリス・ゴドゥノフは皇子の死を事故死と称して「真実」の隠蔽を図り、シュイスキイはこの工作におおいに加担したというのである。彼はゴドゥノフの腹心と共に現地へ派遣され、ありのままの事実を「異口同音」に告げる証人を遠ざけ、「脅しや約束」を用いて偽装に必要な供述をかき集め、事故説を裏付け――ディミトリイはナイフを投げて地面に刺して遊ぶうち癲癇の発作に襲われ、あやまって喉を突いたとされる――、逆に殺害説を捏造とする報告書を提出したという。

ゴドゥノ亡き後、偽ディミトリイ一世への反感を利用して、ひそかに包囲網を狭めてゆき、やがて反乱の先頭に踊り出、その成功により念願の皇帝に選ばれたシュイスキイをカラムジンはこう評する。「イョアン〔四世〕にへつらう廷臣、ボリス〔・ゴドゥノフ〕のはじめは明らかな敵、その後恥知らずに取り入り、しかもひそかに災いを願う奸物。」その彼は「陰謀の成功で玉座を射止めたものの、第二のゴドゥノフになれたにすぎぬ。」しかし、四年後、果てしない「動乱」の果て、玉座を追われた彼について。「モスクワは皇帝をかく遇した。その彼は、みずからの意志を法に従わせ、国庫の節約につとめ、恩賞には公平を、罰には穏健を旨とし、社会に緩やかな自由を認め、おおやけの教育に熱意を示すことでモスクワとロシアの愛を得ようとしたのである――彼は、災難の極にあっても驚かず、反乱のさなかでも泰然自若、君主たるに背かずに死ぬ覚悟でいた、そして、裏切りによって玉座から引きずり降ろされたその時ほど堂々と、玉座に相応しかったことはなかったのである。」[12]

ふたつのシュイスキイ評は同一人に関するそれと思えぬ程に隔たっていまいか。前者ではカラムジンは露骨に嫌悪を示している。一方、後者のほうも、軟弱、軽率等々この間の記述に照らして、いささか持ち上げ過ぎの感がなくはない。とはいえ、「非運」の皇帝という受け取り方は見え隠れし、殊に、退位即出家の要求を突きつけられ、毅然としてはねつけ、力ずくで従わせられる場面では、先の言葉通り、行間にカラムジン自身の「感情が籠もる」。その後もシュイスキイは囚われの身としてポーランド＝リトワニア王の面前に引き出されるが、昂然頭を垂れることを拒む。そうすると、現在広く認められているように、もしディミトリイ皇子の「殺害」が根も葉もない風説だったらどうなるのか。そもそもこれを「妄説」として退けていたら、黒々とした汚点を免れて、シュイスキイを見る目は初めから違っていたのではないか。どうやら、ゴドゥノフにせよ、シュイスキイにせよ、『ロシア国家史』では大分損をさせられていることになりそうである。

第十二巻の執筆は一八二五年いっぱい続いたようだが、第五章「空位期　一六一一―一六一二年」の半ばで祖国を激流の中に残したまま途絶えた。この間、記述は委細を尽くしているけれども、なぜこれほどに広く深く、民衆をも巻き込む「反乱」が続いたのか見えてこない。政治的にはともかく、社会的な要因はほとんど手つかずのまま残される。そうした検討はカラムジンの領分でないといえば、それまでのはなしだが。出版は四年後、一八二九年である。

第13章

『ロシア国家史』はおおきな反響をよんだ。母国語で読める、読むに耐えるはじめての通史であってみれば、不思議はなかろう。盛んな賞賛の声は、すでに周知の部類に属し、改めて繰り返すまでもない。ひとつだけ、カラムジンとは因縁浅からぬ、さきに取上げたばかりのミハイル・スペランスキイの言を引いておく。当時ペンザ県の知事、首都を追放されてから六年を過ぎている。

「カラムジンの『国家史』をお送りいただき深く感謝。そちらの自由主義に染まったおしゃべり連がなんといおうと、この『国家史』で彼はヨーロッパの第一級の文筆家と肩を並べたのです。さらにいえば、英語であれ、仏語であれ、これに勝るものをわたしは知りません。文章は全体にすばらしい。精神は時代と状況に通じ、帝国の尊厳も持ち合わせている。豊かな学識と研究は実際どこであれ稀にしか見られませんが、わが国では未曾有のものです。わが国では彼とウヴァーロフがロシア人の最初の学者です——最初というのはすぐれているからというだけでなく時間的にもそうなのです。（中略）わが国の歴史をまったく別様に、ひょっとしたらもっと正しく眺め、書くことができる視点があります、しかしこうした眺めは後世に、将来の著作に待たなければなりません。」（一八一八年三月五日、A・A・ストルィピン宛）「カラムジンは好きなだけわたしを悪くいうがいい。が、わたしは彼の『国家史』をほめるのを止めない。わたしたちの違いは、彼がわたしを知らずに悪くいい、わたしが彼を訳あってほめるということです。『国家史』はわれわれの世紀と文学を記念するモニュメントです。」（一八一八年五月七日、同）[1]

しかし、批判の声もあがった。先陣を切ったのは、歴史学の分野から、史料批判を前面に掲げるいわゆる懐疑学派の総師、M・T・カチェノフスキイである。彼は一八一八年九月からみずから編集する雑誌『ヨーロッパ通報』に『国家史』の「序文」の批判を六回に分けて載せた。主な内容はヘロドトス、ツキジデス、タキトス、リウィウスなどにたいする「序文」の評語を取り出し、カラムジンがこれら「範」とすべき歴史家をおとしめているとして反論、そうしながらカラムジンの歴史認識、歴史叙述の誤りを突くというもの。たしかに、カラムジンの言葉にはそうした誤解や曲解を招きかねないところがあるけれども、彼にすれば、祖国ロシアの歴史が古典古代のそれに「劣らず興味深い」ことを読者に訴えるより外の意図はなかったに相違ない。いうなれば、ロシア史の発見だが、それが祖国愛から出ていることはいうまでもないとして、そういうカラムジンは実にこの「祖国愛」を歴史家の必須の要件に挙げている。「われわれ、われわれの、という感情は叙述を生き生きさせる、（中略）祖国愛は彼の絵筆に熱、力、魅力を与える。愛なきところに魂もない。」これにたいしてカチェノフスキイは、歴史家にもとめられるのは、過去の「ありのまま」の記述、つまり「真実」であり、「公正」が「第一の、最重要の、不可欠の義務」であって、そこに「祖国愛」が入り込む余地はないという。[2] 勿論、カラムジンも偏狭な独善は排していて、うえの引用の（中略）の部分でその旨を述べているのだが。

歴史認識の客観性となれば、なかなかの大問題だが、カチェノフスキイの議論は前記止まり、その先はない。このように、この論文にはほかにもごく基本的な、その限りではもっともな指摘がいくつかあるけれども、それらはカラムジン自身持ち合わせているもので、批判としては必ずしも的をえていない。

カチェノフスキイは続けて『国家史』本文を論じなかった。七年後、一八二六年、カラムジンの死に際して追悼文を書いているが、儀礼的な域を出ない。結局、二九年、最後の第十二巻を扱った論文が「比類なく流麗な文章」に賛辞を惜しまない一方、たとえば次の短い一節に彼のカラムジン観が集約されているといったらいいだろうか。「ある周知の歴史家はもしカラムジンを研究しなかったら、数々の貴重な教えに気づかなかったろう。わが国の揺籃期の出来事を叙述する別な方法、おそらくもっとすぐれた、もっと満足のゆく方法に思い至らなかったろう。わが国の歴史における必要なものと余計なもの、信じられるものと疑わしいもの、明白なものと深い闇に隠れているものとを見分けられなかったろう。[3]」いささかもってまわったいい方で、いわカラムジンはさしずめ反面教師といった口振りだが、いわんとするところはネストルの年代記の信憑性の有無で、カチェノフスキイにすれば、これに依拠するカラムジンとは相容れないということである。文中の「歴史家」とは彼自身か。

『ロシア国家史』は擁護、批判のはげしい応酬を現出し、対立はときに泥仕合の様相さえ帯びたけれども、その全体を見渡すことは筆者の能力を超える。この点ではすでにまとまった研究もあるが、全十二巻が世に出た期間、一八一八年から二九年までの間、雑誌など定期刊行物で見てもなんらかのかたちでこの論争に関係する資料は「一五〇点を下らない」というから、[4]反響の大きさはおおよそ想像がつく。右でとくにカチェノフスキイに触れたのは、従来カラムジン批判といえばまず彼の名が登場するという具合に、切っても切れないほど有名だからだが、このあと史料の評価や史実の検証をめぐって発せられる批判のありようを――テーマはそれぞれ異なるが――多少とも伝えているからでもある。この種の異議は同時代の現象に止まらない。世紀半ばのC・M・ソロヴィヨフの長大な論文は、その顕著な例である。彼は、先行研究との比較も含めて、『国家史』全巻が提示したロシア史のスキームや個々の事象の扱いを巻を追って検討し、適否を判断し修正を試みるとともに、カラムジンがロシア史の展開の連続性を見過ごしているなどと指摘した。[5]

批判は歴史の捉え方、歴史観にたいしても浴びせられた。第十二巻の刊行が終った年、ロマン主義の陣営から、H・A・ポレヴォーイが「哲学」の不在を槍玉に挙げた。「ロシア史のすべての出来事の源となる普遍的原理」、幾多の変遷を経た「民族精神」、そうしたものの発掘なしに、『国家史』は因果の繋がりを欠いた史実の羅列、「才気縦横の芸術家が巧みにものした年代記であって、歴史ではない。」[6]この世紀の末にはB・O・クリュチェフスキイがカラムジンの歴史の非歴史性を一撃した。「カラムジンは歴史上の現象を、観客が舞台の上でおきることを眺めるように眺める。」彼が描く人物たちとその時代の環境とはつながりがなく、彼らは「著者」の振り付け通りに語り、振舞う。「十一、十二世紀の南ロシアの公たちと十四、十五世紀の北ロシアの公たちは同じように話し、考え、感じる、つまり歴史家が考えたように。」所与の環境から切り離され、代わりに彼らは「独特の道徳的雰囲気」に囲まれて、その言動は義務、名誉、善、悪など「抽象的観念」より生じ、それによって量られる。その際、秤の一方におかれるのは「当代の水準」ではなく、あくまでも高邁な理想である。こうして彼らは「つねに完全でなく」、故に「モラリストたる歴史家はペシミストであらねばならない。」またカラムジンはもろもろの事象の「原因と結果」の関連や「プロセス」を追わず、そこで働く「力」を見通せず、「舞台装置が瞬時に変わるように、まるまる一国が突然変化したりする。」その歴史観は「歴史的法則性でなく、道徳的―心理的美学の上に築かれていた。」彼が書こうとしたのは「ロシア人の勇気と栄光の英雄叙事詩」である。「勿論、彼はロシアの人々が自分の過去をよりよく理解するのをおおいに助けた。だが、その上に彼は彼らがそれを愛するようにしむけた。この点に彼の仕事のロシア社会にたいする主要な功績があり、ロシアの歴史学にとっての主要な欠陥がある。[7]」

批判は多方面から出され、多岐にわたる。それは本文ばかりでなく、膨大な「注」にも向けられたが、さきにも述べたように、その全貌は筆者の目の届く範囲をこえている。右に示したのはわずか数例に過ぎないが、歴史認識の視座、把握の方法に関する指摘――同様の指摘はほかにも多数ある――には、肯綮に当る部分が少なくない。これは筆者だけでなく、現在ではきわめて一般的な見方であろう。

もっとも、最後のクリュチェフスキイからさらに一世紀を経て、現代のすぐれた研究者の一人、ユーリイ・ロトマンは、従来の「批判に学問的な正しさがおおいにあった」と認めながらも、歴史家カラムジンの今日的意義を説いてやまない。そもそも「歴史を一定の法則性を有する領域とみなす考えは一八三〇年代に形成されだしたのであって、カラムジンには無縁だった。」しかも、以後、歴史家は「包括的なコンセプトの創造」にとらわれ、それに「収まらない事実を無視する」ようになった。これに反し、カラムジンは「学問的な誠実、真実にたいする専門家としての高い責任感の鑑」であり続ける。また、クリュチェフスキイのいう「道徳的雰囲気」にしても、たしかに、「道学主義」への復帰はありえないものの、歴史を「のっぺらぼうな自動的プロセス」のように扱う決定論も「古びてしまった」現在、「人間の倫理的責任と歴史の道徳的意味の問題は歴史学の過去のみならず未来にとって決定的になりつつある。[8]」どうやらロトマンの議論にはソビエト期のロシアの特別な事情がからんでいるように見える。

はなしが大分先へ飛んでしまったけれども、ここで最初の八巻が出版されたもとの時点に戻り、もう暫くこれにたいする反応に注目したい。いうまでもなく、『国家史』は単にこの国の過去を人々のまえに甦らせただけでない。それは伝統ある大国という国家像を与えてロシア人の誇りをかきたて、ナポレオン戦争後のナショナリズムに潤沢な養分を供給した。そして、そこでカラムジンが手渡す最大のメッセージが専制君主制の歴史的な正当性にあることは明らかだろう。『新旧ロシア論』の中で、専制君主制を主神ゼウスがトロイの守りに下したパラス像に譬えていう周知の一行、「専制君主制はロシアのパラディオンである」がいう通りである。二〇歳の詩人プーシキンにいわせれば、「かの『国家史』では優美、平明が／公平無私にわれらに証明する／専制の必要と鞭の魅力を。[9]」カラムジンにとっては、それもこれも総じて「摂理」のあらわれにほかならず、この見えざる手にも彼はしばしば言及し、信念の固さをのぞかせている。

カラムジンは現体制を支えるイデオロギーの担い手として同時代に語りかけ、広く支持を集めた。波紋は当代に止まらないし、狭い知識人の世界に限らない。次の時代、大学以下のロシア史の教材では『国家史』がいわば底本の役を果す。そもそも時の教育大臣ウヴァーロフは生前のカラムジンと親しい関係にあり、そのカラムジンはすでに「ある意味で正教と専制と国民性とを結びつけていた」というN・V・リャザノフスキイの言は大筋で頷けよう[10]。

こうした『国家史』のイデオロギーにも、さまざまに異論があったはずだが、その点も踏まえ、次に、この時代のもうひとつの極、のちにデカブリストとよばれる人々の反応を若干記しておこう。前記のプーシキンのエピグラムには彼らの気分が映し出されているが——当時プーシキン自身、カラムジンが「正気づかせるためにあらゆる手を尽くした」にもかかわらず、それに染まっていたのだが——、まずリーダーの一人、ニキータ・ムラヴィヨフの覚書を見てみよう。これはデカブリストの間で広く読まれたようである。

開口一番ムラヴィヨフはいう、「歴史は国民のものである。」これは『国家史』の巻頭を飾るアレクサンドル一世への献辞の末尾、「歴史は大いなる御心の歴代皇帝の事跡をつたえ、その聖なる記憶への愛を限りなく遠い子孫にも抱かせます。その証したる弊書をご笑納ください。国民の歴史は皇帝のものです」に対するもの。覚書は次いで「序文」を俎上に上せるが、その一部を取り出してみる。第十一章で訳出した冒頭の一節、「一般人も歴史を読むべきである。云々」を引用して。「善と悪の間には平和でなく永遠の闘いがあるべき」で、歴史は「われらの精神の力をよびさまし、地上に約束された完全に向わせる。」こういってムラヴィヨフはカラムジンの「寂静主義」に反論、くわえて、「不完全」にも種々あり、例えば古代ローマのネロやティベリウスのもとでのそれを「普通の現象」とはよべない。ロシアでいえば、一国民が屈従を甘受したタタールの時代がそうであり、カラムジンのいう「再生の時代」の銭袋イヨアンの「奴隷的狡知」以下、「イョアン三世の冷酷、ワシーリイの偽善、イョアン四世の残虐」はもっと不道徳という。さらに、歴史は国家存亡の際われわれを「慰める」だろうか。それはなんら「将来」を「保障」しないではないか。要するに、われわれは歴史から「見習うに値するものを見習う」のみ。

あるいは、アテネとスパルタの民衆の戦いも、モノマフ家とオレグ家の間のそれも「おおきな違いはない」とのカラムジンの言にたいして。「あちらでは市民が彼らの参加する権力のためにたたかい、こちらでは召使が主人の気まぐれで争ったのだ。」

以上、はなはだ政治的な「序文」批判といえそうだが、歴史家の「祖国愛」に関するくだりには「同感」と応じているとつけ加えておこう[11]。

デカブリストがとくに矛先を向けたのは、さきに触れたあのノルマン説である。

ノルマン説の当否をめぐる議論は別段新しくないし、このとき異を唱えたのもデカブリストに止まらない。それにしても、一体、他民族の力を借りた国づくりの物語はロシア人の心情を損うのかどうか、カラムジンも「偉大な民族は、偉大な人物と同じく、それなりの幼児期があり、それを恥じるに及ばない」などといわずもがなのことをいったりしているが、どうやらデカブリストたちの反発には彼らのナショナリズム、「祖国愛」がおおいに働いている。

ムラヴィヨフの覚書にはノルマン説への直接の言及はない。その代り、そこへ至るまでの民族の歴史に独自の光を当てる。まず、古代の史家の説を拾い集めて、スラヴ民族の源流がトロイ戦争にかかわり、ローマの「共和主義者」と共にガリア人と戦った可能性をほのめかす。もしそうなら、「われわれの祖先は歴史上のほぼすべての大事件に参加していたのだ。」勿論、これには幾段階もの証明が必要で、ムラヴィヨフもそれを危ぶむ口振りだが、それにしても彼の肩入れは疑いない。さらに、六世紀末、ドナウ流域のスラヴ人がアヴァール人に攻略――『国家史』では「征服」――されたものの、「かかる民族」は「自由で独立した民でありつづけたはず」とか、かずかずの「襲撃」(ビザンチン帝國にたいする?)の跡を見れば、「気宇壮大」、「王者の資質」を秘めているとか、はなはだエモーショナルな言葉が続く。

M・Φ・オルロフは友人宛の手紙で、カラムジンが「祖国愛」を発揮せず、なぜ「コスモポリタン」たらんとするのかと不満をぶちまけた。なにゆえヴァリャーグがスラヴ人でなかったというのか。なにも「証明されていない」のに。異邦人を玉座に招くことのどこに「誉むべきこと」があろう。カラムジンは「もろもろの伝承の無味乾燥な真実ばかり探す」のでなく、それらを挙げて「古代スラヴ人とロシア人の偉大」を語らせるべきではなかったのか。オルロフのいうところは意余って舌足らずの感をまぬがれないが、次の手紙によれば、問題はふたつ、ひとつは、ローマ帝国を「強襲」し、滅ぼし、「天地を一変」させた「野蛮人」のなかにスラヴ人もいたということらしい。もうひとつは、リューリクからイーゴリまでわずか「半世紀」の間に実現したという王朝の成立、建国と発展は、もともとロシアに「統一」がなく、「強力」でもなかったなら、もしもヴァリャーグがロシア人でなかったなら、「想像」もつかぬ、「どうしてありえようか」。カラムジンはそうした「先行する偉大さ」を「仮説」に仕立てても示すべきだったのだ。[12]

ノルマン説を批判してヴァリャーグをスラヴ民族に結びつけたのはM・B・ロモノーソフだが、それによると、ヴァリャーグとはバルト海で海賊をはたらく「さまざまな民族」の総称、そこにスラヴ民族のロッスもふくまれる。彼らはもともとヴォルガ流域に住み、ロクソランとよばれたが、やがて西へ進み、さらに黒海北岸から北上、バルト海南岸に達したもの。ヴァリャーグ＝ロッスは武勇をもって聞こえ、このため一族中のルーリクをノヴゴロドのスラヴ人たちが内紛の果てに「君主」に迎えたという。[13]

ムラヴィヨフもオルロフもロモノーソフを読んでいたようだが、彼らがそれにどれほど触発されたのか——ロシアでは「祖国愛」を縦糸にこのつながりがしきりに強調されるけれども——、分らない。いずれにせよ、ロシア国家の成立に関して、その前史での「栄光」や「偉大」の証しを立てることでカラムジンのノルマン説を突き崩し、専制君主制の正当性を失わせる狙いだろう。もっとも、デカブリストの間にはヴァリャーグを他民族とし、その支配に反旗を翻す英雄ワジムの伝説に共感する向きもある。いずれも、「祖国愛」の発露ということだろうが。

ニコライ・トゥルゲーネフは『国家史』を「名著」とよんではばからないが、第六巻、イョアン三世の治世まで読み進んだ感想は寒々としている。この時、ロシアは「一元支配」を達成し、対外的にも「独立」と「偉大」を実現した。しかし、それは同時に「独裁政治」と国民を「奴隷」化する歴史の開始であったとして、トゥルゲーネフの嘆きと怒りは止まるところを知らない。彼によれば、カラムジンは前者を賛美し、後者を「隠そう」と「躍起になっている」という。続く二巻も読み終え、トゥルゲーネフはこう断じる。カラムジンは専制君主制が過去のみか未来もロシアの礎でなければならぬという。「専制君主制が国家を高めたり、強くしたりできると認めよう。だが、国民を幸せにもできるのか？」カラムジンは「思う、然り、と。わたしはいま思うし、いつまでも思うだろう、否！　と。」

四年後、再びトゥルゲーネフ。「人間にとってもっとも辛い感情は自分自身にたいする軽蔑の感情だ。カラムジンは第九巻を書き終えていう、われわれはロシア人であることを誇りとせねばならぬ、等々。どうして誇れるのか、泣くしかない――それも血の涙で泣くしかないことを？」[14]

第14章

ペテルブルグ時代はカラムジンに種々の新しい経験をもたらしたが、なかでもアレクサンドル一世に身近に接し、その好意に浴したことがおおきい。カラムジンのほうも君臣の別を超える親愛の情を抱き、つよい絆で結ばれた。

さて、ここでそうしたきわめて親密な関係にカラムジンがあえて亀裂を持ち込もうとした一幕にしばらく立ち止まることにする。もっとも、事柄自体は幾度となく浮上したポーランド問題で、対するカラムジンの考えにも別段変化はないけれども、ここは良かれ悪しかれ彼のイデオローグとしての、あるいは人間としての誠実さをうかがい知る格好な場といえよう。

アレクサンドル一世がポーランドに対しかつての王国再興の夢を長年温めていたことはよく知られる。ウィーン会議において、ワルシャワ公国を廃し、その大部分をロシアと同君の連合王国とする成果をアレクサンドルは収めた。しかし、さらに進めて、ポーランドが分割前の旧に復することが彼の念願であり、それにカラムジンが異を唱えたのである。

二人の間でこれが話題に上ったのは、十九年十月十七日、皇帝村において。その席から戻ったカラムジンは「興奮」を抑えきれず、慌しく一書をしたためる。題して『一ロシア国民の意見』。曰く、プロイセン、オーストリアが同意するはずもない。戦争でも仕掛けるおつもりか。ロシアについては、「われわれはポーランドを剣によって獲得しました、だからわれわれに権利があるのです、あらゆる国家はこの権利のおかげで存在するのです、どの国家も戦って得た土地でできているからです。エカテリーナはご自分がされたことについて神に対し責任があります、歴史に対し責任があります。しかし、それはなされてしまったこと、そして陛下にとってもはや神聖なことなのです。陛下にとってポーランドは合法的なロシア領土なのです。」

さきに述べた通り、カラムジンの議論そのものは目新しくない。ここで目を引くのは、そうした「ロシア領土」の割譲を「独善」「恣意」と直言して憚らない激しさである。ポーランド人を責めるつもりはない、「だが、陛下をわれわれロシア人は許さないでしょう、もし彼らの拍手目当てにわれわれを絶望に突き落としたなら。」「ポーランドの復活はロシアの滅亡になるでしょう、さもなければ、われわれの息子たちがポーランドの地をみずからの血で紅く染め、再びプラガを強襲して奪うでしょう！」カラムジンのポーランド不信は牢固として動かないが、それは、さきのニコライ・トゥルゲーネフにならって、「憎しみ」といい替えて半ば間違いではないかもしれない。

「同じ日の夜、陛下に読んで差し上げた。わたしは陛下の書斎でお茶をいただいた、そしてわたしたちは五時間、八時から夜中の一時まで一対一でいた。翌日陛下のところで食事をいただいた。ペテルブルグでもまたいただいた……しかし、わたしたちの心は離れてしまった、どうやら永久に……」一ヶ月余り後のカラムジンのメモである。自分の子や孫を念頭に置いて書いていて、ほとんど遺書のような悲痛な響きがある。当日、「五時間」の間なにが、どう語られたのか明らかではないが、のちのちのためにこれだけは、という思いでカラムジンが書き残している彼自身の言葉は素通りするわけにいくまい。「陛下、御身はたいへん自尊心が強くておいでになるが……わたしは少しも憚るつもりはございません。わたしたちは主の御前では皆平等です。（中略）陛下、わたしは今日の自由主義者なるものを軽蔑いたします。わたしが愛するのは暴君も決して奪うことのできない自由だけです……わたしはこれ以上御身のご愛顧をもとめません。御身にお話するのは、おそらくこれが最後でしょう。」これは勇気ある言葉というべきだろう。取りようによっては、挑戦的にさえ響く。[1]

幸い、後年カラムジンは「わたしは間違った。アレクサンドルのご好意は変らなかった」と書く。それはともかく、この異議申し立ての一幕、彼の誠実さ、潔さを十分に伝えると共に、良くも悪しくも、そのもとのナショナリズムも強烈に印象づける。

ナポレオン没落後のヨーロッパ政治がいわゆる正統主義と列強の勢力均衡を柱に組み立てられたことは周知のことだが、それはカラムジンにとっても歓迎すべきことであった。各国間の均衡をめぐる彼の議論は第十章の冒頭でも触れていて、繰り返すまでもなかろう。くわえて、しばしば他を省みず自国中心に収束する愛国主義。そうしたカラムジンの姿勢を揺るがすには至らぬものの、なにほどかの軋みを惹き起こしたかも知れない事件が間もなく現れる。正教国ギリシャの独立（解放）戦争である。

この問題を考えるいわば補助線としてここで一人の人物を登場させたい。当時外務大臣の職をK・B・ネッセリローデと分け合ったギリシャ人、イョアン・カポディストリアス（一七七六—一八三一）である。

カポディストリアスにはふたつの顔がある。ひとつは、いうまでもなくロシアの外務大臣としての顔、[2] もうひとつはトルコ帝国の軛の下にある民族の解放を願うギリシャ人の顔である。

解放への胎動は一八一四年、オデッサにギリシャ人の秘密結社フリキ・エテリア（友好協会）が発足し、同胞の糾合に乗り出したことにはじまる。カポディストリアスはそこでのぞまれる最高の人物だった。なによりも成否の鍵を握る正教国ロシアの支援を引き出す橋渡し役として期待されたのである。結社は十七年に彼に接触し、結社の最高指導者につくよう打診したらしい。しかし、カポディストリアスは即座に断わり、結社が目指す武装蜂起をあらたな惨禍を招く冒険主義と非難した。以後、彼は祖国の人々にむかいエテリアを批判し、これにかかわるべきでないと一貫して警鐘を鳴らす。一方、エテリアは蜂起の方針を一段と鮮明にし、組織を広げてゆく。そうしたなかで、二〇年一月、カポディストリアスにたいし正式な要望として再び参加をもとめる。すなわち、蜂起をみずから指揮するか、もしくは彼の目から見てもっとも相応しい準備計画を祖国の人々に示していただきたい。くわえて、金銭と武器の援助を皇帝アレクサンドル一世に働きかけていただきたい。こうした要請をカポディストリアスは一切退けたが、勿論彼とても民族の現状に手を拱いていたわけではない。

バルカン半島の動乱はヨーロッパの勢力地図を揺るがし、書き換えかねない。その引き金となる蜂起が各国に認知されるはずもなく、これに反してロシアがひとり彼らを支援する、さらにはトルコと戦火を交えることなど到底ありえぬ。カポディストリアスの考えを推し量ると、おおよそこのようになるだろう。実際、彼がそう考えていたばかりでなく、アレクサンドルみずから国際協調のうえからトルコとことを構えるつもりはないと明言していた。カポディストリアスはこの「平和」の方針と、従って支援の期待の幻想にすぎないことを繰り返し祖国の人々に語り、あるいは書き送った。

カポディストリアスにいわせると、ギリシャはまだ「自由」を享受するほど成長していない。従って、いまなすべきことは、「陰謀家」に加担することではなく、現在の「平和」を利用して教育の普及と道徳の向上につとめることでなければならない。そのために他の同胞と共に彼自身協力を惜しまないという。

スパルタの住人に宛てた手紙から彼の言葉を引いておこう。「人間には単なる言葉や権力者の行為によって民族を造ったり、昔日の輝きを失った民族をよみがえらせたりできないと銘記すべきです。そうした大事件は神慮のいたすところであり、その命令のみがそれを完成させるのです。」いま祖国は「オスマン帝国のもとにあります。この帝国のもとで祖国に仕えよと神があなたがたに命じているのです。この至高の意志に従わねばなりません。その他のいかような誘いもよこしまなものか、もっとも危険な激情発作のしるしです。」[3]

カラムジンは一八一六年にカポディストリアスと知り合った。二人を引き合わせたゴリーツィン公爵は十分後に彼らが「もう旧知のように話している」といったそうだが、意気投合、文字通り親交を深めた。カラムジンの友人宛ての手紙はそのあたりを彷彿させるが、そこで彼はカポディストリアスをよぶのに「聡明な」とか「善良な」とか必ずくわえ、十歳年下の友への敬愛の念を隠さない。無論大臣としてもすぐれた人材と見ていて、「この人物を選んだことは皇帝の名誉」とか「こうした人物はわが国に少ない」という。

彼らは腹蔵なく話し合ったようだ。二人がどのような話をかわしたか、具体的に知るすべはないけれども、カラムジンの言葉にカポディストリアスが「自分の身の上を一部始終語った」とあるように、話題は当面のギリシャの問題にも及んだに相違ない。そして、カラムジンはカポディストリアスの考え方、処し方を諒としたであろう。この推測はこれまでに見たカラムジンに無理なくつながるはずである。

一八二一年。二月(旧ロシア暦)、カポディストリアスに代るエテリアの指導者、イプシランディスはモルダヴィア公国(現ルーマニア)のヤシにおいて反乱の火の手をあげた。それは間もなく鎮圧されるが、反乱は半島各地に広がる。

アレクサンドル一世は蜂起を非難、支援の要請を拒否した。オスマン帝國下の正教徒保護はロシアの伝統的政策であり、キュチュク・カイナルジャ条約にもうたわれている。しかし、彼にすれば、すでに述べた通り、ヨーロッパの安定、つまり神聖同盟の枠組の維持が至上課題であって、各国の利害が入りくんだ半島でことを起こすには慎重たらざるをえない。しかも、前年にはすでにスペインとナポリで王政にたいする反乱がはじまっている。今回の蜂起はそれが飛び火したかたちで、同じく正統主義に反する。ロシア皇帝の目にこれら一連の事件はパリにある秘密の「委員会」の策謀に映っていた。

カポディストリアス自身の態度も、本来大差なかった。だが、決起、苛酷な弾圧、虐殺、各国の黙認、これらをカポディストリアスは座視しえず、支援をめぐりロシアの国論が二分される中で、正教徒保護を盾に積極的な介入をアレクサンドルに求めてゆく。トルコとの間には海峡の自由航行等の問題もあって関係は悪化していたが、六月、彼の起草にかかる最後通牒がスルタン政府に渡される。しかし、モルダヴィア、ワラキア両公国からの軍隊の撤退、蜂起に不参加の住民への迫害の停止などの要求にトルコは答えず、七月、コンスタンチノーポリ駐在ロシア公使は国交断絶を通告した。

八月、カポディストリアスはロシアの出兵、両公国の占領などを進言した。しかし、アレクサンドルは却下、トルコとの交渉再開の準備、同盟諸国と共同歩調をとるためのロシア協議を命じた。こうした成り行きにはこの地域でのロシアの勢力拡大を嫌うイギリスとオーストリアの強い牽制がある。いずれにせよ、カポディストリアスは深い挫折を味わった。

蜂起の報をカラムジンは共感と憂慮とともに迎えた。「果してギリシャ人はどうなるのか！　首尾よく終るとはほとんど期待できない。」（三月三一日、И・И・ドミートリエフ宛）「ギリシャ人のことをよく考える。激動の始まり。決着はこれからだ。期待より願望が先に立つ。絶望は古代の英雄の末裔には力だ。」（六月十日、同）

ロシアはどう対応すべきなのか、カラムジンは直接に語っていないが、思うところは誤解の余地がない。「おそらくギリシャの一件は長引くだろうし、ヨーロッパはトルコの蛮行に無関心でいられまい。だが、なろうことなら平和を！」（六月二八日、ドミートリエフ宛）「いずこも同じ、当地もギリシャ人のことで頭が一杯だ。胸が張り裂けそう。だが、政治は慎重でなければならぬ。もしわれわれがトルコを攻撃したら、思うに、ヨーロッパはわれわれの勝利に無関心でいまい。」（八月二日、同）[4] トルコとの武力衝突を未然に防ぐこと、つまりギリシャにたいする軍事支援をできる限り控えること、この点でカラムジンは一貫している。この間アレクサンドルとは親しく話し合っているが、この問題で両者は確実に足並みをそろえている。

同じ夏、カポディストリアスはカラムジンをしばしば訪れた。当然、そこではバルカン情勢が熱く、ときに激しく語られたはずである。そして焦点のロシアの派兵の是非をめぐり、二人は立場の隔たりを否応なく認めたであろう。もっとも、それはカラムジンが相手の心情を理解するのを妨げなかったに相違ないけれども。「カポディストリアス伯爵にはしばらく会っていません、わたしたちが友人であることにはなんら変りありませんがね。彼は忙しいし、わたしは出不精ですから。」（十二月五日、А・Ф・マリノフスキイ宛）

一八二二年。「今年の夏は楽しくないね。愚かなトルコ人が陛下の忍耐力を験している、それで戦争なしで済みそうもない。一旦始まったら、すぐに終らんだろう。われわれとすれば平和に暮らして人とお金を節約できたら悪くないのだが。少なくとも陛下は戦争を避けるため手を尽くしたのだ。」（三月二一日、ドミートリイ宛[5]）

一方、カポディストリアスの手記によると、その後も皇帝との対立は埋まらず、四月ないし五月初旬、メッテルニヒが呼びかけたウイーン会談の諾否をめぐり、再び「トルコにたいする強制手段の即時行使の必要」を訴え、それがかなわないならオーストリア提案には乗らず「静観」し、行動の自由を失わぬよう主張した。アレクサンドルはきびしく退け、結局、これが最後になった。五月、カポディストリアスは事実上解任、アレクサンドルはいった、「よろしい！　そうしなければならないなら、別れよう。[6]」八月、カポディストリアスはペテルブルグを後にし、ジュネーヴ近郊に落ち着く。

幸か不幸か露土戦争は起こらず、カラムジンとカポディストリアス、二本の線は交わらないまま終った。しめくくりにカラムジンの言を聞こう。「残念なことに、やさしい、聡明なカポディストリアス伯爵がわれわれのもと去るのです。あのような人物はめったにおりません。」（八月十日、A・Ф・マリノフスキイ宛[7]）

ギリシャ解放戦争はあらたな展開を見せていた。四月、キオス島の虐殺。この年後半にはトルコ軍はギリシャ本土に侵攻し、半島のコリントス湾以北を占領する。こうした知らせは立場の如何を問わずロシア社会に衝撃を与えた。カラムジンは書く。「ヨーロッパはギリシャ人を葬った。願わくば死者に復活を！」（九月二二日、A・Ф・マリノフスキイ宛）「なんとかギリシャ人に生き返ってもらいたい！　最近のニュースは悪くなかったが、われわれは騙されつづきで、恥ずかしくて信じられぬ。」（九月二五日、ドミートリイ宛）「九月に〔ニュースを読んで〕眠れない一夜を過ごした。だが、ギリシャ人は依然奮闘しているようだ。火は消えてない——あとは主の思し召しだ！」（十月三一日、П・A・ヴャーゼムスキイ宛[8]）

カラムジンの悲嘆は想像に難くない。しかし、「ヨーロッパはギリシャ人を葬った」といい切れるのかどうか。ここでいう「ヨーロッパ」とはイギリス、オーストリア、プロイセン、フランスなどであろう。たしかに、四か国はそれぞれの思惑から反乱が血の海に溺れるにまかせた。他方、ロシア政府もトルコにたいする一致した「圧力」を各国に働きかけ、当てのない期待に時を費やしたといえるだろう。無論、ロシア自身の利害がそのもとにある。

これら大国の国益主義と勢力均衡論、問題はこうした国際政治の構図がバルカン半島の危機を救う上で無効を証明されたことにある。カラムジンはせめてそこに気づくべきだった。あるいは心中なにほどかの軋み——あるいは痛み——が生じていたのかもしれないが。いずれにせよ、ようやく姿を現した東方問題の解決には別種のパラダイムがもとめられたけれども、この時点でカラムジンにそれを期待するのは望蜀のそしりを免れないようである。

　その後もカラムジンはギリシャ解放戦争の行方を危惧する言葉を記している。ただ、残された資料からその態度に変化があったとは考え難い。

第15章

　第十章で挙げた一八一四年の長詩『ヨーロッパの解放とアレクサンドル一世の栄誉』はナポレオン戦争の勝利——このあと「ナポレオンの百日天下」があるが——を祝って書かれたものだが、そのなかに「叡智」が下す「忠告」なる一節があって、フランス革命以来の混迷を脱して得た教訓とヨーロッパ諸国が今後とるべき針路を示す。いうなればカラムジンの戦後第一歩、その出発点である。もっとも、内容は新味にとぼしく、従来の主張の繰り返しを出ない。まず、君主にたいし、「みずから有するものを護り、他人のそれに触れるなかれ！」「法を与え、遵守し」、「激情」に代わる「静かな知識の光を愛せ」。「諸国民よ！　権力に従え。偽りの自由に欺かれるなかれ。」「心に徳を養え。さすれば汝の治者は神聖な法を踏みにじることなし。」「まつりごとに新奇は危険」、社会はつくるは難く、壊すは易い、されば、「新たな災いを思案するなかれ。この世に完全はないのだ！」[1]
　最後の一句、この世に「完全」はない——同じ言葉は、すでに引いた『国家史』の「序文」にも見えていたが、こうした認識がさまざまな表現を伴ってカラムジンの言説に通底していること、どうやらこのあたりに彼の保守主義のひとつの根がひそんでいるらしいこと、そのことを改めて銘記しておきたい。
　戦後社会はカラムジンの「忠告」通りにいかなかった。まずヨーロッパ。「憲法、憲法で騒いでる。靴屋や仕立屋が立法者になろうとしている、学問あるドイツで特にそうだ。死んだフランス革命がバッタみたいに種を残したのだ。それから忌わしい虫どもが這い出している。そう見えるね。（中略）わたしが陽気な性格だったら、笑い出すさ。でもメランコリストだから、厚かましい愚かしさ、恥知らずなぺてん、下劣な偽善に眉をひそめ、同時に主の御前で心を和らげる。わが人生はたそがれ時！」（十七年五月二二日、

弟宛[2]）

ロシアも例に洩れない。アレクサンドル一世はみずから国王を兼ねるポーランド王国（会議王国）に憲法を与え、一八年三月十五日、あらたに招集されたセイム（議会）の冒頭で演説をおこない、これが本国ロシアで波紋をよぶ。ポーランド新体制のうちに結実した「自由主義的制度」の「有益ナル作用ヲ、朕ハ、摂理ニヨリ朕ノ手ニ委ネラレタスベテノ国ニ、主ノオ助ヲエテ広ゲルツモリデアル。」早速カラムジンはモスクワのドミートリエフへ書く。「ワルシャワ演説は若者の心に強烈に響いた。憲法を夢にまで見る騒ぎ。喧々囂々《けんけんごうごう》、書き物まで出始めている。（中略）滑稽でもあり、哀れでもある！　だが、なるようになるさ。陛下の一方ならぬ善意は分っている。すべては摂理次第――それで結構！」（四月二九日[3]）

カラムジンの苦笑が目に浮かぶようだが、もう少々踏み込んだ議論を聞くために、ここでも補助線としてもう一人、若き日のピョートル・アンドレーヴィチ・ヴャーゼムスキイ（一七九二―一八七八）を登場させよう。カラムジンの彼宛の手紙はすでに示してあるが、彼について一言説明しておく。ヴャーゼムスキイはカラムジンの二度目の、つまり現在の妻――最初の妻は一八〇二年に死亡――の異母弟で、カラムジンが親代わりをつとめる。当時彼はのちにデカブリストとして知られる人たちとも親しく、第十三章で記したミハイル・オルロフの『ロシア国家史』批判の手紙も彼に宛てたものだが、カラムジンはこの二六歳下の義弟の「自由主義」を揶揄したり、やんわりたしなめたりして、腹蔵ない手紙を交換している。

さて、当時ヴャーゼムスキイはワルシャワ勤務、アレクサンドルの演説を「間近」に聞き、「うれしいやら、なぜポーランド人にロシア人の希望について語るのか！　といまいましいやらで目頭が熱くなった」という[4]。引き続き、彼はこの演説やフランス人の法律顧問をまじえて当地でつくられる「ロシアのための憲法草案」――のちに棚上げの運命に会うけれども――をフランス語からロシア語へ移す仕事に従っている。残念ながら、彼からカラムジンへ宛てた手紙は現在残っていないが、そういうヴャーゼムスキイへカラムジンから。「ロシアに当世流行の意味での憲法を与えるのは、誰か重要人物に道化の衣装を着せるようなものです。（中略）ロシアはイギリスではない、ポーランド王国ですらない。国家として自分自身の偉大な、すばらしい運命を有するのです、この先ありうるとすれば上るよりも下るほうかもしれませんがね。専制君主制はロシアの魂、生命です、共和制がローマの生命だったように。実験はこうした場合相応しくありません。」（八月二一日）

ここは、さもありなんというところだが、この憲法論議に関連してこのあと長年研究者を戸惑わせてきた一節が続く。「わたしのような老人には国民議会の会場や下院へいくより、喜劇へいくほうが楽しい、もっとも、わたしは心中共和主義者だし、そういう者として死ぬでしょうが。」ドミートリイ宛の手紙にも同じ言葉がある。アレクサンドルの「数々のご好意の印」に感激し、「陛下を心より愛している」と述べて、「いいかね、きみ、わたしはなにも欲しくないんだ、もう老いも近いからね。もういい！　いまあるものを主に感謝する。家族と、友と、書物を道連れに残りの日々を生きるべきなのさ。阿諛追従の徒、名誉の亡者も欲の亡者も胸が悪くなる。宮廷はわたしの人間を高めてくれんよ。わたしが愛するのは陛下を愛することだけ。陛下をわずらわせたりしないし、今後もしない。憲法も代表も要求しない、ただ、心情はこれからも共和主義者のまだ、その上さらにロシア皇帝の忠臣。これは矛盾だ、でも見掛けだけだ！」（九月十一日[5]）

専制君主制主義者にして「共和主義者」。この一見「矛盾」は、しかし、これまで各所でカラムジンの複眼思考を見慣れた目に奇異には映るまい。前世紀におけるスイスへの愛、「プラトンの共和国」、世紀が変った後も『太守夫人マルファ』でのノヴゴロド共和国、『ロシア国家史』でのプスコフ共和国への鎮魂の言葉など、こうしたことから共和国というものにカラムジンが漠とした憧れを抱いていたと結論づけて無理はないだろう。もっとも、それは単に政体のありようではなくて、カラムジンの想像のなかだけにある一種幸福な共同体、いうなれば徳の王国である。歴史上の共和国はそうした理想国家に及ばず、あるいはそこから外れ、あるいは反対物に転じたといい、この不可能性の認識も彼のうちに堅く根を張っている。つまり、あるべき共和国はかつても、いまもなく、遠く望むだけなのだが、それでも彼がその理想を手放さずにいることを右の言葉は伝えている。

同じ一八一八年、農奴制についてヴァーゼムスキイのノートの書き込み。「ロシアの奴隷制をひと目見ただけでこういおう、これは醜悪だ。国家を一個の体とすればその吹出物。いま医者がすべきことは、その根治の方法を決めること。ゆっくりと、しかし着実になきものにするか。ひと思いに切除するか。医者の会議を招集すべきだ。（中略）いまあなたがたはなにをしているか？　あなたがたはこれが吹出物だと認め、それを指差して、病人を苛立たせているだけだ、治療しなければならず、それができるという時に。」文中「あなたがた」は領主階級を指すと解していい。カラムジンからヴァーゼムスキイへ。「ところで、知りたいですね、あなたは十年後あるいはそれ以内にどうやってご自分の農民を自由にするおつもりなのか。ご教授ください。わたしはよき手本に見習う用意があります、羊も無傷、狼も満腹であるならね。これは冗談であって、冗談でありません。[6]」

この時期、農奴制に関してカラムジンのまとまった発言はない。少しまえ、『国家史』第七巻で十五世紀後半から十六世紀前半を概観したなかに、土地は「有史以来」、公、諸侯、従士、商人、つまり「都市の住民」が所有し、「自由農民に貸し与えた」のであって、ロシアに自作農が存在した事実は確認されないとある。ロシアで「奴隷」と称することができるのは、「〔領主が〕買ったり、戦争で捕虜になったりした人々の子孫」だけで、彼らは領主のために働く代り、衣食に心を労する要はなく、みずからの境遇を「辛いと思わず」、たとえ自由の身になっても、すぐに「新しい主人」を探したという。土地を借りて耕す「自由農民」は、重い負担を背負い、これよりも「はるかに不幸」で、「飢え死にせぬだけ」、当時彼らの多くがその身分を捨てたに違いないという。このあと、二〇年代になるが、『国家史』第十巻以下から拾うと、一五九三年に農民の「自由な移動」を禁止した措置に触れて、もともとこれは領主とそこで働く農民の利害を「一致」させ、両者を「家族のような、変ることない絆」で結ぶ意図から出ていたとある。増大する「逃亡農民」の引き戻し等、続いて追い討ちをかけた措置については、言及のみに止まる。[7]

かつて『哀れなリーザ』で「百姓女も愛することができる！」と書いたカラムジンは、その後も農民の文字教育や道徳教育の推進を唱えるなど、農民も「人間」という立場で一貫している。そういう彼にしてなお身分社会の通念をいかに温存していたか、それを示すエピソードをひとつつくわえておこう。一八一九年、ドミートリイ宛。「昨日はわが家の使用人たちのふしだらと大酒飲みに憤慨した。」「ふしだら」とはどういうことか、具体的なことは分からないが、ニコライ・トゥルゲーネフの日記には、この手紙の翌日、カラムジンが「下女のけがらわしい行為をわたしにはなしてくれた」とある。「大酒飲み」について一言記しておくと、カラムジンは『ヨーロッパ通報』時代からこれを「恐しい悪徳」とよんで糾弾している。

そこで、「昨日」カラムジンは「わが家の使用人たち」をどうしたのか。「一人を罰として警察に突き出し、兵隊にやれと命じておいたよ。」トゥルゲーネフの日記の続き。「彼〔カラムジン〕の忌まわしい行為やら、ロシアの民衆についての忌まわしい議論やらを聞いても驚かなかった。」「カラムジンにはいい面はある。だが彼は昨日からわたしの心に永久に無縁な人間になった。」[8]
再びヨーロッパ。その復古体制は、一八二〇年一月のスペイン、七月のナポリの反乱により重大な挑戦を受け、革命、反革命の闘いは激化する。まずカラムジンからヴャーゼムスキイへ。「スペインの一件は興味津津。大言壮語と流血だけを心配しています。議会の憲法は混じりけなしの民主主義の類いですね。もし議会がちゃんとした国家にしたら、マドリードへ歩いてゆくと約束します、道中にはドン・キホーテを持ってゆきましょう。」（二〇年四月十二日）「スペイン人には幸あれと祈ります、でも、わたしが、そしてあなたも彼らのところへ歩いてゆくことになりそうにもありませんね。」（五月十七日）「オーストリアはかっかとして、この国にしては新しい、あまり自然とはいえぬ熱に浮かれている。これはヨーロッパの血を騒がしている伝染病の熱じゃないでしょうか、症状はいろいろありますよ、リベラルとか反リベラルとか、しかし、どちらも落ち着いて、静かで、曇りない知性に同じように反しますね。わたしだったらナポリをそっとして置きます、というよりみずから招いたごたごたのまま放って置きます、そのほうが若い憲法のなんたるかをはっきりさせてくれるでしょう。」（十二月八日）立憲派にたいする不信は明らかだが、武力による制圧には慎重といえる。もともと「流血」を嫌う上に、ロシアが巻き込まれることへの懸念もあると見てよい。もう一度ヴャーゼムスキイ。彼は翌二一年のノートで神聖同盟が企てる弾圧を「聖バルテルミーの祝日の夜」に譬え、まさにオーストリア軍がナポリの革命政府を壊滅させ、憲法を廃止する「勝利」を収めたと知るや、怒りを込めて書く、その「勝利」はキリストにたいする「ピラトの勝利」にすぎない、と。[9]
ヴャーゼムスキイは別として、以上のようなカラムジンが身辺の若い世代との間に溝を生じ、両者が疎遠になったりしたのはやむをえぬことだった。この点はさきに第十三章で多少触れておいたが、もっとあからさまな例をあげておこう。引用はカラムジンの妻、エカテリーナの一八二〇年三月二三日付ヴャーゼムスキイ宛の手紙から。トゥルゲーネフ兄弟の一人、セルゲイについて。あの人は「きっと夫とのお付き合いがあまりお好きじゃなかったのね、コンスタンチノープルへ発ってそれがどれだけ延びるか分からないというのに、お別れにくる労さえとらなかったのだから。親愛なるピェール公爵、あなたはいつかまた同じ町に住むようになっても、わたしたちとはもう会わないおつもりかしら、だって自由主義者としてあなたはもう寛容じゃないでしょうに。同じものの見方をしなくてはいけないのね、そうでなければ愛し合うばかりか会うことさえできないのね。」あなたを引き合いに出すのは「冗談」とエカテリーナは断わっているけれども、ともあれ、これを「読んで微笑まずにおれなかった」とカラムジンは書き添えている。ヴャーゼムスキイによれば、これより何年かまえのことらしいが、カラムジン自身こう語ったという。「わが国では専制君主制を人一倍攻撃する者が、それを血液やリンパ液に持っている。」[10]

しかし一方、啓蒙、進歩の信徒カラムジンも健在であることを忘れてはならない。

一八一八年、神聖同盟のアーヘン会議に臨むアレクサンドル一世に随行したアレクサンドル・ストゥールザが、ドイツに吹き荒れる「自由と統一」をもとめる学生の運動をまえにして大学と学生にたいする規制の強化を提起したことはすでに述べた通り。これによってストゥールザは学生たちの激しい怒りを買ったが、彼に同調し、同じく学生攻撃をくりひろげた劇作家コツェブーは、翌年三月、学生ザンドに刺殺される。カラムジンからヴャーゼムスキイへ。「ザンドはストゥールザに奉仕した。いま多くの人はいう、ストゥールザは正しい！　わたしはいわない。あなたもこの先四〇年も生きていけば、いろいろなことを目にし、わたしのいったことを思い出すでしょう。」（十九年四月九日）[11]

ロシア国内の教育の反動化もすでに詳述したが、史上名高いマグニツキイのカザン大学主事および学長にたいする訓令について、ドミートリイ宛。「きみに一読を勧める」といって、こう加える、「興味津々の代物だ。」（二〇年九月二〇日）ルーニチによるペテルブルグ大学四教授の告発について、同じくドミートリイ宛。「ルーニチが立派な褒賞に与るのかどうか、まだ分からない、教育大臣〔ゴリーツィン公爵〕はそう要求しているというはなしだが。この事件は当地の多くの人の関心を引いた、そして疑いなく将来にとって重要だ。わが尊敬すべきシシコーフはいう、『遅きに失した。わしはずっと前に罪深い所業に気づいておる！』別の人々は、ジャコバン主義と無神論を教えたクラス、つまり歴史学と統計学のクラスを閉鎖すべしと考えた。しかし、思慮ある人々は彼らに同じなかった。すべてを摂理と心から愛する陛下の決めるにまかせよう。わたしはことりとも音を立てない観客に徹するつもり。で、用心深い人間として念を押しておく、全部ここだけの話！」（二一年二月九日。）[12]

いずれも婉曲ないい回しながら、カラムジンの姿勢に狂いはない。同じように保守の土壌に根を持つものの、知的営為を排除せず、強権的な手法とは距離を置くなど、柔軟な一面を窺わせるに十分であろう。彼が教育省をとらえて「暗黒省」と皮肉ったことはよく知られている。ゴリーツイン時代、ことに「二重省」の時代の行政を指したものであろう。ある信頼できる回想録は、一八二五年五月と六月、自宅にあってカラムジンが教育における「思想」統制を退け、「自由」を力説したと証言している。すでに前年五月に「二重省」は廃止され、大臣もシシコーフに替わっているが、カラムジンはこの大臣についても検閲の強化や民衆にたいする「読み書き」教育の普及に反対する姿勢に憂慮を隠さない[13]。

さきにカラムジンがポーランド問題に関してアレクサンドル一世に直言する場面を取り上げたが、皇帝の死後にカラムジンの述懐するところによれば、その後の「六年間」にも「何度か似たような対話」の場面があったという。いまの「教育或いは暗黒省」もそこで取上げられたそうだが、そのほか、当代の重要施策のひとつ、いわゆる屯田村にもカラムジンは苦言を呈したという。詳細は不明だが、右で引用したばかりの回想録には、彼が「無慈悲な屯田制度に晒される農民の辛い境遇」を訴えたとある。カラムジン自身は、二五年に自分の目で確かめたうえで「苛酷な屯田村」というういい方をしている[14]。

ここで時間を少々戻し、一八一八年十二月にカラムジンがロシア・アカデミーの記念式典でおこなった講演について一言つけくわえておきたい。彼はこの年七月に同アカデミー会員に選ばれ、この日は初登場だったが、講演は文学のありようをめぐって、文化のレベルでのロシアとヨーロッパの問題に触れている。この問題にはピョートル一世の欧化政策への評価が深くかかわり、それが各人の立つ位置を示す指標にもなるけれども、われわれはすでにカラムジンのそれが前世紀から今世紀へかけ、熱烈な支持から激しい批判へおおきく振れた事実を目撃している。講演はそうした揺れを落ち着かせようとしたといってよかろう。まず第一にヨーロッパとの一体化を基本的に承認する。ヨーロッパと共通の基盤、共通の活動の確認である。しかし、「知性と感情が語るところ、たとえ時代の共通語でそうするにせよ、魂の抜けた模倣はない。そこには個性、すなわち、常に新しい性質がある」、自然界の生物が、同じ種でありながら、いずれも異なるように。第二に「ピョートル大帝はおおくのものを変えたが、ロシア本来のものを全部変えてしまったわけではない。」この「残存物」、それは風土など自然環境、人々が生きる社会環境の所産だが、これらが「ロシア人の民族性を形成」し、それはかならず発現するという[15]。これは議論の入り口に立っただけといえなくもない。ここでは普遍と特殊の存在を示すに止まり、二者がどの面で交わるか、どの面で交わらないか、そうした関係をなんら見通していない。それにしてもかつてコスモポリチズム――実体は欧化主義――とナショナリズムの双方へ振れ過ぎた針が一定の進路を探り当てたとはいえるのではないか。

一八二五年十一月十九日、アレクサンドル一世死去。十二月十四日、体制変革を目指しデカブリスト決起。首都駐屯の将兵三千余、元老院広場に終結、同日鎮圧。このふたつの出来事はカラムジンに強い衝撃をあたえたばかりでない。そのあと彼の内に深い空洞がぽっかり口を開いたように見える。

アレクサンドル一世にたいするカラムジンの心情は、これまで彼自身の言葉が示すように、通常の忠誠の域を超え、アレクサンドルその人への強い共感、限りない心服に彩られている。アレクサンドルのほうも好意をもってこたえたが、カラムジンがこの結びつきを指して、単なる「習慣」でなく「心と心の習慣」といい直すところに彼の思いのたけが知られる。(二五年十二月三一日、ヴャーゼムスキイ宛)「アレクサンドルをわたしは人間として、あえていえば、心からの、善意の、親しい友として愛したのだ。彼自身わたしを自分の心からの友とよんだのだ。」(二六年一月十日、弟宛)アレクサンドルのカラムジンへの信頼については、「第二ノ弟」ニコライを「後継者トスル」とした二三年八月十六日付詔書の件を同年秋に彼ら夫妻に語ったという一例を挙げれば十分だろう。なにしろ、この秘密を知るのは詔書を起草した大主教フィラレート、それに側近のゴリーツィン公爵とアラクチェーエフ伯爵の三人だけだったのだから。

アレクサンドルの人柄のよさは多くの人が伝えるところで、おそらくその通りなのだろう。カラムジンがそれに魅せられたとしても不思議はないし、一貫した君主制主義者であれば特別な思いもあろう。こうした親密な感情の回路はアレクサンドルに止まらず、皇后、皇太后にまで延び、そこでカラムジンは内輪の者のように遇され、素直な「愛」を捧げる。これは彼の後半生におおきな喜びをもたらしたが、他方、これによって、君主としての、あるいはそうあってしかるべきアレクサンドル一世を見る目に曇りがなかったかどうか、疑問とせざるをえない。もっとも、さきに触れたように、国政の「重要問題」で時に直言することはあったらしい。アレクサンドルは「わたしの助言」に愛想よく耳を傾けたが、「大方それには従わなかった」という。カラムジンはしきりに残念がっているけれども、残されているのはそういう彼の言葉だけで、これ以上のことは分からない。

十二月十四日、カラムジンの危惧が現実になった。「この邪悪で無分別な陰謀の正確ではっきりしたことはまだ分かりません。」「〔結社の〕メンバーの多くはわたしを憎みました、少なくとも愛さなかった。が、わたしは祖国の敵でも人類の敵でもないようですよ。」（一二五年十二月三一日、ヴャーゼムスキイ宛。）「無分別なわが自由主義者たちの愚かな悲劇！」その日彼は冬宮にいて、イサーク広場へ出ていった。「恐ろしい顔を見た、恐ろしい言葉を聞いた、わたしの足元に五つ六つ小石が飛んできた。」（一二五年十二月十九日、ドミートリエフ宛）[16]

第16章

ヨーロッパにおいて政治思想としての保守主義はフランス革命に対抗して出現した。それを提示し、この思想にはじめて明確な形態を与えたのが、エドムンド・バークであることはいうまでもない。『フランス革命の省察』は、一国の聖俗の機構、制度、慣習は歴史的に、つまり長い時間を経て形成され、「世襲」されてきたものであって、まさにそのゆえにその意義や有用性は確実に担保されているという。われわれのなすことはこの「遺産」を「保存」し、それをそこなわず、それに適合する「改良」をほどこすにとどめなければならない。この立場から鋭い革命批判の矢が放たれ、その射程は自然法その他この世紀の啓蒙主義の思想に広く及ぶ。

バークの著書の出版は一七九〇年で彼が扱うのは革命の初期に限られ、一方カラムジンはむしろそれに続く展開から深刻な衝撃を受けたけれども、この相違はバークのいち早く問題の核心を捉えた洞察によって埋められている。カラムジンの革命批判は、とりもなおさず彼の保守主義宣言でもあるが、その心理及び論理において彼がいかにバークに近接しているか、それを『省察』に見出すことはきわめて容易といわなければならない。もっとも、バークの名は『ヨーロッパ通報』に見えるが、カラムジンがバークに関してどれほどの知識を持っていたか不明である。

われわれはカラムジンが中流地主貴族として伝統主義的心性を保持しながら、フランス革命を契機に政治的な保守主義者として自己確立したことを知っている。さきに引いたカール・マンハイムの言葉を再び借りれば、それは「形式的―反応的行為」から「意味指向的行為」への進化、人々の「体験と思考における〈進歩的〉要素の〈自己組織化〉と凝集にたいする応答」の一例ということになろう。[1]

そうした序奏からようやく迎えたフィナーレまで、長すぎた感の本稿も終わりに近いが、筆者としては前世紀の前史からはじめてこの間の経緯を繰り返しも厭わず述べてきたつもりである。改めてレジュメのたぐいは必要なかろう。その専制君主制論を含めた保守主義についていえば、さきの革命批判とも合わせこの第Ⅵ部に見た通りで、それは平明、理解に手間がかかるといったものではない。おおきな変化もない。いわば同じ主題とその時々の変奏で、スペランスキイ批判のように調子が高まることはあっても、一貫している。独創的ともいえない。こうしたあたりが従来のカラムジンにたいする低い評価を招くもとにもなっている。ソビエト期から一例を引けば、『新旧ロシア論』について、それは「憲法、農民の解放、その他の〈改革〉の害をいう俗論の域を出ず」、「広汎な貴族層の気分の反映」にすぎないという。[2] しかし、本来保守主義はかならずしもユニークである必要はないし、逆に大衆の意識とはどこかで必ずつながっていなければなるまい。たしかに、カラムジンには思想家とよぶには奥行きや広がりが足りず、既述の「リアリスト」として浅瀬を渡っているだけという印象は避け難い。それが『ロシア国家史』にも及んで、例えばクリュチェフスキイに次のようにいわせることにもなるのだろう。カラムジンはみずからの「信念」をロシア史の「法則に変えてしまった」、すなわち、「専制君主制が現代ロシアの国制の根本原理である、従って、その発達がロシアの歴史生活の基本的事実、すべての状況におけるもっとも顕著な傾向である」というふうに。クリュチェフスキイはこの遡行を「転倒した歴史的三段論法」とよぶ。[3] しかし、歴史が現在と過去との対話である限り、歴史家の問題意識を離れて存在することはありえない。カラムジンは「信念」の正しさを立証するために、それを軸に歴史を再構成したというべきではないか。しかも、専制体制の消長がロシア史の重要な指標であり、それが果した役割が正負いずれにせよきわめて大であることは否めまい。カラムジンが責められるとすれば、複合的な歴史過程を単純化しすぎたということになろう。

筆者はカラムジンを語るに当って、彼が当代を代表する知識人の一人であると前置きした。ロシア最初の「文学と政治」の総合誌でくりひろげた翻訳、評論、創作、その後の皇帝への上奏文、自国の歴史をはじめて広く知らしめた大著、これらにおいて保守の立場に言葉を与え、国家及び国民のアイデンティティーを明らかにしたこと――右の通りによぶ所以である。本書の扱う範囲から外れるが、彼が文学者として文化というものの価値に十分親しんでいたことも忘れてはならない。

蛇足ながら二、三つけくわえておく。前後期を通じるキー・ワードのひとつに「啓蒙」がある。だが、その中身は漠然としている。革命の温床と目されるフランス啓蒙思想との訣別は疑いないものの、その先、具体的な――教育の普及、充実といった一般論でなく――実体となると、まだ明らかでない。この語が発せられるたびに、もどかしさを禁じえない。

いわゆる「政治的リアリズム」、それは時にシニカルなほどに発揮されたが、問題を挙げるとすれば、それとカラムジンのうちに深く根を張るモラリズムの関係はどうなるのか。問題を分り易くするためにこの二者が相反する例をひとつ示そう。モスクワ大公位を狙い、繰り返し戦乱の因をつくったディミトリイ・シェミャーカについて『国家史』はいう、「彼の死は国家の安全に必要だったようだ。」だが、すぐ続けて彼の殺害（毒殺）をこうよぶ、「宗教と道徳の法則にまったく反する行為[4]」。

同時代の現実にたいして「リアリズム」に徹しようとすれば、他方のモラリズムに衝突するおそれはないだろうか。モラリズムが囲い込まれるか、棚上げされているうちは安全である。しかし、それはいつでも、どこまでも成功するとは限るまい。その時二者のいずれかが破綻しよう。幸か不幸か、カラムジンはそうした危険な場面をまだ想定していない。

『国家史』において民衆が果たす役割の大きさはよくいわれる。実際、彼らはしばしば騒動を起こし、暴動に及んだりする。彼らの向背が権力の動向や交代にじかに結びつくことも珍しくない。一方、カラムジン自身は民衆をどう見ていたのか、彼の発言の例はすでに少なからず見てきているが、さらにふたつ引いておく。ノヴゴロド市民が公を追い出した反乱の際の「首謀者」に関連して。「民衆の一団が自分から行動することは決してない。」十五世紀、「専制君主制」と「一元支配」が緒についたことに関連して。「民衆はたとえ〔モンゴルの軛のような〕辱しめにあっても奮い立ち、大事をなす、ただし、あくまでも道具として、統治する者の力に動かされ、鼓舞されてそうするのである[5]。」

本稿はごく一部を除いてヨーロッパの思想家、文学者の影響の問題には立ち入らずにきた。単純には割り切れない問題で手間取りたくなかったからである。とはいえ、これまでに扱ったテーマに関してもそうした影響はありえたし、特に民族（国民）や民族性、民族の発展といった問題で、ロシア以外の研究者がそれを主張している。具体的には、ヨハン・ゴットフリート・ヘルダーだが、これについても筆者には少なからず迷いがある。ヘルダーにとって、民族は各人が帰属し、あらゆる活動の母体となる独自の集団であり、そうしたものとして民族は彼の思想の基軸を成す。

『オシアン論』『シェイクスピア』などの文学論から『歴史哲学』に至るまで、彼は民族の文化を説いて止まず、その波紋の広く及んだことは改めて述べるまでもない。一方、カラムジンのヘルダーへの関心は前後期を通じて明らかであり、ロシア回帰から「民族精神」へのこだわりも既述の通り——もっとも端的な例は『新旧ロシア論』であろう——であって、そうした一連の言説にヘルダーの影響を見て取ることは決して不自然ではない。ただ、これには直接、間接を問わず裏づけとなる材料が見当たらない。そもそもカラムジンがヘルダーの前記の代表的な著作を読んだ形跡がない、少なくとも確認されない。他方、民族や民族性に着目すること、文化のパターンといった発想そのものが当時必ずしも珍しくない——例えばヘルダーが批判するヴォルテールやモンテスキュー——という事実もある。さらに広く目をやれば、ヘルダー自身が先導したStrum und Drang（いわゆる「疾風怒涛」）の文学運動といった時代の気運もある。いうまでもないが、思想の伝播ではその経路はひとつではなく、しばしば入り組んでいたり、なんらかの媒介を経ていたりする。どこまでストレートにヘルダー発と見なせるのか。

どういうかたちかはともかく、ヘルダーがカラムジンに影響を及ぼした可能性を否定はできない。しかし、その場合でも、あくまで限定的に扱うべきであろう。カラムジンの民族（国民）文化の理解はヘルダーのそれに一致せず、半ば反するからである。さきにカラムジンのロシア・アカデミーでの講演に触れたが、その一節にこうある。「民族文学の性格をなす特殊な美は普遍的な美に劣る。前者は変化し、後者は永遠である。ロシア人のために書くのはよいことだ。万人のために書くのはもっとよい。[6]」ヘルダーに従えば、現前するのは、生き、働き、みずからを表現する各民族の独自な文化のみ。それらの間に上下はなく、それぞれがそれぞれの手段であり目的であり、それぞれが人類史において摂理の与える役割を果す。ヘルダーの文化論の真価は各民族、各時代のそれを超える価値や尺度の拒否にある。いまのカラムジンの言がこれと乖離することは明らかだろう。カラムジンが立ち止まる位置をヘルダーは突き抜けているといえばいいだろうか。

第Ⅶ部　エピローグ

主な登場人物のその後

第1章

一八二五年十一月十九日、アゾフ海に臨む港町タガンローグで皇帝アレクサンドル一世死去。在位二四年八か月。帝位継承のもたつきも手伝い、遺体の首都移送の出発までひと月以上を数えた。ようやく十二月二九日、柩は当地の修道院の聖堂を出て、長途の旅を開始した。向う先々で大勢の官民、聖職者が迎え、弔砲が響く。遺体は防腐処置をほどこされていたが、寒気が緩み、氷点を超える時は、氷、塩、塩化アンモニウムを詰めた箱の上に柩を載せた。年が変わって二月三日、モスクワ着。アレクサンドルの柩はクレムリンのアルハンゲリスキイ聖堂、歴代皇帝の柩が並ぶ中の祭壇に安置された。二月六日出発、二八日、ツァールスコエ・セロ着。三月一日深夜、懐妊中の皇后を除く皇室全員が遺体の顔、手に口づけし別れを告げた。五日、遺体はチェスマへ運ばれ、豪華なブロンズの柩に移され、心臓の入った壺は左胸のかたわらに置かれる。翌六日、曇り空、風と雪の舞う中、首都ペテルブルグを指して、ピョートル大帝以来のドイツ式の葬列の行進がはじまる。新帝ニコライ一世以下、長い黒マントに縁を下ろした黒い帽子、柩に従い黙々と歩く。午後カザン聖堂に到着、これより七日間、遺体は各界各層の人々の参拝に供せらる。ただし柩は蓋を閉ざしたまま。遺体の痛みを慮りニコライ一世開けることを許さず。三月十三日、葬列は吹雪を突いてネフスキイ大通りを出発、ペトロ・パウロ要塞へ向う。聖堂にて葬儀、埋葬がおこなわれ、午後一時過ぎ、大砲が一斉に筒音を響かせ一切が終了したことを告げた。前年の死去以来、ほぼ四か月を過ぎていた[1]。

アレクサンドルの死後、デカブリストの蜂起についてはさきに詳述した通り、後継帝ニコライ一世の第一の仕事はこれら「暴徒」の処罰である。このために設けられた委員会は二五年十二月十七日から取調べを開始、二六年五月三〇日一二一人を起訴(別途一人追加)、七月十日特別法廷は判決の報告書をニコライへ提出した。同日、ニコライは一部を除いて刑を減じ署名。母后マリヤに「恐ろしい義務」を果したと報告[2]。十二日、刑の宣告、翌朝、五名の絞首刑が執行される。これは人々に衝撃を与えた、前帝の治世に死刑は一度もなく、それはほとんど忘れ去られていたから。十四日、元老院広場において、主に感謝し、十二月十四日の凶弾の犠牲者を追悼する祈りが捧げられる。反乱軍を粉砕した四門の大砲も引き出された。しめくくりの式典を終え、ニコライはあわただしくモスクワ行きの準備に取り掛かる。そこでも五日後に同じ式典が予定されていた。

一八二六年八月二二日、快晴。半年前アレクサンドル一世の柩を迎えたクレムリンで、この日、新帝ニコライ一世の戴冠式がおこなわれた。建物の周りにめぐらされた桟敷も、広場も人で埋まる。午前十時、宮殿からウスペンスキイ聖堂へ皇帝夫妻をかこむ長い行列が進み、吸いこまれる。
「クレムリンの広場にまるで人ひとりいないような静寂がひろがった。突如砲声、鐘の音、クレムリンは砲声と鐘の音で打ち震えた。皇帝ニコライ一世が王冠をいただき紫のマントをまとって聖堂から出てきた。感動的な国歌《主よ、陛下を守り給え》、轟く《ウラー》、祈り、涙、熱い期待が彼を迎えた[3]。」

ひとつの時代が幕を下ろし、もうひとつの時代の幕が上がったのである。ふたつの時代はそれぞれの皇帝が違うように、登場人物も、演目も、そこで吹く風も違う。本書はこの入替え時にあわせて退場することとし、これまでに扱った主な人物のその後を簡単に書き添えて結びとしたい。

第2章

アレクサンドル・ゴリーツィンは大臣を退いたあとも、権力者の列に留まりつづけた。依然国家評議会の議席を占め、郵政局長として大臣会議にも出席する。アレクサンドル一世との絆はそれほどに強かったわけだが、次のニコライ一世もこれを引き継ぎ、さらに二六年末に設けた国政改革検討委員会へ起用するなど、ゴリーツィンの口から多忙をこぼす言葉がしきりに漏れる。とはいえ、彼がかつてのように政治的な力を振るうことはなかったし、彼もそれをもとめなかった。

政治的役割ということからいえば、デカブリスト断罪で果したそれを挙げるのがもっとも相応しかろう。ゴリーツィンは取調べに当った委員会の一人、しかも文官は彼だけ、大公ミハイル以外他はすべて武官である。彼らにたいする刑について彼がどう考えていたか十分に知ることはできないけれども、特別法廷の判決が出た段階で、陛下がおこなう「減刑」は「そうしてよい者」に限られるべきとして次のようにいう、「国家の安全上救ってはならず、人々の見せしめにならねばならぬ者が数人いるのです。」おそらくこれはもっとも苛酷な刑を求められた五人を指すとみられ、この時彼らは両手、両足、首の順に切断する四つ裂きの刑に当るとされていた、これは最終的には絞首刑に替えられるけれども。ちなみに、事件の一年後の手紙には十二月十四日を「幸運な一日とよぶことができます」とある。「この日は帝國を冒したペストを暴き、主がニコライ・パーヴロヴィチ陛下を助けてその更なる蔓延を食い止め、治癒せしめたのです。[1]」

白僧の待遇改善に尽力したり、人事について意見を述べたり、ゴリーツィンの正教会とのかかわりもつづいている。モスクワ府主教フィラレートとの親しい関係は終生絶えることがなかった。

聖書協会はゴリーツィンが追われた時点から命運は尽きていたというべきで、アレクサンドル一世は持ちこたえたが、ニコライ一世は正教会の守り手たちの主張を容れ、二六年四月活動停止、七月に協会財産の宗務院への移管を命じ、終止符が打たれた。わずかに、印刷済みロシア語訳聖書の販売が許されたことが救いといえば救いであろう。活動の場は失ったけれども、ゴリーツィン自身の信仰のありように変化は見られない。みずからそれを語るといった資料は乏しいが、三〇年代半ばの二通の手紙はそれを如実に伝え、さながら信仰告白の趣がある。ひたすら自己に沈潜し、「われ」を否定し、祈り、自己の「内に神の国をもとめる」こと、「新しい人間に生まれ変る」ことなどなど、かつて神秘主義あるいは敬虔主義の名のもとに流通した言葉がそのまま生きている。かつて尊師とあがめたバイエルンの神父リンドルの名もそのまま登場する。

変化があったとすれば、同じ手紙に示される時代認識のほうであろう。いまやヨーロッパは「地獄の霊」「アンチキリスト」跳梁の場であり、その支配のもとで破局の道を歩んでいる。すべては聖書――黙示録を指すようだが――が預言した通り、という。わが国でも「時流」に追随し、そうした「外国の文明を讃えている。」これがゴリーツィンの診断で、はなはだおおまかで漠然としているが、次のようにいうのを聞けば多少とも具体的になろうか。曰く、ヨーロッパの「大衆」は「神そのもの」からはじめて「あらゆる合法的な権威」に「闘い」を挑んでいる。要するに、いわんとするところは同時代批判で、とりわけ七月革命など、三〇年代の政治的、社会的な安定を揺るがす事件がそれを促がしていることは容易に推し量れる。さきに変化があるとすれば、といったのはこうした危機意識の深化で、その切迫感はかつてのそれをどうやら凌ぐ。そして、彼によれば、危機の克服、「地獄の霊」に抗しえるのは「イエス・キリストの霊」をおいてほかになく、われわれのなすべきことはそれに帰依して、「勝利」を引き寄せることのほかにない。[2]

ゴリーツィンは生涯独身を通し、家庭を持たなかった。その埋め合わせのように彼は皇帝一家に親身な愛情を寄せ、ニコライ以下もそれに十分に応えた。夫妻が旅に出て不在の間子供たちは彼の手に託された。幼い大公、大公女は「おじちゃま」とよんで彼によくなついたという。

三〇年代へ入ってからもゴリーツィンは叙勲局長を兼ねるなど相変らず忙しかったが、その頃から引退を考えはじめたようである。六〇歳を超え、体もあちこち痛んでくる。しかし、ニコライになかなか許されず、三九年から四一年までは国家評議会の議長を務め、最高位の官位を贈られる。ようやく四二年に自由の身になり、最晩年の二年をクリミア半島の南岸、かねて用意した温暖の地に送り、一八四四年に死んだ。

第3章

一八二五年。スペランスキイ、ゴリーツィンと乗り継ぎ、ついにアレクサンドル一世の右腕、アラクチェーエフ伯爵に取りついたミハイル・マグニツキイはそこへ自分をしっかり結びつけた。アラクチェーエフの屯田事業を持ち上げ、その組織、運営に関する基本法がつくられるという「噂」を聞きつけるや、兵士の「徳育」部門の案造りをお任せいただきたいと願い出る。ノヴゴロドから二〇キロ、アラクチェーエフの領地グルジノを訪ねては、そこで見たと称する「夢」をこまごま書いて送る。「夢」というのは、古老の「霊」の口を借りてこの地の聖堂や碑や東屋、当主の信仰心や人となりを讃えるという趣向。[1] アラクチェーエフが愛妾が殺され悲嘆に暮れていると知れば、慰めに駆けつける。こうして地歩を固め、自信を膨らませたマグニツキイに台閣への道が開くかに見えた瞬間、奈落に突き落される。アラクチェーエフの威光の源、アレクサンドル一世が死亡したのである。

少々さかのぼるが、この年の春ごろから教育省の中でマグニツキイ排斥作戦がひそかに動き出していた。参加者の一人の証言によれば、きっかけは同志の連携を促したミハイル・スペランスキイの一語だったという。「あれは国賊です！　めらめらと燃える剣をかざす大天使で、シシコーフ翁の傍らに立ち、翁に衆目が集まるのを妨げているのです。[2]」こうもスペランスキイは述べたというが、どこまでこの通りかどうかはともかく、七〇歳を過ぎて気力の衰えた大臣シシコーフをマグニツキイが引き回すことへの警戒が陣営に共有されていたことは確からしい。なによりも、カザン学区における彼の度を超えた専横ぶり、そこに持ち込まれた混乱——右の参加者の言葉を借りれば、カザン大学は「神学校以下」になってしまった——にたいする反発があったことはいうまでもない。

　五月、マグニツキイは法令不履行の虚を突かれた。視学官は所轄の学区を少なくとも二年に一度視察するきまりだが、彼は就任以来六年間まったくそこへ足を向けなかった。一八二二年に旅費四〇〇〇ルーブリを受領しているにもかかわらず。大臣はこの事実をふまえカザン行きを強く迫った。この時点ではすでにマグニツキイのことあれかしのやり方にシシコーフも顔をしかめている。反マグニツキイ陣営では一八一九年のカザン大学の監査からはじめてマグニツキイの活動記録を洗い直す作業が進められていた。

　八月六日、マグニツキイは首都を後にした。三か月に及ぶ視察、監査の旅である。この間彼は完全にシシコーフを無視した。出発の際、挨拶をせず、指示を仰ぐこともしない。カザン学区に滞在中なんの報告もなし。十一月四日のペンザ中学校の視察を最後に帰途についたが、このあと所在不明。実は、前記の悲劇に見舞われたアラクチェーエフのもとへ直行したのである。アラクチェーエフ自身が呼び寄せたともいうが、ともあれ、マグニツキイはおおいに気を良くし、十一月二六日、意気揚々大臣のまえに現れた、アラクチェーエフからの依頼を携えて。依頼とは、もう一度マグニツキイを当方へ寄こしていただきたい、というもので、無論シシコーフは同意した。しかし、二日後、大臣を訪ねた者に彼はこういったという。マグニツキイはアラクチェーエフからよろしくとことづかってきた。「また向こうへ行きたいといったな。ああ、許可したよ。いまとなっては、行かんと思うがね、老人はこうつけくわえて狡そうににやりとした。」[3] 前日、十一月二七日、アレクサンドル一世死去の報がペテルブルグに着いたのである。いささか出来すぎたはなしのようにも聞こえるが、確かに、マグニツキイにはもう行く必要はなかった。

　十二月一日深夜、警視庁長官がマグニツキイ宅へやってきて、ペテルブルグ総督ミロラードヴィチの命令を伝えた。明日、任地たるカザンへ向かうべし。所属の長の許可なく首都入りは禁じられているという。驚いたマグニツキイはシシコーフに「法的な保護」を求め、本省の中央教育審議会の委員を兼ねている等、理由を挙げて命令の不当を訴えた。しかし、大臣は動かず、あれこれやり取りの後、三日、総督が警察官一名に護送を命じ幕となる。それから何日か経ち——当時カザン大学の学生監を務めていた後年の作家И・И・ラジェーチニコフは回想していう。ある晩、「わたしは大学の一階の自分の部屋にいた。学生たちはもう寝ていた。あたりはしんと静まりかえっていた。突然なにかあわただしい物音が聞こえる、館内がざわめきだした、当直の監督員が駆けつけてきて、震えながら小声でわたしに告げる、視学官が急にお出でになりました、警察の方に付き添われて……[4]」

マグニツキイがなぜ首都を追い出されたのか、これについてはいくつか説があるようだが、どこまで信じていいのか見当つけにくい[5]。マグニツキイがカザンでなく首都に居座っていることを不快視する向きは少なくなかったが、おそらくこのあたりが真相ではないか。総督の大臣宛の手紙からはそう読める。ゴリーツィン、アラクチェーエフという後ろ楯を失ったいま、潮時と踏んだのではないか。それにしてもマグニツキイへの退去要求は手荒なうえ、いかにも性急な印象を与える。先帝の死後、帝位継承を兄弟が譲り合うというかつてない政情不安が背景にあったのだろうか。平静を保つためであろう、国家の職にある者をその任地に留めおく措置もとられたようである。玉座の行方を息をひそめて見守っていたこの時期、騒々しい名うての問題人物は一刻も早く首都から放逐しようとしたのかもしれない。

教育省内のマグニツキイ排斥工作がどのような経過をたどったのか、面目を傷つけられた大臣を巻き込むことに成功したことのほか、正確には分らない。二六年に入り、いよいよ彼の六年間のカザン大学統治に監査が入り、彼の息の根を止めることになるけれども、それをことこまかに追いかける必要はなさそうだ。というのは、彼の罷免はあらかじめ決まっていたからで、それを示すのが新年早々大臣からニコライ一世へ渡された覚書の一節である。そこに陛下はさきにマグニツキイの罷免を「命じられました」とある。覚書は「新しい視学官が決まるまで」の措置に関するもので、奏上の日付はもっとも遅くて一月十二日である[6]。このあと監査、中央教育審議会の審議を経て、すでに詳述したマグニツキイの大学支配は「越権」「怠慢」「違法」等々の烙印を押され、罷免の結論に至る。勅命は一八二六年五月六日である。

監査の結果、校費の行方に不明な点があって、引き続き調査がおこなわれることになり、マグニツキイはその終了までこの地を動かぬよう命じられたが、いかがわしい連中をけしかけて騒ぎをおこしたりたり、自分を「秘密警察」と吹聴させたりで、年末にレバル（現エストニア共和国タリン）へ送られた。本当かどうか、スペランスキイがこういったという。「なんだってマグニツキイをレバルへやるのかね。あそこは健康にいいから人をゆかせるんだ、彼がいたら空気が毒される。」[7]

一八三三年、首都以外の地に住むことが許され、オデッサへ移る。校費問題がようやく片づき、マグニツキイに生じた巨額の私的流用の疑惑も決着したらしい。結果は尻つぼみで、四三八ルーブリ四五コペイカの弁済で終わったという。

オデッサに住んでからも不穏当な言動が止まず、再びレバルへ送られそうになり、なんとかドニエプル河畔ヘルソンの修道院に落ち着くことを許された。これが三九年のことで、二年後にオデッサへ帰れたという。さきのオデッサ移住にせよ、いまのヘルソンへの行き帰りにせよ、マグニツキイが苦境を切り抜けるについては、ミハイル大公とか当地の総督とかの執り成しがあったそうで、事実とすれば、記憶しておいて無駄ではなかろう。

レバルでもオデッサでもマグニツキイは異彩を放つ人物だったようだ。かつて辣腕で鳴らした高官。そうした伝説にくわえて端正な容姿、なめらかな弁舌、巧みな社交術とくれば、それだけでも人々の耳目を集めて不思議はない。オデッサではかつての女官、エドリング伯爵夫人のサロンの常連であり、晩年の三年間はオデッサ・クラブの会長に選ばれた。人々にはシムビルスク県やカザン大学での「闘い」を好んで語ったというが、「闘い」はなおもつづいていた。

当初マグニツキイは病妻を残したままの首都へ戻れるよう皇帝に訴えたが、空しかった。二九年には、新しい権力者アレクサンドル・ベンケンドルフに長文の弁明書を送る。それは過去二〇年彼が「良心」のおもむくままに正義を貫き通し、ゆえに「敵」から「蒙昧主義者」の汚名を着せられ、「奸計」の犠牲にされた次第をこまごま語り、陛下のはからいによる公正な「裁き」にのぞみをつなぐ。[8] この訴えがニコライまで届いたのかどうか確認できないが、いずれにせよ徒労だった。

三一年、他の事案に関連してニコライからいわゆる光明派についてご下問があり、得たりやおうとばかり、マグニツキイはヨーロッパにおける由来からはじめて、ロシアにおける各界各層への浸透ぶりを暴く膨大な報告書を提出した。そこでいう光明派とは、厳密な意味のそれでなく、教会と玉座の権威に背くもろもろの事実をひっくるめての令名で、すでに辟易するほど耳慣れた摘発の蒸し返しである。[9]

三二年にはレバル中学校の一人の教師を押し立てて月刊誌『虹』を発行する。同時代人の証言によれば、硬い包装紙を使った薄っぺらなもので、予約購読が初年度二〇七部、次の年が六〇部止まり、この年半ばで姿を消すという短命だった。雑誌は「哲学、教育、文学雑誌」と銘うっていたが、要するに三者ともひたすら信仰に依るべしということで、従来の主張を一歩も出ない。しかし、誌面には「西欧文明排撃とその西欧に近づくロシア人糾弾」の強烈な文字が躍ったという。それらはみな仮名か無著名で掲載されたが、いずれもマグニツキイ自身の手になるか、彼の息が掛っているか、そのどちらかである。ここは過激な言説の例として、モンゴル人のロシア支配を歴史家カラムジンが「嘆いた」ことに反発した一節を引いておく。曰く、「キリストに関する哲学」は逆にそれを「喜ぶ」。「タタールに征服され、西ヨーロッパから隔離されたことは、おそらくロシアにとって最大の恵みだったのだ、キリスト教の純粋がそれにより守られたからである。[10]」このあとオデッサでも同地の出版物にあれこれ寄稿したそうだが、どういうものか、中身は分からない。

先にも触れたように、ひそかに告発の文書を送りつける密告も行く先々で止まない。カザンでは県知事などが難に会い、オデッサでは彼に好意的だった総督さえそれを免れなかったというから、本当とすれば驚くほかない。それらはいずれもまともに取り上げられず、中傷の責めを招いただけだったそうだが。レバルではエストニアに再洗礼派が広がっていると通報、調査の結果、事実でないことが判明したという。

ある時、マグニツキイの姿がオデッサから消えたことがあって、さまざまな噂が飛び交った。やれコンスタンチノーポリへ逃げて奴隷商人になった。やれ逮捕されてシベリアへ送られた。果ては、ある橋の下で首が見つかり、さる収集家が古代ポントス王国の王の首と称して珍重している、とか。所詮噂は噂でしかないが、こういう噂が立つあたりがいかにもマグニツキイらしいところか。ひと月後、噂の主が現れ、モスクワへいってきたとのこと。イギリス人が粗悪な広東茶を高値で売さばいているのに我慢ならず、キャフタ産の茶の仕入れに走り回ったとの言。実際、その店を開いたが、「早々に」「大損」を出して閉じたとつたえられる。ちなみに、マグニツキイはナポレオンは「好きでない」けれども、イギリスを締め出す大陸封鎖には賛成していたそうである。[11]

視学官の職を失ってからは、経済的に苦しかったらしい。その窮状を訴えた相手が、なんと、かつて恩を仇で返したあのゴリーツィン公爵である。公爵はかつての裏切り者の願いを入れ、二度にわたって年金の受給に道を開いてやったという。マグニツキイがレバルを出られたのも公爵の力添えの結果という説もある。二人は晩年の二年間ごく近くに住むことになったが、再会はなかった。一八四四年十一月二一日にマグニツキイは死ぬ。翌日、ゴリーツィンが死んだ。

最後にさきに挙げたラジェーチニコフの感想をくわえてこう。「ひとはわたしに聞く、本当に彼は心底狂信家だったのか。そう、彼は狂信家だった、それによって権力者の覚えをよくしようとした時は。もしも違う風に当たっていたら、彼がどうなっていたか、わたしには分からぬ。」[12]

第4章

マグニツキイと並ぶもう一人の立役者、視学官代行ドミトリイ・ルーニチもマグニツキイのすぐあとを追って失脚した。問われたのはやはり巨額の公費がからむ一件である。

二三年三月、ルーニチはペテルブルグ大学、貴族寄宿学校、中学校の建物の新築、改築計画書を大臣に提出、五月二一日裁可された。総額一、三〇〇、〇〇〇ルーブリに及ぶプロジェクトで、大学の資金四二一、六二〇ルーブリ、学区の初等学校の補修費用の残金一三三、二四二ルーブリをこれに当て、さらに翌年以降四年間に順次不足分を国庫より支出するというもの。実施本部として、視学官代行を長とし、彼が選ぶ二名の委員からなる特別委員会を設けることも決まった。七月十六日、まず学長と幹部職員用宿舎の起工式がおこなわれ、計画がスタートした。この間、大学はまったく蚊帳の外で、「任務は支出すること」だけ、用途も金額もいわれるままだったという。二年半後の二六年一月三一日、ルーニチは大臣に進捗状況を次のように報告した。当初計画七件のうち五件が「完成間近」、さらに別途改修一件も実施中とあって、総じて順調な足取りに見える。ところが、実は計画通り日の目を見たのは右の学長用宿舎や貴族寄宿学校の建物ぐらいで、どうやら報告は食らわせものだったらしい。[1]

他方、ルーニチの足元を脅かす動きもはじまっていた。ルーニチはあの手この手で大学を牛耳ったが、そのひとつに大学の管理、運営を統轄する理事会がある。理事会は開学の際の要綱で議長に視学官、筆頭理事に主事、教官の「代表」として学長、その他二名とするとあり、一八二一年、就任間もないルーニチはこれを発足させ、意のままに操った。しかし、好ましからぬ事態がやがて起きる。ペテルブルグ大学の学則案をめぐる紛糾はすでに述べたが、この問題は以後宙に浮いたまま進展せず、二四年一月、その正式の制定あるまで「管理部門」に関しモスクワ大学学則を「指針」とする旨の勅命が下る。好ましからぬというのは、この学則が理事会は学長を議長に、各学部長、視学官が指名する正教授一名で構成するとしたほか、全学教授会に「年一度の会計監査」を義務づけたりしていたからである。モスクワ大学学則の準用はルーニチ自身の上申から始まったものだが、彼は二月四日、それを知らしめる理事会、教授会の合同会議を招集し、席上当の学則が読み上げられたところで、はじめて見込み違いを「悟った」らしい。このためルーニチは今後教授会とその書記の呼称をモスクワ大学学則の通りに変更するとだけ告げ、他は一切触れず、すべて従来通りとした。しかもこの日の議事録は彼の息のかかった理事会が作成するという。「誰もこうした措置に反対しようとしなかった、恐怖が出席者を捉えていたからです。わずかな間にポストを失った十一人の教授の運命が誰の記憶にも生々しかったのです。[2]」三年後、学長の署名のある報告書中の言葉である。

ようやく二五年五月、法令遵守を掲げる教育相シシコーフの命によりモスクワ大学学則の実施が軌道に乗り、新学長、学部長の選挙もおこなわれ、新理事会も活動をはじめる。新体制にたいする抵抗はなおも繰り返され、それは翌年まで持ち越されるが、しかし長くは続かない。

というのも、さきの一連の工事の迷走、杜撰な公費の使用が問題として浮上したからである。二六年三月、シシコーフはついにこれを大臣会議に諮り、その結果、ルーニチは建設委員会長を解任され、この間の経緯が中央教育審議会の審理に付されることになった。公金着服の疑いも掛けられたらしい。結論について筆者は知るすべを持たないが、どうやらすっきり解明には至らなかったようである。ともあれ、二六年六月二五日、ルーニチは視学官代行の地位を奪われ、中央教育審議会委員の席を失った。七月二六日、ペテルブルグ大学教授会議事録はいう、本教授会は、本学に与えられた「庇護と数々のご恩」に鑑み、大臣閣下に「深甚なる感謝を捧げることを全会一致で決定した。」

ルーニチはこれですべてである。のちに彼は長文の回想録を残したが、これもアレクサンドル一世の死で終わっている。その書かれざる後半生のうち、多少とも語る価値ありとすれば、次の一事か。

一八四二年六月、もと宗務・教育大臣、ゴリーツィンが引退し、首都をあとにしたのを待っていたかのように、ルーニチは一篇の手記をまとめ、コンスタンチン・アルセーニエフへ送った。[3]かつて大学「法廷」によって教壇から追放した四人の教授の一人、あのアルセーニエフである。手記はこう切り出す。「二〇年の間世論にわたしは苦しんでいます、皆が皆わたしを一八二三年のペテルブルグ大学の不名誉な出来事の犯人と思っているのです。あの事件の犯人はわたしではありません、ルーニチではありません！　真実は挙げて以下の通りです。」文中「一八二三年」は「一八二一年」の誤り。手記とは要するに弁明書で、その趣旨はいまの冒頭の言葉に尽されている。『自然法』の著者クニーツィンをはじめとする一連の粛清を決めたのは大臣ゴリーツィンや中央教育審議会、自分はそれを実行したにすぎない。ことに、ルーニチみずから「グロテスクな異端審問」とよぶ四教授事件では、同一人が告発と判決双方を兼ねることはできないと訴えたにもかかわらず、その席に臨まざるをえなかったという。しかも事件が皇帝はじめ皇族の不興を買い――くだんの教授たちが皇太后や大公の覚えがよかったので――、「世論」の反発を招くや、ゴリーツィンはすべてをわたしの仕業にし、自分たちは「責任を一切免れた」。「不公正な暴挙をかき消すために生贄が必要だった――そして彼はわたしを生贄にしたのです！」いわゆるスケープゴートに祭り上げられたということだが、このあたりがルーニチの悲憤やるかたないところらしい。終り近くに、わたしは教育の場から「自由思想、無神論、不道徳」を一掃して君命を全うしたいと願ったのみで、もしその権限があれば、あのような「強引な手段」は採らなかったし、「邪説」といえども、当人を「迫害」したりはしなかったなどと書いているが、弁明に付き合うのはこの辺まででよかろう。

この空しいいい訳をどう受け取ったらいいのだろう。実際、以後ルーニチの名は嫌悪や軽蔑をこめて呼ばれたが、これはもう身から出た錆というほかあるまい。四教授事件ばかりでない。七年の間視学官代行としていかに振舞ったか、誰もが彼ほどに忘れっぽいわけはない。たしかに、彼が「犯人」とよぶ面々が格別指弾も受けず、安穏に地位を保ち、あるいは栄達を遂げた事実は、心外といえば心外には違いない。その際ゴリーツィンがどう立ち回ったのか、筆者はなにも確認していないが。もっとも、彼らもまた多少の差はあれのちに歴史にきびしく裁かれている、ルーニチにすればなんの慰めにもならないかもしれないが。

いつの頃からか分らないが、ルーニチは妻や家族と別れて、一人暮しをしていたようだ。、十数年後、ある人の伝えるところによれば、彼はペテルブルグのさる小路の「半ば崩れた」平屋建の家で一人の老婆の世話を受けながら、「ほとんど赤貧状態」で暮らしていたという。

ある夜、七〇歳をとうに過ぎたルーニチの眼前に「突然」遠い日の一幕が蘇る。それは「ヴォルテール、ディドロ、ルソーを諳んじ」、「放蕩三昧」に耽る若者にまじって酒に酔い、「神を冒瀆する歌」を歌い散らす場面。「半世紀以上も経っている」のに、その時わたしはとうに忘れたはずの歌を口ずさみ、「振り払うことができませんでした」。そしてわたしは悟ったのです。死後に「魂」が味わう「苦しみ」とは、こうした「悪行」の記憶がまざまざとよみがえることだ、と。わたしが恐れるのは、実にこれなのです。――ルーニチ自身がさきの人に語ったという話である。[4] 一八六〇年、八一歳と六か月でルーニチは死んだ。

ルーニチのいい分はさておき、一部繰り返しになるが、彼がかかわった粛清の被害者のその後に触れておこう。著書『自然法』によって大学を追われたクニーツィンは小姓学校の教師のまま変わらず。二六年より皇帝直属官房第二課に勤務など。次に四教授事件だが、まずラウパハは二二年にロシアを捨て帰国。ヘルマンは内務省統計課長、貴族女子の教育施設、スモーリヌイ、エカテリーナ両学院の教務主任を引き続きつとめる。三五年よりアカデミー正会員。アルセーニエフも陸軍工科学校、砲科学校に留まるほか、二三年には新設の近衛曹長学校の教授に就く。二四年より四年間、上記皇帝直属官房第二課に勤務（二四～六年、法制委員会）。二八年より三七年まで皇太子、のちのアレクサンドル二世に歴史、統計学を講じるなど。二六年よりアカデミー通信会員、四一年正会員。こうした順風に恵まれた人々の一方で、ガーリチは不遇だった。大学に籍は残ったが、教壇に立つことは許されない。著作に励むかたわら、「かつての教え子や知識欲旺盛な若者」の求めに応えて自宅でシェリング哲学を講じる。そう伝えているのはあのニキチェンコで、彼自身も出席者の一人。二八年の『日記』には、彼の貧しさを見て年三〇〇ルーブリの受講料はいらないといわれたなどとある。講義には十人から十二人位が集り、三〇年代にも続いたそうだが、それから先は分からない。その間、ガーリチは大学に美学などの講座の開設を願い出たが実らず。三七年に大幅な大学改革があり、正式に罷免。衣食の道をもとめて国有財産省の翻訳官、つづいて陸軍省食糧局の文書管理の主任に就く。こうしてひと息着いたところで、新たな不幸が襲う。ニキチェンコによれば、「一八三九年か一八四〇年」に火災に見舞われ、蔵書とようやく完成した労作――そのひとつは「十四年以上を費やし」、彼の主著になるはずだったという――のすべてを失う。彼はこれに「耐えられなかった」。打ちのめされ、「飲みはじめた」。[5] 一八四八年、コレラで死亡。

第5章

ユーリイ修道院長フォーチイのその後に移ろう。ゴリーツィン追い落しに成功し、アラクチェーエフの好意も取りつけて、二四、二五両年、フォーチイの得意は頂点に達した。さすがにアレクサンドル一世もゴリーツィンにたいする「呪い」では彼を「叱責」したが、アラクチェーエフの仲介でほどなく気分を和らげ、フォーチイを「親しく」引見する。フォーチイは引き続き教会の「敵」による「革命」の危機を訴え、「断固たる阻止」を迫る。「敵」というのはユング - シュティリングの一八三六年キリスト再臨説で、この「邪説」が人心を惑わし、信仰を揺るがし、果ては国家を騒乱に巻き込むというのだが、アレクサンドルがどう受け取ったかは分らない。いずれにせよ、次の二五年に一度は冬宮、一度はユーリイ修道院で二人は顔を合わせ、その印象の消えやらぬ翌年二月、フォーチイはノヴゴロド県境で北上するアレクサンドルの柩を迎えることになる。

同月、フォーチイは早くも新帝ニコライ一世に一書を献じた。これがなんとも奇妙な代物で、ことは二か月前の元老院広場の反乱に関係する。直後から始まった取り調べによりデカブリストの活動の実態が次第に明らかになり、その大筋がこの時すでにおおやけにされていたが、フォーチイはそれと対比しながら、ロシアを押し流すもうひとつの「革命」の脅威に警鐘を乱打した。皇帝暗殺、武力行使、憲法制定も両者共通という。メソジスト、クエーカー、敬虔派、モラヴィア兄弟団、聖書協会、二重省、シュティリング、ラブジーン等々、いうところの「カルボナリ党」の跳梁がそれで、要するに従来の主張のおさらいだが、現実の事件を目の当たりにしてカタストロフの恐怖をいっそう募らせたものか。

ニコライがフォーチイをどう見ていたか、それをじかに示す材料はない。たしかに、右の翌日、ニコライはフォーチイに以後必要なら直接彼宛にペンをとるよう伝え、三か月後には先帝が与えた首都への出入り自由の許可を改めて確認した。だが、長続きしない。フォーチイは完全に置き去りにされる。現実的な君主に宗教家の妄想は不要だったようだ。

このあとフォーチイの活動はユーリイ修道院から外へ出ていくことはない。好むと好むまいと、本来の信仰生活に精力を傾けることになり、それなりの落ち着きを取り戻す。時として独自な行動に及び、宗規やら典礼やらの「違反」

をとがめられ、府主教セラフィームとの間で物議をかもすものの、アンナ・オルロヴァ＝チェスメンスカヤの執り成しもあって大事には至らない。

そのアンナは引き続き宮廷とのつながりが深く、特に皇后と間がそうで、二九年にはベルリンなど外遊にお供をしている。同じ年、彼女はユーリイ修道院の近くに屋敷を構えた。修道院とは距離にして半ヴェルスタ（一ヴェルスタ＝一、〇六七㎞）、小さい沼を隔てた土地で、フォーチイはおおいに喜び建物や庭の造作の行方に興じている。アンナは自分の名の日や修道院の祭日、さては斎の期間などにやってきて、足繁くフォーチイのもとに通った。

フォーチイには狷介、奇矯な言動がついてまわる。例えば、彼はチェペッツとよばれるボンネット状の婦人帽を嫌い、修道院を訪れる女性の頭からはぎ取り、両足で踏みつけ、こう叫んだという。「アンナ、このご婦人に代わりにプラトークを持ってこい。」通常アンナは「高価なショール」を持参したり、当の女性の息子か身寄りの者に「立派な馬」を贈ったりしたので、「多くの奥方たち」が「わざと」チェペッツをかぶってきたという。[1] 終わりのほうは眉唾の感がなくもないが、次はれっきとした事実である。フォーチイはニコライ一世がノヴゴロドへくるたびに来駕を期待しては裏切られていたが、三五年五月、それが思いがけず実現した。以下、ニコライ本人の宗務院総監宛命令書。「今日ノヴゴロドへ着いてから、たまたまユーリイ修道院に立ち寄った。」「掌院〔フォーチイ〕に伴われて修道院を見て回ったあと、聖堂へ戻り、そこで予は長寿祈願の短い連禱をおこなうよう命じた。掌院は手配を済ませると自分ではお勤めせず、予のそばにそのままいた。十字架を予に持ってきたのは別な修道司祭である。修道院を出る時、掌院に祝福を所望したが、掌院は予に十字を切ると、口づけをするよう手を差し出した、皇室にたいする慣例に反して。最後に、見たところ掌院は黒でなく菫色のビロードの法衣を着ていた。予は知らぬが、かようなものを着ることが主教以外に許されているのか。この一部始終を府主教たちに知らせ、掌院にはネフスキイ修道院へ来るよう命じ、府主教の監督下、かかる場合の仕来たりの一切を掌院パルラディイのもとで学ばせよ。」（傍点は原文の強調箇所。）命令書は自筆、鉛筆書きだそうで、怒りにまかせ取るものも取りあえずというところか。どうやらフォーチイはアレクサンドル一世にたいする時と同じように振舞ったらしい。[2] ニコライの命令はただちに実行され、フォーチイは二週間、一説では三乃至四週間教育を受け、翌年大公、翌々年皇太子を迎えた時は礼を尽くし、面目をほどこしたとアンナへの手紙にある。

悪魔祓いや病気の治療もした。これには遠方からたくさんの農民がやってきた。病人には聖油を塗る、目の痛みには指先に唾をつけてなぞったという。まるまる乗せられたはなしもある。相手は首都の劇場の踊り子で、悪霊に取りつかれたと称して現れ、フォーチイのお祓いを受けた。その後、彼女は聖母の「幻」を見たとか、お祈りのあいだ「光明」が差したとか口にし、果ては、近隣の女性を集めて夜間のお勤めをもよおす。その間、フォーチイは彼女が主の特別な恩寵を授かっているとして、修道院の施設に住まわせ、親しく世話をやいた。たちまちいかがわしい噂が立ち、当局の耳にも達し、結局、くだんの踊り子は別な女子修道院へ送られたが、彼女にはフォーチイからふんだんに金が与えられていたという、無論、アンナから出たものだろうが[3]。

アンナとの繋がりはますます強く、それは生涯変らない。もとより、その基本は両者の一途な信仰にある。ただ、フォーチイの真意に強い疑いが掛けられていることも前述の通りで、これについては多少の検討をおこなったけれども、要はアンナの無尽蔵な富にある。たしかに、フォーチイの要求は引きも切らず、アンナは応接にいとまなかった。現金、証券類はいうに及ばず、邸宅、牧場、農民つきの領地も次々に手放した。宝石類はそのまま修道院とフォーチイ個人のものに化す。金額は比べものにならないほど下るが、フォーチイは弟へ送金することもあったようである。そのほか、先にも触れたアンナの宮廷とのつながり、貴族社会における地位も欠かせない。フォーチイが再三皇帝や正教会首脳の不興を買いながら、遠隔地の修道院へ送られることを免れたのも、アンナなしではありえなかった。

これだけであれば、アンナに大きな利用価値があり、フォーチイは存分に利用したといえばはなしは済みそうだが、どうもそれだけで片付きそうにはない。二人は実に頻繁に手紙をやり取りし、筆者が読むことができるのは、ほんの一部に過ぎないけれども、それらは二人が濃密な感情の絆で結ばれていることを確実に伝えている。フォーチイも相手の身の上を思いやり、健康を案ずることにかけてアンナに劣らない。彼は彼女の訪れを心待ちにし、道中を気遣った。「昨日おまえが発ってから、わたしは鐘楼に上り、おまえがどこをどんなふうにゆくのか見ようとした。でも、もう馬と馬車は見えず、ラシシチェプ〔村の名〕近くにランプの明かりだけが見えたが、風邪を引くといけないので、鐘楼を下り、それから〔前記のアンナの〕屋敷のガラス越しに見ていたら、おまえがブラゴヴェシチェンスカヤ教会に近づいたとき、両方のランプが目にはいった、それが町へ向かうのを見届けて安心し、主に感謝した。」まるで恋人を送るようではないか。つけくわえると、アンナの屋敷まで半ヴェルスタ、フォーチイは馬を走らせたのである。[4]

フォーチイには悲願があった。修道院の鐘楼から自分がつくらせた鐘の音を響かせることである。それは数年かけて実ったが、彼は鐘の構想をアンナにこう書いていた。四つの面それぞれに聖母の戴冠、「燃え尽きない茨」（『出エジプト記』三・二～三）、天使ミハイルの聖堂、そして「おまえの父フォーチイとおまえ、わたしの娘の祈る姿が描かれる。」[5]

フォーチイの日常は、まとまってではないが、おおよそのことは知れる。一日の大半が祈りと院長としての仕事に費やされることはいうまでもなかろう。食事は、昼食はシチー、パン、クワス、穀類を挽き、調味料を使わず水で煮た粥。祭日には鰊三切れ。料理には聖母のイコンの前の灯明の油を少しずつ注ぐ。夕食ではみずからコップにパンを千切り、ワサビをのせ、水をくわえ、塩味をつける。汁を飲みながら、手でパンをすくって食べる。フォーチイの食卓は、アンナの心づかいから、「当地で手に入る最高の魚をつかったもの」などで賑やかだったという証言があるが、フォーチイは他の者に食べさせ、自分は口にしなかった。

彼は慢性の胃カタルを患い、思うように食事をとれなかったが、そのもとが幼時からの粗食とその後の禁欲、苦行にあることは繰り返すまでもない。

フォーチイは一八三一、三二、三七年の三回、聖傅（終油）の機密を受けた。これは病気を癒すためのものだが、いまの場合、それにかかわりない。これによって現世のすべてを離れ、心身ともに自由になれるのだという。二回目の時はアンナに勧めて、二人して授かった。まさに一心同体の証である。柩に横たわるというようなこともしている。地下の御堂に柩を置き、晩の八時のお祈りのあとで下りてゆき、横になる。時間は短いらしい。なんのためなのか、死を直視するためか、それに親しむ模擬体験なのか、筆者にはよく分からないが、このあと夜半過ぎてもお勤めがあったようで、そうするといつ眠ったのだろう、「朝まで眠らなかった」という証言もあるそうだが。斎の期間食を慎んだことは当然として、復活大斎、さらに晩年には降誕祭を迎える斎（フィリップの斎）にも沈黙を通した。院長として必要な指示はメモですませたという。[6]

戒律の最高段階をスヒマという。スヒマ僧は民衆に尊ばれたが、それになるには高位聖職者のお墨付きが要る。フォーチイはアンナの力も借りて府主教セラフィームにこれを願い出たが、素気なく断られた。

一八三八年二月、大斎第二週にフォーチイは死んだ。厳しい精進によって日頃から彼の身体が損なわれていたことはすでに述べた通りである。三五年以降、口腔の病気が亢進した。歯肉が腐り、悪臭を放ち、おびただしく出血したという。これがもとで直接死に至ったのかどうか分らないが、死の淵へ近づいたことはたしからしい。長い間聖体のパンと赤ブドウ酒しか摂らなかった結果、胃も腸も固く萎縮してなにも受けつけなくなったようだ。いきついた先の衰弱死――これが医師の診断である。[7] 最期を看取ったアンナも十年後に死に、フォーチイのかたわらに葬られた。

第6章

一八二六年、カラムジン最後の年。この年のものとされる遺稿に『真の自由について考えること』と題する一文がある。[1] 世紀を跨いで革命と反革命の時代を生き抜き、行き着いた地点を照らすといえようか。

「貴族、平民、自由主義者、迎合主義者たちよ！」ここでいわんとすることが、ロシアについてなのか、ロシアを含むヨーロッパに関わることなのか判然としないが、おそらくあとのほうだろう。こうした四つのカテゴリーを用いて論じることはこれまでになく、はじめてである。カラムジンにいわせると、四者はひとつ穴のむじなで、お互いの目をのぞきこんだら、笑いで息が止まってしまうという。四者とも望みはわが身の「利益」、そのために最初と最後の二者は「古い秩序を欲し」、なかの二者は「新しい無秩序を欲する。」

「貴族たちよ！」あなた方は「力のない者、貧しい者」を相手にみずからの「力と富」の正当化につとめる。しかし、「空腹の者に空腹の利点を納得させることはできぬ。」非貴族階級は「貴族の栄華を眺めて歯軋りしている、だが口を閉ざすか、じっとしている、法または力で抑えつけられている間は。」

「自由主義者たちよ！　諸君はなにを欲するや？　人々の幸せ？　だが、死、病、悪徳、激情のあるところ、幸せはありや？

社会の基本は不変である。下が上にくることはありうる。だが、上と下、自由と不自由、富と貧、喜びと苦しみはつねに存在するだろう。」

ここでいう貴族がロシア以外のそれを指す場合、これによってなにをどういおうとしているのか、この一文のほかに確実な手掛かりは見当たらず、憶測は控えたい。

ロシアについては、一八一九年のことだが、ある貴族女性の依頼でカラムジンがアレクサンドル一世に嘆願書を書いて出したことがある。酒の専売の納付金の未納により元老院が彼女に懲役を申し渡したのにたいし、それがエカテリーナ二世の「勅許状」に反すると訴えたもので、皇帝はそれを容れ、決定は取り消され、カラムジンは快哉を叫ぶ。「貴族の名誉が守られた。」[2] この例からしてもカラムジンが貴族の特権を当然視していることは明らかで、この後も態度を変えた気配はない。ということは、右の一節は、貴族の存在そのものに異議を挟むたぐいではなく、既述の「義務」[3] をよそに地位に安住するさまを突き、その危うさを警告していると受け取れよう。

自由主義者にたいする問い掛けも熟知のモチーフの繰返しだが、前半はいかにも場違い、批判になっていない。しかし、ここで目を向けたいのはその種の議論ではない。これは公表を目的とした文章ではない。六〇歳になんなんとするカラムジン、日毎に深まる病いと老いに迫られる彼が一人書斎でいつわりない胸の内を吐き出す。けわしく、幾分シニカルな呟きはいう、貴族、自由主義者、いずれも私利を追うのみ、それを糊塗する詭弁を弄するのみ。沈黙する「平民」はいつの日か暴発し、いたずらな混乱、災いをもたらすやも知れぬ。こうした認識は、見方によって正しいとも正しくないともいえようが、いずれにせよ幸福なそれではありえない。ことに、国家の支柱であるはずの貴族に注ぐきびしい視線はどうだろう。この種の問題に言及する機会が久しく絶えていたこともあって、筆者も意表を突かれた思いである。この一文が彷彿させるカラムジンは、老いてなお旺盛な批判精神を失わず、そしてその分だけ不幸ということになろうか。

続いて。「精神的な存在にとって自由がなければ幸せはない。だが、この自由を与えるのは君主でも議会でもなく、各人が神のお助けをえて自分自身に与えるのだ。われわれは自由をわが心中に良心の平安と摂理への信頼によってかちえなければならぬ！」

これもカラムジンの変らぬ信条である。外の世界と一線を画す内の世界。類似の発想の跡に本書は幾度も出会っている。ただ、ここへきて一転自由論という展開には少々戸惑う。カラムジンの意図がどこにあるのか、やや計りかねるが、ここまでの文脈に沿って考えれば、国家や社会の動向の如何にかかわらず、「幸せ」をそこに期待すべきでないこと、要するに、精神の自立宣言、その再度、再々度の確認であろう。無論、カラムジンの場合、その内の世界は外の世界へ閉ざされていない。その頃親しく彼を見舞った若い友人によれば、病み衰え三週間足らずの余命を残すだけのカラムジンが、「時代の政治状況をめぐるあれこれの考えがしきりに浮かぶ」と語ったという。[4]

さて、神や摂理にたいするカラムジンの帰依は、これまでに引いた彼の言葉の端々からもうかがえようが、五〇歳を過ぎ、老いと死の意識が強まるにつれ、ひとしお深まったように見える。既述の通り、幸福論はマソン時代以来のテーマだが、この時期になると、ひとの幸福の得難さ、頼み難さを嘆くだけで終らないところが目を惹く。まず、すでに紹介した現在知られているもっとも古い作品、一七八七年、カラムジン二〇歳の詩から、その最終連。「信ぜよ、人の世に／幸せは住まずして、幸せとよばるるは／幸せの影にすぎぬ、と。」

幸福のはかなさの譬えに「影」は変らない。一八二〇年、五三歳の二行詩、二五年、五八歳のアフォリズムは同じ内容なので、分かり易いあとの方から。「人はいう、この世の幸せは影にすぎぬ、と。だから、実際の幸せがどこかに在るはずなのだ、物がなければ影は決してないのだから。[5]」

カラムジンは抽象的な議論は苦手だったようだ。そういう彼が死の前月、珍しくさきの若い友人に「わたしの形而上学」をこう語ったという。文字通り、いまの論理の続きである。「神の存在はわたしにとってわたし自身の存在以上に明白です。もし疑うとすれば、わたしは自分の存在のほうを疑います。たとえわたしの存在がただの夢だとしても、それだって原因がなければありえない、そして、あらゆる存在の最高の原因が神なのです。[6]」いずれも深い信仰の表明と見てよかろう。

カラムジンを蝕んだ結核は二六年に亢進し、医師は転地を勧めた。カラムジンは温暖なイタリアへわたりフィレンツェで病いを癒すつもりだった。四月七日、ニコライ一世へ宛てた手紙では、クロンシュタット‐ボルドー‐マルセイユ‐リヴォルノという旅の計画を伝え、六月に出発という。しかし、カラムジンの希望は実現しなかった。わずか一月半後、五月二二日、カラムジンは死んだ。五九年五か月余りの生涯だった。

第7章

一八二一年三月二一日、スペランスキイはペテルブルグへ帰った。この年から翌年にかけ、スペランスキイが提案したシベリア統治の改革が緒につき、シベリアは東西に分けられ、それぞれの総督が任命されるなど、彼にとってこの問題は一段落した。一方、彼は国家評議会に議席を占め、法典編纂委員会その他にも活動の機会を与えられる。しかし、国政の中枢はもとより、一部門の長に登用されることもなく、しかもアレクサンドル一世は間もなく彼を遠ざけ、疎んじるようになる。が、その死とともに再びスペランスキイに転機が訪れた。

ニコライ一世はデカブリストを裁く特別法廷の設計をスペランスキイに託した。二六年早々にこの準備は始まったようで、六月一日、法廷設置の詔書公布、三日の審理開始から七月十二日の結審まで、裁判は日程、審理の事項、結論に至るまで文字通りスペランスキイのシナリオに沿って進行した。さまざまな指令、記録、報告の文書も彼の手を経る。先例や法令に丹念に目を配り、スペランスキイの知識や能力が十二分に発揮されたといえよう。無論、すべてはニコライの意を受け、それを体した結果である。

それにしても、これはいかにも特異な裁判といっておかねばなるまい。事実審理は一切なし。被告は次の三つの質問を受けるだけ。取り調べの際の供述調書に自分でサインしたか。サインは自分の意思か。対審（ある者の供述と他の者のそれが食い違う場合、両者を対決させる）がおこなわれたか。[1] 国家評議会から十八人、元老院から三六人、宗務院から三人、その他十五人、計七二人の裁判官がしたことは、供述はすべて「強制なし」にもとづいて刑を決めたことである。

すでに述べたように、デカブリストたちは供述のなかで、蜂起成功後の暫定政府のメンバーの一人にスペランスキイの名を挙げていた。これは衝撃的なことだったに違いない。デカブリストの運動から蜂起まで、スペランスキイのかかわり如何。これは当然生じた疑問であり、ニコライはただちに極秘の調査を命じたし、その後今日まで論議の的にもなっている。いずれにしても確証とよべるものはないが、筆者は、運動の存在を知りえた可能性はあるものの、それにかかわることはなかったと判断する。そう見なす最大の理由は、首都復帰後、さらに遡って一八一二年の追放後にスペランスキイがたどった軌跡にある。つまり、この間彼の顔がどこを向いていたかであって、それは一貫して当時最高の権力者、専制政府の司令官、アレクセイ・アラクチェーエフ伯爵へ向けられていた。ペンザから、あるいはシベリアからアラクチェーエフへ宛てた手紙が示す通りである。[2] 首都帰還後、シベリア問題の討議ではアラクチェーエフはスペランスキイを支持して改革案を後押しする。反対に、不評を極めた屯田制にスペランスキイが助け舟をだした。二二年、招きにより彼はノヴゴロド県の屯田村を訪れ、その後屯田制の基本法の作成を提起、二三年、勅命により原案を検討する三人委員会が設けられ、アラクチェーエフと共にそこに座る。同日、アラクチェーエフ宛。「ものごとをつつがなく始めた人はその半ばをし終えたことになると諺にいいます。順調な滑り出しを閣下ともども本官も心から祝います。望むところ、願うところのひとつであることからしても、閣下にたいする本官の変わらぬ忠誠からしても、目的達成を確信する次第です。」[3]二四年にスペランスキイは「序文」の部分をアラクチェーエフに提出、翌年著者名なしのパンフレットのかたちで出版された。一種のキャンペーンである。そこでスペランスキイは屯田制の意義、仕組み、農民にとっての利点などをまとめて述べている。[4]従来これはあきらかな迎合とか阿諛とか非難されたが、最近になって擁護論が登場した。彼は「理論」を展開したのであって、「実態」を是認したわけではないというのである。[5]なかなか微妙な問題だが、いまはここに立ち止まらず、同時代人の中から一人、カラムジンの評を記すにとどめる。彼はこのすぐれた人物が「とどのつまりアラクチェーエフの書記役を引き受けた」ことを嘆いたという。[6]こう見てくれば、スペランスキイが体制転覆の蜂起を容認し、暫定政府への参加を約束するようなことはありえなかったと考えるのが自然だろう。

特別法廷は、委員会をもうけて、被告のうち特に重罪とされるペステリ、ルィレーエフなど五人を別枠とし、その他を罪状の軽重により十一のグループに仕分けをした。その報告書をまとめたのはやはりスペランスキイである。それをもとに法廷は量刑の審議へ進むが、スペランスキイがそこでどのような票を投じたか。まず、「いかなる刑を妥当とするや」の問いにたいし、別枠に四つ裂き刑、第一グループに死刑、第二グループ以下に公民権、官位、身分の剝奪、無期または有期の徒刑、流刑など。実は、スペランスキイ作成の審理予定表には、第二グループ以下について、裁判長がグループごとに提案する刑が記されていた。無論、これはニコライの承認をえたもので、スペランスキイの票は基本的にそれをなぞっている。次に各被告への判決では、別枠五人とも四つ裂き刑。第一グループ三一人については、七人を除き（別の仕事のため審理欠席）、全員に死刑をもとめたとみられる。[7]第二グループ以下については省略。

二点加えておく。ひとつは、四つ裂き刑、死刑に関してスペランスキイは法廷の大多数と足並みをそろえていること。もうひとつは、これに唯一人、ニコライ・セミョーノヴィチ・モルドヴィーノフが一貫して反対したこと。彼はデカブリストのいう暫定政府にスペランスキイと共に名を挙げられていた。元海軍大将、短期間ながら海軍大臣を務めたことがある。国家評議会書記官長時代のスペランスキイのよき理解者でもあった。スペランスキイのこの裁判での精勤ぶりはみずからに降りかかった疑惑を晴らすアリバイづくりだったという見方がある。ありえぬはなしではないが、裏付けはない。いずれにせよ、右の極刑支持から第二グループ以下の量刑にいたるまでモルドヴィーノフとは好対照だった[8]。

特別法廷の決定は最終的な結論でない。このあとニコライが「慈悲」を垂れ、四つ裂き刑を絞首刑に替え、第一グループの無期徒刑（一部有期）以下、刑を減じ幕を閉じる。

デカブリスト裁判の記述が長くなったが、これには理由がある。これによってスペランスキイは完全に復活できたのである。つまり、ニコライ一世の信任をえることができた。以後、かつてのように表立って高い地位について脚光を浴びることはないけれども、活動の場に不足はない。ニコライは二六年末に国家評議会と大臣会議の議長を兼ねるヴィクトル・コチュベーイのもとに国政全般の改革を検討する委員会、いわゆる十二月六日委員会を発足させ、スペランスキイをその一員とした。その他公式、非公式の委員会への参加やさまざまな起案、意見書は数多く、驚くほど多岐にわっている。こうしてスペランスキイの活動の幅はきわめて広く、筆者が知るのはその一端のみで、すべてを検証する手段は持たないけれども、どうやらそうする必要はなさそうである。ここにさきほどの長い記述の第二の理由がある。つまり、あの裁判への対応にその後のスペランスキイの行動が予告されているのである。

能吏、一言でいえば、そういうことになろう。この国の統治の至るところにニコライの強い意思と実行力が及び、支配する、これがこの時代の基調である。体制改革の入り込む余地はない。批判は口を塞がれる。そういう成り行きをスペランスキイが心底どう眺めていたか、憶測は控えるが、彼の足取りを追う限り、それに身を寄せ、その枠内であれこれ改良を提言する勤勉な行政家の像に行きつく。無論、その力量は傑出している。目的さえ定まれば、それに応じた制度の設計、プログラムの作成にきわだった能力を示す。問題はそうした目標なりテーマなりだが、かつて『国法典序説』がうたった「改革の基本精神」、専制君主制を前提としながらも、それを法に基づかせ「抑制」することと、「国民参加」を組み込むことなど、それらはいまや忘れ去られた。彼の構想力が高く羽ばたくことはない。

法の乱立、法あって法なき如き混乱はこの国の宿痾とよんでよく、前世紀来の整理、統合の試みがすべて不毛に終わったことはさきにも触れたが、二六年、ニコライはそれまでの委員会を直属官房第二課に改組してこれに当たらせ、その指揮をスペランスキイにとらせることにした。こうしてまず成ったのが、のちの命名になるが、『ロシア帝国法令全集　第一版』である。四五巻、付録四八冊、一六四九年の会議法典から一八二五年十二月十二日まで、三万一千点の法令を成立順に収録、一八三〇年に完成した。並行して、現在効力を有すると認められる法令を洗い出し、項目別に整理する作業が進められた。その際、不一致が生じる場合は最新のものを採るなどの方針のほか、一部で条文の簡素化、簡約化もおこなわれた。『ロシア帝国法令集』、一五巻、四万二千点近くを収録、一八三二年に完成。

これは画期的事業と称して差し支えない。その後現在に至るまで、さまざまな問題点が指摘されているが――『全集』の名に反して多くの欠落があるなど――、それはその価値をおとしめるものではない。当初、スペランスキイは既存の法の整理に続いて、その改訂増補版、新しい法典の編纂を構想していたが、ニコライはこれを却下した。つまり、構想は実らなかったわけだが、次の一事に注目しておきたい。それは新法典が前記の段階を経てつくられること、すなわちこの国の法の歴史を踏まえ、その土台の上につくるとされていたことで[9]、これは取り立てていうほどではなさそうだが、さきの「スペランスキイの改革」の時期、一八一〇年の民法典草案がこれとは逆に一足飛びにナポレオン法典を基本とし、カラムジンに「他人のサイズでわれわれのカフタンを縫う」と皮肉られた事実を思い出す必要がある。つまり、ここには確実に姿勢の変化があって、いうなればスペランスキイは地に足をつけて立っている。もっとも、こうしたアプローチはこのとき急に現れたのでなく、同じ課題を扱った一八〇二年の覚書にも見えているので[10]、正確にはそこへ立ち返ったというべきであろう。ともあれ、そこには一八一二年の挫折、それに続く地方の行政官としての体験も多々働いていたに相違ない。

一八三三年一月十九日、国家評議会において編纂事業の成果が皇帝に献上された。ニコライは演説に続いてスペランスキイを招き、満場の見守る中、帝国最高位の聖アンドレイ勲章を自分の身から外しスペランスキイの胸につけ、堅く抱擁した。会議は『法令集』を承認し、ニコライは「一八三五年一月一日」より効力が発生する旨宣言した。

このほかスペランスキイは陸軍の法規集、バルト海沿岸や西方諸県の法規集などの監修に当たった。法の専門家の養成にも尽くした。学生をベルリン大学へ派遣したり、一八三五年には彼の提案により学習院の卒業生を教育する学校が開設されている。この年からほぼ一年半、アレクサンドル・ニコラーエヴィチ、のちのアレクサンドル二世の教育掛の一員として、週十二時間、法の基礎理論からロシアの法制までを講義もしている。一八三八年四月、国家評議会法制部会の議長に就任。これは評議会のもっとも重要なポストである。

さきにも述べたように、スペランスキイの活動はさまざまな分野に及んでいるが、これについては割愛する。いずれにせよ、法治主義、制度の整備を通じて種々の改良を図ること、これが彼が前後期を通じて追求した至上課題――内実は同じではないけれども――であり、そこに彼の功績もあり、限界もあったというべきだろう

一八三九年一月一日、スペランスキイは公爵に叙せられた。かねてから健康を害していたが、四二日後、二月十一日死亡した。

第8章

本章は全体として種々の回想録をもとにしている。回想であるからには、単なる記憶違いをはじめ、意識、無意識を問わず、事実とのずれが紛れ込むことは避け難い。ことがらの性質上、検証には限界もある。それらを前提とした記述であることをあらかじめ断っておく[1]。

一八二六年七月二二日、エヴゲーニイ・オボレンスキイはペテルブルグを後に、シベリアへ向けて出発した。無期徒刑、これが第一グループ三一人中彼を含む二五人にたいする判決である。ほぼ一カ月後、イルクーツク着、そこから約六〇キロ離れたウソーリエの製塩工場へヤクボーヴィチと共に送られる。二人が命じられたのは森の木を切って薪にする樵仕事である。二人は腰に斧を差して毎日出かけたが、午後二時過ぎには宿舎へ戻り、あとはおしゃべりやらチェスやらで過したという。かなり気楽な生活だったらしい。

この間、どういう経路を経たのか分らないが、トゥルベツコイの妻がイルクーツクへ着いたことが伝わる。夫の後を追ってシベリアの土を踏んだ女性第一号である。オボレンスキイは森で出会ったドゥホボール教徒らしい男に託して手紙を届けることに成功、彼女からも手紙と五〇〇ルーブリの金を受け取った。

ウソーリエ滞在はひと月ほど、イルクーツクへ戻され、ただちにネルチンスクへ護送される。トゥルベツコイたちも加わり一行八人。バイカル湖を渡り、十月二五日、ブラゴダツキイ鉱山に到着。山々に囲まれ、一本の通りからなる村。周りの森は遠くまで切り倒されている、囚人が逃走して身を隠すのを防ぐためという。収容所は元兵舎、細長い汚い建物。ふたつの区画の一方がデカブリスト用。壁に沿って板で仕切った檻のような監房が三つ、奥にさらにひとつ。オボレンスキイたち三人はひとつの監房に収まる。広さは、記録がまちまちで正確にはつかめないが、最も大

きい値をとっても奥行き三アルシン余、幅四アルシン（一アルシン＝〇・七一一二m）で、狭いうえに天上も低く、立つことができなかった。南京虫などもわんさといた。

仕事は地下一五〇メートル、あるいはもっと深く潜り、つるはしやハンマーで鉱石を掘り出す。午前五時に始まり、十一時に終る。その後は自由で、互いに監房のドアは明けはなし、いっしょに食事をしたり茶を飲んだりした。

同じ収容所の徒刑囚たちはデカブリストに好意を寄せたという。しみじみと民謡を歌って聞かせたり、焼いたジャガイモを持ってきたり、一度ならず、代わりにハンマーを振ることさえあったという。

しかし、二七年の二月には足枷がはめられた。それから間もなく地下の作業に替えて、地上の仕事を命じられる。二人一組で運搬具を渡され、選別場で篩に掛けられた鉱石を集積場へ運ぶ。距離約二〇〇歩。五プード（一プード＝十六・三八〇kg）ずつ全員で三〇回運ぶ。十一時に作業は終るが、午後一時から再び同じ繰り返しで五時か六時まで続いた。デカブリストを地上の仕事へ移したのは、健康への配慮かららしいが、オボレンスキイにいわせると、労働時間も密度も——地下ではノルマがなく、思い通りに働いたり、休んだりしたそうなので——ほとんど倍加したという。

乾酪の週にひとつの事件が起きる。作業へ行く以外、監房に留め置くという命令が出されたのである。食事もそこですますという。デカブリストたちは、長時間息苦しい監房に閉じ込められることに抗議したが、効なく、聞き入られるまで食事を拒否することに衆議一決（仕事はなかったようだ）、飲まず食わずの数日後、ようやく従前に復した。

春になって、仕事がない日に野外を歩く許可が与えられた。監視つきだが、はじめは収容所から二、三キロ止まり、だんだん足を延ばし、とうとう九キロもあるアルグニ川まで遠出したという。

しかし、なんといっても最大の慰めは、すべてを投げうってシベリアへやってきたデカブリストの妻たちの存在だったようだ。トゥルベツコイの妻に続いてセルゲイ・ヴォルコンスキイの妻も着いた。彼女は監房に案内され、夫の足枷を見、感きわまって跪き、足枷に口づけした。（同様のことはのちに他の女性にもある）二人は夫と同志のために繕いものをしたり、手製の食べ物を差し入れたり、彼らに禁じられている文通の代役をつとめたりした。

ブラゴダツキイ鉱山での生活は二七年九月に終り、チタへ移動する。当時チタは十八戸か二十戸の家が散在する小さい村だったという。収容所は共用部分のほか大小四つの部屋に分れ、それぞれ数人から十数人が住む。狭く、暗く、寒い。

仕事は石臼でライ麦を挽く。一人十フント（一フント＝四〇九・五二二g）がノルマ。一日十六人が作業所へ向かう。オボレンスキイの一八三〇年の手紙には、隔日とあるが、隔日交代の意味か。このあたりはいまひとつはっきりしないが、いずれにせよ、連日、全員がこれに当たるわけではなかったようで、仕事も重荷といえるほどではなかった。もっとも、力仕事には変りないので、これを果たすのが困難な者もいて、他の者に代わってもらったり、番人を雇ってやらせたりもしたらしい。そのほか道路の掃除、補修などの仕事もあったが、厳しい監視もなく、屋外の空気を楽しんだようだ。

一八二八年、暖くなった頃、一日に二回、十五人ずつ水浴を許される。川へ連れていく者から足枷を外し、帰るとまたつける。だが、足枷は、八月、勅命によりすべて除かれた。この地へやってきたデカブリストの妻は八人を数えたが、当初面会は週二回だけ、しかし、こちらも次第に緩められ、この年か次の年から、夫が毎日妻に会いに行くようになった。オボレンスキイたち独身者も彼らを訪ねることができるようになったという。

デカブリストたちはアルテリと称する互助組合をつくっていて、所持金や送金のある者が拠出し、全員に共通の食料などに支出したり、個々人の必要に当てたりした。ただし、妻のいる者はこの利用から外されるきまり。徒刑の期間を終えて、流刑地に向かう者に当座の費用として六〇〇から八〇〇ルーブリを渡したりもした。学習も盛んだったという。外国語、歴史、数学、音楽、絵画など、みずから学んだり、教えたり。本や雑誌は十分にあった。手仕事にもはげんだ。仕立屋、指物師、金物工等々。ちなみに、オボレンスキイは裁縫ではなかなかの腕前だったようだ。共同で野菜作りもした。一八二九年には作男を使って栽培し、自分たちの用を満たしたばかりか、貧しい住民に配ったという。

一八三〇年、チタの西方六三〇ヴェルスタ（一ヴェルスタ＝一・〇六七㎞）のペトロフスクに新しく収容所がつくられ、全員そこへ移ることになった。一行六九人、八月七日出発、二日行進、一日休憩、徒歩だが、体の弱い者は馬車に乗ることも。途中、小雪降る。旅の終り近く、手紙を受け取り、フランスに革命起きると知る。夜通し『ウラー』とラ・マルセイエーズの歌声止まず。見張りの兵士いぶかるのみ。九月二三日ペトロフスク到着。

この地には銑鉄工場があり、住民は三千、多くが貧しい流刑囚で工場で働く。収容所は工場の一角に位置する。建物はロシア文字のПの形、内側にぐるりと通路があり、その外側に監房が連なる。それぞれ奥行き七アルシン、幅六アルシンで、かなり広く、天上も高い。一隅に暖炉、寝台。これまでのような雑居房でなく独房である。つまり、一人だけの空間が持てるわけである。午後十時まで通路へ出て、自由に移動できる。

しかし、監房には窓がなかった。通路側のドアの上に小さい窓があるが、光が不足。ドアを開け放しにすると通路の寒気が入り込む。やむなく、ドアを閉じて昼でも灯りをともした。しかも、建物自体急ごしらえで、つくりが悪く、絶えずあちこち手を入れていたという。

デカブリストの妻たちはかねてから収容所で夫と暮らしたいと憲兵長官ベンケンドルフに願い出ていたが、ここへきてそれが可能になり、許可が下りた。チタにいた八人のうち一人が夫と共に流刑地へ去り、新たに三人をくわえた十人が監房で生活を始めた。ただ、子供は厳禁なので、トゥルベツコイの妻などは子供のいるわが家と往復しなければならなかったが。彼らの監房は大分様子が変ったようである。ヴォルコンスキイの妻は、かつて自分が使っていた絹のカーテンをペテルブルグから送らせて壁に張った。ピアノ、本箱、ソファー二脚もそろえた。つけくわえると、彼らに限らず、一人ずつ別に住むようになってから、監房の調度類には違いが出てきたようである。監房を描いた絵からもそれがうかがえる。

妻たちの懇願にくわえ、当地の司令官の上申の結果、三一年に外側の壁に窓がつくられた。これに続いて、あれこれ改修がおこなわれ、監房や通路に漆喰が塗られて明るさも増したという。当初、デカブリストに外出は許されなかった。しかし、一年か二年後に禁足が解け、妻たちは収容所を出、夫がそこへ通うことになる。はじめは、日中だけ、やがて泊るようになった。独身者たちも招かれて、団欒を楽しむことができた。

ペトロフスクでの生活は基本的にチタと変りない。仕事は粉挽きや屋外の作業。アルテリも健在。学習活動も盛ん。日曜と祭日に十二人から二〇人ほどが集って、聖書の朗読会のようなものがおこなわれ、すぐれた説教を取り上げることもあって、その際、オボレンスキイはフランス語のものを訳して聞かせたという。

徒刑囚の刑期を短縮する勅命は一八二八年、三二年、三五年とつづいて出ている。刑期を終えた者は流刑囚としてシベリア各地へ散ってゆく。三六年に十八人が出所したあとはデカブリストの被告第一グループ二二人のほか数人が残るだけになったという。その一人オボレンスキイも三九年七月十日に収容所を後にした。ペテルブルグを出発して丁度十三年、すでに四十三歳を過ぎていた。

最初の流刑地はイタンツァという村。二年後の四一年にトボリスク県トゥリンスク、翌年七月には同県ヤルトロフスクに移った。現在のチュメニの線までバイカル湖を越えておおきく西へ進んだことになる。流刑者が生活条件のよいところに住めるようになるには、身内の者などのその筋への働きかけによることがおおいが、オボレンスキイの場合も例外ではあるまい。ついでにいうならば、流刑者の暮らし振りも一様でなく、文字通り素手で衣食の道を切り開いていかなければならない者からはじめてさまざまである。幸いオボレンスキイにはそうした苦労はなかった。

ヤルトロフスクでの生活は十四年に及ぶ。この間に結婚した。相手は自分の家の小間使、もと農奴だったそうで、彼より二十五歳若い。当地の元郵便局員の回想では、美しくもなく、読み書きも知らなかったという。この「身分違いの結婚」――といっても、オボレンスキイは貴族身分を剥奪されていたはずだが――に他のデカブリストたちは憤慨し、絶交でこたえたが、オボレンスキイはあわてず、彼女をりっぱに教育して、不和は解消したという。同じ回想は、二人が三児をもうけたともつたえる。

デカブリストたちは流刑地の住民の力になることもまれではなかったが、ここヤルトロフスクではイワン・ヤクーシキンが四二年に男子、四六年に女子の初等学校を開いて精力的に活動した。はじめのうち学校はおもにデカブリストの寄金でまかなわれていたので、オボレンスキイも協力を惜しまなかったろう。彼は住民の相談に乗ったり、金銭の援助をしたり、手紙や陳情書、申請書などの代筆をしたりして、おおいに感謝されたという。

一八五六年八月二六日、新帝アレクサンドル二世によりデカブリストにたいして恩赦がおこなわれた。「家族ト共ニシベリアヨリ帰リ、サンクト・ペテルブルグトモスクワヲ除ク帝国ノ希望スル地ニ居住スルコトヲ許ス。」[2] 同時に世襲貴族身分も復活した。オボレンスキイはモスクワの南、カルーガに居を定めた。

帰還後オボレンスキイは、さきにデカブリストの決起の通報者として登場したヤコフ・ロストフツェフと再会、手紙を交わすようになった。かつての「裏切り」も遠い時間の彼方、過去は過去をして葬らしめよということか。おそらく、それもあるだろう。だが、それだけでもあるまい。この点はこのあと触れることにしたい。当時農奴解放がいよいよ政治日程に上り、多くの県にその実施案検討の委員会が設けられ、オボレンスキイもカルーガ県委員会に参加した。五九年からは各県案をもとに政府案作成の委員会が発足したが、議長を務めるロストフツェフは再三オボレンスキイに意見を求めたりした。

一八六五年二月二六日、オボレンスキイは死んだ。

オボレンスキイの一生は一八二五年十二月十四日で――少なくとも外面的には――くっきりふたつに分かれる。一八五六年、流刑地において彼は回想記を書き、かつての盟友コンドラーチイ・ルィレーエフに関する一篇の中でこの日の決起を振り返っている。

特別法廷によって断罪された「事実」について、オボレンスキイは争わない。「事実は反論の余地ないものだった！」しかし、「人は熱に浮かされている時、あとになって思いも及ばぬことを口にする」。この場合がそうで、「激情」の余りの言葉を「本当のこととみなしてならないのだ」。遠回しないい方だが、いわんとするのは、デカブリストに着せられた最大の罪、皇帝殺害計画のことで、同じような釈明をオボレンスキイは事件後の供述でもしている。この一件は第Ⅳ部で詳しく述べておいたが、オボレンスキイはかつての自分たちを血気にはやる未熟な革命家と改めて認めたわけである。

デカブリストたちは、コンスタンチンの帝位放棄を隠したまま、彼の即位をもとめるというトリックを使って兵士たちを連れ出した。これについてオボレンスキイは忸怩たる胸中をこう記す。「われわれにたいする兵士の信頼を悪用したことを（中略）われわれの誰が否定しえよう？　わたしや多くの者がこの手段に反対した、しかし、差し迫った、抗いがたい必要に押されて道徳的信念を捨て、結社が多年目指した行動へ突き進んだ。」

元老院広場での自分の行動について、オボレンスキイはなにも語らない。自分の「罪の程度」は否定しない。「それは心に重くのしかかった」とだけある。なによりも総督ミロラードヴィチの死が念頭にあるのだろうか。指揮官として無為無策に終わったことか。いずれにせよ、オボレンスキイはすべてを主の裁きに委ね、その法廷における「永遠の和解」に望みをつなぐという。[3]

回想記は続いてアレクセイ半月堡における懊悩の日々が福音書の「光」に照らされてゆくさまを述べる。実際にその通りだったのかどうか、うかがい知るすべはないけれども、ともあれ、彼の言を聞くのはこのあたりまででよかろう。以上の言葉から十二月十四日の決起にたいする全体的な評価を引き出すことは難しい。これについてほかに彼がまとまって語るようなこともなく、性急な結論は避けるべきである。いまはただ右の言葉がつたえる苦い悔恨に注目するだけでいい。こうした認識、あるいは心境の変化がいつから現れたのか確実に跡づけることはできないが、それはこのあとオボレンスキイの晩年にも長く尾を引いたことだろう。

第9章

一八二七年二月、アレクサンドル・ヴァシーリエヴィチ・ニキチェンコはペテルブルグ大学哲学‐法学部の三年次に進級した。この時、同学部は卒業生四人が去り、新入生二人を迎え、三学年合わせて学生十八人、全学では十一人送り出し、八人加えて四四人である。その後、学生は九五人に増えるが、一年後、二八年二月、卒業二六人、引き続き在学十八人に過ぎない。ちなみに、この年も学生は一二〇人に達するものの、翌年、卒業、引き続き在学の学生は半数に満たない。[1] 大学にはほかに数十人規模の聴講生がいるが、いずれにせよ揺籃期の段階をまだ抜けきれないといえよう。

まえに、ニキチェンコが二六年の末に「ペテルブルグ学区視学官の事務局に〈書記〉のようなかたちで雇われ」たと書いたが、この時はいわば試用期間、翌二七年二月に「学業ノ合間」の勤務、年俸五〇〇ルーブリが正式に決まったようだ。視学官の覚え目出度く、住み込みの家庭教師の上に収入の道をえてニキチェンコの大学生活は順調に進む。

ところで、二年前といえば、ニキチェンキは農奴の身分を脱け出し大学の門をくぐったばかりだが、この年、彼はその名も『不幸の克服』と題する一文をものした。それは翌年ある雑誌に載る。残念ながら筆者は未見だが、信頼できる報告によれば、当時議論を賑わした「道徳哲学」にかかわるもので、「世の不幸の避け難いこと」を述べ、「不幸の軽減に自覚、精神の諸力の調和ある発達、精神の逞しさ、自立、けがれなさ」を説いたという。[2] 一方、既述の通りニキチェンコは早くから小説に筆を染めた。手稿のまま残された二二年と二五年の作品は、伝えられるところでは、いずれも断片ながら作意は一貫している。それは激しい情熱やいたずらな空想に耽る危うさ、ゲーテの『ウェルテル』のような小説が「いかに有害か」を示し、「理性的人間」に相応しい「克己」の「哲学」、「恣意」の抑制を勧めたという。[3]

どうやらニキチェンコは苦学力行の士らしい堅実な、いささか堅苦しい生活信条を身につけたらしい。流行のロマチシズムにも反撥している。そういう彼に首都の生活がどのように映ったか、二六年、まだ垣間見て間もない「社交界」の人士を日記は早くも「魂」の抜けた「発条《ばね》仕掛け」とよぶ。彼らの「主な心得」は「笑いものにならぬ」こと。

その意は「言葉にしろ、ものの判断にしろ、行いにしろ、洋服の仕立同様、流行にひたすら従うこと」。「特に驚くのは女性」で、その「自惚れ」。軽やかで愛想よい振舞いも、なんのことはない、「フランス人のマダムの命じた通りに両手両足両目を動かし」し、「わが舌を一分たりとも休ませず」フランス語を発すること。(二六年一月二四日)精々「きれいな人形」。(二八年三月十一日)

そのニキチェンコがある貴族女性に魅せられ、熱を上げるという一幕を演じる。二七年五月二三日の日記。「数日前」、住み込み先の客間で彼の目は一人の客に釘付けになる。「それは驚くほど美しい女性の顔だった。しかし、なによりもわたしを惹きつけたのは、目や微笑みの表情、声の響きにこもる心打たれる悩ましさだった。」この女性、なんと、あのアンナ・ケルンである。ロシア文学史上その名を留める、プーシキンの「清らかな美の化身」である。

彼女については、ニキチェンコが早速仕入れた知識を記しているので、そちらを見てみよう。「彼女の父は小ロシアの地主で、娘の幸せには将軍の夫が必要と独り決めしていた。」格好な求婚者をすべて退け、ついに待ち人現わる。「彼は五〇歳を越えていた。ひたすら重々しい肩章のおかげでひとかどの人物と目されたのである。美しい上に繊細で感じやすいアニェータは肩章の犠牲にされた。この時から彼女の人生におそろしい不幸が織りなされることになった。夫は粗暴で、彼女の美しさ、賢さに触れて少しも和らぐことがなかったばかりか、極度に嫉妬深かった。性悪で自制心がなく、ありとあらゆる侮辱を彼女にくわえた。」「八年間」の「責苦」のあと彼女は別居をかちとり、「以来ペテルブルグでたいへん寂しく暮している。彼女にはスモーリヌィ修道院で育てられている娘がいる。」

若干補っておく。結婚は一八一七年一月。「将軍」は第十五歩兵師団長、少将である。当時五二歳、アンナは十七歳にまだひと月足りなかった。完全な別居は二六年の初めからで、「責苦」は九年間ということになる。十八、二一両年に女子を出産。このあとのほうは二六年春に死亡。そのあと、七月に女の子を生むが、これについてはのちにまた触れる。

アンナの結婚生活はニキチェンコのいう通り、「責苦」の連続だった。ただし、あくまでも彼女の側から見てのはなしである。夫の側からの証言はない。彼は戦場と兵舎しか知らない生粋の軍人だったようだ。一方のアンナは、彼女の回想に従えば、気ままな父を恐れるほかは周囲の愛情とサロンの楽しみの中で成長し、早くから小説の世界に親しむ女性だったようだ。夫にたいしては結婚の前も後も「嫌悪」しか覚えなかったという。それは「憎しみ」にも変る。そうした内幕を伝える資料として彼女の一八二〇年の日記（伯母宛の手紙形式）が残されているが、まさに延々たる嘆き、呻きの記録、息苦しいほどである。「夫は眠っているか、教練か、煙草を吸っているか、そのどれかです。」「彼を知れば知るほどはっきり分ります、彼が愛するのはわたしのなかの女だけ、あとは全部どうでもいいのです。」「わたしには思える、天国より地獄のほうがいい、天国で彼と一緒になるくらいなら。[4]」彼女の言葉をどう受け取るにせよ、不幸な結婚生活であったことは確からしい。

しかし、日記はそうした不幸の陰で夫以外の男性への愛が燃え盛るさまも語っている。故郷ルブヌィ（現ウクライナ共和国ポルタワ州）駐屯狙撃兵連隊の一士官がその相手で、当時プスコフ在住のアンナは熱い思いを縷々綴っては、伯母に伝えてくれるよう懇願する。もっとも、二人が会ったのは数回、言葉を交わしたのも数語だけというから、あるいは彼女の恋は彼女の想像力に少なからず助けられているのかもしれない。その後の恋の行方も不明である。

右の日記は一八二〇年八月三〇日、故郷ルブヌィへの里帰りの直前で途絶えている。この時から二三年九月までアンナがどこで、どう過ごしたのか分からない。いずれにせよ、この九月に夫がリガに転任、彼女も同行、そこで一士官との短いロマンスがあったのち、二三年末か翌年初め、夫を残して再び単身帰郷、二五年五月まで滞在する。そこで隣村の地主でプーシキンの友人でもある詩人と親密な関係になる。そして六月、伯母の領地プスコフ県トリゴルスコエを訪ね、ほど近いミハイロスコエに幽閉中のプーシキンと再会を果す。二人の最初の出会いは一八一九年、再び現われたに「束の間の幻」に詩人の「心がよろこびに震え」、はげしい情熱に捕えられたことはリガへ去る彼女に手渡した一篇の詩が語る通り――この絶唱と称される一篇にはなんともちぐはぐなところがあって、苦笑を禁じえないとしても。

二〇台半ばのアンナは生来の美貌にくわえ、成熟した女性の魅力に輝いていたようである。それに吸い寄せられたのはプーシキンひとりではない。いまも少し触れたが、このあと彼女がおおくの男性を次々にとりこにしてゆくのを見ると、眩暈を覚えるほどである。どうやら彼女にはその種の魔力（?）が備わっていたらしい。そして彼女自身そういう自分を十分意識して振舞っていたのだろう。ただ振舞うだけでなく、みずからもおおいに求める、恋多き女性――のちに彼女がジョルジュ・サンドの翻訳に手を染めたのも、たとえそれが「お金のため」といわれているとしても、けっして偶然ではあるまい。

プーシキンはアンナをどのように眺めていたのか。答はリガへ去った彼女を追いかけて次々に書き送った手紙が明らかにしてくれる。彼女が夫以外の男性と近づきになる女性であることはさきの友人の例から知らされていたし、まわりの男性の心を騒がせる女性であることもトリゴルスコエ滞在中に目撃している。一体プーシキンにとってアンナは美しいだけでなく、官能的な魅力も十分持ち合わす女性であって、手紙の中で当人に向って“voluptueuse”“volupté”といったあからさまないい方をしている。翌年彼がアンナを「バビロンの淫婦」とよんだのは、相手が気安い友人であるばかりでなく、アンナに関して恋敵で、面当て半分の冗談だが、そうよばせるだけのことはあったのだろう。[5]

つまり、「清らかな美の化身」どころではないのである。おかげで「心」に「神」が甦ったなどと聞かされるといよいよ苦笑せざるをえない。勿論、断わるまでもないが、詩人が恋をうたいあげるのになんの制限もないし、作品の価値は作品自体が語るのだが。

七月にトリゴルスコエをあとにしたアンナは、十月に再び夫と共にやってきて、数日滞在した。最近出た伝記の著者、В・И・スィソーエフによれば、その際にプーシキンとの性的交渉が「想定される」。仮にそうとすると、アンナの「その後の行動の多くが説明がつくが、そうでないとすると理解不能」という。ともあれ「二か月後、妊娠に気づいたアンナ・ペトローヴナは夫と最終的に手を切り、ペテルブルグへ去ることに決め」、二六年七月、トリゴルスコエの二度目の訪問の「ちょうど九か月後」に女子を出産した。[6] もっとも、まえの世紀にアンナの唯一の伝記を書いたБ・Л・モッザレフスキイは、プーシキンが「彼女を征服した」時を彼の友人宛の手紙をもとに二八年早々においていて、スィソーエフもこれを事実と認めている。[7] いわゆるプーシキン学者のなかにはこの年のアンナの誕生日、二月十一日をその時とする見方もあるようだが、ここは仮説、推測に深入りせずに先へ進む。

ニキチェンコの一八二七年五月二三日の日記へ戻ろう。アンナは二六年からペテルブルグで暮しているが、ニキチェンコのいう「たいへん寂しく」は大分割り引いたほうがよさそうである。プーシキンの実家の人々と昵懇になるし、首都の人士との交際もはじまっている。要するに、ニキチェンコは「ケルン夫人」にすっかり魅せられてしまったので、この日も、どうぞ、お出かけください、「わたしは人にたいしてはまったく冷淡か、心の底から一生お近づきになるか、どちらかですの」などと熱っぽく囁かれ、じっと見つめられて、「朦朧、うっすら酔った心持で自室へ戻った。」

しかし、互いを隔てる溝に気付くのに時間はかからなかった。一か月後、ニキチェンコはそのころ書き進めていた小説をアンナに読ませ、これをめぐって衝突が起きる。それは前記の習作に続くロマンチシズム批判の小説で、日記のなかでその意図をこう述べる。「もろもろの観念の空想的、曖昧、支離滅裂なさまが、現在、あたかも価値あるもののように見なされ」、そこに「なにか高尚なもの、美しいもの」があると錯覚して、人々はそこの「主人公を真似て振舞っている」。この「世紀病」は「強い理性と固い意志」の不在による。われわれはそれを取り戻し、「混迷」を脱し「単純」を目指さなければならない。そうした「哲学小説」を自分は書きたい。（六月二二日）

アンナは小説の主人公の「お談義」に苛立ち、彼の「恋」のありように不満をぶちまけた。「彼は愛していません、冷たくて氷のようです！」対するニキチェンコ。わたしは人々の感情を揺すってうっとりさせたり、わくわくさせたりするために書くのではない。「人間の生はきわめて複雑」であり、「恋」はその一部、それ以上でも以下でもない。それゆえ「恋」は小説の「唯一の主題であってはならない」し、主人公の「心の全部を占めてはならないのです。」要するに、自分を含めて人間にはもっと高い使命があるといいたいのである。[8]

このやりとりは手紙だが、これまでにも幾通か手紙の往復があったようで、アンナは自分をモデルにするよう「執拗に」迫ったらしい。その「命令口調」や従わないことへの「叱責」にニキチェンコは憮然とし、彼女は自分を利用しようと気を引いているにすぎないと「結論」する。「レモンの汁をすっかり絞ってしまったら、皮を窓からほうり出す、――それで万事終り。」

「功名心の強い、わがままな」女性。自他の「感情」の「ごく僅かな齟齬」さえ我慢できない。すべてのもとはその美しさにふんだんに捧げられる「甘い言葉」。加えて、きちんとした育て方をされなかったこと、乱脈な読書――これがニキチェンコの診断である（六月二三日）、このとき彼が公平な審判でありえたかどうか保障の限りではないけれども。

その後の成り行きは詳しいことは分らない。公刊されたニキチェンコの日記は不完全で、もとのテクストがおおくの個所で手をくわえられたり、削除されたりしている。そのせいかどうか、右の一件のあと、六月末から九月半ばまで二箇月と二〇日余りの間、記入があるのは七月が三日、八月が二日、九月が三日に止まる。そのうち、アンナの登場は二日。まず七月四日。「この間のいざこざ」後はじめてアンナを訪ね、なごやかに糸を巻いたり、散歩をしたりしている。ずっとおくれて九月十八日。ところはやはりアンナの住い。ニキチェンコのあとから中年のフランス人、ロシア政府に雇われた技術部門の将官がやってくる。「彼はケルン夫人の両膝の上に座らんばかりで、しゃべりながらのべつ肩や肘に触り、ほとんど体を抱きかかえていた。」この「社交界の打ち解けた流儀の見本」にニキチェンコ、「驚き、不愉快！ その上彼は実に悪い時にやってきた。アンナ・ペトローヴナはわたしを愛想たっぷりに迎えたし、明らかに、魅力的なコケットリーの武器庫を総動員するところだったのだ。」

これが最後である。このあとのことは想像するほかはないが、フランス人の件はさておいても、ニキチェンコの口吻から彼がアンナとの間にはっきり距離をおいていることはたしかで、再び彼女の「コケットリー」に取り込まれる恐れはよもあるまい。あるいは、追放が解けてあらたに現れたプーシキンをアンナがいそいそと迎えるのを見て、もはや出る幕ではないと悟ったか。

十月、ニキチェンコはひとつの岐路に直面する。国内四帝国大学の教授予定者として優秀な学生を留学させる計画が持ち上がったからである。学業、品行共にすぐれた者、二〇人を二年間デルプト（現エストニア共和国タルトゥ）大学で特別に教育し、続く二年間ベルリンまたはパリへ派遣するというもの。

十月十六日の日記。「今日視学官は本学で誰を選ぶべきかわたしと相談した際、わたしもいったらどうかといった。これにはひとつだけ障害がある——わたしが外国語を知らないことだ。」しかし、視学官はニキチェンコの後見役、ゴリーツィン公爵に頼んで陛下にこの点を容赦してもらうという。ニキチェンコは断わるつもりである。理由は、帰国後十二年間——ニキチェンコはあやまって「十四年間」と書いているが——「教授を勤めなければならない」こと。「身分を縛られる傷はまだ生々しく、もう一度わざわざそれを引き受ける気になれない、たとえ緩やかで高尚なかたちにせよ。ドイツで研鑽を積む魅力は無論大きい、だが、ロシアで自分の将来を自由に決めるほうがいい。」ニキチェンコの本音だろう。われわれはさきに彼が国費学生になることを拒んだ事実を知っているが、いずれも農奴出身の彼ならではというほかない。

もっとも、どこか釈然としないところがなくはない。というのも、すぐ明らかになるように、教授職は実に彼の望むところだからである。そこで、あくまでも推測だが、右の彼の決心には別な、隠れた理由もあるのではないか。もしあるとすれば、選考の条件とされたラテン語、ドイツ語、フランス語の能力であろうか。これらの外国語は中学校の授業にも取り入れられているし、そうでなくともドイツ語やフランス語は、貴族なら、当然、多かれ少なかれ身につけている。ラテン語は大学の正課だが、悪いことにニキチェンコ唯一の不得意科目で彼の嘆きのもと。彼が覚えたであろう自信のなさ、引け目、そうした胸の内をうかがわせる言葉は残されていない。たとえこれがなにほどかの理由であったにせよ、彼自身それを認めたくなかったのかもしれない。ともあれ、四日後ニキチェンコは視学官に断りを告げ、ペテルブルグ大学からは六人が選ばれ、壮途につく。彼らのうち一人は不幸にも客死したが、五人は帰国して期待に応え、この派遣事業はこのあと三〇年代に引き継がれる。

一八二八年二月、ニキチェンコは無事ペテルブルグ大学を卒業した。哲学・法学部卒業生十一人、成績優良者の学位、学士《カンディダート》を受けた七人中五位である。[9] そして引き続きペテルブルグ学区視学官のもとで正規の書記官として勤務する。年俸一二〇〇ルーブリ。早速彼は礼装用に燕尾服、色物のチョッキ、白ネクタイ、シルクハットを誂えた。五月には住み込み先を引き払い、月十八ルーブリのアパートに移り、「多年の念願」を果す。

その彼に間もなくたいへん好都合なはなしが持ち込まれる。ヤロスラーヴリのデミードフ高等学院が歴史の教授に招きたいというのである。同校は富豪として知られるデミードフ家により一八〇五年創立、卒業生は帝国大学のそれと同等の資格を与えられる。しかし、ニキチェンコはこれも断わった。六月二八日、日記はいう。「向うで待っていたのは落ち着いて不自由ない生活、こちらで待っているのは嵐、有為転変、ただしもっと広い活動の舞台。わたしは後者を採る。」敬愛する視学官が次のように述べたとも。どちらを選ぶもよし、前者なら「賢明」、後者なら「気高い」。ニキチェンコは自分の決心に満足そうである。ともあれ、ここはもうひとつ、彼の望みが七百数十キロ離れた地方都市になく、この首都にあると知ればよい。

そこへ、おそらくこの年の末だろう、急遽ペテルブルグ大学の教壇に立てそうなはなしが舞い込む。自然法の教授が病床に伏し、代役に推されたのである。翌二九年三月の日記によれば、ニキチェンコは「喜んで承知した。」しかし、哲学・法学部は「一致して支持した」ものの、全学会議の賛成がえられず、頓挫。ニキチェンコは学長の理不尽な横車というのだが。「白状するが、学部の思いがけない提案に是非とも乗りたかった、それだけに失敗は悲しかった。」ところが、次の年、三〇年一月三日の日記に今度は「大学が本年度の経済学の講座〔の担当〕を提案してきた」とあり、二月二四日に「第一回の講義をした」とある。大学というのは無論ペテルブルグ大学である。この間の経緯を知るすべはないけれども、それにしても、法学、経済学となんとも目まぐるしい。そのどれにしたところで専門の教育を受けたわけでなく、外国の文献にも無縁なニキチェンコにどれほどのことが期待できるのだろう。開学十年、さきの視学官代行ルーニチによっておおきな痛手を蒙ったペテルブルグ大学の実状をうかがうに足る。

それはそれとして、一言加えておくと、経済学は二年次の科目で、これまで文学専門の教授が掛け持ちでおこなっていたが、二年前それを受講したニキチェンコの日記の曰く、「のべつ前後撞着、今日述べたことを翌日覆す」、「知識は浅薄」。(二七年一月三〇日) にもかかわらず、ニキチェンコはこの分野に関心を持ったようで、『経済学一般及びその最重要課題として富がいかに産み出されるかについて』と題する小論を仕上げた。もともと開学記念日の祝典で報告するつもりだったが、都合で流れたあと、雑誌に投稿、同時に、学士の学位請求論文として提出した。日記によれば、「教授たちは高く評価してくれている」。(二八年一月二六日) あくまでもニキチェンコ本人の言だが、経済学の講師の声がかかったのはこのあたりが買われたのではないか。ともかく、宿願実り、二年後、三二年一月には助教授に昇格する。このために提出した論文が『国富の主要な源泉について』で、題名からも分かるように、彼の講義はもっぱらアダム・スミス『国富論』の祖述だったようだ。彼が目を通したかどうか不明だが、原著はこの世紀のはじめに財務省の命によりロシア語に移されている。

しかし、助教授昇格早々、三二年六月にニキチェンコは歴史‐文学部のロシア文学講座へ横滑りが決まる。彼には三〇年初めからある寄宿学校で、同年末からエカテリーナ女学院でロシア文学を講じている実績がある。評判もよかったようだ。この講座替えについてはのちにまた触れるが、いずれにせよ、彼の本領は文学にある。日記はいう、「勿論、このほうが経済学よりわたしの心にはるかに近い。」(六月二七日) 正直な告白だろう。

この年、彼は自作も公にした。半ば自伝的な作品である。題して『レオン、またはイデアリズム』。レオンという貴族青年を主人公とする「ロマン」の構想で、導入部と終結部に当ると思われる部分を二回に分けて発表した。その後、ニキチェンコはペンをとらず、未完成のまま残ることになる。実は同名の青年が登場する作品はすでに四年前の二八年に発表されていて、この間にアンナ・ケルンと「いざこざ」を起したことはさきに述べた通りだが、この作品がいまの『レオン』とどう関わるのか、このままでその一部と見なすべきなのかどうか、いまひとつ心もとない。このように『レオン』については全体が不明なうえに、筆者が直接に目にするのはその導入部に限られるが、そういう留保つきながら、そこで語られるはずの主題についてはおおよそ疑問の余地がない。人類史の偉大な治者、賢者を仰ぎ見ながら、いたずらに理想を追い、空想に耽ること、現実の世界をないがしろにすることの「誤り」、不毛な結果がそれである。[10]

この章のはじめから繰り返し見てきたニキチェンコのものの見方は一貫していて継ぎ目らしいところはない。その意味でこの『レオン』も、ニキチェンコという人間、その生き方のよき注釈といえるだろう。

第10章

「いま高潔、そして無分別な人間は――破滅する。」一八二六年十一月、ニキチェンコの日記の一節。政府が大学の「改革」のなかで学生の「締めつけ」を企んでいるとの噂がながれ、彼がこれにたいする学生たちの「怒り」を抑えるのに腐心したというのである。幸い噂は噂でおわるが、それにしてもデカブリストの蜂起から一年、裁判から四か月を経たばかり、事件の余韻が重く残る言葉である。

もっとも、スタートしたニコライ一世の統治をニキチェンコは歓迎した。とくに二七年、新しい学校教育法の原案に接して快哉を叫ぶ。それは初等、中等教育の大幅な充実を打ち出し、翌年成立するが、ニキチェンコはとりわけ教区ごとの「ランカスター学校」の普及に熱い期待を寄せる。同年、やはり新たに制定された検閲法も一歩前進と受けとめた。教育相シシコーフの主導で二年前につくられた同じ法は、しばしば「鉄の」という語を冠して呼ばれたが、今回規制はずっと減じてはいる。勿論、ニキチェンコは触れていないが、教育の機会や内容に身分間の壁は依然存在しているし、言論についても、正教、専制、「良俗」の箍が取り払われたわけではない。ともあれ、ニコライの「堅実な活動」にニキチェンコはひとまずエールを送っているので、それを聞こう。「検閲法を挙げれば十分だ。そこにわれらの皇帝の精神や意図がこの上なく正確に刻まれている。これまで狂信家や古い偏見の守護人たちがわざと玉虫色にぼかしていた問題、ロシアに啓蒙は益ありや、この問題に皇帝は答えを出している、少なくとも出そうとしている。然り、と。無論これは理論に留まる。実際にどうなるか――見てみよう。」(二九年一月一日)

ニキチェンコがいわゆる「上からの改革」に望みを託していることは、農奴制についてもいえる。「千六百万の同胞の枷を外す」ことは肝要だが、「啓蒙」によって目覚めた彼らが「みずから枷を投げ捨てる」ような事態は「御免だ！」彼らが「政府の手から自由を受け取る」よう、「啓蒙」と並行して「束縛を緩める」施策をすすめるべきという。（二七年四月五日）ここには「下から」の変革にたいする危惧の念があらわだが、同様に、言論の場での「ある種の夢想家たちの革命的宣伝」――具体的になにを指すのか判然としないが、彼のいうこの「一知半解」の「愚行」にニキチェンコは眉をひそめる。（二七年十月十二日）

ニキチェンコが同時代の社会の中で立つ位置はおおよそこの通りである。体制内進歩派あるいは啓蒙派というところか。その際、皇帝を補佐する人材の払底を嘆くなかで、「スペランスキイただひとり」と述べている点も注目されよう。（二六年十一月八日）この卓越した官僚政治家にたいする高い評価をニキチェンコは生涯持ち続けるはずである[1]。そういう彼は一知識人として、一行政官として「自分にとってもっとも大切なこと」をこう記す。「啓蒙の普及とロシア国民の自立した精神生活の権利を守ること」。（二七年八月二三日）しかし、やがて現実は彼の期待する通りに進まず、そのため彼は少なからぬ苦渋を味わねばなるまい。

ロシア文学の歴史が同時に検閲の歴史であることは再三述べてきたところで、数々の受難のエピソードを挙げて改めて念を押すまでもないけれども、そうした中には、誤解曲解、果ては牽強付会としか見られぬ事例も少なからず、それは時に滑稽の域に達する。ひとつだけ、ニキチェンコの日記から彼の経験を引いておこう。前述の通り、まだ学生の頃、経済学に関する彼の一文が雑誌に載ったが、これがなかなか難産だったらしい。それは「検閲で多くの個所を削られた。ちなみに、ある個所にはこうあった。〈アダム・スミスは産業の自由を国民を富ます土台石と認め、云々〉。土台という語は消された、検閲官が深く思慮するところによれば、土台石とはキリストのこと、従ってこの修飾語は一切他用無用という。」（二七年十月二日）

一八二六年、ニコライ一世治下の政治警察、皇帝直属官房第三課とその実動部隊の憲兵隊が発足した。いずれも前近衛師団幕僚長アレクサンドル・ベンケンドルフが指揮をとる。第三課が所管する業務は翌年明文化されるが、その多岐にわたる事項を見回したところで、史家レムケはいう。「検閲業務で第三課が果す役割を指示する条項は一切ないことに読者の注意を促がしたい。」実際、二八年制定の検閲法にも国内出版物の検閲は「大学所在地ノ都市ニオイテハ大学ニオカレル検閲委員会、ソノ他ノ都市ニオイテハコレニ任ゼラレル検閲官ガオコナウモノトス」とあり、上部機関として教育大臣の下に中央検閲委員会を置く。第三課については僅かに第二四条十一項に「劇作品ノ上演ヲ許可スル」とあるだけである。だが、とレムケは上の言葉に続ける。「そうした役割は自明のことだったのだ。」[2] 事実、今後第三課は言論の場の「番犬」[3] としてその手を長く伸ばし介入をためらわないだろう。ベンケンドルフの告発はつねに陛下の思し召しとして伝えられるが、それが単なる建前であることもまれではない。

もっとも、いま述べている二〇年代末には、相変わらず小競り合いはあるものの、言論が深手を負う事態は避けられている。それが現実になるのは次の三〇年代からだが、詳細は他に譲るとして、以下、ニキチェンコの日記に見える若干の事件のみ取り上げ、彼の受け止め方をたずねることにしよう。なお、日記は廃刊、逮捕などがあったことを書き留めるだけ、それに筆者が多少の説明を付す。

一八三〇年。

一月。ふたつの雑誌の一方は発行人、他方は検閲官が営倉送り。それぞれ掲載した作品が不適とされたもの。拘留期間は前者は不明だが、後者は二週間。いずれもベンケンドルフがからむ。次にファッデイ・ブルガーリンとパートナーのニコライ・グレーチが営倉入り。ブルガーリンは自作の歴史小説の完成を控え、同じ歴史小説、ミハイル・ザゴースキンの『ユーリイ・ミロスラフスキイ』の人気に苛立ち、自分が発行する新聞に身代わりを立てて散々にこき下ろした。実はニコライ一世がこの小説の熱心な読者、そこでザゴースキンに肩入れする反論が早々に現れ、ブルガーリンと非難の応酬になる。ニコライは騒ぎを止めるようベンケンドルフに命じる。ブルガーリンはこの「譴責」にもかかわらず、再びザゴースキンに紙礫を投げつけ、右の処分になった。[4] それにしても、ブルガーリンの新聞といえばまさに御用新聞、今回ニコライの愛読書と知ってか知らずか、いずれにせよ千慮の一失というところ。

七月、フランスに革命勃発、八月、ベルギーに革命起る。ヨーロッパの正統主義の崩壊はニコライ政府の心胆を寒からしめたが、七月革命が七月王政に帰したこともあり、動揺させるに至らない。それが足元を揺るがす危機に変じるのは、十一月、ポーランド反乱からである。一連の事件はstatus quo、現状維持が合言葉の国内政治に一段の緊張をもたらしたが、もともと知識層に不信を抱く政府が言論の統制をさらに数歩進めたことは驚くに当らない。

十月。『文学新聞』に、七月の犠牲者の記念碑に寄せるフランス語の詩が載る。発行人は男爵アントン・デーリヴィグで、プーシキンの盟友。早速ベンケンドルフが教育大臣に摘発、みずからも喚問する。発行人と検閲官は純粋に文学作品として扱い、他の意図はまったくなかったことなど回答。単なる「穴埋め」だったとの説も。結局、皇帝は検閲官に厳重な戒告を命じ、デーリヴィグには発行人たることを禁じ、新聞は彼の手を離れた。[5]

つけ加えると、以上のような発行人にたいする責任追及に法の裏づけはない。検閲は原稿または校正刷の段階でおこなわれ、出版の可否はそこで決定される。従って、責任が生ずるとすれば、検閲官または検閲委員会が負うべきなので、実際、検閲法第四七条はそう定めている。しかし、これはあっさり空文化した。

十二月。定期刊行物に掲載される著作はすべて著者、訳者の実名入りになる。(ただし、これは実行する上で難点があり、取りやめになる。代って、翌年三月、第三課は「有害」と認める著作の著者名、訳者名の開示を発行人に求めることができるようになる。いわば事後検閲だが、一方、事前の検閲は従来通り、そのうえ検閲官にこの段階で「有害」な著作について通報の義務——二八年四月二五日付指令の再確認——を課す。いずれも「犯罪」の程度により処罰または監視の措置がとられる。)

一年を振り返ってニキチェンコ。「弾圧の暗雲が重くのしかかっていた。多くの散文作品と詩作品が検閲官に取りついたパニックのおかげで取るに足らぬ理由で、さらにいえば、なんらの理由もなしに禁止になった。検閲法は完全に覆された。われわれは苦い真実を認めねばならなかった、ロシアの地に法秩序のかけらもないと。(中略)知識層に反対の空気がますます強まっているが、それは隠れているだけにいっそう悪い。木喰虫だ。ジャコバンは喜ぶだろうが、思慮ある者は政治的な誤りを嘆くだろう、行き着く先は見易いのだ。」(十二月三〇日)

一八三一年。

二月。「グリボエードフの喜劇『智に働けば災いあり』を観る。ある人が辛辣に、正しくいった、この劇には災いだけが残った、と。ベンケンドルフ文学監督局の無慈悲なメスでずたずたにされたのだ。」(二月十六日)

一八三二年。

二月。一月に創刊されたイワン・キレエフスキイの雑誌『ヨーロッパ人』が二号で発行禁止。槍玉にあげられたのは、創刊号の論文『十九世紀』と前記『智に……』のモスクワ公演に関連した小文の二点、筆者はいずれもキレエフスキイ。論文は前半でヨーロッパ社会の古代から近現代に至る継承と革新の相を検討し、後半はロシアがヨーロッパのような精神文化の伝統を持たないこと、その「新しい」文化を取り入れるべきことなどを述べる。しかし、ベンケンドルフは糾弾する、論文は「文学」を論じるとしながら実は不当にも「最高度の政治」を論じている。そこでは「啓蒙」は「自由」を、「理性の活動」は「革命」を、新旧思潮の「中間」とは「憲法」を指す。

もっとも、論文は口実で摘発の本当の原因はもうひとつの小文にあったとレムケは断言する。小文は俗物ファームソフに代表されるモスクワが依然健在であるとして、グリボエードフの喜劇に喝采を送る一方、「われわれの外国人好みにたいする作者の憤激」に異議を呈している。「外国人」とはヨーロッパ人のことだが、われわれのおこなう彼らの風俗の「模倣」が拙劣であるとしても、それはわれわれをヨーロッパ人に近づけ、その文化の「借用」へ導く一歩であって、われわれの「粗野で、無教養な民族性」がそれを同化した暁に「真のロシア文化が誕生する」。しかし、とキレエフスキイは続けて、「好み」を「贔屓」と混同してはならない。これは「有害でもあり、滑稽でもあり、真剣に反対しなければならない。」なぜというに、ロシアに帰化した「外国人」のうち「教養ある」人士は十人に一人も覚束ない。大部分はもともとのロシア人と同じくロシアで生まれ、「同じく皮相に教育され」、違いといえば、ロシア語を知らず、苗字の末尾が外国風なことぐらい。われわれはみずからの文化の至らぬゆえ、彼らを「外国」そのものと取り違えるという児戯に等しい誤りを犯している。

ベンケンドルフの告発状は「ロシア在住外国人にたいする無礼千万な仕打ち」を許さなかった。大臣以下にずらり「外国人」をいただく現状——ベンケンドルフ自身も「外国人」——に照らせば、レムケのいう通り、これが「不逞の至り」で、災いのもとなのかも知れないが、ともあれ、雑誌は廃刊、キレエフスキイには警察の監視がつく。[6]

「ふーっ！　われわれは、結局、ロシアでなにをすることになるのか？　飲んで騒ぐ？　辛いし、恥ずかしいし、悲しい！」（二月十日）

十月。ウラジーミル・ダーリの『ロシア民話集』に嫌疑がかかる。

「読んでみた。なんのことはない、あれこれ楽しいロシアのおはなしだ。（中略）だが、宮廷に近い人たちはなにやら政治的な企みがあると見ている。（中略）同胞のまえに心を開いたり、自分の思いや感情を吐露する道を奪ってしまったら——心はやむなく内にこもり、そこで険しい思いを育て、もっとましな世の中を夢見るようになるだろう。政治的にこれは危険だ。」（十月二二日）

ダーリは逮捕。だが、押収書類に一点の曇りなく即日釈放、その際、「ポーランド反乱時のそなたの立派な働きは陛下もご存知である」ともいわれたそうだが。ただし、店頭の『民話集』はすべて没収、破棄。

一八三三年。この年、ニキチェンコは重大な転機を迎えた。四月四日、またまた延々たる嘆き、怒り。曰く、当局は「文学よ盛んなれ、ただし、詩にせよ散文にせよ誰もなにも書くなかれ」という。教師は「最善の教え方をせよ」、ただし「考えるなかれ」。若者は「おおいに、しかも機械的でなく学ぶべし、ただし本を読むなかれ」、云々。しかし、悲憤の舌もまだ乾かぬ四月十六日。「大臣がわたしを検閲官に選んだ、陛下が裁可した。」大臣とは先月教育大臣代行に就任したばかりのセルゲイ・ウヴァーロフである。

われわれはすでにアレクサンドル一世の時代、開明派政治家としてのウヴァーロフを知っている。代ってニコライ一世の治世、そこでわれわれはもう一人のウヴァーロフに出会う。このとき彼が果した役割の大きさは改めて述べるまでもなかろう。もっとも、その役割の評価となると、従来必ずしも成功しているとはいい難い。思想統制、言論弾圧を推し進めた事実——そこから時流に乗じた変身、オポチュニストといった評も出るのだが——から反動政治家の烙印を押すことはたやすいけれども、みずから総裁をつとめた科学アカデミーをはじめとする学術研究の推進、大学以下の教育の改革など、その実績も見過ごされていいわけはない。そうした正負両面の公正なバランス・シートがまずのぞまれるが、問題はさらにその先にある。この両面はばらばらにおこなわれたはずはないので、そうするとそこには、当然、統一的なスキーム、戦略的な構想といったものが存在しなければならない。少々先走りになるが、一八三五年にほかならぬニキチェンコに語ったという、しばしば引用される「独白」がその重要な鍵を与える。それは、ロシアを政治的に一種のモラトリアム状態におくということ。ロシアは「まだ若く」、「少なくとも現在」、ヨーロッパが経験しているような「政治的動乱」を避けなければならない。すなわち「その青年期を長くして、その間に教育すべきである」。わたしは「啓蒙」の行く手と「この世代の精神」を見張る。次はおそらくウヴァーロフのもっともよく知られた言葉であろう。「もろもろの理論がロシアに説くところから向後五〇年ロシアを遠ざけておくことができたら、わたしは自分の義務をやり終え安らかに死ねます。」これがウヴァーロフのプログラムだが、続く言葉も忘れ難い。「わたしに反対の声があることは承知している。そうした声にわたしは耳を貸さぬ。わたしを蒙昧主義者とよぶがいい。政治家は大衆より高みに立たなければならないのです。」[7] 見事な自負、自信である。のちのちまでずっとそういい切れたわけではないけれども。

モラトリアムとは、要するに政治的な課題の先送りで、「啓蒙」先行の時間稼ぎだが、十二年後、辞任の二年前にも、最大の課題、農奴制をめぐりウヴァーロフはこの立場を繰り返している。当時改廃の議論が盛んに交されていて、彼もなんらかのかたちの清算が不可避と考えていたようだが、現段階では領主、農民双方に「解放」を平和裏に進める準備ができていないとして、こう結論する。「教育、啓蒙のみが最善の仕方での実現を用意できる。[8]」

ウヴァーロフのスケジュールをそのまま解すれば、当面大臣としての政治的任務はstatus quoの堅持ということになろう。実際、上の「独白」にも「自由主義者や雑誌の発行人や彼らの一味」を封じ込める意図を明言している。ごくおおざっぱないい方になるが、この「政治家」としての活動に彼の強固な国家主義、君主主義、くわえて権力主義の体質がくっきり姿を現すことになる。

一八三二年、就任早々の教育次官ウヴァーロフはモスクワ大学を視察し、ヨーロッパの諸事件の余韻も残る中、「大学の若者の間に引き続きこの上なく完全な平穏が支配しています」とベンケンドルフに書き送り、年末には有名な報告書をニコライ一世に提出した。いうまでもなく、「正教、専制、国民性」の登場である。翌三三年、彼はこれを大臣就任第一声、視学官宛通達にうたい、「国民教育」の理念として公に宣言した。[9]「正教、専制、国民性」はニコライ政治の代名詞にまでなったが、これについてはもはやいい尽くされた観があり、ここでむしかえすつもりはない。新味といえば、国民性という、実体不明ながら、あるいはそれ故に国民感情に確実に訴えるシンボルを取り入れた点だが、しかし、これ自体ウヴァーロフの独創ではない。それは当時すでにさまざまな人の口の端に上っていたので、例えば、ウヴァーロフがはじめてこれを提起した年でも、雑誌『望遠鏡』を率いる批評家ニコライ・ナジェージジンが「国民性」を新しいロシア文学の旗印とする一文を発表している。[10]とはいえ、簡にして要をえた国家目標の提示、体制を支える伝統的な二本の柱と並べて新しいモードをいち早く取り込む時代感覚、これらはウヴァーロフの政治的センスを十分に知らしめる。

中央検閲委員会はアカデミー総裁や教育次官を構成員としていて、ウヴァーロフは発足以来そこに席を占めていた。三〇年代に入り彼は「現下の情勢」に警鐘を乱打し、検閲の強化を盛んに主張する。影響の広さという点から特に雑誌にたいしてそれを要求したが、なかでも変わらぬ標的がニコライ・ポレヴォーイの『モスクワ電信』で、その「傾向」に追及の手を緩めない。大臣就任後、三三年九月に発行禁止を提案、この時は実らなかったが、翌年四月に目的を達する。ニコライ一世もベンケンドルフも気乗り薄に見えたこの追落し劇、ウヴァーロフの独演ぶりばかりが目立つ。[11]

ウヴァーロフはフランスの「最新の小説」が翻訳されて広い層に読まれることに異を唱えた。新たに台頭したロマンチシズムの小説のことだが、それらは人間の暗黒面、「悪徳や犯罪」を描き「道徳感情や宗教観念を害する」という。これを受けて中央検閲委員会は厳重な監視を改めて通達した。ウヴァーロフが手ずから握り潰した例もある。三三年三月、あるフランス語の雑誌にヴィクトル・ユゴーの戯曲『ルクレツィア・ボルジア』が載ることを知り、印刷所から同誌を押収、すべて破棄処分にし、発行人には損失をこれを通した検閲官に請求させることにし、各検閲委員会にはたとえ部分にせよこの作品のロシア語訳を許可すべからずと命じた。[12]

ニキチェンコは、一八二八年、大学卒業と同時にウヴァーロフ家の家庭教師になった。デカブリストの蜂起計画を通報した「裏切り者」、あのヤコフ・ロストフツェフが親類に当るこの一家に引き合わせたのである。「生徒」はウヴァーロフの三人の子供、ニキチェンコはロシア文学を教える予定で、テストをしてみたところ、「彼らはロシア語の文法をほとんど知らない、一番下の子でさえもう十五歳というのに。そのかわりフランス語、ドイツ語、英語は立派に身につけている。」上流貴族の暮らしぶりを眼前に彷彿させる図だが、自分が受け取る報酬の大きさにもニキチェンコは驚いている。（二月十四日）

このあと家庭教師がいつまで続いたのか、ウヴァーロフと接触があったのか、われわれにはなにも知らされない。日記の中で次にウヴァーロフに出会うのは、次官就任直後、一八三二年五月である。会いたいというので、一日ニキチェンコは彼を訪ね、経済学——ニキチェンコはペテルブルグ大学の経済学の助教授である——や文学について「長いこと」話し合ったとある。翌月にも再び訪れ、「彼と話しをしてわが国の政治、教育などの進捗状況におおいに目を開かされた」。この時ウヴァーロフ四五歳、当代切っての文化人と衆目は一致している。ニキチェンコもその「ヨーロッパ的教養」、該博な知識を目の当たりにする。しかも「考えるところは高尚、政治家に相応しい」という。一方、ウヴァーロフには特に目当てがあったようである。前年から大学ではスタッフの刷新が進められ、ウヴァーロフも関与している。彼はニキチェンコをロシア文学の員外教授に推したいと二度とも述べたという。これは実現しなかったけれども、既述の通り、すぐあとにニキチェンコは同講座の助教授に横滑りする。おそらくウヴァーロフの後押しがあったのだろう。

そして、十か月後、三三年四月十六日。前述の通り、ニキチェンコのまえにはこの先長く「危険な」隘路が続くことになろう。

「大臣がわたしを検閲官に選んだ、陛下が裁可した。」日記は続ける、「危険な一歩。」この日、ウヴァーロフは新任の検閲官に「心構え」をくわしく語った。仕事は一定の「方式」を要します。「それをあなたは検閲法だけでなく、当面する事態そのものからつかまなければなりません。しかし、その際、政府が啓蒙を抑圧しているといった口実を一般に与えぬよう振舞わなければなりません。」

ウヴァーロフはニキチェンコを信頼に値すると踏んだようである。ニキチェンコは引き続きペテルブルグ学区視学官の官房にも勤務しているが、今回辞意を漏らしたところ、ウヴァーロフは「きっぱり」退けたという。翌年のことになるけれども、一月、ニキチェンコは員外教授に昇進、ウヴァーロフがこれにどうかかわっていたのか分らないが、ニキチェンコは早速「お礼」に出向いている。（一月二一日）

ニキチェンコは罠にはまったような心境か。検閲官には大学の教官が任命される規定で、予想できない罠ではないけれども。それにしても言論の規制にたいする彼の嘆き、怒り、そしていまウヴァーロフがその指揮官に座る。これまでの彼の方針は――『モスクワ電信』の廃刊はまだ先のことだが――ニキチェンコの耳にも当然届いていたに相違ない。

あとがき

本書は、筆者が勤務した新潟大学の研究紀要その他に発表した論文をもとにしている。おおむねもとのままだが、少々手を加えたところもある。最後の第Ⅶ部は、後日譚として、新しく書き足した。

内容についてはなにもいうことはないが、ロシアの政府機関や官職のあるものでは、訳語に困った。多少とも似ているわが国のものにたとえたりしたが、いささか心もとない。

出版に当たっては、早稲田大学名誉教授、藤沼　貴先生にお世話をいただいた。のろまな筆者がなかなか腰を上げないので、再三尻をたたいてくださいました。この場を借りてお礼申し上げます。

著　者

10) Северные цветы на 1832 год, М., 1980, с. 115–27.

第10章

1) Никитенко. Воспоминание о М. М. Сперанском//Записки Императорской Академии Наук, т. 20, 1872, с. 258–71.
2) М. К. Лемке. Николаевские жандармы и литература 1826–1855 гг., Спб, 1909, с. 15.
3) Ch. A. Ruud. Fighting Words: Imperial Censorship and the Russian Press, 1804–1906, Toronto U. S., 1982, p. 57.
4) Лемке. Указ. соч., с. 50–1, 268–74.
5) Н. Замков. Из истории "Литературной газеты" барона А. А. Дельвига//РС, 1916, 167, с. 259–72; Ruud, *op. cit.*, p. 62.
6) И. В. Киреевский. Полн. собр. соч., т. 1, М., 1911, с. 85–108; т. 2, с. 58–61; В. В. Стасов. Цензура в царствование императора Николая I//РС, 1903, 113, с. 314; Лемке. Указ. соч., с72.
7) Никитенко. Дневник, т. 1, с. 174.
8) Н. Барсуков. Жизнь и труды М. П. Погодина, кн. 9, Спб, 1895, с. 308.
9) ЖМНП, 1834, ч. 1, 1, с. L.
10) Н. И. Надеждин. Летописи отечественной литературы. Отчет за 1831 год//В. Г. Белинский. Полн. собр. соч. в 12 томах, т. 1, Спб, 1900, с. 530.
11) Стасов. Указ. соч. //РС, 1903, 113, с. 311–2, 577–9; Лемке. Указ. соч., с. 89–96; Сухомлинов. Н. А. Полевой и его журнал 《Московский телеграф》//Он же. Исследования......, т. 2, Спб, 1889, с. 398–429.
12) Стасов. Указ. соч. //РС, 1903, 113, с. 571–3.

4) PC, 1898, 95, c. 389-90.
5) Никитенко. Дневник, т. 1, с. 66；Он же. А. И. Галич, ..., //ЖМНМ, 1869, 1, с. 58, 60, 61, 63.

第５章

1) PC, 1876, 16, c. 155.
2) PC, 1876, 17, c. 629.
3) PA, 1870, c. 896-900；PC, 1899, 100, c. 320；1903, 116, c. 151-2.
4) PC, 1902, 109, c. 450.
5) PC, 1903, 116, c. 154.
6) PC, 1899, 100, c. 320；1903, 116, c. 147-51；BE, 1878, 12, c. 633-4.
7) PC, 1903, 116, c. 161-2；1875, 14, c. 210；1876, 17, c. 315-6.

第６章

1) Неизданные......Карамзина, I, с. 194-5.
2) Там же, с. 230-1；Письма Карамзина к Дмитриеву, с. 261-2, 264, 267.
3) 参照：第Ⅵ部第３章。
4) PC, 1874, 11, c. 267.
5) Неизданные......Карамзина, I, с. 196.　См. тоже：Он же. Полн. собр. стих., с. 312.
6) PC, 1874, 11, c. 265.

第７章

1) ВД, т. 17, М., 1980, с. 84.
2) Письма главнейших деятелей......, *passim*.
3) Там же, с. 363-4.
4) PB, 1890, 4, c. 108-16.
5) В. А. Томсинов. Сперанский, М., 2006, с. 357.
6) PC, 1874, 11, c. 247-8.
7) См.：ВД, т. 17, с. 141-85, 237-43.
8) См.：В. А. Федоров. 《Своей судьбой гордимся мы......》 Следствие и суд над декабристами, М., 1988, с. 242-4.
9) PC, 1876, 15, c. 435, 438-41.
10) Валк. (ред.) Указ. соч., с. 22-6.

第８章

1) 主に参考にしたもの。Воспоминания Е. П. Оболенского//Мемуары декабристов. Северное общество；И. Д. Якушкин. Записки//Записки, статьи, письма декабриста И. Д. Якушкина；А. Е. Розен. Записки декабриста//Писатели-декабристы в воспоминаниях современников, т. 1；Декабристы в воспоминаниях современников；В. Богучарский. Князь Е. П. Оболенский//Общественные движения в России в первую половину XIX века, т. 1.　なお、本文で言及するПетровский заводの監房内部の絵一枚が次にある。Память декабристов. Сборник материалов, т. 3, Л., 1926.
2) Полн. собр. законов Российской Империи, собрание 2-е, т. 31, №30,883.
3) Мемуары декабристов. Северное......, с. 90.

第９章

1) Рождественский. Материалы, с. XCIV, 637.
2) А. Ф. Бычков. Отчет отделения русск. языка и словесности за 1877 г. //Сб. отделения русск. языка и словесности имп. Академии наук, т. 18, 1877, с. XXXIV.
3) П. Н. Беркова. Из истории русского вертеризма//Известия АН ССР, 1932. Отделения общественных наук, с. 852-4.
4) А. П. Керн. Воспоминания, дневники, переписка, М., 1989, с. 150, 158, 201.
5) Керн. Воспоминания......, с. 267-71；Пушкин. Полн. собр. соч.　в 17 томах, т. 2, с. 404-5；т. 13, с. 191, 207, 212, 213, 215-6, 275.
6) В. И. Сысоев. Анна Керн：Жизнь во имя любви, М., 2009, с. 100, 105, 110.
7) Б. Л. Модзалевский. Анна Петровна Керн, М., 1924, с. 90；Сысоев. Указ. соч., с. 145-50.
8) Керн. Воспоминания......, с. 298-301.
9) В. Григорьев. Указ. соч., с. LXIX；Бычков. Указ. соч. //Сб. отделения русск......, с. XXXV.

4) Остафьевский архив князей Вяземских, т. 1, с. 105. См.：П. А. Вяземский. Записные книжки (1813–1848), М., 1963, с. 147.
5) Письма Карамзина к Вяземскому, с. 60；Письма Карамзина к Дмитриеву, с. 248–9.
6) Вяземский. Записные книжки, с. 27；Письма Карамзина к Вяземскому, с. 65. См.：Остафьевский архив князей Вяземских, т. 2, 1899, с. 14–7.
7) История, II, [т. 7, с. 128–9]；III, [т. 10, с. 120] [т. 11, с. 51] [т. 12, с. 41–2]
8) Письма Карамзина к Дмитриеву, с. 278；Архив братьев Тургеневых, V, с. 221.
9) Письма Карамзина к Вяземскому, с. 99, 101, 107；Вяземский. Записные книжки, с. 62, 63.
10) Письма Карамзина к Вяземскому, с. 98；Вяземский. Записные книжки, с. 24.
11) Письма Карамзина к Вяземскому, с. 75.
12) Письма Карамзина к Дмитриеву, с. 293, 323. 以前カラムジンは大学の自治について次のように述べていた。"ученые места должны зависеть только от ученых." //ВЕ, 1803, 5, с. 57.
13) Воспоминания К. С. Сербиновича//РС, 1874, 11, с. 241, 246, 247；Письма Карамзина к Дмитриеву, с. 378, 388.
14) РС, 1874, 11, с. 250；Неизданные......Карамзина, I, с. 11.
15) Избр. соч. в 2 томах, т. 2, с. 238–9.
16) Письма Карамзина к Вяземскому, с. 169；Письма Карамзина к Дмитриеву, с. 411, 412.

第16章

1) K. Mannheim, *op. cit.*, S. 419.
2) А. В. Предтенченский. Очерки общественно-политической истории России в первой четверти XIX века, М.–Л., 1957, с. 279.
3) Ключевский. Сочинения, т. 7, с. 277.
4) История, II, [т. 5, с. 201]
5) История, I, [т. 3, с. 9]；II, [т. 5, с. 220]
6) Избр. соч. в 2 томах, т. 2, с. 238.

第VII部

第1章

1) Шильдер. Император Александр I......, т. 4, Спб, 1909, с. 433–42.
2) Междуцарствие......царской семьи, с. 207.
3) Пассек. Указ. соч., т. 1, с. 234.

第2章

1) Междуцарствие......царской семьи, с. 229；РА, 1905, III, с. 428.
2) РА, 1905, III, с. 438–41.

第3章

1) Письма главнейших деятелей......, с. 416–7；РА, 1863, с. 842–9.
2) ВЕ, 1867, 12, с. 99.
3) Там же, с. 111.
4) Как я знал М. Л. Магницкого//РВ, 1866, 1, с. 145.
5) См.：ВЕ, 1867, 12, с. 112.
6) Загоскин. Указ. соч., т. 4, с. 544, 545, 546.
7) Вяземский. Записные книшки, с. 187.
8) Письма главнейших деятелей......, с. 494–523.
9) РС, 1899, 97, с. 67–87, 289–314, 607–631.
10) РС, 1875, 14, с. 480–86.
11) РА, 1877, III, с. 325–30.
12) РВ, 1866, 1, с. 146.

第4章

1) Рождественский. Материалы, с. CXXXIII, 399.
2) Там же, с. 606–7.
3) Сб. отделения русск. языка и словесности имп. Академии наук, т. 9, с. 61–9.

5) История, Ⅲ, [т. 9, с. 259]
6) ВЕ, 1803, 18, с. 120；Записка……, с. 12, 13, 46；История, Ⅲ, [т. 9, с. 259]
7) ВЕ, 1802, 16, с. 304.
8) История, Ⅲ, [т. 11, с. 177]
9) История, Ⅱ, [т. 8, с. 29]
10) См.：Карамзин. История государства Российского в 3 томах, т. Ⅴ—Ⅷ, Калуга, 1997, с. 566. (прим. 17)
11) История, Ⅲ, [т. 12, с. 56]；Записка……, с. 46.
12) История, Ⅲ, [т. 12, с. 1, 138]

第13章

1) РА, 1869/70, с. 919, 920；1871, с. 434.
2) ВЕ, 1819, 5, с. 49–51.
3) ВЕ, 1829, 17, с. 12. См.：И. А. Кудрявцев. <Вестник Европы>М. Т. Каченовского об <Истории государства Российского>Н. М. Карамзина//Труды Московского государственного историко-архивного института, т. 22, М., 1965, с. 211–49.
4) Козлов. Указ. соч., с. 34.
5) Н. М. Карамзин и его литературная деятельность：История государства Российского//С. М. Соловьев. Сочинения, кн. 16, М., 1995, с. 43–186.
6) Н. М. Карамзин：pro et contra, Спб, 2006, с. 145.
7) В. О. Ключевский. Сочинения, т. 7, М., 1989, с. 274–6, 278.
8) История, Ⅳ, с. 15.
9) Пушкин. Полн. собр. соч. в 10 томах, т. 1, Л., 1977, с. 303.
10) N. V. Riasanovsky. Nikolas I and official nationality in Russia, 1825–1855. California U. P., 1969, p. 180.
11) Литературное наследство, т. 59, М., 1954, с. 582, 585–6. なお、Н. И. Тургеневも次のように述べている。"История народа принадлежит народу„ — и никому более! Смешно дарить ею Царей. Добрые Цари никогда не отделяют себя от народа." //Архив братьев Тургеневых, V, с. 115.
12) Литературное наследство, т. 59, с. 565–7.
13) М. В. Ломоносов. Полн. собр. соч., т. 6, М.—Л., 1952, с. 22, 41, 187–218, 295, 297.
14) Архив братьев Тургеневых, V, с. 123, 162, 317.

第14章

1) Неизданные……Карамзина, I, с. 5–7, 9；Н. И. Тургенев. Россия и русские, М., 2001, с. 51.
2) 官名はстатс-секретарь。実質的に外務大臣を務めた。以下、カポディストリアスに関する記述は主に次にもとづく。Записка графа Иоанна Каподистриа о его служебной деятельности//Сборник ИРИО, т. 3, Спб, 1868, с. 163–296；Г. Л. Арщ. Иоанн Каподистрия в России (1809–1822), Спб, 2003.
3) Сборник ИРИО, т. 3, с. 301–2.
4) Письма Карамзина к Дмитриеву, с. 309, 312.
5) Там же, с. 326.
6) Сборник ИРИО, т. 3, с. 281–6.
7) Письма Карамзина к А. Ф. Малиновскому и письма Грибоедова к С. Н. Бегичеву, М., 1860, с. 66. カポディストリアス解任の背景はもう少し複雑である。彼はオーストリアによるナポリ革命の武力鎮圧に強く反対した。またロシアとトルコの紛争にオーストリアやイギリスが容喙することにも反発した。これらはアレクサンドル1世の心証を害したばかりでない。メッテルニヒは彼の失脚を画策していた。本文の記述は煩雑を避けるためにこうした事情を割愛したことを断わっておく。
8) Письма Карамзина к Малиновскому……, с. 67；Письма Карамзина к Дмитриеву, с. 337；Письма Н. М. Карамзина к князю П. А. Вяземскому, Спб, 1897, с. 135.

第15章

1) Полн. собр. стих., с. 309–10.
2) Сочинения Карамзина в 3 томах, т. 3, с. 727.
3) Письма Карамзина к Дмитриеву, с. 098, 236–7.

12) Записка......, с. 32–5.
13) Там же, с. 35–6, 37.

第９章

1) Записка......, с. 56–64.
2) Там же, с. 59–60.
3) Там же, с. 74–86.
4) Там же, с. 70–74.
5) 野田良之他訳『法の精神』（上）、岩波文庫、64－５頁。
6) Письма Карамзина к Дмитриеву, с. 139–41.
7) См. :Корф. Указ. соч., т. 2, СПб, 1861, с. 1–45;М. П. Погодин. Сперанский (критико-историческое исследование—показания де Санглена) //РА, 1871, с. 1124–86. 最後のスペランスキイ宅の場面は、本文とやや異なる (с. 1178–9) ;Деятели и участники в падении Сперанского. Неизданная глава из 《Жизни графа Сперанского》 барона М. А. Корфа//РС, 1902, 109, с. 469–508;Воспоминания ф. П. Лубяновского//РА, 1872, I, с. 483–6;Шильдер. Император Александр I......, т. 3, с. 30–42.　付記。のちにペテルブルグに移り住んだカラムジンはシベリアから帰還したスペランスキイと交わりを持つが、彼の経験、行政能力を認めてアレクサンドル１世にしかるべく重用するよう勧めたという証言がある。См. :РА, 1892, I, с. 80;РС, 1902, 112, с. 52.

第10章

1) Записка......, с. 51–5.　См. :Великий князь Николай Михаилович. Император Александр I, т. 1, Спб, 1912, с. 37–9.
2) История внешней политики России. Первая половина XIX века, М., 1999, с. 27–8, 64–5;А. Н. Сахаров. Александр I, М., 1998, с. 219.
3) Карамзин. Записка......, с. 109.　Д. Н. Блудовは1854年に次のような証言を残している。"Как известно, Карамзин был наклон к мысли о мире с Наполеоным, и у графа Ростопчина говаривал, что лучше что-нибудь сохранить, чем все потерять." //РА, 1880, II, с. 239.
4) История, I, [т. 4, с. 133]
5) Записка......, с. 24, 42.　См. тоже:История, II, [т. 7, с. 213]
6) Письма Карамзина к Дмитриеву, с. 164–7.　『観念の起源』は、D. Hume. A treatise of human nature, 第１巻, 第１章第１節であろう;Погодин. Н. М. Карамзин, по его сочинениям......, II, с. 98–101.
7) РС, 1899, 97, с. 237;Письма Карамзина к Дмитриеву, с. 171;РА, 1870, с. 1682.
8) Письмак Карамзина Дмитриеву, с. 180.

第11章

1) В. П. Козлов. 《История государства Российского》 Н. М. Карамзина в оценках современников, М., 1989, с. 21.
2) История, I, [т. 1, с. IX]
3) Там же, [т. 1, с. 67] ;Записка......, с. 7.
4) Записка......, с. 33, 45, 48.
5) История, I, [т. 2, с. 14, 39] ;II, [т. 5, с. 213–5]
6) История, I, [т. 4, с. 131–4]
7) История, II, [т. 5, с. 218–20]
8) История, I, [т. 1, с. XIV] ;II, [т. 6, с. 5] ;РС, 1899, 97, с. 236;Письма Карамзина к Дмитриеву, с. 154.
9) История, II, [т. 6, с. 216]
10) Там же, [т. 7, с. 28]

第12章

1) РС, 1899, 98, с. 234.　См. тоже:Письма Карамзина к Дмитриеву, с. 198;РС, 1899, 97, с. 478.「皇帝」「帝」と訳した語はцарь。この語は、カラムジンによれば、出自は「東方」で、ロシアでは古くから使われ、既述のイョアン３世もこれを名乗ったが、正式にはイョアン４世から。
2) См. :Р. Г. Скрынников. Царство террора, Спб, 1992, с. 5–9.
3) С. С. Волк. Исторические взгляды декабристов, М. –Л., 1958, с. 385;Сб. истор. материалов, извлеченных из архива собственной его императорского величества канцелярии, вып. 1, с. 371.
4) Записка......, с. 12;ВЕ, 1802, 15, с. 213–4;1803, 18, с. 120.

4) ВЕ, 1803, 19, с. 206.
5) ВЕ, 1802, 1, с. 45-7;8, с. 339-43.
6) T. P. Barran. How the Russians Read Rousseau:1762~1803. Ph. D. Dessertation (Columbia university. 1984), p. 243. Barranはここで《Моя исповедь》について論じ（pp. 237-43)、同様な趣旨を近著でも繰り返している. See:Russia Reads Rousseau, 1762~1825, Northwestern U. P., 2002, pp. 219-22.

第6章

1) Полн. собр. стих., с. 298-9;Сочинения Карамзина в 3 томах, т. 3, Спб, 1848, с. 716, 717.
2) С. Н. Валк. (ред.) М. М. Сперанский. Проекты и записки, М.–Л., 1961, с, 143-221. 同じ1809年にスペランスキイが提出したとされる文書3点がある。いずれも『序説』の内容と重なるが、その間の関係が不明なので、別扱いとし、適宜言及するにとどめる。
3) Там же, с. 160-64.
4) Там же, с. 227.
5) Там же, с. 229.
6) 国有地の農民はのちに述べるように、郷の議会に代表を送る。明記されてはいないが、「中間身分」に属すのであろう。
7) Там же, с. 180.
8) Шильдер. Император Александр I......, т. 3, с. 492, 517. ニージニイ・ノヴゴロドからの手紙の中でスペランスキイは『序説』についてこう記している。"Ce travail, Sire, source première et unique de tout ce qui m'est arrivé, ..."（там же, с. 492）なお、彼はもう一通弁明書（там же, с. 527-32）を書いている。弁明書というよりも彼の失脚、追放を図った一味にたいする告発状といったほうがいいかもしれない。
9) С. Н. Валк. (ред.) Указ. соч., с. 54-5, 139.
10) О крепостных людях//План государственного преобраования графа М. М. Сперанского, М., 1905, с. 298-9, 301-11, 319-25. См. тоже:В память графа М. М. Сперанского:1772-1872, Спб, 1872, с. 811-4, 817, 846, 851;РА, 1869, с. 1703-4. (письмо А. А. Столыпину от 2-го мая 1818-го г.)
11) Историческое обозрение изменений в праве поземельной собственности и в состоянии крестьян//Сборник Императорского русского исторического общества, т. 30, 1881, с. 450-66.（以下、本シリーズをСборник ИРИОと略記）
12) Шильдер. Император Александр I......, т. 3, с. 405-71.

第7章

1) ПСЗ, т. 30, № 23,559.
2) Там же, № 23,771.
3) 最近でも、例えば、В. А. Томсинов. Светило русской бюрократии (М. М. Сперанский), М., 1997, с. 114.
4) Сборник ИРИО, т. 30, с. 467.
5) План финансов М. М. Сперанского 1809-го г. //Сборник ИРИО, т. 45, 1885, с. 1-73.
6) ПСЗ, т. 31, №№ 24,116, 24,197, 24,244, 24,264, 24,334.
7) Шильдер. Император Александр I......, т. 3, с. 522.

第8章

1) РС, 1899, 97, с. 230;Сочинения Карамзина в 3 томах, т. 3, с. 717-21;Письма Карамзина к Дмитриеву, с. 137.
2) Карамзин. Записка о древней и новой России, М., 1991, с. 6.
3) Записка......, с. 24, 27, 29, 38, 41, 47, 48.
4) Там же, с. 48.
5) ВЕ, 1803, 1, с. 3-4.
6) ВЕ, 1803, 1, с. 23;2, с. 130, 122.
7) Карамзин. История государства Российского. Репринтное воспроизведение издания 1842-1844 гг., I, М., 1988, [т. 2, с. 22]（以下、本シリーズをИсторияと略記）
8) История, I, [т. 4, с. 137-8] ;II, М., 1988, [т. 5, с. 52-5, 92-5, 174-5].
9) История, I, [т. 2, с. 109] [т. 3, с. 9, 88] [т. 4, с. 138] ;II, [т. 5, с. 174].
10) История, II, [т. 6, с. 86].
11) Там же, [т. 6, с. 18-21, 23, 65, 67-9, 81, 85-6].

5) Московский журнал, изд. 2-е, 1803, ч. 1, с. 123-4, 120-21.
6) Полн. собр. стих., с. 213-27.
7) Le Mondain//Œuvre poétique de Voltaire, Bibliothèque Larousse, Paris, p. 107.

第7章

1) Письма......, с. 226-8.
2) Там же, с. 336.
3) Лотман. 《Письма русского путешественника》Карамзина и их место ......//Там же, с. 559, 560, 566.
4) Там же, с. 372.
5) Там же, с. 383.

第Ⅵ部

第1章

1) Приятные виды, надежды и желания нынешнего времени//ВЕ, 1802, 12, с. 314-5.
2) Всеобщее обозрение//ВЕ, 1802, 1, с. 66, 68, 72, 78, 80.
3) ВЕ, 1803, 1, с. 79.
4) ВЕ, 1802, 24, с. 333-4.
5) ВЕ, 1803, 1, с. 76-7.

第2章

1) Историческое похвальное слово Императрице Екатерине Ⅱ.
2) Сочинения, изд. 3-е, т. 8, 1820, с. 48; ВЕ, 1802, 4, с. 62.
3) Сочинения, изд. 3-е, т. 8, с. 32, 50; ВЕ, 1802, 20, с. 319-20.
4) Сочинения, изд. 3-е, т. 8, с. 68; ВЕ, 1803, 18, с. 119-20.
5) ВЕ, 1803, 18, с. 135.
6) Там же, с. 142, 145. 論文はリライトしたものらしい。末尾に"О. Ф. Ц."とある。
7) Там же, с. 127.
8) Полн. собр. стих., с. 266; Сочинения, изд. 3-е,, т. 8, с. 67.
9) Сочинения, изд. 3-е, т. 8, с. 88; ВЕ, 1802, 12, с. 321-2.
10) ВЕ, 1803, 17, с. 44-6, 49, 50, 51, 52.

第3章

1) Лотман. Сотворение Карамзина//Он же. Карамзин, Спб, 1997, с. 270; R. Pipes. Karamzin's Conception of the Monarchy//Essays on Karamzin: Russian Man-of-Letters, Politicai Thinker, Historian, 1766-1826, The Hague, 1975, p. 110.
2) Сочинения, изд. 3-е, т. 8, с. 13-4. 「品行方正な人間の準則」と訳したもとのロシア語は"правило честных людей"だが、Карамзин. Сочинения в 3-х томах, т. 1, Спб, 1848, с. 282では、"правило частных людей"となっている。こちらの方が正しいか。
3) ВЕ, 1802, 1, с. 73.
4) ВЕ, 1803, 12, с. 310.
5) Сочинения, изд. 3-е, т. 8, с. 34; ВЕ, 1802, 10, с. 148.
6) ВЕ, 1803, 8, с. 346; 1803, 12, с. 322.

第4章

1) Сочинения, изд. 3-е, т. 8, с. 36, 22, 31-2; ВЕ, 1802, 17, с. 45.
2) Неизданные сочинения и переписка Н. М. Карамзина, Ⅰ, Спб, 1862, с. 201-2; Письма......, с. 252-4.
3) ВЕ, 1802, 4, с. 60, 69.
4) N. V. Riasanovsky. The Image of Peter the Great in Russian History and Thought. Oxford U. P., 1985, p. 70.
5) ВЕ, 1802, 12, с. 330-31.

第5章

1) 今野一雄訳『エミール（上）』、岩波文庫、23頁。
2) Избр. соч. в 2 томах, т. 1, с. 729-39.
3) Лотман. Путь развития русской прозы 1800~1810-х гг. //Он же. Карамзин, с. 385; Руссо и русская культура XⅧ века//Эпоха просвещения, Л., 1967, с. 275.

2) Л. Г. Кислягина. Формирование общественно-политических взглядов Н. М. Карамзина (1785-1803 гг.), М., 1976, с. 93.
3) J. L. Black. Nikolas Karamzin and Russian Society in the Nineteenth Century: A Study in Russian Political and Historical Thought, Toront and Buffalo, 1975, p. 18.
4) А. Кросс. Разновидности идиллии в творчестве Карамзина//XVIII век, 8, Л., 1969, с. 218; R. Pipes. The Background and Growth of Karamzin's Political Ideas down to 1810//Karamzin's Memoir on Acient and Modern Russia, Cambridge, Mass., 1959, p. 35.
5) Письма……, с. 454, 461.
6) Письма……, с. 100, 102, 109, 120, 123, 145, 127.
7) Письма Карамзина к Дмитриеву, с. 42, 34.
8) Избр. соч. в 2 томах, т. 2, М. -Л., 1964, с. 245-58.
9) Там же, с. 123, 139, 141, 138.
10) Письма……, с. 225.
11) РА, 1872, с. 1326.

第3章

1) Карамзин. Сочинения, т. 1, Пг., 1917, с. 61-4, 417.
2) Полн. собр. стих., с. 111.
3) Карамзин. Сочинения, изд. 3-е, М., т. 1, 1820, с. 148.
4) Сельский праздник и свадьба//В. В. Виноградов. Проблема авторства и теории стилей, М., 1961, с. 344; Нежность дружбы в низком состоянии//Карамзин. Сочинения, изд. 3-е, т. 7, 1820, с. 60.
5) K. Mannheim. Das Konservative Denken//Wissenssoziologie Auswahl aus dem Werk, Neuwied am Rhein und Berlin, 1970, S. 413, 416, 419.

第4章

1) Избр. соч. в 2 томах, т. 2, с. 246-7; Полн. собр. стих., с. 136-7.
2) Полн. собр. стих., с. 201. Voltaire《Precis de l'Ecclésiaste》の自由訳。生前の著作集では、詩にあてられる第一巻の冒頭につねにおかれた。
3) Избр. соч. в 2 томах, т. 1, М. -Л., 1964, с. 661-73. 兄と妹（あるいは姉と弟）とすることについて。См. : РС, 1898, 96, с. 36; N. Kochetkova. Nikolai Karamzin, Boston, 1975, p. 87.
4) Избр. соч. в 2 томах, т. 1, с. 674-9.
5) См. : В. Э. Вацуро. Литературно-философская проблематика повести Карамзина 《Остров Борнгольм》//XVIII век, 8, с. 190-209; Л. В. Крестова. Повесть Н. М. Карамзина 《Сиерра Морена》//XVIII век, 7, М. -Л., 1966, с. 261-6.
6) Избр. соч. в 2 томах, т. 1, с. 640.
7) Полн. собр. стих., с. 84-5.

第5章

1) Письма……, с. 185-7, 330.
2) Полн. собр. стих., с. 57; Письма……, с. 147; Избр. соч. в 2 томах, т. 2, с. 135.
3) Письма……, с. 21, 400; Полн. собр. стих., с. 395.
4) Письма……, с. 103; Виноградов. Указ. соч., с. 266; Полн. собр. стих., с. 114-5. L. Kosegarten (1758-1818) の詩の自由訳。
5) Полн. собр. стих., с. 201, 256.
6) Письма Карамзина к Дмитриеву, с. 2-3.
7) Полн. собр. стих., с. 356. См. : Письма……, с. 67, 68.
8) Полн. собр. стих., с. 142-5.
9) Сочинения, изд. 3-е, т. 7, 1820, с. 174-8, 182.

第6章

1) Полн. собр. стих., с. 242-51.
2) Лотман. Эволюция……//Уч. зап. ТГУ, LI, с. 137. См. тоже: Он же. Сотворение Карамзина, М., 1987, с. 260-61.
3) Письма……, с. 332.
4) Погодин. Указ. соч., I, с. 50; Избр. соч. в 2 томах, т. 1, с. 610; т. 2, с. 130; Письма……, с. 137, 431-2.

46, 62, 119, 146.
6) Я. А. Гордин. События и люди 14 декабря:Хроника, М., 1985, с. 116, 118-9, 165, 252-6.
7) ВД, т. 1, с. 36, 37, 65, 66;Мемуары декабристов. Северное......, с. 74. Эйдельманの書評//Вопросы истории, 1988, 9, с. 148.
8) A. G. Mazour. The First Russian Revolution 1825, Stanford (Reissue of 1937 ed.), pp. 171-2.
9) ВД, т. 1, с. 19, 70, 71, 74-5, 488;т. 2, с. 217;т. 14, с. 160, 454.
10) ВД, т. 1, с. 63, 69, 449, 451;т. 14, с. 160.
11) ВД, т. 1, с. 248-9.

第９章

1) Колокол, вып. 1, М., 1962 (факсимильное издание), с. 215-6.
2) РА, 1873, I, с. 449-85.
3) Полярная звезда, М.-Л., 1960, с. 770-71.
4) Мемуары декабристов. Северное......, с. 219;Писатели-декабристы......, т. 1, с. 218.

第10章

1) РА, 1873, I, с. 465-72;Междуцарствие ......царской семьи, с. 79.
2) Междуцарствие ......царской семьи, с. 163.
3) Там же, с. 20.
4) Там же, с. 100.
5) РС, 1898, 96, с. 333;1873, 3, с. 363-4;Междуцарствие ......царской семьи, с. 163, 22.
6) РА, 1873, I, с. 473;Мемуары декабристов. Северное......, с. 207, 219.
7) ВД, т. 1, с. 19, 70, 446;т. 2, с. 61, 67;т. 14, с. 170, 454;РА, 1908, Ⅲ, с. 433;Писатели-декабристы ......, т. 2, с. 83-4.

第11章

1) Л. Б. Добринская. Евгений Оболенский в день 14 декабря 1825 г. //Проблемы общественной мысли и экономическая политика России XIX-XX в., Л., 1972, с. 138-64.
2)) ВД, т. 1, с. 248, 188, 347, 364, 376, 453, 459;т. 2, с. 228.
3) ВД, т. 1, с. 232, 352, 443;Записки......Якушкина, с. 151.
4) ВД, т. 1, с. 277. 負傷したのは、正午から１時の間と見られる。
5) ВД, т. 1, с. 232-3;Исторический архив, т. 7, М., 1951, с. 32-3. См. тоже:ВД, т. 1, с. 354, 355, 359, 377, 398, 402, 412;Исторический вестник, 1908, 1, с. 144-7;РС, 1880, 29, с. 609.
6) ВД, т. 1, с. 275, 234, 276, 352, 460, 280.
7) ВД, т. 1, с. 243. См. тоже:ВД, т. 15, с. 37, 38.
8) ВД, т. 1, с. 225;т. 14, с. 277;т. 2, с. 327, 240, 342, 358;т. 15, с. 119-20, 123. フィンランド連隊へ着くまえ、別な所で身を隠そうとしたようだ。См. :Декабристы в воспоминаниях современников, М., 1988, с. 468-9.

第Ⅴ部

第１章

1) Осемнадцатый век, II, М., 1869, с. 507;М. Н. Лонгинов. Новиков и московские мартинисты, М., 1867, приложение, с. 0145;Н. М. Карамзин. Письма русского путешественника, Л., 1984, с. 465, 485, 682;И. И. Дмитриев. Взгляд на мою жизнь, Спб, 1895, с. 25, 26.
2) Карамзин. Письма......, с. 468, 472, 487, 490.
3) М. П. Погодин. Н. М. Карамзин, по его сочинениям, письмам и отзывам современников, I, М., 1866, с. 68-9;Переписка московских масонов......, с. 5-6, 29, 58, 108, 89.
4) Переписка московских ......, с. 2;Карамзин. Письма......, с. 21, 57, 400, 415.

第２章

1) Ю. М. Лотман. Эволюция мировоззрения Карамзина//Уч. зап. ТГУ, LI, 1957, с. 129;Отражение этики и тактики революционной борьбы в русской литературе конца XVIII в. //Уч. зап. ТГУ, CLIVII, 1965, с. 29;Поэзия Карамзина//Карамзин. Полн. собр. стихотворений, М.-Л., 1966, с. 13;《Письма русского путешественника》Карамзина и их место в развитии русской культуры//Карамзин. Письма......, с. 556, 557.

第４章

1) Ю. М. Лотман. Беседы о русской культуре, Спб, 1994, с. 341.
2) ВД, т. 1, с. 230.
3) ВД, т. 4, М., 1927, с. 86.
4) ВД, т. 1, с. 264, 265；т. 4, с. 163；т. 9, М, 1950, с. 208, 211, 260.
5) ВД, т. 1, с. 300. См. тоже：ВД, т. 1, с. 96, 180；т. 4, с. 107, 164−5；т. 9, с. 63.
6) ВД, т. 1, с. 154, 174, 175, 178.
7) Там же, с. 324. См. тоже：ВД, т. 11, М., 1954, с. 72.
8) Там же, с. 15, 160, 231, 308, 324；т. 4, с. 161.
9) ВД, т. 1, с. 178；Общественные движения в России в первую половину XIX в., т. 1, Спб, 1905, с. 189.
10) ВД, т. 1, с. 15.
11) Мемуары декабристов. Северное общество, М., 1981, с. 82.
12) ВД, т. 1, с. 256, 264−5；т. 4, с. 187；т. 9, с. 268.

第５章

1) Т. П. Пассек. Из дальных лет, т. 1, М., 1963, с. 157；Греч. Указ. соч., с. 299.
2) Избранные социально−политические и философские произведения декабристов, т. 1, М., 1951, с. 426.
3) ВД, т. 10, М., 1953, с. 120−21, 166；т. 1, с. 256, 257
4) К. Ф. Рылеев. Полн. собр. стихотворений, Л., 1971, с. 186、234, 97. См.：Пушкин. Полн. собр. соч. в 17 томах, т. 13, с. 167.
5) Рылеев. Полн. собр. стихотворений, с. 258−62.
6) Мемуары декабристов. Северное……, с. 86−7.

第６章

1) Пушкин. Полн. собр. соч. в 17 томах, т. 13, с. 244；т. 8, 1940, с. 964−8.
2) Лотман. Указ. соч., с. 331, 343, 346.
3) ВД, т. 1, с. 162.
4) Писатели−декабристы в воспоминаниях современников, т. 1, М., 1980, с. 60.

第７章

1) ВД, т. 14, М., 1976, с. 160；Писатели−декабристы в воспоминаниях современников, т. 1, с. 60, 147.
2) Н. К. Шильдер. Император Николай Первый. Его жизнь и царствование, т. 1, Спб, 1903, с. 270.
3) ВД, т. 12, М., 1969, с. 58, 69, 71, 326.
4) ВД, т. 1, с. 36, 64, 65, 97−8, 152, 184, 270；Мемуары декабристов. Северное……, с. 72, 74, 89.
5) ВД, т. 4, с. 163.
6) 次の注７を見よ。
7) ВД, т. 1, с. 160, 162, 188, 245, 249, 340, 452；т. 2, М., 1926, с. 126；т. 14, с. 160；Писатели−декабристы в воспоминаниях……, т. 2, М., 1980, с. 85, 86.
8) 例えば、W. B. Lincoln. Nicholas I. Emperor and Autocrat of all the Russians. Indiana U. P., 1978, p. 43.
9) ВД, т. 2, с. 104, 109, 113. См.：Междуцарствие 1825 г. и восстание декабристов в переписке и мемуарах членов царской семьи, М.−Л., 1926, с. 25.
10) ВД, т. 1, с. 18, 37, 154, 162−3；т. 14, с. 164.
11) ВД, т. 1, с. 10, 158−9；Мемуары декабристов. Северное……, с. 70.
12) 例えば、蜂起の先陣をきったモスクワ連隊の士官たち。См., напр.：ВД, т. 1, с. 400.
13) Там же, с. 175, 183.
14) ВД, т. 4, с. 162−3；т. 1, с. 63, 65, 100−1, 102, 443, 449；т. 14, с. 160；Мемуары декабристов. Северное……, с. 70.

第８章

1) ВД, т. 18, М., 1984, с. 294−303. См.：Междуцарствие ……царской семьи, с. 120.
2) ВД, т. 1, с. 161, 165. См. тоже：ВД, т. 2, с. 206, 212；т. 14, с. 452.
3) ВД, т. 15, М., 1979, с. 120, 121.
4) Записки, статьи, письма декабриста И. Д. Якушкина, М., 1951, с. 149.
5) ВД, т. 1, с. 6, 38, 71−2；Звезда, 1975, 12, с. 182, 184−5；Междуцарствие ……царской семьи, с. 23, 29−30,

2) PA, 1895, Ⅲ, с. 487, 488.
3) PC, 1895, 8, с. 171-2. なお、自伝には「抜粋」はフォーチイ自身がつくったとある。
4) PC, 1895, 11, с. 209.
5) Там же, с. 217; PA, 1868, с. 1390.
6) Записка о крамолах врагов России//PA, 1868, с. 1387.
7) PA, 1895, Ⅲ, с. 488-9.
8) PC, 1895, 11, с. 233-4.
9) PC, 1895, 12, с. 190-91.
10) PC, 1876, 15, с. 285.
11) Чистович. Руководящие……, с. 237-8; ПСЗ, т. 39, № 29.914.

第Ⅳ部　書名の略記Восстание декабристов → ВД

第1章

1) Никитенко. Записки и дневник, т. 1, с. 120, 125, 128.
2) PC, 1893, 79, с. 612. См.: Никитенко. Дневник, т. 1, с. 72-3.
3) 日記はこれまでに三つの版があるが、いずれも娘ソフィアによる原本の筆写原稿にもとづく。生前ニキチェンコは公表の可否を日記の余白に印していて、ソフィアはこれに従ったとされる。原本は、ニキチェンコの遺志に沿って家族の手で破棄されたと見なされていたが、ソビエト期に一部が発見された。発見されたのは1819～24年、1859年の出版問題委員会に関する個所、1863年5～12月、1864年1～8月分である。このうち、1859年以降の分が本書が使用している最新版に収められている。
筆者（黒澤）はこの部分について、以前の版の該当個所と突き合せた結果、筆写原稿が原本に広範に手を加えていることを確認した。手直しは句読点からはじめて枚挙に暇ないが、そこで特に指摘を要するのは原本の記事が多数省かれていることである。その際一貫した基準を見てとることは難しく、関係する人物や機関への配慮のほか、おそらく全体の量の圧縮が主な目的で、記事の長短、読者の興味などに照らして取捨がおこなわれたのではないか。文章を整えたり、つめたりも同様であろう。その代り原本にない記事の混入はまったくない。刊行されている日記の他の部分にもこれと同じことがなされたと考えて、ほぼあやまりなかろう。
4) Рождественский. Материалы, с. XCIV, 594.

第2章

1) Русская Правда//ВД, т. 7, М., 1958, с. 113-209. テキストについて。См.: А. П. Покровский. Состав документального комплекса "Русской Правды" и его археографический анализ//Там же, с. 76-108. ペステリ自身も断っている通り（там же, с. 118-9)、これは「法典」ではない。ただ、一般にこの名でよばれているので、ここはそれに従う。
2) М. В. Нечкина. "Русская Правда" и движение декабристов. //Там же, с. 66. См. тоже: С. М. Файерштейн. Два варианта решения аграрного вопроса в "Русской Правде" Пестеля. //Очерки из истории движения декабристов. Сб. статей, М., 1954, с. 41-2; Н. М. Лебедев. Пестель-идеолог и руководитель декабристов, М., 1972, с. 174, 187.
3) ВД, т. 7, с. 214. 筆者はこう読むが、別な読み方もある。Ср.: М. В. Нечкина. "Конституция Государственный завет" (к анализу документа) //Очерки из истории движения декабристов. ……, с. 75.
4) Нечкина. "Конституция Государственный……"//Очерки из истории……, с. 81-2.
5) ВД, т. 7, с. 216.

第3章

1) テキストは次に収められている。Н. М. Дружинин. Избр. труды. Революционное движение в России в XIX в., М., 1985, с. 253-67, 268-88, 295-304. テキストについて。См.: Он же. Декабрист Никита Муравьёв//Там же, с. 141-68.
2) 1, 2稿では14, 13のдержаваの他にобластьが2、3稿では14のобластьに加えокругが1あるが、以下の記述は1，2稿のдержава、3稿のобласть（便宜上、州と訳す）に限る。
3) ВД, т. 1, М., 1925, с. 325.
4) См.: Дружинин. Указ. соч., с. 154.

поколений, записанные и собранные её внуком Д. Благово, Л., 1989, с. 220.
2) Е. П. Карнович. Архимандрит Фотий, настоятель Новгородского Юрьева монастыря//РС, 1875, 13, с. 322–3; В. Ф. Чиж. Психология фанатизма (Фотий Спасский) //Вопросы философии и психологии, 1905, II, с. 163.
3) РС, 1876, 16, с. 157.
4) РА, 1878, II, с. 296, 298.
5) РА, 1871, с. 239–40. См. тоже: РА, 1878, II, с. 294–5.
6) Пушкин. Полн. собр. соч. в 17 томах, т. 2, с. 497.
7) Карнович. Указ. соч. //РС, 1875, 13, с. 323–4; С. Миропольский. Фотий Спасский, Юрьевский архимандрит//ВЕ, 1878, 12, с. 596; А. Слезскинский. Фотий и графиня А. Орлова-Чесменская//РС. 1902, 111, с. 608–9.
8) РС. 1896, 87, с. 527, 528. См. тоже: РС, 1876, 17, с. 298, 301.
9) Рассказы бабушки……, с. 275.
10) РА, 1878, II, с. 300.
11) Пушкин. Полн. собр. соч. в 17 томах, т. 13, 1937, с. 296.

第6章

1) РА, 1870, с. 895.
2) Стеллецкий. Указ. соч., с. 232.
3) РА, 1868, с. 945.
4) См. : Миропольский. Указ. соч. //ВЕ, 1878, 12, с. 599; Чистович. Руководящие……, с. 220.
5) РА, 1878, II, с. 292; РС, 1895, 2, с. 175.
6) Карнович. Указ. соч. //РС, 1875, 13, с. 305.

第7章

1) РС, 1882, 33, с. 775–80; 34, с. 205–22, 427–42, 683–700; 35, с. 275–85; РА, 1869, с. 943–58.
2) См. : Карнович. Указ. соч. //РС, 1875, 13, с. 460–62; J. L. Wieczynski. Apostle of Obscurantism: The Archimandrite Photius of Russia (1792–1838) //Journal of Ecclesiastical History, 1971, 4, p. 323.
3) РА, 1905, III, с. 387. См. туда же. с. 383, 384, 392.
4) РС, 1895, 2, с. 208–10.
5) См. напр. : Миропольский. Указ. соч. //ВЕ, 1878, 12, с. 592, 595, 597.
6) РС, 1882, 35, с. 287.
7) РА, 1870, с. 901; 1871, с. 241.

第8章

1) См. : Л. И. Денисов. Православные монастыри Российской империи, М., 1908, с. 565–70.
2) Я. Л. Мирошкин. Архимандрит Фотий//РС, 1876, 17, с. 310.
3) ВЕ, 1867, 12, с. 80–82.
4) РА, 1863, с. 851.

第9章

1) Феоктистов. Указ. соч. с. 153–79.
2) Письма главнейших деятелей в царствование имп. Александра I, Спб, 1883, с. 367–74.
3) Сб. истор. материалов, извлеченных из архива собственной его имп. величества канцелярии, вып. 1, 1876, с. 363–74.
4) Девятнадцатый век. I, с. 237, 246.
5) Письма главнейших деятелей……, с. 193.
6) Там же, с. 234–5.
7) ВЕ, 1867, 12, с. 97. См. тоже: Русская эпиграмма второй половины XVIII–начала XX в., Л., 1975, с. 247.
8) РА, 1902, III, с. 93; Девятнадцатый век……, I, с. 237, 238, 241, 242.
9) Письма главнейших деятелей……, с. 379.
10) РС, 1876, 15, с. 283.

第10章

1) Cf. J. H. Billington, *op. cit.*, p. 287.

1) Сухомлинов. Исследования ......, т. 1, с. 287–98.
2) Там же, с. 299.
3) Сб. отделения русск. языка и словесности имп. Академии наук, т. 9, 1872, с. 69–78.
4) А. В. Никитенко. А. И. Галич, бывший профессор философии в С.-Петербургском университете//ЖМНП, 1869, 1, с. 53–5.

第11章

1) Греч. Указ. соч., с. 295.
2) Сухомлинов. Исследования ......, т. 1, с. 378–86.
3) Сухомлинов. Исследования ......, т. 1, с. 374–7. См. тоже: Рождественский. Материалы, с. 232.
4) C. H. Whittaker. The Origins of Modern Russian Education. An Intellectual Biography of Count Sergei Uvarov, 1786–1855, Northern Illinois U. P., 1984, p. 83.

第12章

1) СРМНП, с. 321–31.
2) СПМНП, с. 1523–5, 1526, 1546.
3) Григорьев. Указ. соч., с. 42. 唯一の例外とは、オリエンタリスト、О. И. Сенковскийである。
4) Рождественский. Материалы, с. 301–27.
5) Там же, с. XCIV, 288, 289, 392, 393, 576, 590, 594, 612.
6) П. П. Пекарский. О жизни и учёных трудах академика К. И. Арсеньева//Сб. отделения русск. языка и словесности имп. Академии наук, т. 9, 1872, с. 36.
7) Архив братьев Тургеневых, V, Пг., 1921, с. 134, 239, 263–4.

第Ⅲ部

第1章

1) Сб. отделения русск. языка и словесности имп. Академии наук, т. 18, 1877, с. LVIII–LXVI
2) Никитенко. Дневник, т. 1, Л., 1955, с. VII.

第2章

1) Сб. истор. материалов, извлеченных из архива собственной его имп. величества канцелярии, вып. 12, 1903, с. 377–8.
2) Остафьевский архив князей Вяземских, т. 1, с. 355–6.
3) РА. 1868, с. 1701–2.
4) Чистович. История перевода библии......, с. 50, 52, 53, 55.
5) ПСЗ, т. 34, № 27.106.

第3章

1) П. Знаменский. Руководство к русск. церковной истории, изд. 5-е, Казань, 1888, с. 437–8; Чистович. Руководящие......, с. 183–4.
2) РС, 1886, 49, с. 594–5; РА, 1909, I, с. 281–2.
3) Котович. Указ. соч., с. 112.
4) А. Леопольдов. Черты из жизни пресвящ. Михаила....../Москвитянин, 1843, 6, с. 440; РА, 1892, III, с. 384.
5) Г. Геннади. (сост.) Справочный словарь о русск. писателях и учёных, умерших в XVIII и XIX столетиях, и список русск. книг с 1725 по 1825 г., т. 2, Берлин, 1880, с. 330–31; R. Pinkerton. Russia: or Miscellaneous Observations on the Past and Present State of That Country and Its Inhabitants, London, 1833, pp. 468–86.
6) РА, 1868, с. 1389; Ф. Ф. Вигель. Записки, VI, М., 1892, с. 37.
7) Остафьевский архив князей Вяземских, т. 2, Спб., 1899, с. 184.
8) РС, 1883, 38, с. 564, 565; Письма Филарета, митрополита Московского и Коломенского к высочайшим особам и разным другим лицам, Тверь, 1888, с. 36.

第4章

1) РС, 1894, 3, с. 135–63; 4, с. 99–123; 5, с. 91–114; 7, с. 195–230; 9, с. 204–33; 10, с. 127–42; 1895, 2, с. 174–216; 7, с. 167–84; 8, с. 169–200; 11, с. 207–36; 12, с. 189–203; 1896, 87, с. 163–99, 423–43.

第5章

1) Г. Р. Державин. Анакреонтические песни, М., 1986, с. 70; Рассказы бабушки из воспоминаний пяти

1) С. В. Рождественский. (ред.) С. -Петербургский университет в первое столетие его деятельности. 1819-1919. Материалы по истории С. -Петербургского университета, т. 1, Пг., 1919, с. 14. (以下、本書をМатериалыと略記)
2) В. В. Григорьев. Имп. С. -Петербургский университет в течение первых пятидесяти лет его существования, Спб, 1870, с. 30, 31;Рождественский. Материалы, с. XVI-XVII, 562. 正規の学生の他に聴講生がいるが、これについては省略。
3) СПМНП, с. 265;Рождественский. Материалы, с. 8, 10.
4) Рождественский. Материалы, с. 63-108.
5) Там же, с. 108-10.
6) Там же, с. 110-14.
7) Там же, с. 115.

第5章

1) А. С. Пушкин. Полн. собр. соч. в 17 томах, т. 2, Изд-во АН СССР, 1947, с. 972.
2) Русские просветители (От Радищева до декабристов). Собрание произведений, т. 2, М. 1966, с. 204-351.
3) Красный архив, 1937, 1, с. 90-114.
4) Изображение взаимой связи государственных сведений//Русские просветители......, т. 2, с. 176-88.
5) Н. М. Коркунов. История философии права, изд. 6-е, Спб, 1915, с. 344.
6) 原　好男訳『人間不平等起源論』／／ルソー全集、第4巻、白水社、1978、232頁。

第6章

1) РС, 1896, 88, с. 185-8.
2) Феоктистов. Указ. соч., с. 10-15.
3) РА, 1864, с. 862-3, 864.
4) J. T. Flynn. The University Reform of Tsar Alexander I. 1802-1835, Washington, D. C., 1988, p. 110.
5) Рождественский. Материалы, с. 131.　Ср. :Е. М. Косачевская. М. А. Балугьянский в Петербургском университете//Очерки по истории Ленинградского университета, т. 1, Л., 1962, с. 62.
6) Рождественский. Материалы, с. 135-41.

第7章

1) СПМНП, с. 1173-4. ;Загоскин. Указ. соч., т. 3, с. 313-5, 320-21.
2) СПМНП, с. 1199-1206.
3) Там же, с. 1207-9.
4) Кизеветтер. Указ. соч., с. 158.
5) Сухомлинов. История Российской Академии. VI//Сб. отделения русск. языка и словесности имп. Академии наук, т. 31, 3, 1882, с. 92.
6) СПМНП, с. 270, 278.　См. тоже:СРМНП, с. 516.
7) См. :СПМНП, с. 272-3.
8) Загоскин. Указ. соч., т. 3, с. 357-8.

第8章

1) СРМНП, с. 406-7;Загоскин. Указ. соч., т. 3, с. 423;т. 4, Казань, 1904, с. 645.
2) РВ, 1866, 1, с. 138-9;ВЕ, 1867, 12, с. 77;Загоскин. Указ. соч., т. 4, с. 85.
3) Корф. Указ. соч., т. 2, Спб, 1861, с. 190.
4) Загоскин. Указ. соч., т. 3, с. 537.

第9章

1) СПМНП, с. 1474-5;Рождественский. Материалы, с. 145-7, 343-5.
2) Рождественский. Материалы, с. 157-8.
3) История Ленинградского университета. Очерки. (1819-1969), Л., 1969, с. 31.
4) Е. М. Косачевская. М. А. Балугьянский и Петербургский университет первой четверти XIX века, Л., 1971, с. 138.
5) Сухомлинов. Исследования ......, т. 1, с. 271-86.
6) Рождественский. Материалы, с. 170-215;Сухомлинов. Исследования ......, т. 1, с. 301-37.

第10章

1) ПСЗ, т. 28, № 21.388.
2) Чистович. Руководящие......, с. 190–93.
3) PC, 1876, 15, с. 275–6.
4) Дубровин. Указ. соч. //PC, 1895, 1, с. 80–81, 83–4. См. тоже:PA, 1892, Ⅲ, с. 382–5;1895, Ⅲ, с. 491–2.
5) PA, 1870, с. 197.
6) Дубровин. Указ. соч. //PC, 1895, 1, с. 84.

第11章

1) С. Т. Аксаков. Встреча с мартинистами//Он же. Собр. соч., т. 3, Спб, 1909, с. 274–332.
2) Дубровин. Указ. соч. //PC, 1895, 2, с. 38–41;1885, 11, с. 382–3, 387. アラクチェーエフに関して、のちにラブジーンは重ねて否定している。См. :PA, 1892, Ⅲ, с. 383.
3) PC, 1885, 48, с. 383–4.
4) 事件の翌日、ミロラードヴィチに喚問されたとも。См. :Воспоминания о Лабзине (Из записок М. А. Дмитриева) //PA, 1866, с. 838. ただし、事件に関してこの手記は正確さを欠く。
5) PA, 1892, Ⅲ, с. 367–92;PC, 1905, 124, с. 189–201;PA, 1866, с. 837–55.
6) PA, 1866, с. 855–60.
7) PC, 1905, 124, с. 199, 200. ミロラードヴィチの報告書参照。PC, 1885, 48, с. 387–8.

第Ⅱ部

第1章

1) ПСЗ, т. 32, №№ 25.295, 25.296.
2) ПСЗ, т. 33, № 26.045;т. 34, № 27.114. См. тоже:PA, 1905, Ⅲ, с. 367.
3) ПСЗ, т. 33, № 26.059.
4) М. Шугуров. Черты русск. политики в 1819 г. //PA, 1867, с. 861–72.
5) ヴィルノ、デルプト2大学は含まれない。両大学はいろいろな点で、モスクワなど他の4大学と事情が異なる。

第2章

1) ПСЗ, т. 34, № 27.106. ;М. И. Сухомлинов. Исследования и статьи по русск. литературе и просвещению, т. 1, Спб, 1889, с. 196;Рождественский. Указ. соч., с. 115.
2) 形式的には、宗務院のобер-прокурорはその長でない。ここでいうのは、実質的な意味である。宗務・教育相就任後、ゴリーツィンはこの職を退いた。
3) Пыпин. Российское библейское общество, с. 145;Чистович. Руководящие......, с. 175.
4) PA, 1871, с. 0130, 0132. プロイセンの政治家K. Stein宛。「モロー」は元フランスの将軍J. V. Moreau、「ローゼンカンプ」は法学者Г. А. Розенкампф、「シ・・」は哲学者F. Schleiermacherか。
5) Письма Н. М. Карамзина к И. И. Дмитриеву, Спб, 1866, с. 204.
6) М. А. Корф. Жизнь графа Сперанского, т. 1, Спб, 1861, с. 278–9, 283.
7) Москвитянин, 1843, 4, с. 486. См. :PA, 1874, I, с. 184–6.
8) Девятнадцатый век, I, М., 1872, с. 240–41;Сб. истор. материалов, извлеченных из архива собственной его имп. величества канцелярии, вып. 11, Спб, 1902, с. 277. См. тоже:PA, 1875, Ⅲ, с. 243, 246–7;Москвитянин, 1843, 4, с. 480–81;PA, 1869, с. 1694–7, 1701.
9) Пыпин. Российское библейское общество, с. 146–9.
10) Греч. Указ. соч., с. 290.

第3章

1) Н. П. Загоскин. История имп. Казанского университета за первые сто лет его существования. 1804–1904, т. 3, Казань, 1903, с. 277.
2) Из записок П. П. Гёце//PA, 1902, Ⅲ, с. 92
3) А. А. Кизеветтер. Из истории борьбы с просвещением//Он же. Исторические очерки, М., 1912, с. 171.
4) Загоскин. Указ. соч., т. 3, с. 545–76.
5) J. T. Flynn. Magnitskii's Purge of Kazan University:A Case Study in Uses of Reaction in Nineteenth-Century Russia//Journal of Modern Hisitory, XLⅢ, 1971, 4, p. 614.
6) Е. Феоктистов. Материалы для истории просвещения. 1. Магницкий, Спб, 1865, с. 55–61.

第4章

4) Там же, с. 466, 475；Пыпин. Русское масонство. XVIII и первая четверть XIX в., Пг., 1916, с. 230–31, 250–53；В. Боголюбов. Н. И. Новиков и его время, М., 1916, с. 248–51.
5) РА, 1913, III, с. 668..
6) Cf. M. Raeff. Origins of the Russian Intelligentsia. The Eighteenth-Century Nobility, New York, 1966, pp. 159–67.
7) Н. И. Новиков и его современники......, с. 454–9.
8) См. ：М. В. Довнар-Запольский. Правительственные гонения на масонство//Масонство в его прошлом и настоящем, т. 2, М., 1915, с. 118–34；Переписка московских масонов XVIII-го века. 1780–1792 гг., Пг., 1915, с. VII–LXII. (Я. Л. Барсков. Предисловие)

第７章

1) РА, 1913, III, с. 675.
2) Масонские труды И. В. Лопухина, М., 1913, с. 5–57.
3) РА, 1905, III, с. 398.
4) РС, 1876, 17, с. 269.

第８章

1) П. Н. Милюков. Очерки по истории русской культуры, т. 3, Париж, 1930, с. 401.
2) РА, 1886, II, с. 61, 68–9, 75–6, 79–83.
3) РА, 1905, III, с. 389；РС, 1882, 35, с. 279.
4) 例外は、イエズス会士の追放。ゴリーツィンの上奏文を参照。СПМНП, с. 1228–38.
5) Шильдер. Указ. соч., т. 3, с. 322.
6) А. Д. Галахов. Обзор мистической литературы в царствование императора Александра I//ЖМНП, 1875, 11, с. 123.
7) РС, 1874, 9, с. 1–36.　См. тоже：Пыпин. Император Александр I и квакеры//Он же. Исследования......, т. 1, с. 405–16.
8) S. Bolshakoff. Russian Nonconformity, Philadelphia, 1950, p. 182. 去勢派について主に次による。Воспоминания Ф. П. Лубяновского//РА, 1872, с. 474–5；Н. Дубровин. Наши мистики-сектананты//РС, 1895, 10, с. 33–9；11, с. 13–4, 18–28；Русск.　биограф.　словарь, Спб, 1896–1918, т. <сабанеев-смыслов>, с. 282–8；П. И. Мельников. Белые голуби//Он же. Полн. собр. соч., т. 6, Спб, 1909, с. 300–422；В. Андерсон. Старообрядчество и сектантство, Спб, 1909, с. 315–52.
9) РС, 1895, 11, с. 24. 信者にたいする布告文の草案から。
10) タターリノヴァとそのグループについて主に次による。Иоаннов. Дополнительные сведения о Татариновой и членах её духовного союза//РА, 1872, с. 2334–2354；П. В. Кукольник. Анти-Фотий//РА, 1874, I, с. 589–611；В. Фукс. Из истории мистицизма. Татаринова и Головин//РВ, 1892, 1, с. 3–31；А. Мальшинский. Головин и Татаринова//Исторический вестник, 1896, 6, с. 637–61；Ф. Ф. Вигель. Записки, т. 2, М., 1928, с. 171；Н. Стеллецкий. Князь А. Н. Голицын и его церковно-государственная дятельность, Киев, 1901, с. 114–222；Дубровин. Указ. соч. //РС, 1895, 10, с. 33–64；11, с. 3–43.
11) Ср. ：РВ, 1892, 1, с. 21.
12) РА, 1874, I, с. 596.
13) РА, 1864, с. 784.

第９章

1) См. ：А. И. Серков. Русское масонство. 1731–2000гг.　Энциклопедический словарь, М., 2001, *passim*.
2) Масонство в его прошлом и настоящем, т. 2, с. 180–81.
3) Н. Н. Булич. Очерки по истории русской литратуры и просвещения с начала XIX века, изд. 2-е, Спб, 1912, с. 605；Пыпин. Общественное движение в России при Александре I, изд. 5-е, Пг., 1918, с. 335.
4) РС, 1901, 106, с. 157–8；Дубровин. Указ. соч. //РС, 1894, 12, с. 101.
5) РА, 1870, с. 622.
6) Дубровин. Указ. соч. //РС, 1894, 12, с. 118.
7) Дубровин. Указ. соч. //РС, 1894, 11, с. 71–91；РА, 1908, II, приложение, с. 31–5.
8) Дубровин. Указ. соч. //РС, 1894, 12, с. 122.
9) П. А. Безсонов. А. Ф. Лабзин. Литературно-биографический очерк//РА, 1866, с. 834.

第10章

本文注——

書名、誌名の略記

Полн. собр. законов Российской Империи, серия 1, Спб, 1830 → ПСЗ
Сборник постановлений по министерству народного просвещения, т. 1, Спб, 1864 → СПМНП
Сборник распоряжений по министерству народного просвещения, т. 1, Спб, 1866 → СРМНП
Журнал министерства народного просвещения → ЖМНП
Русский архив → РА Вестник Европы → ВЕ
Руссая старина → РС Русский вестник → РВ
＊定期刊行物の後の数字は順に、г., №。РАは、г. のあと、кн., РСは、т., ただし、1894, 95年は、№。

第Ⅰ部

第１章

1) Советская историческая энциклопедия, т. 10, М., 1967, с. 211.
2) Моя повесть о самом себе и о том, чему свидетель в жизни был//Записки и дневник (1804—1877 гг.), изд. 2-е, т. 1, Спб, 1904, с. 2—128.

第２章

1) СРМНП, с. 223—4；С. В. Рождественский. Исторический обзор деятельности министерства народного просвещения. 1802—1902, Спб, 1902, с. 97；И. Алешинцев. История гимназического образования в России (XVIII и XIX век), Спб, 1912, с. 12.
2) 数字は次による。Советская историч. энциклопедия, т. 3, М., 1963, с. 596.

第３章

1) ロシア正教以外の宗教、宗派の監督官庁。
2) 聖書協会に関する記述は主に次による。А. Н. Пыпин. Российское библейское общество//Он же. Исследования и статьи по эпохе Александра I, т. 1, Пг., 1916, с. 1—293；J. C. Zacek. The Russian Bible Society, 1812—1826. Ph. D. Dessertation (Columbia University), 1964.
3) 以下、Пыпин, Zacekの前掲書のほか、次による。Н. А. Астафьев. Опыт истории Библии в России в связи с просвещением и нравами//ЖМНП, 1888, 7, 8, 10, 11；1889, 2；И. А. Чистович. История перевода библии на русский язык, изд. 2-е, Спб, 1899；М. И. Рижский. История переводов библии в России, Новосибирск, 1978.
4) И. А. Чистович. Руководящие деятели духовного просвещения в России в первой половине текущего столетия, Спб, 1894, с. 36—40；А. Н. Котович. Духовная цензура в России (1799—1855 гг.), Спб, 1909, с. 234—7.

第４章

1) РА, 1887, I, с. 218；1886, II, с. 86—90.
2) Н. К. Шильдер. Император Александр I, его жизнь и царствование, изд. 2—е, т. 3, Спб, 1905, с. 378.
3) РА, 1902, III, с. 94；РС, 1874, 9, с. 22—3.

第５章

1) Пыпин. Указ. соч., с. 117—8.
2) Zacek, *op. cit.*, pp. 63—4.
3) РС, 1895, 8, с. 40.
4) Н. И. Греч. Записки о моей жизни, Спб, 1886, с. 289.
5) Остафьевский архив князей Вяземских, т. 1, Спб, 1899, с. 346—7.
6) J. H. Billington. The Icon and the Axe, 4-th ed., New York, 1970, p. 270.
7) См.：Г. Флоровский. Пути русского богословия, Париж, 1937, с. 147.

第６章

1) С. П. Мельгунов и Н. П. Сидоров. (ред.) Масонство в его прошлом и настоящем, т. 1, М., 1914, с. 126.
2) См.：В. Н. Тукалевский. Из истории философских направлений в русском обществе//ЖМНП, 1911, 5, отделение 2—е, с. 1—69.
3) Н. И. Новиков и его современники. Избр. соч., М., 1961, с. 216—7.

黒澤岑夫（くろさわ・みねお）
1936年生れ
新潟大学名誉教授
ロシア文学・社会思想専攻

ロシア皇帝アレクサンドル一世の時代——たたかう人々

2011年3月15日　初版第1刷印刷
2011年3月25日　初版第1刷発行

著　者　黒澤岑夫
発行者　森下紀夫
発行所　論 創 社
東京都千代田区神田神保町 2-23　北井ビル
tel. 03（3264）5254　fax. 03（3264）5232
振替口座　00160-1-155266　http://www.ronso.co.jp/
印刷・製本　中央精版印刷
ISBN978-4-8460-0841-3